KB214660

오늘 우리가 살고 있는 시대는 참과 거짓, 옳음과 그름, 의로움과 불의의 경계가 모호하게 된 시대다. 사실과 진실의 여부보다 어떻게 느끼는가 또는 어느 편에 서 있는가가 사람들의 생각을 좌우하고 행동하게 만든다. 그럼에도 불구하고 많은 사람들이 "진정성"을 그토록 찾는 것을 보면, 참된 것, 옳은 것, 아름다운 것에 대한 그리움이란 우리 마음속에서 그리 쉽게 지워버릴 수 없는 것임을 인정하지 않을 수 없다. 이런 시대와 문화 속에서 기독교 신앙을 변호하고자 하는 사람은 말과 삶을 통해 믿음의 내용이 신뢰할 만한 것임을 보여줄 수 있어야 한다. 나는 저자가 적어도 말과 논리의 차원에서 이 일을 제대로 해냈다고 믿는다. 저자는 과거의 신학자와 철학자들에게만 의존하지 않고 자신의 삶과 깊이 있는 성경 독해를 통해 기독교 신앙이 얼마나 독특하고 고유한지 동시에 얼마나 보편적이고 신뢰할 수 있는지를 우리에게 힘있게 들려준다. 목회자들뿐만 아니라 생각하고자 하는 그리스도인들과 신앙의 언저리에서 회의하고 주저하는 분들 모두에게 이 책을 권한다.

강영안 미국 칼빈 신학교 철학신학 교수

왜 나는 아직도 그리스도인인가? 대학에서 교편을 잡고 있는 나 자신에게 제일 먼저 묻고 싶은 질문이다. 왜냐하면 요즘 젊은 세대에게는 그리스도인이라고 하는 사실이 여러 가지 다른 의미를 갖기 때문이다. 안타깝게도 그리스도인이라고 하면 종종 사회적 변화에 관심 없는 보수 우파처럼 여겨지거나, 남의 말을 듣지 않고 자기주장만 펼치는 에고이스트로 받아들여지기도 한다. 기독교에 대한 반감이 심상치 않을 정도로 강해지는 시대에, 나와 같이 아주 오랫동안 그리스도인으로 살아온 이들에게 꼭 필요한 질문을 이렇게 심도 있게 다룬 책이 출간된 것은 손뼉을 치면서 환영할 일이다. 저자는 미국 최초의 개혁주의 신학교인 뉴브런즈윅 신학교에서 신학을 가르치시는 교수로서, 뛰어난 신학적 통찰과 실천적인 지혜로써 우리가 그리스도인으로 살아야 할 근본적인 이유를 조목조목 정리해냈다. 이 책은 기독교에 대한 오해를 시시때때로 접하는 상황에서 기독교의 진리에 대해 궁금증이 생길 때마다 옆에 두고 볼 수 있는 핸드북으로도 전혀 손색이 없다. 다시 한번 출간을 축하드리며 "왜 나는 아직도 그리스도인인가?"라는 근본적인 질문을 묻는 누구에게나 강력히 일독을 추천한다. 뿐만 아니라 제도적인 교회를 떠나 자신만의 방식으로 그리스도인으로 살아가는 소위 가나안 성도들에게도 좋은 믿음의 길잡이가 되리라 생각한다.

권수영 연세대학교 신과대학장 겸 연합신학대학원장이 책은 종교 일반에 대한 멸시는 물론이요, 기독교에 대한 반감과 무관심이 최고조에 달해 있는 오늘날 그리스도인으로 살아가는 것이 얼마나 복되고 놀라운 하나님의 은혜인가를 말하는 고백적 신학 서적이다. 저자는 기독교 자체의 진리가 가진 매력으로 인해 그리스도인으로 살아갈 수밖에 없다고 말한다. 이 책에서는 기독교의 진리가 갖는 위력과 매력이 다섯 부분에 걸쳐 논의되고 있다. 저자는 성경의 매력과 독특한 진리성, 세상의 악과 고난을 설명하는 데 적합한 기독교 신학의 설득력, 예수 그리스도의 독특성, 그리고 기독교 신앙과 진리의 공공성을 증명하는 데 충분한 종교개혁의 의의 등을 논하면서, 그리스도인으로 살아가는 것이 얼마나 풍요롭고 행복한 것인가를 강조한다. 오늘날 한국교회나 그리스도인들 대부분은 자신들이 믿는 기독교 신앙의 알짬과 가치를 충분히 교육받지 못해 그리스도인의 정체성을 당당하게 드러내지 못하고 있다. 기독교 신학과 교리는 그리스도인들을 세상으로부터 고립시키지 않고 사랑을 갖고 세상 속으로 깊이 참여하게끔 하는 동력을 고취한다. 2천 년 동안 온축된 기독교 신앙과 신조는 결코 고리타분하거나 케케묵은 골동품이 아니라 우리가 자랑스럽게 여겨야 할 보물이다. 이삭은 블레셋 사람들이 묻어버리고 막아버린 아버지 아브라함의 우물을 다시 파서 퍼마셨다. 기독교 신앙은 우리가 다시 회복해서 마셔야 할 우리 조상이 남겨준 우물이다. 독자들은 이 책을 읽으며 기독교 신앙과 교리를 통해 세상과 소통하려고 하는 저자의 열정에 공감하며 덩달아 마음이 뜨거워질 것이다.

김회권 숭실대학교 기독교학과 구약학 교수

수많은 성도들과 목회자들, 그리고 신학자들조차 이성과 신앙의 거리를 쉽게 좁혀내지 못하고 둘 중 하나를 선택해버리고 말거나, 양심을 버리고 억지로 한쪽을 굽혀버리거나, 혹은 둘을 불편한 동거 상태로 내버려 두곤 한다. 또한 공적인 지성의 세계에서 신앙 담론이라는 것은 너무나 쉽게 원시적인 것으로 조롱받거나 사적인 것으로 간주되어 아무런 존재감이 없게 된 지 오래다. 신앙인으로서 그리고 비판적 이성을 가진 학자로서 저자는 이 간극을 충성스럽게 좁혀내고 있다. 저자를 근거리에서 보아온 사람으로서, 저자는 이 사명을 자신의 삶 안에서 통전적으로 살아내고 있는 사람이라고 감히 말할 수 있다. 이 책은 기독교 내·외적인 증거들을 가지고 그 어떤 것으로도 환원될 수 없는 기독교의 고유성을 밝히는 통찰을 보여줌으로써, 밟힘을 당하는 소금이 되어버린 한국 기독교계에 귀한 선물이 될 것이라 생각한다. 이 책을 읽고 갈보리 교회 수요 강좌를 통해 이 귀한 보석을 원석의 형태로 접할 수 있었던 시간을 떠올리며 감사의 미소를 짓는다.

도상원 대 뉴저지 연회 라리탄 밸리 지역 감리사·전 갈보리 연합감리교회 담임목사한류와 난류가 만나는 곳에 가장 풍성한 어장이 형성된다. 이와 마찬가지로 신학이 스스로를 신학과 철학의 경계, 신앙과 회의의 경계, 기독교와 문화의 경계 사이에 세울 때 가장 창조적이면서도 설득력 있고 오늘날 인간과 세계가 처한 곤경을 해결할 수 있도록 돕는 진리가 된다. 이것이 20세기의 위대한 조직신학자 폴 틸리히가 말한 "경계에 서는 신학"의 힘이다. 차재승 교수의 『왜 나는 아직도 그리스도인인가?』는 바로 그런 책이다. 저자는 제목에서 암시하고 있듯이 다원주의적이며 반기독교적 세계관으로 대변되는 포스트모더니즘의 흐름 속에서 신앙과 철학 및 주변 종교와의 치열한 대화를 통해 그리스도인으로 살아가는 이유를 논증하고 있다. 그러면서도 2천 년 기독교 전통에서 형성된 정통(orthodox)을 절대로 배제하지 않고 그것의 소중함을 세계와 인간의 삶이 제기하는 중요한 문제들에 녹여 오늘날의 언어로 형상화하고자 몸부림을 쳤다. 그 몸부림은 매우 성공적이었고, 그 설득력 역시 대단했다. 이 책을 읽는 내내 복합적인 내용을 씨줄과 날줄로 탄탄하게 엮어낸 저자의 집중력과 사색의 깊이를 체험하여 행복한 압도감을 느꼈다. 저자가 기독교 교리를 자신의 삶과 연관 지어 이야기하는 부분에서는, 교리가 지루하고 고리타분한 진리 덩어리가 아니라 피부에 와닿는 체험의 응집이라는 것을 알게해 주었다. 기독교 진리가 왜 진정으로 진리이며 또한 구원의 힘이 어떻게 진정으로 살아 역동하고 있는지에 대해 설득력 있게 이해해보고자 하는 분들에게 일독을 권하는 아주 좋은 책이다. 이 책을 한국교회에 선물로 준 저자에게 깊은 감사를 드리고 싶다!

이상학 새문안교회 담임목사

20세기 초 영국의 철학자 버트런드 러셀은 『나는 왜 그리스도인이 아닌가?』라는 도전적인 책을 썼다. 그 외에도 많은 사람들이 자신들의 불신앙의 이유를 설명하는 책을 썼고, 그런 책들이 너무 많아진 나머지 지적으로 정직하면 성경이 말하는 대로의 기독교를 믿을 수 없다는 분위기가 지배적인 것이 되어버렸다. 이런 상황에서, 어릴 때부터 믿어 오던 기독교를 상당 기간 떠났었던 한 탐구자가 자신이 깨달은 기독교를 제시하면서 왜 자신이 이제는 아직도 그리스도인일수 있는지를 변증하는 귀한 책을 써주었다. 많은 고민의 과정을 거치면서 미국과 네덜란드에서 신학을 열심히 공부하고, 언더우드 선교사를 길러낸 뉴브런즈윅 신학교에서 조직신학을 가르치고 있는 차재승 박사의 여러 저서 중 독자의 이목을 가장 강력하게 끌 수 있는 책일 것이다. 또한 책에 담긴 저자의 고백을 읽으며 그의 아버지가 되시는 차영배 교수님께서 하늘에서 어떤 생각을 하실까를 생각하게 된다. 성경을 하나님 자신의 계시로 믿으며, 예수님이 가르치신 하나님 나라를 존중하며, 이 세상에서 고난의 문제에 대한 유일한 해결책으로 기독교를 제시하며, 진정한 자유가 성경적 기독교로부터만 나올 수 있음을 잘 논증하는 이 책을 많은 사람들이 읽고 성경이 이야기하는 기독교로 돌아올 수 있기를 바란다. 그렇게 돌아온 많은 사람들이 이 책에서 저자가 제시한 바를 깊이 고민함으로써 더 성경적인 기독교가 이 땅에 뿌리내릴 수 있도록 노력할 수 있기를 바라며, 그 과정에서 이 성실한 지적 탐구가 큰 도움이 되기를 바란다.

이승구 합동신학대학원대학교 조직신학 교수

왜 나는 아직도 그리스도인인가?

왜 나는
아직도
그리스도인
인가?

차재승 지음

WHY
AM
I
STILL
A
CHRISTIAN?

새물결플러스

목차

서문

세상과 상황. 20여 년 전 미국 웨스턴 신학교에 다닐 때의 일이다. 선교학 수업 중 교수님께서 다음과 같은 질문을 던지셨다. "당신은 왜 그리스도 인인가?" 기독교 집안에서 자라나서 대학 때 기독교를 떠났다가 15년 만에 다시 돌아온 사연 많고 고민 많은 신학도였던 나는 무심결에 "가문의 전통이기 때문이다"라고 대답했다. 그 뒤로 시간이 지나면서 나는 이 대답에 얼마나 심각한 문제가 있는지 깨달았고, "과연 나는 왜 그리스도인인가?"라는 질문을 가슴에 품고 살아왔다

우리는 왜 그리스도인인가?

세상의 도전은 거칠기만 하고 상황은 악화일로에 있다. 좋은 소식이란 하나도 없다는 동료 목회자들의 자조 섞인 얘기도 심심찮게 듣는다. 현대인들은 더 이상 종교에 대해 큰 기대를 하지 않는다. 흥미롭게도 이슬람교의 코란은 "종교를 유희와 오락으로 생각하는 자들을 그대로 내버려 두어서 세상이 그들을 속이게끔 하라"고 경고한다(코란 6:70). 교회를 다니는 그리스도인들도 교회와 교회 지도자들에 대해 구성적 가치를 기대하기보다는 문제나 일으키지 않으면 다행이라는 마음으로 최소한의 방어적 가치만을 기대한다. 종교적 심성을 가진 사람들마저도 세상을 변화시키는 것은 기술과 과학이고, 종교는 그 변화의 뒷전에서 휴식을 제공하는 쉼터와 같은 것이라고 여긴다. 과학과 기술의 발전, 종교·문화 다원주의, 소비

와 자본주의, 개인의 자유와 인권의 존중, 인간의 참혹한 고난과 비극 같은 이슈와 현상들이 종교 일반에 대한 깊은 회의와 침체를 몰고 온다. 이런 좌절감 속에서 우리는 의식적으로 혹은 무의식적으로 산책하듯이 여러 종교를 기웃거린다.

종교에 대해서 비판적인 사람들은 종교가 바로 폭력과 전쟁의 근원이자 뿌리라고 믿는다. 어떤 신학자들은 피의 제사를 명령한 구약의 하나님이나 피의 십자가와 연관된 신약의 하나님이 인류의 역사 속에 폭력과 학대를 조장했다고 주장하기도 한다. 역사적으로도 유일신 사상을 중심으로 종교적 정체성과 배타성을 공고히 한 곳에 더 많은 전쟁과 분열이 있었다. 서양에서는 기독교가 제국주의와 인종 탄압에 앞장섰던 행적을 근거로, 기독교의 고유함과 유일함을 주장하는 자들을 배타적이라고 여기고 본능적으로 경계하기도 한다. 이런 것을 보면 "왜 아직도 그리스도인인가?"라는 질문은 시대에 역행하는 것일 수도 있다.

교회와 종교의 세속화에 대해서는 더 이상 어떤 변명도 할 수 없다. 목사이자 신학자인 나의 삶 속에도, 자본주의와 소비주의, 경쟁과 이익의 창출이라는 현대 사회의 속성들이 넓고 깊게 자리하고 있기 때문이다. 이런 와중에 기독교의 고유함을 논한다는 것은 누더기와 같은 의를 과시하려는 마지막 몸부림으로 보일 수도 있다. 이처럼 우리는 "왜 아직도 그리스도인인가?"라는 질문을 해야 하는 이유조차 확실히 말할 수 없게 되었다.

거리 두기. 도올 김용옥은 한 매체와의 인터뷰에서 기독교가 천박하다고 비판한 바 있다. 새겨들을 말이다. 강렬한 열정은 왜곡되기 쉽다. 실제로 종교적 열정을 기능적 결과로 착각하여 탐욕과 무지에 매몰되어, 신적 본성을 찾으려 노력하기보다 신적 능력과 기능을 소유하여 그 위에서 영원을 보장받으려는 "뒤틀린 자기애" 속에 푹 빠져 있는 사람들이 기독교의 한 부류를 형성하고 있다. 잠시 멈춰 서서 침묵 가운데서 교회와 세상을 찾아오신 하나님의 신비를 깊이 묵상하고, 아픈 세상에서 고통받는 사람들과 삶을 나누고자 하는 속 깊은 하나님의 사람들을 만나기가 점점 더 힘들어지고 있다. "나와 하나님"이라는 배타적인 관계로부터 허허로이 거리를 두고 "하나님과 타자", "하나님과 세상"의 관계를 바라보면서 기독교 신앙의 구체성과 역사성에 대해서 고민하는 자들도 드물다.

그런데 도올이 기독교가 천박하다고 고발하는 내용을 보면 기독교의 성육신, 즉 하나님이 인간으로 찾아오셨다는 기독교의 본질에 관한 것이다. 통탄할 일이다. 기독교의 허술함을 논한다는 분들의 천박함과 무지에 가슴을 쓸어내린다. 한 종교를 이해한다는 것은, 어떤 믿음과 종교적인 내용에 대해 인간의 혼탁한 행동을 근거로 삼아 함부로 잣대를 만들어 선을 긋고 목청 높여 난도질할 수 있는 그런 단순한 일이 결코 아니다. 타락의 가능성이 그 종교의 신적 존재와 무관하다고는 할 수 없지만, 인간의 타락 가능성은 모든 종교의 역설적 실체이기도 하다. 인간이 타락할 가능성이 없다면, 인간에게 종교가 필요하겠는가? 모든 사람이 그리스도인이 되자마자 예수처럼 숭고한 삶을 살 수 있다면, 그것은 다른 말로 "창조된 피조물의 세계"에서 "창조자의 세계"로 옮겨지는 것인데, 그런 일이 그리 쉽게 일어날 수 있겠는가?

따라서 한 종교를 판단하고 이해할 때, 그 종교의 깊이와 참모습이 무엇인지, 그 독특함과 신비가 무엇인지를 치열하게 고민한 후에야 비로소 그 문제점에 대한 논의를 시작할 수 있을 것이다. 더욱이 창조주 하나님이 인간으로 찾아오셔서 고난받는 자들과 함께하시다가 십자가에서 고난을 당하고 죽었다는 이 심원한 기독교 사상을, 그 어떤 종교나 철학에서도 찾아볼 수 없는 이 고유한 기독교의 신비를, 인간이 다 이해했다고 소리를 높이는 그 자체가 인간의 천박함을 치명적으로 드러내는 일이다. 바로 그런 사람들을 위해서 예수께서 친히 찾아오셨다.

기독교를 통한 기독교. 우리는 왜 그리스도인인가? 그리고 왜 이 질문을 던져야 하는가? 우리가 그리스도인인 이유는 다양하다. 어떤 사람은 가문의 전통을 따라, 어떤 사람은 따뜻한 사회 공동체를 만들기 위해 그리스도인이 되었을 것이다. 어떤 이유로 그리스도인이 되었든지 간에, 우리가 기독교 신앙을 가지게 된 것은 하나님의 전적인 은혜이자 성령의 역사다. 이유를 설명할 수 있다면 은혜는 더 이상 신비가 아닐 것이다. 그런데 기독교 신앙을 가지고 그 신앙대로 살아가기를 힘쓰는 이유가 기독교 외부의 요인, 예를 들어 가문의 전통, 사회의 분위기, 교회 생활의 유익함 등 때문이라면, 우리는 같은 이유로 얼마든지 다른 종교를 가질 수 있고, 그렇게 되면 종교 간의 차이도 무의미해진다. 결국 이런 이유로는 "왜 다른 종교인이 아니고 하필 그리스도인인가?"라는 질문에 대한 올바른 대답을 찾기 힘들다.

삼위일체 하나님, 그리스도의 삶, 죽음, 부활, 인간에 대해 강의하는 자리에서 설명이 조금이라도 복잡해질 때면, 평신도뿐만 아니라 신학생, 목회자들조차도 "도대체 왜 우리가 이렇게 복잡한 내용을 공부해야 하는가?"라는 질문을 제기한다. "그냥 믿으면 안 되는가?"라는 말도 나온다. 심지어 한 원로 목사님께서는 "신학교를 졸업함과 동시에 그곳에서 배웠던 것을 모두 잊어버려야 목회를 잘 할 수 있다"고 주장한다. 정말 그런가?

믿음은 그 믿음의 내용과 무관한가?
믿음이 가지는 내적 현상과 외적 현상의 차이에 대해서는 오래전부터 논의가 있었다. 믿음은 확신과 지식이라는 두 가지 특징을 가진다. 신학자들은 중세부터 믿음을 객관적인 지식(*fides quae creditur*, 믿어지는 내용으로서의 믿음)과 주관적인 확신(*fides qua creditur*, 그 지식을 믿게끔 하는 그 믿음)으로 나누어 이해해왔다. 개혁주의자 칼뱅 역시 믿음을 지식과 확신이라고 정의했으며 하이델베르크 교리문답도 그의 정의를 따르고 있다. 만약 믿음이 확신일 뿐이라면 강한 믿음의 소유 여부가 가장 중요한 믿음의 척도가 될 것인데, 그런 잣대로는 그리스도인들보다 더 강한 확신으로 다른 종교를 믿고 있는 사람들이 더 참된 믿음을 가졌다고 평가할 수도 있다. 그러나 믿음은 무엇을 믿는가가 핵심이다. 즉 믿음의 내용이 믿음의 중요한 구성 요소다. 따라서 "우리는 왜 그리스도인인가?"라는 질문에 대해 기독교의 내용에서 그 답을 찾아야 한다.

우리는 기독교 때문에 그리스도인이어야 한다.

그러나 이 지점에 이르면 문제가 심각해진다. 기독교를 믿기 때문에 그리스도인이라고 한다면, 우리는 기독교에 대해서 얼마나 알고 있고, 또한 그 앎을 삶 속에서 실천하기 위해 얼마나 치열하게 노력하고 있는가? 예를 들어 우리 자녀들이 철학과 과학을 배우면서 종교의 가치에 대해 회의하게 되고, 우리에게 "도대체 왜 아직도 그리스도인인가?"라는 질문을 던진다면 무엇을 설명해줄 수 있을까? 살면서 타락과 위선과 오만으로 가득 찬 그리스도인들을 만나거나, 그 속에서 별 탈 없이 살아가고 있는 자신을 문득 발견하게 될 때, 우리는 스스로 "왜 나는 아직도 그리스도인인가?"라고 물을 수밖에 없다. 어떤 이야기로 그들을, 또는 우리 자신을 위로하거나 채찍질할 수 있을까?

"우리는 왜 그리스도인인가?"라는 질문의 가치가 바로 여기에 있다.

우리가 그리스도인인 이유를 "우리 자신"이나 기독교 외부의 환경에서 찾는다면, "우리 삶과 실존의 오르내림"이나 교회의 부흥과 타락에 따라 우리의 신앙도 부침을 거듭할 수밖에 없다. "왜 그리스도인인가?"라는 질문에 답하기 위해서는, 기독교 신앙의 내용을 통해 기독교의 참모습을 찾고자 하는 질문, 즉 "다른 종교에서 찾을 수 없는 기독교의 고유함이 무엇일까?"라는 질문에 먼저 답해야 한다. 그 질문을 충실하고 깊이 있게 숙고한 후에야 비로소 다른 종교를 믿는 사람들, 무신론자들, 인문주의자들과도 생각을 나누고 그들을 섬길 수 있을 것이다. 이 책은 이런 질문에 대해 가능한 대답들을 다각도로 탐색하면서 기독교의 고유함을 설명하려는 시도다.

고유함과 설명함. "기독교의 고유함을 설명한다는 것"은 두 가지 점에서 잘못 이해되기 쉽다. 첫째, 사람들은 "고유함"이라는 속성을 가진 것은 배타적일 것이라고 여기는 경향이 있다. 그러나 철학과 타 종교와 인간의 문화와 상황을 외면하고 그것으로부터 소외되면서까지 깨달을 수 있는 고유함이란 존재하지 않는다. 한국인을 더 잘 알기 위해서는 중국인과 일본인을 잘 알아야 하는 것과 비슷한 이치다. 한 인간은 고유한 인격으로서 함부로 훼손될 수 없는 절대적 가치를 지니고 있지만, 그 가치가 자신을 스스로 돌아보고 결정할 수 있는 능력으로 늘 이어지는 것은 아니다. 인간은 주로 타자와의 관계성 속에서 자신을 읽어내곤 한다. 즉 타자 속에서 자신을 다시 타자로 바라봄으로써 자신을 넘어서고(exocentricity), 동시에 자신으로 돌아와 자신을 판단한다.[1] 고유함이란 "함께하고 나눔으

---

1   Wolfhart Pannenberg, *Anthropology in Theological Perspective*, trans. J. O'Connell (Philadelphia: The Westminster, 1985), 62.

로써 고유함을 발견하게 됨"과 "그 고유함으로 다시 진정으로 함께하고 나눔"이라는 특성을 가진다. 이 양방향의 역동성이 고유함의 배경이 된다. 이 책에서는 여러 종교와 철학을 살펴봄으로써 기독교의 고유함에 대해 구체적으로 설명할 것이다.

둘째, 무언가를 "설명"하는 것은 지성주의적인 면모를 포함하는 행동이지만, 지성주의는 아니다. 기독교 지성이 대면하고 있는 신비는 결코 무지에서 오는 것이 아니다. 오히려 "그리스도로 찾아오신 하나님의 신비가 너무 엄청나서 도저히 침묵할 수 없음"이 바로 이 설명함에 가깝다. 진정한 신비는 우리의 모든 설명 가능성이 철저히 소진되었을 때 비로소 그 모습을 드러낸다. 즉 설명함이란 깨달음과 지식의 조각들로 이루어져 있으나, 역설적으로 기독교의 신비를 향하고 있다.

우리의 지식과 삶은 하나님 앞에서 매우 작고 연약한 것에 불과하다. 세상을 창조하시고 친히 육신으로 찾아오셨을 뿐만 아니라 성령으로 우리 안에 거하시는 그 하나님의 신비를 우리가 어떻게 다 설명할 수 있으랴. 그러나 기독교의 하나님은 우리를 찾아오시는 인격적인 하나님이다. 하나님은 우리를 부르고 초청하기 위해 우리에게 자신을 드러내고 선포하고 희생하고 가르치고 약속하신다. 이 하나님의 신비가 우리를 찾아와 우리에게 기독교의 참모습을 가르치시고, 동시에 우리의 무너진 소망을 세우며 우리의 삶을 하나님께로 인도하기를 소망하고 기도하는 바다.

감사. 신학교에서 딱딱하고 어려운 조직신학을 가르치면서 "아, 기독교가 이렇게도 심오하구나"라고 느낀 순간들이 있었고, 그렇게 깨달은 점들을 강의를 통해 학생들과 함께 나누어왔다. 지난 2015년 여름 뉴저지 갈보리 연합감리교회에서 "기독교의 고유함"이라는 주제로 기독교의 핵심적인 사상을 여덟 차례에 걸쳐 나눌 기회가 있었고, 그 강의들을 토대로 삼아 이 책의 많은 부분을 첨가하고 수정하였다. 소중한 나눔의 기회를 주신 갈보리교회의 도상원 목사님과 교우들께 이 자리를 빌려 다시 한 번 깊이 감사드린다.

책의 틀, 읽는 순서, 핵심적인 개념들, 줄거리. 이 책의 주제는 기독교의 고유함이며, 이 책을 관통하는 3가지 주장은 다음과 같다. (1) 인격이란 주체의 고유함을 가지고 있으면서도 주체 속에 갇혀 있지 않고, 관계와 공동체 속에서 형성되지만 관계성 속에 함몰되지 않는다. (2) 하나님과 인간의 관계는 인격적이고 살아 있는 관계지만, 서로 경쟁하는 인과관계는 아니다. (3) 기독교 신학은 전통적인 "은총과 믿음"의 신학과 현대적인 "상황과 행동"의 신학 위에 제3의 신학, 공간과 거리 두기, 내려놓음과 하나님의 포용의 신학을 모색해야 한다. 이 책은 이런 세 가지 신학적 생각들을 하나로 모아서 신학화하기 보다는, 군데군데 던져 놓으며 훗날을 기약할 것이다.

각 장의 서두에서는 주제와 관련된 나의 경험을 소개할 것이다. 한 인간의 협소한 경험이 신학의 중요한 주제들과 모두 연관될 수는 없지만, 최소한 "왜 나는 이러한 문제에 깊은 관심을 가지게 된 것인가?"를 설명함으로써 신학적 사색과 논의가 우리의 삶과 결코 무관하지 않다는 것을 보일 것이다. 대부분의 장의 초반부에서 철학적 논의와 신학적 논의를 다룰 것이지만, 그렇다고 해서 철학과 신학이 성경 말씀보다 더 중요하다는 의미는 아니다. 성경의 내용이 얼마나 풍요로운지를 이해하려면 철학과 신학의 가치와 한계를 먼저 알아야 한다. 성경 말씀의 본문을 이해하려면 철학적·신학적인 틀이 필요하기 때문이다. 각 장의 마지막 부분은 다양한 성경 본문을 근거로 우리가 다루는 주제와 관련된 말씀을 선포하는 데 집중할 것이다. 정리하면 각 장의 "글의 순서"는 경험→철학과 신학→성경이지만, "이 책이 의도하는 것"은 하나님의 말씀과 선포→철학과 신학의 가치와 한계→우리의 삶에 대한 새로운 통찰이 될 것이다. 만약 철학과 신학 부분이 어렵게 느껴진다면, 도입의 경험과 문제 제기를 읽은 후 바로 마지막 부분의 성경 본문으로 신학하기 부분을 읽고, 중간으로 돌아와 철학과 신학 부분을 가장 나중에 읽는 것도 한 방법이 될 수 있다. 하지만 인내하면서 글의 순서를 따라가는 것이 말씀의 깊이를 가장 잘 이해할 수 있는 방법일 것이다.

각 장에서 주목할 만한 핵심적인 개념과 새로운 사상은 다음과 같다.

Ⅰ. 성경은 하나님의 말씀인가?
인간이 도저히 꾸며낼 수 없는 이야기, 지독한 자기비판, 자기희생적 신 존재, 초월/임재/인격의 하나님

Ⅱ. 철학, 종교, 그리고 기독교의 고난 이해
세 가지 질문, 철학과 타 종교의 한계, 욥기와 전도서, 까닭 없는 고난, 이원론적 인과관계를 넘어서, 존재론적 일원론과 인식론적 이원론, 신비의 거리 두기, 그리스도의 나눔과 짊어짐

Ⅲ. 예수는 하나님인가?
고백하는 제자들의 기독론과 선포하는 예수의 기독론, 사람의 아들이라는 용어의 역설, 내재적·사회적 삼위일체를 선포하는 예수, 가난한 자에게 속한 하나님 나라를 선포하는 예수, 경쟁하는 동등함과 희생하는 동등함.

Ⅳ. 인간, 가장 높은 자이자 가장 낮은 자
인간은 하나님, 자연, 인간과 연합되어 창조된 대동(大同)의 존재, 삼위일체 하나님의 형상, 치열하고 포괄적인 죄, 보복하는 정의가 아닌 고쳐주시는 정의.

Ⅴ. 자유, 종교개혁, 그리고 하나님의 자리

자유의 역설, 자유의 네 얼굴, 자유됨과 자유함, 거리 두기의 자유-하나님의 자리. 루터와 칼뱅의 자유됨과 자유함, 삼위 하나님과 자유, 은총으로서의 자유(보편적 자유, 파격적 자유, 존엄한 자유), 포용의 자유.

I장 "성경은 하나님의 말씀인가?"에서는 성경이 하나님으로부터 온 계시라는 것을 어떻게 설명할 것인가에 대해 다룬다. 어떤 학자들은 구약은 근동 지역의 많은 이야기들의 영향을 받았고, 신약의 복음서는 예수의 제자들이 십자가 사건 이후에 꾸며낸 것이라고 주장하기도 한다. 나는 이에 대해 다음과 같은 3가지 점을 제시할 것이다.

1. 인간이 도저히 꾸며낼 수 없는 이야기나 사상이 성경에 있다.
2. 그 꾸며낼 수 없는 이야기와 사상이 인간의 사고와 삶과 문화를 더 높은 곳으로 인도하고 인류에게 새로운 길을 제시한다.
3. 인간이 도저히 꾸며낼 수 없는 이야기와 사상은 결국 인간 외에 다른 누군가가 만든 것이어야 하는데, 그 내용이 인간을 더 높은 곳으로 인도한다면 그것을 선포한 존재는 인간보다 우월한 신적 존재다.

I장에서는 인간이 도저히 꾸며낼 수 없는 이야기에 등장하는 3가지 주제, 즉 (1) 구약의 치열한 자기비판, (2) 신의 자기희생, (3) 초월적이고 내재적이면서 동시에 인격적인 하나님에 관해 간략히 다룰 것이다. 이어지는 II, III장에서는 인간이 도저히 꾸며낼 수 없는 이야기가 인간을 어떻게 더 높은 곳으로 인도하고 있는가를 논의할 것이고, IV장에서는 가장 오래된 성

경의 인간학이 가장 현대적이고 균형 잡힌 사상으로서 인격적 하나님을 가장 잘 드러내는 인간학이라는 점을 강조할 것이며, V장에서는 철학이 이해하는 자유는 자유의 네 얼굴을 조화롭게 설명하기 어려운 데 반해 기독교의 자유 사상은 하나님의 자유를 반영하기 때문에 자유 일반에 대한 새로운 통찰을 제공한다는 점을 강조할 것이다. 즉 I장의 주장을 II-V장에 걸쳐 자세히 풀어 설명하는 셈이다.

II장에서는 고난과 기독교를 다룬다. 고난은 심판과 교육이라는 의미를 갖기도 하지만, 이 장에서는 까닭 없는 고난, 불의한 고난, 절대 고난과 같이 철학과 종교가 가장 다루기 어려운 고난의 신비에 초점을 맞춘다. 인간은 이 고난이 어디에서 왔는지 질문하고 기독교는 창세기를 통해 고난의 근원을 죄의 결과로 해석하기도 하지만, 사실 고난의 신비는 인간의 사고를 넘어서는 것이다. 따라서 II장은 아래의 세 가지 질문을 집중적으로 다룬다.

1. 관점: 인간 고난의 다양함과 깊이를 철학과 종교가 얼마나 잘 이해하고 있는가?
2. 신의 행동: 신적 존재는 인간의 고난에 어떻게 관계하고 행동하는가?
3. 인간의 행동: 인간은 자신과 타자의 고난 앞에 어떻게 행동해야 하는가?

철학은 고난의 문제를 다루며 신의 존재 여부에 깊은 관심을 두지만, (1) 인식과 지성의 한계, (2) 경험의 불확실성, (3) "신"이라는 초월적 존재를 주제로 삼고 있기 때문에, 신의 존재에 대한 추가적인 설명 없이 구체적인 논리를 전개하기는 힘들다. 더구나 (1) 고난의 공유, (2) 유일한 고난,

왜 나는 아직도 그리스도인인가?

(3) 고난을 논할 수 있는 자격에 관해서도 논의해야 한다. 가장 어려운 문제는 "고난은 정의로운가?"라는 질문이다. 나는 철학이 이 모든 문제를 "논리적으로", "철학이 사용하는 용어와 개념으로" 설명하기에는 턱없이 부족해 보인다는 점을 먼저 지적할 것이다.

이어서 고난과 신의 양립 가능성을 논리적으로 파헤치기보다는 "신의 존재나 부재를 먼저 가정하고 고난의 문제를 다루는 것은 어떨까?"라는 주장을 제시한다. 만약 신이 존재하지 않는다면, 인간이 스스로 고난을 감당하기에는 어려운 난관이 많다. 탐욕과 무관심으로 살아가는 인간들이 고난을 극복하기 위해 거룩한 연대를 이루고 스스로를 회복한다는 것은 불가능한 일이다. 따라서 "신이 존재한다면 고난의 문제를 어떻게 이해하고 극복할 수 있을까?"에 대해 살펴볼 것이다.

이신론, 범신론, 만유내재신론, 카발리스트 신관은 "신은 고난에 어떻게 관계하고 행동하는가?"라는 질문에 주목한다. 이신론의 신은 고난과 무관하지만, 범신론의 신은 고난 그 자체다. 인간의 고난을 외면하거나 인간의 고난과 동일한 신은 인간과 최소한의 관계조차 맺기 어렵다. 이 두 극단적인 신관을 극복하는 중도적인 신관으로서의 만유내재신론은 고난과 직면해 있지만 고난에 종속되지 않는 신을 제시한다. 고대의 만유내재신론은 고난과 신이 경쟁하고, 현대의 만유내재신론은 구체적인 신의 행동에 관해 폭넓은 스펙트럼을 보여주지만, 바로 그 다양한 주장으로 인해 결국에는 범신론 혹은 이신론의 특징으로 돌아가고 만다. 유대의 카발리스트 신관도 고난 속에 있는 인간들을 향한 신의 행동을 "축소"와 "유배"로 설명하는데, 신의 축소는 신과 인간의 경쟁 구도를 시사한다는 한계를 가진다. 이런 신관들은 신의 행동에 대해 구체적인 내용을 제시하는 데 한계가 있기 때문에, 세 번째 질문인 "인간은 자신과 타자의 고난 앞에 어떤 행동을 할 수 있는가?"에 대해 구체적으로 답하지 못한다. 그러나 우리는 우리가 믿는 신이 구체적으로 어떤 행동을 하는지 알아야, 그에 따라 우리도 고난 앞에서 어떤 행동을 해야 하는지를 알 수 있다. 따라서 구체적인 "신의 행동"을 살펴보기 위해 불교, 이슬람교, 힌두교를 다룰 것이다.

불교는 전반적으로 고난의 문제를 핵심적인 주제로 다루고 있지만, 초기 불교는 고난을 허상으로 이해하거나 개인적인 고난만을 다루고 있어서 고난을 포괄적으로 이해하기는 어렵다. 이슬람교는 고난을 하나님의 시험으로 여기고 고난을 견뎌내는 것을 강조하고 있는데, 욥기에서 욥의 친구들이 욥의 고난에 대한 이유를 찾으려고 했던 것에서 알 수 있듯이 신과 고난을 인과관계의 틀 속에 이해하는 한계를 보여준다. 힌두교의 카르마는 개인이 경험하는 고난의 원인을 설명할 수 없다는 점에서 치명적이다. 또한 인격적 신인 크리슈나가 고난에 대해서 어떤 행동을 하는지 불분명하다는 점이 한계로 작용한다. 세 종교의 고난 이해의 특징을 정리하면 아래와 같다.

1. 관점: 까닭 없는 고난에 대한 논의가 없다. 따라서 고난에 대한 관점이 제한적이다.
2. 신의 행동: 인간이 고난을 인내하고 극복하는 것이 천국이나 해탈에 이르는 길이다. 따라서 신이 인간의 고난에 어떻게 관계하고 행동하는지를 구체적으로 알 수 없다.
3. 인간의 행동: 한편으로는 인간이 고난을 어떻게 극복해야 하는가에 초점을 맞추고 있지만, 다른 한편으로는 사회적 고난이나 고난에 대한 사회적 연대에 대해 심도 있게 다루고 있지 않다.

이에 반해서, 기독교는 위의 세 가지 질문을 본격적이며 급진적으로, 동시에 풍요롭고 포괄적으로 다룬다.

1. 고난에 대한 이해: 인간의 죄악과 한계로 인해 고난이 올 수도 있으며(창세기, 욥기, 전도서의 윤리적 해석), 까닭 없이 고난이 올 수도 있고(욥기), 의인이 고난받을 수도 있으며(시편), 인격적 신의 섭리 아래에서도 부조리, 무의미, 죄, 죽음, 시간 등의 총체적 고난 속에 살아가기도 한다(전도서). 또한 기독교는 인격적이고 살아 계신 하나님이 다스리는 세상 속에 부조리하고 이해하기 힘든 고난이 존재할 수도 있다는 제3의 공간, 즉 고난의 신비(욥기, 전도서)를 선포한다. 기독교는 고난을 이토록 역동적이고 총체적으로 이해한다. 그러므로 우리는 하나님 앞에서 탄식할 수도 있고, 인간의 무지를 한탄할 수도 있으며, 고난의 신비 앞에 침묵할 수도 있고, 세계와 인생의 의미와 가치, 부조리와 무의미에 대해서 개방성을 가질 수도 있으며, 또한 고난에 대한 책임과 자유를 누리기도 한다.

2. 신의 행동: 고난에 대한 기독교의 이해는 윤리적·인격적·신비적인 요소를 모두 포함하는 심원한 넓이와 깊이를 보여준다. 우리는 인간의 고난에 대한 하나님의 행동이 구체적이고 심원하게 나타나는 것을 통해 이를 확인할 수 있다. 욥의 탄원을 허용하고 욥과 대화하는 하나님의 행동 속에서, 우리는 자신을 방어하지 않음으로써 더 깊은 인격적인 관계 속에 들어오시는 하나님을 발견한나. 또한 이 인격적인 하나님은 의와 사랑으로 세상과 인간과 관계하신다. 인간의 고난은 하나님의 심판일 수도 있고, 인간을 고쳐서 자신에게로 향하게 하는 하나님의 인도하심과 가르침일 수도 있다. 그러나 가장 중요한 하나님의 행동은 나눔과 짊어짐이다. 하나님은 인간이 고통으로 신음할 때 인간과 함께하신다. 하나님은 내가 사망의 골짜기를 지날 때도 나와 함께하시는(시 23:4) 임마누엘의 하나님이다. 그리고 그 하나님은 단순히 우리 곁에 있는 남편과

아내 같은 하나님이 아니라, 우리 안으로 찾아와 십자가에서 자신의 몸과 피를 나누면서 인간의 고난을 나누고 짊어지시는 하나님이다. 인간이 고통으로 절규할 때 하나님은 그 고통 속에서 인간과 함께하신다. 인간이 고통과 죄로 죽음과 같은 삶을 살아갈 때 하나님은 그 인간의 죄와 고통과 죽음을 짊어지신다. 기독교의 하나님은 바로 고통의 하나님이다. 고난에 대한 기독교의 이해는 신의 자기희생을 배경으로 하는 치명적이고 극단적이며 구체적인 것이다.

3. 인간의 행동: 욥은 자신의 고통을 통해 고통 속에 있는 자들과 깊은 연대 속으로 들어가게 되었다. 예수 그리스도는 고통 속에 있는 자들을 자신의 형제라고 부르며 그들과 함께 고난을 나누는 자들이 하나님 나라에 들어갈 것이라는 선명한 가치, 즉 "고난의 연대"를 제시하셨다. 그리고 십자가를 지고 나를 따르라고 말씀하셨다(막 8:34). 기독교는 하나님 홀로 인간의 고통을 나누고 짊어지는 것이 아니라, 그 하나님을 따르는 자들도 고통의 연대 속으로 들어가는 희생적인 삶을 살아야 할 것을 강력하게 선포하는 종교다. 이것은 고난 자체를 정당화하거나 미화하는 것이 결코 아니다. 수동적으로 고난을 당하는 삶에서 한발 더 나아가, 인간의 죄와 고난을 짊어지신 그리스도를 따라서 의와 사랑으로 "고난을 이루는 삶"을 살라는 의미다. 십자가를 지고 그리스도를 따른다는 것은 "불의와 싸우는 의, 고난받는 자들과 함께하는 사랑을 이루는 것"이다.

인간의 고난에 대한 기독교의 심원한 깊이와 폭은 인간이 결코 스스로 꾸며 낼 수 있는 것이 아니다. 오죽하면 후대의 사람들이 가장 오래된 욥의 이야기 속에 전개된 "까닭 없는 고난"을 읽고서도 그 깊은 의미를 깨닫지 못하고 계속해서 욥의 고난의 까닭을 찾으려 했을까! 인간은 결코 제대로 이해할 수 없는 내용을 꾸며낼 수 없다. 이 깊은 내용을 담고 있는 성경은 오직 살아 계신 하나님만이 인간에게 계시할 수 있는 살아 있는 말씀이다.

Ⅲ장에서는 그리스도가 과연 신적 존재인가를 다룬다. 예수의 기적과 부활은 제자들이 꾸며낼 수도 있는 이야기다. 신이 기적을 행하고 다시 살아난다는 것은 평범한 인간이 상상할 수 있는 내용이다. 복음서의 상당 부분을 사건 이후의 소리(*vox post eventum*)라고 해석함으로써 제자들이 꾸며낸 이야기일 것이라고 주장하는 신학자들도 있다.

그러나 예수의 행동보다는 예수의 선포에 초점을 맞추어보자. 과연 예수의 선포와 가르침을 제자들이 꾸며낼 수 있었을까? 복음서를 보면 예수께서는 (1) 사람의 아들이자, (2) 삼위일체 하나님이며, (3) 하나님 나라를 선포하신 분이셨는데, 이는 복음서를 제외한 신약성경에 나타나는 제자들과 초기 기독교 공동체의 시각과는 매우 다르다. 이런 점에서 볼 때 인간이 도저히 꾸며낼 수 없는 내용을 선포하신 예수는 거룩한 하나님이라고 할 수 있다.

첫째, 예수는 자신을 "사람의 아들"로 불렀다. 그러나 스데반을 제외하고는 그 어떤 제자도 예수를 사람의 아들이라고 부르지 않았다. 구약에서는 이 용어가 예언자(에스겔), 영적 존재(다니엘)라는 뜻으로 쓰이기도 했으나, 주로 "사람"을 뜻할 때 사용되었다. 어떤 신학자들은 "사람의 아들"이라는 말은 예수의 인성을, "하나님의 아들"은 예수의 신성을 의미한다고 설명하기도 한다.

그렇다면 신약에서는 이 용어가 어떤 의미로 쓰이는가? 예수가 이 단어를 사용한 맥락을 살펴보면, (1) 자신을 지칭하는 인칭 대명사, (2) 고난, 죽음, 부활 이야기, (3) 대속물로 희생하고(공관복음) 모든 것을 다 이룬(요한복음) 자, (4) 종말에 재림할 자, (5) 죄를 용서한 안식일의 주인, (6) 하늘에서 내려온 하나님의 아들 등의 뜻으로 쓰였음을 알 수 있다.

어떤 학자들의 주장에 따르면 구약에서 사람의 아들이라는 용어는 인간을 의미하며, 예수가 스스로를 사람의 아들이라고 불렀다는 사실로 보아 예수는 부활 전까지 신 의식이 없었다. 그러나 위의 여섯 가지 맥락에서 알 수 있듯이 예수께서 사용하신 "사람의 아들"은 사람만을 의미하는 것이 아니다. 예수 자신도 이 용어를 사람, 고난과 죽음의 종, 부활하시고 다시 오실 메시아, 죄를 용서하고 안식일의 주인이 되시는 하나님, 위로부터 온 자와 같이 대단히 다층적인 의미를 표현하기 위해 사용하였다.

　그렇다면 이 용어는 제자들이 꾸며낸 것인가? 제자들이 신약을 기록한 가장 중요한 목적은 예수가 자신들의 메시아이며, 하나님의 아들이라는 것을 선포하는 데 있었다(막 1:1). 과연 제자들은 예수께서 위의 맥락에서 이 용어를 사용하면 예수의 신성이 더 드러날 것이라고 여기고, 의도적으로 예수께서 스스로 이 용어를 사용한 것처럼 꾸며낸 것일까? 만약 제자들이 정말로 복음서를 꾸며냈다면, 예수께서 사람의 아들보다는 하나님의 아들이라는 용어를 더 많이 사용한 것처럼 묘사하는 편이 더 적절하지 않았을까? 부활, 재림, 죄의 용서, 안식일의 주인 등은 신적인 모습을 강력하게 드러내는 신적 선포인데, 실제로 예수는 이러한 맥락에서조차 자신을 사람의 아들로 부르고 있다. 예수는 요한복음을 제외하고는 자신을 결코 하나님의 아들이라고 부르지 않았고, 사람의 아들이라는 용어를 고집했다. 따라서 이 용어는 제자들이 꾸며낸 용어라기보다는 예수 자신이 사용한 것이라고 보는 편이 더 타당하다.

　그렇다면 왜 예수께서는 사람을 뜻하는 용어인 "사람의 아들"을 그토록 집요하게 사용하셨을까? 첫째, 예수는 "사람"을 의미하는 용어로 자신을 칭함으로써 장차 성육신이 몰고 올 충격을 많이 완화하고자 한 것으로 보인다. 사람의 아들이란 용어는 하나님이 성육신하기까지 인간을 찾아온 "친밀함"이라는 성육신의 본질을 가장 잘 드러내는 용어이다. 둘째,

이 용어는 "배척당함, 버림받음, 시험당함, 광야의 삶, 유대 종교적 위선에 맞선 저항, 제자들과 민중들의 배반, 가난하고 고난당하는 자들에 대한 깊은 사랑과 연민, 하나님 나라의 사명, 밤을 지새워 하나님께 드리는 간절한 기도"로 표현되는, 역사 속에 찾아와 역사를 앞서가는 한 인간의 외로움과 사명을 가장 잘 나타낸다. 셋째, 이 용어는 "성육신은 점진적"이라는 점을 잘 드러낸다. 만약 예수께서 공적인 일을 시작하자마자 자신을 "하나님" 혹은 "하나님의 아들"이라고 불렀다면 어떤 일이 벌어졌을까? 정신이 온전치 못한 자로 취급되어 아무 관심을 받지 못했거나, 신성 모독죄로 바로 처형당했을 것이다. 인간은 육으로 찾아오신 하나님을 즉각적으로 이해하기 힘들기 때문에, 예수께서는 시간의 흐름 속에서 자신을 점차적으로 드러내셨다. 넷째, (2)-(6)의 맥락에서 알 수 있듯이 예수께서는 이 용어를 자신의 초월적인 모습을 선포하기 위해 사용했다.

그리스도는 찾아오시는 인간, 찾아오시는 초월자의 관점에서 인간의 연약함과 한계를 깊이 헤아리어 "사람의 아들을 선포"했고, 반면 그의 제자들은 찾아오신 분을 고백하는 자의 관점에서 "하나님의 아들을 선호"했다. 이것은 참으로 신비로운 역설이다. 이 신비로운 역설을 제자들이 의도하고 꾸며냈다고 보기는 어렵다. 사람을 뜻하는 용어인 "사람의 아들"은 인간을 깊이 헤아리고 그 인간으로 성육신하시어 하늘의 신비를 가르치신 죽음과 부활과 재림의 예수만이 다층적으로 사용할 수 있는 용어이며, 따라서 우리는 이 용어를 고집스럽게 사용하신 예수를 통해 기독교의 하나님의 인격과 살아 있음, 그 인격과 살아 있음의 구체적인 내용을 깨닫게 된다. 예수는 바로 이런 점에서 참 인간이자 참 하나님이다.

둘째, 예수는 삼위일체 하나님에 대한 기본적인 내용을 선포했다. 나는 예수의 삼위일체 신학을 다루기 전에 먼저 철학의 신관, 삼위일체 사상의 발달, 신학자들의 삼위일체 사상에 대해서 간략하게 살펴볼 예정이다. 이를 통해서 기독교의 삼위일체 사상이 얼마나 독특한 것인가를 깨달을 수 있을 것이다. 그렇다면 이 독특한 삼위일체 사상은 도대체 어디에서 왔는가?

삼위일체 신학은 여러 이단과의 논쟁을 통해 점진적으로 형성된 기독교 사상이다. 전통적으로 삼위일체 신학은 (1) 연합된 본성을 가진 세 분이 평등하다는 내재적이고 본질적인 삼위일체, (2) 창조하시는 성부 하나님, 구원하시는 성자 하나님, 거룩하게 하시는 성령 하나님으로 이해하는 경륜적 삼위일체, (3) 삼위 하나님 간의 사랑의 사회적인 관계를 제시하는 사회적 삼위일체 등으로 발전되어왔다. 그런데 일부 신학자들은 (2)의 관점에 매몰되어, 삼위 하나님의 내재적이고 본질적인 모습은 인간이 도저히 알 수 없고 오로지 경륜적 삼위 하나님을 통해 내재적 삼위 하나님을 깨달을 수 있다고 주장한다. 정말 그런가? 철학적으로 삼위일체 신학을 해석할 경우에는, 신이 인간과 어떻게 관계하는가를 살펴보고 난 후에야 그 신의 본질에 대해서 논할 수 있을 것이다. 그렇다면 기독교의 삼위일체 하나님도 그런 과정을 통해서 이해해야 하는가? 우리는 도대체 어떤 경로로 삼위 하나님의 본질이 연합되어 있으면서도 세 분의 인격이 서로 구분되고, 삼위 하나님이 서로의 안에 내주하기까지 깊이 사랑하는 관계에 있다는 것을 알게 되었을까? 우리가 하나님 자신의 본질과 내적 관계에 대한 이 깊은 비밀을 알 수 있는 길은 오로지 경륜적 삼위 하나님이 세계와 우리를 위해서 일하심을 경험하는 것 외에는 없는가?

편의상 복음서를 제외한 신약의 삼위일체 하나님 사상을 "제자들의 삼위일체론"으로, 복음서의 삼위일체 사상을 "예수의 삼위일체론"으로 칭하자. 빌립보서 2:5-9의 케노시스와 골로새서 1:15-20의 우주적 예수 그리스도를 만약 삼위 하나님에 대한 텍스트로 간주한다면, 제자들의 삼위일체론은 내재적인 삼위일체 사상을 포함한다고 볼 수 있다. 그러나 두 본문 다 성령을 포함하지 않은 채로 그리스도가 누구신지를 다루고 있으므로 기독론의 텍스트로 보는 것이 더 타당하다. 복음서를 제외한 성경의 몇몇 텍스트에 나타난 제자들의 삼위일체 사상에는 공통적으로 경륜적 삼위일체가 강조되어 있다. 이것은 지극히 당연한 결과다. 제자들은 삼위 하나님을 자신들의 경험을 통해 이해했기 때문이다.

그러나 복음서에서 예수께서 선포하신 예수의 삼위일체 사상은 경륜적 삼위 하나님을 포함하면서, 내재적 삼위일체, 사회적 삼위일체 하나님을 선포하는 것이 주를 이룬다. 즉 예수께서는 인간이 도저히 깨달을 수 없는 삼위 하나님의 본질과 그 사회적인 관계를 함께 선포하신 것이다. 나는 이것을 설명하기 위해 "성부와 성자의 내재적 관계", "성자와 성령의 상호의존적 관계"를 먼저 살펴볼 것이고, 이어서 "사회적 삼위 하나님의 사랑의 관계"와 "성령의 인격과 예수 그리스도"를 다룰 것이다. 이를 통해 삼위 하나님의 연합된 본질과 구분되는 인격이 단순히 1과 3 사이의 신비만을 의미하는 것이 아니라, 인간이 도저히 상상하기 어려운 구체적인 "내용"을 가지고 있다는 것을 강조할 것이며, 삼위 하나님의 동등함(equality)은 인간이 주로 이해하고 받아들이는 경쟁하는 동등함(competing equality)이 아니라 희생적·상호의존적·상호내주적 동등함(sacrificial, interdependent, indwelling equality)이라는 점을 강조할 것이다.

제자들은 삼위 하나님의 경륜을 받는 자들의 시각을, 예수는 삼위 하나님의 신비를 선포하는 자의 시각을 드러낸다. 따라서 이 예수의 삼위일체 사상은 제자들이 의도적으로 꾸며낼 수 없는 예수의 고유한 사상이다. 예수의 삼위일체 사상은 더 나아가, 다양성 속의 연합, 희생하고 상호 거주하는 사랑과 일치라는 새로운 가치를 인류에게 제시한다. 오직 삼위 하나님께 속한 자만이 이 신비를 우리에게 계시할 수 있으므로, 우리는 예수 그리스도가 삼위 하나님을 우리에게 드러내신 참 하나님이라고 할 수 있다.

셋째, 예수는 하나님 나라의 신비를 선포했다. 하나님이 세상을 다스린다는 것은 구약의 중요한 개념 중 하나다. 구약에 나타난 하나님의 통치는 영적인 의미를 포함하고 있으면서도, 이스라엘이라는 사회적·정치적 실체와의 관계 속에서 강조되었다. 복음서를 제외한 신약을 보면 초기 교회 공동체는 하나님 나라에 대해 30여 차례, 교회에 대해 100여 차례 언급하고 있다. 이들은 세상의 나라인 이스라엘에 대비하여 진정한 영적인 이스라엘은 교회나 그리스도를 따르는 자들이라고 이해했기 때문에, 하나님 나라의 사회적 실체보다는 영적 실체에 더 초점을 맞춘 것으로 보인다.

반면 복음서를 보면 예수는 교회에 대해 2번 언급하고 있으며(마 16:18; 18:17), 하나님 나라에 대해서는 약 120여 차례 이상 가르치고 선포하였다. 예수께서는 하나님 나라의 영적·사회적 면과 그 신비를 다채롭게 선포했고, 초기 교회는 교회라는 실체 속에서 그 하나님 나라를 어떻게 이루어 가는가에 더 초점을 맞추었던 것으로 보인다. 만약 예수의 선포를 고려하지 않는다면, 하나님 나라는 이스라엘이라는 한 국가와 민족을 통해, 그리고 교회라는 그리스도의 몸을 통해 하나님께서 세우시는 나라라고 생각하기 쉽다.

그런데 제자들이 이해한 하나님 나라와 예수께서 선포하신 하나님 나라 사이에는 공통점과 차이점이 있다. 제자들의 하나님 나라는 (1) 그리스도에 관한 나라, (2) 교회를 통한 하나님 나라, (3) 하나님 나라에 어떻게 들어갈 것인가, (4) 가난한 자들의 나라(약 2:5)등의 요소를 포함한다. (4)는 오직 야고보서에서만 등장하는 시각이다. 반면 예수는 (1) 교회, (2) 하나님 나라의 영적·윤리적 면, (3) 예수님 자신, (4) 드러남과 감추어짐, 배제와 포용이 공존하는 신비의 나라, (5) 이 땅의 가치와는 다른 이상하고 역설적인 나라, (6) 가난하고 고난받는 비천한 자들의 하나님 나라를 선포하셨다.

우리가 주목할 것은 (4)-(6)이다. 우리는 보통 종교적 믿음과 종교적 행위를 구분하는 데 익숙하지만, (4)-(6)은 이런 범주를 넘어선다. 특히 하나님 나라가 고난받는 자들에게 속한다는 (6)의 사상은 마태복음 25:31-46에 잘 드러나 있는데, 이것은 예수께서 재림할 때까지 계속되는 하나님 나라의 실체다. 종교적 믿음, 도덕적 선행이라는 일반적 범주를 넘어서서 제3의 범주, 즉 고난의 종과 고난받는 자들의 연합이라는 세계와 만나게 된다. 이것은 우리가 알고 있는 종교적·도덕적 세계를 배제하는 것이 아니라, 그 위에 또 다른 제3의 세계를 첨가하는 것이다. 그리고 이스라엘이나 교회를 통하기보다는 하나님께서 친히 고난받는 자들 속에서 그들과 함께하신다는 기독교의 새로운 가치를 제시하는 것이다.

우리는 흔히 하나님 나라와 세상 나라를 구분할 때 하나님의 법적 심판이나 용서, 우리의 믿음과 삶을 중요한 기준으로 삼는다. 물론 하나님과 인격적인 관계 속에 있는 우리가 삼위 하나님을 믿고 고백하며 하나님의 사랑과 구원에 반응하고 그 뜻을 이뤄가는 과정은 대단히 중요한 것이다. 그러나 구원은 일차적으로 하나님께 속한 하나님의 일이다. 하나님이 죄악으로 가득한 자를 용서하시며 고난받고 버림받은 자를 품으시는 것은 너무도 당연한 일임에도 불구하고, 우리는 그 배경에 깔린 "하나님의 섭리와 논리"를 먼저 알기 원하며, 그 과정에서 "우리의 의식과 참여"가 어떤 기여를 할 수 있는지 늘 궁금해한다. 나 자신이 하나님의 무조건적인 사랑의 수혜자임에도, 타인을 향한 하나님의 무조건적인 사랑을 불편하고 당혹스럽게 여긴다. 바로 이 점이 제자들의 하나님 나라와 선명하게 구분되는 예수의 하나님 나라다. 마태복음 25장의 말씀은 오늘을 사는 우리에게도 여전히 충격적인 말씀이다. 뭇 사람들이나 제자들이 결코 꾸며낼 수 없는 말씀이다. 그리고 우리가 도저히 꾸며낼 수 없는 이 하나님 나라의 신비를 선포한 자는, 하나님 나라의 주인인 예수 그리스도이며 사랑과 연민의 하나님이다.

제자들은 하나님 나라의 "기준"에 관심을 보였지만 예수께서는 인간의 비참한 상태를 깊이 헤아리시고 이 불쌍한 자들을 아무런 조건 없이 품으셨다. 이처럼 예수의 하나님 나라는 인간들이 꾸며낼 수 없는 신비하고 신비한 나라다. 오직 하나님 나라의 주인만이 "기준의 덫"에 갇힌 인간들을 향해 혁명적이고 충격적인 하나님 나라를 선포하고 그 나라를 이루어 갈 것이다. 예수는 하나님 나라의 주인이자 참 하나님이다.

IV장은 인간이 누구인가를 다룬다. III장까지는 예수의 선포와 가르침이 "인간이 도저히 꾸며낼 수 없는 이야기"라는 것에 초점을 맞췄다면, 이 장에서는 (1) 오래된 기독교의 인간 이해가 사실상 매우 현대적이며 (2) 인간의 선함과 악함을 가장 균형 있고 밀도 있게 보여준다는 것을 주된 논점으로 삼아, 창세기의 인간학, 하나님의 형상, 죄라는 세 가지 주제를 통해 하나님 앞에 서 있는 인간이 누구인지를 탐색한다.

창세기 1-3장에 나타난 인간은 하나님의 형상, 땅의 먼지, 타자로부터 온 대동(大同, grand unity)의 존재다. 이처럼 신과 자연과 타자와의 본질적 연합으로 인간을 이해한 종교나 철학은 기독교가 유일하다. 대동 속에서 인간은 하나님과 자연과 타자와 상호적인 관계를 맺는다. 또한 인간은 하나님의 뜻이 담겨 있는 존엄하고 창조적이며 자유로운 존재다.

그런데 인간은 타락했다. 이 장에서는 타락과 타락의 결과가 인간에게 유전적으로 씌워진 굴레인지(유전적 원죄), 혹은 인류가 함께 싸워나가야 할 보편적 문제인지(설명적 원죄)를 논의할 것이다. 예를 들어 남녀의 차별은 죄의 결과로 우리에게 유전된 것이므로 그것을 숙명처럼 받아들여야 하는지, 혹은 타락한 인간의 현상이므로 인류가 그 차별과 폭력에 저항하여 싸워나가야 하는지와 같은 질문이 주어질 수 있다. 또한 삼위일체 하나님의 여성주의(Trinitarian Feminism, 성부-창 1:26-27, 성자-갈 3:27-28, 성령-욜 2:28-29, 행 2:17-18)를 강조할 것이다. 자세히 들여다보면 폭력과 지배, 남녀차별, 환경 파괴 등과 같은 현대 사회의 주요 문제들은 창세기의 창조와 타락, 타락의 결과와 깊이 연관되어 있다. 따라서 우리는 가장 오래된 창세기의 이야기 속에서 발견되는 가장 현대적인 인간론을 조명함으로써 이런 문제들을 해결할 수 있는 실마리를 찾을 수 있을 것이다.

하나님의 형상은 기독교 인간학의 핵심 가치이자 고유한 사상이다. 아우구스티누스와 칼뱅은 하나님의 형상에 인간의 육체와 영혼을 모두 포함했으나, 하나님 형상의 주된 처소는 영혼이라고 생각했다. 많은 학자들은 이러한 이원론이 서양 기독교 제국주의의 배경이 되었다고 본다. 따라서 성경적인 하나님 형상론을 알아보기 전에 본체 이원론, 속성 이원론, 물리주의, 복합 이원론, 출현 이원론 등을 간략하게 소개할 것이다.

창세기에 따르면 하나님의 형상이 남자와 여자에게 주어졌다. 동물과 구분되는 인간의 결정적인 능력은 무엇보다도 자신을 돌아보는 깊은 자성적 능력이다. 동물도 기초적인 수준의 자성적·반성적 능력을 가지고 있지만, 그 범위는 인간에 미치지 못한다. 인간의 자성적 능력은 도덕적 가치, 실행적 행동, 내면적 사고, 사회적 관계, 절대자와의 관계 등 인간 삶의 다양한 측면을 통해 형성되고 실행된다. 뿐만 아니라 과거를 기억하고 현재를 돌아보며 미래를 설정하는 통시적인 능력 역시 인간의 총체적 인격 형성과 함께 발달한다. 과거에는 이 능력이 주로 영혼이나 지성에 속한다고 여겼으나, 현대에 등장한 통합 이원론이나 출현 이원론, 혹은 비환원적 물리주의에서는 이것이 단순히 영혼만의 능력이라고 생각하지 않는다. 지성, 마음, 의지, 감각, 기억, 언어, 표현, 행동, 경험 등은 인간의 육체나 육적 현상과도 깊은 연관이 있다. 특별히 현대의 인지 심리학은 인간 지성의 한계를 고발한다. 수많은 난관 앞에서 인간이 내리는 결정들을 보면 비이성적이거나 반이성적인 경우가 허다하다. 따라서 인간의 고유한 능력과 자성적 능력이란 마음과 경험, 사회적 관계 등이 복합적으로 작용하는 총체적 현상이라 할 수 있다. 그리고 이렇게 영과 육에 대한 유기적·통합적 이해가 바로 성경적인 인간 이해다. 결국 전통적인 서양 신학이 그리스 철학의 영향으로 본체 이원론을 펼쳤다면, 현대 철학과 신학은 보다 더 성경적인 인간 이해로 돌아가고 있는 셈이다. 즉 가장 오래된 성경 이야기가 가장 현대적이다.

우리는 삼위 하나님의 모습을 통해 하나님의 형상의 특징을 설명할 수 있다. 구조적인 하나님의 형상(구조적 측면)이 이원론의 문제를 야기했다면, 창조 시 인간에게 주어진 본질적이고 포괄적 하나님의 형상(본질적 측면)은 인간에 대한 보편적 사랑과 연대로 이어진다. 하나님의 형상은 또한 그리스도에 의해서 회복되었고(관계적 측면), 성령의 도우심으로 점점 더 회복될 것이다(종말론적·역동적 측면). 일부 신학자들은 하나님의 형상을 이원론적으로 이해한 전통 신학에 근거해, 본질적 측면을 버리고 관계적 혹은 역동적 측면을 더 강조하는 경향이 있었다. 그러나 삼위 하나님과의 관계에 비추어 세 측면을 종합적으로 보면 하나님의 형상의 신비와 깊이를 더 잘 알 수 있다. 따라서 하나님의 형상에 관한 신학적 논의를 간략하게 소개하고, 성경에 계시된 하나님의 형상과 하나님의 형상의 본질적·관계적·역동적 측면을 살펴볼 것이다.

하나님의 형상은 인간학의 주제이면서 동시에 삼위 하나님이 우리를 위해, 우리를 짊어지고, 우리 안에서 어떻게 일하시는지를 가장 잘 드러낸다. 이것은 기독교의 인간학이 삼위 하나님의 토대 위에 세워졌음을 시사한다. 삼위 하나님 모두 자신을 인간에게 주셨고, 주시고, 주실 것이다. 이처럼 기독교에서 이야기하는 하나님의 형상이야말로 삼위 하나님의 "자신을 내어주시는 불같은 인간 사랑"의 본바탕이자, 역사 속에서 역사를 아우르는 하나님과 인간의 인격적이고 살아 있는 관계를 가능케 하는 토대가 된다. 즉 기독교의 인간학은 삼위 하나님의 인간학이라 할 수 있다.

죄는 기독교 인간학이 지닌 또 다른 독특함을 보여준다. 이 점을 논증하기 위해 먼저 철학과 다른 종교들이 이해하고 있는 죄의 개념에 대해 간략하게 다룰 것이다. 기독교는 모든 인간이 심각한 죄를 짓는다고 주장하는 종교다. 기독교는 도대체 어떤 의미에서 이런 주장을 하는가? 죄의 문제를 가장 심각하게 다룬 신학자는 개혁주의자 칼뱅이다. 그에 따르면 죄는 단순히 선의 부재라는 상태를 넘어 소출을 풍성하게 맺는 "악의 양산"이기 때문에 인간은 죄의 홍수에 빠져 있다. 그렇다면 성경은 인간의 죄를 어떻게 선포하고 있는가?

시편 51편은 인간에게 지은 죄가 하나님께 지은 죄가 되고, 외면적 행위의 죄가 내적·영적 죄에 기인하고 있다는 것 등을 증거한다. 이사야 1장은 사람이 모여서 짓는 수동적인 죄와 사회적 약자를 돌보지 않는 능동적인 죄를 통틀어 사회적인 죄로 고발하고 있다. 함께 변론하자며 이런 죄인들을 찾아오시는 하나님의 모습을 통해, 우리는 인간을 단순히 심판하기 위한 보복적 정의가 아니라 인간을 고쳐주기 원하시는 하나님의 회복적·치료적 정의를 발견한다. 마태복음 5:21-30에서 예수는 구약의 죄를 극단화·내면화·사회화한다. 심각하다. 예수는 왜 죄에 대해 더 엄격한 기준을 제시하는가? 그래야만 자신의 구원이 더 빛나기 때문인가? 악의 뿌리가 우리의 신체와 같이 우리의 전 존재를 사로잡고 있다는 예수의 선포로 인해, 우리는 더 심각하고 치열하게 죄에 대해 생각하게 된다. 마가복음 12:1-12에 등장하는 포도원 농부의 비유를 보면, 죄의 본성은 배반과 욕심이며 인간이 함께 모여 있음으로써 죄가 점점 더 심화된다. 작은 죄가 더 큰 죄를 낳기도 하고, 한 종류의 죄가 여러 종류의 죄를 양산하기도 한다. 칼뱅의 주장처럼 죄는 죄를 낳는다. 로마서 1-3장은 우리가 잘 알고 있는 종교적·도덕적·영적인 죄를 열거하고 있다.

뿐만 아니라, 기독교는 무지를 죄로 이해한다. 하나님을 알지 못하는 것, 그리스도를 주로 알지 못하는 것, 인간이 얼마나 무지한지를 깨닫지 못하는 것, 죄에 대해서 알지 못하는 것이 모두 죄다. 이 말씀을 종합해보면, 기독교는 존재론적·인식론적·윤리적 죄를 모두 포함하고 죄의 종교적·사회적 측면, 내적·영적 측면 및 선의 부재까지 아우름으로써, 인간의 죄를 치열하고 엄격하게, 그리고 급진적이며 포괄적으로 다룬다. 인간 사회는 죄를 도덕적이고 율법적으로 이해하는데, 기독교는 왜 이렇게도 인간의 모든 면을 죄와 연결 짓는가? 하나님의 엄격한 기준으로 인간을 판단하는 것이 과연 정의로운가? 기독교의 하나님은 인간을 낮추고 경멸하고 있는 것이 아닌가? 이런 인간의 상태는 인간이 하나님의 형상을 가지고 있다는 높은 인간론과 서로 모순되지 않는가?

성경이 인간의 총체적인 죄악을 고발하는 이유는 인간이 실제로 그러한 한계 속에서 살아가기 때문이다. 밝은 빛만이 어둠을 비출 수 있듯이, 인간의 어둠을 구석구석 비추는 성경은 참 계시라 할 수 있다. 그리고 하나님이 인간의 죄악을 드러내는 이유는 인간을 고치시고자 하기 때문이다. 하나님은 인간을 총체적으로 사랑하기 때문에, 인간의 총체적인 한계에 대해 처절하게 탄식하시고 인간을 총체적으로 고치고자 하신다 (잠 3:11-12). 하나님이 죄를 치열하고 급진적이며 포괄적으로 고발하시는 이유는 진노와 심판 그 자체를 통해 정의를 실현하려는 것이 아니라, 오히려 인간을 총체적으로 고치시기를 원하시는 사랑과 연민의 큰 그릇 속에 정의를 품고 계시기 때문이다. 즉 하나님의 정의는 보복하는 정의(retributive justice)가 아니라 변화시키고, 회복시키며, 고쳐주시는 정의

(transformative, restorative, healing justice)다.

그러나 하나님의 정의는 단순히 고쳐주시기를 원하는 자의 의로움에 머물지 않는다. 하나님의 총체적인 고발에도 불구하고 인간은 제 스스로 온전함에 이르지 못한다. 하나님의 형상은 작은 불꽃이지만 어둠을 제 스스로 물리칠 수 없다. 하나님의 정의는 결국 죄와 죽음과 고통과 한계 속에 살아가는 인간의 고통을 나누고 짊어지는 용서, 자비, 사랑으로 이어진다.

따라서 인간의 죄악을 총체적·극단적으로 고발하는 기독교는 인간을 경멸하는 것이 아니라, 인간의 참모습을 드러내고 인간을 총체적으로 고쳐서 의와 사랑의 하나님에게로 인도하는, 인간을 가장 높이는 종교다.

마지막으로 V장에서는 자유와 종교개혁, 하나님의 자리에 대해 논한다. 많은 그리스도인들이 하나님의 창조, 대화, 계시, 기다림, 침묵, 용서, 심판, 희생, 인도와 동행과 같은 인격적 사랑을 성경과 역사 속에서 경험하고 있다. 그런데 그리스도인들은 하나님의 사랑을 강조하면서도, 하나님께서 선물처럼 허락하신 "인간의 자유"에 대해 언급하기를 꺼린다. 하나님의 사랑과 인간의 자유가 서로 상반되는 관계라고 생각하는 경향이 있는 듯하다. 인간이 노예 상태에 놓여 있다고 설정해야만 하나님의 사랑이 더 부각된다거나, 혹은 반대로 인간의 자유가 광범위하게 확보되면 하나님의 사랑이 더 이상 필요 없다고 이해하기도 한다. 과연 그런가? 하나님과 인간은 이렇게 서로 경생하는 좁은 관계 속에 있는가?

이 장에서는 하나님의 자유를 (1) 자유됨, (2) 자유함, (3) 공간과 거리 두기의 자유라는 세 가지 틀로 정의하고, 이것을 논의의 기본 골격으로 삼을 것이다. 또한 기독교의 자유 사상을 다루기에 앞서 자유 일반의 역설과 자유의 네 가지 얼굴, 즉 (1) 모든 인간이 가지고 있는 인간의 본질로서의 자유, (2) 관계적·사회적 자유, (3) 자유의 속성(예를 들어서 자유란 정의롭고 존엄하며 거짓되지 않아야 한다), (4) 신적 자유를 논의할 것이다.

이어서 종교개혁과 자유를 다룬다. 종교개혁은 중세 교회의 속박, 미신적 종교 행위의 속박, 양심의 속박으로부터 그리스도인들을 해방함으로써 "하나님의 자유"와 "그리스도인들의 자유"를 회복한 개혁이다. 루터의 자유 사상의 특징은 다음 세 가지로 요약될 수 있다. 첫째, 그리스도를 믿는 자들은 자유된 자들이다. 이 자유는 결코 인간이 스스로 노력해서 이루어지는 것이 아니라 오로지 하나님의 일이며, 우리는 철저히 수동적이기 때문에 우리가 얻게 되는 의란 수동적인 의다. 은총과 선물로 주어진 자유는 기독교 신앙, 특히 개신교 신앙의 핵심적인 사상이며, 루터가 바울 서신에서 다시 발견한 복음의 정수다. 둘째, 이 자유는 그리스도께서 십자가에서 우리를 용서하시고 짊어지시고 승리하심으로 인해 주어지며, 또한 우리의 행위가 아니라 믿음으로 그리스도와 연합될 때 주어진다. 길이요 진리요 생명이신 그리스도께서(요 14:6) 그분의 삶과 죽음과 부활로 우리를 자유케 하신다(요 8:32). 셋째, 그리스도와 믿음으로 자유된 자는 즐겨 기쁨으로 하나님과 이웃에게 종으로 살아간다. 루터는 이 심오한 기독교의 원리를 "자유함" 혹은 "자유"라고 칭하지는 않았지만, "자유롭게"(liberaliter) 우리 자신을 내어준다고 보았고, 자유됨과 자유함을 나무와 열매, 건축자와 집의 관계와 같이 시간 속의 인과관계로 이해하여 구분했다. 루터는 "자유롭게"라는 단어를 사용함으로써 그리스도인의 삶을 자유된 자가 기쁨으로 하나님과 이웃에게 자신을 내어주는 것으로, 즉 자유라는 주제 아래 다루고 있지만 "자유함"보다는 사랑으로 다시 종이 되는 바울의 가르침에 더 주목하는 것처럼 보인다. 또한 루터의 사상은 모든 것을 섬기는 종의 도를 강조하고 있음에도 불구하고 세상 일반의 자유와 어떤 관계에 있는지에 대한 논의로 이어지지 않고 있어서, "자유된 자가 누리는 자유함"이라는 기독교 사상의 신비함에는 이르지는 못한 것으로 보인다. 이런 점에 주목하면서 칼뱅의 자유 사상을 살펴볼 것이다.

『기독교 강요』3.19장에 등장하는 칼뱅의 자유 사상은 기독교 강요의 보석이라고도 불린다. 칼뱅에 따르면 자유의 첫 번째 부분은 양심과 율법의 속박으로부터의 자유이며, 이것은 루터의 수동적 자유와 유사하다. 자유의 둘째 부분은 첫 번째 부분에 절대적으로 의존한다. 우리는 양심과 죄와 율법의 속박으로부터 자유롭게 되었기 때문에, 하나님의 뜻을 즐겨 순종한다. 이것은 루터가 그리스도인의 자유를 설명하면서 우리는 모든 것에 다시 즐겨 종이 된다고 주장한 것과 유사하다. 그러나 칼뱅은 바로 이런 순종과 다시 노예됨을 "자유"라고 분명히 규정하고 있다. 이것이 개혁신앙의 깊은 신비다. 종들은 율법이 지시하는 일을 준수하기 위해 온갖 노력을 다하고서도 만약 일을 온전히 다 완수하지 못하면 그 어떤 것도 이루지 못했다고 여기지만, 자녀들은 일을 다 완수하지 못하더라도 하나님의 자비와 사랑을 잘 알기 때문에 기쁨으로 즐겨 순종하기를 마다하지 않는다. 노예의 신분에서 하나님을 아버지라고 부를 수 있는 자녀의 신분으로 바뀐 자가 가지는 자유함과 특권과 책임은 요한복음 8장과 로마서, 갈라디아서에 잘 드러나 있다. 그리스도인은 전 생애에 걸쳐 선을 행해야 하고 이것이 성화이며, 또한 칼뱅은 이것을 자유의 두 번째 부분이라고 정의했다. 자유의 세 번째 부분은 도덕적·영적 판단과 무관한 가치 중립적인 것들, 즉 아디아포라(adiaphora)다. 여기서 칼뱅은 스토아 철학자들에 의해 형성된 개념을 빌려와 자유를 설명한다. 어떤 음식을 금하거나 먹을 수 있는가, 어떤 휴일을 사용해야 하는가, 어떤 옷을 입는가, 어떤 꽃을 사랑하는가와 같은 문제는 도덕적 결과를 초래하지 않는다. 우리는 취향대로 자유를 누린다. 이런 자유는 우리의 생각보다 훨씬 더 중요한데, 만약 우리가 이러한 문제로 자유함을 누리지 못하고 미로를 헤맨다면 우리의 양심 역시 자유함을 얻을 수 없기 때문이다. 칼뱅은 여기서 자유의 중요한 측면을 주장한다. 자유를 스스로 제한한다고 해서 우리가 덜 자유로운

것은 결코 아니다(*Institutes* 3.19.10). 절제할 수 있는 자유를 누리는 자유야
말로 진정한 자유가 아니겠는가!

이어서 칼뱅의 하나님 형상 사상과 일반 은총을 다룬다. 하나님의 형
상이 인간에게서 찾을 수 있는 인간 자유의 본질적인 근거라면(물론 이조
차도 하나님께서 주신 은총의 선물이긴 하지만), 하나님의 은총은 하나님에게서
찾을 수 있는 인간 자유의 또 다른 근거다. 칼뱅은 특별 은총과 일반 은총
을, 그리고 하늘의 것과 땅의 것을 구분한다. 하나님의 형상과 자유는 타
락과 죄에 의해 심각하게 훼손되었고, 그 결과 우리는 하나님에 대한 순
수한 지식이나 참다운 의의 본성, 하나님 나라의 신비 등과 같은 하늘의
것들(heavenly things)에 대해 두더지보다도 눈이 어두워지게 되었다. 따라
서 우리는 오직 하나님의 특별한 은총이 있어야만 그리스도를 통해 자유
와 의를 회복할 수 있다. 그러나 한편으로 우리에게 여전히 남아 있는 하
나님의 형상으로 인해, 우리 모두는 땅의 것에 관한 한 각자의 영역에서
창조적인 일을 할 수 있게 되었고, 이것 또한 하나님의 은총이다. 이처럼
칼뱅은 인간의 창조적인 능력을 높이 평가하기 때문에 플라톤의 상기설
을 비판한다. 여기에 대단히 중요한 신학적 함의가 있다. 바로 인간이 누
리는 일체의 자유가 모두 하나님의 은총이라는 것이다.

이어서 종교개혁이 과연 자유를 회복한 개혁인가를 다룬다. 종교개
혁가들이 주장하는 "철저하게 주어진 수동적인 자유"도 자유라고 할 수
있는가? 역사 속의 그리스도인들은 인간 보편의 자유보다는 하나님과의
배타적 관계를 더 중시함으로써, 세상의 어려움과 고난을 외면하거나, 비
그리스도인들의 자유를 말살하고, 더 나아가 종교개혁을 이민족을 식민
지화하는 기독교 제국주의의 배경으로 만들어버린 것은 아닌가? 오늘날
우리가 직면하고 있는 "참을 수 없는 기독교의 천박함"은 종교개혁의 산
물인가, 아니면 종교개혁을 잘못 이해한 결과로 얻게 된 부산물인가?

종교개혁에 대해서는 우선 이렇게 평가할 수 있다. 종교개혁은 인간의 자유와 하나님의 은총이 어떻게 서로 관계하는가를 가장 깊이 있게 보여준 개혁이다. 하나님과 인간은 경쟁 관계 속에 있는 것이 아니다. 우리는 중세의 사상을 통해 하나님과 인간이 서로 협력하거나 경쟁하는 구도를 발견하며, 종교개혁의 사상과 신앙을 통해서는 하나님의 일과 인간의 일은 서로 차원이 다를지라도 하나님과 인간은 인격적인 관계 속에 있다는 심오한 사상을 발견한다. 하나님과 인간은 인격적인 관계 속에 있지만, 인과관계 속에 있는 것은 결코 아니다. 인간의 본성, 즉 하나님의 형상으로서의 자유, 그리스도에 의한 자유, 성화로서의 자유, 가치 중립적인 것들을 누릴 자유, 모든 인간이 누리는 창조적 행위와 기술의 자유 등이 모두 하나님의 은총과 섭리 속에 있다는 점에서, 하나님과 인간은 인격적인 관계 속에 있다. 이 모든 자유는 하나님으로부터 왔고 하나님의 것이지만 우리의 자유함을 축소하지 않는다. 하나님의 은총 속에서 우리의 자유함이 더 깊어질수록, 우리와 하나님 간의 인격적인 관계는 더 깊어지기 때문이다.

다른 한편으로, 종교개혁은 자유와 관련하여 몇 가지 문제를 낳았다. 개신교가 등장하기 전 로마 가톨릭교회는 하나님과 믿는 자들 사이에서 중재적인 역할을 수행하고 있었다. 반면 개신교는 각 개인이 그리스도와 맺는 관계를 믿음의 더 중요한 척도로 삼았는데, 이처럼 교회주의에서 교리주의로의 전환은 끝없는 분화를 낳았다. 교리적 화해, 교회의 하나됨을 위해 각 개인과 교회의 신앙적 자유를 일정 부분 절제하면서 서로를 포용할 수 있는 자유야말로 진정한 자유라고 할 수 있다는 점에서, 종교개혁은 자유에 관한 불완전한 개혁이라고 볼 수 있다.

종교개혁이 지닌 또 다른 한계는 교회와 세상의 관계에 대한 시각에서 드러난다. 칼뱅의 사상은 하나님의 형상, 가치 중립적인 것에 관한 자유, 일반 은총 사상 등을 포함하고 있고 교회와 세상의 관계를 다층적으로 서술한다. 그러나 로마 가톨릭의 시각으로는 종교개혁이 그리스도와 세상의 이원론적 구조 속에서 그리스도만을 선택함으로써 세상과의 관계를 축소하는 결과를 낳았다고 평가할 수도 있다. 이와 더불어 하나님의 형상이 죄로 인해 심각하게 훼손되었다고 믿는 개신교의 인간 이해는 교회 밖의 세상에 대한 부정적인 세계관을 강화했다. 오늘날 개신교 주류 교회를 중심으로 형성된 창조 중심적인 이해는 결코 우연이 아니다. 비록 창조 중심적인 세계관은 그리스도를 통한 하나님의 구원과 희생의 의미를 약화시키는 문제가 있음에도 불구하고, 교회와 하나님의 관계, 믿는 자들과 하나님의 관계라는 폐쇄적인 구원론 중심적인 틀에서 벗어나 세상과 하나님의 관계, 비신자와 하나님의 관계라는 창조 중심적인 틀과 공존할 수 있는 "포용과 상호작용의 공간"을 요구한다는 점에서 그 가치가 적절히 평가되어야 한다.

종교개혁이 교회와 세상의 관계에 미친 영향에 대한 또 하나의 중요한 신학적 반성은, 하나님 나라에 대한 깊은 성찰, 가난한 자 및 약자와 함께하신 그리스도의 삶에 대한 깊은 통찰이 종교개혁의 주된 방향이 되지 못했다는 점이다. 물론 칼뱅은 제네바에서 기독교 사회를 구현할 꿈을 가지고, 하수 시스템, 난민, 가난한 자들, 가족, 의료, 교육 등의 공공 영역에도 깊이 개입하였다. 그러나 예수의 삶이 포로된 자와 눌린 자에게 자유를 주기 위한 것(눅 4:18)이었다는 복음서의 선포를 신학과 신앙의 핵심으로 삼지 못했다. 뿐만 아니라 몸과 영을 나누고 영적 세계를 더 중요시했던 서구 이원론의 영향으로 인해, 하나님 나라가 가난한 자들에게 속했다는 말씀(눅 6:20)과 가난하고 학대받는 자들에 대한 우리의 태도가 영생과 영벌을 결정하는 중요한 요소라는 말씀(마 25:31-46)을 육적 실체와 연관 짓기보다는 영적 실체로 이해하는 한계를 드러냈다.

또한 개신교는 가톨릭교회가 보여온 교회의 속박과 구속력에 대항하여 그 속박으로부터 벗어나 그리스도와의 인격적 관계를 맺는 것을 강조하는데, 그것이 지나쳐 하나님을 배타적으로 소유하게 된 것 같은 착각에 빠지기도 했다. 우리는 그리스도에게 속했으나 그리스도는 우리에게 속한 것이 아니다. 하나님의 자유, 하나님의 신비를 겸허히 인정하고 우리의 한계를 고백할 수 있어야 한다. 우리와 관계하는 타자 역시 우리와의 관계 속에만 있는 것이 아니라 하나님과의 관계 속에 있다. 주어진 자유됨과 참여하는 자유함 이외에도 탄식, 참회, 침묵, 비움, 가난함, 내려놓음, 안식을 통해 우리가 다 알 수 없는 하나님의 신비와 포용의 공간, 즉 "하나님의 자리" 속에 우리 자신을 던져놓고 맡겨놓는 "공간과 거리 두기의 자유, 비움의 자유, 안식으로서의 자유"가 개신교의 신학과 신앙에 또 다른 차원의 자유와 평화를 가져올 수도 있다.

그렇다면 자유 일반과 기독교의 자유 사상은 어떤 관계가 있는가? 기독교의 자유는 하나님으로부터, 하나님과 함께, 하나님께로 나아가는 삼위 하나님과의 자유다. 성부께서는 인간을 창조할 때 모든 인간에게 자유라는 그릇을 본성으로 주셨고, 성자께서는 그 희생과 동행으로 죄와 죽음에 갇힌 인간을 해방하셨으며, 성령께서는 우리 안에서 일하시면서 우리가 자유하는 자로 살아가도록 이끄신다. 삼위 하나님은 자유의 하나님이다.

기독교의 자유는 은총의 자유다. 기독교의 자유는 삼위 하나님이 인간에게 은총으로 주신 것이다. 이 은총은 하나님이 일방적으로 주신 선물이지만, 인간은 이를 통해 하나님과 인격적인 관계를 맺고, 타자·사회·세계·자연과 살아 있고 역동적인 관계를 맺기 때문에 인간 자유의 근원이 된다. 모든 사람은 하나님의 형상이라는 보편적 자유라는 틀을 가지고 있고, 하나님은 모든 인간과 일반 은총으로 관계하신다. 하나님은 보편적 자유자다. 인간은 죄와 죽음, 가난과 고통의 속박 속에 살아가고 있는데, 이 속박으로부터 해방되는 "절박한 자유"는 오로지 그리스도의 삶과 죽음과 부활, 성령의 새롭게 하심을 통해 얻어진다. 하나님은 파격적 자유자이시며, 우리는 그 하나님에 의해 자유된 자들이다. 자유의 추상적 속성이 온전하게 이루어질 수 있는 이유는, 죄와 한계로 점철된 인간의 삶에 하나님의 은총의 선물로 파격적인 자유가 주어졌고, 그로 인해 인간의 자유가 그 하나님을 반영해야 한다는 구성적 가치가 부과되어 있기 때문이다. 하나님은 우리가 타자의 자유까지 고려하며 일체의 억압과 악과 폭력에 저항하는 존엄한 자유로 나아가게 하시고, 우리는 그 존엄을 삶 속에서 이루어가는 자유하는 자들이다.

기독교의 자유는 포용의 자유다. 모든 인간은 절대 자유자이신 하나님과 인격적인 관계를 맺는 은총을 누린다. 우리가 자유에 대한 우리의 집착을 내려놓을 때, 비로소 포용의 자유자인 하나님이 세상과 어떻게 관계하시며 고통받는 자들을 어떻게 자유하게 하시는지 지켜볼 수 있다. 고난받는 자들을 자신에게로 인도하고 품으시는 하나님은 포용의 자유자며, 우리는 그 포용의 자유자로 인해 우리 자신을 내려놓는 자유를 누린다.

I

성경은
하나님의
말씀인가?

나는 비교적 보수적인 기독교 가정에서 자랐다. 성경은 오류가 없는 하나님의 말씀이라고 늘 믿어왔다. 그런데 대학교에 진학하고 철학과 과학을 깊이 있게 배우면서 기독교와 성경에 대해 다시 생각하게 되었다. 종교와 과학이 구분되는 영역이라는 것을 잘 알고 있었음에도 불구하고, "과학이라는 엄밀한 잣대를 들이대어도 성경이 과연 진리일까?"라는 의문을 품게 된 것이다. 역사 종교는 보편성을 상실한다는 독일의 철학자 임마누엘 칸트의 주장을 접하고서는, 성경 속에 녹아 있는 여남(女男) 차별, 노예 제도, 축첩 제도 등의 폭력성과 학대가 바로 그 당시의 역사와 상황 속에서 점차적으로 형성된 역사 종교의 한계가 아닐까라고 생각하기도 했다. 더구나 하나님의 명령에 따라 동물을 죽여서 제물로 바치는 기독교의 제사가 인류 문화에서 보편적으로 발견되는 희생제사 제도와 매우 흡사하다는 사실을 알게 되었을 때 받은 충격은 심각했다. 하나님의 명령이 고대인들의 무속 신앙과 유사하게 보이는 것을 어떻게 받아들여야 하는가? 신학자가 된 이후 오늘까지도 심각한 도전에 자주 직면하게 된다. 예를 들어, 구약의 여러 이야기들이 당시 근동 지역의 다른 이야기들과 비슷하다는 점을 들어 구약의 많은 부분이 근동 지역의 문화적 산물이라는 주장을 접할 때, 혹은 신약의 상당 부분이 제자들이 꾸며낸 이야기이며 바울이 예수를 신격화했다는 주장 등이 성경 신학의 주된 흐름으로 등장하는 것을 볼 때 그렇다. 우리는 "성경이 하나님의 계시"임을 도대체 어떻게 알

　　　　　　　　　　　　　　　왜 나는 아직도 그리스도인인가?

수 있을까?

이 심각한 문제를 올바로 이해하지 못하면, 기독교에 머무는 것이 쉽지 않을 것이다. 물론 성경이 하나님의 계시라는 것은 논리와 과학이 다 증명할 수 없고, 하나님의 계시의 참됨이 인간의 논리로 증명되어야 할 필요도 없다. 그러나 신학은 학문으로서, 인간이 도저히 알 수 없는 신비를 최소한이라도 가능한 한 설명해야 할 의무가 있다. 우리는 성경이 하나님의 계시라는 것을 어떻게 이해하고 설명할 수 있을까?

1
낮추어 찾아오심(accommodation)의 신비와 위로:
말씀은 하나님의 인격이다

성경은 하나님의 성육신이다. 하나님이 말씀으로 육을 입으신 것이다. 신적 존재가 스스로를 인간에게 알려올 때, 그 과정에서 역사적 상황과 문화와 언어가 "완전히" 배제될 수는 없다. 비록 그 내용이 초월적인 것이라 하더라도 인간의 언어와 문화라는 통로를 통하지 않고 신과 인간이 세밀하게 소통할 방법은 없다. **이것은 신의 소통 능력에 관한 문제가 아니라 "인간의 이해 능력"에 관한 문제다.**

인간은 역사와 문화에 종속된 존재다. 만약 하나님이 현대인들이 사용하는 언어와 개념으로 3천 년 전의 사람들을 찾아오셨다면 그들은 하나님의 말씀을 도저히 이해할 수 없었을 것이고, 한참 뒤의 사람들에게는 그 내용이 매우 진부하게 느껴질 것이다. 신은 역사를 넘어서지만 인간은 역사 속에서 살아간다. 그렇기 때문에 인간과 신의 소통은 인간이 살고 있는 시기의 역사와 문화를 통해 이루어진다. 칼뱅에 따르면, 하나님은 인간의 역사와 문화와 언어 속으로 자신을 낮추시어(accommodation) 인간에게 찾아오셨다. 따라서 현대인의 관점에서 보면 당시의 사람들의 언어와 문화 속에 찾아오신 하나님의 계시가 쉽게 이해되지 않을 수밖에 없다

말씀의 역사성은 우리에게 오히려 깊은 위로가 된다

그런데 이 문제를 조금 다른 각도에서 살펴보자. 우리는 자신이 상대방보다 조금이라도 우월하고 뛰어나다고 여기면, 상대방을 무시하거나 외면하고 자신의 수준과 입맛에 맞는 관계를 맺으려 한다. 그러나 인간을 새롭게 해서 하나님 자신에게로 이끄시기 위해서 찾아오신 하나님은 인간의 조악함을 배제하지 않고 그 속으로 찾아오셨다. 이것이 바로 어린 양의 모자람을 한없는 연민으로 끌어안고 그 품에 안으시는, 목자와 같은 하나님의 찾아오심이다(사 40:11). 말씀으로, 육으로, 인격으로 찾아오신 것이다(요 1:14). **따라서 하나님이 인간의 문화와 언어를 배제하지 않고 그 것을 통해서 찾아오셨다는 것은 우리에게 깊은 위로가 되기도 한다.** 바로 그 하나님이 지금 여기서 언어와 문화의 한계 속에 살아가는 우리에게도 찾아오신다. 모순과 죄와 부패로 가득 찬 세상에 하나님이 찾아오시고 그 세상에 계시고, 그리스도께서 성육신으로써 죄와 한계와 사망으로 신음하는 인간의 육으로 찾아오셨으며, 그리고 부패와 세속화로 신음하는 교회를 자신의 몸으로 여기며 성령으로 임재하신다는 기독교의 사상은 계시의 역사성과 잘 맞물려 있다. 세상 속에 하나님이 계시듯이, 하나님은 말씀을 통해 우리와 함께하신다.

낮추심만? 성육신만?: 말씀의 인격성

그렇다면, 성경이란 하나님의 성육신으로서 인간의 역사와 문화에 함몰된 것인가? 성경의 어떤 부분은 인간의 역사와 문화를 그대로 담고 있지만, 어떤 부분에서는 인간의 어떤 문화와도 잘 맞지 않는 초월적 내용이 등장하기도 한다. 우리는 여기서 두 가지 서로 다른 차원의 보편성, 즉 인간과 아주 유사함으로써 보편적인 것(성육신의 보편성)과 인간의 그 어떤 문화와도 닮지 않음으로써 빛과 같이 모든 문화의 어둠을 비추는 살아 있는 보편성(고유함의 보편성)을 발견한다. (1) 낮추어 찾아오심, 그리고 (2) 그 속에서 인간의 역사, 문화, 언어를 넘어섬이라는 양자 간의 역동성을 이해하는 것이 성경 이해의 핵심이다. 이 역동적 공간을 통해서 하나님은 인간과 살아 있는 관계를 맺는다. 말씀은 단순히 하나님이 낮추어 찾아오신 것이나 하나님이 성육신하신 것에 국한되지 않는다. 말씀은 인격이다. 하나님은 말씀을 통해 인간과 살아 있는 관계를 맺으신다. 우리에게 낮추어 찾아오셨을 뿐만 아니라, 우리를 자신에게로, 그리스도에게로 인도한다. 헤르만 바빙크는 성경은 절대 불변하기 때문이 아니라 항상 살아 있기 때문에 영원하다고 주장했다.[1] 문자주의(literalism)는 문자로 표현된 과학적 엄밀함을 지탱하기 위해 하나님을 인간의 문자 속에 가두려 하지만, 살아 있는 하나님은 성경을 통해 인간과 역동적인 관계, 즉 초청과 질책과 위로와 건져내심과 인도와 소망의 살아 있는 관계를 맺으신다.

---

1   Herman Bavinck, *Reformed Dogmatics: Prolegomena*, vol.1, ed. John Bolt, trans. John Vriend (Grand Rapids: Baker, 2003), 448.

2

성경이 하나님의 말씀이라는 것을 어떻게 설명할 것인가?:자증, 내적, 외적 증거

그런데 여전히 가장 심각한 질문이 남아 있다. 성경이 하나님의 말씀이라는 것을 어떻게 설명할 수 있을까? 각자 경전을 근거로 믿음을 정당화하고 있는 기독교 외의 종교들을 보면, 종교란 지극히 주관적인 취향에 불과한 것은 아닌가?

결론부터 말하자면, 성경이 하나님의 계시라는 생각은 고백적(confessional)인 말이다. 예를 들어서 신학과 철학은 오랜 기간에 걸쳐 신이 존재한다는 것을 "어떻게 증명할 것인가?"라는 문제를 다루었지만, 보편적이고 확정적인 증거를 제시하지 못했다. 따라서 하나님이 존재한다고 믿는 것은 순전한 믿음이다. "하나님이 세상을 창조하셨다"는 것도 믿음의 내용이지 과학이 입증할 수 있는 내용은 아니다. 과학과 철학으로 입증되어야만 믿을 수 있다면, 종교적 확신마저 인간의 사유와 과학에 의존하게 된다. 그러나 신학은 최소한의 설명 가능성을 다룬다. 무지한 순전함을 요구하던 시대는 지났다. 우리가 지녀야 하는 순전함이란 세상의 변화와 다양성과 진보를 이해하고, 그것을 경험하고 난 후에도 하나님 신비와 말씀 앞에 가슴이 뛰는 기쁨과 감격을 가질 수 있는 마음이어야 한다 (second naïveté). 이 설명 가능한 순전함을 지탱해줄 길은 없는가? 이 순전함으로 성경을 설명할 방법은 없는가?

자증(autopistos)과 내적 증거(internal witness)

우선 성경이 하나님의 말씀이라는 것을 성경 스스로가 증거한다고 주장하는 "자증"(autopistos)을 생각해볼 수 있다. 구약의 수많은 예언자들은 하나님께서 하신 말씀을 들어서 전했고(출 4:12; 호 1:2), 그 말씀에 따라서 기록을 남겼다(출 17:14; 사 8:1; 렘 25:13; 겔 24:2; 단 12:4; 합 2:2). 성경의 몇몇 저자들은 자신들의 생각이나 말을 기록한 것이 아니라 하나님께서 말씀하신 내용을 기록했다고 성경 스스로 증거하고 있다. 여호와의 책은 여호와의 입이 명하셨으며 여호와의 영이 수집했다(사 34:16). 뿐만 아니라 성경이 참되다는 것을 성경 외의 "다른 그 무엇"이 증거한다면, 바로 다른 그 무엇이 성경보다 우위에 있다는 뜻이 되고, 따라서 성경보다는 성경이 의존하고 있는 그 무언가를 따르는 편이 더 나을 것이다. 성경이 만약 이성의 사유나 인간의 이데올로기에 의존한다면 그 이성이나 이데올로기가 성경보다 더 높은 것이기에, 그에 따라 우리는 인간의 이성과 이데올로기를 성경보다 더 숭배해야 할 것이다. 성경이 참으로 하나님의 말씀이려면 성경 외적인 것보다 스스로에 의존해야 한다. 이 점에서 성경은 스스로가 스스로를 증거하는 자증적인 면이 있으며, 또한 자증적이어야 한다.

그러나 자증은 성경이 하나님의 말씀이라는 고백의 근거는 될 수 있지만, 성경이 하나님의 말씀이라는 것을 증거하는 결정적인 방법은 될 수 없다. 만약 성경이 하나님의 말씀이 아니라면 스스로가 스스로를 증거하는 그 내용도 참일 수 없기 때문이다. 스스로가 스스로를 증거하는 것은 타당한 증거가 될 수 없다. 더구나 "그래야만 한다"는 것은 "그렇다"의 증거가 될 수 없다. 성경은 인간의 이성, 이데올로기, 문화를 넘어서는 하나님의 말씀이기 때문에, 자신이 자신을 증거해야 한다는 필연성이 자신을 잘 증거한다는 "실재"를 설명하지 못한다. 자증은 고백의 근거는 될 수 있어도, 설명의 근거가 될 수는 없다.

성경은 또한 내적 증거를 가지고 있다. 성경은 여러 저자에 의해 기록되었는데, 각 저자마다 하나님의 말씀으로 받아들이고 있는 성경이 다르다. 여호수아는 모세가 전한 것으로 보이는 하나님의 율법을 책에 기록하며 보존하였고(수 24:26), 다윗의 시는 야살의 책에 기록되었다고 사무엘하의 저자가 전하고 있으며(삼하 1:18), 다니엘은 예레미야서를 포함한 서책을 알고 있었고(단 9:2), 미가는 이사야를 길게 인용한다(미 4:1-3). 구약의 십계명은 하나님께서 말씀하신 것이라고 예수께서 증거하셨으며(마 15:4), 특히 이사야 61:1은 자신에 관한 예언이라고 확정하셨다(눅 4:16-21). 베드로는 오순절 사건 이후에 사도행전 2:17-18에서 요엘 2:28-29을 인용하면서, 요엘의 예언을 가리켜 "하나님께서 말씀하셨다"고 선언한다. 신약의 저자들은 구약을 수없이 인용하면서 구약이 하나님의 말씀이라고 증거한다.

이처럼 성경은 서로 내적으로 증거하고 있는데, 여기서도 두 가지 문제점이 발견된다. 우리가 성경이 하나님의 말씀이라고 고백하는 데는 이런 내적 증거가 결정적인 증거가 될 수 있지만, 모든 사람에게 설명할 때는 타당한 증거가 될 수 없다. 만약 증거하는 자가 참이 아니라면, 아무리 여러 곳에서 증거하고 있을지라도 그 증거가 참일 수 없다. 내적 증거는 어차피 성경 내에서 상호 간에 증거하는 것에 불과하기 때문이다. 다른 종교의 경전도 얼마든지 내적 증거를 가질 수 있다. 한 종교 안의 경전들이 서로 증거하고 있다는 사실로는 그 종교를 받아들이지 않는 자들을 전혀 설득할 수 없다는 것을 생각하면 이해가 쉽다.

둘째, 구약은 신약이 증거하지만 신약은 누가 증거할 수 있는가? 예수님과 베드로, 다양한 신약의 저자들은 구약이 하나님의 말씀이라고 증거한다. 그런데 신약은 누가 증거할 수 있는가? 신약에는 예수님의 말씀이나 바울의 서신이 하나님의 말씀이기 때문에 기록하라는 구절이 없다. 즉, 신약이 하나님의 말씀이므로 이것을 기록하라는 말씀이 신약에 등장하지 않는다. 바울은 스스로 예수께서 자신을 통해서 말씀하신다고 증언하고 있고(고후 5:20; 13:3), 자신의 생각은 하나님으로부터 받은 것이며(고후 2:17), 성령이 자신의 생각을 말씀하신다고 주장한다(고전 2:10). 하지만 하나님께서 이것을 기록하라고 했기 때문에 서신을 기록한다는 구절은 없다. 그렇기에 바울 자신의 증언은 엄밀하게 보면 자증에 가깝다. 또한 바울은 자신의 서신을 교회와(골 4:16) 여러 사람들에게 읽혀야 한다고 권면하고(살전 5:27), 자신의 말과 글이 유전으로 지켜져야 할 것을 가르치며(살후 2:15), 자신의 편지를 거역하는 자들과는 사귀지도 말라고(살후 3:14) 권고하고 있지만, 이것들도 바울 자신의 자증에 가깝다. 다만 베드로후서의 저자는 바울의 서신들이 구약의 성경과 같이 성경으로 받아들여지고 있었다고 전하는데(벧후 3:16), 바로 이것이 신약을 위한 내적 증거가 되는 거의 유일한 구절이다. 우리가 잘 알고 있는 디모데후서 3:16 말씀, 모든 성경은 하나님의 감동으로 된 것이라는 말씀도 신약이 아니라 구약의 말씀에 대해 가르치는 것이다.

더 결정적인 것은 요한복음 14:26이다. 예수께서는 제자들에게 고별의 말씀을 하시며 성령이 임하시면 예수님 자신이 제자들에게 하신 말씀이 기억나게 될 것이라고 하셨는데, 이 말씀 후에 "기억이 나면 그것을 기록하라"고 하지 않았다. 물론 "이것을 기록하라"는 말씀이 없다는 사실은 제자들이 예수님의 말씀을 거짓으로 꾸미지 않았다는 것(많은 현대 신학자들은 예수님의 말씀의 상당 부분은 예수께서 실제로 하신 말씀이 아니라 제자들이 나중에 꾸며낸 말이라고 주장하면서 이를 "사건 이후의 말"[vox post eventum]이라고 부른다)을 보여주는 반증이 되기도 한다. 만약 제자들이 이를 꾸며냈다면 그들은 자신의 글에 정당성을 부여하기 위해 "이것을 기록하라"는 말을 첨가했을 것이다. 그러나 이 말의 부재는 여전히 문제가 된다. 만약 이 말씀이 있었다면, 신약의 기록자들이 직접 기록하라고 하신 예수님의 말씀에 순종해 신약을 기록했다는 주장도 가능할 것이다. 그런데 예수님은 "기억나게 할 것이다"까지만 말씀하셨다. 따라서 신약의 복음서와 서신에는 구약과 같은 강력한 내적 증거가 없다고 볼 수 있다.

구약과 신약의 내적 증거를 확보하기 위해서는 단순히 "기록하라"는 말을 찾기보다 전체적인 내용의 일관성 여부를 살펴보아야 한다. 수많은 저자들이 서로 다른 환경에서 다른 시기에 기록한 성경이 여러 주제에 있어서 놀랄만한 일관성을 가지고 있다는 점은 상당히 강력한 내적 증거가 된다. 예를 들어 하나님의 "정의와 사랑", "창조주 하나님과 피조물 인간의 인격적인 관계"는 성경 전체를 관통하고 있는 주된 주제다. 이처럼 누군가가 총체적으로 조율한 결과가 아니고서는 도저히 설명 불가능한 일관성이 신구약 성경을 아우르며 등장한다.

그러나 성경에는 서로 잘 일치하지 않는 부분도 있다. 창세기 1장과 2장이 다르며, 폭력적 하나님과 자비의 하나님이 서로 충돌하고, 믿음과 행동의 관계에 대해서도 바울 서신과 야고보서의 가르침이 다르며, 결정적으로 신약에서 바울이 "구약의 율법과 할례가 아니라 그리스도를 믿음으로 의롭다 함을 입는다"라고 증거하는 부분은 구약의 기본적인 골격을 부정하는 것이다. 구약의 유일신 사상과 신약의 삼위일체 사상도 상당히 다르다. 물론 신학은 여러 용어와 개념을 사용하여 이런 불일치를 다양한 방법으로 해석하고 있으며, 이런 불일치가 역설적으로 기독교 신앙의 깊이를 보여주기도 한다. 그럼에도 불구하고 이런 충돌과 차이가 "성경이 일정한 주제에 관해 일관된 내적 증거를 가지고 있다"는 주장에 걸림돌이 된다는 것을 부정할 수는 없다.

외적 증거(external witness)

거듭 언급하지만 내적 증거가 기독교 신앙의 근거로 충분하고 또한 성경이 하나님의 말씀이라면 바로 성경 스스로, 혹은 성령께서(칼뱅은 이것을 성경의 내적 증거, 혹은 비밀스러운 증거라고 불렀다) 성경이 하나님의 말씀이라고 하시는 것을 우리는 가슴에 새긴다. 이렇듯 자증과 내적 증거는 기독교 신앙을 고백하는 충분하고도 유일한 근거가 된다. 그러나 기독교 신앙을 가지지 않은 자들에게는 결코 타당한 증거가 될 수 없다. 뿐만 아니라 우리가 성경에 대한 수많은 비판을 접하고 성경에 대한 회의와 의심이 들 때, 자증과 내적 증거는 성경이 하나님의 말씀이라는 것을 설명해 줄 충분한 근거가 되지 못한다.

따라서 우리는 외적 증거가 가능한지 살펴보아야 한다. 예를 들어 "구약 성경의 이야기는 야웨 신이 직접 계시하였다"고 기록된 고대 근동 지역의 문서가 있다거나 "신약이 증거하는 예수님에 관한 여러 이야기가 사실이다"라고 증거하는 비기독교 문서가 있다면, 우리는 이것을 성경 밖에서 성경을 증거하는 외적 증거로 간주할 수 있다. 그런데 상황이 참으로 어렵다. 먼저 구약에 관해서 살펴보자. 상당수의 학자들은 구약의 이야기들과 유사한 이야기들이 다른 근동 지역에서도 발견되기 때문에 구약은 하나님의 계시라기보다는 고대 근동 지역 문화의 산물로 보는 것이 옳다고 주장한다. 예를 들어 창세기 이야기는 바빌로니아의 창조 이야기인 「에누마 엘리시」와 많은 점에서 유사하고(성경의 창조 이야기가 지닌 고유함은 다시 다루겠다), 기록 연대만을 놓고 보면 이것이 창세기의 창조 이야기보다 앞선다는 것이 정설로 받아들여지고 있다. 노아의 홍수 이야기도 근동의 여러 지역에서 기록으로 전해지는 다양한 홍수 이야기와 상당히 유사하다. 그 가운데 길가메시 서사시의 홍수 이야기는, 다신교의 배경을 가지고 있다는 점을 제외하고는, 노아의 홍수 이야기와 놀랄 정도로 유사하

왜 나는 아직도 그리스도인인가?

다. 이런 점들을 볼 때, 구약이 근동 지역의 많은 다른 이야기의 영향을 받아 기록되었다는 주장은 설득력이 있으며, 실제로 이 주장은 구약학의 중요한 흐름 가운데 하나다.

한편 신약에 관해 비그리스도인들이 기록한 신뢰할 만한 자료는 매우 드물다. 유대의 역사학자 요세푸스는 신약성경에 등장하는 내용을 아주 간략하게 언급하고 있는데, 그 진위를 둘러싸고 다양한 의견들이 있다. 예를 들어 예수의 형제 야고보의 이름에 대한 견해와 세례 요한이 감옥에 갇혔고 죽었다는 사실을 적은 기록은 요세푸스가 작성한 것이라고 받아들여지고 있지만, 메시아 예수가 지혜로운 선생이었고 빌라도에 의해서 십자가 달려 죽었으며 삼 일 만에 살아났다는 언급의 진위에 관해서는 의견이 분분하다. 그 외에도 몇몇 문서에 예수의 이름이나 그리스도인이 등장하지만 짧게 언급하는 수준에 그치고 있어서, 신약의 문서가 계시라는 것을 결정적·공적으로 증거하는 외적 자료를 찾아보기는 어렵다.[2]

왜 그럴까? 예수께서 행하신 수많은 기적은 대중의 관심을 끌기에 충분했을 것이고, 종교적인 면을 제외하고는 특별한 죄목이 없었던 한 젊은 이가 십자가 달려 죽었다는 이야기는 충격적이었을 것이다. 더구나 부활 이야기는 아주 생소한 이야기인데 당시 수준 높은 철학과 문화를 향유하던 사람들이 부활 직후부터 예수를 따르는 무리가 생겼다는 소식을 듣게 되었다면, 예수의 이야기나 이를 증거하는 신약에 관심을 가지고 이를 소상하게 기록할 수도 있었을 것이다. 그런데 놀랍게도 성경을 벗어난 외적 자료는 거의 찾아보기 힘들다. 도대체 왜 그런 것일까?

---

2   Robert E. Van Voorst, *Jesus Outside the New Testament: An Introduction to the Ancient Evidence* (Grand Rapids: Eerdmans, 2000), 19-74.

3

인간이 도저히 꾸며낼 수 없는
이야기와 사상

예수에 관해서 증거하고 있는 신약과 예수를 따르는 자들의 이야기에 대한 외적 증거가 빈약하다는 점에 이르면, 우리는 이 문제에 대한 또 다른 관점에 주목하지 않을 수 없다. **신약성경의 이야기들이 너무도 독특하고 인간이 상상할 수 없는 것이기 때문에 사람들이 관심을 가지지 못한 것은 아닐까?** 로마의 역사가 타키투스가 미신이라고 여겼을 정도로, 그리스인에게는 신약의 증거가 바보 같은 이야기로 들리지 않았을까(고전 1:23)?[3]

바로 이 점이 우리가 찾고 있는 설명 가능성의 아주 중요한 단서다. 성경이 하나님의 말씀이라는 것을 어떻게 설명할 수 있을까? 다음 두 가지 조건을 충족시킨다면 우리는 성경이 인간의 작품이 아니라 신의 계시라는 세 번째 결론에 임시적으로 도달할 수 있다.

1. 인간이 도저히 꾸며 낼 수 없는 이야기나 사상이 성경에 있다.
2. 그 꾸며낼 수 없는 이야기와 사상이 인간의 사고와 삶과 문화를 더 높은

---

3   Tacitus, *Annals* 15.44.2, quoted from Van Voorst, *Jesus Outside the New Testament*, 45.

곳으로 인도하고 새로운 인류를 제시한다.

3. 인간이 도저히 꾸며 낼 수 없는 이야기와 사상은 결국 인간 외에 다른 누군가가 만들어야 하는데, 그 내용이 인간을 더 높은 곳으로 인도한다면 그 것을 선포한 그 존재는 인간보다 우월한 신적 존재다.

인간은 상상할 수 없는 이야기를 지어낼 수 없다. 인간이 지어낼 수 없거나 인간이 원치 않는 이야기는 다음 두 종류와 같다. (1) 파괴적 이야기: 인간이 원하거나 바라지 않고 인간의 상식과 전제를 파괴하는 이야기와 사상, (2) 구성적 이야기: 인간의 보편적인 생각과 다르면서도 새로운 사상과 틀을 제공하기 때문에 인간이 쉽게 스스로 만들어낼 수 없는 이야기와 사상. 그런데 파괴적이든 구성적이든 인간이 도저히 스스로 꾸며낼 수 없는 내용이 성경에 있다는 것을 알기 위해서는 인간의 철학, 사상, 문화를 두루 살펴보아야 하고, 그런 점에서 이것은 외적 증거에 가깝다. 또한 동시에 인간이 도저히 만들 수 없는 그 내용이 성경 속에 있다면, 성경 외의 그 어떤 문서가 전하는 것이 아니라 성경이 전하는 것이기 때문에 성경이라는 내적 상황 속에서 그 내용을 이해해야 하고 이것은 결국 내적 증거가 된다. 따라서 위의 두 가지 점을 충족시키는 증거는 내적 증거인 동시에 외적 증거다. 내적 증거만으로는 공적 신뢰를 보장하기 어렵고 성경에 대한 외적 증거는 빈약해서 그 내용을 확인할 수 없다면, "내적·외적 요소를 포괄하는 증거"를 발견함으로써 성경이 하나님의 말씀이라는 것을 설명할 수 있다.

기독교가 다른 종교나 사상과 구분되는 고유한 점을 가지고 있다는 것은 우리가 흔히 거론하는 말이다. 그런데 기독교의 내용에 인간이 도저히 상상하거나 꾸며낼 수 없는 이야기가 포함되어 있다는 점에 대해서는 많이 거론하지 않는다.[4] 즉 기독교의 이야기는 단순히 고유한 것이 아니라 "인간의 가치와 반대되거나 역설적인 내용"이어야 한다. 그런데 반대되거나 역설적인 내용이 인간에게 폭력과 악을 조장한다면, 그것은 결코 하나님의 말씀이라고 할 수 없다. 만약 인간의 상상과 전혀 반대되는 이야기나 사상이 인간을 새롭고 더 높은 곳으로 인도한다면, 그런 내용을 담고 있는 성경은 인간이 만들어낸 것이 아니라 인간보다 높은 존재, 즉 하나님께서 계시하신 말씀으로 받아들여야만 할 것이다. 과연 성경에 그러한 내용이 있는가? 만약 그런 내용이 있다면 도대체 어떤 내용인가?

인간이 도저히 꾸며낼 수 없는 이야기 1: 치열한 자기비판

나는 어릴 때 구약성경을 읽으면서 구약에 등장하는 유대인들이 세상에서 가장 나쁜 사람들인 줄 알았다. 그들은 늘 하나님을 배반했기 때문이다. "하나님은 도대체 왜 이런 사람들을 사랑하실까?"라는 의문을 종종 가지곤 했다.

　구약이 여러 다른 문화의 영향을 받은 것이라고 주장하는 많은 학자들이 있는데, 그들이 공통적으로 놓치고 있는 것이 하나 있다. 바로 구약

4　아리스토텔레스는 믿을 수 없다는 것이 오히려 더 진실에 가깝다는 역설을 주장하기도 했고(Aristotle, *Rhetoric* 2.23, 1400a6 – 13), 테르툴리아누스도 하나님의 아들의 죽음에 관해서 "잘 들어맞지 않기 때문에 믿는다"(*credibile est, quia ineptum est*)고 주장했다 (*De Carne Christi*, 5). 나는 이 책에서 "불합리하기 때문에 믿는다"(*credo quia absurdum*)는 신앙주의(fideism)를 주장하는 것도 아니고—믿음의 구체적인 내용이 더 중요하다고 생각하기 때문에—논리적 사고에 의존하는 변증론(apologetics)을 펼치고자 하는 것도 아니다. 성경에는 저자들이 꾸며낸 내용이 많이 포함되어 있다는 주장에 대해 "인간이 도저히 꾸며낼 수 없는 내용이 있다면?"이라는 문제를 제기함으로써 "그 내용이 다른 종교와 철학과 비교해서 고유하다면, 인간이 만들어내기보다는 하나님께서 인간에게 계시하신 것이라고 이해하는 것이 더 적절하지 않은가?"를 주장하는 것이다. 즉 나는 믿을 수 없음과 불합리함이라는 "특징"보다 인간이 꾸며낼 수 없는 성경의 "내용"을 강조하고자 한다.

은 그 어떤 문서에도 발견되지 않는 치열한 자기비판을 담고 있다는 점이다. 한 민족의 역사를 기록하다 보면 부끄럽고 수치스러운 부분이 포함되기도 한다. 그런데 자기 민족의 역사 전체를 배반의 역사로 묘사하고 있는 민족은 과거에도 없었고 현재에도 없다.

우리는 역사를 기록할 때 늘 조금씩 미화하고 정당화한다. 각기 자신의 시각으로 기록한 역사로 인해 오늘날 한국·중국·일본도 첨예한 갈등 관계에 있다. 교회의 역사를 기록할 때도 비슷한 일이 벌어지곤 한다. 많은 교회들이 30년사, 100년사 등의 형식으로 교회 역사를 정리하고 있지만, 대부분 교회의 역사를 미화하는 작업에 그치고 만다. 어느 시기에 교회에 어떤 갈등이 있어서 교회가 분열되었고, 그 과정에서 교회 지도자들이 저지른 잘못이 무엇인지 교인들은 다 알고 있는데, 그런 내용은 교회의 역사책에 실리지 않는다. 하나님의 말씀과 성령의 능력에 힘입어 새로운 피조물로 거듭났다는 하나님의 백성들조차 그렇다. 이처럼 자신들의 부끄러운 역사를 감추고 싶어 하는 것은 아주 평범하고 일반적인 인간 본성이다.

그런데 성경은, 특별히 구약은 이와 다르다. 물론 구약에도 이스라엘 백성들의 "선민사상"이 극명하게 드러나고 있으며 그들의 관점에서 본인들의 지위와 역사를 미화하고 정당화하는 내용이 상당히 많이 포함되어 있다. 그런데 그와 동시에 일반적으로는 상상하기 어려울 정도로 치열하게 자신을 돌아보는 자성적인 내용이 등장한다. **구약은 특별히 이스라엘 지도자들의 심각한 죄악을 계속하여 고발하고 있는데, 다름 아닌 이스라엘의 지도자들이 그 내용을 기록하였다. 어떻게 이런 일이 가능한가?**

더구나 자신들의 죄악을 고발한 내용을 살펴보면 더욱 충격적이다. 출애굽의 역사를 끝도 없는 배반의 역사로 기록하거나, 자신들을 다른 남자를 찾아가는 부끄러운 창녀로 묘사하는 것은 결코 인간의 보편적인 정서와 맞지 않다. 근동 지역의 그 어떤 문서에서도 구약성경과 같이 자신의 역사를 지나칠 정도로 비판적으로 기록한 내용은 발견되지 않는다. 이런 "자기 비판적 역사 기록"은 인간의 기록 문화 속에는 찾아볼 수 없는 장르다.

구약이 얼마나 치열하게 자신을 돌아보고 있는가는 일일이 다 열거하기 힘들다. 구약은 우선 인간 전체를 심각하게 고발한다. 물론 인간을 피조물 가운데 가장 높은 자로 높이는 것도 성경에서 발견되는 아주 중요한 인간 이해 가운데 하나이며, IV장에서 성경의 인간 이해를 다루면서 이 양극단적 인간 이해를 다룰 것이다. 그러나 이 장에서는 인간에 대한 고발에 집중하고자 한다. 성경은 창조 이야기에서부터 인간의 총체적 한계를 심각하게 다루고 있고, 이어지는 가인의 살인 이야기는 인간의 본성이 거짓과 탐욕에 가깝다는 것을 드러낸다. 구약에서 사람을 "아담의 아들"로 부른다는 것을 고려하면, 구약은 그것을 전하고 기록한 자들을 포함하는 전 인류에 대한 치명적인 자기반성을 담고 있는 셈이다. 사실 이러한 이야기 전개는 결코 일반적인 것이 아니다. 왜냐하면 자신들이 믿는 하나님이 인류를 창조했다고 하는 바로 그 이야기 속에 인간에 대한 이런 치명적인 내용이 등장하고 있기 때문이다. 하나님이 인간을 창조했는데 바로 그 인간들이 이렇게도 악할 수 있다는 이야기는, 어떻게 보면 하나님에 대한 심각한 도전이 될 수도 있고 인간 존재에 대한 경멸이 될 수있다. 따라서 만약 인간이 창조 이야기를 스스로 지어냈다면 이것은 결코이해할 수 없는 이야기 전개 방식이자 논리다.

그런데 이보다 더 이해하기 어려운 점이 있다. 바로 하나님이 거룩한 언약으로 선택한 선민인 이스라엘 사람들의 반복되는 타락을 구약이 낱낱이 기록하고 있다는 것이다. 하나님을 잊고 이집트에서 살고 있었던 이스라엘 사람들을 이집트에서 구해내는 과정을 보면, 하나님의 배타적인 인도하심과 이스라엘의 배반이 끊임없이 반복된다. 이스라엘은 불기둥과 구름 기둥을 통해 하나님의 존재와 동행을 시시각각 인지할 수 있었고, 아홉 가지 재앙과 유월절 사건, 홍해가 갈라지는 기적 등을 통해 하나님이 지독하리만치 자신들을 배타적으로 사랑한다는 것도 깨달았으며, 바위에서 솟아나는 물과 하늘에서 내려오는 만나와 메추라기를 통해 자신들의 생명이 전적으로 하나님께 달려 있다는 것을 매일 경험했음에도 불구하고, 이스라엘은 계속해서 하나님을 의심하고 비난하고 원망했다(출 14-17장).

가장 치명적인 이스라엘의 배반은 하나님께서 이스라엘에게 십계명과 율법을 주시고 언약을 체결한 이후에 발생한 우상숭배에서 드러난다. 이스라엘이 우상숭배를 엄격하게 금한 십계명과 정의의 엄밀함(출 21:21, 23-25), 종의 자유에 대한 심오한 사상(출 21:2-6), 그리고 이방 나그네, 고아, 과부를 향한 하나님의 깊은 사랑(출 22:21-23)을 담고 있는 일련의 율법을 통해 자비와 연민이라는 하나님(출 22:27)의 속성을 깨달았다면, 자신들과 언약을 세운(출 24:1-8) 바로 그 하나님을 배반하고 다른 신을 섬긴다는 것을 쉽게 용납하거나 상상할 수 없었을 것이다. 그런데 모세가 두 번째로 시내산에 오른 후 다시 내려오기까지 시간이 걸리자, 그들은 그 틈을 견디지 못하고 자신들을 위해 금송아지 형상을 만들고 그것을 숭배하며 번제와 화목제를 드린다(출 32:1-6). 이 사건은 하나님으로부터 받은 거룩한 율법과 그 율법 속에 드러난 차원 높은 하나님을 통째로 부인하는 어마어마한 사건이며, 출애굽기는 자기 백성들의 이 충격적인 죄악을 매우 소상하게 기록하고 있다.

출애굽 사건 이후 이스라엘이라는 나라가 세워지는 과정에서도 그들의 죄악은 멈추지 않는다. 사사기는 사사 시대에도 끊임없이 이어지는 이스라엘 사람들의 죄악을 고발하고 있고(삿 2:12; 8:27-35; 18:14-31), 사무엘상은 여호와를 떠나 이방신을 섬기는 온 이스라엘을 돌이키고자 미스바에서 성회를 여는 사무엘의 모습을 그린다(삼상 7:3). 그럼에도 불구하고 결국 이스라엘은 하나님을 왕으로 삼기보다는 사울을 왕으로 세운다(삼상 8:7). 이스라엘 왕국의 초대 왕 사울은 여호와의 목소리를 청취하기보다는 물욕에 빠졌으며(삼상 15:19), 자기를 위해서 기념비를 세웠고(삼상 15:12), 자신의 죄를 백성들에게 뒤집어씌우려 했다(삼상 15:15, 21, 24). 일반적으로 건국 역사를 기록할 때는 초대 왕의 이런 죄악보다는 그의 기품과 건국 이념에 더 치중하기 마련이다. 그런데 성경의 기록자들은 자기 민족과 왕이 저지른 죄악과 잘못을 치열하게 고발한다. 수치스러운 일이라면 차라리 기록하지 않는 것이 여러모로 도움이 될 텐데, 왜 구약의 기록자들은 이렇게 깊고도 깊은 자기 돌아봄(introspection)에 몰두하였을까? 도대체 그들은 누구 앞에 서 있었던 것일까?

구약의 역사에서 발견되는 또 다른 흥미로운 점은 사울 왕 전에는 주로 백성들의 어리석음과 죄악에 대해서 기록하고 있지만, 사울 왕부터는 백성들뿐만 아니라 지도자들의 참담한 죄악을 함께 고발하고 있다는 것이다(왕상 15:30). 이스라엘 왕국의 부흥을 누리고 하나님과 가장 바람직한 관계를 유지했던 다윗 왕마저도 남의 아내 밧세바를 자신의 아내로 삼기 위해 충직한 부하이자 밧세바의 남편이었던 우리아를 계획적으로 죽이고(삼하 11:1-17) 자신의 죄를 은폐하려고 하였다(삼하 12:12). 구약은 이 참담한 죄악을 자세히 기록하고 있을 뿐만 아니라 다윗의 시를 통해서도(시 51편) 이를 계속 상기시키고 있다. 솔로몬도 많은 이방 여인을 후처로 받아들이면서 야웨를 떠나 다른 신을 따른다(왕상 11:1-4). 그 이후에도 하나님을 떠나 다른 신들을 따르며 자기 백성들을 범죄의 길로 인도한 왕들이 있었다(왕상 16:2, 13, 26). 죄악에 빠진 것은 왕들뿐만이 아니었다. 기름 부음을 받은 예언자들, 제사장들도 독주에 빠져서 비틀거렸고(사 28:7), 야곱의 머리들과 이스라엘을 통치하는 자들이 선을 미워하고 악을 좋아하여 백성들의 가죽을 벗기고 그 뼈에서 살을 뜯어 먹고 뼈를 냄비에 고기처럼 삶았으며, 예언자들은 백성들을 유혹하였고(미 3:1-6), 백성이나 제사장이나 다 똑같이 죄악을 행한다(호 4:9)고 구약은 기록하고 있다.

이스라엘의 죄악은 단순히 종교적인 것만은 아니었다. 하나님은 "슬프다 범죄한 나라요 허물 진 백성이요 행악의 종자요 행위가 부패한 자식이로다"(사 1:4)라고 한탄하시고, "헛된 제물을 다시 가져오지 말라. 분향은 나의 가증히 여기는 바요 월삭과 안식일과 대회로 모이는 것도 그러하니 성회와 아울러 악을 행하는 것을 내가 견디지 못하겠노라"(사 1:13)고 말씀하신다. 하나님은 종교적 행위 속에 숨어 있는 위선과 죄악 때문에 심히 절망하셨다. 이어서 "선행을 배우며 공의를 구하며 학대받는 자를 도와주며 고아를 위하여 신원하며 과부를 위하여 변호하라"(사 1:17)고 말씀하신다. 이스라엘의 종교적 죄악은 사회적 죄악을 낳았다. 이스라엘 백성들은 겉으로 드러나는 종교 행위에만 열을 올렸고 그 종교 행위가 담고 있는 내용, 즉 정의를 행하고 고난받는 자들과 함께하라는 말씀은 외면한 것이다.

이 모든 고발 가운데 호세아서는 아주 독특한 측면을 보여준다. 호세아서는 잘 알려진 대로 이스라엘 백성들이 음란한 아내 고멜처럼 끊임없이 하나님을 떠나 다른 남자를 찾는다고 비유한 후에, 그들의 죄가 단순히 종교적 죄에 그치는 것이 아니라 총체적인 죄라고 규정한다. "여호와께서 이 땅의 거민들을 고발하시는데, 그들은 진실도 없고, 인애도 없고 하나님을 아는 지식도 없다. 저주와 사기와 살인과 간음뿐이고, 폭력으로 인해서 피가 피를 뒤따른다"(호 4:1-2). 진리와 사랑과 하나님을 아는 지식은 성경이 가장 중요하게 강조하는 기독교의 가치다. 그런데 이스라엘 사람들은 그 핵심적인 가치를 외면하고 저주, 거짓, 살인, 간음과 폭력을 일

삼았다. 그들은 번성할수록 더욱 더 범죄하였고(호 4:7), 심지어 조용한 때에도 마치 화덕에 불이 일어나기 전까지 조용하지만 죄악으로 곧 불꽃을 피우는 자들과 같았다(호 7:4-7). 그들은 회개할 때에도 그저 침상에서 슬피 우는 척할 뿐이요, 곡식과 새 포도주를 얻기 위해서만 모여들었다(호 7:14). 호세아서의 주제는 바로 이런 자들까지 하나님께서 용서하시고 사랑하신다는 것이지만(호 11장), 자세히 들여다보면 이스라엘 사람들의 총체적인 죄악을 눈에 보듯이 생생하게, 각종 비유로 기록하고 있다.

신약 역시 구약처럼 강렬하지는 않지만 매우 자성적 내용을 담고 있다. 특히 초기 교회 지도자들이 기록에 깊이 관여했을 것으로 추정되는 복음서에는 자신들이 얼마나 우매했는지, 십자가 사건 때 예수를 어떻게 배반하고 떠났는지, 또한 예수의 부활을 어떻게 의심하고 잘 받아들이지 못했는지에 대해 아주 상세히 기록되어 있다. 심지어 초기 교회의 지도자인 베드로가 예수에 의해 사탄이라고 불리기도 했다(막 8:33)는 것이 기록되어 있고, 사도행전의 서두에는 예수께서 증거하신 하나님 나라와 사도들이 이해한 정치적인 하나님 나라가 얼마나 달랐는지 서술되어 있다(행 1:3-6). 그리스도의 죽음과 부활의 의미를 가르치는 데 그 누구보다도 열정적이었던 초기 기독교 사상의 지도자인 바울도 로마 교회에 보내는 서신에서 자신이 죄악으로 인해 얼마나 고통당하고 있는지를 고백하고 있다(롬 7:21-24).

사람이라면 그 누가 자기 민족의 역사를 배반의 역사로 기록하겠는가? 더구나 하나님께 선택받고 눈동자처럼 보호받은 사실을 자랑으로 여기는 민족이라면, 스스로 그 하나님을 수도 없이 떠나버린 창녀와 같다고 비유하고 비판할 수 있겠는가? 기독교 지도자들 가운데 그 누가 자신들이 어리석은 백성들과 같으며 그들을 잘못된 길로 인도한 주범이라고 참회하고 고백하며 그 죄악을 낱낱이 기록할 수 있겠는가? 교회의 심각한 갈

왜 나는 아직도 그리스도인인가?

등과 분열과 세속화의 과정을 돌아보며, 그 누가 자신들의 교회는 하나님의 진리와 사랑도 없고 하나님을 아는 지식도 없으며 저주와 거짓과 살인과 간음의 역사였다고 기록할 수 있겠는가?

하나님 앞에서

성경을 기록한 자들은 사람들 앞이 아닌 하나님 앞에 서서 자신들을 돌아보고 참회하며 기록하였다. 우리는 신학적으로 이것을 성령의 영감으로 기록되었다고 이해한다. 성경이 기록한 역사는 하나님과 인간의 관계에 초점을 맞추고 있는 종교적 기록물이다. 그러나 **성경에 등장하는 지독한 자기성찰과 반성은 성경이 기록된 당시에는 상상조차 할 수 없는, 따라서 인간들이 꾸며낼 수 없는 내용이고 오늘날의 역사 기술에서도 찾아보기 힘든 고유한 내용이다.**

또한 이 참회의 내용은 인간에 대한 경멸에서 끝나는 것이 아니라 인류를 더 높은 곳으로 인도한다. 성경의 내용이 지나치게 죄에 민감하게 반응하고 인간의 총체적인 한계를 선포하는 것에 그친다면, 그것은 인간을 신의 잣대로 판단하여 저주하는 것과 마찬가지일 뿐이다. 그러나 성경이 보여주는 총체적 비판은 총체적 사랑의 또 다른 면이다. 하나님은 인간의 내면과 외면, 개인과 사회, 인간이 관계하는 교회와 세계를 총체적으로 사랑하시기 때문에 인간의 죄악을 총체적으로 고발하시는 것이다. 뿐만 아니라 성경의 치열한 인간비판은 하나님의 초청, 연민, 희생, 인도하심, 나누심, 짊어지심, 새롭게 하심을 통해 인격적인 관계로 이어진다. 따라서 성경의 치열한 자기비판은 하나님의 거룩함으로 인간을 새롭게 하고 그 과정을 통해 하나님께로 인간을 인도하기 위한 자성인 셈이다. 따라서 우리는 다음과 같은 잠정적인 결론에 도달하게 된다.

1. 성경에 등장하는 치열한 자기비판은 인간의 본성에 비추어볼 때 자신의 역사 기록에 결코 포함될 수 없는 내용이며, 따라서 인간이 스스로 꾸며낼 수 없는 내용이다.
2. 이 자성적 참회는 인간을 총체적으로 돌아보게 하고 인류를 더 높은 차원으로 인도하여 인격적인 신 존재를 만나게 한다.
3. 따라서 이런 내용을 담고 있는 성경은 인간이 지어낼 수 있는 기록물이 아니라 하나님께서 우리의 양심의 가장 깊은 곳을 비추시고 그 거룩한 영으로 말씀하신 것을 기록한 것이다.

인간이 도저히 꾸며낼 수 없는 이야기 2: 인간의 고난과 신의 자기희생

인간의 고난은 어디에서 왔으며 누구의 책임인가? 이것은 철학과 종교의 오래된 난제다. 물론 고난은 우리를 성숙하게 하며 하나님께로 더 가까이 인도하기도 한다. 그러나 고난 그 자체는 결코 구원을 가져오지 않으며, 우리가 도저히 이해할 수 없는 절대 고난이 닥쳐오기도 한다. 까닭 없는 고난, 타자의 죄로 인한 고난, 인간 내면의 무지와 악, 죽음에 이르는 고난, 무의미한 고난, 자연재해로 인한 고난, 타고난 질병 등은 도저히 그 근원과 가치를 설명할 수 없는 절대 고난에 속한다. 어떤 철학이나 종교도 이 문제를 해결하거나 온전히 이해할 수 있는 틀을 제공하지 못했다.

그런데 기독교는 고난의 종교다. 고난에 대한 기독교의 이해는 이 장에서 다루고 있는 "성경이 하나님의 말씀인가?"라는 주제와 관련하여 중요한 의미를 지닌다. 사람들은 기독교와 고난이라는 말을 들으면 그리스도의 십자가를 가장 먼저 떠올린다. 물론 기독교는 그리스도의 십자가로 인해 고난의 종교다. 나는 십자가 신학을 전공하는 학자로서 더더욱 이

점을 강조해야만 한다. 그런데 십자가 죽음과 인간의 고난 사이의 연관성을 논하는 것은 고도의 신학적 작업이 필요한 결코 쉽지 않은 문제다. 예를 들어 그리스도의 죽음 속에 하나님이 함께하신다는 것을 인정해야만 하는데, 이것을 설득력있게 설명하고 증명하는 것은 아주 어려운 일이다. 우리는 하나님께서 그리스도의 죽음과 함께하셨다는 것과, 그리스도 역시 철저히 인간이었으나 하나님의 독생자, 즉 신적 존재라는 것을 고백하고 믿는다. 이런 믿음의 조건이 충족되어야만 그리스도의 십자가를 통해 고난과 기독교 사이의 신비스러운 관계가 드러나고 설명될 수 있다.

"신적인 존재가 피조물을 위해 스스로 십자가에서 죽기로 선택하여 끔찍한 고난을 당했다"는 성경의 이야기와 그 사상은 인간이 바라거나 원하는 생각이 결코 아니기 때문에, 인간이 도저히 스스로 지어낼 수 없는 이야기와 사상이라고 할 수 있다. 즉 이러한 사상이 실제로 일어났는지 그 여부를 논하기보다는, 이러한 사상 자체가 "인간이 스스로 만들어낼 수도 없고 상상할 수도 없다"는 점에 주목해야 한다. 인간이 상상하는 신적 존재란 인간보다 뛰어나고 우월한 존재이지, 인간을 위해 십자가에서 죽는 존재가 아니다.

따라서 Ⅱ장에서 기독교와 고난을, Ⅲ장에서는 예수 그리스도가 과연 신적인 존재였는가를 다룰 것이다. 그러나 여기서 우리가 주목해야 하는 점은, 십자가에서 참혹한 죽임을 당한 바로 그자가 세상을 창조한 신적 존재라는 성경의 선포는 인간이 꾸며낼 수 없는 사상이라는 것이다. 마가복음의 저자도 예수 그리스도를 하나님의 아들이라고 선언하고 그의 삶과 죽음과 부활을 기록하였다. 예수의 인간적인 면을 가장 많이 부각시킨 누가복음의 저자도 하나님이 예수에게 모든 것을 주었고, 예수 자신 외에는 하나님이 누구이신지를 아는 자가 없다고 선포한다(눅 10:21-22).

요한복음은 예수의 신성을 선포하기 위한 목적으로 기록되었다. 예수께서 스스로 자신을 증거하신 바에 따르면, 아버지와 아들의 관계는 상호적이며, 심지어 아버지가 아들을 증거하고(요 5:37) 영화롭게 할 뿐만 아니라(요 17:5), 바로 십자가의 죽음 때문에 아버지가 아들을 사랑하며(요 10:17), 아들은 아버지와 하나다(요 10:30). 네 복음서는 공통적으로 "예수의 신성과 그의 십자가의 죽음"을 증거하고 있다. 십자가에서 죽임당하신 그분이 바로 신적인 존재라는 선포인 것이다.

사도행전은 바울이 에베소에서 장로들과 "하나님이 자기 피로 교회를 사셨다"(행 20:28)라고 말하며 고별사를 나누었다고 기록하고 있다. 하나님이 십자가에서 죽은 것이다. 이 사상은 너무 직선적이어서 후대에 성경을 옮겨 적은 사람의 일부는 "자기 자신의 피"를 "자기 아들의 피"로 바꿔 옮겼고, 영어 성경 번역본 NRSV(New Revised Standard Version)는 이를 따르고 있다. 신약을 기록한 자들 가운데 바울은 "십자가의 죽음과 그리스도의 신성을 동시에 증거"하는 데 가장 열정적인 사람이었다. 십자가 외에는 아무것도 알기를 원하지 않았던 바울은(고전 2:2), 만물보다 먼저 계신 바로 그분이 십자가의 피로 평화를 이루었다(골 1:15-20)고 증거했다. 그리스도는 하나님과 동등하지만, 자신을 비워 종의 형체를 가져서 죽기까지 낮추셨다(빌 2:6-8). 하늘에 있는 것이나 땅에 있는 모든 것이 다 그리스도에게로 모여드는데, 그의 피로 인해서 우리는 구원을 받았다(엡 1:7-10). 인류는 인간을 십자가에 못 박은 것이 아니라 영광의 주, 즉 신적 존재를 십자가에 못 박았다(고전 2:8). 바울이 내세운 이런 증거, 즉 모든 존재를 자신에게로 다 모으는 바로 그 영광의 하나님이 죽기까지 자신을 낮추었을 뿐만 아니라 그 죽음으로 평화를 이룬다는 것은 인간이 도저히 지어낼 수 없고 인간의 보편적인 생각과 전혀 반대되는 역설적인 사상이다.

히브리서의 기록자도 인간이 상상하기 어려운 심오한 사상을 전개한다. 그리스도는 모든 점에서 우리와 같은 자이지만(히 2:17), 그 피로 단번

왜 나는 아직도 그리스도인인가?

에 영원한 속죄를 이루었으며(히 9:12, 26), 인간의 손으로 만든 성소에 들어간 것이 아니라 하늘에 들어가서 하나님 앞에 나타나셨다(히 9:24). 인간과 동일하면서도 아주 다른 바로 그 그리스도가 죽음으로 속죄를 이루셨다. 베드로는 그리스도를 하나님으로부터 택함을 입은 산 돌이라고 기록하면서(벧전 2:4), 그의 죽음을 흠 없는 어린 양의 피로 해석한 후에(벧전 1:19), 우리의 죄를 담당하신 그의 죽음으로 우리는 살게 되었고 그리스도는 우리 영혼의 목자라고 정의 내린다(벧전 2:24-25). 이 얼마나 생소한 이야기인가? 인간의 문화 속에서 양은 희생제물로 취급되었을 뿐 절대로 목자가 될 수 없었다. 그러나 그리스도는 죽임당한 어린 양이면서도 하나님께서 택한 자이고, 그 죽음으로 우리를 하나님께로 인도하는 목자다.

나는 선교지에서 신학을 가르치며 머무는 동안 그곳의 토속 신앙이나 전래되는 이야기 중에 십자가와 비슷한 내용을 다루는 것이 있는지 찾아보았다. 신의 진노를 달래거나 축복을 받기 위해 동물을 바치는 이야기는 아주 흔했다. 그러나 신이 스스로 인간으로 찾아와서 인간을 위해 십자가라는 끔찍한 고난의 제물로 자신을 바친다는 이야기는 찾아볼 수 없었고, 이와 비슷한 이야기도 발견할 수 없었다.

또한 나는 대학에서 철학을 공부했다. 서양 철학에서도, 동양 철학에서도 "신적 존재가 자신이 창조한 피조물을 위해서 고난의 죽음을 죽는다"는 내용을 담은 사상 체계는 없었다. 동양의 도교에서 말하는 내용들, 예를 들어 도가 먼지와 같다거나, 도는 만들어내지만 소유하지 않는다거나, 계곡과 여인이 도에 가깝다는 것들은 희생의 성격을 띠고 있다.[5] 어떤 이들은 이를 근거로 기독교의 그리스도와 도교의 도가 유사하다고 주장

---

5 Jaeseung Cha, "Taoistic Implications for Christology: Grand Unity, Datong(大同) and Valley-god, Gushen(谷神)." In *Strangers and Pilgrims on Earth: Essay in Honor of Abraham van de Beek*, eds. Paul van Geest and Eduardus van der Borght (Leiden: Brill, 2012), 204.

한다. 그러나 도교의 희생이란 자연계와 인간의 삶 속에서 발견되는 희생의 원리에 가깝다. **원리는 희생하지 않는다. 희생을 가르칠 뿐이다.** 이런 원리는 식물이 자기 잎을 희생시켜 종족을 보존하는 것에서도 발견된다. 도가 비록 희생의 성격을 지니고 있지만, 세상의 창조주가 인격적인 신이며 그 신적 존재가 피조물인 인간을 위해 십자가라는 참혹한 죽음으로 "실제로 희생했다"라는 성경의 사상과는 차원이 다르다. 이 하나님은 희생을 가르치기도 했지만 실제로 희생했기 때문이다. 따라서 십자가의 고난 이야기는 인간이 스스로 만들어낼 수 없는 이야기이자 사상이다. 이런 사상을 기록하고 증거하는 성경은 인간의 작품이 아니라 하나님의 살아 있는 말씀이다.

성경에 따르면, 그리스도의 십자가의 죽음은 단순히 죽음으로 끝나는 것이 아니다. 즉 죽음을 위한 죽음이 아니라는 의미다. 예수께서는 십자가에서 돌아가시면서 "다 이루었다"고 선포하셨다. 죽음이 단순히 수동적이거나 파괴적이거나 회귀적인 것이 아니라, 능동적이며 구성적이며 전향적이라는 의미다. 성경은 그리스도의 죽음이 하나님과 인간, 인간과 인간 사이에 평화를 가져왔다고 선언한다(엡 2:14-16). 죽음이 어떻게 평화를 이루는지에 대해서는 아주 복잡한 신학적 반추가 따라야 하지만, 성경은 그리스도의 죽음이 인간을 새롭게 하여 평화를 이루었다고 말씀하신다. 그리스도의 죽음은 또한 기독교 윤리의 정수이자(막 8:34), 성화의 구체적인 내용이다(고전 1:30). 우리는 날마다 죽고(고전 15:31), 그리스도와 함께 살아난다(롬 6:8).

그리스도의 십자가의 죽음이 죄의 노예인 우리를 해방시켰고, 이로 인해 우리는 의(righteousness)의 종이 되었다(롬 6:17). 따라서 그리스도와 함께 죽은 자들은(갈 2:20) 의로운 삶을 살아야 한다. 예수께서 십자가에서 인간의 고난을 나누고 짊어지셨다고 해서 우리가 할 일이 없어진 것이 아니라, 우리는 그의 죽음과 연합된 자들이기 때문에 그리스도처럼 인간의 고난을 나누고 그 고난을 짊어지는 삶을 살도록 초청받았다. 이것은 강력한 윤리적 요청이며, 동시에 그리스도와 연합되어 가는 삶을 살 수 있도록 하나님께서 우리에게 주신 은총이다. 따라서 십자가와 고난이라는 어려운 문제도 다음과 같은 점에서 성경이 어떻게 하나님의 말씀인가를 설명하는 아주 중요한 근거가 된다. 이 중요한 주제에 관해서는 다음 장에서 예수 그리스도의 고난을 다룰 때 더 자세히 논의할 것이다.

1. 신적 존재가 자신이 창조한 피조물을 위해서 십자가라는 참혹한 죽음으로 자기를 희생한다는 사상은 기독교 외의 그 어떤 사상 체계나 문화에서 발견되지 않을 뿐만 아니라, 인간이 바라고 희망하는 신의 모습이 아니다. 따라서 인간이 스스로 혹은 의도적으로 꾸며낼 수 없는 사상이다.

2. 초기 교회가 공통적으로 받아들인 그리스도의 고난은 수동적 가치와 능동적 가치를 지닌다. 예수께서 인간의 부정적인 것과 고난을 십자가에서 나누고 짊어지셨고 이로 인해 용서와 화해와 평화를 이루셨다. 우리는 그 십자가에서 제외된 것이 아니라, 우리도 또한 십자가에서 그리스도와 함께 죽었다. 따라서 우리도 타자의 고난을 나누고 짊어지는 삶에 초청받았다. 이 희생의 가치는 인류에게 새로운 인간의 모습을 선포한다(엡 2:15). 비록 우리가 이 새로운 모습에 턱없이 부족한 삶을 살아가고 있다고 할지라도 성경은 인류가 나아가야 할 방향이 "희생과 사랑을 통한 인류의 연대와 평화"라고 선명하게 제시한다.

3. 따라서 "인간의 고난"이라는 난제 중의 난제에 대해서, 성경은 "십자가의 참혹한 죽음으로 인간의 고난과 함께하고 그 고난을 짊어지는 신적 존재"가 바로 하나님이라는 전혀 새로운 사상을 우리에게 제시하고, 이 하나님으로 인해 희생과 용서와 평화라는 새로운 가치로 향하도록 우리를 인도

한다. 이것은 인간이 스스로 지어낸 사상이 아니라 살아 계신 하나님의 말씀
이다.

인간이 결코 지어낼 수 없는 구성적 이야기 3: 인격적 삼위 하나님

기독교의 하나님은 인격적 하나님이다. 이 말을 제대로 이해하기 위해서
는 먼저 "인격"이 무엇인가를 살펴볼 필요가 있다. 인격이란 (1) 주체성과
(2) 관계성이라는 두 가지 측면을 지니고 있다. 인격은 주체 속에 갇혀 있
는 고독한 자아도 아니고, 관계 속에 함몰된 공동체도 아니다. 인격은 타
자와 구분되는 주체를 가지면서도 타자와의 관계성 속에서 그 내용을 형
성한다. 그러면서도 타자와 공동체 속으로 인격이 모두 다 소진되거나 치
환되어버리지 않는다. 왜냐하면 인격은 타자와 공동체에 반응(순응, 타협,
혹은 저항)하면서 상호 작용하기 때문이다. 따라서 인격은 개인과 다르고
공동체와도 구분된다. 개인의 인격과 공동체의 인격을 모두 아우르면서
그들과 구분되는 인격이라는 개념은 주로 독일 철학에서 발달했는데, 기
독교의 인격적 하나님의 개념에 영향을 입은 바가 크다.[6] 기독교의 하나
님은 바로 그 자신으로 스스로 존재하는 초월적 존재이며(출 3:14), 동시에
인간과 세계와 관계를 맺는 인격적인 하나님이다.

   인간이 상상하는 신적 존재는 이원론적(초월적 혹은 내재적)이거나 비
인격적이다. 신적인 존재는 인간과 아주 달라서 인간에게 쉽게 알려질 수

---

6 Thomas D. Williams and Jan Olof Bengtsson, "Personalism," *The Stanford Encyclopedia of Philosophy* (Summer 2018 Edition), Edward N. Zalta (ed.), URL = ⟨https://plato.stanford.edu/archives/sum2018/entries/personalism/⟩.

없다. 신은 인간과 세계를 넘어서 존재한다. 신은 인간에게 자신이 어떤 존재인지, 어떤 행동을 하는지를 잘 알리지 않기 때문에, 인간은 그런 신적 존재와 자신이 어떤 관계를 맺는지도 잘 알 수가 없다. 인간이 몇 가지 중요한 행동 양식을 정해 놓고(예를 들어서 이슬람교의 5-6가지 기둥) 이를 따르면 신과의 관계 속에 있다고 믿는 이유는, 신은 절대적인 초월자로서 인간과 어떻게 관계하는지를 알려 오지 않기 때문이다.

둘째, 초월적 하나님과 반대로 인간 속에 내재하는 존재, 혹은 인간으로부터 신적 존재로 나아가는 종교도 있다. 즉 인간이 인간을 넘어설 수 있는 가능성을 인간에게서 찾는 것이다. 인간이 윤리적·종교적 성찰과 수양을 통해서 신화(divinization)되어 갈 수 있고, 마침내 인간의 한계를 넘어서는 해탈의 경지에 이를 수도 있다. 그런데 그렇게 해탈한 존재가 평범한 인간과 어떻게 소통할 수 있는지에 관한 문제가 발생하게 된다. 이 경우에는 인간으로부터 출발했기 때문에 그 시작과 이어지는 과정에 대해 우리가 비교적 쉽게 유추할 수 있지만, 만약 알기 쉬운 상태의 연속이라면 인간 가운데 가장 탁월한 존재라 할지라도 여전히 인간에 그칠 것이고, 만약 인간을 넘어서 버린다면 그 상태로는 우리에게 알려지기 어렵고 평범한 사람들은 그 초월에 도달하기도 힘들 것이다.

셋째, 초월자가 자연계나 인간의 삶 속에 있어서 인간이 그 초월적 실재를 발견할 수도 있다. 하지만 그러한 원리가 우리를 위해 어떤 일을 능동적으로 하고 있는지를 알 수 없다. 도교의 도와 같은 존재가 이런 신적 존재에 해당하는데, 이런 존재는 비유적으로 인간과 관계를 맺기는 하지만 인격적인 관계를 맺을 수 없는 우주적 실체에 가깝다. 도는 음양과 역동적 관계 속에 있으며, 인간과 역동적 관계를 맺기도 하지만, 도는 인격적 존재가 아니기 때문에 인간에 의해 인격적 영향을 입는 것으로 보이지는 않는다. 즉 도와 인간은 결코 상호적이지 않다는 의미다. 도는 창조주, 만물의 근원, 만물의 운행 법칙이 될 수는 있지만, 결국 인간 스스로 우주와 세계 속에 있는 도의 원리를 발견하고 그것을 누려야만 도와 관계할 수 있다. 인간으로부터 출발해서 도로 돌아가야 한다는 점에서 두 번째 유형과 같은 난점을 가진다.

인격성과 관련해 인간이 상상할 수 있는 신적 존재는 다음 세 가지 유형으로 정리할 수 있다.

1. 초월적 존재: 초월자로부터 출발하지만 인간에게 닿지 않고 그 자신에게 머물러 있는 존재, 따라서 인간에게 알려질 수 없는 존재.
2. 내재적 존재: 인간으로부터 출발하지만 인간이 스스로 도달할 수 있어서 결국 인간에게 머물러 있거나 혹은 인간이 그것을 넘어선다면 어떤 초월인지 알 수 없는 상태.
3. 초월/내재적·비인격적 존재: 초월자가 세상을 창조하고 세상 속에 있지만, 인간이 발견하고 그 도를 이루어야 하는 비인격적 존재.

이런 신적 존재 혹은 실체는 기독교의 인격적 하나님과 뚜렷하게 구분된다. 기독교의 하나님은 자신을 제외한 모든 존재를 만든 절대적 창조자임에도 불구하고, 자신이 창조한 인간과 인격적인 관계를 맺을 뿐만 아니라, 인간의 몸으로 성육신하셔서 삶과 죽음과 부활로 우리를 자신에게로 인도하는 하나님이다. 이 "초월적·내재적·인격적 하나님"은 유일한 하나님이며, 동시에 아들과 거룩한 영과 관계하시는 삼위 하나님이고 바로 그 삼위 하나님이 세계와 인간과 인격적으로 관계한다. 성경은 이 하나님에 관한 다양하고 새롭고 충격적인 수많은 이야기와 사상을 기록하고 선포하고 있는데, 이것은 인간 스스로는 도저히 지어낼 수 없는 사상이다.

기독교의 하나님은 인격이라는 새로운 세계를 인간에게 열어주었다.

서양 철학은 일찍부터 주체로서의 인간에 주목해왔으며, 근대와 현대를 겪으면서 주체의 해체를 경험하고, 이제는 공동체 속의 인간에 대한 더 깊은 이해를 시도하고 있다. 주체에서 공동체로, 본질에서 실존과 상황으로 그 논의의 초점을 옮겨가는 과정에서도, 인격으로서의 인간은 주체에 갇혀 있지도 않고 공동체에 함몰되지도 않는 고유한 특징을 가진다는 것을 결코 잊어서는 안 된다. 인간이 다양성과 차이를 갖고 있음에도 연대와 결속을 함께 이해할 수 있는 배경에는, 초월자인 동시에 세상 속에 임재하시는 인격적 하나님, 자신이 보내신 아들 예수와 성령과 구별되면서도, 서로 안에 거주하기까지 그 의지와 뜻과 본성에서 있어서 동일하신 삼위 하나님의 신비스러운 관계가 자리하고 있다.

이 고유하고 충격적인 하나님에 관해서는 이어지는 III장에서 다시 상세히 다루겠다. "성경이 하나님의 말씀인가"라는 주제와 연관 지어 생각해볼 수 있는 내용은 아래와 같다.

1. 인간은 신에 대해 생각할 때 초월과 임재 중 어느 한쪽에 치우쳐서 생각한다. 그렇지 않고 초월과 임재를 함께 생각하는 경우에는, 그 구체적인 내용을 인간에게 알려 오는 인격적 신이 아닌 인간이 자연과 세계에서 발견해야 하는 비인격적 실체에 가까운 신의 존재를 떠올리게 된다. 성경이 밝히고 있는 하나님은 유일한 창조주이면서도 삼위 하나님의 인격으로 존재하고, 또한 세상과 인간과 인격적으로 관계하신다. 상반되는 것처럼 보이는 절대자에 대한 이런 사상은 인간이 지어내거나 상상하기 어려운 사상이다.

2. 초월적이며 내재적이고 인격적이면서 유일한 하나님, 그리고 동시에 그 아들과 성령으로 세상과 관계하시는 삼위 하나님이라는 사상, 그리고 절대적인 능력을 가진 초월자 하나님이 인간에게 자신을 낮추어 찾아오시

고 인간에게 귀 기울이시며 심지어 인간의 고난을 나누고 짊어진다는 사상은, 인간이 상상하던 신과는 다른 "신에 대한 새로운 사상과 가치"를 드러낸다. 인간은 이로 인해 "인간 홀로 인간으로 살아가고 견디어 내야만 하는 절대 고독"으로부터 해방되어 인격적 신과의 관계 속으로 들어가는 위로와 해방을 경험하게 된다. 그리고 신적 존재와 맺는 인격적 관계는 인간과 인간의 관계에서도 "차이 속의 일치", "인격의 상호성", "개인과 공동체의 인격적 관계" 등의 중요한 가치를 발견하게 한다.

3. 성경은 인간이 쉽게 꾸며낼 수 없는 신에 대한 사상을 담고 있고 이 사상은 인류에게 새로운 가치를 제시하기 때문에 성경은 살아 있는 하나님의 말씀이다.

II

고난과
기독교

남태평양의 아름다운 섬나라 바누아투는 전체 인구의 83%가 그리스도인이다. 나는 오래전에 바누아투의 에스피리투 산토(직역하면 성령) 섬에 위치한 장로교 소속 탈루아 신학교에서 2년간 신학을 가르쳤다. 탈루아 신학교에서 서쪽으로 조금 걸어가면 나보타 농장이 나오고, 그 농장길 아래로 내려서면 아름답고 조용한 해변이 나온다. 우리 식구들은 그곳을 매우 사랑했는데, 나는 매일같이 바다에서 조깅과 수영을 하며 체력을 단련하곤 했다. 해변 끝자락의 돌출된 부분과 건너편 탕고아 섬 사이에는 깊은 바다가 형성되어 있었는데, 그곳에 상어가 종종 출몰한다는 이야기도 있었다.

어느 날 아침, 앞집에 사는 신학교 직원의 통곡 소리가 들려 달려나가 보니, 가까운 친척이 전날 저녁 탕고아 섬에서 건너오다가 상어에 물려 죽었다고 한다. 친척은 상어한테 한쪽 다리를 물렸는데 몇 시간 동안이나 루간빌 읍내 병원에서 오는 구급차를 기다리다가 결국 죽게 되었다고 했다. 상어에 물려 돌아가신 분은 홀로 사는 과부였다. 그런데 며칠 후 학장이 신학교 예배 설교 중 그 사건을 언급하면서, 아마도 그 과부가 평소 남자관계가 문란했기 때문에 하나님께서 심판하셨을 것이라고 주장하는 것이었다. 그런가? **인간의 고난에는 항상 그 어떤 까닭이 존재하는가?** 욥기에서 사탄은 욥이 하나님을 경외한 것이 결코 까닭 없이 이루어진 것이 아닐 것이라며 욥을 쳤고(욥 1:9), 하나님은 사탄이 까닭 없이 욥을 쳤어도 욥은 온전함을 지켰다고 그를 자랑했으며(욥 2:3), 욥은 하나님이 자신을 까닭 없이 쳤다고(욥 9:17) 한탄하고 있다. 사탄은 경외와 고난에 까닭이 있을 것이라고 주장했고, 하나님과 욥은 까닭 없는 경외와 고난에 가능성을 열어놓았다. 욥기가 선포하듯이 까닭 없는 고난도 가능한가? 만약 가능하다면 도대체 왜 그런 고난이 존재하는가?

하나님이 존재하신다면 고난은 왜 존재하는가? 기독교는 하나님이 세상을 창조하시고 섭리로 다스리심을 믿는 종교다. 그런데 그 하나님이 다스리시는 세상에 왜 악과 고난이 존재하는가?

인간은 살면서 다양한 유형의 고난을 경험하며, 때로는 고난이 삶에 대한 깊은 이해와 통찰의 기회를 주기도 한다. 고난으로 인해 신을 찾게 되는 경우도 있고, 고난으로 인해 비로소 인생의 의미와 무게를 깨닫고 속 깊은 사람으로 거듭날 수도 있다. 고난으로 인해 무심했던 관계가 회복될 수도 있고, 고난으로 인해 비로소 자신의 잘못을 돌아보는 참회의 순간을 맞기도 한다.

그러나 우리가 여기서 다루는 고난이란 인간이 도저히 그 근원을 알 수 없는 까닭 없는 고난, 정의롭지 못한 고난, 인간이 도저히 감당할 수 없는 절대 고난을 뜻한다. 악이란 하나님의 뜻에 반대되는 것이고, 일반적으로 선하지 않은 일체의 것, 즉 고난과 죄를 모두 포함한다. 그런데 고난은 인간의 삶과 실재와 매우 광범위하게 관계하고 있어서 악이라는 단순한 용어로는 그 깊이를 다 담을 수 없다. 욥기가 드러내는 것처럼 도무지 그 이유를 알 수 없는 까닭 없는 고난, 정의롭지 못한 사회·정치·경제 체제와 제도의 희생물이 되어서 평생을 노예로 살아가는 사람들의 고난, 근원을 알 수 없는 우연적 죽음들, 근원을 알 수는 있어도 그 결과가 왜 아무런 연관도 없는 사람에게 미쳐야 하는지는 알 수 없는 불의한 고난, 극도의 무지와 저열함으로 점철된 인종 차별로 인한 고난, 타고난 질병이나 전염병, 신의 이름으로 자행되는 종교적 박해와 학살, 삶을 송두리째 앗아가는 자연 재난, 탐욕과 증오로 인한 전쟁, 심지어 자기 가족에게 가하는 폭력과 학대들은 인간이 도저히 이해할 수도 없고 해결할 수도 없는 것이다. 이러한 까닭 없는 고난, 정의롭지 못한 고난, 절대적 고난으로 인해 우리는 길고 긴 "고난의 삶"을 살아갈 뿐만 아니라 "참혹한 죽음"을 맞기도 하고 사회와 공동체로부터 "소외되고 버림받기도" 한다.

인간이 이런 고난으로 울부짖을 때 신은 어디에 있는가? 아우슈비츠가 존재한다면 하나님은 존재하지 않는 것인가? 고난이 존재한다는 것, 그리고 그 고난이 우리의 삶과 존재의 뿌리를 위협한다는 것은 많은 그리스도인에게도 어려운 문제다. 이 문제 때문에 기독교를 떠나는 자들도 있고, 심지어 신앙을 잃어버리는 신학자와 목회자도 있다. 이 문제로 인해 도저히 기독교를 받아들일 수 없다고 하는 자들도 있다. 기독교가 여타 종교와 비교했을 때 여러 측면에서 고유하고 신비스러운 점을 지녔다고 할지라도, 고난의 문제에 대해 선포할 내용이 없다면 그 종교적 깊이와 고유함이 폄하될 수밖에 없다. 게다가 기독교는 초월적이고 내재적이며 인격적인 하나님이 세상과 인간과 인격적인 관계를 맺는다고 믿는 종교다. 그런 하나님이 어떻게 이런 고난을 허용하거나 방치할 수 있단 말인가? 인간이 고난으로 절규할 때 하나님은 어디에 계시는가?

그러나 고난의 문제는 결코 기독교만의 문제는 아니다. 철학과 다른 종교에서도 고난의 문제는 가장 해결하기 어려운 문제다. 기독교가 인간의 고난을 어떻게 설명하고 선포하고 관계하는지 알아보기 전에, 우리는 고난의 문제가 왜 모든 인류에게 가장 어려운 문제인지를 살펴보아야 한다. 만약 고난의 문제가 인류에게 특별한 것이 아니라면, 기독교와 다른 종교도 이 문제를 심도 있게 다룰 필요가 없을 것이다. 그런데 고난의 문제가 인간에게 심각한 것이고, 다른 종교와 철학이 이 문제를 깊이 있게 다루고 있는 데 반해 기독교는 이 문제에 깊이 관여하지 않는다면, 이것은 기독교의 심각한 문제일 수 있다. **반대로 다른 종교들이 깊이 다루지 않으나 기독교가 고난의 문제에 대해 깊이 개입하고 설명하고 선포하고 짊어지고 있다면, 바로 이것이야말로 기독교의 신비와 심오함을 가장 잘 드러내는 주제라고 할 수 있다.** 따라서 우리는 이 문제를 여러 각도에서 살펴보아야 한다. 이 장에서는 우선 고난이라는 주제가 왜 심오한 주제인가를 먼저 다룬 후에, 철학에서 "악과 신"을 어떻게 다루는가를 살펴볼 것이다. 그리고 네 종류의 신관(이신론, 범신론, 만유내재신론, 그리고 유대교 신비주의 카발라 신론)과 여러 종교에서 인간의 고난을 어떻게 이해하고 있는지를 설명하고 기독교와 고난의 문제를 다루려고 한다.

1
고난의 심오함

고난과 존재

우리는 태어남과 죽음의 때를 알 수 없고 선택할 수 없다는 절대 한계로
인해 고난을 당한다. 우리 자신이 일상을 지배하고 사는 듯해도 그 출발
과 마침은 우리의 의식과 자유 너머에 있다. 나의 가장 치명적인 순간을
의식할 수 없고 결정할 수 없다는 사실로 인해 우리는 심각한 고통 속에
있다. "주어짐"이라는 용납할 수 없는 존재의 부조리로 인해 "살아감" 속
에서 심각한 고통을 경험한다.

나는 제국주의의 침략과 전쟁, 그에 따른 정치적·경제적 고난을 겪
어온 한국에서 태어나, 선교사로, 목사로, 신학자로 수많은 나라를 방문
하고 몇몇 곳에서 오랜 기간 살기도 했으며, 지금은 인종 차별과 양극화
로 진통을 겪고 있는 미국에 살고 있고, 특히 흑인 학생들이 다수를 차지
하고 있는 신학교에서 학생들을 가르치고 있다. 가난과 인종 차별, 정치적
탄압, 식민지 역사의 고난, 자원 부재, 주로 잘사는 나라들이 만들어 놓은
이상 기후 등으로 고통당하는 사람들과 함께 살면서, 왜 그들이 그런 고
난 속에 살아가야 하는지, 왜 인간의 삶의 너무도 중요한 부분들이 이미
결정되어 있고, 그나마 주어진 그 삶조차도 왜 죽음에 빼앗기게 되는지에

왜 나는 아직도 그리스도인인가?

대한 심각한 질문을 인류가 결코 피할 수 없다는 것을 절감해왔다. 인류가 직면하고 있는 고난의 문제는 인간의 존재적 부조리로 인해 더욱 심오해진다.

도대체 왜 나는 한국에서 태어나 위안부로 잡혀가 짐승보다 못한 삶을 살게 되었는가? 도대체 왜 나는 미국에서 흑인으로 태어나 백인들에게 조롱당하고 나무에 매달려 뭇매를 맞고 죽어야 했는가? 도대체 왜 나는 남태평양의 땅에 태어나 말라리아, 가뭄, 태풍, 해일, 지진을 겪으며 죽음을 직면하고 살아가야 하는가? 도대체 누가, 왜, 나를 여기에 던져 놓았는가? 왜 나는 "주어짐"을 살아가야만 하는가? 그리고 "살아감"의 마지막조차 내가 결정할 수 없는가? 만약 주어짐과 앗아감이 나의 책임을 넘어서는 것이라면, 살아감 역시 내가 책임질 필요가 없는 것이어야만 하지 않는가? 태어남과 죽음이 주어졌다면 삶도 주어져야만 하는데, 왜 내가 나의 삶을 감당해야만 하는가? 내가 나의 삶을 살아가야 한다면 태어남과 죽음도 내가 선택할 수 있어야 하는 것은 아닌가? 도스토옙스키의 수필 「심판」의 주인공은 인간을 이런 존재로 만든 초월자를 심판하기 위해, 초월자가 준비하고 있는 죽음에 따르지 않고 자살을 택함으로써 초월자에 저항하고 있다.

사실 이런 질문들은 도교 사상의 배경 속에 살아온 우리에게는 심각한 질문이 아닐 수도 있다. 장자의 우주관에서는 삶과 죽음이 자연의 한 부분이다. 우주와 삶과 죽음이 자신의 몸의 일부가 되는 관점에서는 주어짐과 살아감 사이에 그 어떤 불일치도 발견되지 않는다. 오히려 그 자연스러운 하나됨이 바로 도의 길이고 진인(眞人)으로 이르는 길이라고 본다. 그런데 바로 그 대담한 점이 도교의 문제다. 인간의 살아감이 심각한 고난으로 가득 차 있는 현실에서, 그것을 어찌 자연이라는 말로 대체할 수 있는가? 자연 그 자체도 폭력과 이변과 모순 속에 놓여 있어서 전혀 자연스럽지 않을 뿐만 아니라, 우리의 삶도 모순, 부조리, 정의롭지 못함, 악, 중독, 외면, 이기심, 무의미, 증오, 탄압, 박해, 질병, 폭력, 차별, 무지, 타락, 상실과 외로움, 학살, 사고 등으로 가득 차 있는데, 이것을 자연이라고 칭하기만 하면 되는가? 처참한 상황 앞에서 인간은 도대체 누가, 왜 우리를 이런 고난 속으로 불러들였는지 탄식할 수밖에 없고, 우리가 고난의 존재라고 고백할 수밖에 없다.

더 어려운 문제는 고난이 존재한다는 사실 그 자체다. 도대체 왜 고난이 존재해야만 하는가? 고난이 존재해야 비로소 기쁨과 감사를 알 수 있기 때문인가? 우리의 기쁨과 감사는 그렇게 상대적일 수밖에 없는가? 혹은 고난은 자연의 일부로서 성장과 변화와 퇴화와 진화의 한 필연적인 과정인 것인가? **고난과 죽음과 존재의 상실을 통해 비로소 연명하게 되는 생명과 자연이라면, 그 생명과 자연은 지나치게 폭력적인 것은 아닌가?** 누구를 위해, 무엇을 위해 고난이 존재하는가? 그리고 그 답을 찾기가 어렵다면, 도대체 왜 고난이 존재하는가? 고난이 존재한다는 것, 고난이 존재하지 않을 수 없다는 것 자체가 참을 수 없는 고난이다.

존재가 고난이다. 고난이 존재다.

고난이라는 주제의 어려움

고난은 존재의 문제에 국한되지 않는다. 고난에 당면한 인간이 경험하는 질문과 의문은 다음과 같은 성찰로 이어진다. 첫째, 고난은 신비다. 우리는 고난의 근원과 현상에 대해 그 어떤 본질적인 대답도 찾을 수 없다. 고난의 존재 이유를 찾는 여러 가지 이론들마저 부분적인 현상을 임시적·일시적으로 설명하는 것에 그칠 뿐이다. 고난의 원인과 고난의 가치에 대해서도 여러 가지 생각들이 있지만, 신과 인간과 자연의 그 복잡한 관계는 고난의 실재 앞에 그 일관성을 상실하고 만다. 고난을 인과관계 속에서 이해하려는 경우가 그렇다. 보통 사람들은 고난이 있으면 그것을 초래한 어떤 이유가 있다고 생각하게 된다. 고난의 근원을 인간에게서 찾으면 도덕론이 되고, 하나님에게서 찾으면 신정론이 된다.

욥기에서 욥의 친구들은 인간과 하나님에게서 고난의 근원을 찾으라며 욥을 채근하지만, 욥은 "까닭 없는 고난"을 탄식한다. 살다 보면 아무런 이유도 없이 찾아온 고난에 직면하는 경우가 많다. 우리는 세월호 참사를 겪은 후 인간이 고난의 원인이라고 생각하기도 한다. 하지만 아무 잘못도 없는 아이들이 왜 그렇게 허탄한 죽음을 맞아야 했는지에 대해 대답을 찾을 수 없기에 깊이 탄식한다. 불치병을 안고 태어난 아이들, 정치적 박해와 종교, 인종적 탄압, 학대, 평생의 가난으로 고통당하는 이들 역시 마찬가지다. 그 고통의 본질적인 근원이 환경과 사회에 있고 그 고통이 빚어지게끔 만든 우리 인간에게 있다고 말하기는 쉽지만, 그 고난을 겪는 당사자가 던지는 "도대체 왜 내가(why me)?"라는 질문에 답할 수는 없다. 내가 초래하지 않은 고난을 왜 당해야만 하는가? 또는 왜 내가 한 일들로 인해 나와 아무 상관도 없는 타자가 고난을 겪는가?

둘째, 고난은 인간을 파괴한다. 고난의 생생한 실재는 인간의 존재와 관계와 사고를 파괴한다. 물론 우리는 고난을 통해 정금 같이 단단해지고 더 깊어지며 성숙해질 수도 있다. 그러나 끝이 없는 위중한 고난은 인간의 관계를 파괴한다. 우리는 고난을 당하는 자들을 위로하기는커녕 정죄하거나 외면하기 바쁘다(욥 19:13-19). 더 나아가 고난은 인간성을 총체적으로 무너뜨린다. 전쟁 수용소의 경험담을 보면, 자유를 상실한 인간은 자유뿐만 아니라 연민, 배려, 나눔이라는 인간의 본질적인 존엄마저 잃게 되는 것을 알 수 있다. 다른 누구보다도 바로 인간이 자신과 타자의 고난을 초래한 고난의 창조자라는 사실을 깨닫게 되는 순간 인간은 처절하게 파괴된다. 인간이 타자를 입으로, 생각으로, 무기로, 몸으로, 정치로, 환경으로, 돈으로 죽일 때, 인간은 인간성을 파괴하며 결국 제 스스로를 파괴한다.

어떻게 우리는 타자를 죽일 생각을 할 수 있을까? 인간이 인간을 죽인다는 사실 그 자체가 견딜 수 없는 고난이다. 인간이 만들어내는 고난으로 인해 인간이 파괴된다. 우리는 이런 고난의 현상을 부분적으로 설명할 수는 있지만, 도대체 왜 인간이 그러한 본성을 갖고 있는지에 대해서는 어떤 대답도 찾을 수 없다. 왜 인간은 서로를 미워하고 싸우고 죽이고, 홀로 분노하고 시기하고 파멸하는가? 왜 인간은 스스로 고난을 만들어내고 있는가? 그 어떤 고상한 철학이나 종교도 인간이 직면하고 살아가는 고난 앞에서 온전할 수 없다.

셋째, 고난과 신의 관계는 무엇인가? 고난을 겪는 인간은 신의 존재에 의문을 가지게 되고 더 나아가 존재를 부정하기도 한다. 아담의 책임이든, 인간의 집단적 책임이든, 악한 존재의 책임이든 간에, 인간을 창조한 신이 존재하고 그 신이 인간의 고난에 관계하는 것이 확실하다면 우리는 그 신의 존재에 대해 심각한 의문을 던질 수밖에 없다. 신이 존재한다면, 도대체 왜 고난이 존재하는가? 고대 그리스의 철학자 에피쿠로스는 일찍이 이런 문제를 제기한 바 있다. 신이 전능하다 해도 악이 존재한다면 이것은 두 가지로 해석할 수 있다. 신이 악을 없앨 수 있는 능력이 있는데도(God is able), 악이 존재하기 때문에 결국 신은 악을 없애기를 원하지 않는다(God does not will). 혹은 반대로, 신이 악을 제거하기를 원한다(God wills) 해도 악이 존재한다면, 결국 신은 악을 없앨 수 있는 능력이 없는 것이다(God is not able). 따라서 신이 악을 제거할 능력이 있다면 악을 제거하기를 원하지 않고, 악을 제거하기를 원한다면 능력이 없다는 한계를 드러낸다. 악이 존재한다는 사실로 인해, 전능하면서도 항상 선한 신이란 존재할 수 없다는 결론에 도달하게 된다. 악이 신의 존재를 부정할 수도 있는가? 고난과 신은 어떤 관계인가?

　넷째, 고난은 자유의 필연적인 결과인가? 신과 인간이 인격적인 관계를 갖는다고 한다면 우리는 다음과 같은 질문을 던질 수 있다. 고난의 책임이 신, 인간 중 전적으로 누구에게 있는가? 혹은 인간의 도덕적 타락을 징계하기 위해 신이 침묵하거나 인간에게 고난을 주기도 하는가? 물론 신은 인간에게 자유를 허락했고 인간은 그 자유를 올바로 사용할 책임이 있다. 인간이 자유를 누리고 신과 살아 있는 관계를 맺는다는 것은 도덕적 책임과 도덕적 결과에 대한 가능성을 전제로 한다. 따라서 고난은 자유의 필연적인 결과일 수 있다.

　그러나 고난이 자유의 필연적인 결과라고 해도, "도덕적 행위가 가능한 자유로운 인간, 따라서 그 자유로 인해서 고난과 악이라는 결과를 만들어낼 수 있는 인간"과 "인간의 자유를 적절하게 사용하도록 간섭해서 긍정적인 의미를 초래하는 고난만을 허락하는 신"은 서로 양립할 수 없는가? 우리의 삶에는 도덕적 결과를 초래하지 않는 가치 중립적인 자유도 얼마든지 있다. 어떤 꽃과 음악을 좋아하고, 어떤 색깔의 옷을 입는다고 해서 도덕적 결과가 따르는 것은 아니다. 우리는 일상에서 수없이 많은 선택을 하면서 살아가는데, 아주 단순한 선택들은 그 결과에 있어서 별다른 차이를 불러일으키지 않는다. 신은 이런 자유를 누리면서도 악과 고난을 초래하지 않는 그런 인간을 만들 수는 없었을까? 고난은 인간이 자유를 누리게 되면 반드시 따라와야만 하는 필연적인 결과인가?

　다섯째, 네 번째 문제와 관련해서 우리는 "고난은 정의로운가?"라는 질문을 던져야 한다. 고난이 자유와 그 자유를 올바로 사용해야만 하는 도덕적 행위의 필연적 결과라면 그 고난은 정의로워야만 한다. 그렇다면 고난도 견딜 만한 것이 된다. 그러나 만약 고난이 정의롭지 못하다면 그 자유는 본질적인 가치를 상실한다. 과연 고난은 정의로운가? 어려운 문제다. 왜냐하면 동일한 자유를 사용해도 동일한 도덕적 결과를 얻지 못할 수 있기 때문이다. 더구나, 자유를 통해 동일한 도덕적 행위를 한다 해도 동일한 고난이 주어지는 것은 아니다. V장에서 다루겠지만, 자유는 누구에게나 주어진 그릇으로서의 본질, 무질서와 파괴를 극복할 수 있는 존엄, 사회적 자유를 서로 허용할 공동체적 자유, 초월자와의 관계에서의 자유라는 네 가지 요소를 가지고 있다. 이 자유의 다중성으로 인해 동일한 자유가 반드시 동일한 결과를 초래하지는 않는다.

예를 들어 언론의 자유는 어떤 사회와 상황에서는 종교적·도덕적 가치보다 우위에 있지만, 다른 사회와 상황에서는 도덕적·종교적 가치에 의해 제한을 받는다. 즉 동일한 자유이지만 탄압의 대상이 되기도 하고, 수호의 대상이 되기도 하며, 자유 자체가 중요한 기준이 되기도 한다. 자유를 사용한 행위가 반드시 동일한 결과를 초래하지도 않는다. 같은 교차로에서 같은 방법으로 교통 신호를 어겨도 죽음에 이르는 큰 사고로 이어질 수도 있고 아무 일도 일어나지 않을 수도 있다. 가장 심각한 문제는 나와 타자의 관계에 있어서 고난이 정의롭지 못하다는 점이다. 나의 자유를 잘못 사용해서 스스로 고난을 겪게 된다면 그 고난은 정의로운 것이다. 그러나 타자가 자신의 자유를 잘못 사용해서 내가 고난을 당한다면, 혹은 나의 자유로 인해 타자가 고난을 당한다면 이 자유는 결코 정의로운 자유라고 부를 수 없다. 즉 고난과 악이 자유의 필연적인 귀결이라고 해도, 그 고난이 정의롭지 못하다면 결코 자유라고 부를 수 없고, 고난은 자유의 참다운 가치를 앗아가게 된다.

여섯째, 종교가 고난의 근원이 되는 것은 아닌가? 고난과 종교의 관계 또한 심오하고 역설적이다. 한편으로 우리는 다양한 종교가 인간의 고난을 어떻게 설명하고 이해하는지 주의 깊게 살펴보아야 한다. 다른 한편으로는 종교가 바로 고난의 원인이 되기도 한다. 지젝은 "신이 존재하지 않는다면 모든 것이 허용된다"는 도스토옙스키를 글을 인용한 후에, 이를 다시 "신이 존재한다면 모든 것이 허용된다"라고 거꾸로 세워놓음으로써 근본주의자들의 문제를 지적한다.[1] 인간은 종교적 신념으로 대량 학살을 허용하기도 한다. 역사를 돌아봤을 때 유대교, 이슬람교, 기독교가 지배했던 곳에서 가장 심각한 폭력과 고난이 있었다. 유일신 사상이 왜곡된 배타성을 강조할 때, 타자를 위한 자리가 상실된다.[2] 인간의 심오한 고난을 외면하는 종교도 종교라고 할 수 있는가? 혹은 종교가 오히려 인간 고난의 근원이 되기 때문에 종교가 바로 인간의 고난인가?

일곱째, 따라서 우리는 기독교의 하나님과 인간의 고난의 문제를 한층 더 깊이 고민해야 한다. 교회 안에는 믿음이라는 명목하에 사유하지 않으려는 사람들이 많다. "생각은 믿음을 혼란하게 한다"고 여기는 듯하다. 혹은 피상적인 일만 생각하거나, 잘못된 생각을 고집하거나, 나의 생각을 넘어서는 하나님의 신비를 도무지 인정하려 않는다. 교회 안에, 그리스도인 안에 필요 이상으로 피상적인 일과 종교성에 대한 집착이 꽉 차 있어서 근원적인 주제를 깊이 고민하는 것이 어려워 보인다. 이러한 천박함 가운데 하나가 바로 고난에 대한 이해다.

가장 중요한 세 가지 질문

그리스도인들은 고난을 당하면 흔히 세 가지 생각을 하게 된다. 첫째, 고난이 발생한 데 어떤 이유가 있을 것이라고 생각한다. 이유를 찾는 과정에서 깊은 참회에 이름으로써 하나님께 더 가까이 가는 길이 될 수도 있

---

1   Slavoj Žižek, "Christianity Against the Sacred," in *God in Pain: Inversions of Apocalypse* (New York: Seven Tories Press, 2012), 43-46.

2   Regina M. Schwartz, *The Curse of Cain: The Violent Legacy of Monotheism* (Chicago: The University of Chicago, 1997), x.

지만, 이런 논리는 자칫하면 정의롭지 못한 고난, 까닭 없는 고난, 절대 고난을 당하는 자들을 두 번 죽이기 쉽다. 둘째, 고난에 이유가 있다는 사실에 천착하다 보면 고난이란 극복할 수 있는 것이고 경우에 따라서는 우리에게 필요한 것이라고 생각하게 된다. 따라서 고난을 극복해내기만을 기대하거나, 오랜 기간 고난당하는 사람의 믿음을 의심하기도 한다. 어떤 경우에는 고난의 필요성을 역설하면서 타인에게 가하는 고난을 합리화하기도 한다. 셋째, 고난과 하나님과 인간의 관계에 대해 심각한 의문을 갖게 되고 신앙을 잃어버리거나 하나님을 떠나게 된다. 실제로 아우슈비츠를 경험한 유대인들 중 하나님을 떠난 사람도 있다. 나는 개인적으로 이 의문에 대해 기독교가 대답을 제시하면 그리스도인이 되겠다는 사람들을 만난 적도 있다. 칼 바르트의 지도로 칼뱅에 관한 박사 논문을 쓴 촉망받던 미국의 한 신학자는, 박사학위를 취득하고 나서 고난의 문제 때문에 기독교를 떠났다. 빌리 그레이엄과 함께 동시대 가장 위대한 설교가로 꼽히는 찰스 템플턴도 고난의 문제에 답을 얻지 못하고 기독교를 떠나 무신론자가 되었다. 하나님이 선하시고 전능하시고 의롭고 모든 것을 아시는 분이라면, 어떻게 이유를 알 수 없는 까닭 없는 고난, 불의한 고난, 인간이 감당할 수 없는 절대 고난을 허용하실 수 있단 말인가?

고난을 겪는 사람들에게 섣불리 고난의 이유를 들이대면서 그들을 두 번 죽이거나, 고난이 더 큰 행복을 가져오는 과정이라고 믿고 고난을 정당화하고 심지어 미화하거나, 고난을 겪으면서 기독교를 떠나는 일들이 우리 주위에서 흔히 일어나는 이유는 "고난과 기독교"라는 이 엄청난 문제를 깊이 다루지 못하기 때문이다. 기독교는 고난의 종교다. 창세기, 욥기, 전도서를 통해 인간의 고난에 대해 다양하고 치열하게 선포하고 우리와 함께 한탄하는 하나님, 인간 고난의 한복판에 십자가로 찾아와 우리의 고난을 나누시고 짊어지시는 기독교의 하나님은 고난의 하나님이다.

그러나 기독교의 하나님께서 고난이 왜 존재하는가에 대해 우리에게 직접적이고 명확한 답을 주신 것은 아니다. 그 어떤 종교도 고난의 신비 앞에 침묵할 수밖에 없다. 그러나 우리는 최소한 다음 세 가지 질문에 답하기 위한 실마리를 찾아야 한다.

1. 고난의 이해와 관점: 기독교는 고난을 어떻게 이해하고 있는가?
2. 신의 행동: 기독교의 하나님은 고난에 어떻게 개입하고 행동하는가?
3. 인간의 행동: 그 하나님을 믿고 살아가는 그리스도인들은 타자와 나의 고난에 대해 어떻게 행동해야 하는가?

우리는 철학과 다른 종교에도 같은 질문을 제기할 수 있다. 철학과 종교는 과연 고난을 어떻게 이해하고 있는가? 고난을 인과관계의 이원론적 틀 속에 가두고 있는 것은 아닌가? 인간 고난의 다양한 면들을 철학과 종교가 얼마나 잘 이해하고 있는가? 이 장에서 다룰 중요한 질문들이다. 이어서 종교가 철학을 넘어선 고난의 문제를 다루고 있다면 그 종교의 신적 존재는 인간의 고난 앞에 어떤 행동을 하는지 알아볼 것이다. 물론 비인격적 존재를 신적 존재로 믿는 종교는 이 문제에서 비교적 자유로울 수 있다. 그러나 비인격적인 초월자라고 해도 인간의 고난과 최소한 어떤 형식으로든 관계를 가져야 할 것이다. 마지막으로 고난에 대한 신의 행동을 올바로 이해한다면, 인간이 인간의 고난 앞에 어떤 행동을 해야 하는지에 대해 질문을 제기할 것이다. 물론 "고난이 누구로부터, 왜 오는가?"라는 질문에 대한 단서도 추가적으로 찾기 위해 노력할 것이다. 이제 까닭 없는 고난, 불의한 고난, 절대 고난이라는 이 심오한 문제에 대해 철학과 다른 종교가 어떻게 이해하고 있는가를 다룬 후 기독교의 하나님에 대해 살펴보자.

2

철학: 악과 신

악(evil)은 고난과 가장 밀접한 관계가 있다. 철학에서는 고난의 문제를 포함하는 악의 문제를 다양한 방법으로 다룬다. 가장 핵심적인 질문은 악과 신의 양립 가능성이다. "우리는 이해할 수 없는 악과 고난 속에 살고 있으면서도 여전히 신이 존재한다고 생각할 수 있는가?"라는 문제를 제기하고 이에 대해 여러 가지로 생각해보는 것이 철학적 논의다. 어떤 이들은 악의 존재가 신의 존재를 부정하는 무신론의 근거가 된다고 주장하고, 어떤 이들은 오히려 악의 존재가 신의 존재를 설명한다고 주장하기도 하며, 또 다른 이들은 인간의 인식론적 한계를 주장한다. 이 주제를 둘러싼 다양한 논쟁이 있지만 여기서는 간략하게 논리적인 추론과 경험적인 추론, 이 두 가지를 소개한 후 철학적 추론이 가지고 있는 본질적인 한계를 다루려고 한다.

2.1. 논리적인 추론

앞서 언급한 대로 에피쿠로스는 악과 "선하고 전능한 신"은 논리적으로 서로 충돌한다고 보았다. 영국의 철학자 데이비드 흄은 이것을 더 구체적으로 발전시켰다. 『자연 종교에 관한 대화』에서 그가 전개한 논리를 쉽게 설명하면 다음과 같다.[3]

1. 신이란 무엇이든지 할 수 있고 동시에 항상 "전능하고(all mighty) 전선한(wholly good)" 존재다.
2. 만약 신이 모든 것을 할 수 있는 전능한 신이라면 악을 제거할 수도 있었을 것이다.
3. 그런데 악이 존재한다면 이 신은 결코 선한 신은 아니다.
4. 만약 신이 항상 선하다면 악을 제거하려고 했을 것이다.
5. 그런데 악이 존재한다면, 이 신은 결코 전능한 신은 아닐 것이다.
6. 따라서 모든 것을 할 수 있고, 동시에 항상 선한 신은 존재하지 않는다.

즉 신이 전능해서 악을 제거할 수 있는데도 불구하고 악이 존재한다면 그 신은 선한 의지가 없는 신이고, 또는 신이 항상 선해서 악을 제거하려는 의지가 있는데도 불구하고 악이 존재한다면 그 신은 악을 제거할 수 있는 능력이 없는 신이다. 따라서 모든 것을 할 수 있고 동시에 항상 선한 신이란 존재하지 않는다. 이런 주장에 대해 미국의 철학자 앨빈 플랜팅가는 그의 저서 『신·자유·악』에서 "악이 존재한다"와 "전능하고 전선한 신이 존재한다"는 진술이 서로 충돌하지 않도록 다른 진술을 삽입하면, "악이 존재한다"와 "신이 존재한다"는 진술이 양립 가능하다고 주장한다. 여러

---

3 David Hume, *Dialogues Concerning Natural Religion*, ed. Richard H. Popkin (Indianapolis: Hackett, 1980), part X.

단계로 복잡하게 진행된 그의 논리를 요약하면 아래와 같다.[4]

우선 흄의 논리는 아래의 3과 4와 같은 전제를 받아들여야만 타당한 논리가 된다.

1. 전능하고 전선한 신이 존재한다.
2. 악이 존재한다.
3. 전능한 존재는 그가 할 수 있는 것에 제한이 없다.
4. 전선한 존재는 항상 악을 제거한다.
5. 악이 존재하기 때문에 전능하고 동시에 전선한 신은 존재하지 않는다.

그런데 플랜팅가는 만약 위 3과 4 대신 아래와 같은 3-a와 4-a의 진술을 포함하면 결과가 달라질 수 있다고 주장한다.

1. 신은 전능하고 전선하고 전지(omniscient)하다.
2. 악이 존재한다.
3-a. 신은 악이 포함된 세상을 창조했고 그런 세상을 창조할 충분한 이유를 갖고 있다.
4-a. 논리의 세계에서 신은 그 능력에 있어서 제한이 있다(즉, 신은 비논리의 세계에서만 그 능력에 있어서 아무런 제한이 없다).
5. "악은 존재한다"와 "전능하고 전선하고 전지한 신이 존재한다"는 모순되지 않는다.

---

4   Alvin Plantinga, *God, Freedom, and Evil* (Grand Rapids: Eerdmans, 1974), 12-29, 54-55.

왜 나는 아직도 그리스도인인가?

먼저 3-a에 대해 살펴보자. 목숨을 살리기 위해 환자의 다리를 절단하거나 질병을 예방하기 위해 작은 질병을 미리 주사하는 백신의 경우와 같이 더 큰 선을 위해 작은 악이 허용되기도 한다. 4-a는 "능력에 제한이 없다"는 것이 어떤 의미인지를 고려해야 한다. 논리의 세계에서는 아무리 신이라고 하더라도 둥근 사각형, 결혼한 총각, 존재하는 비존재를 만들 수 없다.

예를 들어 "너무 무거워서 전능한 신이 들 수 없는 돌을 만들 수 있는가?"라는 질문이 있다. 만약 이 질문에 "그렇다"고 대답하면 "신이 들 수 없는 돌이 존재하기 때문에 그 신은 전능한 신은 아니다"는 결과가 되어버리고, "아니다"라고 대답한다면 "신이 만들 수 없는 것이 존재하기 때문에 신은 전능하지 않다"는 결과가 되어버린다. 따라서 어떤 대답을 하더라도 전능하지 못한 신이 된다. 결국 "전능한 신의 능력에는 제한이 없다"는 문장은 논리의 세계에서는 항상 옳은 것이 아니다. 여기서 3-a와 4-a의 내용이 참인지 아닌지는 중요한 것이 아니다. 흄의 진술은 위에서 보듯이 3과 4와 같은 전제가 있어야만 성립되는데, 3과 4와는 내용이 다른 3-a와 4-a와 같은 진술을 삽입하게 되면 악이 존재한다는 것과 신이 존재한다는 것이 양립 가능하다는 5의 결론에 도달할 수 있다. 즉 악과 신의 문제를 논리의 세계에서 다루면 흄의 주장은 반박 가능한 것이 된다.

중세 철학자 둔스 스코투스는 그의 책 『정본』에서 신과 다른 권력자의 힘과 능력을 논하면서 절대 능력(*potentia absoluta*)과 정돈된 능력(*potentia ordinata*)을 구분한다(I.44).[5] 신의 능력에는 인간의 법률이나 논리를 넘어서는 절대 능력이 있고, 인간과의 관계 속에서 이루어지는 정돈된 능력이

---

5   Duns Scotus, *Ordinatio*, http://www.logicmuseum.com/wiki/Authors/Duns_Scotus/Ordinatio/Ordinatio_I

있다는 것이다. 이 구분의 유효성에 대해서는 철학과 신학에서 더 깊이 다루어야 한다. 만약 신이 모든 것을 다 할 수 있는 절대 능력을 잠재적으로 가지고 있을 뿐만 아니라 그 능력을 실제로 세계와 인간에게 실현한다면, 세상에는 "신만 존재한다"는 역설 속에 빠지게 된다. 그러나 신의 능력이 정돈된 능력으로만 실현된다면, 즉 지나치게 제한적이어서 인간 혹은 악과 씨름해야 한다면, 그 신이 과연 진정으로 초월적 능력이 있는 신인지를 묻게 된다. 흄과 플랜팅가의 논쟁에도 이 구분을 적용할 수 있다. 흄은 신의 전능함을 절대 능력으로 해석했고, 플랜팅가는 논리의 세계, 즉 신의 정돈된 능력에 관해 제한적인 부분도 있다는 것으로 흄의 논리를 반박했다.

그러나 논리적 논증은 치명적인 한계를 갖고 있다. 인간의 진술이 우리가 살아가는 세계의 현실과 일치하는가? "진리의 상응 이론"(Correspondence Theory of Truth)은 진술이 세계와 어떤 연관이 있는가에 따라서 그 진술이 참인지 아닌지를 결정할 수 있다는 이론이다. 진리와 실재란 인간이 직면하는 세계보다 더 넓을 수 있기에 상응 이론이 반드시 옳은 것은 아니다. 예를 들어 심미적 세계, 선포와 약속의 세계, 상상과 꿈의 세계도 진리의 가치를 가질 수 있고, 진술에 상응하는 세계를 넘어선다. 그러나 "인간의 논리가 인간이 살아가는 총체적인 세계를 얼마나 반영할 수 있는가?"라는 질문은 타당성을 갖는다.

흄의 논리에서 먼저 전제되어야 할 것은 "악과 신의 관계"다. 만약 이신론의 주장처럼 신이 세계를 창조한 후 그에 관여하지 않는다면 흄의 논리는 성립되지 않는다. 만약 악과 신의 관계에서 제삼자, 즉 인간이나 사탄이 등장한다면 그 제삼자가 어떤 역할을 하는지 먼저 설명해야 한다. 예를 들어 인간과 신이 인격적으로 관계하고 있고 인간이 신에게 반응할 수 있는 존재라면 악의 근원을 인간이나 사탄에게서 찾을 수도 있다. 따라서 악의 존재가 신의 존재와 반드시 충돌하는 것은 아니다. 혹은 악과 신이 직접적으로 관계한다면 그 관계의 내용을 세밀하게 살펴보아야 한다. 예를 들어 전능한 신이지만 스스로의 능력을 절제하는 신, 악을 스스로 짊어지는 신, 악을 심판하는 신, 악과 싸우는 신 등을 생각할 수 있고 신의 이런 다양한 행동에 따라서 "전능함", "선함" 등의 의미가 달라질 수 있기 때문에, "악의 존재"가 반드시 "신 존재의 부정"으로 이어지는 것은 아니다.

　이런 복잡한 진술을 거치지 않더라도 일반인들의 상식으로 생각해 볼 수 있다. 예를 들어 신이 존재한다는 것을 누군가가 논리적으로 완벽하게 입증할 수 있다고 해도, 어떤 사람은 평생 신의 존재를 경험하지 못할 수 있다. 그가 자신의 경험을 "하나의 반증"으로 제시한다면 우리는 그 반증이 타당하지 않다는 것을 논리적으로 설명해야 하는데 이것은 거의 불가능한 일이다. 논리의 세계에서는 "A"는 절대로 "A가 아닌 것"이 될 수 없지만, 인간의 삶과 실존의 세계에서는 온갖 종류의 모순이 공존하고, 심지어 이런 모순들이 상식처럼 받아들여지고 있다. 삶과 죽음은 서로 모순되지만, 나무의 잎사귀가 떨어져 죽음으로써 땅에 양분을 공급하고 나무는 그 양분을 받아 자라난다. 즉 죽음이 삶이 되는 것이다. "죽음"과 "영생"은 분명히 서로 모순되는 것이지만 "지금과 같은 인간의 윤리적인 상태로 아무런 변화 없이 영원히 사는 것"은 죽음보다도 더 심각한 "죽음"이며, 반대로 "정의롭고 희생적인 죽음"은 많은 사람에게 영원히 살아 있는 "삶"이 되곤 한다. 따라서 "삶과 죽음은 절대로 양립할 수 없다"는 말은 논리의 세계에서는 항상 타당하지만, 논리의 세계를 벗어나면 항상 타당한 것은 아니다. 이런 이유로 우리는 이 문제를 논리의 세계가 아니라 실존의 세계에서 살펴보아야 한다.

2.2. 경험적인 추론[6]

악과 고난은 인간이 경험하는 세계의 실재(reality)다. 우리는 고난을 이해할 뿐만 아니라 고난을 만난다. 인간이 실제로 경험하고 만나는 세계를 적절히 반영하여 악과 신의 문제를 다루는 것을 증거론적 논증(Evidential Argument)이라고 부른다. 우리는 신에 대한 증거를 찾을 수는 없지만 악에 대한 증거를 경험하고, 이 증거를 근거로 신에 대한 논증을 펼친다. 논리적 추론과는 달리 주로 확률적 개연성(probability)에 주목하는 것이다. 이 논증을 대표하는 신학자 가운데 한 명인 윌리엄 로우(William Rowe)의 논리를 풀어 설명하면 아래와 같다.

1. 우리가 입증할 수는 없지만 경험하고 있는 많은 심각한 고난 가운데, 만약 그것이 없다면 더 큰 선(greater good)을 잃어버리거나 혹은 더 심각한 악(worse evil)을 막을 수 없는 고난과 같이 꼭 필요한 것으로 보이는 고난이 있을 수 있다.
2. 그런데 1과 같은 고난이 아닌 고난, 즉 꼭 필요하지 않으면서 인간에게 심각하게 치명적인 고난은, 신이 존재한다면 미리 막을 수 있었을 것이다.
3. 실제로 아무런 이유 없는 그런 고난이 존재하고, 신이 그러한 고난과 악을 허용함에 있어서 자신을 정당화할 수 있는 충분한 이유는

6　Gregory E. Ganssle and Yena Lee, "Evidential Problems of Evil," in *God and Evil: The Case for God in a World Filled with Pain,* Chad Meister and James L. Dew Jr. eds (Downers Grove: IVP Books, 2013), 15-25을 주로 참조했고, Rowe와 Drasper의 몇몇 다른 논문들과 *Internet Encyclopedia of Philosophy*의 "Skeptical Theism"을 참조하면서 나의 주장을 첨가했다.

존재하지 않는 것으로 보인다.

4. 따라서 전능한 신이 존재한다는 충분한 이유는 아마도 없는 것으로 보인다.

위의 주장의 가장 큰 특징은 우리가 직면하는 일상의 삶을 근거로 논지를 펼치고 있다는 점이다. 플랜팅가가 펼쳤던 논리는 고난의 크기와 심각함에도 정도가 있다는 것을 전제로 한다. 예를 들어 남아시아를 덮친 해일로 15만 명이 죽었다는 소식을 접하고 이런 의문을 가질 수 있다. 15만 명의 목숨과 바꿀 만한 더 큰 선이 과연 있을 수 있는가? 혹은 15만 명의 죽음 보다 더 심각한 악을 막기 위해 이런 일이 일어났는가? 신이 존재한다면 과연 신은 이 참혹한 죽음 앞에서 자신의 능력을 정당화할 수 있는가? 만약 그렇지 않다면 결국 전능한 신이 존재하지 않는다는 결론을 내려야 하는 것은 아닌가?

그런데 위의 논증에서 주목하고 있는 것은 큰 절대 고난도 아니고, 플랜팅가가 언급했던 더 큰 선을 위한 고난이나 더 큰 악을 막기 위한 고난도 아니다. 위의 논증은 "불필요한 고난"을 이야기하고 있다. 즉 "꼭 필요한 고난이 아니라면 신이 이 불필요한 고난을 얼마든지 막을 수 있지 않았을까?"라는 의문을 제기하는 것이다.

이에 대해 세 가지로 생각해볼 수 있다. 첫째, 2와 3 사이에는 아주 중요한 전제가 숨어 있다. 만약 "더 큰 선을 위한 고난이나 더 큰 악을 막기 위한 고난이 아닌 고난"이 발생한다면 우리는 그것을 충분히 알 수 있어야 한다. 즉 어떤 고난이 필요한 고난이고 어떤 고난이 불필요한 고난인지 우리는 알 수 있어야 한다. 과연 인간은 이것을 올바로 판단할 수 있는가? 둘째, 1과 2는 인간의 고난에 대한 개연성을 진술하고 있고 3은 이 진술을 바탕으로 "신의 존재"로 나아가고 있는데, 과연 이것이 가능한가?

더구나 1과 2의 개연성이 우리에게 정확하게 알려져야 하는데 이것은 결코 쉬운 일이 아니다. 셋째, "신이 자신을 정당화할 수 있는 충분한 이유가 없는 것으로 보인다"라는 3의 진술은 인간에 관한 진술이 아니라 "신이 과연 충분한 이유를 갖고 있는가?"에 대한 진술, 즉 신에 대한 진술이다. 만약 신이 존재하고 그 신이 자신을 정당화할 수 있는 여러 이유를 갖고 있다면, 그리고 그 신보다 열등한 인간이 그 이유를 알 수 없다면, 혹은 신이 우리에게 불필요하게 보이는 고난을 스스로 감당하고 있다면, 3의 진술은 타당하지 않게 된다. 위의 논증은 우리가 직면하는 세계의 현실을 적절히 반영하고 있지만, 풀어야 할 만만치 않은 두 가지 과제가 남아 있다. 우선 그 세계 속에서 우리가 경험하는 고난 가운데 "더 큰 선을 위한 고난이나 더 큰 악을 막기 위한 고난이 아닌 고난"이 존재한다는 것을 입증해야 하고, 더 나아가 신이 그것을 허용할 만한 정당한 이유가 없다는 것도 입증해야 한다.

폴 드래스퍼(Paul Drasper)는 또 다른 증거론적 논증을 주장하는데 그 내용은 다음과 같다.

1. 신은 전능하다.
2. 만약 전능한 신이 존재한다면 감각을 가진 인간을 창조하면서 고통은 가능한 한 덜 느끼고 기쁨은 더 누릴 수 있는 존재로 창조했을 것이다.
3. 그러나 이 세상에는 너무 크고 막대한 고통이 있고 너무 적은 기쁨이 있어서, 전능한 신이 존재한다고 믿는 것은 놀랄 만한 일이다.
4. 만약 신이 존재하지 않는다면, 인간의 고통은 단순히 생물학적 체계의 산물로 간주되고 이것은 덜 놀랄 만한 일이다.
5. 따라서 이런 세상을 창조한 신이 존재한다고 믿는 것보다는 존재

하지 않는다고 믿는 것이 더 적절하다(혹은 덜 놀랄 일이다).

이 논증은 인간이 경험하는 고통과 기쁨에 대해 어떤 주장이 더 자연스러운가, 즉 어떤 주장이 더 받아들이기 힘들 정도로 놀랄 만한 일인가, 혹은 덜 놀랄 만한가를 따져봄으로써 무신론과 유신론 중 어떤 것이 더 개연성이 높은지 추론하는 것이다. 이를 정리하면 고통의 세상에 직면하여 유신론을 주장하는 것이 무신론을 주장하는 것보다 더 놀랄 만한 일이고, 따라서 무신론이 인간의 고난을 더 잘 설명한다는 논리다. 그런데 위의 주장은 얼핏 보면 인간의 경험과 세계의 실제를 근거로 한 것처럼 보이지만, 3의 "너무 큰 고통과 너무 적은 기쁨"은 사실 "인식론적 개연성"(epistemic probability)을 근거로 삼는다. 이 논리의 틀을 따르면 누군가가 "나는 너무 큰 기쁨과 너무 적은 고통의 삶을 살았기 때문에 이 기쁨을 준 신이 존재한다고 믿는 유신론이 무신론보다 더 타당하다"고 주장할 수도 있지 않은가? "우리가 알기에는 아마도 그럴 것이다"라는 우리 지식의 개연성이 과연 무신론과 유신론과 같이 우리 인식의 범주를 넘어서는 것들을 비교하는 근거가 될 수 있는지에 대해 의문이 생길 수밖에 없다.

2.3. 철학적 추론의 한계: 신의 존재로부터 신의 내용으로

위에서 다룬 증거론적 논증 외에도 회의적 유신론(Skeptical Theism) 등이 있지만, 모두 인간의 지적 한계를 근거로 하고 있기 때문에 유신론이라는 용어를 사용하는 것보다는 차라리 불가지론이라고 하는 것이 더 좋을 것이라는 견해도 있다. 인간의 경험을 적절히 고려하여 증거를 찾고 그것을 근거로 신의 존재와 악에 관해 다양한 주장을 펼쳐도, 결국 타당한 결론을 도출하기는 어려워 보인다. 이런 인간의 한계는 (1) 인식과 지성의 한계, (2) 경험의 불확실성, (3) "신"이라는 초월적 존재로 인해 발생한다. 이로 인해서 우리는 지성의 겸허함(Intellectual Humility)에 이르고, 심지어 근심(Intellectual Anxiety)에 빠져들기도 한다. 도대체 인간이 이 엄청난, 그러나 결코 피할 수 없는 주제에 관해 무엇을 알 수 있단 말인가?

인간의 지성의 한계와 경험의 불확실성은 고난 앞에서 총체적으로 드러난다. 우리가 논리적 추론에 의지한다 하더라도, 그것이 인간의 삶과 실존을 정확하게 반영한다고 말할 수 없다. 실존의 삶은 논리보다 훨씬 치열하고 복잡하기 때문이다. 또한 우리가 경험적 추론에 의지한다 하더라도, 인간의 경험의 종류는 매우 다양하고 그 경험에 대한 "이해"를 우리가 얼마나 "공유"할 수 있는지 잘 알지 못한다. 만약 고난의 의미와 실재가 100이라면 우리는 그중 얼마만큼을 알고 경험하고 있을까? 내가 만약 5를 경험하고 알고 있다면 이것을 근거로 "타자"의 고난에 대해서 논할 수 있을까? 또한 타자는 나의 고난을 얼마나 알고 이해할 수 있을까? 인간의 통증이라는 것은 유사한 증상으로 나타나기 때문에 우리가 이를 통해 타인의 고통을 이해할 수 있다고 믿는데, 만약 누군가의 고통이 다른 사람들이 결코 느낄 수 없는 유일한 고통이라면 우리는 그 고난과 고통에 대해 무지할 수밖에 없는 것은 아닐까?[7] 유비를 허락하지 않는 "단 하나의 사건"으로 인해 고통을 받는 사람이 있지 않을까? 소위 말해서 "까닭 없는 고난", "무의미한 고난", "절대 고난"으로도 도저히 설명할 수 없는 그런 고난이 있지 않을까?

더 나아가 만약 고난을 공유하는 것이 어렵다면 "과연 누가 고난을

---

7   Alvin Plantinga, *God and Other Minds: A Study of the Rational Justification of Belief in God* (Ithaca: Cornell University, 1990), 188.

논할 자격이 있는가?" 단순히 고난당하는 자들의 곁을 지키는 자가 과연 인간의 절대 고난을 논할 자격이 있을까? 얼마나 고난을 공유해야 고난에 대해 추론할 수 있는 자격을 갖게 되는가? 오로지 절대적 고난을 겪은 자만이 고난과 신의 존재 여부를 논할 자격이 있는 것은 아닌가? 삶의 편리함과 작은 기쁨으로 인간 세계의 부조리와 불의에 대한 감각을 억누르는 삶을 살아가고 있지 않는가? 이런 마비된 감각과 불의에 대한 무관심으로 삶을 살아가다가 어느 순간 문득 고난에 대한 진지한 생각들을 떠올리며 이런 글을 쓰고 있는 나는 과연 고난에 대해 일말의 주장을 할 자격이 있을까? 인간이 "악과 신"이라는 주제를 이해하고 설명한다는 것이 가능한 일인가?

우리는 인류가 겪는 고난을 추측하기도 하고 일부를 경험하기도 하지만, 이를 총체적으로 파악하거나 설명할 수 없다. 다시 말해 인간의 고난에 관해서는 "논리"의 엄밀함이 실존에 잘 부합하지 않을 뿐만 아니라, 경험의 "개연성"도 예측 불가하다. 우리는 논리와 경험의 문제를 논하기에 앞서 (1) 고난의 공유, (2) 고난의 유일함, (3) 고난을 논할 수 있는 자격에 대해 논의해야 한다. 하지만 이런 주제에 관해서 모두가 이해하고 납득할 수 있는 설명이 불가능하다.

그런데 문제는 더 심각해진다. 왜냐하면 고난과 인간의 지성, 경험, 추론의 한계도 해결하지 못한 상태에서 "신의 존재"라는 아주 색다른 주제, 즉 인간의 지성과 경험의 범주를 넘어선 인간보다 우월한 존재를 고난의 문제와 연관시키고 있기 때문이다. 모든 무신론적 추론은 인간의 고난으로부터 신의 존재에 관한 추론으로 나아갈 수 있는 확정적인 근거를 찾을 수 없다. 신이란 인간보다 우월한 존재이므로, 고난과 신의 관계는 인간이 생각해낼 수 있는 것보다 훨씬 더 복잡하고 높은 차원의 문제가 되기 때문이다. 인간으로부터 신으로 추론하는 것은 역추론에 해당하는

데, 존재론적 차이를 넘어서는 역추론은 불가능하다.

유신론적 추론도 결정적인 한계를 가진다. 유신론적 추론에서 가장 문제가 되는 것은 신의 존재 여부가 아니라 "신의 정의(justice)"다. 철학은 신의 전지, 전능, 전선 등을 논하고 있지만 결정적으로 **신이 고난 앞에 과연 정의로운가**라는 문제를 빠뜨리고 있다. 예를 들어 철학의 추론에서는 만약 신이 더 큰 선을 위해 작은 악을 허용한다면 악의 존재와 신의 존재가 양립 가능하다고 설명하고 있는데, 사실상 그 신이 정의롭지 못하다면 그 신은 차라리 존재하지 않는 것이 인간에게 더 유익이 된다. 고난의 문제는 다수결의 문제가 아니라 불의하게, 까닭 없이, 의미 없이, 절대 고난을 당하는 사람들의 문제다. 그들이 아무리 소수라고 하더라도, 그들의 희생이 비록 절대 다수에게 이롭게 작용한다 할지라도, 그들의 고난이 다른 사람들의 더 큰 악을 막는다고 할지라도, 그 고난이 까닭 없는 절대 고난이라면, 고난당하는 자들에게는 결코 정의로운 고난이 아니다. **단 하나의 까닭 없는 절대 고난이 존재하는 것 자체로 우리의 모든 유신론적 논의는 무너져버린다.** 그 고난이 정의롭지 못한 것이라면 더 말할 것도 없다. 결국 만약 신이 존재한다면 신의 존재 여부뿐만 아니라 신의 속성, 행동, 고난과의 관계 등이 먼저 알려져야 하는데, 철학은 신의 존재 내용을 만들어낼 수 없기 때문에 이런 내용을 철학 스스로 확정할 수 없다.

"인간이 과연 고난을 어떻게, 얼마나 이해할 수 있을까?"라는 질문 위에 "신이 존재하는가?"라는 질문이 추가되는 순간, 무신론이든 유신론이든 철학은 치명적인 한계를 드러낸다. 신의 존재는 인간보다 우월하므로 인간 인식의 한계와 경험의 불확실성 등을 이유로 무신론을 확정할 수도 없고, 신의 존재 여부는 신의 "존재 내용"과 치명적으로 연관되어 있기에 그 내용이 알려지지 않는다면 유신론을 주장할 수도 없다.

철학으로부터 종교로

따라서 우리는 지금까지 논의해온 것과 다른 방법으로 이 주제에 접근하기 위해 다음과 같은 질문을 검토할 것이다. (1) 만약 신이 존재하지 않는다면 인간의 고난을 우리는 어떻게 이해해야 하는가? (2) 만약 신이 존재한다면 인간의 고난을 어떻게 이해해야 하는가? **이것은 "고난과 신"의 문제를 논리적 상호 병렬로 보는 것이 아니라, 신의 존재 여부를 우선적으로 가정한 후 신의 존재/부재가 고난과 어떤 관계에 있는지를 살피는 것이다.**

만약 신이 존재하지 않는다면 우리는 고난의 문제를 어떻게 이해해야 하는가? 동식물의 생태에서 관찰되는 것처럼 고난을 생물학적 특징으로 단정 지을 수 있을까? 고난의 근원과 실재가 인간에게 알려지지 않는 신비라면, 고난을 분석하기보다는 고난에 저항하는 편이 타당할 것이다. 그렇게 되면 이것은 철학의 영역을 넘어서는 문제가 된다.

인간의 삶이 세상의 혼돈과 부조리 속에서 홀로 외롭게 단절과 소외를 겪어내야 하는 것이라면, 우리는 서로 힘을 모아서 까닭 없는 고난이나 절대 고난을 막기 위해 노력하거나 그 고난 속에 있는 자들과 함께 고난을 나누고 짊어져야 할 것이다. 이것은 단순히 사회 정의에 국한되는 문제가 아니다. 인간의 정치·사회·경제 제도와 체제가 훨씬 더 정의로워져야 하고, 인간의 정신적·윤리적 세계가 연대와 나눔이라는 가치를 공유할 수 있을 정도로 변화되어야 하며, 인간의 기술이 훨씬 더 높은 수준에 이르러 환경과 기후까지 조절할 수 있는 정도에 이르러야 비로소 그 해결 가능성을 조금이라도 낙관할 수 있는 문제다.

이런 총체적인 변화를 위한 근거와 동력을 어디서 찾을 수 있을 것인가? 타자의 고난에 지독하게 무관심한 인류에게 "고난을 서로 나누고 짊어져야 한다"는 사상과 그 실천을 "누가, 어떻게" 가르칠 수 있을 것인가?

물론 거룩한 인문주의가 신의 개입 없이 인간 스스로 고난과 싸워야 하는 당위성의 논리를 만들어낼 수도 있다. 그런데 그 당위성을 인류가 거룩한 연대를 통해 함께 공유하고 실행해 나간다는 것은 거의 불가능에 가깝다. 거꾸로 가는 자들, 폭력에 취한 자들, 삶의 적당한 쾌락에 길들여진 자들, 무관심한 자들, 자기 의에 도취해서 타인을 돕는 척하는 위선자들, 자신들의 힘겨운 삶에 지친 자들이 너무도 많기 때문이다.

그러나 우리는 타자와 약자에 대한 배려와 나눔을 점진적으로 이뤄 나가고 있기 때문에 결코 절망할 수만은 없다. 고난받는 자들의 탄식이 사회에 알려질 수도 있고, 부자들이 가난한 자들에 대해 책임을 느낄 수도 있으며, 공정하지 못한 사회는 가난한 자들에게 폭력과도 같다는 깊은 통찰을 나눌 수도 있다.[8] 그러나 이와 동시에 양극화나 환경 파괴의 결과가 가난하고 고난당하는 자들에게 더 큰 영향을 미치고 있는 현실을 생각해보면, 고난과 싸우는 인류의 거룩한 투쟁을 회의적으로 바라볼 수밖에 없다. 따라서 신이 존재하지 않는다고 가정하고 우리의 생각을 정리해보면 아래와 같은 한계에 빠진다.

1. 신이 존재하지 않는다.
2. 고난이 존재한다.
3. 신이 존재하지 않기 때문에 인간이 스스로 고난을 극복해야 한다.
4. 인간이 고난에 저항하고 고난을 극복하기 위해서는 여러 분야에서의 총체적인 변화를 향한 근거와 동력이 있어야 한다.
5. 분리, 차별, 학대, 탄압, 전쟁을 반복하고 있는 인간에게서는 총체

---

8   James M. Gustafson, *Ethics from a Theocentric Perspective: Theology and Ethics* (Chicago: University of Chicago, 1981), 25.

적인 변화를 향한 근거를 발견하기도 어렵고, 인문주의에서 그 근거를 발견한다고 할지라도 그것을 실행할 수 있는 동력을 공유한다는 것은 불가능에 가깝다.

그렇다면 인간보다 우월한 존재인 신이 존재한다고 가정하고 그 신이 인간의 고난과 어떻게 관계하는지 살펴보자. 만약 신이 존재한다면 그 신이 인간의 고난과 어떻게 관계하는가를 살핀 후에 그 신의 가르침과 선포를 따르면 된다. 신이 인간의 고난에 어떻게 관계하는지를 알게 된다면, 그 신의 존재와 관계 방식을 좇아 우리도 인간의 고난을 어떻게 이해하고 대처해야 하는지를 깨달을 수 있을 것이다. 즉 총체적인 변화의 근거와 동력을 신에게서 찾는 것이다. 따라서 만약 신이 존재한다면, 우리는 신의 속성, 일, 세계와의 관계 등을 알아야 한다. 신이 존재한다는 가정하에 우리가 깊이 살펴보아야 할 과제는 다음과 같다.

1. 신이 존재한다.
2. 고난이 존재한다.
3. 신이 고난과 어떻게 관계하는지 인간에게 알려져야 한다.
4. 신이 고난과 관계하는 내용이 알려지면, 인간은 그 내용을 통해 고난과 싸우기 위한 동력을 얻을 수 있다.

신은 과연 인간의 고난과 어떤 관계를 맺고 있는가? 신은 인간의 고난 앞에 정의로운가? 인간의 고난을 책임지고 있는가? 신이 존재한다고 하더라도 그 신이 인간의 고난에 대해 정의롭지 못한 반응을 보인다든가 무책임한 태도를 취한다면 그런 신은 차라리 존재하지 않는 것이 인간에게 도움이 되는 것은 아닐까? 다양한 종교는 인간의 고난에 대해 어떤 가르침

과 선포를 전하고 있는가? "인간의 고난과 신"이라는 주제에 대해 신의
존재를 받아들이고 있는 종교는 이 주제를 얼마나 치열하게 다루고 있는
지를 지금부터 살펴볼 것이다.

3
고난과 종교

인간이 생각할 수 있는 신의 종류는 다음 네 가지로 요약할 수 있다. 이신론(Deism), 범신론(Pantheism), 만유내재신론(Panentheism), 유대교의 카발라 신론(Kabbalistic God)이 그것이다. 다신론, 유일신론, 택일신론(Henotheism) 등에 대해서는 논의의 범위를 명확히 할 필요가 있는데, 다음 장에서 다신론을 간략하게 다룰 것이며, 유일신론은 유대교, 기독교, 이슬람교 등의 종교를 다룰 때 살펴볼 것이고, 힌두교의 택일신론은 인도의 종교를 다룰 때 언급할 것이다.

3.1. 양극단의 견해: 이신론과 범신론

이신론(Deism)은 고전적 이신론과 근세적 이신론으로 나뉜다. 고전적 이신론은 신이 세상을 창조했지만 창조 이후의 세계에는 관여하지 않는다는 사상이다. 따라서 신은 세계와 인간이 겪는 고난이나 악과 아무런 연관이 없다. 이런 신은 고난으로부터의 책임에서는 자유로우나, 인간이 세상과 무관한 신을 예배의 대상으로 삼을 수 있는지는 의문으로 남는다.

근세적 이신론은 조금 다른 형태를 가지고 있다. 인간은 자연을 관찰하고 이성의 논리로 신의 존재를 받아들인다. 그러나 여기서의 신은 자신을 계시하거나 초자연적인 일을 행하지 않고, 믿음의 내용을 이루는 구체적인 교리를 인간에게 강요하지도 않는다. 신은 멀찍이 서서 인간의 자유와 이성과 관찰에 자신을 맡겨 놓는다. 따라서 이런 이신론을 따르면 인간이 겪는 고난에 대한 해결책을 결국 인간에게서 찾아야 한다. 가장 치명적인 인간의 실재인 고난으로부터 멀리 떨어져 있는 존재라면 그 어떤 탁월한 신적 속성을 가지고 있다고 할지라도 신뢰와 경배의 대상에서 제외되어야 마땅하다. 구경꾼 같은 신은 고난 앞에 서 있는 인간의 외로움과 고난을 더 가중시킬 뿐이다.

범신론(Pantheism)은 세계가 바로 신이고 신이 바로 세계라는 사상으로서 고난의 문제에 관해 이신론과 정반대의 모습을 보인다.[9] 이신론만큼이나 다양한 범신론적 주장들이 인류의 종교·철학·문학에서 전개되어 왔고, 이를 긍정적으로 평가한다면 범신론은 우주 자체가 신이라고 믿거나 신을 벗어나서는 그 어느 것도 존재하지 않는다는 생각으로 해석할 수도 있다. 그런데 역설적으로 "모든 것이 신이라면 어떤 것도 신이 아니다("Everything is God" is "no God")"라는 비판이 가능하다. 신이 완전하거나 선한 존재라면 세계도 선하거나 완전해야 하는데, 우리가 경험하는 세상은 그렇지 않다. 따라서 이런 신이 존재한다고 하더라도 세계나 우리 자신과 동일하지 않기 때문에 인간보다 더 우월한 신이란 존재하지 않는 것과 마찬가지다. 실제로 범신론을 따르는 많은 사람들은 우주와 세계와 인간의 문화가 바로 신이라는 자신들의 사상을 유신론의 일종으로 이해하기보다

9　범신론과 악의 문제에 관해 *Stanford Encyclopedia of Philosophy*에서 "pantheism"을 주로 참조하고 나의 의견을 덧붙였다. 이어지는 III장에서 여러 다른 신론과 함께 범신론을 더 상세히 다룰 것이다.

는, 유신론을 반대하기 위한 수단으로 범신론을 채택한다. 인격적인 신이 인간의 운명을 좌우하며 간섭하는 것이 아니라 세계와 우주가 바로 신적 존재라는 범신론적 견해는 많은 현대인들에게도 매력적으로 받아들여지고 있어서, 「스타워즈」, 「아바타」, 「라이온 킹」 등 세계적으로 널리 알려진 대중 영화들도 이런 범신론적 사상을 이야기의 주 배경으로 삼고 있다.

그런데 범신론의 가장 당혹스러운 문제는 바로 고난과 악의 문제다. 만약 세계 그 자체가 신이라면 세계에 존재하는 고난과 악도 신의 일부이기 때문에 "신이 악"(God is evil)이 되어버린다. 이 문제를 해결하기 위한 시도는 다음과 같다. 첫째, 악이란 존재가 아니라 비존재(non-being), 결핍(privation), 혹은 환영(illusion)이라고 생각한다. 둘째, 악이란 실제로 존재하는 것이긴 하지만 유한한 인간의 부스러기와 흔적과 같아서 큰 그림에서 볼 수만 있다면 세계가 신이라는 것에 큰 영향을 주지 않는다. 셋째, 따라서 악의 존재는 세계가 점진적으로 발전함에 따라서 해소될 수 있는 문제다. 범신론이 윤리적 무관심을 낳는다는 비판이 있지만, 실제로는 종말론적이고 윤리적 요소가 이 세 번째 견해에 포함된다.

하지만 세 가지 주장 모두 세상에 대한 낙관적인 견해를 기반으로 한다. 우리가 만나는 세상의 악과 고난이 "환영"이나 "부스러기"에 불과한가? 그것들은 "앞으로 개선될 수 있는 것"인가? 세상의 악과 고난은 인류역사와 문화의 한복판에 자리하고 있지 않은가? 생물은 진화와 퇴화와 멸종을 반복하고 있으며, 태양마저도 일정 시간이 지나면 적색거성으로 바뀌어 사라질 것이고, 우주도 팽창만 지속하는 것이 아니라 축소되어 블랙홀로 남을 것이라는 주장(Big Crunch)도 있지 아니한가? 이에 더해 점진적 변화나 종말론적 시각은 "고난은 정의로운가?"라는 본질적인 문제를 극복할 수 없다. 세상의 마지막 날에 악과 고난이 사라진다고 할지라도 지금 절대 고난을 당하는 자는 낙관적인 소망에서 위안을 얻지 못한다. 신이 존재한다면 "지금 여기서(*hic et nunc*) 힘없는 한 인간"이 직면하고 있는 까닭 없는 고난, 불의한 고난, 절대 고난에 대해 답을 해야만 한다.

3.2. 온건한 견해: 만유내재신론과 카발라 신론

만유내재신론(Panentheism)이란 세계 속에 신이 있고, 신 속에 세계가 있다는 견해다. 신이 악과 무관하다는 이신론이나 악이 존재하는 세계 그 자체가 신이라는 범신론은 상당히 극단적인 주장이지만, 만유내재신론은 악과 신의 병존(竝存)을 주장하기 때문에 악에 관해서는 비교적 중도적 견해라고 볼 수 있다. 만유내재신론도 범신론만큼이나 다양한 견해를 갖고 있지만 크게 두 가지로 구분할 수 있다.

만유내재신론은 전통적으로 신과 악이라는 두 개의 축으로 세상을 이해했다. 예를 들어 페르시아의 오래된 종교 조로아스터교는 대표적인 만유내재신론이다. 조로아스터교는 선한 존재들과 악한 존재들이 동일한 근원을 가지고 있지 않다고 보기 때문에 일종의 이원론적 신관이라고 볼 수 있다. 물론 조로아스터교에서는 악을 대표하는 존재가 선을 대표하는 존재보다 열등하다고 여겨지고 있어 강한 의미의 이원론은 아니지만, 유대교나 기독교의 유일신 사상과는 확연히 구분되는 이원론적 배경을 갖고 있다.[10]

만유내재신론은 현대에 들어 철학과 신학에서 다양하게 논의되고 있다. 옥스퍼드 기독교 사전에 따르면 만유내재신론이란 신적 존재가 세상

---

10   Win Corduan, "Evil in Non-Christian Religions," in *God and Evil: The Case for God in a World Filled with Pain* (Downers Grove: IVP, 2013), 181-182.

과 우주를 포함하고 침투하고 있어서 세계의 모든 부분이 그 신적 존재 안에 존재하지만, 신은 세계와 동일한 것이 아니라 세계보다 더한 존재이며 세계에 의해 다 소진되지 않는다는 견해다. 즉, 세계와 신이 관계하면서도 공존할 수 있는 근거를 마련함으로써 범신론과 이신론을 극복하는 시도다.

현대의 다양한 만유내재신론에 관해서는 다음 장에서 더 세부적으로 다루겠지만, 현대의 만유내재신론은 악의 주제와 관련해 그 스펙트럼이 너무 넓다는 문제가 있다. 신이 세계에 임재하지만 악의 근원은 결코 아니라는 것을 주장하기 위해 만유내재신론이 타당하다고 인정하는 수동적인 해석이 있는데, 이런 종류의 만유내재신론은 기독교의 신을 해석하는 주장 가운데 하나다. 또한 신과 세계는 병행할 뿐만 아니라 세계의 자유와 진행이 대단히 역동적이어서 결국에는 신의 존재가 미미해진다는 주장이 있는데, 이런 주장은 거의 무신론에 가깝다. 전자가 타당성을 확보하기 위해서는 세상에 임재하는 신이 악과 어떻게 관계하는지에 대해 더 자세히 설명해야 한다. 반면 후자의 경우에는 인간이 악에 대해 적극적으로 설명하고 책임져야 하는데, 이 경우 신은 그 존재 방식이 과연 옳은가, 혹은 무가치한 것은 아닌가를 의심받기 쉽다. 정리하면 전자는 온건한 범신론에, 후자는 온건한 이신론에 가깝다. 결국 문제는 다시 원점으로 돌아간다. (1) 만약 신이 악에 적극적으로 관계한다면 그 내용이 자세히 알려져야 하고, (2) 만약 신이 악과 수동적으로 관계한다면 신을 악으로부터 해방시킬 수 있다 하더라도 그 신은 무책임한 신이 되어버리고, 신이 수동적이라고 한다면 적어도 고난과 어떻게 관계하는지에 대해 자세히 알 수 있어야 한다. 또한 고난의 무게와 부담을 인간 스스로 담당해야 하므로, 결과적으로 무신론·이신론과 유사한 어려움에 직면하게 된다.

또 다른 중도적 견해로는 유대의 카발라 신론이 있다.[11] 히브리 단어
인 "카발라"는 문자적으로 "받는다"라는 뜻으로서 풀어 설명하면 (1) 이
성이 아니라 계시로 받는다, 또는 (2) 각 세대가 이러한 지혜를 물려받는
다는 의미다. 카발라 전통은 예언, 꿈, 명상 등의 방식으로 인간 영혼의 창
조성이나 죽음 이후와 같은 다양한 주제를 다루는 유대 신비주의의 한 부
류다. 특히 중세 이후 유럽에서 박해를 받았던 유대인들이 "하나님이 어
디 계신가?"라는 의문을 제기하면서, 카발라 전통이 다시금 주목받게 되
었다. 초기 카발라에 관한 주요 문헌으로 알려진 「세페르 하바히르」(Sefer
HaBahir)에는 자신들이 겪는 고난에 하나님이 응답이 없는 이유는 그분이
숨어 계시기 때문인가라는 질문이 등장하며, 16세기 갈릴리 지역의 사페
드에서 카발라 사상을 널리 전파한 이삭 루리아(Isaac Luria)의 저작에도 인
간의 고난과 유대의 신의 관계에 주목하는 내용이 나온다. 루리아에 따르
면, 인간만이 망명과 유배 생활(exile)을 하는 것이 아니라 무한의 존재(Eyn
Sof)인 신적 존재도 망명 중이다. 창조의 행위 그 자체가 자신을 축소해서
(Zimzum) 피조물의 존재를 허락하는 것이기 때문에 신이 스스로를 추방
하여 망명 생활을 하는 것이다. 원래는 신의 빛으로 모든 것이 채워져야
하지만 신이 자신을 축소함으로써 유한의 세계의 그릇이 흔들리게 되었
고(Shevirah) 혼돈과 악이 들어오게 되었다. 하지만 신적 영광의 잔재는 이
깨어진 세계에 마치 기름병의 잔재와 같이 남아 역동적으로 영향을 끼치
지만, 인간 각자는 이 깨어진 그릇을 다시 수리하고(Tikkun) 신께로 돌아
가는 일을 계속해서 수행해야 한다. 이것이 이루어졌을 때 다시 한번 거

---

11   카발라 전통에 관해서 주로 Edward Hoffman ed., *The Kabbalah Reader: A Sourcebook
of Visionary Judaism* (Boston and London: Trumpeter 2010)과 Shai Cherry, "Judaism,
Darwinism, and the Typology of Suffering," *Journal of Religion & Science* 46/2 (2011):
317-329을 참조했다.

룩한 조화가 형성되고 악과 혼돈이 사라지게 된다.

유럽에서 유배 생활을 해오던 유대인들은 루리아의 가르침에 깊이 공감하였다. 그들은 자신들이 겪는 끊임 없는 고난이 "신의 부재"를 의미하는가를 놓고 혼란스러워했지만, 카발라 신론을 통해 고난 속에서도 신의 흔적을 발견하고 구원에 대한 소망을 회복하게 되었다. 비록 인간인 우리는 신의 연민과 고통을 다 알 수 없지만, 신이 인간의 고난에 잔재로 동참한다는 사상은 "신과 악이 병행할 수 있는가?"에 대한 나름의 구체적인 설명이라고 볼 수 있다.

미국의 유대학자 체리(Shai Cherry)는 구약의 하나님이 인간의 고난에 관계하시는 방법을 다양하게 설명한다. 그에 따르면 고난에는 징벌적인(punitive) 의미가 있다. 우리는 흔히 고난이란 인간의 악에 대한 (1) 하나님의 심판이라고 생각한다. 욥의 친구들은 바로 이런 이유로 욥을 비난한다. 또한 하나님은 (2) 자신의 얼굴을 숨기시기도 하는데, 이것 또한 징벌적인 의미다. "그들이 다른 신을 좇는 모든 악행을 인하여 내가 그때 반드시 내 얼굴을 숨기리라"(신 31:18). 그런데 인간의 고난은 신에 대한 구성적인(constructive) 면을 드러내기도 한다. (3) 숨어 계심은 하나님의 속성 가운데 하나다. "어찌하여 주의 얼굴을 가리우시고 우리 고난과 압제를 잊으시나이까"(시 44:24).

그런데 시편의 이런 절규는 내가 고난을 겪는 동안 일시적으로 숨어 계시는 것 같이 보이는 하나님이 절대 잠잠하지 않으실 것을 갈망하는 시적 표현이라고 볼 수 있다(시 39:12-13). 여호와를 기다렸더니 내게 귀를 기울이신다는 믿음의 부르짖음이다(시 40:1). 하나님은 잠시 얼굴을 가리웠지만 영원한 자비로 불쌍히 여기시는 구속자다(사 54:8).

더 나아가, 숨어 계심이 하나님의 속성일 수도 있다. 이사야 45:15은 구원의 이스라엘의 하나님은 진실로 숨어 계시는 하나님이라고 선포한다. 물론 이것은 하나님과 인간의 존재론적 차이를 뜻하기도 한다(사 55:8-9). 즉 하나님이 인간에게 자신을 다 드러낼 수 없는 이유는 인간의 본질적인 한계 때문이다. 구약성경은 야웨 하나님이 짙은 흑암 중에 거하신다고 증거한다. 모세는 십계명을 받기 위해 암흑 속에 계시는 하나님께 나아갔으며, 그때 흑암 중에 계시는 야웨께서 말씀하셨다(출 20:21; 신 4:11; 5:22-23). 다윗은 야웨의 발아래는 흑암이며 또한 흑암으로 장막을 삼으신다고 노래했으며(삼하 22:10, 12), 솔로몬도 야웨는 흑암 중에 계신다는 하나님의 말씀을 전하고 있고(왕상 8:12; 대하 6:1), 욥의 친구 엘리바스도 흑암 중에 계신 하나님이 어찌 심판할 수 있겠냐고 반문했으며(욥 22:13), 욥에게 나타나신 야웨는 흑암으로 강보를 만든다고 자신에 대해 스스로 규정하고 있다(욥 38:9). 시편 저자들도 하나님의 발아래에 흑암이 있으며(시 18:9), 흑암으로 숨을 곳을 만드시고(시 18:11), 구름과 흑암이 야웨를 둘러싸고 있다고 노래한다(시 97:2).

하나님이 흑암 중에 계신다는 성경의 선포는 과연 무슨 뜻인가? 인간이 고난을 당하는 그 순간에도 하나님이 흑암 속에서 자신을 드러내지 않고 침묵하고 계신다는 뜻인가? 종교개혁자 마르틴 루터는 이러한 하나님을 감추어진 하나님(Deus absconditus)이라 불렀고,[12] 헨드리쿠스 베르코프는 전능한 힘을 제한하는 하나님을 방어하지 않는, 따라서 더 우월한 능력(defenseless superior power)이라고 칭했다.[13] 즉 자신을 방어하는 힘이 오히려 열등한 힘이며, 창조할 때 자신을 제외한 타자를 창조하여 자신을 방어하

<hr />

12 Martin Luther, *Selected Palms 68:5, Luther's Works*, vol.13. ed. Jaroslav Pelikan (Saint Louis: Concordia, 1956), 7, *Martin Luther on the Bondage of the Will*, trans. J. I. Packer and O. R. Johnston (London: James Clarke, 1957), 170.

13 Hendrikus Berkhof, *Christian Faith: An Introduction to the Study of the Faith* (Grand Rapids: Eerdmans, 1979), 133-140.

지 않는 힘과 십자가에서 죽음으로 희생하신 능력이 오히려 더 우월한 능력이라는 의미다. 절대 일원론(Absolute Monism)의 주장처럼 신이 자신의 절대 능력(*potentia absoluta*)을 다 발휘한다면 오로지 신 자신의 존재와 역사만 남고 세계와 인간은 사라지게 될 것이다. **자신을 제외한 타자에게 자리를 내어줄 수 없는 "자기 충족"의 신은 유일한 신이 아니라 고독한 신이다.** 기독교의 하나님이나 유대 카발라의 신은 결코 고독한 자기 충족의 신이 아니다. 세계와 인간과 인격적으로 관계하는 기독교의 신은 "자기 충족"이 아니라 "자기희생"의 신이며, 카발라의 신도 "무한의 신"이지만 자신을 축소하여 인간에게 자유의 자리를 내어주고 자신의 흔적과 잔재를 통해 인간이 고난과 악을 극복하고 신께로 나갈 수 있는 동력을 제공한다. 고난은 바로 이런 역설을 통해 각 종교의 "신의 존재 내용"이 얼마나 구체적인지를 드러내는 척도가 된다. 그렇다면 우리는 타자에게 자리를 내어주는 신을 이해하면서 "신은 타자를 위해 자신을 축소한다"고 말할 수 있는가? 만약 그렇다면 신은 자신을 제외한 타자 혹은 피조물과 경쟁 관계에 놓이게 된다. 이것이 카발라 신론의 가장 치명적인 문제다.

위르겐 몰트만은 카발라 신론을 언급하면서 신 밖의 실체(reality outside God)도 사실은 신 안의 실체(reality in God)라고 해석한다. 즉 신과 피조물은 구분되어야 하지만, 그 구분조차도 "하나님이 만물 안에 만물"이라는 더 큰 진리에 의해 해석된다는 뜻이다.[14] "타자를 포용하기 위해 자신을 스스로 제한하는 자가 진정으로 능력이 있는 자"라는 주장을 받아들이기는 어렵지 않다. 그러나 "진정으로 능력 있는 자"를 어떻게 이해하고 해석해야 하는가는 어려운 문제다. **과연 신은 피조물과 경쟁하면서 피**

---

14 Jürgen Moltmann, *God in Creation: A New Theology of Creation and the Spirit of God*, trans. Margaret Kohl (London: SCM, 1985), 88-89.

조물에게 공간을 허용하기 위해 자신을 축소해야 하는가? 포용적이고 인격적인 신은 자기 안에 인간의 자유와 존귀함을 누릴 수 있는 공간을 이미 담고 있고, 인간에게 그러한 공간을 줌으로써 자신을 오히려 더 확장하는 것은 아닐까? 진정한 무한은 유한과 경쟁하는 것이 아니라 유한을 품고 있는 것이 아닐까?

유대의 카발라 신론은 인간이 고난당할 때 신도 고난당한다(유배당한다)고 주장함으로써 이신론과 범신론의 한계를 넘어섰고, 만유내재신론보다도 더 구체적으로 신의 속성과 행동을 설명한다. 뿐만 아니라 인간의 고난 앞에 침묵하고 숨어 있는 신의 존재를 "신의 부재"가 아니라 신의 자기희생적 "축소"라고 해석함으로써 고난과 유신론을 잘 조화시키고 있다. 그러나 고난과 함께하는 신의 임재를 "축소"라고 해석하면, 신이 고난당하는 인간들과의 경쟁 관계 속으로 다시 들어가버리게 됨으로써 결과적으로 신이 고난당하는 자들과 일정한 거리를 둔 것처럼 보이게 된다.

구약의 하나님은 인간이 고난당할 때 숨어 계시기만 하는 하나님이 아니다. 여호와는 고난당하는 자들을 변호하시고 가난한 자들에게 정의를 베푸시며(시 140:12), 모든 넘어지는 자들을 붙드시고(시 145:14), 가난하고 궁핍한 자가 물을 구하되 물이 없어서 갈증으로 혀가 마를 때 응답하신다(사 41:17). 의인은 고난이 많지만, 하나님은 그들을 건져 내신다(시 34:19). 하나님은 고난당하는 자들을 버려두시지 않고 그들에게 찾아와 그들을 살피시고 그들과 인격적인 관계를 맺으신다. 사회 정의, 특별히 사회적 약자를 향한 하나님의 연민과 사랑은 구약의 중요한 주제 가운데 하나다. 구약의 하나님은 고난당하는 자들과 함께하시는 하나님이다.

신이 인간과 함께 고난을 당한다고 하는, 그 거룩한 신의 동행과 유배(exile)를 반드시 "축소"라는 의미로 해석할 필요는 없다. 침묵이 반드시 "비움", "떠남", "버림"을 의미하지는 않으며, "찾아오심과 함께하심"이 구약에 나타난 야웨의 모습 중 하나이기 때문이다. 인간과 진정으로 고난을 공유하는 신은 인간의 고난의 한복판에 있다. 비록 때로 침묵과 거리두기로 자신의 능력을 제한할지라도 말이다. 인간이 고난당하는 그 순간이야말로 신이 자신을 축소해서는 안 되는 순간이다. 인간이 고통으로 한탄하고 부르짖을 때, 우리에게 찾아와 고난을 나누고 짊어지는 그러한 신은 없는가?

3.3. 여러 종교의 고난 이해

이신론, 범신론, 만유내재신론, 카발라 신론이 주장하는 신의 존재 내용은 인간의 고난을 보는 관점에 따라 다르다. 고난의 문제가 인간 실존의 가장 심오한 주제가 아니라면, 이들이 각자 주장하는 신에 대한 사상이 전부 타당한 것이 될 수도 있다. 고난이 핵심적인 문제가 아니라면 세상으로부터 거리를 두는 이신론의 신도 그다지 무책임한 신이 아니며, 세상 그 자체가 신인 범신론의 신도 세상의 아름다움과 잘 부합될 수 있고, 악과 겨루어 점차적으로 승리를 쟁취하는 만유내재신론의 신도 인간의 자유를 존중하는 신이며, 카발라 신의 축소와 거리 두기도 인간 자유의 역동성과 가치를 위한 토대로 해석될 수 있다. 그러나 고난과 악의 존재가 인간의 모든 사고와 실존을 위협하는 매우 심각한 문제라면 얘기가 달라진다. 따라서 여러 종교에서 인간의 고난을 어떻게 이해하고 선포하고 가르치고 있는지 그 구체적인 내용을 살펴보자.

불교와 고난

불교는 고(苦)에 관한 종교다. 붓다는 자신이 괴로움과 괴로움의 소멸을 가르친다고 했다.[15] 종교가 인간의 고난의 문제를 결코 피할 수 없음을 보여주는 말이다. 그런데 불교에서 말하는 고가 우리가 지금까지 다루어 온 인간의 고난과 동일한 개념인지에 대해서는 바로 대답하기 어렵다. 불교가 비록 인간과 존재와 인식을 대단히 정교하고 포괄적으로 다루는 사상이라고 할지라도, 인간의 고난의 근원에 대한 이해와 그 고난을 이겨내는 해탈의 과정은 결코 포괄적이지 않기 때문이다.

불교가 발달하는 과정에서 매우 다양한 경전이 등장했기 때문에, 어떤 한 경전만으로 불교의 사상을 파악하기는 힘들다. 따라서 우리는 인간의 고난에 집중하고 있는 초기 불교에 초점을 맞춰 논의를 진행할 것이다.[16] 초기 불교는 사성제(四聖諦), 즉 (1) 괴로움, (2) 괴로움의 원인, (3) 괴로움의 소멸, (4) 괴로움의 소멸에 이르는 길이라는 사상을 통해 인간의 고난을 설명한다. 첫째, 불교는 괴로움이란 육체/물질과 정신을 "나"라고 집착하는 것이라고 정의한다. 우리 자신의 육체와 마음에서, 육체·느낌·지각·지음·의식이라는 오온(伍蘊)이 생겨나는데 이것을 내 것으로 생각하며 살고 있기 때문에 고가 생긴다. 둘째, 이 괴로움의 원인에는 갈애(渴愛)가 있다. 감각적 쾌락을 얻고자 하는 갈망, 행복한 상태로 존재하고 싶은 갈망, 영생에 대한 갈망 등이 바로 괴로움의 원인이다. 셋째, 이 갈애가 남김없이 소멸될 때 괴로움이 소멸된다. 괴로움의 소멸은 평온, 뛰어난 것, 모든 지음의 종식, 모든 존재의 의지처의 파기, 갈애의 소진, 무탐 등으로 다양하게 표현되는데, 열반이 바로 여기에 해당된다. 열반이란 우리가 일상적으로 경험하는 것과는 다른데, 이 세상도 저 세상도 아니고, 해도 달도 없고, 오는 것도 가는 것도 아니고, 머무는 것도 아니고, 태어나는

15　금강대 불교문화연구소, 『불교의 이해』(서울: 무우수, 2006), 45.

16　초기 불교에 대한 아래의 내용은 대부분 금강대 불교문화연구소에서 출간한 『불교의 이해』(서울: 무우수, 2006), 41-92을 근거로 한 것이다.

것도 죽은 것도 아니고, 발을 딛고 서 있는 곳도 나아갈 곳도 없으며, 대상도 없는, 그야말로 괴로움의 끝이자 인간의 언어나 논리가 표현할 수 없는 것이다. 마지막으로 우리는 고난의 소멸에 이르는 길에 대해 생각해 볼 수 있는데, 그 길은 쾌락주의와 고행주의의 양극단을 극복하는 중도(中道)의 길인 팔정도(八正道)다. 팔정도는 상호 의존적인 여덟 가지 덕목(윤리적인 세 가지 덕목, 마음의 집중을 구성하는 세 가지 덕목, 마음의 지혜를 구하는 두 가지 요소)으로 구성되어 있고, 그 길을 통해 삶과 괴로움의 짐을 덜어내고 궁극적으로 완전한 행복에 이를 수 있다.

이러한 불교의 사성제는 힌두교와 자이나교, 인도 철학에서 찾아볼 수 있는 숙명론, 무인론, 유신론을 부정하면서, 모든 것이 조건에 의해 생겨나고 조건에 의해 사라진다는 연기설(緣起說)에 근거하고 있다. 또한 이 연기설은 "나" 혹은 인격이나 실존이라고 부르는 것들이 변화하고 있는 오온의 육체적·정신적 현상의 결합에 지나지 않는다는 무아(無我) 사상과 연결되어 있다. 무아 사상은 불교의 핵심적인 사상인데, 이를 올바로 설명할 방법이 없을 정도로 어려운 심원한 사상이다. 이 무아는 윤리적 실체를 가지고 윤회의 주체를 상정해야 한다는 점에서 비아(非我)에 가깝고, 실제로 비아로 번역되는 경우도 많다. 이런 경우 무아란 "아"의 존재 여부에 대한 논의가 아니라, 존재하는 실재가 실재가 아니라 실재의 요소(dharma)일 뿐이라는 표현에 가깝다.[17] 결과적으로 "세상에 그 자체로서 영원한 존재나 실체가 과연 있는가?"라는 질문을 깊이 통찰함으로써 세 가지 법(三法印)을 얻게 되는데, 이것은 연기설과 고와 무아가 연결된 사상이다.

---

17 윤회와 무아, 비아에 대한 논의는 정승석의 『윤회와 자아와 무아』(합천: 장경각, 1996)를 참조하라.

과연 불교의 이러한 사상은 인간의 고난을 올바로 이해하고 있는가? 대승 불교는 초기 불교의 자기중심적 사상을 극복하고 이타적 종교성을 지향하고 있고,[18] 어떤 행위가 집착하지 않게끔 되는 경지에 도달하면 자연히 선에 합치된다는 윤리적 요소를 포함한다.[19] 그러나 대승 불교는 모든 현상적 존재가 공(空)하다고 여기고 있고, 존재의 실체를 부정하는 비실재성과 무가치를 지향한다는 점에서 초기 불교와 그 맥을 같이한다.[20]

이러한 불교의 사상에 대해 우리는 몇 가지 질문을 던질 수 있다. (1) 변화하는 것은 실재가 아닌가? (2) 고난은 정말로 나의 집착과 갈애로부터 오는가? 고난은 오로지 인간의 내부로부터 오는가? (3) 인간이 마주하고 있는 그 참혹한 고난에 대해, 그것이 사실은 고난이 아니라고 함으로써 고난을 극복하는 것도 고난의 극복이라고 할 수 있는가? (4) 고난은 반드시 조건에 의해서 생겨나는가? 까닭 없는 고난은 어떻게 이해해야 하는가? (5) 인간 자신만이 아니라 사회가 만들어 놓은 고난, 자연이 일으키는 고난도 "공" 사상으로 설명할 수 있는가? (6) 타인의 고난이 실재가 아니라는 것을 나를 통해 알 수 있는가? 나와 타자 간에 절대적 유비가 가능한가? (7) 사회 구조적 고난에 대해 침묵하는 수행 끝에 이르게 되는 것을 과연 열반이라고 할 수 있는가?

인간이 직면하는 세계와 존재의 모습은 다양하다. 늘 변하는 것, 표면적인 것들은 변하면서도 본질적인 부분은 그런대로 유지하는 것, 변하다가 다시 돌아가는 것, 다시 돌아가긴 하지만 조금씩 변화하는 것 등, 우리는 굉장히 복잡한 실재를 직면하며 살아간다. 그리고 "나와 세상"의 관계

---

18   정승석, 『윤회와 자아와 무아』, 96.
19   이기영 역해, 『반야심경, 금강경』(서울: 한국불교연구원, 1997), 149.
20   정승석, 『윤회와 자아와 무아』, 124-127.

만이 아니라 "타자와 세상"의 관계, 그리고 기술과 과학이라는 "비인격적 세계", 사회라는 "집단적 세계"를 직면하고 살아간다. 따라서 "나"라는 존재를 "나"와 "나 아닌 것"의 대결 구도에 놓인 하나의 주체로 생각할 수는 없다. 내가 없다고 하더라도, 따라서 내가 고난의 집착에서 벗어나 해탈의 경지에 이른다고 하더라도, 고난의 세상은 여전히 존재한다. 이러한 여러 다른 실재를 지켜보면서 우리는 자신을 반추하기도 하고, 자신을 잃어버리기도 하며, 또 다른 자신을 발견하기도 하고, 잃어버린 자신의 일부를 되찾기도 한다. 더구나 기독교는 이 위에 "하나님"이라는 절대자가 있다고 믿고 그 절대자와 인간, 세계, 고난의 관계를 생각하기 때문에, 고난의 문제가 엄청나게 복잡한 것이 된다. 그러나 이런 인격적인 하나님을 고려하지 않더라도, 인간이 직면하는 고난의 세계는 절대 단순하지 않다. 이 복잡한 세계를 "나"라는 존재 아닌 존재가 "고난"이라는 존재 아닌 존재를 경험하는 세상으로 압축해서 생각할 수 있는가?

불교의 사상과는 정반대로, 우리는 바로 고난 때문에 우리 자신을 자각하게 된다. 세상의 다양함과 변화와 지나치게 넘치는 놀거리로 인해 우리 자신을 잊어버린다. 편리하게 많은 것을 소유할 수 있는 세상에서 우리는 인간의 한계가 무엇인지 잊게 되었다. 관계의 상실을 더 이상 상실이 아닌 것처럼 느끼게 하는 수많은 장치들로 인해 우리는 우리 자신의 "상실"에 대해서도 잊고 산다. 그러나 고난은 이런 착각과 잊음 속에서 잠자는 우리를 깨운다. 고난 앞에서 인간은 비로소 자신을 깊이 자각하게 된다. 도저히 나를 버릴 수 없는 순간이 있다는 것, 수많은 사람들이 나를 떠나버리는 순간이 있다는 것, 내가 도저히 대신할 수 없는 타인의 고난이 있다는 것을 직면할 때 우리는 비로소 인간의 실존에 대해 질문한다. "나"라는 한 존재만이 아니라 자연과 세계가 겪고 있는 소멸, 퇴화, 오염, 분열, 싸움의 고난 등을 직면하면서 그 속에 자리하고 있는 "인간"이 누구인가를 생각한다. 일상의 삶을 살면서는 기능과 결과와 소득에 관심을 갖지만, 고난에 직면하게 되면 우리의 존재에 대한 가장 본질적이고 심오한 질문을 제기한다. 따라서 고난은 무아(無我)를 통해 소멸하는 "공"(空)이 아니라 인간과 세상 속에서 살아가는 "아"(我)를 깨우치는 가장 심오한 "유"(有)이며 실재다.

연기설로도 고난의 심오함을 다 설명할 수 없다. 인간에게 고난이 가장 어려운 문제인 이유 중 하나는 까닭 없이 닥치는 고난이 있기 때문이다. 전지적 시야를 가진 초월적 존재는 모든 것의 이유를 설명할 수 있다. 그러나 인간은 그런 전능자가 아니다. 고난이 발생한 배경을 추측하여 어느 정도는 부분적으로 설명할 수 있지만, 고난이 근본적으로 왜 발생하는지 낱낱이 설명할 수는 없다. 잘 사는 나라의 사람들이 일으키는 오염과 남태평양의 섬나라가 물속으로 가라앉는 현상 사이의 연관 관계를 설명할 수는 있어도, 왜 죄 없는 남태평양 사람들이 그런 고난을 당해야 하는지에 대해서는 이해도 설명도 할 수 없다. 뿐만 아니라, 같은 조건 아래에서도 고난의 형태가 다르다. 동일한 자연재해를 겪고도 살아남는 자와 죽는 자가 있고, 동일한 탄압을 받고도 그것을 이겨내는 자와 굴복하는 자가 있다. 아우슈비츠를 경험한 사람 중에서도 무신론자가 되는 사람이 있고, 반대로 신에 대한 믿음이 더 강해지는 사람들도 있다. 고난과 관련하여 우리가 도저히 설명할 수 없는 일들이 너무 많다. 하지만 우리는 단순히 그 고난을 극복할 방법을 찾는 일에만 몰두하는 것은 아니다. 까닭 없는 고난이 인류에게 닥쳤을 때, 고난을 외면하지 않고 고난과 함께 싸우고 고난당하는 사람들과 고난을 함께 나누는 인류의 거룩한 연대를 생각해 볼 수도 있다. 따라서 비록 불교가 고난에 깊이 천착하는 종교라고 할지라도, 연기설과 사성제, 그리고 무아 사상이 과연 우리가 다루고 있는 고난의 문제를 깊이 폭넓게 그리고 올바로 바라보고 있는지에 대해서는 깊은 의문이 들 수밖에 없다.

이슬람교와 고난[21]

이슬람교는 절대 초월자인 유일신 알라를 믿고 따르는 종교다. 알라 외에는 어떤 신도 존재하지 않는다. 알라는 거룩하고 자비로우며, 저항할 수 없는 절대 최고의 지존자이며, 그분께 속하는 모든 속성을 넘어서는 영광의 신이다(코란 59:23, 이하 장과 절은 모두 코란).[22] 알라는 창조주(Creator), 세상이 돌아가게 하는 자(Evolver), 세상을 형성하는 자(Bestower of Forms)와 같은 여러 아름다운 이름을 가지고 있지만(59:24), 우리가 상상할 수 있는 속성을 넘어서는 절대 초월자이기 때문에 우리에게 알려질 수 없는 존재이기도 하다. "어떤 시각도 알라를 파악할 수 없지만 그의 파악은 모든 시각 위에 있다. 그는 모든 이해를 넘어서 있다. 그러나 그는 모든 것을 안다"(6:103). 알라를 비유할 그 어느 것도 없다(42:11). 이런 알라의 속성으로 인해서 알라는 표시로 자신을 드러내기도 한다(3:108; 7:35-6, 174-5).

그런데 이 유일의 절대 초월자는 과연 인간과 어떤 관계를 맺을 수 있을까? 인격적인 관계는 상호 영향을 입는 것을 전제로 하는데, 타자에 의해 전혀 영향을 입지 않는 절대 초월자와 인간 사이에 인격적인 관계가

---

21 이슬람교와 악의 문제는 이슬람교 경전인 코란과, Win Corduan, "Evil in Non-Christian Religions," in *God and Evil: The Case for God in a World Filled with Pain* (Downers Grove: IVP, 2013), 181-184, Jean Butler, "Reading Satan, Remembering the Other," *Numen* 58(2011): 157-187, Saiyad Fareed Ahmad, "Why God Allow Evil and Suffering?" *Hamdard Islamicus* 29/1 (2006): 89-106, Timothy C. Tennent, "Is the Father of Jesus the God of Muhammad?" In *Theology in the Context of World Christianity: How the global church is influencing the way we think about and discuss theology* (Grand Rapids: Zondervan, 2007), 25-49을 주로 참조했다.

22 *The Koran Interpreted.* Oxford World Classics. Trans. Arthur J. Arberry. Oxford: Oxford Press, 1998.

가능할까? 절대로 변화할 수 없는 이 절대 초월자에게(34:62) 인간은 자신의 고난을 탄원할 수 있을까? 알라는 과연 인간의 고난에 어떻게, 얼마나 관계할 수 있을까?

우선 이슬람이라는 용어는 문자적으로 "복종"(submission)을 의미한다. 인간이 알라와 관계를 맺는 방식은 복종과 거역(rejection), 신앙과 불신앙 두 종류이고, 이 중 복종을 택하라고 가르치는 것이 코란의 주된 메시지다. 그런데 복종과 거역이라는 문제를 두고 코란에는 "부정적인 타자"인 사탄이 등장한다. 만약 사탄이 신과 인간 사이에 자리한 제3의 존재라면, 그리고 인간의 불복종이 사탄의 힘에 의한 것이라면 과연 신은 절대 초월자가 될 수 있을까?

코란에는 "천사들이 아담에게 절하라"는 알라의 명령을 거역하는 사탄 "이블리스"의 이야기가 반복적으로 등장한다(2:34; 7:11; 15:31; 18:50; 20:116; 38:74). 이블리스는 인간이 흙으로 지음받은 것과 달리 자신은 불로 지음을 받았기 때문에 인간보다 더 우월하다고 주장한다(7:11-12). 그의 그릇된 행동은 오만(2:34)을 근거로 하고 있고, 그는 불신앙자 중의 한 명이다(38:74). 신앙과 알라의 표시를 거역한 자들은 불의 동반자, 즉 이블리스와 동일한 자들이고 대표적으로 이스라엘 백성들이 그에 해당한다(2:39-40). 이블리스는 불신앙자들, 위선자들, 다신론자들, 유대인과 그리스도인들, 그리고 심지어 다른 이슬람교도들의 불복종과 불신앙을 상징한다고 볼 수 있다. 따라서 이슬람 신학자들은 사탄이 제3의 존재라기보다 인간의 불복종이 의인화된 것이라고 해석한다. 결국 이슬람교에는 "악의 신학" 대신 "복종의 신학"이 존재한다고 볼 수 있다.

복종과 불신앙은 "시험"을 거친다. 알라는 믿음이 진실한 자들을 깨끗케 할 것이고, 믿음에 저항하는 자들에게서 축복을 빼앗아갈 것인데, 인간은 고난을 얼마나 잘 견디며 싸우는지에 대한 시험을 거친 후에야 천국에 들어갈 것이다(3:141-142). 즉 인간이 알라에게 복종하는가의 문제는 인간이 경험하는 고난과 깊이 연관되어 있고, 알라는 인간에게 복종을 불러일으키기 위해 인간을 시험한다. 예를 들어 아브라함이 이삭을 바치는 구약의 이야기를 보자. 이 이야기는 코란 37 샤파트에서 아브라함이 이스마엘을 바치는 이야기로 수정되어 있다. 아브라함이 의로운 자녀를 원하자(37:100), 알라는 시험에 견디며 복종할 수 있는 첫 아들을 준다(37:101). 아브라함이 아들을 바치라는 환상을 보았다고 이스마엘에게 얘기하자, 이스마엘은 알라가 인내하는 자(이스마엘 자신)를 발견하게 될 것이라며 아브라함에게 어서 알라의 명령에 따르라고 말한다(37:102). 이에 아브라함과 이스마엘 둘 다 자신들의 의지로 알라에게 복종한다(37:103). 그리고 이것은 알라의 시험이었다(37:106).

코란의 이므란에는 순교, 복종의 인내, 고난, 그리고 알라의 시험 등이 아래와 같이 서술되어 있다.

너희는 나를 기억하라. 나는 너희를 기억할 것이라. 내게 감사하고 신앙을 거역하지 마라. 너희는 나를 믿어라. 인내와 기도로 도움을 구하라. 알라는 인내하며 참는 자와 함께한다. 알라의 길에서 죽임을 당한 자들에게 "그들은 죽었다"라고 말하지 말라. 너희들이 비록 알아채지 못할지라도 그들은 살아있다. 두려움과 배고픔, 재산과 생명과 곡식들의 손실로 너희들을 시험할 것이고, 인내하며 견디는 자들에게 좋은 소식이 있을 것이다(2:152-155).

두려움, 배고픔, 재산과 친지를 잃어버리는 다양한 형태의 고난이 닥쳐와도 알라에 복종하여 그 시험을 이겨내는 자들에게는 좋은 소식이 기다리고 있다. 그러나 그 시험을 이겨내지 못하는 자들에게는 불의 심판이 기다리고 있다. 코란 22 핫즈는 특별히 순례에 대해 다루고 있는데, 시험을 견디는 자들에게는 용서가 있겠으나 견디지 못하는 자들에게는 불의 동반자가 되는 심판이 있을 것이라는 경고를 담고 있다(22:50-51). 알라에 대해서 무지하여 논쟁을 벌이는 자, 타인들로 하여금 알라의 길에서 탈선하게 하는 자들에게는 불의 심판이 있을 것이다(22:8-9). 또한 경계선에 있는 자들이 있는데, 이들은 좋은 일이 있으면 만족하지만 시험이 오면 알라를 떠나는 자들이다. 시험을 견뎌내지 못하는 자들은 현세와 내세 모두를 잃어버리게 될 것이다(22:11).

고난이 알라의 시험이라면 고난의 근원은 결국 인간이 아니라 신이라는 말인가? 인간은 최소한 시험을 견디고 이겨낼 만한 자유를 소유해야만 한다. 강력한 절대신 알라를 믿는 이슬람교는 인간의 자유를 인정하는가?

말레이시아 국제 이슬람 대학의 아흐마드(Saiyad Fareed Ahmad)의 주장에 따르면, 올바른 종교라면 고난에 대해 칭찬받을 만한 가치를 가져오거나 보상을 예상하게 함으로써 고난을 우리의 신앙을 굳건하게 하는 데 필수적인 부분으로 여기게 만든다(89). 즉 "고난이 구성적인 결과를 가져온다"라고 이해시키는 것이다. 그는 또한 이슬람의 관점에서 고난은 알라의 시험이고 고난을 통해서 더 강한 인격이 형성된다고 믿으며(94), 정의롭지 못한 고난이란 결코 있을 수 없고, 모든 사건의 배후에는 더 높은 차원의 영적 세계로 인간을 인도하기 위한 목적이 있기 때문에 궁극적으로는 모두를 위한 완전한 정의만 있다고 주장한다(97). 그런데 이슬람의 시각은 악의 근원이 신에게 있다는 결정주의와 악의 근원이 인간에게 있다는 자유의지론 사이에서 중도적인 위치에 있다고 해석한다. 한편 모든 선은 알라로부터 오고 모든 악은 인간으로부터 온다(4:79). 인간이 사탄을 좇아가는 것도 인간 자신의 헛된 욕망 때문이지 결코 알라의 의지가 아니다. 따라서 악은 알라의 표시를 좇아가지 않은 사람들 스스로 잘못을 저지른

왜 나는 아직도 그리스도인인가?

것이다(7:176-7). 다른 한편으로 이런 인간의 자유는 제한된 자유다. 코란 76 인싼에서는 인간의 의지와 알라의 의지에 관해 아래와 같이 가르친다.

> 그들을 창조한 자는 우리(알라)다. 우리는 그들을 강하게 하였고 우리가 원
> 한다면 그들과 유사한 자들로 완전히 교체할 수도 있다. 이것은 교훈이다.
> 원하는 자는 누구든지 주님께 이르는 길을 택하도록 하라. 그러나 알라가
> 원하는 것을 제외하고는 너는 어떤 것도 원하지 말아야 한다. 왜냐하면 알
> 라는 지식과 지혜가 충만하기 때문이다. 알라는 알라가 원하는 자들에게 자
> 비를 베풀 것이다. 그러나 악을 행하는 자들에게는 고통스러운 징벌을 준비
> 하셨다(28-31).

결국 인간에게 자유가 주어졌기 때문에 악의 근원이 인간에게 있으며, 알
라는 인간에게 그 책임을 묻고 복종을 가르칠 수 있다. 그러나 인간의 의
지가 알라의 의지를 결코 벗어나거나 넘어설 수는 없다. 전능하고 전지한
알라의 의지 아래에 인간의 의지가 있기 때문이다.

고난과 신이라는 어려운 문제에 대한 이슬람의 해석은, 이미 앞서 고
난과 철학에서 살펴본 대로, 신의 뜻과 섭리를 인간이 다 헤아릴 수 없다
는 인식론적 한계를 배경으로 한다. 이것은 인간과 알라 사이의 무한한
존재론적 차이를 인정하는 이슬람의 관점에서 보면 당연한 귀결이다. 그
런데 절대 초월자가 인간에게 복종을 가르칠 정도로 인간과 인격적인 관
계를 갖기 때문에 상당히 복잡한 문제가 발생한다. 첫째, 절대 초월자와
인간 사이에 한탄, 기다림, 절규, 침묵, 신비 등의 상호작용(interaction)이
가능한 공간이나 여유를 찾기 어렵다. 복종과 불신앙이 그 관계의 전부이
며, 만약 그 외의 것이 있다면 그것이 인간에게 도저히 알려질 수 없다 하
더라도 초월자 알라에 의해 다스려지고 있다고 받아들여야 한다. 둘째, 이

런 체계 속에서는 까닭 없는 고난, 정의롭지 못한 고난, 절대 고난이란 불가능하다. 유한한 생을 사는 인간에게 이것은 굉장히 위험한 결과를 낳는다. "고난도 신의 시험이나 섭리"로 받아들여야 하기 때문에 고난당한 자들은 고난을 탄원할 수조차 없다. 더욱이 고난으로 인해 슬픔에 잠겨 있는 자들의 한탄과 탄식을 "믿음 없는 불신앙"이라고 해석함으로써 고난당하는 자들을 두 번 죽이는 결과를 초래할 수도 있다. 셋째, 인류는 고난에 저항하고 고난당하는 자들과 거룩한 연대를 회복해야 하는데, 만약 고난이 신의 시험이라면 고난당하는 자들이 스스로 그 고난을 극복하도록 내버려 두는 것이 더 좋을 수도 있다. 마지막으로, 고난에 저항하기보다는 그것을 참고 견디는 "인내"를 중요한 가치 가운데 하나로 받아들이게 되면, 인간의 사회·정치·경제 구조가 만들어내는 고난에 대해 침묵하고 수동적으로 반응함으로써 결과적으로 인간이 스스로 만들어낸 고난에 암묵적으로 동의하는 결과를 초래할 수도 있다.

고난이 알라의 시험이므로 이 고난을 이겨내고 잘 견뎌야 한다는 이슬람의 사상은 신과 고난 사이에 그 어떤 제3의 역동적 상호작용의 가능성도 허용하지 않는 단선적이고 경직된 이해다. 고난에 대한 이런 단편적 이해 그 자체가 또 다른 고난을 낳을 수도 있다. 더 나아가 "고난으로 인한 고통을 서로 나누고 위로하고 짊어지면서, 까닭 없고 불의한 절대 고난과의 거룩한 싸움"을 힘겹게 이어나가는 인류에게 역동적 가치를 제공하기에는 한계가 많은 사상이다. 뒤에서 기독교와 고난을 다루며 욥기를 살펴볼 것인데, 욥기와 유사한 다른 문서가 이슬람의 고난 이해에 어떤 영향을 끼쳤는지 알게 되면 "고난 앞에 선 인간의 한탄"과 그 "한탄과 함께하시는 신"이 갖는 심오한 의미를 다시금 발견하게 될 것이다.

힌두교와 고난[23]

힌두교는 오랜 역사에 걸쳐 많은 분파와 다양한 사상으로 발전되었기 때문에 몇 단락으로 간단히 그 내용을 설명하기는 어렵다. 힌두교의 신은 여러 신 중에 자신들이 믿는 신을 택하여 따르는 택일신론(Henotheism)이 주류를 이루지만, 힌두교의 주요 종파 가운데 하나인 비슈누교 중에는 유일신을 믿는 자들도 있다. 또한 힌두교는 철학적 사변과 삶의 생활 형태를 모두 포괄하기도 하고, 심지어 불교·브라만교·자니교를 다 합친 것을 넓은 의미의 힌두교라고 정의하기도 한다.

힌두교는 이렇게 광범위하고 다양한 내용을 포괄하는데, 과연 고난에 대해 일치된 견해를 가지고 있을까? 힌두교는 여러 신적인 존재를 믿는 종교다. 가장 오래된 문헌인 리그베다는 자신들이 믿는 신들에게 제사를 지낼 때 부르는 약 1000여 개의 찬가를 모은 것이다. 다시 말하면 고대의 인도는 인격적인 신을 믿는 종교가 주류를 이루었다고 볼 수 있다. 물론 후기에 베단타 학파를 중심으로 한 철학적 논의의 주된 내용이 되는 브라흐만은 우주의 원리와 실재로서 비인격적 요소를 가진다. 그러나 브라흐만이 창조신으로서 인격화되면서 브라흐마(Brahma)가 되었고, 비슈누, 쉬바, 크리슈나 등의 인격적인 신과 함께 다신론적 인격 신이 힌두교 신관의 골격을 이룬다. 따라서 아브라함 종교의 인격적 신에 익숙한 사람들은 힌두교의 인격적인 신들이 인간의 악과 고난에 어떤 형식으로든 관

---

23 힌두교와 고난에 관해서는, 힌두교 경전 가운데 하나인 「바가바드 기타」(Bhagavad gita), 스가누마 아키라가 쓴 『힌두교 입문』, 문을식 역 (서울: 여래, 1993), Win Corduan, "Evil in Non-Christian Religions," in *God and Evil: The Case for God in a World Filled with Pain* (Downers Grove: IVP, 2013), 184-192, Whitley Jaufman, "Karma, Rebirth, and the Problem of Evil," *Philosophy East & West* 55/1 (2005): 15-32, Monima Chadha and Nick Trakakis, "Karma and the Problem of Evil: A Response to Kaufman," *Philosophy East & West* 57/4 (2007): 533-556, Francis Xavier D'Sa, "Trinitarian Evil—The Bhagavadgita's Understanding of Evil," *Dialogue & Alliance* 8/2 (1994): 12-25을 참조했다.

계한다고 생각하기 쉽다. 서양의 사상과 인도의 사상은 이런 점에서 차이를 보인다.

불교와 자니교를 포함한 인도 종교는 인격적 신을 믿는 다른 종교와는 상당히 다르다. 인도 종교에서 신은 인간의 고난에 직접적으로 관계하지 않는다. 우주 속의 자연적 인간의 실존이 고난과 악의 근원이다. 따라서 많은 힌두교 학자들은 기독교의 시각에서는 고난이 선악의 문제지만 힌두교의 시각으로는 선과 악의 문제가 아니라 인간 실존의 문제라고 주장한다. 우리는 과연 고난이 인간의 실존일 뿐인지, 또한 그러한 사상이 인간의 고난을 잘 설명하고 있는지를 살펴보아야 한다.

가장 어려운 과제는 힌두교의 고난 이해를 압축해서 설명하는 것이다. 예를 들어 BBC의 종교란에 간략히 요약된 힌두교와 악의 문제를 보면, 아래와 같이 업(karma)과 윤회(samsara)를 힌두교 내의 서로 다른 다양한 사상 중에서도 공통적이고 보편적인 핵심 내용으로 꼽는다.

1. 카르마(karma, 업)의 법(인과관계)은 모든 행동에는 결과가 따른다고 말한다.
2. 고통, 고난, 모든 종류의 불행은 신이 인간에게 부여한 것이 아니다. 또한 다른 사람에 의해 촉발된 것도 아니다. 좋은 일도 마찬가지다. 모든 것은 카르마의 법칙에 의해 발생한다.
3. 보상과 심판은 현생에서 다 일어나지 않는다. 미래에 환생했을 때 일어난다. 즉 좋은 사람은 전생의 선행을 보상받아 부유한 가족으로 다시 태어난다.
4. 악과 고난은 불공정한 것이 아니다. 현생의 고난은 전생의 삶 때문에 일어난다.
5. 모든 생명은 내적 영, 즉 아트만(atman)을 가진다. 아트만은 영원하

고 완전하며 파괴될 수 없다. 아트만은 하나의 육적 몸으로 태어나고, 그 몸이 죽으면 다른 몸으로 다시 태어난다. 삶, 죽음, 환생의 이 영원한 주기를 윤회(samsara)라고 부른다.

6. 윤회의 수레바퀴에서 풀려나면 해탈(moksha)에 이르러 브라흐만과 연합된다.

이와 같은 힌두교의 이해는 불교의 사상과 유사한 점이 많아서 우리에게 친숙하다. 6번에 언급된 해탈에 이르는 길은 힌두교와 불교를 구분하는 아주 중요한 항목인데, 이에 대한 힌두교의 주장을 자세히 알아보기 위해서는 기타 문서(Bhagavad Gita)를 추가적으로 살펴보아야 한다. 베다 문헌보다는 후기에 기록된 것으로 보이는 기타 문서는 해탈(moksha)에 이르는 3가지 길인 요가(yoga—행동의 길인 카르마 요가, 지식의 길인 쟈나 요가, 신애의 길인 박티 요가)를 소개하고 있으며, 인간이 최고신에게 절대적으로 귀의하면 그 신의 은총을 받아 윤회의 사슬을 벗어난다고 가르친다. 따라서 우리는 힌두교가 해석하는 인간의 고난을 다음 두 가지로 요약할 수 있다. 첫째, 카르마를 근거로 하면 인간의 고난이란 신에 의한 것도 타자에 의한 것도 아니다. 철저하게 자기 자신(atman)의 삶과 죽음과 환생의 윤회 속에서 인과관계로 일어나는 일이다. 힌두교의 고난 이해는 카르마를 어떻게 이해하는가에 달렸다. 둘째, 고난의 윤회를 벗어나 해탈에 이르는 길이 박티 요가의 설명대로 신의 축복이라면, 그 신이 어떻게 축복하는지, 그리고 그 신이 어떻게 악과 관계하는지 살펴보아야 한다.

카르마와 고난

힌두교의 중요한 특징 가운데 하나는 경전이나 문헌을 아주 자유롭게 이해하고 해석하는 것이다. 그렇기에 BBC의 설명이나 세 가지 요가의 길

등으로 힌두교의 고난 이해를 축약하는 것이 과연 바람직하랴는 문제가 제기된다. 역사적으로 오랜 기독교 배경을 가지고 있는 서구 학자들과 이와 다른 문화적 배경을 가진 힌두교 신학자들 사에서는 이런 오해로 인한 논쟁이 자주 벌어진다. 힌두교 전문가는 아니지만 힌두교의 업 사상을 다양하게 비판한 서구의 (기독교) 철학자 카우프만(Whitely Kaufman), 힌두교의 관점에서 카우프만의 비판에 답한 고대 인도 철학에 정통한 인도 철학자 차다(Monima Chadha), 그리고 호주의 종교 철학자 트라카키스(Nick Trakkakis)가 카르마와 윤리의 문제에 대해 서로 논쟁을 벌였는데, 그들의 글을 참고로 하여 이 문제를 다뤄보고자 한다.

업과 고난은 다른 종교와 확연히 구분되는 힌두교의 사상이다. 힌두교는 모든 인간의 고난은 그 누구의 책임도 아니고 오직 자기 자신의 행동의 결과에 의한 것이라고 본다. 요한복음 9:2에는 날 때부터 볼 수 없는 자는 누구의 죄로 인해 그런 것이냐는 질문이 나오는데, 힌두교의 업 사상에 따르면 "바로 자기 자신 때문이다." 막스 베버(Max Weber)는 힌두교의 이러한 사상이 기독교보다 훨씬 더 만족스러운 결과를 가져온다고 주장한다. 그에 따르면 업은 사회적 윤리나 내적 윤리를 거부하고 자신의 노력에 의해 구원에 이를 수 있는 가장 보편적인 윤리를 제시하기 때문에, 그 일관성과 형이상학적 성취를 제시하는 데 탁월하다. 아서 허만(Arthur Herman)은 서구 세계는 신정론에 대해 제기된 여러 문제에 대응하는 데 실패했지만 힌두교의 업 사상은 이런 문제를 잘 설명한다고 주장한다. 과연 카르마는 인간의 고난과 그에 대한 인간의 반응과 윤리를 잘 해석하고 있는가? 이와 관련된 몇 가지 논쟁을 소개하면 아래와 같다.

첫째, 카르마에 대한 가장 핵심적인 비판은 자유의지와 숙명론의 조화 혹은 충돌이다. 현생에서의 고난이 전생의 잘못 때문에 일어나는 일이고 내세에서 더 좋은 삶을 살기 위해 현생에서 선을 행해야 한다면, 지금 여기서 우리는 두 가지 행동 양식을 발견하게 된다. (1) 현재의 모든 고난은 전생의 업이기 때문에 숙명으로 받아들여야 한다. (2) 더 나은 다음 생을 위해 현생에서 선한 삶을 사는 데 최선을 다해야 한다. (1)에 초점을 맞추면 숙명론에 빠져들 것이고, (2)를 더 중요시하면 인간의 자유의지를 잘 발휘할 방법을 고민하게 될 것이다. 실제로 힌두교의 여러 종파는 둘 중 어떤 측면을 더 중시해야 하는지에 대해 서로 다른 견해들을 발전시켜왔다. 과연 양자 사이에 모순은 없는가? 이 둘은 자연스럽게 잘 연결되는가?

현재의 고난을 합리화하는 데 카르마가 잘못 사용되고 있다는 비판이 많았다. 이 사상은 고난에 저항하거나 그것을 이겨내려는 결의를 약화시킬 위험성이 있고, 실제로 인도 사회의 카스트 계급을 숙명적으로 받아들이고 저항하지 못하도록 하는 역기능을 낳았다. 그런데 카르마 사상이 지나치게 숙명론이고 결정론이라는 비판에 대해 힌두교 학자들은 화살을 비유로 들어 다음과 같이 주장한다. 예를 들어 화살통 속의 화살과, 이미 쏜 화살과, 이제 막 쏘려고 하는 화살 가운데 숙명론에 해당하는 것은 이미 쏜 화살일 뿐이라는 것이다. 아직 화살통에 있는 수많은 화살들(윤회를 거듭하면서 가지게 될 많은 기회들)과 지금 쏘려고 하는 화살들(현생에 주어진 기회들)은 철저히 자신의 자유의지에 맡겨져 있다. 이에 따르면 카르마는 숙명론과 자유의지를 잘 조화시키고 있다고 볼 수도 있다.

그러나 숙명론과 자유의지가 적절히 조화를 이루기 위해서는 추가적으로 더 많은 부분이 설명되어야 한다. 현생이 구체적으로 전생의 어떤 삶의 결과인지 어느 정도라도 이해하고 경험할 수 있어야 다음 생을 위해 최선을 다할 수 있다. 전생에 대해 아무런 정보도 없이 어떻게 인과관계를 판단할 것인가? 이런 비판에 대해 힌두교 학자들은 카르마는 증명하거나 기억해야 하는 구체적 항목의 이론이 아니라 전체적인 원칙에 관한 것이라고 답한다. 그렇다면 카르마는 지나치게 일반적인 원칙에 불과해서 구체적으로 나의 어떤 선과 악이 지금 여기서 어떤 결과를 가져오는지에 대해 올바른 이해를 제공할 수 없다.

정의란 죄와 벌에 대한 올바른 의식과 동의를 기반으로 한다. 그러나 카르마에 따르면 우리가 알 수 있는 것은 오로지 현생뿐이다. 즉 전생의 어떤 행위가 현생의 고난을 초래했는지 잘 알 수 없으므로, 그 죄악을 현생에서 다시 되풀이할 수도 있고 이어지는 생에서 무한대로 반복할 수도 있다. 이런 문제를 피하기 위해서는 전생의 삶에 대한 지식이 우리에게 주어져야 한다. 이미 쏜 화살이 어떤 화살인지, 그리고 그 화살이 과녁에 적중했는지, 만약 왼쪽으로 치우쳤다면 지금 쏠 화살의 영점을 어떻게 조정해야 하는지 등을 알 수 있어야 한다. **"화살"이라는 공통 분모만 가지고는 이미 쏜 화살과 지금 쏘려고 하는 화살과 화살통 속 화살 사이의 그 어떤 카르마도 발견할 수 없다. 그저 각각의 화살일 뿐이다.** 현생에서 자유의지가 올바로 작용하려면 "카르마의 원리"뿐만 아니라 "카르마의 내용"도 우리에게 어느 정도 알려져야 한다. 그래야 현생에서 내세를 위한 우리의 자유의지가 적극적으로 발휘될 수 있을 것이다. 숙명의 내용이 알려지지 않는 자유의지란 결코 숙명과 조화될 수 없다. 숙명과 자유의지 사이에 카르마가 진정으로 성립되려면, 숙명의 내용이 자유의지를 촉발하고 그것이 올바로 사용될 수 있는 방향으로 작용해야 한다. 감추어진 숙명이 이런 선순환적인 기능을 하는 것은 불가능해 보인다.

한 힌두교 학자는 흥미로운 예를 들어 기억과 의식의 문제를 설명한다. 술에 취한 운전자가 보행자를 치어 죽였는데 술이 깨고 나서 그 사건을 기억하지 못해도 법정이 유죄를 선고해야 하는 것과 마찬가지로 카르마가 작용하는 데 있어서 전생의 내용을 반드시 알 필요는 없다는 것이다. 그런데 이 비유는 상당히 문제가 있어 보인다. 술에서 깨어난 운전자는 법정에서 제시하는 구체적인 자료를 통해 자신의 과실을 확인할 수 있다. 자신이 기억하지 못해도 자신의 잘못된 행위를 판단할 수 있는 충분한 자료와 결과가 주어지는 것이다. 그러나 카르마는 인과관계 그 자체만을 알려올 뿐 그 내용을 우리에게 알려주지 않는다. 우리가 전생에서 행한 일을 "기억하는가"보다는 현생에서 그 일에 대해 판단할 수 있는 "유익한 자료가 주어졌는가"라는 것이 문제의 핵심인 셈이다.

둘째, 카르마는 과연 고난의 사회적 현상을 어떻게 설명할 수 있을까? 카르마 사상은 "나의 고난은 오직 나로 인한 것"이라는 일반적이면서도 대단히 명확하고 구체적인 원리를 갖고 있다. 막스 베버는 카르마의 이런 점이 내적 윤리나 사회적 윤리를 극복하는 장점이라고 주장했다. 물론 악의 문제에 대한 책임을 인간 외에 신이나 사탄에게 전가함으로써 윤리적 타락을 초래할 수 있다. 그럼에도 불구하고 카르마는 내적 윤리와 사회적 윤리를 극복하고 개인의 책임과 윤리적 완성을 지향한다는 점에서 탁월한 장점이 있다.

그런데 인간의 고난의 문제에서 사회적인 면을 제외한다면, 고난에 대한 바람직하고 포괄적인 이해가 가능한가? 우리가 직면하는 세상의 고난은 오직 개인의 잘못 때문인가? 물론 앞으로 다룰 기독교와 고난에서 살펴보겠지만, 성경의 창세기도 윤리적 해석을 포함하고 있고 이런 해석이 인간의 현실을 적절하게 반영하기도 한다. 그런데 고난은 개인적인 일이면서 또한 사회적인 현상이기도 하다. 나의 고난은 많은 사람의 잘못된 행동의 결과이기도 하고 누군가의 고난은 나의 잘못에 의한 것이기도 하다. 앞에서 언급된 서구 학자와 힌두교 학자들의 논쟁에서는 이 부분이 거의 생략되어 있다. 심각한 일이다. 개인의 삶을 분석한다고 해서 한 개인이 겪는 고난의 원인이나 내용을 다 파악할 수 없다. 거미줄처럼 서로 연결된 요즘 세상에서는 소비와 유희를 위한 나의 욕구나 인종적·종교적 이데올로기가 직접적 혹은 간접적으로 타인의 고난을 유발하기도 한다.

값싼 새우를 사려는 한국인의 소비 욕구가 태국 새우잡이들의 인권에 영향을 주기도 한다. 다이아몬드를 주고받는 서구의 문화로 인해 아프리카인들의 삶이 착취당한다. 생존이 인권유린보다 더 심각한 문제라고 항변할 수도 있겠지만, 생존이 인권을 위협하는 그 사회적 구조가 더 심각한 문제다. 한 개인 안에서 일어나는 인과관계로는 모든 인과관계를 다 설명할 수 없다. 카르마가 진정으로 인간의 삶과 고난을 올바로 설명하려면 개인과 사회, 사회와 사회의 카르마도 포함해야만 한다.

더구나 인간이 도저히 해석할 수 없는 까닭 없는 고난, 불의한 고난, 절대 고난이 존재한다. 이런 고난을 당하는 우리는 고난의 분석자와 함께 고난의 위로자가 절실하다. 개인의 고난은 전생의 결과라는 카르마의 법은 지나치게 단순하고 폭이 좁아서 고난의 일부만을 설명할 뿐이다. 물론 카르마는 "설명"하려는 것이 아니라 "존재의 원리"일 뿐이라고 힌두 학자들은 답변한다. 그러나 존재의 원리인 카르마가 존재의 한 단면만 나타낸다면 그 존재의 원리는 비판을 받을 수밖에 없다. 더구나 카르마가 고난을 설명하는 것이 아니라 존재의 원리라면, 그 원리가 고난 속에서 고통당하는 우리를 위로할 수 있어야 한다. 욥의 친구들은 고난에는 항상 원인이 존재한다며 욥을 비판했고, 코란은 고난은 신의 시험이라고 주장했다. 이와 마찬가지로 고난에는 반드시 그 원인이 존재하고 그 원인이 고난당하는 자 자신이라는 카르마의 사상 속에서 고난당하는 자들이 과연 어떤 위로를 받을 수 있을 것인가? 때로 우리는 고난으로 인해 사회적 연대를 회복하기도 하는데, 만약 고난이 철저하게 개인의 행동의 결과라면 개인이 그것을 스스로 책임지도록 내버려 두어야 하지 않는가? 카르마는 고난의 사회적 관계성을 놓치고 있을 뿐만 아니라, 고난을 극복하기 위한 사회적 연대성을 위한 가치도 제공하지 못한다. 불교, 이슬람교, 힌두교 모두 "고난의 사회성"에 관해 심각한 문제를 가지고 있고, 그중 카르마의

왜 나는 아직도 그리스도인인가?

법칙으로 인해 힌두교가 가장 치명적인 약점을 지닌다.

셋째, 카르마는 인간이 경험하는 삶의 역동성을 올바로 반영하지 못한다. 우리가 지금 여기서 경험하는 삶은 인과관계를 훌쩍 뛰어넘는 수많은 요소로 채워져 있다. 부조리한 사회 질서, 무지, 우연적 사건들, 과분한 행운, 갑작스러운 죽음, 희생적 사랑, 죄와 심판을 넘어서는 용서, 작은 실수로 인한 총체적 파국, 관계의 단절 등을 직면할 때, 우리는 카르마가 과연 올바로 작동하고 있는지 의문을 가질 수밖에 없다. 물론 역설적으로 우리가 현재의 삶을 다 이해할 수 없다는 바로 그 이유 때문에, 현생의 부조리와 무질서가 전생의 결과라고 이해할 수도 있다. 그러나 두 번째 문제에서 다루었듯이, 전생과 현생의 카르마의 내용이 우리에게 알려지지 않는 한 우리가 이해할 수도 없는 현생의 무질서와 부조리가 전생의 결과라는 결론에 도달하기는 어려워 보인다. "인간이 경험하는 세계는 무질서와 부조리로 채워져 있고 우리는 그 근원이 어디에 있는지 올바로 알 수 없다"는 주장과 "현생의 부조리와 무질서는 전생의 인과적 결과다"라는 주장은 엄연히 다른 주장이기 때문이다. 인간의 삶 속에는 도저히 예측 불가능한 고난 또는 기쁨, 상상을 넘어서는 불굴의 인내와 의지, 법의 심판을 넘어서는 참회와 용서, 비록 일시적이고 제한적이긴 하지만 모두의 가슴 깊이 자리하고 있는 신비스러운 위로와 사랑 등이 있는데, 카르마는 각 개인의 삶의 인과관계로 이 모든 것을 해석하기는 어려워 보인다.

넷째, 죽음은 과연 카르마와 어떤 연관이 있는가? 윤회는 삶과 죽음을 기반으로 하고 있다. 죽음이 없으면 윤회는 불가능하다. 그런데 인간 모두가 죽는다면 카르마는 과연 정의롭게 작용하는 것인가? 만약 죽음이 죄의 결과라면, 죽음을 피할 수 없는 모든 인간은 죄인이어야만 하는데 이것은 선악의 가능성을 모두 열어놓은 카르마의 법칙과는 다르다. 만약 죽음이 죄의 결과가 아니라면 왜 모두가 죽음으로써 윤회의 사슬(samsara)

에 묶여 있어야 하는가? 만약 카르마가 인간의 모든 고난을 포함하는 포괄적 원리라면 죽음이라는 고난도 포함해야 하는 것은 아닌가?

힌두 학자들은 죽음이 힌두교와 불교에서 중요하지 않은 사건이라고 설명한다. 힌두 전통에서는 사람의 혼이 그 사람의 정체성을 결정하고 사람의 감각과 몸은 보조 역할을 할 뿐이다. 인간의 혼은 죽음이라는 현상에 영향을 받지 않는다. 하나의 혼은 윤회를 거치는 동안에 여러 종류의 보조 기관을 갖게 된다. 육을 가진 혼은 살아 있는 동안에 어린 몸, 젊은 몸, 늙은 몸을 거쳐 가는데 윤회도 이와 유사하다. 혼은 탄생도 죽음도 태어나지 않음도 앞으로 존재하게 됨도 없다. 혼이 육을 가지고 태어남과 죽음을 거듭하는 윤회, 즉 생 그 자체가 고통이자 비극이다. 해탈이란 이런 사슬에서 해방되는 것을 의미한다. 결국 죽음이란 특별히 생의 반대나 고난의 극단적인 형태가 아니라 윤회의 한 요소일 뿐이다.

기타 문서에서도 브라흐만에게 헌신하는 자가 아트만의 순수함을 얻기 위해서는 육·마음·감정의 찌꺼기들을 벗어버릴 수 있어야 한다고 가르친다. 그런데 이런 "순수 혼"만이 인간인가? 만약 그렇다면 힌두교의 인간학은 극단적 이원론으로 보인다. 인간의 혼만이 진정하고 순수한 자기 자신이라면, 그리고 고통과 감정, 사상과 마음도 모두 혼이 떨쳐버려야 할 것들이라면, 결국 우리가 지금까지 논의해온 여러 종류의 고난이란 진정한 실재(reality)가 아닌 허상(illusion)이 되어버린다. 마야(maya)의 세계에 대해서는 여러 가지 해석들이 있지만, 사상의 핵심은 겉으로 드러난 것들이 진정한 참모습이 아니라는 데 있다. 이런 비실재에 대해서는 논의할 가치조차 없어져버리는 셈이다. 과연 인생이란 그런 것인가? 과연 인간이란 그런 존재인가? 인간이 직면하는 여러 극심한 고난에는 죽음과 관련된 고난이 많다. 죽음의 공포, 죽음으로 인한 단절, 죽음의 고통, 질병의 최종 현상, 죽음이 무엇인지 알 수 없음에서 오는 인간 지성의 근심(intellectual anxiety)등이 인간의 삶에 지대한 영향을 끼친다. 해체주의에서 확정지을 수 없는 다중성을 설명할 때 죽음을 그 예로 들기도 한다. 또한 육체는 감정·마음·의지 등과 함께 인간을 형성하는 아주 중요한 실재로서 인간의 고통과 직접적으로 연결된다. 우리는 이 삶과 죽음의 여러 측면을 진정한 실재가 아니라 허상이라고 치부함으로써 위로를 받을 수도 있다. 그러나 인간의 존재와 의미, 관계와 고난은 인간의 모든 면을 포괄하는 인간의 총체적 현상이다. 인간의 고난에서 죽음과 육을 떼어 버림으로써 얻게 되는 위로는 진정한 위로라고 보기 어렵다.

마지막으로, 우리는 결국 카르마가 누구인가 혹은 무엇인가를 질문해야 한다. 그것은 존재인가, 원리인가, 인격체인가, 비인격체인가, 신인가, 자연현상인가, 인간 사이의 관계성인가, 자연과 우주를 통틀어 존재하는 그 무엇인가? 만약 신이 아니라면, 누가 어떻게 이 카르마를 만들었는가? 신과 카르마는 어떤 관계에 있는가? 카르마 사상의 발전 과정에 대해 여러 견해가 있지만 확실한 것은 어떤 창시자로부터 시작된 것이라기보다 오랜 시간을 거치면서 점차적으로 형성된 사상이고, 카르마는 문자적으로 "일"과 "행위"를 의미하기 때문에 카르마의 신은 인격적 존재나 신적 존재는 아닌 것으로 보인다. 유신론적 힌두교에서도 자신들이 섬기는 신과 카르마의 관계를 명확히 설명하지 않는다. 또한 무신론적 힌두교에서 카르마는 하나의 궁극적 원리다.

그런데 카르마 사상이 자연의 현상과 원리에 근거한 것이라면, 카르마는 자연계의 어떤 특징을 드러내거나 그 특징에 부합해야 한다. 그러나 자연계는 일정한 법칙성 외에도 돌연변이, 폭력과 재해, 강인한 생명력, 끝없이 이어지는 멸종 등으로 나타나는 예측 불가능한 역동성을 지니고 있는데, 이 모든 것을 인과관계라는 틀로 설명하기는 어려워 보인다. 혹은 이러한 예측 불가능한 역동성조차도 카르마라고 한다면, 카르마는 인과 관계라기보다는 그저 "자연", "우주", "인간"과 동일한 의미라고 해석하는 것이 타당하다. 전부라면 아무것도 아니기 때문이다.

중국의 도교는 자연계에서 발견한 음과 양의 원리를 인간과 우주를 해석하는 데 적용하였다(노자 도덕경 42; 장자 6 대종사, 13 천도, 22 지북유). 카르마는 자연과 우주의 법칙이지만 인간의 행동에 적용되기 때문에, 카르마와 자연과의 적합성을 의문시할 필요는 없는가? 혹은 브라만이 물질 세상의 인과관계를 넘어서 존재한다는 주장에 따라 카르마는 전 우주의 법칙인가?(기타 13:13) 인간에게 적용되는 법칙이든 자연과 우주를 포괄하는 법칙이든 (1) 카르마가 인과관계라는 법칙을 가진다면, 그리고 (2) 신적 존재라기보다는 자연과 우주를 근거로 한 법칙이라면, "카르마는 무엇인가?"라는 질문에 대한 대답을 자연과 우주에서 찾을 수밖에 없다. 과연 이것이 가능한가? 카르마는 진정으로 인간의 삶과 우주를 총체적으로 잘 포괄하는 법칙인가? 카르마는 무엇인가?

카르마는 윤회와 해탈을 설명하는 중요한 고리지만 카르마로 인해 개인의 행동이 인과관계로 연결된다는 대단히 원론적인 내용만 알려졌을 뿐, 그 외에 많은 점에 관해서는 우리에게 잘 알려지지 않았다. 한편으로 카르마는 여러 다른 종교에서처럼 믿음의 대상이지 해석이나 설명의 대상은 아닌 것으로 보인다. 다른 한편으로 카르마는 인간의 고난에 대해서 다른 종교와 뚜렷하게 구분되는 힌두교 사상이기 때문에, 우리는 카르마가 인간의 고난을 얼마나 포괄적이고 깊이 있게 설명하고 있는지, 인간의 고난을 해결하기 위해서 어떤 것들을 제안하는지, 또는 고난당하는 자에게 어떠한 위로를 줄 수 있는지에 대해 계속 의문을 제기할 수밖에 없다.

왜 나는 아직도 그리스도인인가?

바가바드 기타와 고난[24]

힌두교 경전 바가바드 기타는 순수 자아인 아트만이 브라만과 어떻게 연합되는지에 대해 다루고 있을 뿐만 아니라, 인격신 크리슈나가 쟈나, 박티, 카르마 요가를 통해 자신에게로 이르는 길을 제시하고 있다. 그런데 이 삼중의 해탈은 각각 삼중의 악을 극복하는 것을 의미한다. 따라서 먼저 인격신 크리슈나가 누구인가를 살펴본 후에, 기타가 제시하는 삼중의 악이 무엇인지, 그리고 그 악과 크리슈나는 어떤 관계에 있는지 알아보고자 한다. 기타 8장은 초월자이자 절대신인 크리슈나를 다음과 같이 정의한다.

> 크리슈나는 최고의 절대 궁극적인 진리(brahma)이고, 그의 영원한 본성은 구현된 주체(adhyatma, embodied self)라고 불리며, 모든 살아 있는 존재가 육적 몸의 물질계에서 행하는 출산과 감정의 발달은 행동(카르마)이라고 불린다. 부패할 것들(Adhibhûta)은 현상의 존재에 속한다. 어디에나 존재하는 초월적인 존재(adhidaivata)는 모든 신적인 존재의 기초가 된다. 나는 몸속에 존재하며 모든 희생제사의 신(adhiyajna)이요 모든 존재의 존재다(8:3-4).

절대신은 초월자지만 여러 단계의 다른 존재들과의 관계성 속에 있고, 희생제사의 신(adhiyajna)은 몸속에 존재한다. 그러나 그 단계들의 관계가 상위 존재에서 낮은 단계로 유출되거나 보내지는 것이 아니라 그들의 존재를 설명하고 있을 뿐이다.

---

24 「바가바드 기타」의 영어 번역본이 매우 많은 상황에서, 산스크리트어에 대한 전문 지식 없이 원문에 충실한 번역을 판단하는 것은 대단히 어려운 일이다. 그런 이유로 인터넷 자료, http://www.bhagavad-gita.org/에 등장하는 산스크리트어의 문자적 영어 번역과 이어지는 영어 번역을 참조했다.

이어지는 9장에서는 절대신이 가장 비밀스러운 지식, 즉 자신과 세상 사이에 어떤 연관이 있는지를 가르친다. "모든 우주에는 내가 스며 있고 모든 존재는 내 안에 있지만 나는 그들 안에 있지 않다.…비록 나는 모든 살아 있는 실체들을 유지하는 자이고 어느 곳에나 존재하는 자이지만 나는 이 우주의 드러난 현상의 부분이 아니다. 나는 창조의 바로 그 근원이다"(9:4-5). 절대자로서 만물을 모두 품고 있고 그 안에 존재하지만 만물에 속한 것은 아니라는 이 사상은 만유내재신론과 유사한 면이 있다. 그러나 여전히 절대자의 관계적이고 윤리적인 면보다는 존재론적인 면이 더 부각된다.

10장에서는 절대자와 세계의 관계가 보다 더 구체적으로 드러난다. 시작도 없고 탄생도 없는 이 절대자는 모든 세상을 다스리는 자다(10:3). 그런데 세상의 모든 영적 지성, 지식, 자유, 연민, 진리, 행복뿐만 아니라, 불행, 탄생, 죽음, 공포, 기근도 모두 이 절대자로부터 왔다(10:4-5). 다시 말하면 세상의 모든 것의 기원이 바로 이 절대자라는 것이다. 그럼 고난도 이 절대자로부터 왔는가?

절대자 크리슈나는 이 물음에 대해 구체적으로 답변하지 않는다. 다만 11장에서 자신이 여러 형태로 보일 수 있다고 설명한다. 대화 상대자인 아르주나가 크리슈나의 참 실재를 이해할 수 있을 만큼 깊은 지혜를 가지고 있기에, 절대자는 아르주나에게 신비스러운 자신의 모습을 설명한다. 아르주나가 크리슈나의 궁극적인 주체, 전능한 위엄의 모습을 보여 달라고 하자(11:3-4), 크리슈나는 자신의 거룩하고 초월적인 모습은 수많은 형태와 색으로 나타날 수 있다고 답한다(11:5). 크리슈나는 수많은 신적 존재들의 이름을 열거하면서 움직이든 움직이지 않든 우주의 모든 것이 자신의 몸 안에 있다고 설명한다(11:6-7). 물론 이것은 인간의 육적 눈으로 볼 수 없고 신적 눈으로만 볼 수 있는 하나 속의 다양성이다(11:8).

이에 아르주나는 크리슈나가 모든 신 중의 신이며 우주의 절대자라고 화답한 후에, 모든 신적인 존재들이 크리슈나를 두려워하며 두 손을 모으고 찬양하며, 위대한 현자들과 위대한 사람들도 베다 경으로 찬양하며 "모든 평화"를 외친다고 화답한다(11:16-21).

그런데 이어지는 구절에서 모든 신적인 존재들마저도 절대자 크리슈나의 위대함을 두려워하고(11:23), 아르주나 자신도 엄청난 두려움 속에 있다고 고백한다(11:24). "세상 모두를 태워버릴 불과 같이 타오르는 이빨을 가진 당신을 보는 것만으로도 나는 모든 방향을 잃어버렸고 어떤 위안도 찾을 수 없습니다. 오 크리슈나여, 모든 신들의 신이여, 모든 세상의 피난처여, 제발 나에게 은총을 베푸소서"(11:25). 그러나 크리슈나는 자신은 세상의 모든 존재자들의 파괴자이고, 모든 사람들을 파괴하기 위해 이곳에 왔다고 답한다(11:32). 절대자는 모든 살아 있는 존재를 보호하는 자이면서 동시에 파괴자이기도 하다(13:17). 여기서 우리는 절대자와 인간 사이의 인격적 관계의 흔적을 발견한다. 절대자는 은총과 심판을 베풀 수 있는 존재로서, 인간은 이 절대자를 찬양하고 그의 은총을 구할 수 있는 존재다. 이어지는 12장 박티 요가는 인간이 감각과 마음에 묶여 있는 상태에서 벗어나 명상과 예배로 크리슈나에게 헌신해야 불멸의 해탈에 이를 수 있다고 가르친다. 이처럼 기타 경전은 절대자와 인간의 관계에 대해 아주 원론적인 내용(축복, 심판, 기도와 예배 등)에 대해 매우 짧게 언급하고 있을 뿐, 고난 속의 인간과 절대자가 구체적으로 어떤 관계를 맺는지에 대해서는 상세히 설명하지 않는다.

그렇다면 기타 경전에서 말하는 고난이란 무엇인가? 고난을 이해하기 위해서는 실재가 무엇인지 먼저 이해해야 한다. 기타 경전에 따르면, 실재에는 부패하는 것과 부패하지 않는 것이라는 두 측면이 있다. 절대자아(absolute Self)는 결코 부패하는 물질계의 영향을 받지 않는다(9:5). 그

런데 변화하는 물질계는 일종의 활동 에너지인 프라크리티(Prakriti)의 영
향 아래에 있다(13:1). 공기, 불, 물과 같은 지구의 요소, 잘못된 자아, 영적
지성, 물질계에 속하지만 잘 드러나지 않는 것들, 마음의 열 가지 요소, 감
각의 다섯 가지 요소, 이 모든 것은 프라크리티가 활동하는 장(ksetra)이다.
이 모든 물질계의 에너지와 공간 속에 만물의 씨를 불어넣는 자는 만물의
아버지인 절대자 크리슈나다(14:4). 즉, 물질계의 활동과 공간의 실질적인
창조자는 절대자인 셈이다.

그런데 활동과 변화의 에너지는 세 가지 요소(Guna)로 되어있다. (1)
삿바(Sattva, 선), (2) 라쟈스(Rajas, 격정, 운동), 그리고 (3) 타마스(Tamas, 어두
움). 삿바는 지식과 행복의 근원이며 순수하고 고요한 선(goodness)이다
(14:6). 라쟈스는 욕망의 처소인데 활동의 영역이다(14:7). 타마스는 무지
와 망상의 영역이다(14:8). 그런데 삿바는 라쟈스와 타마스를 다스리려 하
고, 라쟈스는 삿바와 타마스를 다스리려 하고, 타마스는 삿바와 라쟈스를
다스리려 한다(14:10). 예를 들어 몸의 감각을 통해 지식이 드러나는 것은
삿바가 라쟈스와 타마스를 다스리기 때문이고, 욕망과 감각에 몰두하는
것은 라쟈스가 삿바와 타마스를 다스리기 때문이며, 무지와 망상으로 차
있는 것은 타마스가 삿바와 라쟈스를 다스리기 때문이다(14:11-13). 삿바
가 지배하면 천상을 향해 올라가고, 라쟈스가 지배하면 중간 지대를 돌아
다니며, 타마스가 지배하면 아래로 내려가게 되는데(14:18), 이 물질계의
세 요소를 넘어서는 진정한 자신과 절대자를 깨달을 때, 비로소 신의 본
성을 가지게 되고 삶과 죽음의 윤회로부터 해탈하게 된다(14:19-20).

이런 세 요소로 구성된 물질계에서 살아가는 인간은 물질계에 노예
처럼 속해 있기 때문에 고난과 악이 발생한다. "종속되어 있음"이 바로 악
의 실체다. 삿바는 인간이 행복을 추구하는 일에, 라쟈스는 욕망과 행동
에, 타마스는 무지, 부주의, 나태에 종속되게 한다(14:6-9). 인간이 일상을

살아가며 자유를 누리는 듯해도 사실은 이렇게 물질계의 세 요소에 지배 당하고 살기 때문에 자유를 박탈당한 채로 살아가는 것과 마찬가지다. 따라서 우리는 진정한 자기 자신(true self)를 찾지 못하고 세 종류로 된 물질 계 에너지의 지배, 즉 허상 속에서 살아간다. 이것이 인간이 경험하고 직면하는 고난의 구체적인 내용이다.

지금까지 우리는 카르마, 신, 고난, 물질계, 해탈이라는 힌두교의 핵심적인 개념을 살펴보았다. 삶과 죽음 그 자체가 고난이고 이것은 각 개인의 행동의 결과로 인한 것이다. 그런데 개인의 행동이 모든 고난의 원인이라는 카르마 법칙이 과연 인간의 고난을 올바로 설명하고 고난을 극복하는 길을 올바로 가르칠 수 있는가? 이런 의문에 답을 찾기 위해 우리는 카르마와 숙명론·자유론의 관계에 대해 살펴보았고, 사회적 고난, 카르마와 인간의 삶의 역동성, 죽음과 카르마, 카르마의 존재에 대해 의문을 제기하였다.

그런데 결국 이런 의문은 힌두교의 우주관·인간관과 깊이 연관된 것으로 보인다. 즉 우리의 생과 죽음은 결국 물질계의 세 요소가 지배하는 허상이라는 것이다. 우리가 경험하는 고난도 우리가 물질계에 노예처럼 종속되어 있으므로 발생하는 것이다. 그런데 인간이 이 물질계에 계속 속해 있는 한 고난으로부터 결코 벗어날 수 없다. 인간은 끝없이 행복을 추구하고, 열정과 욕망에 사로잡혀 더 많이 가지기 위해 무한히 경쟁하며, 나태하고 어두워 잠자듯이 진리를 깨우치려 하지 않기 때문에, 고난 속에 살아간다.

카르마와 물질계는 어떤 관계인가? 진정한 자아가 아닌 허상 속에서 살아가는 우리는 왜 카르마의 지배를 받아야 하는가? 절대신은 만물의 근원인데 왜 인간의 고난을 책임지지 않는가? 이런 의문에 답하기 위해서는 힌두교를 더 깊이 연구함으로써 힌두교의 시각에서 세상을 바라보고 이해하는 작업을 거쳐야 할 것이다. 그러나 앞서 간략하게나마 힌두교의 사상을 살펴본 바에 따르면, 인간의 고난이라는 치명적인 문제를 설명하는 데 다음과 같은 한계가 있다.

첫째, 신의 존재에 관한 해석이 매우 다양하므로 한마디로 요약하기는 어렵지만, 힌두교의 그 어느 신도 인간의 고난에 직접적으로 개입하는 것 같지는 않다. 만약 절대자가 고난의 근원이라면, 고난 속에 있는 우리는 그 절대자가 인간의 고난에 어떻게 개입하고 관계하는지 질문할 수밖에 없다. 우리는 힌두교의 사상을 통해 신의 존재에 대한 풍성한 설명을 들을 수는 있지만, "고난에 대한 신의 행동"을 설명하는 내용을 발견하기는 어렵다. 인간이 고통으로 한탄하고 절규할 때, 신은 어디에 있으며 무엇을 하고 있는가?

둘째, 힌두교는 인간의 고난 역시 만물에 속하고 만물은 절대자로부터 왔다고 설명한다. 그러나 사실 인간의 고난은 (1) 인간 개인의 행동의 결과인 카르마로 인해, 그리고 (2) 인간이 물질계에 속해 있으므로 생긴다. 즉 고난은 인간 때문이다! 우리는 대부분의 고난이 인간 때문에 생긴다는 해석에 동의할 수도 있다. 그런데 인간이 결코 이해할 수도 없고 받아들일 수도 없는 불의한 고난, 절대 고난, 인과관계를 넘어서는 까닭 없는 고난을 당할 때, 그것이 각 개인의 책임이라고 단정하는 것은 고난당하는 자들을 더 어려운 고난 속으로 밀어 넣는 것이다. 카르마와 물질계라는 용어로 모든 고난을 일반화하기보다는, 어떤 고난에 대해서는 우리가 도저히 설명할 수도 없고 해결할 수도 없다고 고백하는 것이 더 적절하지 않을까?

셋째, 힌두교에서 고난은 결국 허상(maya, illusion)으로부터 온다. 카르마는 삶과 죽음의 윤회 법칙에 속하는데, 삶과 죽음은 인간의 참 실재가 아니다. 끊임없이 변화하는 물질계에 종속된 인간의 행복, 열정, 나태함 모두 참 실재가 아니다. 따라서 우리는 이 허상으로부터 해방되어야 한다. 결국 힌두교에서의 고난이란 인간이 진정한 자아를 깨닫지 못하고 물질계를 살아가면서 경험하는 허상이다. 고난이 고난인 이유는 "고난이 사실은 고난이 아니라는 것"을 깨닫지 못했기 때문이다. 이것은 한편으로 인간에게 큰 위로가 될 수 있다. 나도 기타 경전을 읽으면서 인간이 얼마나 많은 탐욕, 올바르지 못한 지식, 게으름 등에 깊이 빠져 있는지 다시금 깨달았고, 우리의 고난의 상당 부분이 이러한 "허상에 종속"된 결과라는 것에 깊이 공감하기도 했다. 그런데 이 노예됨은 바로 우리의 참 모습의 일부가 아닌가? 변화하는 것이 바로 우리와 세계의 참 실재가 아닌가? 행복과 불행, 기쁨과 한탄, 참회와 용서, 나눔과 사랑, 아픔과 동행이 우리의 참 모습이 아닌가? 오히려 삶과 죽음이 인간의 참 모습이 아닌가? 욕망과 행복의 노예가 된 바로 그 모습이 우리가 일상에서 경험하는 모습이 아닌가? 진정한 자아가 신적 존재와 연합되는 경지로서의 해탈과 신화는 우리가 이해할 수 있는 개념이고, 기독교에서 이야기하는 그리스도와의 연합, 성화, 새로운 자신 등의 개념 역시 이와 유사한 부분이 있다. 그러나 차이가 있다면, 기독교는 인간의 죄, 죽음, 고난, 한계를 모두 인간의 중요한 실재로 여긴다. 힌두교의 주장처럼 우리가 살아가는 물질계를 진정한 실재가 아니라 허상이라고 여김으로써 고난을 극복하는 것은 진정으로 고난을 극복하는 것이라고 할 수 없다.

4
기독교와 고난

지금까지 우리는 철학과 악, 종교와 고난의 문제를 살펴보았다. 우리는 "고난의 해결 방법"에만 관심을 두는 것이 아니다. 우리가 추구하는 질문은 다음 세 가지로 요약된다.

1. 인간 고난의 다양함과 깊이를 철학과 종교가 얼마나 잘 이해하고 있는가?
2. 신적 존재는 인간의 고난에 어떻게 관계하고 행동하는가?
3. 인간은 자신과 타자의 고난 앞에서 어떤 행동을 해야 하는가?

첫 번째 질문에 대해 철학은 구체적인 답을 내놓을 수 없었다. 철학은 고난과 신의 존재 여부에 깊은 관심을 두지만, (1) 인식과 지성의 한계, (2) 경험의 불확실성, (3) "신"이라는 초월적 존재를 주제로 삼기 때문에 신의 존재 내용에 대한 추가적인 설명 없이 구체적인 논리를 전개할 수 없다. 더구나 (1) 고난의 공유, (2) 유일한 고난, (3) 고난을 논할 수 있는 자격에 관해서도 추가적인 논의가 필요하다. 가장 어려운 것은 "고난은 정의로운가?"라는 문제다. 철학이 이 모든 문제를 "논리적으로" 설명하기에는 턱

왜 나는 아직도 그리스도인인가?

없이 부족해 보인다.

그래서 우리는 고난과 신의 양립 가능성을 논리적으로 파헤치기보다는, 일단 신의 존재를 가정한 채로 고난의 문제를 다루는 방법을 제안하였다. 만약 신이 존재하지 않는다고 하면, 인간 스스로 고난을 감당하기에는 너무도 어려워 보인다. 탐욕과 무관심으로 살아가는 인간들이 고난을 극복하기 위해 거룩한 연대를 이루고 스스로 회복한다는 것은 불가능해 보인다. 따라서 우리는 신이 존재한다고 가정하고, 그 상황에서 고난의 문제를 이해하고 극복하는 방법을 살펴보았다.

우선 신에 대한 네 가지 관점, 즉 이신론, 범신론, 만유내재신론, 카발라 신론이 위의 두 번째 질문에 어떻게 답하는지 살펴보았다. 이신론의 신은 고난과 무관하며, 범신론의 신은 고난 그 자체다. 만유내재신론은 두 극단적인 신관을 극복하는 중도적인 신관으로서, 고난과 직면하면서도 고난에 종속되지는 않는 신을 제시한다. 유대의 카발라 신론도 고난 속에 있는 인간들을 향한 신의 행동을 "축소"와 "유배"라는 개념으로 설명한다. 이런 신관들은 인간의 고난과 충돌하거나 한계가 많은 설명에 그치고 만다. 그리고 "인간은 자신과 타자의 고난 앞에서 어떤 행동을 할 수 있는가?"라는 세 번째 질문에 대해 구체적으로 설명하지 못한다. 우리가 믿는 신이 구체적으로 어떤 행동을 하는지 알아야, 우리도 고난 앞에서 어떤 행동을 취해야 하는지 알 수 있다. 이에 따라 더 구체적인 "신의 행동"을 살펴보기 위해 불교, 이슬람교, 힌두교를 다뤘다. 그러나 이들 종교는 우리가 제기한 세 가지 질문, 즉 관점, 신의 행동, 인간의 행동에 관해 아래와 같은 제한적인 이해를 보여줄 뿐이다.

불교, 이슬람교, 힌두교 모두 구체적으로 고난의 문제를 다룬다. 세부적으로는 서로 다른 해석을 하고 있지만, 공통적인 특징은 다음과 같다.

1. 관점: 까닭 없는 고난에 대한 논의가 없다. 즉 고난에 대한 관점이 제한적이다.
2. 신의 행동: 고난을 인내하고 극복하는 것이 천국이나 해탈에 이르는 길이다. 따라서 신이 인간의 고난에 어떻게 관계하고 행동하는지 구체적으로 알 수 없다.
3. 인간의 행동: 한편으로는 각 개인이 고난을 어떻게 극복해야 하는가에 초점을 맞추고 있지만, 다른 한편으로는 사회적 고난이나 고난에 대한 사회적 연대에 대해 심도 있게 다루고 있지 않다.

이제 우리는 기독교와 고난의 문제를 다루고자 한다. 앞서 제시한 (1) 고난의 이해, (2) 고난에 대한 신의 개입과 행동, (3) 인간의 행동이라는 세 가지 본질적인 질문을 염두에 두고, (1) 기독교는 인간의 고난을 어떻게 이해하는지 (2) 기독교의 하나님은 고난에 어떻게 관계하고 행동하는지, (3) 그리스도인들은 인간의 고난에 대해서 어떻게 행동해야 하는지를 알아보고자 한다. 이를 위해 구체적으로 기독교의 인격적 하나님, 창조와 고난의 윤리적 이해, 욥기의 까닭 없는 고난과 한탄, 전도서의 거리 두기, 그리고 그리스도의 나눔과 짊어짐과 같은 내용을 다룰 것이다.

4.1. 인격적 하나님

기독교가 인간의 고난을 어떻게 이해하고 있는가를 살펴보려면 기독교의

왜 나는 아직도 그리스도인인가?

하나님이 누구인가를 먼저 이해해야 한다. 기독교의 하나님은 (1) 절대 초월자이면서 동시에 (2) 인간과 세계와 인격적인 관계를 맺는 하나님이다. 그렇다면 인격이란 무엇인가?

서구에서는 데카르트 이후로 주체(subject)를 중심으로 하는 사상이 주류를 이뤘다.[25] 주체는 스스로를 세우는 자존성과 타자에 의존하는 의존성을 동시에 갖고 있음에도 불구하고, 근대 서양 철학은 주체의 관점에서 세상을 보는 일에 몰두해왔다. 객체나 세계에 대해 생각하고 판단하는 주체는 확실히 존재하는 것이므로, 주체는 인식과 행위의 중심이라는 것이다. 그런데 주체의 허구성을 고발한 니체를 거쳐서 하이데거에 이르러서는, 주체는 세계에 던져져 있는 존재로 이해되었다. 즉 주체는 더 이상 세계와 자신을 세우는 자가 아니라 세계에 의해서 형성되는 자라는 것이다. 주체로부터 세계와 상황으로 초점이 옮겨진 이 혁명적인 전환으로 인해 신학도 "관계", "공동체", "상황"에 초점을 두는 상황 신학을 발전시키게 되었고, 진보적 신학자들은 더 나아가 상황과 공동체가 신학을 형성하는 주체라고 인식하게 되었다.

그러나 우리의 사상이나 행동을 결정하는 것은 각 개인의 주체만도 아니고, 상황이나 공동체만도 아니다. **상황과 문화가 우리의 인식과 행동을 형성하고 결정하기도 하지만, 인간은 상황과 공동체에 저항하기도 한다.** 나치 정권에 저항한 독일인들, 인종 차별에 저항한 미국인들, 남녀 차별에 저항하는 한국인들 모두 공동체와 상황의 가치에 강렬하게 저항해왔다. 그렇다면 공동체와 상황에 저항하면서도 동시에 공동체와 상황에 깊은 영향을 받은 인간을 우리는 어떻게 이해해야 하는가?

---

25 근대 서양 철학의 주체에 관한 사상은 강영안, 『타인의 얼굴: 레비나스의 철학』(서울: 문학과 지성사, 2005): 45-84을 참조했다.

우리는 이런 존재를 "인격"(person)이라고 부를 수 있다.[26] 인격이란 주체 속에 갇혀 있는 고독한 자아도 아니고, 상황에 함몰된 관계성도 아니다. "공동체 속의 주체"다. 이러한 인격은 관계성 속에 있다는 의미에서 "개인"과 다르며, 관계성 속에 있으면서도 그 속에 함몰되지 않는다(in relationality, not as relationality)는 점에서 "상황"과 구분된다. 동시에 공동체와 상황에 반응한다는 점에서 주체이며, 공동체와 상황 속에서 형성된다는 점에서 "관계, 상황, 공동체"다.

근세 독일 철학은 특별히 인격의 가치에 주목했고, 이를 인격주의(personalism)라고 부른다. 인격주의는 인간의 인격을 포기할 수 없는 가장 중요한 가치로 이해하고 있으며, 전체주의, 관념론, 개인주의, 물질주의에 저항하는 사상이다. 막스 셸러는 인격을 개인 인격(Einzelperson)과 전체 인격(Gesamtperson)으로 구분하고, 인격은 이런 이중적인 두 측면을 모두 갖고 있다고 주장했지만,[27] 두 측면을 구분하는 것이 오히려 혼돈을 초래할 수도 있다. 순수하게 개인적인 인격, 순수하게 전체적인 인격이란 존재하지 않기 때문이다.

에마뉘엘 레비나스는 인격이 주체성과 관계성을 함께 가지고 있다고 보았다. 그는 휘포스타시스(기독교 신학에서 이 용어는 삼위 하나님의 구체성과 인격성을 의미한다)의 변증법적인 실재 속에서, 존재자는 존재의 주인이지만[28] 동시에 고난받는 타자의 얼굴이 내가 해야 할 바를 요청하고 나를 판

인격에 대한 동서양의 여러 사상을 살펴보기 위해서는, 『인격: 고대로부터 현대에 이르기까지 인격의 의미』(서울대출판부, 2007)를 참조하라.

27 Max Scheler, *Formalism in Ethics and Non-Formal Ethics of Values*, trans. Manfred S. Frings and Roger L. Funk. (Evanston: Northwestern University Press, 1973), 521-522.

28 Emmanuel Levinas, *Time and the Other*, trans. Richard A. Cohen (Pittsburgh: Duquesne University, 1987), 54.

왜 나는 아직도 그리스도인인가?

단한다고 주장했다.[29]

흥미롭게 유교도 이 문제에 대한 중요한 단초를 제공한다. 논어의 이인(里仁)편에서는 공자의 관통하는 가르침을(一以貫之) 충서(忠恕)로 요약하고 있는데, 전통적으로 자신을 잘 연마하는 충이 먼저고(자신을 중심에 잘 세우고) 그 이후에 타자와 관계를 이루어 가는 서(자신이 타자와 같다)를 이루는 것이라고 해석해왔다. 그러나 다산 정약용은 오직 서를 이룬 후에야 충을 세울 수 있다고 주장하기도 했다.[30] 다산의 주장은 타자와의 관계가 자신의 주체를 결정한다는 의미로도 해석할 수 있다. 이렇게 인격이란 주체지만 관계 속에 있고 주체에 머물러 있지도 않으며 관계 속에 소진되지도 않는다는 신비스러운 면을 함께 가지고 있다.

기독교는 인격적 하나님을 믿는 종교다. 하나님의 인격성이란 인간의 인격성과는 구분된다. 인간의 인격성이란 주체 속에 갇혀 있거나 공동체 속에 함몰되면 인격의 상실이 일어나지만, 하나님의 인격성이란 스스로 존재하므로 공동체 속에 자신을 희생해도 인격의 손상이나 함몰이 일어나지 않는다. 자신 외에 인간과 세계를 창조해서 그와 관계를 맺으면서 인간과 세계에 자신의 자리를 내어주어도 자신의 자리가 축소되거나 손상되지 않는 인격이다. 십자가의 죽음으로 자신을 완전히 소진하여 인간에게 자기 자신의 몸과 피를 나누어 주어도 다시 부활하는 새로운 인격이다. 타락하고 한계 많은 타자인 인간 안에 머무르면서 말할 수 없는 탄식으로 인간을 위해서 희생해도, 그 거룩함을 상실하는 것이 아니라 타자를

---

29 Levinas, Totality and Infinity: An Essay on Exteriority, trans. Alphonso Lingis (Pittsburgh: Duquesne University, 1969), 215.

30 정약용, 『논어고금주』, II.13.44, 임헌규, "다산의 논어고금주에서 仁과 恕" 東方學 18 (2010), 133-134에서 인용, (이지형의『논어고금주』, II.8, [서울: 사암, 2010], vol. 1. 459-460 참조). 인격에 대한 더 상세한 논의는 Jaeseung Cha, "Person and Context: Interaction as a Theological Method," *Journal of Reformed Theology* 12 (2019)를 참조하라.

자신의 영으로 새롭게 하는 거룩한 인격이다.

　기독교는 삼위일체의 신비한 하나님을 믿는 종교다. 삼위 하나님 서로의 관계도 신비스럽다. 삼위 하나님 각 인격이 스스로 존재하면서도 서로에게 속해 있다. 목숨을 버릴 권세도 있고 다시 얻을 권세도 있는 하나님의 아들 예수 그리스도는 인격의 자유함을 누리지만(요 10:18), 아버지로부터 계명을 받고, 아버지의 뜻을 따르며(요 10:18), 아버지 안에 계신다(요 14:20; 17:21). 아버지는 아들을 보내시는 자이지만 아들에게 모든 것을 주었고(눅 10:22), 아들을 영화롭게 하며(요 17:5), 아들 안에 계시고(요 17:18-21), 아들을 통해서 자신을 드러내신다(요 14:7-9). 아들 예수는 아버지께 기도하는 구분되는 인격이지만 스스로 자신과 아버지는 하나라고 선포하셨다(요 10:30). 성령은 예수의 탄생(눅 1:35), 세례(막 1:9), 시험(막 1:12), 선포(눅 10:21) 등을 주도한 주체면서, 동시에 예수께서 보내셔야만 우리에게 보내어질 수 있는 그리스도께 속한 영이다(요 16:7). 이렇게 삼위 하나님이 서로에게 의존하는 것을 상호 의존성(interdependency)이라고 부른다. 예수 그리스도께서는 자신이 아버지와 구분되는 인격이지만 아버지와 하나이며, 자신이 성령에 의존하면서도 동시에 성령이 자신에게 속했다고 선포하셨다. **삼위일체라는 신학과 용어는 신학자들이 세웠지만 그 사상은 예수께서 드러내신 것이다.** 삼위일체 사상에 관해서는 Ⅲ장에서 더 자세히 다루겠다.

　이 신비한 삼위일체 하나님은 서로 간에도 인격적이며 세상과의 관계에서도 인격적이다. 그리고 인간의 고난과 관계하실 때 삼위일체 하나님의 인격성이 더 구체적으로 드러난다. 이제 우리는 기독교의 인격적 하나님이 인간의 고통을 어떻게 이해하시고 관계하시는지 살펴보기 위해 창세기의 도덕적 이해, 욥기의 한탄과 고발, 전도서의 신비적 거리 두기, 십자가의 극단적 나눔과 짊어짐을 논의할 것이다.

4.2. 성경이 선포하는 고난과 하나님

4.2.1. 창세기: 고난과 윤리

창세기에서 아담과 하와는 선악을 알게 하는 나무의 실과를 먹지 말라는 하나님의 말씀에 순종하지 않고 실과를 먹는다(2:17-3:6). 그 결과로 (1) 뱀과 여자는 서로 원수가 되고(3:15), (2) 여자는 잉태하는 고통과 (3) 남편의 다스림 속에 들어가며(3:16), 아담으로 인해 (4) 땅은 저주를 받고, (5) 아담은 평생 고생해야 땅의 소산을 먹을 수 있게 된다. 인간의 죄와 타락으로 인해 세계와 인간에게 수고와 고난이 닥친 것이다.

이러한 해석을 일반적으로 고난의 "윤리적 해석"이라고 부른다. 인간의 죄가 바로 고난의 원인이라는 주장이다. 인간이 고난의 원인이라는 것은 불교와 힌두교에서 강조하는 사상이다. 우리는 실제로 인간이 직면하는 대부분의 고난이 인간에 의한 것임을 삶에서 경험하고 있고, 창세기는 이를 잘 드러난다. 인간은 고난의 창조자다. 그 창조의 방법도 다양하다. 개인적으로, 사회적으로, 내면으로, 외면으로, 도덕적으로, 성적으로, 경제적으로, 정치적으로, 인종적으로, 언어적으로, 그리고 종교적으로 인간은 고난을 만들어낸다. 인간이 만들어내는 고난은 인간이 해결해야 한다. 인간이 고난을 만들어내면서 신에게 그 해결법을 의탁하는 것은 비겁한 일이다.

그런데 창세기의 이야기는 "인간이 고난의 근원"이라는 사상뿐만 아니라 여러 다른 이야기를 포함하고 있다. 우선 창세기의 인간 창조 이야기는 인간이 단순히 홀로 세계에 던져진 존재가 아니라 (1) 하나님과 (2) 자연과 (3) 다른 인간과의 깊고 깊은 연대 속에 창조되었다는 것을 암시한다. 인간은 하나님의 형상과 모양으로 지음 받았고(1:26), 하나님의 숨결을 받았으며(2:7), 하나님과 대화하는 상대로서 자연을 잘 다스리는(섬기는)

일을 위임받았다(1:28). 인간은 하나님과의 이런 깊은 관계 속에서 창조되었다. 인간은 또한 흙으로 빚어진 존재다(2:7).

인간은 흙으로부터 와서 흙으로 돌아가는(3:19) 자연의 일부다. 또한 인간은 다른 인간으로부터 왔다. 여자가 남자로부터 창조되었고(2:21-22), 남자는 부모를 떠나서 여자에게 속하여 다시 한 몸이 되었다(2:24). 인간이 인간에게 한 첫 말은 "내 뼈 중의 뼈요 살 중의 살이라"는 선포다(2:23).

따라서 창조되었을 당시 인간은 하나님과 연합되어 있었고, 자연의 일부였으며, 다른 사람으로부터 나왔다. 하나님과 자연과 인간의 대연합은 단순히 "곁에 함께함"이라는 상태를 넘어 "본질적으로 인간이 하나님과 자연과 다른 인간의 일부"라는 것을 뜻한다. **인간은 그 존재가 타자**(신, **자연, 다른 인간)에 속한 자다.** 우리는 이러한 신비로운 연합을 인간의 언어로 표현할 길이 없다. 하늘과 땅과 인간의 하나됨을 의미하는 동양의 대동(大同)사상이 이와 유사하지만, 대동은 우주와 인간의 조화로운 현상을 표현한 것일 뿐 인격적 신과 인간 그리고 자연의 신비스러운 대연합(Grand Unity)을 설명하기에는 부족하다.

그런데 바로 이런 인간이 그 관계를 무너뜨린다. 인간은 탐욕과 교만과 거짓에 빠진다. 아담과 하와가 저지른 "죄"를 법률적으로만 해석한다면 "과일 하나 따 먹은 죄"에 불과하다. 그런데 그들이 일으킨 문제는 이보다 더 심각하다.

탐욕과 자만은 인간 죄의 근원이다. 간혹 죄를 선의 결핍(privation)이라고 정의하는 철학자나 신학자가 있는데, 창세기의 죄는 "하나님과 같이 되려는 욕망과 교만"(3:5)으로서 구체적·구성적·적극적 실체를 지녔다. 물론 선의 결핍도 죄의 근원이다. 로마서 1:31에 나오는 우매, 배약, 무정, 무자비라는 단어는 이해, 신뢰, 사랑, 자비의 결핍이라는 문자적인 어원을 가지고 있다. 그러나 자신을 높이려는 적극적 실체인 욕망과 교만이 분쟁,

다툼, 전쟁, 소유, 착취, 탄압, 차별의 배후에 자리하고 있고, 이로 인해서 타자뿐만 아니라 우리 자신도 참혹한 고통 속에 살아간다. 나의 민족이, 나의 인종이, 나의 성별이, 나의 문화, 나의 지위가 다른 민족, 인종, 성별, 문화, 사회경제적 지위의 사람들보다 더 우월하다는 교만, 혹은 타인보다 더 우월해지려는 욕망으로 인해 인간은 서로를 학대하고 죽이고 착취한다. 인간의 탐욕과 자만이 인간 고난의 뿌리다.

또한 아담과 하와의 죄는 **사회적이고 관계적**이다. 이들은 홀로 자만과 탐욕 속에 빠진 것이 아니다. 이들의 욕망과 교만은 뱀과 서로와의 관계 안에서 무르익었다. 그리고 역설적으로 이 관계성으로 인해 타자에게 죄를 전가함으로써 관계성이 파괴된다. 아담은 하와에게 그리고 하와를 지은 하나님께 죄를 전가하고, 여자는 뱀에게 죄를 전가하면서 자신의 행위를 정당화한다(창 3:12-13). 인간이 무리를 지어 죄를 범하면 그 결과로 인해 관계의 단절을 경험하게 된다. 이사야 1장에서 성회와 더불어 악행을 저지르는 사람들은(사 1:13), 결국 고아와 과부를 돌아보지 않는 자들이다(사 1:17). 뿐만 아니라 더불어 악을 저지르는 자들은 무리의 힘을 빌려 악행을 증폭한다. 마가복음 12장에 등장하는 포도원 농부들은 소작세로 소출을 요구하는 주인의 종을 때려 돌려보내고 마침내 주인의 아들마저 죽여버린다. 이렇게도 성경은 (1) 더불어 짓는 죄, (2) 사회를 돌아보지 않는 죄, (3) 더불어 심화시키는 죄라는 삼중적인 사회적 죄를 고발하고 있다.

아담과 하와는 뱀과 더불어 있었기 때문에 하나님을 배반하는 죄를 저지르게 되었다. 이 사회적·관계적 죄는 사회적·관계적 단절이라는 결과를 낳았다. 하나님의 형상으로 지음 받은 자들이 낙원에서 쫓겨나고(창 3:24), 흙으로 지어진 인간이 흙의 소산으로 인해 종신토록 수고하며(창 3:18), 인간과 뱀은 서로를 상하게 하는 투쟁에 빠지게 되었고(창 3:15), 마침내 인간과 인간 사이에서도 다스림이라는 갈등과 관계의 단절을 겪게 되었다(창 3:16). 인간이 사회를 이루고 타자와 관계 속에 살아가는 것은 하나님께서 인간에게 허락하신 축복이고, 우리는 이를 통해 아픔과 연민과 사랑을 나누고 실험하지만, 다른 한편으로는 사회가 만들어놓은 구조적 차별과 관계가 초래하는 갈등과 투쟁으로 인해 무엇보다도 가족·동료·교회와 사회 구성원 사이에서 관계의 단절을 겪는다. 그리고 이것은 우리가 겪는 고통의 깊은 뿌리 중 하나다.

우리는 창세기에서 발견되는 윤리적 해석을 통해 고난을 총체적으로 설명할 수는 없지만, 인간이 실제로 경험하는 고난의 단면을 명확히 볼 수 있다. 우리는 우리의 죄악으로 인해 고난을 당한다. 우리 자신의 탐욕, 교만, 거짓, 타인의 죄악, 사회의 구조적인 죄악, 세계의 혼돈, 관계의 단절로 인해 고난당한다. **결국 우리는 고난의 희생자이자 고난의 창조자다.** 창세기에 등장하는 탐욕, 이기심, 죄의 전가, 거짓, 관계의 단절 등의 이야기와 사상은 우리가 겪는 고난의 근원과 그 치명적인 실재를 잘 표현한다. 인간의 죄와 한계는 IV장에서 더 상세히 다루도록 하겠다.

4.2.2. 욥기: 고난과 인격[31]

구약의 욥기는 "의로우신 하나님이 의로운 자 욥에게 고난을 허락할 수 있는가?"라는 심각한 질문에 맞서 고난에 관한 심오하고 충격적인 사상을 펼친다. 그런데 욥기에서 인간의 고난의 문제를 해결할 단초를 찾는 것은 매우 어렵고 복잡하다. 왜냐하면 이에 대한 질문에 답을 찾는 것이 욥기의 주된 주제가 아닐 수도 있기 때문이다. 즉 욥기에는 질문이 등장하지만, 그에 대한 정확한 답이 제시되지 않는다. 그렇기 때문에 "왜 하나님은 의로운 욥에게 고난을 허락했는가?"라는 질문이 주된 주제가 아닐

---

31 욥기에 관한 유대교, 이슬람교, 초기 기독교의 해석 등에 대한 기본적인 자료는 Karla R.

수도 있다.

그렇다면 욥기의 주된 주제는 무엇일까? 인간이 고난을 당하는 이유를 욥기에서 찾으려 한다면 역설적으로 욥기의 주된 주제를 벗어날 수 있다. 왜냐하면 욥의 친구들은 뉘앙스를 달리하면서도 모두 (1) 욥의 고난에는 어떤 원인이 있을 것이라고 주장하는 반면, 욥은 (2) 자신의 고난이 까닭 없는 고난이라고 항변하면서 (3) 자신의 고난을 하나님께 탄원하고 있기 때문이다.

70인역, 욥의 유언, 코란

"구약성경 욥기"의 진정한 가치를 올바로 알기 위해서는 욥기와 유사한 다른 문서들, 그리고 욥기에 대한 유대 랍비와 초기 기독교의 해석에서 도움을 얻을 수 있다. 먼저 구약의 그리스어 번역인 70인역의 욥기를 살펴보자. 70인역의 욥기 9:20은 히브리어 성경의 같은 구절과 작은 차이를 보인다. 히브리어 성경에는 "비록 내가 의롭지만 나의 입이 나를 악하다 할 것이요, 비록 내가 죄가 없을지라도 그가 나를 죄 있다고 천명할 것이다"에 가까운데, 70인역에는 "예를 들어 만약 내가 죄가 있다면 내 입이 나를 악하다 할 것이요, 만약 내가 죄가 없다면 내가 잘못이라는 것을 입증할 것이다"라고 되어 있어서 욥의 완고함이 상당히 완화되었다. 70인역은 기원전 약 2세기경에 알렉산드리아의 학자들이 히브리어를 잘 구사하지 못하는 세대를 위해 히브리어 성경을 그리스어로 번역한 것이다. 그런데 수준 높은 그리스 문화 속에 살고 있던 사람들은 욥기 9:20에 등장하는 "욥의 자기 의(self-righteousness)"가 하나님을 향한 심각한 도전이라고

Soumala, "The Taming of Job in Judaism, Christianity, and Islam," *Word and World* 31/4 (2011): 397-408을 참조했다.

여기고, 그에 따라 욥의 저항을 완화시킨 것으로 보인다.

또 다른 중요한 차이는 2:9에서 욥의 아내가 욥에게 "하나님을 저주하고 죽어라"고 한 부분에서 드러난다. 사실 히브리어 단어의 문자적 의미는 "하나님을 축복하고 죽어라"인데, 반어법으로 쓰인 것이 명백하기에 대단히 짧고 불경한 발언인 "하나님을 저주하고"라고 해석된다. 그런데 70인역은 축복과 저주의 극단적인 차이에서 비롯된 불확실한 점을 주목하고, 이 구절 앞에 욥의 아내가 욥에게 말하는 상당히 긴 구절을 삽입하고 있다. "얼마나 오랫동안 계속해서 '나는 내 구원의 소망을 기다리면서 조금 더 오래 견딜 것이다'라고 말하겠는가?…당신이 재 가운데 앉아서 자신의 몸을 긁고 있는 동안에 나는 여종이 되어서 집집을 방문하고 돌아다니면서 종일토록 수고하고 있으니…욥이여, 하나님께 어떤 말이라도 하고 죽어라." 욥의 아내가 "하나님을 저주하고 죽어라"고 말하는 히브리어 성경의 표현이 지나치게 하나님을 비난하는 신성모독에 해당한다면, 70인역은 욥의 아내가 욥을 비난할 만한 타당한 이유를 갖고 있을 뿐만 아니라 욥의 고통이 또한 욥의 아내의 고통이라는 것을 드러낸다. 결국 이런 변화가 생긴 이유는 고난당하는 인간이 전능한 하나님께 자신의 고난을 절규하고 한탄하는 히브리 욥기의 치열함을 누그러뜨려서 하나님의 전능함이 훼손되지 않도록 하려는 의도가 아닌가 생각해볼 수 있다. 그런데 인간 고난의 치명적 실재를 약화시켜서 세워지는 전능함이 과연 진정한 전능함인가?

더 중요한 점은 바로 70인역의 욥의 아내 이야기가 구약의 외경인 "욥의 유언"(The Testament of Job)과 "욥의 유언"에 영향을 받은 것으로 보이는 코란의 배경이 되고 있다는 것이다. 기원전 1세기에서 기원후 1세기경에 기록된 것으로 보이는 "욥의 유언"이라는 외경은 분명 많은 점에서 구약의 욥기와 다르다.[32] 외경에서 이집트의 왕으로 등장하는 욥은 사람들이 우상을 경배하고 제물을 바치는 것을 이상하게 생각하던 차에 꿈에서 천사를 만나 사람들이 섬기는 우상은 참된 신이 아니라 사탄이라는 가르침을 받는다. 이에 욥은 그 우상을 파괴해버릴 것이라고 약속하고, 천사는 만약 욥이 우상을 파괴하게 되면 재산과 자녀를 잃어버리게 되는 시련을 겪게 될 것이라고 경고한다. 그러나 이 시련을 이겨내면 모든 것이 다시 회복될 것이고, 부활해서 영생을 가지게 될 것이며, 하나님이 정의롭고 진실되고 전능하신 하나님이라는 것을 알게 될 것이라고 약속한다 (1:8-26).

또한 욥의 아내인 시티스는 역경이 닥쳐와 모든 것을 잃어버리게 되자 종이 되어 자신과 남편 욥을 부양한다. 그녀는 종종 시장에서 빵을 구걸하여 집으로 가져오기도 한다. 그런데 욥의 유언 6장에서 빵을 파는 자로 위장한 사탄이 시티스의 머리카락과 빵을 교환하자고 제안하고, 시티스는 머리카락을 판 대가로 빵을 구했으나 수치심을 가득 안고 집으로 돌아온다. 그리고 욥에게 자신의 처지를 한탄하면서 "하나님에 대항해서 어떤 말이라도 하고 죽어라"(6:17)고 말한다. 이것은 70인역의 욥기 2:9과 거의 일치한다. 이에 욥은 다음과 같이 대답한다. "나는 17년 동안 내 몸을 벌레에게 내어준 채로 고통을 당하며 살았지만 나의 영혼은 네가 말한 것처럼 그렇게 고통으로 침울해져 본 적이 없다.…나는 악을 견딜 것이다. 우리가 소유했던 것들이 파괴되는 것을 우리가 함께 견디자.…너는 너 뒤에 서 있는 사탄을 보지 못하는가?"(6:19-23). 이어 욥은 사탄에게 떠나라고 명령하고 사탄은 눈물로 욥의 승리를 확정 짓는다(6:25-29). 욥은 "내

---

32   *Testament of Job*, http://wesley.nnu.edu/sermons-essays-books/noncanonical-literature/noncanonical-literature-ot-pseudepigrapha/testament-of-job/

자녀들아, 너희들은 너희에게 일어나는 모든 것을 견디어야만 한다. 인내는 그 어떤 것보다 좋다"(6:31)라고 결론짓는다.

히브리 성경의 욥기는 욥이 친구들의 저주에 대항하고 하나님께 한탄하는 이야기 구조를 지니고 있는데, 욥의 유언은 욥이 사탄과 대결하는 구조를 갖고 있으며, 끝까지 인내하고 시험을 견디는 욥과 그렇지 못한 욥의 아내를 뚜렷하게 대비시킨다. 뿐만 아니라 욥의 시련은 욥이 믿음으로 사탄을 물리칠 수 있는지 보는 시험으로서의 분명한 목적을 가졌고, 그 시험을 통과한 결과는 축복과 부활로 이어진다. 욥의 유언은 고난의 "근원", "목적", 그리고 "결과"에 이르기까지 아주 선명하고 명확한 내용을 갖고 있지만, "왜 고난이 오는가?" 또는 "고난의 책임은 누구인가?" 등의 문제를 제기할 수 없는 구조적 한계를 지닌다. 모든 것이 흑백의 대비처럼 선명하다.

코란에도 욥이 등장한다. 코란 38 사드에서 욥은 알라의 충성된 종으로 묘사된다. 우리의 종 욥을 함께 기억하라(41). 욥이 알라의 종으로 추앙되는 이유는 욥이 자신의 고난을 잘 견뎌냈기 때문이다. 알라는 욥이 인내와 지조가 충만한 사람임을 알고 그가 얼마나 탁월하게 알라를 잘 섬겼는지를 우리에게 가르친다(44). 그리고 알라는 욥을 축복으로 회복시킨다. 그런데 코란에서는 욥이 하나님께 자신의 고난을 심각하게 탄원하는 내용이 거의 보이지 않는다. 단지 "욥이 하나님께 울부짖는다. 사탄이 나를 불행과 고통으로 괴롭힌다"(41)라는 아주 짧은 한 구절이 포함되어 있을 뿐이다. 즉 구약 히브리 성경의 욥의 이야기는 (1) 욥의 친구들의 신정론, (2) 욥의 한탄과 탄원, (3) 하나님의 나타나심으로 요약될 수 있는데, 반면 코란에서는 (1) 욥의 인내, (2) 알라의 축복이라는 압축된 구조를 가지고 있고, 이 이원론적 구조는 욥기의 욥의 이야기보다는 "욥의 유언"에서 등장하는 욥의 이야기 구조에 가깝다고 할 수 있다.

유대교와 초기 기독교의 해석

더 흥미로운 것은 유대교와 초기 기독교의 해석이다. 우선 유대교의 랍비 문학에서 욥은 이방인 가운데 가장 경건한 하나님의 종으로 묘사된다. 그런데 랍비 문학 중 어떤 문서에는 욥에게 닥친 까닭 없는 고난은 사실 의롭지 못한 자에게 가해져야 할 고난이 욥에게 잘못 내려진 것이 아닌가라며 의문을 제기하는 기록이 있다. 욥이 하나님께 자신의 고난을 탄원하자 하나님은 자신이 주관하는 모든 일에는 아무런 실수가 없다는 것을 아주 길게 설명한다. 그리고는 "내가 내린 천둥 가운데 단 하나도 올바른 경로를 벗어난 것이 없다. 그렇다면 다른 사람에게 내려야 할 벌을 욥에게 잘못 내린 것인가?"라고 덧붙인다. 랍비는 욥이 이방인으로서 부활을 믿지 않았기 때문에 고난을 이 땅의 소유로만 이해했다고 결론짓는다. 따라서 욥의 고난은 욥의 불신앙으로 인해 발생한 셈이다. 랍비의 해석은 까닭 없는 고난을 인정하지 않은 히브리 성경의 욥의 친구들의 해석과 유사하다.

또 다른 후기 유대 문학에서는 욥을 이방인이 아닌 유대인으로 해석한다. 그리고 욥의 고난과 이스라엘의 고난을 연결 짓는다. 욥과 이스라엘 모두 자녀들과 재산을 잃어버렸고 거름더미에 버려졌다. 이스라엘은 욥이 고난의 끝자락에서 다시 축복받는 것을 보면서 자신들의 소망을 발견한다. 그런데 욥과 욥의 아내에 관해서는, 욥은 아담과 달리 아내의 말을 따르지 않았고 욥의 아내는 사탄의 유혹에 빠졌으나 욥은 이를 잘 이겨냈다고 덧붙인다. 이런 이원론적 해석은 분명히 "욥의 유언"의 영향을 받은 것으로 보인다. 그리고 종말론적 소망은, 비록 고난의 원인을 찾으려는 시도는 아닐지라도, 고난의 결말에 초점을 둠으로써 "까닭 없는 고난"의 문제를 해소하려는 시도로 보인다.

초기 그리스도인들은 욥의 이야기를 어떻게 이해했는가? 우선 야고보서는 욥의 인내를 강조한다. 인내하는 자들은 복되다. 욥의 인내를 들었고 주께서 주신 결말을 보았다(약 5:11). 욥의 인내와 고난의 결말을 강조하고 "욥의 한탄"을 배제하는 점에서 야고보서의 해석은 욥의 유언과 코란의 해석과 유사하다. 고난을 견디는 인내와 사탄과의 싸움에서의 승리를 강조하는 것은 초기 신학자들의 공통점이기도 하다. 몇몇 주제에 관해 아주 중요한 신학적 기초를 확립했던 신학자 디디모스(Didymus the Blind)도 욥이 고난을 받은 것은 사탄을 물리칠 기회를 받은 것이며, 현명한 자였던 욥은 결국 사탄과의 싸움에서 승리했다고 해석했다.

인간의 자유의지에 관해서 논쟁을 벌였던 펠라기우스와 아우구스티누스는 둘 다 욥의 이야기로 자신의 주장을 펼쳤다. 펠라기우스는 욥이 고난 가운데서도 죄를 짓지 않은 것은 자유의지를 가지고 있었기 때문이었다고 해석했지만, 아우구스티누스는 모든 인간, 심지어 욥까지도 죄인이며 그리스도를 통해 구원받아야 한다고 주장했다. 교황 그레고리우스 1세는 욥기에 대한 긴 주석을 썼고 중세와 이후 교회에 지대한 영향을 미쳤다. 그는 선행하는 해석과 마찬가지로 욥의 고난과 인내를 연결하고, 특별히 욥기 28장을 그리스도와 교회에 대한 예시, 30장을 교회를 해치는 자들에 대한 예시, 33장의 욥의 고난을 그리스도의 고난에 대한 예시로 해석했다. 구약이 신약을 예표한다는 해석학적 틀 속에서 욥의 까닭 없는 고난의 근원을 원죄에서 찾는다. 또한 그는 욥기 9:17의 "그가 폭풍으로 나를 꺾으시고 까닭 없이 내 상처를 많게 하시며"를 주해하면서, 자신의 의지로 결코 죄를 짓지 않는 자들도 영원한 징벌에 놓이는 까닭은 우리가 본질상 진노의 자녀(엡 2:3)이기 때문이라고, 즉 타고난 죄 때문이라고 설명한다.

욥의 아내에 대한 초기 교회의 해석은 "욥의 유언"에 영향을 받은 것으로 보인다. 암브로시우스는 욥의 아내가 사탄의 조력자라고 이해했다.

심지어 욥의 아내가 다치지 않은 이유는, 남자에게는 아내가 가장 강력한 유혹자라는 것을 하나님이 아셨기 때문이라고 본다. 히에로니무스는 욥의 아내와 하와의 성격을 합쳐서 성모 마리아와 비교한다. 그레고리우스 1세는 "욥의 아내는 사탄의 도구"라는 해석을 훨씬 더 심화시킨다. 욥의 아내는 우리 마음을 괴롭히는 육적인 생각이며, 이것은 외부로부터도 오지만 우리 내부로부터도 온다고 보는 것이다(욥기의 도덕 III.61).

욥기의 그리스어 번역인 70인역, 욥의 유언, 코란, 유대 랍비의 해석, 초기 교회의 해석이 보여주는 공통점은 욥의 고난에서 어떤 "이유와 목적"을 찾으려 한다는 것이다. 그 탐색의 결과는 (1) 고난의 원인으로서의 욥의 죄, (2) 하나님의 시험, (3) 인내의 모범과 승리, (4) 종말론적 회복, (5) 그리스도의 고난의 예시라는 형태로 나타난다. 자신의 고난을 까닭 없는 고난이라고 생각하고 하나님께 한탄하는 욥의 모습을 보면서, 우리는 욥에게 고난이 발생한 "까닭"을 찾으려는 시도를 계속해왔다. **이런 점에서 볼 때 우리 모두는 욥보다는 욥의 친구들에 더 가깝다.** 이제 욥기를 찬찬히 살펴보면서 욥의 한탄이 담고 있는 심오한 세계, 하나님과 인간이 만나고 한탄하고 회개하고 침묵하고 대화하는 인격적 공간의 세계를 만나보자.

1. 히브리 성경의 욥기는 까닭 없는 고난을 다룬다.
2. 욥기보다 훨씬 후기에 기록된 욥기에 영향을 입은 문서들, 코란, 그리고 욥기에 대한 신학자들의 해석은 모두 고난의 이유와 목적을 찾으려 했다.
3. 인간은 신과 인간의 살아 있는 관계에 대해 인과관계의 틀 안에서 접근하려 하지만, 욥기는 이런 인간의 좁은 이해를 넘어 하나님과 인간의 심원한 관계를 제시한다.

히브리 성경의 욥기: 까닭 없는 고난과 인격적인 하나님

히브리 성경의 욥기는 까닭 없는 고난을 다룬다. 먼저 사탄이 "까닭 없는 선함"에 대해 논한다. 하나님이 욥을 가리켜 세상에서 가장 순전하고 정직한 자라고 칭찬한다(1:8). 그러자 사탄은 욥이 까닭 없이(חנם) 그렇게 정직하고 순전한 자가 된 것이 아니라고 하면서(1:9), 욥이 선한 이유는 하나님이 욥에게 많은 소유물을 주었기 때문이고(1:10), 따라서 욥의 소유물을 모두 빼앗아 가면 하나님을 욕할 것이라고 주장한다(1:11). 욥기의 이 모든 이야기는 바로 "까닭 없는" 선함이 가능하겠느냐는 의문에서 시작된 것이다. 사탄은 이 까닭 없는 선함이 불가능하다는 것을 입증하기 위해 욥의 소유물과 자녀들을 빼앗는다. 2장에서 사탄과 하나님이 다시 대면하자 하나님은 욥의 선한 행위를 이렇게 정의한다. "사탄아, 네가 나를 격동하여 욥을 까닭 없이(חנם) 치게 하였어도, 욥은 자신의 순전함을 지켰다"(2:3).

우리는 간혹 욥기를 통해 "고난이 누구에게서 오는가?"에 대한 대답을 찾고자 하거나 2:3의 고난을 하나님이 허락하신 것으로 해석하기도 한다. 그러나 욥기의 본질적인 주제는 하나님께서 해석한 대로 "까닭 없는 고난"에 관한 것이다. 구약성서에서 히브리어 "히남"은 "까닭 없이", "이유 없이"라는 의미로 여러 군데서 사용되는 단어다. 1장에서는 사탄이, 2장에서는 하나님께서 직접 이 단어를 사용했는데, 9장에서는 욥이 이 단어를 사용한다. "그가 폭풍으로 나를 꺾으시고 까닭 없이 내 상처를 많게 하시며"(9:17). 욥은 자신에게 아무런 이유가 없이 고난이 주어졌다고 하나님께 한탄한다. 즉 사탄, 하나님, 욥 모두 "고난이 까닭 없이 올 수도 있는가?"라는 문제를 논하는 것이다.

욥기의 이야기는 "사탄의 시험"으로부터 시작되고 욥이 그 시험을 얼마나 잘 견디는지를 보여주고 있어서, 우리는 코란의 해석처럼 "고난과

왜 나는 아직도 그리스도인인가?

인내"를 핵심 주제로 삼아 욥기를 해석할 수도 있다. 과연 그럴까? 우리는 이 의문을 (1) 욥과 친구들의 대화(3-37장), (2) 욥과 하나님의 대화(38-42장)를 통해 살펴볼 수 있다.

(1) 욥과 친구들의 대화: 이원론의 인과관계를 넘어서

욥의 친구들은 욥이 갑작스럽게 자녀들을 포함한 모든 것을 다 잃어버렸고, 그 자신도 온몸의 질병으로 고통받고 있다는 소식을 듣고 욥을 찾아온다. 욥의 얼굴을 알아보지 못할 정도로 질병이 심각한 것을 보고, 그들은 7일 동안 욥과 함께 땅에 앉아서 그 어떤 위로의 말도 하지 못한 채 침묵 속에서 고난을 함께한다(2:11-13). **고난을 당한 자와 침묵으로 함께 통곡하는 친구들은 천박하게 타자의 고난을 정죄하는 자들이 결코 아니었다. 땅에 앉아서 그 고통을 함께 탄식하는 자들이었다. 그러나 이렇게 타자의 고난을 함께 깊이 나눈 자들도 시간이 지나자 점점 "고난을 분석"하기 시작한다.** 인간에게 타자와 영원히 연합하는 것을 기대하기는 어렵다. 물론 이것은 욥이 먼저 입을 열어 자신의 태어남을 탄식하는 것에서부터 시작된다(3:1, 11, 20, 21). 모든 생명의 창조주이신 하나님 앞에서 자신의 생명을 탄식한다는 것은 하나님의 창조 행위를 탄식하는 것과 마찬가지다.

그러나 고난(3:25)이 닥쳤을 때, (1) 창조자에게 직접 그 이유를 묻고 창조주를 비난하는 것과 (2) 자신의 생명을 한탄하는 것은 분명히 다르다. 만약 하나님과 인간이 이원론적 인과관계의 틀 속에 갇혀 있거나 인간이 하나님의 창조 행위의 근원을 다 이해할 수 있는 직접적 관계에 있다면, 자신이 왜 태어났는지 탄식하는 간접적 탄원과 하나님이 왜 고난을 주셨는가라는 직접적 탄원이 동일한 것일 수 있다. 그런데 욥기의 탁월함은 바로 여기에 있다. 하나님과 인간이 서로 인격적인 관계를 맺고 있지만 **탄원과 인간의 지적 한계가 함께 존재하는 공간이 확보되어 있다는 점**

이다. 이 공간으로 인해 자기 생명의 무가치함을 탄원하는 부르짖음과 창조주를 비난하는 것은 서로 다른 것이 된다. 과연 이 공간은 하나님 밖에 있는 공간인가, 아니면 하나님이 끌어안고 있는 공간인가?

욥이 자신의 생명을 비난하자 친구 엘리바스는 "욥의 한탄을 하나님에 대한 비난"으로 해석한다. 즉 확보된 공간이 다시 인과관계의 이원론 속으로 사라져버린 것이다. 이 이원론적인 틀 속에서는 인간의 고난과 하나님의 의로움이 서로 충돌할 수밖에 없다. 죄 없이 망한 자가 어디 있으며 정직한 자가 끊어지는 경우가 어디에 있는가?(4:7) 하나님과 인간이 인과관계의 틀 속에 있고 하나님이 의롭다면(4:17), 인간의 고난은 하나님의 징계라고 볼 수밖에 없다(5:17). 엘리바스의 논리는 아래와 같이 이원론적이다.

1. 하나님은 의롭다.
2. 인간이 고난을 당한다.
3. 인간이 고난을 당하는 이유는 자신이 지은 죄 때문이다.

이런 논리에는 신비, 인간의 한탄, 인간의 지적·윤리적 한계와 같은 제3의 가능성이 배제된다. 이어지는 친구들의 "분석"도 그 뉘앙스는 다르지만 엘리바스의 분석과 궤를 같이한다. 빌닷은 엘리바스보다 더 극명한 이원론을 보여주면서, 죄와 회개라는 해결책까지 제시한다.

1. 하나님은 정의롭다(8:3).
2. 정의로운 하나님은 인간이 선하면 돌아보시고 악하면 심판하신다 (8:6).
3. 욥의 자녀들이 고난을 당한 것은 죄를 범했기 때문이다(8:4).

4. 만약 이것을 깨닫고 하나님께 다시 구하면 네 시작은 미약하나 네
   나중은 창대하리라(8:7).

"시작은 미약하나 나중은 창대하리라"는 말씀은 현세적·물질적 축복을
구할 때 흔히 인용되지만, 실제로는 하나님의 정의와 인간의 죄와 회개를
전제로 하고 있을 뿐만 아니라 하나님과 인간이 이원론적 인과관계 속에
있다는 것을 근거로 한 "미약과 창대함"이기 때문에, 까닭 없는 고난의 탄
원이라는 욥의 주제와도 부합되지 않는다. 욥기의 마지막에 현세적 축복
이 등장(42:10-17)하는 것을 근거로 삼으면 욥의 이야기가 "손실→순종과
회개→손실의 회복"의 구조를 가진 것으로 볼 수도 있으나, 이것은 하나
님의 은총의 한 단면을 보여줄 뿐이며 욥기 전체의 주제와는 동떨어진 것
이다. 욥기는 "고난은 인간의 죄 때문인가?"라는 본질적인 문제를 다루고
있다. 이어 빌닷은 "회개"라는 아주 구체적인 길을 제시한다.
　　이어지는 여러 차례의 변론을 통해 친구들은 욥의 "자기 이해"까지
비판하기에 이른다. 욥은 고난이 죄의 결과라는 단순한 신정론을 넘어서
"까닭 없는 고난이 가능"하고, 따라서 결국 자신이 악하지 않다는 것을 하
나님께서 아실 것(10:7)이라고 자신의 고난을 이해하고 있는데, 친구들은
이를 비난하는 것이다. 소발은 이런 욥에 대해서 (1) 하나님의 심판이 인
간의 죄보다 오히려 더 가볍고(11:6), (2) 하나님은 인간의 죄를 다 보고 계
신다(11:11)고 변론한다. 즉 우리가 아무리 스스로 무고하다고 여길지라도
하나님이 보시기에는 분명히 어떤 문제가 있을 것이라는 주장이다. 인간
이 어떻게 자신을 올바로 알 수 있겠는가? 하나님만이 인간을 아실 수 있
는 것이 아닌가?(11:11) 친구들은 (1) 욥이 당하는 고난의 책임은 욥에게
있다는 것과 (2) 욥이 자신의 고난을 잘못 이해하고 있다는 것, 이 두 가지
로 욥을 정죄하고 있다. 친구들은 결국 욥이 스스로 변론할 것이 아니라

하나님과 화목해야 한다고 충고한다(22:21). 이러한 친구들의 주장은 다음과 같은 논리 구조를 따른다.

1. 하나님은 의롭다.
2. 욥이 고난당하는 이유는 욥과 그 자녀들이 죄를 지었기 때문이다.
3. 인간은 자신을 올바로 알 수 없지만 하나님은 인간을 아신다.
4. 이런 하나님 앞에서 욥이 자신의 죄를 인정하지 않는다면 또 다른 죄를 짓는 것이다.
5. 자신의 무죄를 주장할 것이 아니라 죄를 겸허히 인정하고 회개하며 하나님과 화목해야 한다.

고난을 윤리적이고 이분법적으로만 이해하게 되면, 고난당하는 자들이 자신의 고난을 한탄하는 것을 죄를 짓는 것으로 여기게 된다. 즉 (1) 고난당하는 자들의 죄와 (2) 자신들의 죄를 인정하지 않는 죄를 짓는 것으로 여김으로써 욥의 친구들이 욥을 비난하는 것과 같은 모습을 보이게 된다. 거기에서 멈추지 않고 하나님께 회개하면 하나님께서 우리의 죄를 용서하시고 고난에서 우리를 구원하시고 회복시켜주실 것이라면서, 일종의 해결책을 제시하기까지 한다. 고난에 대한 이런 이분법적 이해는 아주 일반적인 것으로서, 오늘날 우리 주위에서도 흔히 볼 수 있다.

고난의 신비, 그 한탄의 공간

그러나 위와 같은 이원론을 근거로 삼아 고난받는 자들과 그들의 한탄을 정죄할 경우에는, 먼저 인간과 하나님에 대해 두 가지 결정적인 내용을 확정할 수 있어야 한다.

1. 인간은 인간의 고난을 얼마나 잘 알 수 있는가?
2. 인간은 하나님이 인간의 고난과 어떻게 관계하시는지 잘 알 수 있는가?

1에는 여러 가지 추가적인 질문이 따른다. 첫째, 인간의 삶의 양상이 모두 도덕적인가? 도덕적인 선과 악을 유발하지 않는 가치 중립적인 일들이 얼마든지 일어나는 상황에서, 인간 행동의 결과를 "죄"라는 범주만을 통해 이해하는 것은 문제가 있는 것이 아닌가? 둘째, 인간은 사회적인 존재인데 한 인간에게 닥친 고난과 불행이 오로지 개인의 행동의 결과라고 할 수 있는가? 마치 힌두교의 카르마처럼 한 사람의 고난이 본인의 행동의 결과일 뿐인가? 사회나 타자가 우리에게 고난을 가져다줄 수도 있지 않은가? 예컨대 해방신학과 여성신학은 사회, 혹은 지배자와 남자가 약자와 여자에게 고난을 가하는 구조적인 악을 고발한다. 욥의 친구들이 욥을 정죄함으로써 욥에게 또 다른 고난을 가하는 것처럼 우리도 타인의 고난을 만들어내고 있지 않은가? 셋째, 누구에게서 또는 어디에서 오는지 그 근원을 도저히 알 수 없는 그런 고난은 없는가? 욥기는 "까닭 없는 고난"이라는 용어와 이야기의 기본 골격(사탄이 아무 이유 없이 욥에게 고난을 가하는 이야기의 구조)을 통해 이 문제를 심도 있게 드러낸다. 넷째, 인간의 삶은 오직 현세적 가치만을 추구하는가? 고난이 "시험"이나 "연단"이라면 그 결과가 반드시 지금 여기가 아니라 죽음 이후의 내세에서 찾아올 수도 있지 않은가? 이렇듯 고난은 복잡하고 어려운 문제다. 그렇기에 "고난은 죄의 결과"라는 단순한 이원론으로 욥을 비판하는 친구들에게 욥은 탄식으로 답할 수밖에 없었다.

욥의 한탄은 "자신의 고난을 한탄"하는 것으로 보이지만, 실제로는 **"하나님 앞에서 자신의 고난을 한탄"**하는 것이다. 인간이 고난당하는 그 순간에 하나님께 고난을 탄식하지 않는다면, 그가 하나님과 인격적인 관계를 맺고 있다고 보기는 어렵다. 하나님을 사랑한다면 당연히 그 하나님께 자신의 고난을 탄식할 수 있어야 한다. **사랑하는 자에게만 탄식할 수 있다.** 그리고 그 탄식은 하나님에 대한 자신의 속 깊은 이해를 표현하는 것이다. 여기서 우리는 위의 두 번째 질문, 즉 "인간은 하나님이 인간의 고난에 어떻게 개입하시는지를 잘 알 수 있는가?"를 통해 문제를 제기할 수 있다.

욥의 친구들이 "욥만이 하나님에 대한 지식을 가지고 있는가?"(15:8)라고 물은 것처럼, 욥기는 욥의 탄식만 다루지는 않는다. 욥기는 더 나아가 "고난당하는 인간에게 하나님은 누구신가?"라는 본질적인 질문을 던진다. 욥이 이해하고 있는 하나님은 심오하고 다층적이다. 욥의 탄식이 깊어지는 이유는 우선 (1) 하나님은 인간과 질적으로 다른 절대자(9:5-11, 19)이고, (2) 어떤 인간도 하나님 앞에 의로울 수 없기(9:2, 19) 때문이다. 그런데 9:22-24에서는 신정론의 기본적인 골격이 위협을 받는다. "세상이 다 똑같다. 선한 자도 악한 자도 심판받는다. 세상이 악하다면 그것도 결국 하나님이 하신 일이 아닌가?"

비록 욥은 정교한 철학적 논리와 언어로 이 문제를 정리하지는 못하지만, 적어도 그가 가진 여러 가지 의문을 다층적으로 표현하고 있다. 욥의 질문은 지금까지 우리가 주목하고 다루어온 고난과 철학의 핵심적인 질문 중 하나다. 욥이 주장하는 것처럼 만약 자신의 고난이 자신의 죄로 인한 것이 아니라면 다음과 같은 논리적인 모순이 발생한다.

1. 전능하신 하나님이 세상을 정의롭게 다스린다.
2. 그런데 인간이 경험하는 세상에서는 악한 자와 선한 자가 동일하게 심판받는다.

3. 따라서 이런 불합리와 불평등은 하나님으로부터 오는 것이다.

1과 3은 결코 병행될 수 없는 모순적인 주장이다. 이는 악이 세상에 존재하기 때문에 신을 부정하는 철학적 논쟁과 유사한 주장이다. 하나님이 의롭고 그 의로운 하나님이 세상을 다스린다면 세상은 정의로워야 한다. 그런데 1과 3이 모순되는 이유는 2, 즉 세상이 정의롭지 못하기 때문이다. 만약 정의로운 하나님이 세상을 다스리는데도 세상에 불합리와 불평등이 존재한다면, 불평등의 근원을 하나님에게서 찾을 수밖에 없다. 그리고 이것은 하나님의 정의에 대한 모순적인 진술이 되어버린다. 따라서 강력한 신정론을 주장하는 욥의 친구들은 2가 불가능하다고 주장하고, 욥은 2가 가능하다고 주장함으로써 문제의 어려움과 깊이를 드러낸다. 하나님은 인간의 고난과 관련해 정의로운가? 하나님은 인간의 고난에 어떻게 개입하는가?

"악이 하나님으로부터 오는가"라는 의문은 까닭 없는 고난에 직면한 인간이 자연스럽게 제기할 수 있는 의문이자 한탄이다. 욥기는 이러한 인간의 고통을 가감 없이 잘 드러낸다. 그러나 욥은 이런 이원론적 논리를 넘어서는 여러 가지 다른 생각들을 쏟아내기도 한다.

1. 하나님은 측량할 수 없는 기이한 일도 행하신다(9:10; 26:14).
2. 선한 자가 멸망하기도 하며(9:23), 악한 자가 장수하고 평안을 누리기도 하며(21:7-14), 수고하지 않은 자가 평화를 누리고 수고한 자가 고통에 살지라도, 죽음을 맞이하는 것은 동일하다(21:23-26).
3. 그러나 인간이 아무리 의롭다고 할지라도 하나님 앞에서는 그 의를 주장할 수 없고(9:2, 20; 10:15), 하나님 앞에 자신을 변론할 수 없다(9:14).

4. 어느 누구도 나의 고난을 올바로 이해하는 자가 없기 때문에 나의 증인은 오로지 하나님밖에 없고(16:19), 나의 가는 길은 오직 하나님만이 아신다(23:10).

5. 내가 나의 고난을 탄식하오니, 내가 간절히 하나님을 만나기를 원하오니(23:3-9), 나를 부르소서, 내가 대답하리이다(13:22).

비록 겉으로 보기에는 세상의 불의가 하나님으로부터 온 것처럼 보여도(9:24), 하나님이 세상을 학대하시고 오히려 악인을 선대하시는 것처럼 보여도(10:3), 이 부조리한 세상에서의 삶이 덧없고 수고와 죄악으로 가득 차 있다고 할지라도(14:1-6), 욥은 하나님을 비난하기보다는 하나님의 일이 기이해서 인간이 다 알 수 없다고 생각한다. 즉 **고난의 신비는 인간이 자기 자신을 올바로 다 알 수 없고 하나님의 일을 다 깨달을 수 없다는 본질적인 한계를 근거로 한다. 이것이 욥기의 또 다른 주제다.** 이 주제는 하나님께서 욥에게 나타나서 말씀하실 때 더 강력하게 선포된다. 여기서 중요한 것은 욥이 하나님과 인간 사이에 인과관계의 이원론을 넘어서는 제3의 공간에 대한 가능성을 열어놓고 있다는 점이다. 그 공간에서 욥은 자신의 고난과 그 신비를 한탄한다.

고난의 연대(solidarity)

욥은 까닭 없는 고난을 겪으며 이원론적 인과관계를 넘어서는 그 고난 앞에 절규하고 하나님께 한탄한다. 그 과정에서 자신과 같이 고난당하는 자들도 하나님께 한탄할 수 있다는 것을 깨닫는다. 이로써 욥은 모든 고난받는 자들, 특별히 세상의 부조리로 인해 고난 받는 모든 자들을 대변한다. 자신의 고난을 통해 세상의 고난과 부조리를 품게 된 것이다. 이것이 **욥기의 세 번째 주제다.** 만약 우리가 하나님께서 세상을 다스리는 방식과 내용을 다 알 수 있다면, 모든 고난이 죄의 결과라고 생각할 수도 있을 것이다. 즉 이분법의 세계에서는 까닭 없는 고난, 절대 고난, 타자로 인한 고난, 의미 없는 고난 등이 존재할 수 없다. 그러나 하나님 앞에서 탄식하는 욥은 자신의 고난이 자신의 죄의 결과는 아닐 것이라는 점을 깨닫고, 바로 그 경험을 통해 아래와 같이 고난 받는 모든 자들을 대변하고 고난의 연대(solidarity)에 참여하게 된다.

1. 악한 자들이 고아의 나귀와 과부의 소를 빼앗고 가난한 자들을 몰아낸다(24:2-4).

2. 이로 인해 가난한 자들은 먹을 것, 입을 것, 거처할 곳을 찾아서 고난 속에서 살아간다(24:5-12).

3. 사람이 넘어질 때 어찌 손을 펴지 아니하며 재앙을 당할 때 어찌 도움을 부르짖지 아니하겠는가. 고생의 날을 보내는 자를 위하여 내가 울지 아니하였는가. 빈궁한 자를 위하여 내 마음이 근심하지 아니하였는가(30:24-25).

물론 욥은 고난이 닥치기 전에도 고난당하는 자들을 보살피는 의로운 사람이었다. 고아와 과부를 돌보고, 앞을 보지 못하는 자들의 눈이 되며, 저는 자의 발이 되는 가난한 자의 아비였다(29:14-16). 남종과 여종이 욥에게 논쟁할 때에도 그들의 사정을 결코 멸시하지 않았고(31:13), 고아를 아들처럼 기른(31:18) 의로운 사람이었다(31:13). 그러나 자신에게 닥친 고난을 통해 발견한 세상의 부조리와 악이 하나님의 의와 모순되는 것이 아닌지 한탄한다. 자신의 고난으로 인한 한탄이 모든 고난 받는 자들의 한탄으로 이어지고 "고난과 하나님의 정의"에 대한 심오한 질문으로 발전된다. 욥기의 한탄과 고발의 참다운 가치는 자신의 고난을 통해 인류의 고난과 한탄을 대변하는 데에 있다. 욥기는 욥을 통해서 인류의 고난이 얼마나 다층적이고 총체적인지를 보여준다.

그러나 고난은 이해가 아니라 삶이다. 욥은 (1) 까닭 없는 고난에 대해 하나님께 한탄하는 것이 정당하고, (2) 인간과 하나님 사이에 제3의 공간이 있어 하나님의 신비와 고난의 신비를 다 알 수 없다는 것을 알고 있었다. 또한 (3) 자신의 고난으로 인해 고난 받는 모든 자를 대변하는 심오한 고난의 연대를 이뤘음에도 불구하고 고난의 치열함으로 늘 다시 돌아와 자신에게 닥친 고난에 탄식한다. 고난에 직면한 사람들에게는 고난을 다루는 나의 논지도 사치스러운 이론에 불과할지 모른다. 고난에 대한 그 어떤 가르침과 심오한 사상도 고난의 치명적 실재를 넘어설 수 없다. 결국 하나님을 믿는 자들은 고난 앞에서 한탄과 더불어 하나님을 간절히 찾게 된다.

인격적인 하나님, 헤아려 찾아오심

욥의 고난은 욥의 논리와 이해를 넘어선다. 욥의 한탄이 정당한 것이라면 결국 우리는 "하나님은 누구신가? 그분은 인간이 고난당할 때 왜 잠잠하신가?"라는 질문을 해야 한다.

하나님을 신뢰하는 자만이 하나님께 탄식할 수 있다. 탄식은 신뢰의 또 다른 면이다. 악한 자가 영광을 누리고 선한 자가 고난당하는 부조리한 세상의 근원을 하나님에게서 찾는 것도(9:22-24), 결국 하나님은 부조리한 분이 아닐 것이라는 믿음의 표현이다. "어떻게 이럴 수가 있습니까? 하나님!"이라는 한탄은 "하나님은 결코 그런 분이 아니지 않습니까!"라는 신뢰를 기반으로 한다. 만약 욥이 까닭 없는 고난의 근원이 정말로 하나님이라고 생각했다면 그는 더 이상 하나님을 찾지 않았을 것이다. 욥이 세상을 비관하고, 부조리를 폭로하고, 불의의 세상을 한탄한 이유는, 우선 그가 우리가 알 수 없는 "죄와 고난"이라는 이분법적 세상을 넘어서는 신비의 공간을 알고 있었고, 또한 **하나님이 결코 인간의 고난의 근원이 되는 불의의 하나님은 아닐 것이라고 굳게 믿었기 때문이다.** 구약성서에는 이스라엘 백성들이 하나님을 향해 "왜 잠잠하신가?" 혹은 "왜 우리를 돌아보시지 않고 떠나버리셨는가?"라고 탄식하는 장면이 종종 등장하는데, 그것은 하나님이 우리를 버리셨다는 사실을 강조하는 것이 아니라 결코 우리를 버리시지 않는 하나님에 대한 깊은 믿음과 신뢰를 수사학적으로 표현하는 것이다.

그러나 욥이 하나님을 찾는 이유는 신뢰의 고백 때문만은 아니다. 물론 악한 자에게는 하나님이 나타나지 않는다고 얘기하면서(27:8-9), 하나님과의 인격적 만남의 근거로 윤리적 가치를 들기도 한다. 그러나 욥은 단순히 허공에 탄식을 뱉는 것이 아니라, 하나님 앞에서 탄식하기를 원하는 것이다. 그는 13:22과 23:3-6에서 보여지듯이 하나님을 만나고 하나님께 직접 자신의 고난을 탄원하기를 원한다. 즉 **하나님께 자신의 고난을 탄원하고 하나님의 대답을 듣는 인격적인 관계를 원하는 것이다.** 하나님을 간절히 찾는 욥의 마음은 역설적으로 "하나님이 나를 부지런히 찾을지라도 내가 있지 않을 것이다"(7:21)라고 탄식하는 부분에서 표현된다. 그리고 욥은 자신의 육체가 썩어질 때까지 하나님을 간절히 찾는다.

주께서 어찌하여 얼굴을 가리우시고 나를 주의 대적으로 여기시나이까?(13:24).

내가 주께 부르짖으오나 주께서 대답지 아니하시며 내가 섰사오나 주께서 굽어보시기만 하시나이까?(30:20)

주는 나를 부르소서, 내가 대답하리이다. 혹 나로 말씀하게 하옵시고 주는 내게 대답하소서(13:22).

내가 어찌하면 하나님을 발견하고 그의 처소에 나아가랴. 어찌하면 그 앞에서 내가 호소하며 변론할 말을 내 입에 채우고 내게 대답하시는 말씀을 내가 알며 내게 이르시는 것을 내가 깨달으랴. 그가 큰 권능을 가지시고 나와 더불어 다투시겠느냐. 아니로다 도리어 내 말을 들으시리라(23:3-6).

내 살갗이 다 썩은 다음에라도, 내 육체 안에서(육체가 다 썩은 다음에라도), 나는 하나님을 뵈올 것이다(19:26).

세상이 나를 멸시하고 외면하고 등질 때, 나를 아는 이들마다 나의 낯선 사람이 되어 버렸을 때, 친척들이 나를 버리며 가까운 친구들도 나를 잊었을 때, 내 집에 머무르는 나그네와 내 아내조차 내가 살아 숨쉬는 것을 싫어하고 친형제들도 나를 역겨워할 때, 어린아이들까지도 나를 무시하며 내가 일어나기만 하면 나를 구박할 때, 친한 친구도 모두 나를 꺼리며 내가 사랑하던 이들도 내게서 등을 돌릴 때, 내가 만나고 싶은 자는 누구이겠는가?(19:13-19) 하나님을 간절히 찾고 하나님을 만나고 싶어 하지 않겠는가? 고난의 치열함을 하나님께 한탄한다는 것은 "고난을 한탄하는 것"이자 "하나님께" 한탄한다는 것이다. 하나님은 이런 욥을 찾아와 인격적으로 만나주신다.

엘리후를 통해서, 하나님의 포용과 겸양

하나님은 욥을 만나시기 전에 욥에게 엘리후를 보내신다. 인격적인 만남이란 서로 직접적으로 반응하는 것이다. 욥이 친구들에게 실망한 큰 이유는 간접적으로라도 그들을 통해 하나님을 만날 수 없었기 때문이다. 엘리후는 욥의 다른 친구들보다도 어린 사람으로서 욥과 친구들의 대화를 들으며 참고 기다리다가 마침내 그들의 변론을 중재하고 나선다. 32장부터 37장까지 길게 이어지는 엘리후의 반박은 욥기에서 참으로 흥미로운 부분이다. 엘리후의 논리는 욥의 다른 친구들과 크게 다르지 않다. 엘리후는 38절부터 이어지는 하나님의 말씀에 앞서 그 서론 격이 되는 내용을 설명하고 있다.

엘리후는 먼저 스스로를 의롭게 여기는 욥의 "자기 의"가 그 자체로 욥이 의롭지 못하다는 증거라고 지적하며(33:8-12) 욥이 끝까지 하나님의 시험을 받기를 원한다(34:36). 그리고 하나님은 결코 불의를 행하시지 않는 분이므로 욥이 고난당하는 것은 하나님의 심판이며(34:10), 하나님은 이 일을 통해 욥을 생명으로 인도하신다고 주장한다(33:18). 고난을 이원론적 인과관계의 결과로 이해하고 있다는 점에서 엘리후와 욥의 다른 세 친구의 주장에는 별다른 차이가 없다. 그런데 35장에서 엘리후는 하나님과 인간의 존재론적 차이를 언급한다. 인간이 의롭다고 한들 그 의가 하나님께 어떤 유익이 되겠으며, 인간의 악은 인간을 해롭게 할 뿐이라고 말한다(35:7-8). 즉 하나님과 인간의 배타적인 관계와 인과관계를 넘어서 제3의 공간을 허용하는 셈이 되어버린다. 더 나아가 36-37장에서는 이런 존재론적인 차이에도 불구하고 하나님이 인격적으로 고난받는 자들을 찾아오신다고 언급한다(36:6-7). 그리고 계속해서 자연과 만물을 다스리시는 하나님을 묘사하면서 인간이 세상을 이해하는 데 얼마나 한계가 많은지를 지적한다. 이 대목은 이어지는 38장에서 41장까지 하나님이 직접 욥에게 하신 말씀, 즉 "존재론적 일원론과 인식론적 불가지론"의 서론에 해당한다. 하나님은 엘리후를 통해 자신이 말씀하고자 하는 바를 미리 알려주셨다. 하나님은 42:7-9에서 욥의 세 친구인 엘리바스, 빌닷, 소발을 질책하시고, 욥은 그 셋을 위해 대속의 번제를 드린다.

왜 하나님은 역사를 통해, 말씀을 통해, 예언자를 통해, 교회와 세상을 통해 우리를 찾아오실까? 한 사람씩 직접 만나시는 편이 훨씬 더 쉽고 하나님의 뜻을 더 분명히 전달할 수 있는 길일 텐데, 왜 누군가를 통해 인격적인 만남을 가지려 하시는 것일까? 인간을 시험하는 것일까? 하나님이 직접 인간을 만나시면 인간은 그 권능에 녹아버리거나 두려워 도망할 수밖에 없으므로 하나님이 낮추어 찾아오신다(accommodation)는 칼뱅의 설명대로, 하나님이 우리의 약함을 아시기 때문에 우리를 간접적으로 만나시려는 것일까? 이에 대해서는 여러 가지 이유가 있겠지만, 우선 두 가지 설명이 가능하다. (1) 하나님의 포용—함께 일하심, (2) 하나님의 비움—거리 두기.

신적 존재가 역사에 개입하지 않는다고 믿는 이신론(Deism)과 달리, 기독교는 하나님께서 역사와 인간과 세상에 관여하고 개입한다고 믿는다. 인격적인 관계란 개입, 관여, 반응, 한탄, 고침을 모두 포함한다. 그런데 이 직접적인 관계 속에서도, 계시, 비유, 타자, 사탄, 교회, 세상, 언어, 문화와 같은 간접적인 통로를 통해 하나님께서 일하시는 이유는 인간을 배제하지 않고 인간과 함께 일하기를 원하시기 때문이다. 흔히 우리는 이러한 인간의 참여를 하나님께서 인간에게 주신 "자유"라고 해석한다. 그런데 하나님은 단순히 인간에게 자유를 주어 스스로 일하게 하는 것보다 훨씬 더 적극적으로 "선하신 뜻"을 가지고 인간과 인격적인 관계를 맺는다. 선하신 뜻은 신구약을 아우르는 하나님의 모습이자 인격적 관계의 근원이다. 이 선하신 뜻으로 인해 하나님은 인간을 헤아려 살피시고 인간의 환경과 상황, 역사와 문화를 배제하지 않고 찾아오신다.

우리는 자유를 가지고 하나님께 반응하고 타자와 대화하며 인격적인 관계를 맺을 수 있지만, 타자를 깊이 헤아리는 것은 늘 어려운 일이다. 고난 받는 사람들의 상황과 아픔을 헤아리지 않고 자신의 의를 과시하며 기만적 자선을 베푸는 사람들이 주위에 너무 흔하지 않은가? **타자를 헤아리지 않으면 진정으로 인격적인 관계를 맺을 수 없다.** 하나님이 우리의 한계와 악과 고난을 다 품지 않으신다면, 하나님과 인간의, 인간과 인간의 인격적인 관계는 불가능하다. 하나님은 그 선하신 뜻에 따라서 우리를, 그리고 우리의 고난을 깊이 헤아리고 찾아오신다. 하나님은 고난으로 심히 울부짖으며 홀로 하나님을 간절히 찾는 욥의 깊고도 깊은 한탄을 깊이 헤아리시어, 엘리후를 통해 욥의 마음을 조금이라도 여신 후에 욥과 직접 대화하신다. 하나님은 우리를 헤아려 품으시는 그 선하신 뜻으로 찾아오시는 인격적인 하나님이다.

욥기 이야기의 기본적인 골격은 하나님께서 사탄에게 욥의 일을 맡기셔서 욥이 까닭 없는 고난을 당한다는 것이다(1:6-2:7). **인격적인 관계의 또 다른 전제는 비움이다. 나를 일정 부분 비우지 아니하고는 타자와 관계를 맺을 수 없다. 하나님은 자신의 선하신 뜻을 강요와 협박이 아닌, 용서와 오랜 인내와 연민, 즉 자신을 비우고 내려놓는 거리 두기를 통해 일하신다.** 반복적으로 악을 행하는 타자를 만나면 우리는 스스로 그 악을 심판하고 싶은 유혹을 받는다. 고난당하는 자들을 만나면 우리가 그 고난을 직접 고쳐주기를 원한다. 그러나 하나님은 자신의 선한 뜻이 인간에 의해 위협당하고 거부당하고 한탄과 비난을 사기까지 자신을 내려놓는다. 내가 만약 욥기의 하나님이라면, 욥과 친구들이 논쟁을 벌이는 중에 나타나 욥의 고난이 나에게서 온 것이 아니고 사탄에게서 온 것이라고 항변할지도 모른다. **욥이 하나님으로부터 버림받았다고 탄식하는 그 순간은 실제로는 하나님이 자신을 내려놓는 순간이다.** 때로는 이 거리 두기가 하나님의 무관심, 침묵, 방조, 허용으로 보일 수밖에 없기에 우리는 이렇게 거리를 두는 하나님을 비난한다. 그러나 다른 한편으로 이 거리 두기는 하나님과 인간 사이의 제3의 공간이 갖는 역동성을 의미한다. 엘리후를 통해 자신을 내려놓으신 하나님은 드디어 욥에게 직접 나타나신다.

(2) 하나님과 욥의 대화: 존재론적 일원론, 인식론적 불가지론, 그리고 제3의 공간

하나님은 인간과 역사를 배제하지 않고 포용하시며 자신을 내려놓으며 그 선하신 뜻을 이루어 가시기 때문에, 욥이 오랫동안 하나님을 찾고 간절히 기다린 후에야 나타나셔서 욥과 대화하신다. 그러나 기다림과 나타나심 사이의 깊은 골을 포용과 내려놓음으로 다 설명할 수 있는가? 우리가 고난을 당할 때 하나님이 바로, 직접 우리에게 나타나시기를 원하지 않는가? 이 문제는 전도서를 살펴본 후 그리스도와 고난을 논할 때 다시 심도 있게 다룰 것이다.

많은 사람들은 욥기의 신정론이 미완성의 신정론이라는 점을 인정한다. 38장부터 펼쳐지는 하나님의 변론이 까닭 없는 욥의 고난을 충분히 다 설명하지 않고 있기 때문이다. 하나님의 변론에는 "왜 욥에게 까닭 없는 고난이 닥쳤을까?"에 대한 그 어떤 단서도 등장하지 않는다. 사실 욥에게 까닭 없는 고난이 닥친 이유가 설명될 수 있다면, 그 고난은 더 이상 까닭 없는 고난이 아니다. **하나님께서 만약 욥이 당한 고난의 까닭을 충분히 설명하셨다면, 욥기는 인과관계의 이원론 속으로 다시 들어가버리고 말았을 것이다.** 즉 하나님께서 욥의 고난의 까닭을 제대로 설명하시지 않는다는 것이 욥기의 한계이자 고유한 가치다.

오랜 고난 끝에 드디어 하나님이 직접 욥에게 나타나셔서 아주 길게 말씀하신다. 그런데 말씀의 내용은 지극히 단순하다. 첫째, 천지를 창조하신 하나님과 하나님의 피조물인 욥은 존재론적으로 다르고, 하는 일에도 본질적인 차이가 있다. 하나님이 땅의 기초를 세울 때 욥은 존재하지도 않았다(38:4). 하나님은 빛과 어둠(38:19), 사망(38:17), 자연(38:22),

우주(38:31-33), 인간의 마음(38:36), 동물(39:1-30; 40:15-41:34), 그리고 악인(38:15; 40:8-14)을 다스리신다. 하나님은 모든 만물의 창조주이자 근원이 되시며 만물을 다스린다는 점에서 대단히 강력한 존재론적 일원론(ontological monism)을 선포하고 있다.

하나님은 또한 욥에게 물으신다. "네가 아느냐?" 하나님이 땅의 기초를 세웠을 때 네가 깨달아 알았거든 말하라(38:4), 그 경계를 누가 정했는지 너는 아느냐?(38:5), 땅의 넓이와 광명의 처소를 아느냐?(38:18-19), 하늘의 법도를 아느냐?(38:33), 산 염소가 새끼 치는 때를 아느냐?(39:1), 그 낳을 때를 아느냐?(39:2). 하나님이 창조주로서 세상을 다스리신다는 일원론과 왜 인간이 그런 세상 속에서 까닭 없는 고난을 겪으며 살아가야 하는가라는 문제가 정면으로 충돌하는 것처럼 보인다. 그런데 만약 하나님에 대한 우리의 지식이 불완전하다면, 어떻게 이 문제를 이해해야 하는가? 하나님이 욥에게 하신 "아느냐?"라는 질문은 사실 하나님에 대한 지식보다는 "세상에 대한 인간의 지식이 과연 온전한가?"를 묻는 것이다. 만약 인간이 세상의 이치와 경계에 대해서 잘 알지 못하는 상태에 있다면, 비록 고난 속에 있다고 할지라도 세상의 창조주인 하나님을 비난할 수는 없다는 논리다.

존재론적인 일원론의 관점에서 보면 인간의 고난은 하나님의 책임이며, 이원론적 인과관계의 관점에서 보면 인간과 하나님은 경쟁한다. 만약 인간이 선하지만 고난받는다면 하나님은 선한 하나님이 될 수 없다. 만약 하나님이 정의로운데 인간이 고난받는다면 그 고난은 하나님의 심판이나 고침일 수밖에 없다. 그런데 욥기에서 하나님은 제3의 길을 열어놓는다. 인간은 "인간의 한계"와 "세상의 창"이라는 간접적인 통로를 통해 하나님에 대한 지식을 확보할 수밖에 없다. 따라서 이 지식은 간접적인 실재론(indirect realism) 혹은 인식론적 이원론(epistemological dualism)에 해당하는

데, 이 간접적 앎조차도 불완전하다는 뜻이다.

하나님은 "인간이 의로운데도 고난받는다면 내가 악한가?"(40:8)라는 질문을 통해 하나님과 인간이 서로 병행할 수 있는 공간을 보여준다. 앞서 욥도 하나님의 일이 기이해서 알 수 없으며(9:10), 세상이라는 창을 통해서 보아도 선한 자가 멸망하며 악한 자가 장수를 누리는 정의롭지 못한 일들이 일어나고(21:7-14), 인간이 아무리 의롭다고 할지라도 하나님 앞에서는 그 의를 주장할 수 없을 뿐만 아니라(9:2), 자신의 고난을 누구도 이해하지 못하고(16:19) 하나님만이 아신다(23:10)고 주장하면서, 인과관계를 넘어서는 제3의 공간의 가능성을 열어놓았다. 하나님은 바로 이 가능성을 보다 적극적이고 직접적으로 변론하신다.

1. 하나님은 만물을 창조하시고 피조세계에 관여하신다(존재론적 일원론).
2. 인간에게 까닭 없는 고난이 존재한다.
3. 인간은 세상의 이치와 경계를 다 알 수 없고, 하나님을 온전히 알 수 없다(인식론적 이원론).
4. 인간의 의는 하나님의 불의를 입증하지 않는다(인과관계를 넘어서는 제3의 공간).
5. 하나님은 인간을 찾아와 대화하신다(인격적 하나님).

만약 1과 같이 강력한 일원론을 믿는다면, 모든 고난과 악도 하나님으로부터 온 것이라고 할 수밖에 없다. 이원론에서는 하나님과 인간이 서로 충돌하는 대칭적인 관계인데, 일원론에서는 하나님과 인간이 비대칭적(asymmetrical)인 관계를 맺는다. 그렇다면 과연 인격적인 관계는 가능한가? 존재론적 일원론에서는 인간과 하나님 사이의 관계가 다소 경직되었다면, 인식론적 이원론이나 불가지론에서는 보다 더 탄력적인 관계를 보인다. 인간은 세상을 통해 하나님을 이해할 수밖에 없다. 그런데 인간은 세상을 올바로 알지 못한다. 세상을 올바로 알지 못하는 인간이 하나님을 올바로 알 수 있는가? 존재론적 일원론과 인식론적 불가지론이 함께한다 하더라도 이를 통해 발견할 수 있는 제3의 공간이란 "인간의 무지"일 뿐이고, 철학적인 논의와 욥의 생각 속에 그 단초가 이미 존재하는 것이다. 그런데 여기서 하나님은 보다 더 적극적으로 제3의 공간을 변론하신다. **인간의 선이 하나님의 악을 결코 입증할 수 없다. 우리는 비록 그 공간이 어떤 내용을 가지고 있는지 구체적으로 알 수 없지만, 인간과 하나님이 인과관계로 충돌하지 않는 공간, 즉 1과 2를 모두 포용하는 제3의 공간이 존재한다는 것을 깨달을 수 있다.** 그리고 하나님은 욥을 찾아오셔서 긴 변론을 전개한다. 하나님과의 만남, 탄식과 반응이라는 인격적인 관계가 이 제3의 공간으로 인해 더 역동적으로 표현된다. 일원론의 틀을 유지하면서도 이 모든 것이 가능해지려면, 세상의 근원인 신적 존재가 인간의 불확실한 지식, 하나님에 대한 무지, 죄악과 심판, 탄식과 기다림 등을 모두 포용하고 있을 뿐만 아니라, 하나님이 자신을 내려놓아야만 가능하다. 우리는 욥기를 통해 포용과 내려놓음의 하나님, 제3의 공간마저 자신 속에 품고 있는 하나님을 발견한다.

끝나지 않는 질문들

욥은 여전히 "왜 까닭 없는 고난이 내게 닥쳤는가?"라는 질문을 던질 수 있다. 하나님의 변론에는 인간이 가장 치열하게 실존적으로 부르짖는 이 질문에 대한 그 어떤 단서도 발견되지 않는다. 뿐만 아니라 하나님은 고난을 당하는 욥을 위로하지도 않았다. 고난을 당하고 있는 자들에게 하나님이 나타나셔서 "내가 너와 함께 있다"고 하신다면 그 말씀만으로도 얼마나 위로가 되겠는가? 왜 하나님은 사탄이 초래한 고난으로 인해 하나님께 탄식하고 있는 욥을 위로하시지 않는가? 인간이 절대 고난, 까닭 없는 고난, 정의롭지 못한 고난으로 탄식할 때, 우리는 하나님이 존재하신다는 사실, 그리고 하나님이 우리와 인격적인 관계 속에 있다는 사실만으로도 욥과 같이 "눈으로 주를 보았다"고 고백할 수 있을까?

욥기에서 이 모든 어려운 문제에 대한 온전한 대답을 찾기는 어려워 보인다. 그럼에도 불구하고 욥기의 결말에서 세 가지를 주목해야 한다. 첫째, 욥의 탄식 속에는 하나님의 존재와 경륜과 찾아오심에 대한 회의가 짙게 깔려 있다. 비록 욥은 하나님을 자신의 고난의 원인으로 비난하지 않았고 하나님에 대한 믿음을 견고히 지니고 있었지만, 까닭 없는 고난이 자신에게 닥친 것을 한탄하고 자신의 삶을 저주하며, 생명의 가치를 부정하고, 세상의 부조리를 고발한다. 이 탄식은 친구들의 지적대로 스스로 의롭다고 생각하는 자기 의로 해석될 수도 있고, 창조주 하나님의 존재와 경륜과 다스림에 대한 회의로 보일 수도 있다. 이것은 하나님 앞에 심각한 죄악이다. 하나님도 이 점을 지적하고 있으며(40:8), 욥도 하나님을 만난 후에 예전의 자신이 가졌던 전래된 신앙이 아니라 확신에 찬 신앙, 눈으로 확인한 신앙으로 자신의 탄식을 회개한다(42:6).

둘째, 욥기는 하나님이 누구신가에 대해 제한적으로 선포하고 있다. 인간이 세상을 이해하는 데 한계가 있다는 말씀은, 다른 한편으로는 인간이 잘 알지는 못하지만 하나님이 세상을 잘 이해하고 다스리고 있다는 것을 암시한다. 그러나 하나님이 고난 속에 있는 인간들을 위해 어떻게 행동하시는지 구체적으로 알려오지는 않는다. 욥기에서는 하나님과 인간이 단순히 함께 머물러 있는 동행의 관계라기보다는 훨씬 더 치열하게 "탄식하며 변론하는" 상호 침투(interpenetration)의 관계지만, 구약 전체에서 하나님과 인간은 여전히 남편과 아내처럼 서로의 곁에 있는 관계에 가깝다.

예레미야 31:31-34에서 그 차이를 살펴보면, 옛 언약에서 야웨는 이스라엘의 남편으로 함께 동행했지만 이스라엘은 이 언약을 파기하고 하나님을 떠났다. 하나님이 세우시려는 새 언약에서는 하나님의 율법을 우리의 마음에 새겨놓으셔서 모든 사람이 하나님을 알게 될 것이다. 창조, 인내, 침묵의 하나님과 그 하나님께 한탄하는 자가 맺는 인격적인 관계와 용서는 모두 하나님이 스스로를 희생하신 결과다. 우리는 신약에 이르러서야 비로소 고난받는 자들 속에 계시는 하나님을 발견할 수 있다. 바로 이런 점에서 고난에 대한 두 번째 질문, 즉 "신의 행동: 기독교의 하나님은 고난에 대해서 어떻게 개입하고 행동하는가?"에 대한 구체적인 대답을 욥기에서 발견하는 데는 한계가 있다.

셋째, 욥기의 끝에서 하나님은 욥의 친구들을 질책하고, 욥을 적극적으로 변호한다. 42:7은 욥기의 요약이다. 엘리바스와 그 친구들이 하나님에 대해서 말한 것은 욥의 말처럼 옳지 못하다! 많은 주석가들은 욥이 다시 하나님의 축복을 받은 이유는 욥이 하나님을 배반하지 않고 하나님께 순종하였기 때문이라고 이해한다. 그런데 42:7에서 하나님은 욥의 친구들이 하나님을 잘못 이해했고, 욥이 하나님을 올바로 이해했다고 규정하신다. 즉 인간의 고난을 인과관계의 틀 속에서 이해하는 것이야말로 하나님을 올바로 알지 못하는 것이며, 오히려 욥처럼 하나님과 인간이 인격적인 관계를 맺으면서도 고난으로 인해 서로 충돌하지 않는 공간의 가능성을 열어 두는 것이 하나님을 올바로 이해하는 것이라는 말씀이다.

그리스도를 향해서

인간의 고난과 하나님의 관계에 대한 욥기의 설명은 다음과 같다. (1) 욥의 고난처럼 까닭 없는 고난이 존재한다. (2) 까닭 없는 고난이 존재한다 하더라도 창조주 하나님의 섭리와 충돌하지 않는 제3의 공간이 있을 수 있다. (3) 고난받았던 욥은 모든 고난받는 자들을 드러내며 그들과의 연대 속으로 들어간다. (4) 하나님은 고난받는 자들에게 찾아와 그들과 대화하면서 인격적인 관계를 맺는다. 또한 욥기는 "왜 까닭 없는 고난이 존재하는가?"라는 질문에 대해 답하기보다는 인간의 고난이 얼마나 다층적인지를 드러낸다. 즉 우리는 욥기를 통해 하나님의 행동보다는 고난의 이해에 대해 깊은 통찰을 발견하고 인간의 행동을 설명함에 있어 고난의 연민이라는 중요한 단서를 얻을 수 있다. 무엇보다도 욥기에서 주목할 것은 하나님이 모든 피조물의 창조주로서 세상을 다스린다는 강력한 신정론의 틀 속에서도 까닭 없는 고난이 존재할 수 있다는 가능성을 열어놓음으로써, 까닭 없이, 불의하게, 절대 고난 속에 있는 많은 사람들의 고난을 대변하고 있다는 점이다.

그런데 42장에서 우리는 고난에 대한 또 다른 차원의 통찰을 발견한다. 하나님은 욥과 친구들의 긴 대화를 다 들으신 후 친구들의 냉혹한 이원론적 분석에 대해 분노하셨고 이를 욥의 친구들에게 직접 말씀하셨을 뿐 아니라(42:7), 욥을 자신의 종이라고 네 차례나 거듭 천명하신 후에(42:7-8), 욥의 친구들의 죄를 위해 욥이 번제를 드리도록 친구들에게 명령하셨다(42:8). 그리고 욥이 친구들을 위해 번제의 기도를 드리자 이를 기쁘게 받으시고 욥의 친구들을 용서하신다(42:9). 즉 **욥의 친구들이 욥을 위로하고 도와준 것이 아니라, 고난당한 욥이 하나님의 종이며, 그 하나님의 종이 친구들을 대속하는 제사장의 역할을 한 것이다.** 물론 이 번제는 욥을 비난한 친구들의 죄악에 대한 제사이지만 다른 한편으로는 고난당하는 자가 인간의 죄악을 짊어지고 있다는 것을 시사하기도 한다. 고난과 이웃이라는 주제와 더불어 생각해보면 이것은 선한 사마리아인의 비유와도 유사한 면이 있다. 예수께서는 선한 사마리아인의 비유를 들려주신 후 "네 생각에는 이 세 사람 중에 누가 강도 만난 자의 이웃이 되겠느냐?"(눅

10:36)고 물으셨다. "누가 나의 이웃인가?"(눅10:29)를 질문했던 율법사의 질문을 거꾸로 세워놓으신 것이다. 고난받는 자들을 위로하는 자가 자신들의 이웃을 결정하는 주체가 아니라, 고난당하는 자들이 자신의 이웃을 정하는 주체라는 예수님의 비유에서, 우리는 고난에 대한 신약의 깊이를 깨달을 수 있다. **친구들의 죄를 대속하는 욥기의 결말은 고난당하는 자들이 인간의 고난을 짊어지고 있는 주체라는 기독교의 신비스러운 사상을 보여준다.** 그리고 우리는 고난당하는 욥에게서, 강도 만난 자와 그를 도운 선한 사마리아인에게서, 우리의 고난을 나누고 짊어지시는 그리스도의 모습을 발견한다.

4.2.3. 전도서: 보편적 고난, 그리고 거리 두기의 신비

욥기가 "인간의 탄식"과 "인격적 하나님"을 통해 하나님과 인간 사이의 인과관계를 넘어서는 가능성을 열어놓았다면, 전도서는 신비스러운 거리 두기를 통해 인간의 보편적 고난과 하나님이 서로 충돌하지 않는 공간을 마련함으로써 인과관계를 넘어선다. 욥기가 까닭 없는 고난이라는 구체적인 고난의 한 유형에 집중하는 반면, 전도서는 인간 일반이 경험하는 다양한 고난, 불의, 부조리, 무의미를 다루면서도 결코 하나님께 탄식하지 않는다. 전도서는 오히려 하나님이 주신 생명을 찬양하는데, 이것은 하나님과 인간의 고난이 충돌하기보다는 신비스럽게 공존하는 거리 두기의 공간을 통해 가능하다.

보편적인 고난-악, 부조리, 죽음

전도서는 생의 허무를 다양한 시각으로 이야기한다. 왜 인생이 바람을 잡는 것처럼 헛된가?(1:14) (1) 살아서는 많이 수고하고 일해도 죄악, 욕심, 불평등, 부조리, 불확실성을 경험해야 하는데, (2) 그 생조차 모두 죽음을 만나기 때문이다. 의미 있는 삶이라 해도 죽음으로 인해 무의미해지거늘, 하물며 삶조차 무의미하다면 인생은 곧 지나친 고난이 아닌가?

내가 군대에 있었을 때 한 미군 중령이 힘든 훈련을 할 때마다 "Life sucks, and then you die"를 중얼거리던 기억이 있다. 직역하면 "인생은 엿 같은 것이고, 그러고 나면 너는 죽는다"는 의미다. 삶이 그런대로 살만하다면 죽는 것을 받아들일 수 있다. 그렇지만 삶도 비참한데 그 후에 죽기까지 한다는 것은 참을 수 없는 고통이다. 전도서는 비록 우아한 표현과 용어로 삶의 문제를 드러내고 있지만, 위의 자조 섞인 짧은 욕설이 표현하는 고난의 본질과 전도서에서 이야기하는 고난의 본질은 같다. "악과 부조리라는 고통으로 가득한 삶과 그리고 죽음이라는 마지막"으로 요약되는 생의 본질로 인해 인간 모두는 고난 속에 있다. 우리는 전도서를 통해 **인류의 보편적이고 총체적인 고난을 만나게 된다.**

악

전도서는 죽음이 닥치기 전에 악을 멀리하라는 말씀으로 11장을 마무리한 후(11:10), 하나님이 결국 선과 악을 심판하실 것이라는 선언으로 끝을 맺는다(12:14). 즉 악이 인간의 가장 심각한 문제라는 뜻이다. 죄악은 인류에게 보편적이다. 죄를 범하지 않는 의인은 세상에 없다(7:20). 물론 의인과 죄인을 규정하는 것은 어려운 일이다. 살면서 죄를 범하는 의인도 많고, 평범하지만 대체로 불의하지 않은 삶을 사는 사람도 많다. 그들이 지은 몇몇 소소한 죄 때문에 그들을 악인이라고 단정 지을 수는 없다. 기독교는 인류가 모두 죄인이라고 단정 짓는데 이것을 제대로 이해하기 위해서는 인류가 하나님과 세상과 사람 앞에 "죄인"이라는 점을 우선 알아야 하며, 또한 "죄인"을 정의함에 있어 인간의 내면과 외면, 지식과 행동을 아우르는 기독교적 이해가 선행되어야 한다. 기독교는 죄의 문제를 총체적이고 극단적으로 이해하고 있는데, 이것은 인간을 신의 잣대로 경멸하기 때문이 아니라, 오히려 역설적으로 하나님이 인간에 대한 높은 기준을 정해놓으셨고, 그에 따라 인간의 총체적인 면을 다 사랑하고 고치시면서까지 인간을 하나님께로 인도하시기를 원하시기 때문이다. 준엄한 질책은 깊은 사랑을 전제로 한다.

전도서는 인간의 삶을 극단적으로 파고드는 치명적인 악을 폭로한다. 재판하는 곳에 오히려 악이 있고, 공의를 행하는 곳에도 악이 있다(3:16). 이는 죄악의 극단적인 뒤틀림을 잘 드러내는 말씀이다. 불의가 판치는 싸움꾼들의 세계에 죄악이 존재하는 것은 그리 놀랄 만한 일이 아니다. 권력과 돈이 힘을 발휘하는 정치와 경제의 세계에서 악이 행해지는 것은 어찌 보면 당연한 일일지도 모른다. 그런데 악을 심판하는 곳에 악과 불의가 있고, 초월자를 만나야 할 종교에 인간들만 가득하고, 돌봄과 나눔과 연민이 가득해야 할 자선 단체에 자기 의와 탐욕이 자리하고 있다면, 우리는 삶에 대한 희망을 접어야 할지도 모른다. 악의 뒤틀림과 왜곡은 전도서를 기록할 당시에도 문명 속에 살아가는 오늘날에도 여전히 강력하게 나타나고 있다.

악은 인간의 마음을 지배하며(9:3) 사회적이고 파괴적이다. 한 죄인이 많은 선을 파괴한다(9:18). 향기 나는 기름이 죽은 파리로 인해 악취를 내뿜듯이, 몇몇 사람의 어리석음이 지혜와 존귀를 무너뜨릴 수 있다(10:1). 선의 파급효과 보다 악의 파급효과가 더 강한가? 정확한 통계와 수치로 입증할 수는 없어도, 우리는 악이 사회적 파괴력을 행사하는 것을 자주 경험한다. 몇몇 악한 지도자들이 중세 교회의 타락을 이끌었고, 몇몇 악한 자들이 집착한 이데올로기가 전쟁과 제국주의를 낳았다. 예수께서는 마가복음 12:1-12의 포도원 비유를 들어 사람이 모일 때 악이 점점 더 강해지는 현상을 설명하셨다. 포도원 주인이 소출을 받기 위해서 종을 보냈는

데 농부들은 그 종을 능욕하고 다시 온 다른 종을 때리고 죽인다. 급기야 포도원 주인이 아들을 보내자 농부들은 "서로 논의해서" 상속을 노리고 그를 죽인다. 모여서 저지르는 죄악은 발전하여 살인에 이른다. 당시 이스라엘 지도자들은 악을 조장하고 지배하고 퍼뜨려서, 호산나를 외치면서 예수를 맞았던 바로 그 무리들이 예수님을 십자가에 못 박으라고 부르짖게 만든다.

또한 악은 차별, 학대, 폭력, 권력과 깊은 관계가 있다. 전도서를 기록한 자는 해 아래서 일어나는 모든 학대를 보았는데, 학대받는 자에게는 위로자가 없고 학대하는 자에게는 권력이 주어져 있다(4:1). 힘을 가진 자가 힘없는 자를 종교적으로, 경제적으로, 정치적으로, 인종적으로, 성적으로, 민족적으로 학대하는 것은 인류의 가장 보편적인 문제이기도 하다. 도대체 왜 인간은 다른 인간을 차별하고 괴롭히고 죽이기까지 할까? 도대체 왜 인간은 고통 받는 사람들을 외면하는 것도 모자라 그들을 비난하고 정죄하고 죽이기까지 할까? **생의 고통의 대부분이 사람에 의해 만들어지는 섬뜩한 현실을 보면서도, 우리는 고난을 어떻게 이해해야 하는지 조금의 통찰도 얻지 못하는가?** 전도서는 어찌 보면 기원전의 문서에 불과하지만, 놀랍게도 생의 가장 치명적인 문제, 가장 역사적인 문제, 가장 보편적인 문제, 그리고 가장 현대적인 문제를 우리 눈앞에 생생하게 펼쳐 놓는다.

부조리, 불확실성, 무의미-불의, 지혜, 시간, 그리고 "해 아래 새 것이 없다!"

그런데 악의 가장 심각한 문제는 그 **악의 결과가 정의롭지 않다는 점**이다. 악의 결과가 정의롭다면 누구도 악을 행하지 않을 것이다. 그런데 심판이 속히 실행되지 않기 때문에 인생은 악을 행하면서도 담대하다(8:11). 악의 결과가 반드시 악을 초래하지는 않는다. 의로운 중에서도 멸망하는 의인이 있고, 악을 행하면서도 오래 사는 자들이 있다(7:15). 더 심각한 것은 악인의 행동의 결과가 의인에게, 또는 의인의 행동의 결과가 악인에게 미친다는 점이다. "악한 사람이 받아야 할 벌을 의인이 받는가 하면, 의인이 받아야 할 보상을 악인이 받는다. 이것을 보고, 나 어찌 헛되다고 말하지 않을 수 있겠는가?"(8:14) 즉 악은 부조리와 만난다. 인생을 저울에 달면 입김처럼 가볍고(הֶבֶל) 무의미한 이유는(시 62:9) 인간의 지성으로 도저히 이해할 수 없는 부조리한 일들이 악과 만나기 때문이다. 따라서 전도서는 부조리에 직면해서 살아가는 인간 모두와 함께 한탄한다. 인생의 모든 것은 다 동일하다. 의인과 악인, 깨끗한 자와 깨끗하지 않은 자, 제사를 지내는 자와 제사를 지내지 않는 자의 결국은 동일하다(9:2).

생은 오직 악 때문에 무의미해지는 것이 아니다. 불확실성과 모호함이 생을 무의미하게 만든다. 전도서는 지혜를 다루기 때문에 지혜 문학이라고 불린다. 그런데 **지혜를 긍정적으로 평가하는 잠언서나 여타 근동의 지혜 문학서와는 달리, 지혜에 대한 전도서의 입장은 긍정, 불확실, 부정 사이를 오가고 있다.**

지혜는 삶을 좌우한다. 지혜는 성공하기에 유익하므로 연장의 날을 갈듯 지혜를 연마해야 한다(10:10). 지혜자는 사리를 올바로 판단할 뿐만 아니라 그로 인해 그 얼굴에 광채가 나고 사나운 것을 변하게 한다(8:1). 따라서 한 명의 지혜자가 열 명의 강한 통치자보다 능력이 있고(7:19), 가난하여도 지혜로운 소년이 늙고 둔한 왕보다 낫다(4:13). 지혜자의 책망을 듣는 것이 어리석은 자의 노래를 듣는 것보다 더 낫다(7:5). 더 나아가 지혜는 생명을 보호한다. 돈도 우리를 보호하지만, 지혜는 우리의 생명을 보전한다(7:12). 전도서 저자는 결론에서 자신이 지혜를 통해 백성들을 가르친다면서 자신의 말이 정직한 진리의 말씀이라고 주장한다(12:9). 이를 보면 지혜에 대한 전도서의 시각은 부정적이지만은 않다. 역설적으로 올바른 지혜를 얻기 힘들고, 때로는 지혜가 아무런 소용이 없고 오히려 부정적인 역할을 한다는 것을 깨닫는 그 자체가 바로 지혜다.

인간은 지혜 앞에서 한계를 절감한다. 인간은 참된 지혜를 가질 수 있는가? 지혜가 그 자체로 유익한 것이라도, 우리가 올바른 지혜와 지식을 갖지 못하면 아무런 소용이 없다. 그런데 우리가 지혜를 얻는 데 장애물이 있다. 첫째, 악이 지혜를 막는다. "내가 이 모든 것을 지혜로 시험하며 스스로 이르기를 '내가 지혜자가 되리라' 하였으나, 지혜가 나로부터 멀도다"(7:23). 우리는 진심으로 지혜를 구하지만 마음이 올무나 그물 같고 포승 같은 여인은 사망보다 독해서 죄인은 악에게 사로잡히고 만다(7:25-26). 둘째, 지혜의 깊이가 너무도 깊기 때문에 우리는 지혜를 다 깨달을 수 없다. 부를 쌓고 농사를 짓는 방법에 대해서는 어느 정도 지혜를 가질 수 있다(11:1-4). 그러나 궁극적으로는 그 결과를 올바로 예측하지 못하기 때문에 아침에 씨를 뿌려야 하고 저녁에도 쉴 수가 없다(11:6). 바람과 구름을 보고 날씨를 어느 정도는 예측할 수 있어도(11:3-4), 바람의 길과 아이 밴 자의 태에서 뼈가 어떻게 자라는지는 알 수 없다(11:5). 이것은 오직 하나님만이 하시는 일이기 때문이다. 아무리 인간이 수고하고 노력해서 지혜를 얻기를 원해도 하나님이 이 세상에서 하시는 일을 능히 깨닫지 못한다(8:16-17). 많은 부분에서 인간의 지혜는 일시적이고, 임시적이고, 관계적일 뿐이다.

지혜의 부정적인 면도 있다. 지혜가 많으면 번뇌와 슬픔도 많다(1:18). 지혜에도 부정적인 면이 있다는 바로 이 지혜는 전도자가 왕으로서 또한 특별히 지혜를 많이 구했던 구도자의 삶을 살며 깨달은 것이다(1:12-18). 인생은 지혜를 구하기 위해 많은 노력을 해야 하는데, 그것이 바로 하나님께서 주신 고난이다(1:13). 지혜자나 어리석은 자나 살면서 당하는 일은 마찬가지이므로, 지혜를 얻기 위해 일평생 근심하며 수고하는 것이 슬픔과 무의미의 근원이 된다(2:18-23). 그리고 자신이 쌓은 지혜로 세상을 잘 다스린다면 그 결과가 지혜로운 자에게 가야 할 텐데, 현실에서는 그 결과가 어리석은 자에게 미칠지, 지혜로운 자에게 미칠지도 알 수 없다 (2:18-19). 수고하고 노력해서 얻은 지혜가 수고하지 않는 자에게 돌아갈 수도 있으니 이 또한 헛되다(2:21).

이처럼 지혜가 알 수 없는 결과를 초래하는 무익한 수고에 지나지 않는다면, 지혜를 더 이상 구하지 않는 편이 더 낫지 않은가? 따라서 전도서는 지나치게 의인도 되지 말고 지나치게 지혜자도 되지 말라고 한다 (7:16). 그러나 중용을 지키는 것 또한 어려운 일이다. 인간이 온전한 지혜를 얻는 데 한계가 있다는 것을 깨닫는 것 자체가 중요한 지혜인데, 인간은 자신이 가진 지혜에 만족하지 않는다. 헛되고 헛되며 헛되고 헛되니, 모든 것이 헛된 이 세상에서, 해 아래 새것이 없는 인생이 자신이 가진 것에 도저히 만족할 수 없다는 것 또한 고난의 깊고도 깊은 근원이다. 눈은 보아도 족함이 없고 귀는 들어도 차지 아니하도다!(1:8) 따라서 우리는 부조리의 악순환 속에 있다. (1) 지혜는 무익하고 그 결과가 불확실하며 심지어 불행을 가져온다. (2) 가진 지혜에 만족하지 못하고, 쉬지 않고 계속 지혜를 추구한다.

지혜가 이렇게 다중적이라는 것은 깊은 통찰의 결과다. 근동 지역의 지혜 문학뿐만 아니라 동양의 사상서는 주로 지혜를 긍정하지만, 사실 잘못 사용된 지혜와 지식이 자신과 타인을 망하게 하는 경우가 너무도 많다. 악한 자의 손에 있는 지혜는 침략, 강탈, 파괴, 소유를 위해 악용될 수도 있다. 이런 문제를 방지하려면 인간의 지혜와 지식을 전체적으로 감독할 수 있는 사회 제도와 법률이 필요하고 그것이 잘 유지되고 적용되어야 하는데, 우리가 그것을 정의롭고 윤리적으로 관리하는 것은 사실상 불가능하다. 양극화, 차별, 불평등, 학대, 전쟁 등의 사회 문제는 지혜가 부족해서 발생하기도 하지만, 대부분은 지혜를 잘못 사용해 일어난다. 전도서는 이런 다층적인 문제를 잘 드러내고 있다.

생이 부조리하고 무의미한 **또 하나의 이유는 때와 시기**다. 우리가 일하거나 쉴 때, 지혜를 구하거나 포기할 때를 알 수 있다면, 생의 고난을 극복하는 데 조금이라도 도움을 받을 수 있지 않겠는가? 그러나 전도서는 때와 시기로 인한 인간의 고난을 생생하게 고발한다. 전도서 3장은 모든 것이 때가 있고, 그 시기와 때를 하나님께서 정하셨으며, 인간은 그것을 측량할 수 없다고 가르친다. 2-8절에 걸쳐 이어지는 이 말씀의 요지는 모든 일에 정해진 기한이 있고 목적을 이룰 때가 있다는 것이다. 그 기한은 상당히 포괄적이다. 심을 때와 거둘 때(3:2), 죽일 때와 치료할 때(3:3), 찢을 때와 꿰맬 때(3:7)는 삶의 구체적인 부분에 해당하지만, 다음과 같이 다른 시기들은 인간의 보편적인 삶과 행위를 논한다. 날 때와 죽을 때(3:2), 울 때와 웃을 때, 슬퍼할 때와 춤출 때(3:4), 찾을 때와 잃을 때, 지킬 때와 버릴 때(3:6), 잠잠할 때와 말할 때(3:7), 사랑할 때와 미워할 때, 전쟁할 때와 평화할 때(3:8) 같은 보편적인 시기들은 모두 서로 반대되는 것으로 구성되어 있다. 인생은 이처럼 극과 극의 굴곡과 오르내림을 겪지만, 우리가 만약 그 시기와 목적만 올바로 알 수 있다면 모두 삶의 중요한 단면으로 받아들일 수 있다.

그런데 이 단락의 마지막 절은 하나님과 인간을 서로 대립시킨다. 하나님은 모든 것을 때에 따라서 아름답게 지으셨고 사람의 마음에 영원을 심어놓으셨지만, 사람은 하나님이 하시는 일의 시작과 끝을 알지 못한다(3:11). 따라서 때가 있다는 말씀은 "때를 잘 구분해서 지혜롭게 살아라"고 하는 현실적인 행동 지침보다는 **"시간 속에 갇힌 인생"을 포괄적으로 그리고 있는 것으로 보인다.** 이것은 청년들에게 죽음이 닥치기 전에 창조주를 기억하라는 12장 결론의 말씀과 대구를 이룬다. 즉 3장의 "~할 때가 있다"와 12장의 "~하기 전에"가 전체적으로 대구를 이루어 반복된다. 시

왜 나는 아직도 그리스도인인가?

간 속에 갇힌 인간이 시기와 목적에 맞춰 살아갈 수 있는 유일한 방법은, 더 늦기 전에, 죽음이 닥치기 전에, 모든 것을 주신 하나님께로 돌아가기 전, 즉 **바로 지금 하나님을 기억하며 경외하고 사는 것이다**(12:1-7).

마지막으로 인간은 자신의 때를 알지 못한다(9:12). 인간은 시간 속에 갇혔을 뿐만 아니라 불행과 재난이 언제 닥칠지 알지 못한다. 새와 물고기가 올무와 그물에 걸리듯이 인간도 자신에게 언제 재앙이 닥칠지 알지 못한다(9:12). 이렇게 인생은 때와 시기와 관련해서, 유한한 존재로서 적절한 때와 자신에게 악과 불행이 닥치는 때와 죽는 때를 알지 못하는 **삼중고를 겪으며 살아간다.**

선악의 결과가 부조리하고 지혜의 가치가 모호한데, 이것도 모자라 시간에 갇히기까지 한 인생은 무의미하다. 이런 인생이 긍정적으로 변할 것이라는 기대가 있다면 우리는 희망을 가질 수 있다. 그런데 전도서는 인생의 허무와 부조리를 "해 아래 새 것이 없다"(1:9)는 표현으로 극대화한다. 밤낮으로 수고하고 지혜를 얻기 위해서 평생을 바쳐도, 결국 모든 것은 이미 이전에 있었던 것이어서 아무도 기억하지 않는다(1:10-11, 3:15). 해 아래 새로운 것이 없다는 전도서의 탄식은 과연 생에 대한 올바른 이해일까? 이런 전도서의 선언은 눈만 뜨면 새로운 것이 등장하는 현대의 삶을 경험해 보지 못한 아주 오랜 옛날의 사람들만 떠올릴 수 있을 법한 생각이 아닐까?

여기에 생의 깊은 고민과 고난이 있다. 삶이 아무리 혁명적으로 변한다 해도 여전히 낮은 수준의 윤리, 인식의 한계, 지혜의 불확실성, 이해할 수 없는 부조리 등이 존재한다면 이것이야말로 허무 중의 허무가 아니겠는가? 카뮈와 사르트르가 논한 생의 부조리는 제2차 세계대전 이후의 시대 상황을 배경으로 등장했다. 그런데 21세기 오늘의 현실은 이와 얼마나 다른가? 악, 부조리, 차별과 학대, 전쟁, 이기심에 더해 중독, 관계의 몰락,

세속화, 양극화, 그리고 소비주의로 인한 폐해까지 경험하고 있는 현대인들에게 생은 고대인들의 느꼈던 것보다 훨씬 더 허무하게 느껴지지 않겠는가? 전도서는 인간의 역사를 관통하는 "보편적 고난"이라는 큰 그림 속에서 생의 고난을 고발하고 있다.

죽음

고난의 절정은 죽음이다. 전도서는 죽음 역시 다층적으로 그린다. 첫째, 살아 있는 모든 것은 생의 어느 시점에서 반드시 죽음을 직면해야 한다. 악한 자만 죽는다면 죽음을 심판으로 여길 수도 있다. 그러나 지혜자도 죽는다. 오호라, 지혜자의 죽음이 우매자의 죽음과 일반이로다!(2:16) 전도서는 심지어 인간과 짐승 모두 죽는다는 점에서는 차이가 없다고 토로한다. 인생과 짐승 둘 다 동일한 호흡이 있어서 짐승이 죽음 같이 사람도 죽으니 사람이 짐승보다 뛰어난 것은 없고 모두가 헛되다(3:19). 인간과 짐승은 모두 흙으로부터 왔기 때문에 흙으로 돌아간다(3:20).

둘째, 전도서에서 죽음은 삶과의 깊은 단절을 의미한다. 삶에서 이루어 놓은 모든 것을 그대로 두고 벌거벗은 채로 죽음을 맞이한다. 모태에서 벌거벗은 대로 나왔은즉 그 나온 대로 돌아가고 수고하여 얻은 것은 아무것도 손에 가지고 가지 못한다(5:15). 죽음 때문에 장래 일은 다 헛된 일이다(11:8). 죽음이 삶의 수고와 업적을 무의미하게 만들기 때문에 죽음으로 인해 삶이 덧없게 된다.

셋째, 죽음은 내가 사라지는 것이고, 동시에 나를 둘러싼 모든 것이 존재하지 않게 되는 것이다. 해와 빛과 달과 별들이 어두워지고(12:2), 집을 지키는 자들이 두려워하고, 강한 자가 구부러지고, 맷돌질하는 자들이 줄어들며, 창으로 내다보는 자들이 흐릿해질 것이다(12:3). 이 일은 자신의 집에서만 일어나는 것이 아니라 다른 집에서도 일어나는데, 길거리 집

왜 나는 아직도 그리스도인인가?

의 문이 닫히고 새소리에도 놀라서 일어날 것이며 노래하는 자들이 연약해질 것이다(12:4). 그리고 살구나무에 꽃이 필 것이고(머리가 희게 늙을 것이며), 더는 욕망이 일어나지 않을 것이며, 사람들은 집으로 돌아가고 조문객들만 거리를 다닐 것이다(12:5). 이 모든 구절은 한 개인이 죽음을 맞이할 때 발생하는 현상을 비유적으로 표현한 것이기도 하지만, 죽음이 지닌 또 다른 특징, 즉 나와 타자/세상의 관계를 회화적으로 표현하는 것이기도 하다. 내가 죽게 되면 나와 관계된 자연, 사회, 집이 모두 사라진다는 표현은 내가 살면서 세상에서 행하는 모든 일에 대한 집착과 수고가 함께 죽는 것과 마찬가지라는 생의 무의미를 잘 드러낸다. 이것은 죽음에 대한 전도서만의 독특한 시각이다.

마지막으로, 삶이 죽음보다 더 깊은 고난이라면 죽음은 차라리 축복이다. 죽는 날이 출생하는 날보다 낫고 초상집에 가는 것이 잔칫집에 가는 것보다 낫다(7:1-2). 더 극단적으로는 세상이 악과 부조리, 무의미, 한계와 고난으로 가득하다면 차라리 태어나지 않는 것이 더 낫다. 학대받는 자를 위로하는 자가 없고, 학대하는 자가 권력마저 쥐고 있다면, 살아 있는 자보다 죽은 지 오래된 자가 더 복되며, 심지어 살아 있는 자, 죽은 자보다 태어나지 않은 자가 더 복되다(4:1-3). 고난에 찬 욥이 생일을 저주하는 것과 마찬가지로(욥 3:1), 전도서도 탄생 자체를 부정한다. 이것은 죽음을 일종의 축복이라고 보는 것이 아니라, 생이 고난과 무의미로 가득하다는 점을 강조하기 위한 수사적 표현이다. 결국 죽음은 삶과 깊이 연관되어 있다. 만약 삶에 의미가 있다면, 죽음을 받아들일 수도 있을 것이다. 그러나 악이 생을 지배하고 있고, 인간이 스스로 윤리적·사회적 악을 극복할 수 없다면, 죽음으로 생의 악, 무의미, 부조리, 한계의 종결을 경험하는 것이 축복일 수 있다. 물론 기독교는 이 땅에서 맞이하는 죽음이 인간 존재의 종결이라고 해석하지 않는다. 죽음으로써 다시 태어난다는 부활 사상이 매우 중요한 것이기는 하지만, "고난과 악이 지배하는 삶과 그리고 이어지는 죽음을 어떻게 이해해야 하는가?"라는 문제를 부활로 대체할 수는 없다. 바로 이 점이 기독교가 "부활"과는 별도로 "고난"의 문제에 몰두하는 이유다.

전도서는 인간의 보편적인 고난을 심층적·총체적·보편적으로 그린다. 악과 부조리와 죽음은 고난의 고유한 뿌리로서 서로 깊이 얽혀 있다. 전도서에서는 가장 정의로운 사법부에도 악이 존재한다는 "역설적이고 치명적 악", 하나의 악이 사회를 지배할 수도 있다는 "사회적이고 파괴적인 악", 학대와 차별과 같이 역사적으로 반복되고 있는 "지배와 소유의 악"을 고난의 근원으로 제시한다. 그리고 악의 결과가 선한 자에게, 선의 결과가 악한 자에게 돌아갈 수도 있는 부조리, 여러 얼굴을 가진 지혜가 인간의 삶에 자리한다는 모호함, 시간 속에 갇힌 생의 덧없음을 이야기한다. 그리고 죽음 앞에서는 인간과 인간, 심지어 인간과 동물이 같은 운명이라는 것, 생의 업적과 수고가 죽음으로 무산된다는 것, 따라서 나의 죽음은 세상과 타자의 죽음과 마찬가지라는 것을 지적하고, 이처럼 생이 고난과 부조리로 차 있다면 차라리 죽는 것이 삶보다 더 낫고, 태어나지 않는 것이 태어난 것보다 더 낫다며 극단적으로 생을 부정하는 모습을 보이기도 한다. 만약 이 모든 것이 보편적 사실이라면, 이 고난에 찬 생과 죽음을 주신 하나님은 누구인가? 아주 구체적인 고난, 까닭 없는 고난에 직면했던 욥이 하나님께 탄식한 것처럼, **보편적 고난을 당한 인류는 연합해서 하나님께 탄식해야 하지 않을까?**

고난과 하나님-숙명론인가? 왜 하나님께 고난을 탄원하지 않는가?

욥기와 마찬가지로 전도서도 고난을 이유로 하나님을 부정하지는 않는다. 그러나 전도서의 저자는 하나님께 깊이 탄식했던 욥과 달리 인간의 고난에 대해 하나님께 탄원하지 않는다. 오히려 **하나님을 전도서만의 방식으로 인정함으로써** 삶의 가장 기초적인 "선물"에 만족하며 살아가는 지혜를 가르친다. 이것이 어떻게 가능한가? 전도서는 하나님과 고난 속에 있는 인간의 관계를 어떻게 이해하고 있는가?

전도서의 주된 초점은 하나님을 포괄적으로 계시하는 것이 아니다. 그렇지만 전도서에는 하나님에 대한 상당히 중요한 지식이 포함되어 있다. 먼저, 하나님은 인간과 세상을 초월한 창조주다. 전도서는 인간이 시간 속에 갇혀 있다는 것을 길게 설명한 후에 하나님은 영원하다는 것을 가르친다(3:14). 또한 하나님은 지난 것을 다시 찾을 수 있으며(3:15), 땅에 있는 인간과 존재론적으로 다른 하늘에 계시고(5:2), 하나님이 하신 일을 인간이 다시 되돌릴 수 없다(7:13)는 점에서 인간과 본질적으로 다른 존재다.

그런데 그 하나님이 인간과 세계에 관계하신다. 하나님은 바람과 태의 뼈를 주장하시며(11:5), 인간에게 영(생명)을 주셨고 그 영이 결국 그분께로 돌아가는 창조주다(12:7). 인간이 고난 속에 살아가는 이유는 하나님께서 인간에게 괴로운 일로 수고하게끔 하셨고(1:13; 3:10), 죄인들에게 수고를 주셨으며(2:26), 해 아래서 모든 헛된 평생의 날들을 주셨기 때문이다(9:9). 뿐만 아니라, 하나님은 심판과 은총의 하나님이다. 인간에게 부조리가 닥치는 이유는 하나님을 경외하지 않기 때문이다(7:18). 비록 악인이 장수하는 부조리가 있다고 할지라도 하나님을 경외하지 않으면 결국 그날이 그림자와 같을 것이다(8:12-13). 특히 청년들이 악으로부터 떠나야 하는 이유는 하나님이 그들의 행위를 심판하시기 때문이다(11:9-10). 그리고 결국에는 하나님이 모든 행위와 모든 은밀한 일을 선악 간에 심판하신다(12:14).

또한 하나님은 "선물"의 하나님이다. 인간의 가장 최소한의 가치와 기쁨도 하나님의 손으로부터 온다(2:24). 인간이 먹고 마시는 것과 수고함으로 낙을 누리는 것은 하나님의 선물이고(3:13), 우리가 누리는 풍요와 즐거움도 하나님께서 우리에게 채워주시는 선물이다(5:19-20). 고난과 부조리와 악의 세상에서 우리가 늘 수고할지라도, 하나님께서 우리에게 먹고 마시는 즐거움과 기쁨을 주시는 데 이보다 더 좋은 것은 없다(8:15).

이러한 전도서의 이해는 과연 인간이 경험하는 보편적 고난을 제대로 표현하고 있는가? 전도서의 주장을 요약하면 아래와 같다.

1. 인간은 악, 부조리, 무의미, 죽음으로 인해 고난의 삶을 산다.
2. 창조주 하나님은 인간을 심판하기도 하고 선물을 주기도 한다.
3. 인간은 생의 최소한의 소유와 가치에 기뻐하며 하나님을 경외해야 한다.

어떻게 1과 2를 근거로 3과 같은 결론을 내릴 수 있는가? 하나님이 인간을 올바로 지으셨는데도 모든 문제와 고난이 인간으로부터 왔다면(7:29) 위와 같이 주장할 수 있다. 그러나 전도서가 그리는 인간의 고난은 창세기처럼 단순히 윤리적으로 해석할 수 있는 범주를 넘어선다. 더구나 하나님의 일이 인간에게 충분히 다 알려지지 않았다면, 하나님이 나타나셔서 우리와 인격적인 관계를 맺어달라고 요청해야 하는 것이 아닌가? 이런 일련의 "충돌" 없이 과연 하나님과 인간이 깊은 관계로 나아갈 수 있는가? 혹은 구체적인 내용도 없이 3의 결론에 도달한다면, 인간의 고난을 "반항과 탄식과 저항" 없이 수동적으로 받아들이자는 숙명론에 머무는 것이 아닌가? 그리고 만약 전도서가 인간에게 고난을 숙명으로 받아들이고 최소한의 소유로 만족하며 살아가라고 가르치고자 한다면, 인간의 보편적 고난을 완화해서 표현하거나 인간이 누리는 삶의 기쁨을 다채롭게 설명하면서 "고난과 행복" 간의 적절한 균형을 보여주어야 하지 않을까? 왜 전도서는 오히려 (1) "인간의 보편적 고난을 극대화"하고 (2) "생의 기쁨과 가치를 최소화"하는 방식으로 인생을 그리고 있는가? 우리는 왜 최소한의 가치에 만족하고 기뻐하며 살아가야 하는가?

전도서에서 인간의 보편적인 고난과 하나님의 섭리가 서로 충돌하지 않는 이유는 무엇일까? 전도서는 왜 "탄원"이라는 인격적인 관계보다는 "자족"이라는 숙명론적 거리 두기를 택하고 있을까? **전도서는 하나님이 세계와 인간에 개입하고 있다고 선포하면서도, 왜 고난에 찬 생의 모든 세세함을 하나님으로 대체하지 않는 것일까?** 과연 사람이 안빈낙도, 단표누항(簞瓢陋巷, 「논어」안연편), 일단식일표음(一簞食一瓢飮, 「논어」옹야 9)과 같은 "이 작은 소소함"만으로 하나님을 기뻐하고 경외할 수 있을까?

거리 두기의 신비

"고난의 치열함"과 "삶의 최소한의 가치"가 하나님의 섭리와 병행할 수 있는 이유는 (1) 하나님에 대한 제한된 이해와, (2) 인간의 삶에 대한 심오한 통찰 때문이다. 이 둘은 깊이 연관된 것처럼 보인다. 인간이 악, 부조리, 죽음 속에서 고난의 삶을 살아간다면 어찌 하나님에 대한 포괄적인 지식을 가질 수 있겠는가? 인간의 무능과 한계가 하나님에 대한 포괄적 선포를 자제하도록 이끈 것이 아닐까? 전도서는 창조주 하나님의 섭리와 전능함을 논하고 그 하나님이 어떻게 인간과 세계와 관계하는지를 드러내고 있지만, 그 안에서 사랑과 연민과 자비의 하나님에 대한 깊은 사상이 발견되지 않는다. "과연 하나님이 누구실까?"라고 묻지 않는 것이다. 욥기와 마찬가지로 하나님이 자기 백성과 맺은 언약의 관계에 대해서도 전혀 언급이 없다. 따라서 구약의 다른 성경과 비교해 훨씬 더 보편적인 주제를 다룬다고 할 수 있다. 성경은 "심판과 선물"이라는 개념을 넘어 더 세밀하고 진지한 수단으로 하나님의 일하심을 설명하고 있는데, 전도서는 이에 대해 침묵하거나 절제하고 있다. 전도서는 하나님과 거리를 두고 있는 셈이다.

우리가 하나님을 잘 모른다고 하는 것은, 실제로 하나님을 온전히 다 알 수 없기도 하지만 하나님을 올바로 알아가는 과정에 있다는 뜻이기도 하다. 조각가가 아직 형상이 이루어지지 않은 하나의 덩어리에서 필요 없는 부분을 쪼아냄으로써 자신이 표현하고자 하는 형상을 만들어가듯이, 인간도 하나님에 대한 인간의 지나친 지식을 "버림"으로써 참 하나님의 형상을 그려간다. 그런데 부정을 통해서(via negativa) 하나님의 참모습에 이른다고 했을 때, 결국 그 과정이 구체적인 모습으로 귀결되어야 하는데, 전도서가 그리는 하나님의 모습은 제한적이다. 이것은 인간의 고난 앞에 "축소된" 하나님의 모습을 의미하는 것인가? 혹은 하나님을 상술하지 않음으로써 하나님과 인간의 간격을 드러내고 하나님의 섭리가 침해되지 않도록 보호하는 것인가?

인간의 지식을 부정함으로써 하나님께 다다를 수도 있을 것이다. 그러나 인간의 지식을 조각함으로써 하나님의 모습을 발견할 수 있다면, 그 과정에서 발견되는 하나님은 결국 인간에게 종속된 하나님일 것이다. 인간의 지식을 조각해내는 것과 하나님의 모습을 알아가는 것은 결코 같은 일이 아니다. 전도서는 인간을 통해 하나님을 이해하려고 하지 않는다. 오히려 거리 두기를 통해 하나님과 인간이 서로 충돌하지 않는 신비의 공간을 확보하려고 한다.

하나님의 신비가 너무 깊은 나머지 우리의 지성으로는 그것을 다 받아들일 수 없고, 감히 파악할 수도 없다. 이로 인해 우리는 인식론적 근심(epistemic anxiety)에 빠지기도 한다.[33] 이러한 근심은 한편으로는 하나님을

---

33 Leron F. Shults, *Reforming Theological Anthropology: After the Philosophical Turn to*

우리의 지성의 틀에 가두려는 "소유욕"을 배경으로 한다. 이 소유욕을 내려놓고 하나님의 포용 속에 살아가는 인간의 한계와 하나님의 공간을 겸허히 인정하고 고백할 때, 비로소 우리는 또 다른 차원의 자유를 누릴 수 있다.

하나님에 대한 제한적인 이해는 우리 자신에 대한 이해와 깊이 연관된다. 우리는 보통 깊은 고난을 겪으면서 타자를 깊이 이해하게 되지만, 더러 이해의 폭이 좁아지는 경우도 있다. 심각한 질병에 시달리면서 같은 병으로 고생하는 타자에 대한 연민과 공감을 느낄 수도 있지만, 오히려 질병의 문제에만 지나치게 몰두하여 생의 총체적인 문제에 대해 좁은 식견을 보이는 경우도 있다. 그러나 전도서 저자가 생의 고난과 삶의 최소한의 향유를 주장하는 배경을 살펴보면, 하나님에 대한 관심의 결여나 생에 대한 좁은 관심이 아닌 무언가 더 중요한 것이 있는 것으로 보인다.

전도서는 인간의 고난의 근원을 다양하게 조명하는데, "인간의 절제할 수 없는 욕망"도 그중 하나다. 전도서의 저자는 왕의 지위(1:1, 12)를 가지고 모든 것을 다 누리던 자였기 때문에 이것은 상당히 설득력이 있어 보인다. 물론 여기에도 매우 어려운 문제가 있다. 생의 최소한의 가치만으로 기뻐하라는 지혜의 말을, 과연 생의 모든 풍요를 다 누려본 자가 생의 최소한의 가치조차 갖기 어려운 자들에게 얼마나 설득력 있게 전달할 수 있을까? 그러나 전도서의 저자는 왕이라는 지위를 활용하여 생의 모든 가치를 손쉽게 누린 것으로 보이지는 않는다. 전도자는 애끓는 간절함으로 지혜를 찾았고, 또한 수고하며 생의 가치들을 이루어가는 자들과 함께한 것으로 보인다. 뿐만 아니라 전도자는 다양한 삶의 형태와 가치를 생각해 볼 수 있는 기회도 풍부하게 경험했다. 그리고 왕의 지위와 권력과 경험

Relationality (Grand Rapids: Eerdmans, 2003), 164.

으로도 다 소유할 수 없는 생의 의미를 반추하면서, 바로 그 경험을 근거로 "무한의 욕망으로 차 있는 인생의 무의미"를 논한다. 돈을 사랑하는 자는 돈으로 만족함이 없고 풍요를 사랑하는 자는 소득으로 만족함이 없다(5:10). 또한 많은 소유가 있어도 오히려 그로 인해 불안한 삶을 살게 되고, 많은 것을 소유한 삶도 결국 그 끝에는 죽음이 있다고 말한다.

전도서 첫 부분에는 (1) 짧은 인생, (2) 영원한 자연, (3) 새로운 것이 없는 반복, (4) 그럼에도 불구하고 인생과 자연이 다 채울 수 없는 욕망이라는 네 가지 실재가 서로 대조되고 있다. 인간의 한 세대가 가고 새로운 세대가 와도 자연은 영원하다(1:4). 그런데 그 자연은 또한 끊임없이 반복된다. 해 아래 새로운 것이 없다(1:9). 문제는 "반복과 영원"으로도 자연이 자연을 충족시킬 수 없다는 점이다. 모든 강물이 다 바다로 흘러도 바다를 채울 수 없으며, 강물이 흘렀던 곳으로 다시 되돌아와서 흐른다(1:7). 따라서 만물이 얼마나 피곤한지 인간이 다 설명할 수도 없으며, 인간의 삶도 만족이 없는 끊임없는 욕망으로 채워져 있어서 눈은 보아도 만족함이 없고 귀는 들어도 차지 않는다(1:8). 이 얼마나 기가 막힌 역설인가? 변화 없이 반복되는 영원한 자연과 짧은 생이 대조되고, 채워지지 않는 무한한 자연과 채워지지 않는 인간의 무한한 욕망이 병렬되고 있다. 무한한 자연조차 채워지지 않거늘, 짧은 인생이 어찌 감히 "채움"의 만족을 기대하는가?

전도자는 이어지는 구절에서 모든 종류의 지혜와 소유로도 생을 만족시킬 수 없는 이유를 짧은 생의 종결, 즉 죽음에서 찾는다. "나 전도자는 이스라엘의 왕이 되어, 하늘 아래에서 일어나는 온갖 일을 지혜를 써서 연구하고 알아내려고 마음을 다하였다. 그런데 이것은 하나님이 인간에게 주신 괴로운 일이었다"(1:12-13). 그 결과로 전도자는 그 전의 왕들보다 더 많은 지혜를 가지게 되었고 계속해서 지혜를 추구하였다. 또한 사업에 성공하여 노래하는 남녀와 처와 첩을 많이 갖게 되었고, 자신이 원하는 것이라면 무엇이든지 추구하면서 기쁨과 쾌락을 느끼는 일에 몰두하였다(1:1-10). 전도자 왕은 그야말로 모든 것을 다 가지게 된 것이다. 그러나 생의 기쁨을 누리려는 것도 헛되고(2:1) 바람을 잡으려는 것과 같았다(2:11). 어리석은 자나 지혜로운 자가 함께 죽음을 맞이할 뿐이다(2:16). 뿐만 아니라 채워지지 않는 욕망으로 인해 스스로 고난 속에 빠져드는 자들은, 자신이 소유하고 있는 것을 지키기 위해서 노력해야 하는데 이 과정에서 오히려 화를 입을 수도 있다(5:10-12). 전도자는 소유가 고난을 가져올 수 있다는 점을 기가 막힌 비유로 설명한다. "노동자는 먹는 것이 많든지 적든지 잠을 달게 자거니와 부자는 그 부요함 때문에 자지 못하느니라"(5:12).

인간은 무한 욕망, 그 결과로 인한 불안과 죽음으로 인해 고난과 부조리의 삶을 살아간다. 전도서는 그런 욕망에서 벗어나 생의 소소한 기쁨을 누리며 살아야 한다고 말한다. 즉 고난의 근원이 인간 자신의 욕망에 있음을 직시하고 자신과 거리를 둠으로써 고난에서 벗어날 수 있다고 가르치는 셈이다. 최소한의 삶의 가치라는 것은 "욕망이라는 거대한 인간의 고난의 근원"을 극복할 때 비로소 이룰 수 있는 행복이라는 점에서 결코 "최소한"일 수 없다. 모든 것을 다 누려본 왕이 모든 것의 한계를 발견하고 나서 비로소 깨닫게 되는 가치다. 따라서 전도서는 단순히 가난한 삶을 권유하는 것이 아니다. 인간의 다양한 욕망, 심지어 하나님을 온전히 다 알고자 하는 욕망으로부터 거리를 둘 것을 권유하고 있다. 하나님에 대한 세밀한 지식을 추구하지 않음으로써 하나님과 거리 두기, 그리고 인간의 욕망으로부터 거리 두기라는 두 가지 방식은 혼돈과 부조리의 세상을 살아가는 우리에게 전도서가 들려주는 지혜다.

지금까지 우리는 전도서를 통해 인간의 고난이 얼마나 총체적이며 보편적이고 치열한가를 살펴보았다. 욥기처럼 전도서 역시 "고난이 어디로부터 왔는가?"에 대해서는 명확한 답을 제시하지 않는다. 전도서는 인간 고난의 총체적 현상을 설명하면서, 채워지지 않는 인간의 욕망과 인간의 삶과 죽음이 구조적으로 가지고 있는 한계가 고난의 바탕이 되고 있음을 드러낸다. 그러나 전도서는 욥기와 달리 하나님께 직접적으로 탄원하지도 않고, 하나님과의 인격적인 만남을 요청하지도 않는다. 인간의 고난이 하나님의 심판이 아니라면 하나님의 책임이 아니냐는 이원론적 사고를 넘어서, 하나님과 인간이 충돌하지 않는 신비의 공간을 인정하는 것이다.

어떻게 이것이 가능할까? 왜 전도서는 "하나님이 고난에 찬 인간과 어떻게 관계를 맺고 행동하는가?"를 묻기보다는 인생의 죄, 부조리, 죽음, 그리고 욕망을 총체적으로 그려내는 일에 몰두하는가? 하나님에 대한 신비와 고난의 신비를 연결짓기에는 인간의 한계와 문제가 너무 심각해 보인다. 전도서의 저자는 인간이 자신의 고난의 근원일 뿐만 아니라 생이 구조적으로 부조리와 무의미로 가득 차 있다는 점에 압도당하여 하나님과 충돌하기보다는, 선물로 주어진 생의 최소한의 가치에 만족하고 기뻐하며 하나님께 감사하는 삶을 살 것을 권유한다.

우리가 묻는 세 가지 질문 중 첫 번째 질문인 "기독교는 인간의 고난을 어떻게 이해하고 있는가?"에 대해 전도서는 대단히 총체적인 이해를 보여준다. 특히 사회적이고 구조적인 부조리가 생의 고난과 무의미의 근원이라는 전도서의 이해는 사실 인격적 신을 받아들이는 기독교의 경전이 제시하기에는 부적절하다고 여겨질 정도로 독특한 시각이었다. 그리고 세 가지 질문에 포함되지는 않지만 "누가 인간의 고난을 만들어내는가?"라는 질문에 대해서도 전도서는 "인간의 무한한 욕망과 죄"가 고난의 근원이라고 가르치고 있다. 또한 두 번째 질문인 "인간의 고난에 대해 신은 어떤 행동을 하는가?"에 대해서는, 인간과 신이 서로 충돌하지 않는 신비의 공간이 제시되었다는 점을 제외하고는 특별한 내용이 발견되지 않는다. 세 번째 질문인 "인간은 고난 앞에 어떻게 행동해야 하는가?"에 대해서는 고난과 싸워 이기거나 고난받는 자들과 고난의 연대를 이루는 적극적인 방법보다는, 생의 최소한의 가치에 만족하고 그 선물을 주신 하나님께 감사하라는 수동적인 방안을 제시하고 있다.

결론적으로 전도서는 인간의 고난에 대해 독특하고 현대적이며 심오하고 실존적인 자각을 갖게 만든다. **하나님의 행동과 우리의 행동에 관해서, 한편으로는 신비의 거리 두기를 실행함으로써 구체적인 길을 제시하는 데 실패한 듯이 보이지만, 다른 한편으로는 하나님의 신비와 고난의 신비를 깨닫고 생의 최소한의 가치를 누리라고 독려함으로써 고난의 삶에 지치고 지친 인간에게 안식할 수 있는 쉼과 내려놓음의 자유를 주기도 한다.** 우리는 이 책을 통해 고난에 대한 하나님의 행동과 인간의 행동을 이해할 수 있는 지혜와 지식을 갈망하고 있지만, 전도서는 우리의 이러한 "욕망"조차 내려놓아야 한다고 가르친다. 고난을 다룬 책 수십 권을 읽어도 우리의 이해는 늘 한계에 부딪히지 않겠는가? 때로는 분주한 발걸음을 멈추고 하나님의 신비 앞에 침묵하며 잠잠히 기다릴 필요가 있지 않겠는가? 이제 우리 주 예수 그리스도를 통해 가장 강렬하고 극단적인 고난이 무엇인지 살펴보기 전에, 고난 앞에 선 인간의 한계를 겸허히 인정하고 생의 최소한의 가치를 진정으로 기뻐하며 그 허허로움 속에서 신비의 하나님과 함께 안식할 수 있기를 소망한다.

4.2.4. 고난과 그리스도

기독교는 고난의 종교다. 성경은 신적 존재가 고난에 처한 인간과 세계와 어떻게 관계하고 행동하는가를 극단적으로 드러낸다. 그리스도와 고난이라는 말을 들으면 우리는 십자가를 가장 먼저 떠올린다. 그리스도와 고난의 핵심에 십자가가 자리하고 있지만, 그리스도와 고난의 관계는 십자가보다 훨씬 더 포괄적이고 심오한 것이다. 그리스도의 성육신, 삶, 선포, 죽음, 부활, 다시 오심, 심지어 종말론적 실재마저도 모두 인간의 고난과 직접적으로 연결되어 있다. 그리고 그리스도와 그를 따르는 자들, 고난 속에 있는 자들이 고난 앞에서 어떻게 행동해야 하는가에 대한 단서를 그리스도에게서 발견할 수 있다. 우리 주 예수 그리스도는 고난의 하나님이자 고난의 인간이다.

성육신

기독교는 하나님이 인간이 되셨다는 신비한 성육신의 사상을 믿고 고백한다. 사람들은 어떻게 신이 인간이 될 수 있냐며 끊임없이 의문을 제기했지만, 이것은 인간의 지성과 삶으로 도저히 이해힐 수 없는 일이다. 기독교와 함께 아브라함 종교에 속하는 유대교나 이슬람교도 성육신을 받아들이지 않는다. 물론 성육신과 유사한 이야기가 다른 종교나 인간의 문화 속에 발견되기도 한다. 힌두교의 비슈누 신이 화신(avatara)으로 이 세상에 찾아오는 것을 기독교의 성육신과 비슷하다고 주장하는 사람도 있고, 이에 따라 성육신이라는 영어 단어 incarnation을 함께 사용하기도 하는데, 사실 많은 기독교 학자들은 둘의 차이를 지적한다. 힌두교의 화신은 22가지가 있는데, 일반적으로 10가지가 널리 알려져 있다. 그중 물고기(Matsya), 거북(Kuma), 멧돼지(Varaha), 사람 사자(Nrsimha) 등은 동물과 사람의 모습이 어우러진 존재에 가깝고, 라마, 크리슈나, 붓다, 칼키는 온전한 인간의 모습을 가지고 있으나 엄밀히 말하면 인간이라기보다는 인간의 모습을 가지고 있는 신이라서 "육체로 태어난 예수"와는 상당히 다르다.[34] 단군 신화에도 환인의 아들 환웅이 사람이 된 곰과 결혼해서 단군을 낳았다고 하는, 신과 인간의 결혼이라는 형태가 등장하지만, 이것은 "신이 육이 된 성육신"과는 본질적으로 다르다.

인간이 상상하는 성육신의 모습은 예를 들어 (1) 예수라는 인간 위에 신이 머물렀다가 다시 떠났다는 영지주의의 주장과 같이, 인간의 모습을 가지고 있지만 사실은 신이거나, (2) 절대적인 창조주보다는 못한 중간자일 경우가 많고, (3) 그럼에도 불구하고 인간 위에 군림하는 신적 존재다. 즉 인간의 형태로 인간에게 찾아오는 신의 모습은, 최고 지존의 신보다는 조금 낮은 단계의 신으로서 인간과 최소한의 간격을 유지하고 일정한 일관성을 갖는다.

그러나 예수 그리스도는 인간과 고난을 함께한 참인간이었다. 만약 예수가 참하나님이라면 (이 어려운 주제는 다음 장에서 자세히 다룰 것이다), 기독교의 성육신은 참하나님이 참인간, 즉 육체가 되었다는(요 1:14) 것을 믿는 유일한 종교다. 전통적인 신학은 예수 그리스도의 신적인 면을 강조했지만, 현대 신학은 인간 예수의 모습에 주목한다. 이 신학적 변화는 참으로 흥미로운 일이다. 현대 신학의 주장은 인간 예수의 모습이 성경에 잘 드러나고 있으며, 신화적 요소를 제거하면 인간이 쉽게 받아들일 수 있는 예수의 정체성이 인간이라는 것인데, 다른 한편으로 보면 그 정도로 예수의 성육신은 "성육신한 척"이 아니라(Docetism) 정말로 성육신한 것이라는 반증이 된다.

깊이 생각해보면 이것은 하나님이 고난 속에 살아가는 인간을 단순히 방문하시는 것에 그치지 않고 직접 고난의 인간이 되었다는 의미다. 예수는 우리 곁에 있는 이방인이나 타자가 된 것이 아니라 바로 우리가

---

34   수가누마 아키라, 『힌두교 입문』, 문을식 역(서울: 여래, 1993), 62-72.

되었다. 임마누엘 하나님께서 스스로 인간의 남편을 자처하였으나 인간이 떠나기를 반복하자, 하나님께서 말씀인 예수를 우리 가슴에 새겨놓으신 것이다(렘 31:31-34). 하나님의 자녀들이 혈과 육에 속했기 때문에 예수도 같은 모양으로 혈과 육을 함께 지녔고(히 2:14), 범사에 형제들과 같이 되어 고난을 당했기 때문에 고난당하는 자들을 능히 도우신다(히 2:17-18). 우리와 철저히 다른 하나님이(the Wholly Other) 자신과 철저히 다른 인간(the wholly other)이 되신 것이다. 이것은 엄청난 자기 부정(self-denial)이며, 동시에 절대 타자인 인간을 자신 속에 끌어안으신 포용이다.

신의 자기 부정은 한편으로는 인간이 생각하는 완전한 신의 모습과 다르지만, 다른 한편으로는 자신의 완전함조차 부정하면서 고난에 찬 인간으로 자신을 한없이 낮추는 또 다른 차원의 신의 모습이다. 우리는 흔히 신이 "변화할 수 없는 영원한 존재"라고 생각하지만, 기독교의 하나님은 자신을 부정하는 극단적인 변화조차 무릅쓰고 인간이 된 존재다.

물론 신은 모든 것을 할 수 있으므로 인간이 될 수도 있다는 논리를 적용하면, 성육신을 하나님의 전능함의 한 부분으로 해석할 수도 있다. 그런데 (1) "모든 것을 할 수 있는 것"과, (2) "선한 것을 하려는 의지"와, (3) "자신을 비우고 자신보다 더 낮은 존재로 낮추는 것"은 서로 연관이 있을 수는 있으나 동일한 것은 아니다. 인간이 상상하는 무소불위의 전능함과는 달리, 성육신은 "선하고 겸비한 의지"가 있어야만 가능한 것이다. 결국 성육신은 능력의 문제가 아니라 의지의 문제다. "선한 의지"와 "비움/낮춤"은 신약성경이 하나님과 그리스도를 표현할 때 가장 적극적으로 드러내는 모습이기도 하다. 하나님은 선한 의지로 아들을 기뻐하셨으며(εὐδοκέω, 막 1:11), 모든 충만이 그리스도 안에 거하게 하는 것을 기뻐하셨고(골 1:19), 그리스도를 통해서 우리를 양자로 삼으신 것도 하나님의 선하신 뜻이었다(εὐδοκία, 엡 1:5). 그리스도 역시 버릴 권세도 다시 얻을 권세도

　　　　　　　　　왜 나는 아직도 그리스도인인가?

있었지만(요 10:18), 우리를 위해서 자신을 비우고 희생하셨다(빌 2:7).

인간은 자신보다 더 우등한 존재로 높아지기를 원한다. 따라서 만약 인간이 자신보다 열등한 존재로 자신을 낮추어야만 한다면 엄청난 고통이 따를 것이다. 비록 그 선하신 뜻에 의해 자신을 낮추어 찾아오셨다고 하지만, 하늘과 땅의 만물을 창조하신 그리스도께서(골 1:16) 육을 가진 인간이 되신 성육신을 경험하시는 과정에서 어떤 고통을 감당하셔야 했는지 우리는 잘 알 수도 없고 상상하기도 어렵다. 피조물 간의 변화와는 질적으로 다른 성육신을 통해 자신을 비우는 것은(빌 2:7), 인간이 감히 상상할 수 없는 어려운 신적 고통(divine suffering)이 요구되는 자기희생일 것이다. 우리는 성육신한 예수의 삶과 죽음과 그의 선포를 통해, 하나님의 성육신은 인간이 감당하는 고난과는 차원이 다른 고난을 내포하고 있음을 짐작할 뿐이다. 고난으로 점철된 삶을 사는 그런 인간이 되신 하나님의 독생자 예수의 삶과 선포와 죽음이, 그 자체로 인간과 고난을 나누고 인간의 고난을 짊어지는 모습을 보여주기 때문이다.

그리스도의 삶과 선포

예수는 고난받는 자들을 위해 이 땅에 찾아오셨다. 이보다 더 선명하게 그리스도 예수를 설명하는 것은 없다. 우리는 예수의 삶과 죽음과 부활을 우리의 "구원"에 초점을 맞추어 이해하고 있지만, 그리스도는 우리의 구원보다 더 큰 존재다. 기독론은 구원론의 바탕이 되지만 구원론에 종속되지 않는다. 초기 교회는 그리스도의 인성의 온전함을 논하면서 "성육신되지 않은 것은 구원받을 수 없다"는 논리를 내세워 그리스도의 인성의 온전함을 방어했다. 즉 그리스도가 영과 육이 온전히 인간이어야만 우리의 영과 육도 온전히 구원을 받을 수 있다는 주장이다. 그런데 이 주장은 따지고 보면 상당히 이상한 논리를 근거로 한다. 우리의 구원이라는 인간론과 구원론이 그리스도의 본성이라는 기독론을 결정한다는 것이 적절치 않고, 구원의 "필연성"이 그리스도의 본성의 "실재"를 결정한다는 것도 이상하다. 우리의 필요에 따라 그리스도의 본성이 결정될 수 있는가?

우리는 우리 자신에게로 휘어져 돌아오는 본성(*homo incurvatus in se*)을 가지고 있다. 하지만 고난과 그리스도라는 주제를 다루고 있으므로, 우선적으로 그리스도에게 초점을 맞춰보자. 그리스도는 자신이 이 땅에 찾아오신 주된 뜻과 이 땅에서 행하시는 일이 고난받는 자들을 위한 것이라고 규정하신다. "주의 성령이 내게 임하셨으니 이는 가난한 자에게 복음을 전하게 하시려고 내게 기름을 부으시고 나를 보내사 포로 된 자에게 자유를, 눈먼 자에게 다시 보게 함을 전파하며 눌린 자를 자유롭게 하고"(눅 4:18). 누가복음에 따르면 예수께서 광야에서 40일간 시험을 당한 후에 갈릴리로 돌아가 여러 회당에서 가르치실 때, 이사야서를 펴서 이 말씀을 읽고 바로 이 말씀이 오늘 자신에 의해서 이루어졌다고 선포하셨다. 공생애의 일을 시작하면서 자신이 하는 일의 본질을 "가난한 자, 포로된 자, 눈먼 자, 눌린 자"를 위한 것이라고 정의하신 것이다. 전통적인 서구 기독교는 오랫동안 이런 고난을 영적인 고난으로 해석해왔다. 현대 기독교는 이런 이원론에 반대하여 육적 고난이나 정치·사회·경제적 고난을 더 강조하는 경향이 있다. 그러나 순수하게 영적이거나 전적으로 육적인 고난은 없다. 사람은 전인격적으로 고난을 겪는다. 이사야가 예언하고 예수께서 확정하신 자신의 일은 영적·육적으로 가난하고 탄압받고 병들고 억압받는 모든 사람들을 위한 것이었다.

사도신경은 그리스도의 삶을 언급하지 않고 그리스도의 탄생에서 죽음으로 바로 넘어가지만, 우리는 그의 삶에 주목해야 한다. 예수의 삶은 고난받는 자들과 함께 한 삶이었다. 물론 "기도, 선포, 가르침"도 예수의 삶의 중요한 부분이지만, 그의 주된 일은 고난받는 자들과 함께하는 것이었다. 예수의 삶은 죄인들(막 2:13-17; 눅 5:8), 세리들(마 9:9-13; 눅 18:9-14), 창녀들(마 21:31; 눅 7:36-50; 요 8:1-11), 병든 자들(막 1:21-2:12), 종교·정치 지도자들에게 억압받는 자들(막 11:15-18; 15:3-11), 귀신에 사로잡힌 자들 (막 5:1-20), 배고픈 대중들(막 6:30-44)과 함께하는 삶이었다. 누가복음의 저자는 예수께서 요한의 제자에게 자신이 하는 일을 요약하여 "병든 자가 고침을 얻고 가난한 자에게 복음이 전파된다"고 말한다(눅 7:22). 예수는 그들과 함께했다는 이유로 종교 지도자의 비난과 박해를 받았다.

그의 삶뿐만 아니라 그의 선포도 고통받는 자들을 향한 것이었다. "가난한 자는 복이 있나니 하나님 나라가 너희들 것이다"(눅 6:20). "빨리 시내의 거리와 골목으로 나가서 가난한 자들과 병자들과 소경들과 저는 자들을 데려오라"(눅 14:21). 나사로라 이름한 한 거지가 헌 데를 앓으며 그 부자의 대문에 누워 부자의 상에서 떨어지는 것으로 배불리려 하매 심지어 개들이 와서 그 헌데를 핥지만, 그 거지 나사로가 죽어 천사들에 받들려 아브라함의 품에 들어간다(눅 16:20-22). 하나님 나라는 많은 사람에게 늘 초청 받는 지위 높은 자들보다는, 가난하고 고통받고 외면당하는 자들이 초청받고 위로받는 나라다.

가난하고 고통 받는 자들에 대한 예수의 선포는 최후의 심판에서도 여전히, 오히려 더더욱 유효하다. 마태복음 25장에서 예수는 아래와 같이 선포한다.

인자가 자기 영광으로 모든 천사와 함께 올 때에 자기 영광의 보좌에 앉으리니, 모든 민족을 그 앞에 모으고 각각 구분하기를 목자가 양과 염소를 구분하는 것 같이 하여 양은 그 오른편에 염소는 왼편에 두리라. 그때에 임금이 그 오른편에 있는 자들에게 이르시되, "내 아버지께 복 받을 자들이여, 나아와 창세로부터 너희를 위하여 예비된 나라를 상속받으라. 내가 주릴 때에 너희가 먹을 것을 주었고 내가 목마를 때에 마시게 하였고 내가 나그네 되었을 때에 영접하였고 내가 헐벗었을 때에 옷을 입혔고 내가 병들었을 때에 돌보았고 내가 옥에 갇혔을 때에 와서 보았느니라." 이에 의인들이 대답하여 이르되, "주여, 우리가 어느 때에 주께서 주리신 것을 보고 음식을 대접하였으며 목마르신 것을 보고 마시게 하였나이까? 어느 때에 나그네 되신 것을 보고 영접하였으며 헐벗으신 것을 보고 옷 입혔나이까? 어느 때에 병드신 것이나 옥에 갇히신 것을 보고 가서 뵈었나이까?" 하리니, 임금이 대답하여 이르시되, "내가 진실로 너희에게 이르노니 너희가 여기 내 형제 중에 지극히 작은 자 하나에게 한 것이 곧 내게 한 것이니라" 하시고(마 25:31-40)

이 말씀은 가히 혁명적이다. 예수는 내가 주릴 때, 내가 목마를 때, 내가 나그네 되었을 때, 내가 헐벗었을 때, 내가 병들었을 때, 내가 옥에 갇혔을 때라고 말하며, 자신을 고통 속에 있는 자들과 동일시한다. 그리고 예수의 형제 가운데 지극히 작은 자에게 한 것이 바로 예수 자신에게 한 것이라고 말한다. 이것은 "예수는 고난 받는 자다"라는 혁명적인 선포다. 그러나 고난 받는 자들을 돌보고 섬긴 의인들은 그 선행이 예수를 향한 것이라고 전혀 생각하지 못했다(마 25:37-38).

왜 그들은 예수를 알아보지 못할까? 고난의 예수께서 하나님 나라를 선포하고 십자가에서 사람들의 고난을 짊어지시고 부활하셨는데, 우리도 여전히 예수가 어디에 계시는지 잘 알지 못하는 것은 아닐까? 우리는 아직도 부자와 거지 나사로가 있는 이원론적 세계에서 살아가는 것은 아닐까? 그로 인해 예수께서는 여전히 고난 받는 자들 속에서 그들의 고난을 함께 나누고 계신 것은 아닐까?

그런데 예수의 선포의 또 다른 핵심은 바로 고난받는 자들을 영접하

왜 나는 아직도 그리스도인인가?

고 섬긴 자들이 하나님 나라를 상속받는다는 것이다(마 25:34). 비로소 우리는 고난 앞에서 어떻게 살아가야 하는지에 대한 가장 강력한 가르침과 선포를 만나게 된다. 고난에 대한 마지막 주제, 즉 고난 앞에서 인간은 어떻게 행동해야 하는가에 대한 기독교의 가르침은 개인적인 측면을 넘어 고난 받는 자들과 그리스도의 연대, 고난 받는 자들과의 사회적 연대를 지향한다. 고난의 사회적 측면을 강력히 선포하는 것이다. 고난의 예수, 그 예수의 가장 작은 자매 형제들, 그리고 그들을 섬기는 자들이 속한 하나님 나라는 깊고도 깊은 고난의 연대 속에 있는 나라다. 이 예수의 신비스러운 선포에 관해서는 다음 장에서 하나님 나라를 다룰 때 다시 한번 살펴볼 것이다.

예수의 고난

예수는 고난받는 자들을 위해 말씀을 선포하시고 그들에게 가르침을 주신 후에 십자가에서 참혹한 고난을 겪으며 돌아가셨다. 우리는 십자가의 예수에게 이르러 고난에 대해 가장 급진적이고 혁명적인 기독교를 만난다. "하나님이 인간이 되어서 인간을 위해 고난의 죽음을 당했다"는 기독교의 복음은 인간이 상상할 수도 없고 원하지도 않는 이야기다. 그리스도의 십자가에 대한 여러 해석이 있지만, 예수께서 선포하신 말씀을 근거로 살펴보면 인간의 고난과 예수의 죽음은 나눔(sharing)과 짊어짐(bearing)이라는 두 가지 측면에서 깊은 의미를 지닌다. 십자가에서 예수는 억압받는 자들과 자신을 나누고(Christ shares himself with the oppressed), 인간의 고난을 나누고(Christ shares suffering with us), 인간과 인간의 고난을 짊어지신다(Christ bears us and our suffering). 이 나눔과 짊어짐의 깊은 가치를 올바로 이해하려면 우선 십자가와 고난에 대한 일부 현대 신학자들의 비판을 생각해 볼 필요가 있다.

기독교는 고난을 찬미하고 조장하는가?[35]

시편 34:19은 "의인은 고난이 많다"고 한다. 그러나 이 말씀의 순서를 거꾸로 하면 고난이 많으면 의인이다가 되는데, 이러면 심각한 문제가 생긴다. 많은 현대 신학자들은 십자가가 인간의 폭력과 고난의 근원인 것처럼 십자가를 비판한다. 기독교, 특별히 그리스도의 십자가가 인간의 고난을 수용하고 찬미함으로써 오히려 고난을 조장하고 부추긴 결과를 초래했다는 것이다. 특히 일부 여성주의자들은 이렇게 주장하면서 십자가와 그리스도보다는 부활과 그리스도의 삶에 더 주목하는 경향이 있다. 사실 역사를 보면 고난당한 자들이 십자가로 인해 자신들의 고난을 수동적으로 받아들이게 되는 경우가 적지 않다. 지배자는 십자가를 자신들의 지배를 합리화하기 위해 피지배자들에게 복종과 굴종을 강요하는 수단으로 사용해왔다. 예수는 가난한 자, 눌린 자를 위한 삶을 살면서 그들에게 속한 하나님 나라의 신비를 증거했는데, 십자가 신학은 이러한 그리스도의 삶과 선포를 적절히 반영하지 못했고 오히려 "심판과 희생제물"이라는 개념을 강조함으로써 약자를 탄압하고 고난을 찬미하며 폭력을 정당화하거나 조장하는 결과를 낳았다. 흑인 해방신학자들은 백인들이 인종 차별에 앞장선 이유도 전통적인 십자가 사상에 윤리성이 부족했기 때문이라고 주장하고, 더 나아가 여성신학자, 흑인 여성신학자들은 전통적인 십자가 사상이 "아동학대"나 "대리모"의 이미지를 갖고 있으며 이로 인해 여성들이 학대와 차별에 수동적이고 굴종적으로 반응하도록 조장했다고 주장한

---

35 이하 "기독교는 고난을 찬미하고 조장하는가?"와 대속에 관한 논의는 『성령론과 삼위일체론: 심산 차영배 교수 미수 기념 논문집』(용인: 킹덤북스, 2017)에 실린 나의 논문 "현대 신학이 제기하는 십자가 신학의 논쟁점: 대속과 폭력" 중 일부를 인용하였다. 다소 전문적인 내용이기는 하지만 십자가가 오히려 인간의 고난을 초래했다는 일부 신학자들의 주장이 너무 심각하다고 여겨 여기에 일부를 포함하였다.

다.[36]

십자가의 죽음은 분명히 폭력적이다. 인간들의 무지, 종교적 탐욕, 정치적 욕망, 폭력에 둔감한 사회적 환경 등으로 인해 죄 없는 청년이 십자가에 못 박히는 참혹한 일이 발생했다. 이렇듯 십자가의 죽음은 인간의 폭력을 드러내고 폭로한다. 그런데 십자가를 이해하고 해석하는 십자가 사상이 바로 이 폭력을 부추긴 것인가? 더 나아가 심판과 제사라는 틀 속에서 이해되는 하나님은 자신의 외아들을 이런 죽음으로 내모는 폭력적인 하나님인가? 이 심각한 주제를 다루기 위해서는 십자가의 죽음이 "희생"(victimization)이고 그리스도는 "희생제물"(victim)로 십자가에 바쳐졌다는 십자가 사상의 내용을 먼저 살펴보아야 한다.

그리스도의 죽음을 하나님께 바쳐진 희생제물로 해석하는 것은 전통적인 십자가 사상의 특징 중 하나다. 히브리서는 그리스도의 죽음을 제사로 해석한다. 9장에서는 구약의 지성소와 언약궤 그리고 속죄소(ἱλαστήριον)에 대해 언급한 후에(9:1-10), 예수께서 염소와 송아지의 피가 아닌 오직 자기 피로 영원한 속죄를 이루었고(9:12), 단번에 자신을 제사로 드렸다(9:26)고 선포한다. ἱλαστήριον이라는 단어는 로마서 3:25에서도 사용되고 있으며, "피로 인한 제물이나 제사(propitiation/expiation)"로 번역된다. 또한 베드로전서 1:2의 "피뿌림"과 1:19의 "어린 양 같은 보배로운 피"도 제사의 모티프를 가지고 있다. 구약의 다양한 제사 제도와 구분되기는 하지만 조금 범위를 넓히면, 유월절의 어린 양도 신약에서 그리스도의 죽음을 해석하는 틀로 이해되었고(고전 5:7), 세상 죄를 지고 가는 하나님의 어린 양(요 1:29)도, 비록 "하나님의 양"이라는 측면에서는 다른 성경에서 찾을 수 없는 고유한 표현이긴 하지만, 희생제물의 이미지를 가지

---

36   J. Denny Weaver, *The Nonviolent Atonement*, 2nd Ed. (Grand Rapids: Eerdmans, 2011), 5.

고 있다. "양"과 연관 지어서 그 범위를 더 넓히면, 아브라함이 이삭 대신에 양을 바치는 사건(창 22:1-19), 구약의 다양한 제사 제도, 이사야 53장의 고난의 종, 계시록의 어린 양 등이 그리스도의 죽음을 제사라는 틀에서 이해할 수 있는 단서가 된다.

그러나 심각한 문제가 남아 있다. 과연 그리스도는 하나님께 바쳐진 희생제물인가? 인간의 제례적 풍습에서 흔히 발견되는 제사 제도가 십자가를 이해하는 틀로 사용되는 것이 과연 올바른 십자가 신학인가? 나는 기독교 국가인 우간다와 잠비아 출신의 학생들과 함께 신학 석사(Th. M) 과정을 공부했다. 그들의 분석에 따르면 기독교 국가들의 제국주의적 침략에도 불구하고 모국에서 기독교가 빨리 전파된 이유는 그리스도의 십자가를 이해할 수 있는 제례적인 풍습이 존재하고 있었기 때문이라고 한다. 나는 그리스도인이 인구의 83%에 이르는 남태평양의 바누아투에서 박사 논문을 쓰면서 2년간 신학을 가르친 적이 있다. 바누아투에는 돼지를 신적 존재에게 바치는 제사 풍습이 있었는데, 신학교 학장이 그리스도를 "One big pig"라고 해석하는 설교를 들은 적이 있다. 2016년 9월에는 연세대학교의 Global Institute of Theology에서 아프리카와 아시아 출신의 학생들에게 십자가 신학을 가르쳤는데, 그리스도의 십자가 죽음과 인간의 희생제사가 몇몇 유사점을 제외하고 어떤 점에서 결정적으로 다른지를 설명하자 석·박사 과정의 학생들이 당황해하면서 이해하기 어렵다는 반응을 보이기도 했다. 몇 차례 신학적인 토론을 거친 후에야 학생들은 비로소 그 차이를 이해하게 되었다. 그런 일련의 사건들을 통해 나는 제3세계의 그리스도인들에게는 제사 제도가 십자가 신학의 주된 해석학적 틀을 형성하고 있음을 알게 되었다.

십자가의 죽음은 피의 죽음이 발생했고 그 죽음이 희생적 죽음이라는 두 가지 점을 제외하고는 인간의 희생제사 제도와는 본질적으로 다르

왜 나는 아직도 그리스도인인가?

다. 제사 제도에는 제물을 받는 신적 존재, 제물을 드리는 인간, 그리고 희생되는 제물이라는 세 요소가 있는데, 그리스도의 죽음은 이 세 요소 중 어떤 것도 적용할 수 없다. 하나님은 제물을 받는 존재가 아니라 그리스도의 희생을 주관한 주체(subject)이며(요 3:16; 롬 3:25; 5:8), 그리스도는 수동적 제물이 아니라 스스로 하나님의 뜻을 받들어 십자가에서 희생한 자기희생의 또 다른 주체(subject)이고(막 10:45; 요 10:18), 인간은 제물을 바친 주체가 아니라 십자가에 초청받은 자들, 그리스도께서 짊어지신 자들인 객체(object)에 불과하다. 쉽게 말하자면 인간의 희생 제도와 그리스도의 죽음은 주객이 전도된, 서로 상반된 것이다.

그런데 문제는 여기에 그치지 않는다. 하나님이 폭력적 죽음을 받는 객체가 아니라고 할지라도 바로 그 폭력적 죽음의 주체가 되기 때문에 하나님이 폭력적인 분이 아닌가라는 의문이 제기된다. 피의 제사가 드러내는 죽음의 잔인함과 폭력성, 인간의 철저한 수동성 등이 십자가 신학에 영향을 끼친 결과, 충족, 심판, 보복, 진노를 달램, 죄의 전가 등이 십자가 신학의 중요한 개념으로 등장하게 되었다. 이에 따르면 전통적인 십자가 신학이 폭력과 학대를 정당화하고 사람들로 하여금 폭력과 학대를 수동적으로 수용하도록 만들었다는 비판이 가능해진다. 결국 우리는 "인간의 희생제사가 폭력적이라는 이유로 그 비유를 사용하지 않는다면, 십자가의 거룩한 희생을 어떻게 폭력과 무관하게 설명할 수 있는가?"라는 실문에 도달하게 된다.

프랑스의 사상가 지라르(René Girard)는 모방(mimesis), 속죄양(azazel, scapegoat) 등의 용어를 사용하여 희생제사와 폭력의 관계를 밝힌다. 그는 수요와 공급의 차이가 갈등과 폭력을 유발한다기보다는, 한 구성원이 어떤 것을 소유하면 다른 구성원이 그것을 모방해 동일한 것을 소유하려 하는 모방적 갈등(mimetic crisis)이 증폭되어 폭력이 발생한다고 진단한다.[37] 그리고 분열을 초래하는 갈등과 폭력을 해소하기 위해 분열의 원인으로 지목할 희생양을 찾게 되고, 그 희생양을 희생제물로 바침으로써 사회의 통합을 이룬다.[38] 하지만 이런 식으로 이루어지는 갈등 해소는 희생제물은 진정한 갈등의 원인이 아니라는 점에서 일종의 망상에 불과하다.[39] 이런 원시적·신화적 희생제사와 비교해보면 성경의 희생제사는 조금 다르게 나타난다. 요셉은 형들의 폭력을 거부하고 스스로 희생양이 되었고, 이사야서에 등장하는 고난의 종은 조금 불확실한 측면이 있지만 하나님이 고난의 책임을 지는 주체로 표현된다.[40] 또한 지라르는 복음서의 그리스도가 비폭력의 죽음을 감당함으로써 희생 제도의 본질과 기원을 폭로했고, 인간의 제사가 더 이상 효과적으로 작용할 수 없음을 드러냄으로써 희생제사를 종결지었다고 결론을 내린다.[41] 지라르는 제례적 신화와 풍습을 성경 해석의 맥락으로 삼지 않고 성경의 배성이 인간의 풍습을 재해석하는 방법론을 택함으로써,[42] 인간의 상황과 문화를 통해 성경을 해석하려하는 현대 신학의 상황주의 방법론과 구분된다.

그러나 지라르의 이런 분석은 "그리스도의 희생이 제례적 동기를 극복하고도 여전히 "희생"의 의미를 제시할 수 있는가?"라는 문제를 다루지 않고 있으며, "십자가 죽음 그 자체"가 가지고 있는 폭력성을 읽어내지 못

---

37 René Girard, "Mimesis and Violence," in *The Gerard Reader*, ed. James G. Williams (New York: A Crossroad Herder, 1996), 9.

38 Girard, "Mimesis and Violence," 13.

39 Girard, "Mimesis and Violence," 15.

40 Girard, "Mimesis and Violence," 18.

41 Girard, "Mimesis and Violence," 18.

42 P. J. Watson, "Girard and Integration: Desire, Violence, and the Mimesis of Christ as Foundation for Postmodernity," *Journal of Psychology and Theology* 26/4 (1998), 320.

한다. 이에 대한 대안으로 위버(Denny Weaver)는 비폭력적 십자가 사상(The Nonviolent Atonement)을 제안한다. 그의 주장에 따르면, 그리스도의 죽음을 이해하기 위해서는 죽음 그 자체보다 폭력에 저항했던 예수의 삶에 주목해야 한다.[43] 또한 그는 십자가는 하나님 나라를 우리에게 제시함으로써 우리가 일체의 군국주의, 인종주의, 여남 차별, 가난 등과 싸우도록 초청하는 것이며,[44] 우리는 하나님 나라를 위한 그의 사명의 부산물인 십자가보다는[45] 생명을 가져오는 부활에 더 집중해야 한다고 주장한다.[46]

그의 주장은 전통적인 십자가 사상에 대한 심각한 비판에서 출발한다. 첫째, 그는 전통적인 십자가 사상이 하나님의 필요(divine need)를 충족시키는 데 초점을 맞추고 있다고 해석한다.[47] 둘째, 십자가를 해석할 때 하나님 방향(God-ward), 악을 향한 것(toward evil), 그리고 인간을 향한 것(toward humanity)이라는 세 가지 개념이 있는데 위버는 이 셋이 모두 하나님이 승인하신 폭력(divinely sanctioned violence)이라는 요소를 가지고 있다고 진단하면서[48] 특히 안셀무스의 충족이론과 같이 하나님을 향한 방향으로 십자가를 이해할 경우 하나님이 폭력적 죽음을 허락했다는 해석을 피할 수 없다고 주장한다.[49] 결국 인간의 폭력을 막기 위해 더 큰 폭력인 십자가의 죽음이 발생했다는 것이다.[50] 따라서 위버는 예수께서 폭력에 비

---

43   Denny Weaver, "The Nonviolent Atonement: Human Violence, Discipleship and God," in *Stricken by God?: Nonviolent Identification and the Victory of Christ*, eds. Brad Jersak and Michael Hardin (Grand Rapids: Eerdmans, 2007), 319.

44   Weaver, "The Nonviolent," 335-336.

45   Weaver, "The Nonviolent," 352.

46   Weaver, "The Nonviolent," 344, 348.

47   Weaver, "The Nonviolent," 323.

48   Weaver, "The Nonviolent," 337-339.

49   Weaver, "The Nonviolent," 342.

50   Weaver, "The Nonviolent," 340.

폭력으로 대응하셨다는 지라르의 견해를 받아들이면서도, 예수에게 인간의 폭력을 폭로하는 수동적인 사명보다는 하나님 나라를 이 땅에서 이루는 능동적인 사명이 주어졌고, 십자가보다는 부활이 그리스도의 승리를 드러낸다고 결론짓는다.[51]

위버는 십자가의 능동적인 가치와 부활에 더 주목했지만 십자가에 대한 논의 자체를 부정한 것은 아니다. 그러나 그가 전통적인 십자가 사상을 아울렌의 세 가지 유형으로 좁혀서 이해한 것, 그리고 안셀무스의 충족이론이 "하나님의 필요성"이라는 틀에 갇혀 있다고 이해한 것은 적절하지 못한 해석이다. 그런데 위버보다 더 심각한 비판은 여성주의자, 특히 흑인 여성주의자들로부터 일어났다. 브라운(Joanne Carlson Brown)과 파커(Rebecca Parker)는 인간의 고난 중에서도 특별히 여성의 고난에 주목하면서 고난을 찬미하는 십자가에 의문을 제기한다. 그는 십자가로 인해 하나님이 폭력적인 하나님이 되고, 기독교가 고난을 찬미하는 학대의 신학이 되므로, 따라서 피의 제사를 통해서만 깨끗해질 수 있는 피의 죄라는 개념을 가진 십자가를 폐지해야 한다는 주장을 하기에 이른다.[52] 십자가는 "고난이 구속적이다"(Suffering is redemptive)라는 틀을 가지고 있는데, 이 틀로 인해 아울렌이 분류한 전통 신학의 세 유형 모두 하나님은 폭력적이며 고난을 용인하고 여성에게 수용성을 강요한다는 신학으로 이어진다.[53]

아울렌(Gustaf Aulén)은 『승리자 그리스도』에서 십자가 사상의 유형을 초기 교회의 고전적 유형, 중세 안셀무스의 충족론, 그리고 도덕적 모범론

---

51   Weaver, "The Nonviolent," 346-348.

52   Joanne Carlson Brown and Rebecca Parker, "For God So Loved the World?" in *Violence against Women and Children: A Christian Theological Sourcebook*, eds. Carol J. Adams and Marie M. Fortune (New York: Continuum, 1995), 56.

53   Brown and Parker, "For God So Loved the World?" 37-45.

으로 구분하고 있는데, 초기 교회부터 십자가 사상의 중요 개념 중 하나로 채택된 "희생"과 "교환"이 모두 빠져 있고, 오리게네스, 안셀무스, 칼뱅, 그리고 캠벨의 해석에서 공통적으로 발견되는 "수동적 측면과 능동적 측면의 균형" 또한 적절히 다루지 못하고 있다는 문제가 있다. 뿐만 아니라 특별히 바울 서신에서 가장 두드러지게 선포되고 있는 "화해"는 현대 신학자들이 주로 제기하고 있으나 별도의 주제로 다루어져야 하며, 예수께서 십자가에서 자신을 나눔으로써 인간의 고난을 나누신다는 "나눔"(sharing) 사상도 십자가 사상의 중요한 동기로 포함되어야 한다. 이처럼 아울렌의 유형론은 전통 신학의 넓고 깊고 다양한 해석을 축소해버리는 단점이 있는데, 현대 신학이 그 영향을 받아 단순화된 세 가지 유형으로 십자가 신학을 이해하게 된 것은 심각한 신학적 후퇴라 할 수 있다.

더 큰 문제는 현대 신학이 안셀무스의 십자가 사상을 잘못 이해하고 있다는 것이다. 위버, 브라운, 파커는 죽음의 "필연성"이 안셀무스의 십자가 사상의 주요 틀이라고 해석하는데 이것은 정확한 해석이 아니다. 안셀무스는 자신의 저서 *cur Deus homo*에서 하나님이 이 필연성 속에 함몰되어야 하는가를 심각하게 논의하고 있다. 그는 신-인이 하나님의 명예 등을 필연적으로 충족해야 한다는 의미로 "그것이 필연적이다"(*necesse est*)라는 표현을 사용하지만(I.13) 그 과정이 "적절하지 못하다"(*non deceat*)에서 출발하고 있으며(I.12), 그리스도의 자발적 의지를 강조한다(II.17). 더욱이 필연성을 선행적(praecedens) 필연성과 후행적(sequens) 필연성으로 나누고, 십자가의 죽음은 선행적 필연성(인과관계에 가까운 개념)보다는 후행적 필연성(발생한 실재에 가까운 개념)에 해당한다고 주장하고 있기 때문에(II.18), 현대 신학이 이해하는 필연성과 안셀무스가 채택한 필연성은 상당히 다르다. 현대의 상황을 반영하여 전통 신학을 재해석하려는 노력은 신학의 새로운 동력이 되지만, 전통을 올바로 이해하려고 하는 성실한 작업이 병행되지 않으면 양자의 진정한 교류는 불가능하다. 가장 바람직한 신학적 방법은 전통과 상황의 일방적 "반복과 폐기"에 있는 것이 아니라, 텍스트, 전통, 상황 사이의 수용과 저항을 포함하는 역동적 "상호작용"(interaction)에 있다. 십자가 신학의 복잡한 역사는 바람직한 신학적 방법론의 수립에도 중요한 교훈을 준다.

결론적으로, 우리는 기독교와 그 신학이 폭력적일 수 있다는 브라운과 파커의 비판에 주목해야 한다. 신의 이름으로 다른 인종과 약자를 탄압하는 것은 그 어떤 종교적 가치로도 정당화될 수 없다. 그럼에도 불구하고 기독교 신학은 역사적으로 인종주의, 계급주의, 여남 차별주의를 공고히 하는 데 일정 부분 기여했음을 부정할 수 없다. 한국 기독교는 이런 문제에서 자유롭다고 생각한다면 심각한 오산이다. 한국 기독교는 가부장적·계급적 권위를 사회 구조의 뼈대로 삼아온 유교의 전통과, 경제적 계급으로 사람을 대하는 자본주의적 가치에 오랫동안 큰 영향을 받아왔다. 권력과 지위가 지배하는 세상, 돈의 가치가 종교적 정체성을 좌우하는 세상은 그것들을 소유하지 못한 자들에게 폭력적일 수밖에 없는데, 십자가 신학이 그 권력과 폭력에 의식적 또는 무의식적으로 순응하는 그리스도인을 대거 양산하는 데 일조했다면 그런 신학은 바뀌어야 한다. 심각하게 자신을 돌아보고 깊이 참회하며, 성경적이고 전통적이며 동시에 상황을 충분히 고려하는 신학적 작업이 필요한 것이다.

그러나 다른 한편으로 그리스도의 십자가 죽음이 폭력을 찬미한다는 주장은, 그것이 아무리 특정 상황과 문화에서 나온 말일지라도, 결코 받아들일 수 없다. 이 문제에 대해 세 가지로 생각해보자. 첫째, 모든 희생이 전부 다 폭력적인 것은 결코 아니다. "희생"은 인간 사회를 지탱하는 중요한 요소 중 하나다. 우리는 일정 부분 자신을 포기하고 타자의 편에서 상황을 이해한다. 타자를 이해하고 관계를 맺는 것은 희생적 행위다. 우리가 자신의 이익에만 집착한다면 결코 타인과 관계를 맺을 수 없다. 우리 자신을 조금이라도 내주어야 타자와 관계를 맺을 수 있다. 사랑도 희생적인 것이다. 만약 사랑한다고 하면서 자신을 전혀 희생하지 않는다면 그것은 자기만족을 위한 기만적인 사랑(deceptive love)에 불과하다. 또한 우리는 국가와 다른 사람을 위해 자신의 목숨을 바치는 군인, 경찰, 소방대원들을 존경한다. 이들의 희생은 죽음과 직결된다. 그러나 관계와 사랑, 국가와 인류를 위한 희생은 결코 폭력적이지 않다. 이런 인간의 희생에 대해서는 폭력성을 논하지 않으면서, 폭력적 죽음이 발생했다는 이유 하나로 신의 희생이 폭력을 조장한다고 해석하는 것은 분명 문제가 있다. 하나님의 자기희생은 피조물을 위한 신의 자기희생이기 때문에 피조물인 우리는 그 깊이와 신비를 짐작조차 할 수 없다. 분명한 것은 하나님의 희생은 사랑과 관계, 인류애 속에 녹아 있는 인간의 희생을 넘어서는 희생이라는 점이다. 그렇기 때문에 소수의 여성주의자들이 사용하는 폭력이라는 개념은, 인간의 폭력과 죄악된 실재를 극복하는 "그리스도의 강요하지 않는 (non-coercive) 평화의 승리"의 본질을 제대로 보지 못하는 것이다.[54]

둘째, 십자가의 희생이 고난에 대한 수동적 인내를 부추기는지에 관한 문제다. 고난 그 자체를 위해서 고난을 견디는 것은 종교적 가치가 될 수 없다. 십자가는 결코 고난 그 자체를 숭배하지 않는다. 우리는 고난 그 자체로 인해 의인이 되지 않는다. 의인이라고 해도 까닭 없는 고난을 당할 수 있고, 정직한 삶을 살다가 정직하지 못한 사람들과 사회에 의해 고난을 당할 수 있다. 이것은 정말로 "고난을 당하는 것"이다. 그런데 의인은 능동적으로 고난을 이루기도 한다. 폭력과 악에 저항하다가 겪는 고난

---

54 Miroslav Volf, "Forgiveness, Reconciliation, and Justice," in *Stricken by God: Nonviolent Identification and the Victory of Christ*, eds. Brad Jersak and Michael Hardin (Grand Rapids: Eerdmans, 2007), 272.

II 고난과 기독교

이나 타인과 고난의 연대를 이루기 위해 많은 것을 포기하는 고난은 고난을 당하는 것이 아니라 "고난을 이루는 것"이다.

의인은 수동적으로 고난을 당하거나 능동적으로 고난을 이룬다.
1. 욥처럼 의인들도 까닭 없는 고난을 당할 수 있다.
2. 정직한 자들이 불의한 자들과 세상으로부터 고난을 당한다.
3. 의를 이루기 위한 불의와의 싸움은 고난을 동반하기 때문에 의인들은 고난을 이룬다.
4. 의인들이 고난당하는 자들과 고난의 연대 속에 살아가려면 많은 것들을 내려놓아야 하는데, 이로 인해 의인들은 고난을 이룬다.

그리스도의 십자가 죽음은 고난의 관점에서 (1) 고난의 나눔, (2) 고난을 짊어짐, 이 두 가지로 해석할 수 있다. 십자가를 폭력적 세상에 대한 침묵과 수용으로 해석하여 십자가가 고난을 수용하고 찬미하는 것으로 이해할 수도 있지만, 그것은 엄연히 잘못된 해석과 이해다. 십자가는 예수께서 인간의 고난을 나누고 짊어지신 것이다.

고난당하는 사람들과 고난을 함께 나누는 것은 가장 강력하고 능동적인 행동 중 하나다. 예수께서는 고난을 나눈다는 것이 얼마나 어려운 일인지를 말씀하신다. 아이들이 장터에서 친구를 불러 피리를 불어도 춤을 추지 않고 슬피 울어도 가슴을 치지 않는다(마 11:16-17). 나는 인간이 타자의 고난과 함께한다는 것이 얼마나 어려운 일인지를 선교 현장에서 오랫동안 경험한 바 있다.

선교지에서 신학을 가르치면서 견디기 힘든 고난을 겪는 많은 사람들을 만났고 그 고난을 조금이라도 덜어주고자 노력해보았지만, 돌이켜

보면 그것은 위로를 흉내내는 데 불과한 것이었다. 이렇듯 우리의 나눔이란 기쁨과 좌절, 열정과 분노 사이를 오가는 일시적이고 가변적인 것에 불과한 경우가 많다.

많은 선교단체들이 진보와 보수를 막론하고 사회 정의를 이루는 일에 참여한다. 그중 사회 정의 구현을 목표로 하는 전향적인 단체를 이끄는 사람들마저도 과연 진정한 나눔이 무엇인지를 고민한다고 한다. 참혹한 고통, 절대 고난 속에 있는 사람들을 위해 우리가 할 수 있는 것은 그저 그 주위를 맴도는 일뿐이다. 우리는 타인의 고난 앞에서 그저 타자일 뿐이다.

이 인간 고난의 한가운데로 예수께서 찾아오셔서, 단순히 우리 곁에서 있는 것이 아니라 자신의 몸과 피로 인간의 고난을 나눈다. 모든 사람이 나를 떠나고, 나 자신마저 나를 배반할 때, 우리 주 예수 그리스도는 십자가에서 나와 고난을 함께하신다.[55] 고난을 나눈다는 것도 어려운 일이지만, 타자의 고난을 짊어지는 것은 더욱 어려운 일이다. 그런데 예수께서 인간의 고난을 짊어지셨다는 기독교의 사상은 인간에게도 타자의 고난을 나누고 서로 짊어질 것을 가르침으로써 인류의 연대를 강력히 요청하고 있다. 우리는 십자가에서 배제된 것이 아니라 그리스도와 함께 죽었기 때문에, 그리스도의 죽음과 나눔과 짊어짐이 우리 삶 가운데, 비록 제한적이라 할지라도 드러나야만 한다. 타자의 고난을 나누고 짊어지기 위해 희생한 그리스도의 죽음과 그 죽음에 대한 올바른 신학은 폭력적 세상과 인류를 향한 기독교의 가장 고귀한 대답이자 하나님의 심오한 은총이다.

셋째, 우리는 가장 끔찍한 폭력적 죽음이라는 십자가에서 예수 그리

---

55 Abraham van de Beek, *Jesus Kyrios: Christology as Heart of Theology*, tr. P. O. Postma (Zoetermeer: Meinema, 2002), 274.

스도의 고난이 발생한 배경을 이해해야 한다. 예수는 하나님의 죄 없는 아들이면서 인간의 육을 가진 성육신한 인간이고, 그 아들 속에 모든 인간이 포함되어 있다. 예수가 십자가에서 죽을 때 우리도 그와 함께 십자가에서 죽은 것이다. 그는 하나님의 결핍이나 필연성으로 인해 죽은 것이 아니라, 인간의 죄, 한계, 죽음, 버려짐 때문에 죽은 것이다. 십자가의 죽음은 그리스도 자신을 향한 "자기 폭력"이 아니고, 아들을 향한 하나님의 "학대"(abuse)도 아니며, 오히려 인간을 향한 거룩한 의가 실행되고 세워진 것이다.

폭력의 가해자와 희생자는 분명히 구분되어야 하고, 불의를 향한 거룩한 분노는 참다운 행동으로 이어져야 하지만, 인간은 이중적이기에 희생자가 가해자가 되는 일이 생긴다. 인종 차별을 겪은 흑인들이 여자를 차별하여 흑인 여성신학이 생기는 계기가 되고, 희생자들도 자기애, 탐욕, 무관심, 무의미, 중독과 같은 죄 속에서 살아간다. 이런 인간이 자신의 모습 그대로 하나님과 화해할 수 있는 길은 없다. 우리의 죄와 죽음이 십자가에서 함께 죽어야만, 누더기 같은 우리의 의를 벗고(사 64:4) 죄를 용서하시는 하나님의 의의 아름다운 옷을 입음으로써(슥 3:4) 하나님과 인간의 화해, 인간과 인간의 화해의 길이 열린다. 화해와 평화는 그리스도라는 평화가 십자가에서 우리 모두를 새로운 한 인간으로 만들 때(엡 2:14-15) 이루어진다. 따라서 그리스도의 화해는 대립하는 양자 사이의 평화를 위한 중도적 화해가 아니라 인간을 새롭게 하는 일방적 화해다. 또한 그리스도의 죽음은 폭력이 아니라 폭력과 불의에 대한 하나님의 의가 세워지는 것이고, 그 의가 우리에게 들어와(롬 3:21-25) 새로운 사람을 만드는 거룩한 평화다.

예수께서 인간의 고난을 나누고 짊어지시다![56]

십자가의 고난은 신적 희생이 인간의 고난을 나누고 짊어진다는 점에서 큰 가치를 지닌다. 이 "나눔"(sharing)은 다음 두 가지 측면으로 구분된다. (1) 예수께서 자신을 나누다. (2) 예수께서 인간을 나누다. (2)의 측면은 사실상 인간의 고난과 직접적으로 연관되고, (1)의 측면은 내가 주장하는 십자가 사상의 출발점으로서 "고난의 나눔"을 이해하는 데 큰 도움을 준다. 이어서 (3) 짊어짐(bearing)에 관해서도 살펴본 후, 고난과 그리스도의 십자가의 심오한 관계에 대한 논의를 마무리하려고 한다.

예수께서 자신을 나누다

예수께서는 로마 병사들에게 잡히기 전, 제자들과 최후의 만찬을 나누신다. 먼저 떡을 가지고 축사하시고 떼어 제자들에게 주면서 "받으라, 이것은 내 몸이다"(막 14:22)라고 말씀하셨다. 그리고 잔을 가지고 감사하신 후에 제자들에게 주어 마시게 하고 "이것은 많은 사람을 위해서 흘리는 내 피의 (새) 언약이다"라고 선포하셨다. 많은 사람들은 이 말씀을 예수께서 성찬을 제정하신 말씀으로 해석하면서, 예수의 죽음을 기념하는 의미로 성찬에서 예수의 몸과 피를 먹고 마신다고 이해한다. 그런데 마가복음과 마태복음에는 "이것을 기념하라"는 말씀이 없다. 우리는 빵과 포도주가 예수의 피와 몸을 나타내고 우리가 그 몸과 피를 먹고 마신다는 성찬의 의미가 과연 무엇인지를 생각해보아야 한다. 십자가와 성찬은 어떤 관계인가? **"십자가"는 예수의 몸이 단순히 죽은 것에 불과한데, 어떻게 "성찬"을 통해 우리가 예수의 몸과 피를 먹고 마신다는 것인가?** 혹은 예수께

---

56 나눔과 짊어짐에 대한 더 상세한 논의는 차재승, 『십자가 그 신비와 역설』(서울: 새물결플러스, 2013), 60-194을 참조하라.

서 십자가에서 자신의 몸과 피를 우리에게 나누어주셨기 때문에 비로소 우리가 성찬에서 예수의 몸과 피를 먹고 마실 수 있는 것인가? 최후의 만찬에서 성찬으로 바로 넘어가기 전에 우리는 과연 예수께서 어떤 의미로 이 말씀을 하셨는지 곰곰이 생각해보아야 한다.

빵과 포도주가 예수의 몸과 피가 된다는 것은 분명 성찬의 상황에 잘 부합된다. 그런데 성찬에서 빵과 포도주가 예수의 몸과 피가 되려면 그 피가 많은 사람을 위한 것이어야 한다. 즉 십자가 없이는 성찬도 불가능하다. 또한 예수께서는 "최후의 만찬에 참석한 제자들"을 위한 것이라고 하지 않고, "많은 사람들"을 위한 피의 언약이라고 말씀하셨다. 가장 결정적인 것은 성찬의 포도주가 아닌 그리스도의 십자가가 새로운 언약이라는 점이다.

예수와 함께 최후의 만찬을 경험한 초기 교회 공동체도 예수의 선포를 구약의 예언과 연결지어 십자가 사건에 대한 예수의 해석과 선포를 이해하고 있었던 것으로 보인다. 마가복음 14:24과 마태복음 26:28의 알렉산드리아 텍스트는 "새 언약"이 아닌 그냥 "언약"이라고 하지만, 또 다른 중요한 사본인 비잔틴 텍스트는 "새 언약"이라고 표기하고 있고, 누가복음 22:10과 고린도전서 11:25은 알렉산드리아와 비잔틴 텍스트 모두 "새 언약"으로 표기하고 있다. 구약에서 "새 언약"은 예레미야 31:31-34에 등장한다.

여호와의 말씀이니라. "보라! 날이 이르리니 내가 이스라엘 집과 유다 집에 **새 언약**을 맺으리라. 이 언약은 내가 그들의 조상들의 손을 잡고 애굽 땅에서 인도하여 내던 날에 맺은 것과 같지 아니할 것은 내가 그들의 남편이 되었어도 그들이 내 언약을 깨뜨렸음이라." 여호와의 말씀이니라. "그러나 그 날 후에 내가 이스라엘 집과 맺을 언약은 이러하니, 곧 내가 나의 법을 그들의 속에 두며 그들의 마음에 기록하여 나는 그들의 하나님이 되고 그들은 내 백성이 될 것이라." 여호와의 말씀이니라. "그들이 다시는 각기 이웃과 형제를 가리켜 이르기를 '너는 여호와를 알라' 하지 아니하리니 이는 작은 자로부터 큰 자까지 다 나를 알기 때문이라. 내가 그들의 악행을 사하고 다시는 그 죄를 기억하지 아니하리라." 여호와의 말씀이니라(렘 31:31-34).

하나님께서 이스라엘 백성들의 "남편"이 되어 언약을 세웠는데도 그들은 끊임없이 하나님을 배반했다. 그래서 다시 세우시는 새로운 언약은 옛 언약과는 다르게 우리의 "마음"에 새겨놓고자 하셨다. 이를 통해 모두가 다하나님이 누구인지를 알게 될 것이고, 그들의 죄를 용서받을 것이다. 그런데 히브리서는 예레미야의 이 말씀을 인용하면서(히 8:8-12), 새 언약, 곧더 좋은 언약을 설명하고 있고, 이어지는 9장에서 "새 언약"을 예수의 십자가 죽음으로 선포하고 있다.

그리스도께서는 장래 좋은 일의 대제사장으로 오사 손으로 짓지 아니한 것, 곧 이 창조에 속하지 아니한 더 크고 온전한 장막으로 말미암아 염소와 송아지의 피로 하지 아니하고 오직 자기의 피로 영원한 속죄를 이루사 단번에 성소에 들어가셨느니라. 염소와 황소의 피와 및 암송아지의 재를 부정한 자에게 뿌려 그 육체를 정결하게 하여 거룩하게 하거든, 하물며 영원하신 성령으로 말미암아 흠 없는 자기를 하나님께 드린 그리스도의 피가 어찌 너희 양심을 죽은 행실에서 깨끗하게 하고 살아 계신 하나님을 섬기게 하지 못하겠느냐. 이로 말미암아 그는 **새 언약**의 중보자시니 이는 첫 언약 때에 범한 죄에서 속량하려고 죽으사 부르심을 입은 자로 하여금 영원한 기업의 약속을 얻게 하려 하심이라(히 9:11-15).

위의 본문을 통해 추정하건대 초기 교회 공동체는 예수께서 최후의 만찬에서 선포하신 "새 언약"을 성찬보다는 예수의 죽음으로 이해했다. 보다 더 중요한 것은 새 언약의 내용이다. 구 언약에서 하나님은 우리 곁에 있는 남편이었다. 그런데 새 언약에서 하나님은 예수의 죽음을 통해 우리의 마음속에 법을, 예수를 새겨놓으셨다. 예수께서 죽음으로 우리 안에 들어오신 것이다. 예수께서 자신의 몸과 피를 먹고 마시라고 우리를 초청하시는 것은 자신의 죽음을 통해 자신의 몸과 피를 우리에게 나누어주시려는 것이다. 우리는 이 신비스러운 연합이 도대체 어떻게 일어나는지 알지 못한다. 이것은 인간의 언어와 사색으로 설명할 수 없다. 그러나 독생자 예수의 "선포"와 "약속/언약"은 인간의 이해 가능한 방식을 넘어서는 실재다. 우리는 그리스도의 선포와 약속 안에서 우리에게 나누어진 예수를 만난다. 예수께서는 십자가에서 죽음으로써 자신을 우리와 나누셨다(Christ shares himself with us).

예수께서 인간을 나누다

둘째, 예수께서는 자신의 죽음을 통해 인간을 나누신다(Christ shares humanity with himself). 우리가, 그리고 우리의 고통이 그리스도에게로 들어가는 것이다. 예수께서는 이 참혹한 고통을 "하나님으로부터 버림받는 고통"으로 표현하셨다. "나의 하나님, 나의 하나님, 어찌하여 나를 버리시나이까!"(막 15:34) 기독교를 잘 모르는 사람들은 이 장면을 보면서 예수와 하나님의 관계를 의심하게 된다. 실제로 이 부분을 지적하며 기독교를 도저히 받아들일 수 없다는 사람들도 있다. 게다가 이 구절은 마가복음과 마태복음에만 나오고 누가복음과 요한복음에서는 삭제된 것으로 보아, 초기 교회에서도 이 말씀을 상당히 부담스럽게 여겼을 가능성이 있다. 그런데 마가복음과 마태복음에서는 모두 아람어와 히브리어를 섞어 "엘리

왜 나는 아직도 그리스도인인가?

엘리 라마 사박다니"를 먼저 표기하고 있다. 중요하거나 역사적으로 확실히 발생한 사실임을 강조하기 위해, 이렇게 예수께서 사용한 언어를 먼저 기록하고 그리스어 번역을 첨가했을 것이다. 따라서 우리는 이 말씀이 제자들의 편집에 의한 것이 아니라 예수께서 정말로 십자가에서 하신 말씀이라고 짐작할 수 있다.

그렇다면 도대체 왜 예수께서는 십자가에서 죽기 직전에 자신이 "나의 하나님"으로부터 "버림받았다"고 부르짖었을까? 예수의 죽음은 성부 하나님과 성자 하나님 간의 관계와 어떤 연관성이 갖는가? 그리고 그 관계의 내용은 버림받음이나 단절이 전부인가? 이에 대해 여러 가지 해석이 있지만 여기서는 세 가지 주된 해석을 다루겠다. 첫째, 이 말을 문자적으로 받아들여서 예수가 정말로 하나님으로부터 버림받았다는 해석이 있는데, 이런 이해는 결코 타당하지 않다. 예수께서는 자신이 모욕적인 죽음을 당할 것이고 다시 살아날 것이라고 여러 차례 언급하셨다. 자신이 누구라고 생각하느냐고 제자들에게 물으시고, 이에 베드로가 "주는 그리스도다"라고 고백하자(막 8:29), 사람의 아들이 고난을 받고 장로들과 대제사장들과 서기관들에게 거부당하고 죽임을 당하며 사흘 만에 살아나야 할 것을 비로소 제자들에게 가르치셨다(막 8:31). 즉 예수는 자신의 정체성을 "고난의 죽음과 부활"로 규정하고 있다. 이어서 세례 요한이 고난당한 것처럼 자신도 고난을 당할 것이고(막 9:12), 사람들이 나를 죽이고 나는 죽임을 당한 지 삼 일 만에 살아날 것이라고(막 9:31-32) 재차 언급하신다. 또한 예루살렘으로 가는 길에서 사람들이 조롱하고 침 뱉고 채찍질하고 죽일 것이라고(막 10:33-34) 설명하신 후에 섬김의 도를 가르치시면서 사람의 아들은 자기 목숨을 내어줄 것(막 10:45)이라고 선포하셨다. 고난의 죽음을 맞게 될 것을 이렇게 확실히 알고 있던 자가 자신의 죽음을 버림받음으로 선포하는 것은 쉽게 이해가 되지 않는다. 우리는 이 지점에서 "나의 하나님"에 대해 더 신중하게 생각해보아야 한다. 예수께서는 최후의 만찬을 베푸시고 체포되기 직전에 겟세마네 동산에서 하나님께 간절히 기도하셨다(막 14:32-42). 예수의 이 기도는 다가오는 십자가의 죽음에 직면해서 죽게 될 정도로 고통스럽지만, 이것이 아버지의 뜻이면 따르겠다는 "순종"의 내용을 담고 있다. 즉 십자가의 죽음은 아버지와 아들의 관계 단절이라기 보다는 오히려 아버지와 그 뜻을 따르는 아들의 "거룩한 연합"을 나타낸다.

둘째, 이 말씀은 시편 22:1을 인용한 것이기 때문에, 시편 22편 전체의 맥락을 살펴야 말씀의 뜻을 온전히 알 수 있다. 시편 22편의 저자는 비록 현재 고통 속에 있지만 하나님은 나의 힘이시며(22:9), 하나님 외에는 나를 도울 분이 없고(22:11), 하나님은 내 영혼을 칼에서 건지시는 분이며(22:20), 고통받는 자의 고통을 멸시하거나 얼굴을 숨기시지 않는 분(22:24)이라고 고백하고 있다. 따라서 "왜 나를 버리시나이까!"라는 절규는 "하나님은 결코 나를 버리시는 분이 아니다!"라는 신뢰를 토대로 한 고백임을 알 수 있다. 실제로 많은 사람들이 이런 해석을 선호하지만, 예수님의 절규가 하나님과 자신의 관계에 관한 것으로 한정된다면 "많은 사람을 위해 목숨을 버리는 죽음"의 의미가 퇴색될 수 있다. 또한 시편의 저자는 자신의 죄보다는 외부로부터 오는 고통에 대해 언급하고 있기 때문에, 이 구절이 인간의 고통을 총체적으로 대변한다고 보기는 어렵다.

따라서 우리는 세 번째 해석, 즉 거룩한 고난의 연대에 대해 생각해볼 수 있다. 이 구절을 "예수께서 인간에게 버림받았다"(Christ was abandoned into humanity)라고 이해한다면, 우리는 이 절규를 통해 고통에 찬 인간과 그 고통을 함께하시는 하나님의 거룩한 연대를 떠올리게 된다.

신학의 역사를 돌이켜보면 예수의 십자가 죽음은 예수의 인성이 관여한 것으로, 그의 부활은 신성이 관여한 것으로 해석하는 것이 주류를 이뤘다. 물론 예수는 우리와 동일한 몸, 감정, 사상, 마음의 틀을 가지고 있었기 때문에 예수의 죽음은 그의 몸의 죽음을 포함한다. 인간 예수의 십자가 죽음은 예수께서 인간의 고통을 함께할 수 있는 근원이다. 그런데 만약 십자가 죽음에서 예수의 신성을 분리한다면 우리는 초기 교회 시대에 유행했던 영지주의의 이원론에 빠지고 말 것이다. 그들 가운데 가현설(Docetism)을 주장한 자들은, 성육신한 성자 고로스가 예수라는 육에 일시적으로 머무르다가 죽음의 순간에 예수의 육을 떠났다고 믿었다. 그러나 성경은 우리에게 분명히 선포한다. 예수 그리스도의 삶 속에서 신적 능력과 권위가 드러났고, 그의 말씀에는 하나님만이 알 수 있는 신비스러운 내용이 포함되어 있었다. 다음 장에서 이 점을 더 상세히 다룰 것이다. 이와 반대로 예수께서 부활했을 때 신적 예수만 주도적으로 남아 있다면 우리는 영적 부활을 결코 부활이라고 칭할 수 없을 것이다. 예수의 성육신에서도 신성과 인성이 함께 있었고 부활에서도 신성과 인성이 함께 있는데, 십자가의 죽음에서만 이 둘을 분리하는 것은 예수 그리스도에 대한 올바른 이해가 아니다. 우리는 예수 그리스도의 삶, 죽음, 부활에 그의 신성과 인성이 함께 연합되어 있다고 믿는다. 십자가에서 하나님이 함께 죽은 것이다. 물론 여기서 "하나님"은 성부 하나님을 의미하는 것이 아니다. 초기 교회의 주교 스미르나의 노에투스는 성부가 십자가에서 죽었다는 성부 고난설(Patripassianism)을 주장했지만, 이것은 극단적인 양태론으로 여겨져 이단으로 분류되었다. "하나님으로부터 버림받았다"라는 선언 그 자체가 성부와 성자의 차이를 보여주고 있고, 아무리 시편을 근거로 삼아 버림받음을 "신뢰"로 해석한다 해도 신뢰는 서로 구분되는 인격 사이에서만 가능하다. 우리는 성부와 성자의 관계에서 신성과 인성을 함께 가진 예수 그리스도에게로 자연스럽게 초점을 전환하게 되고, 바로 그 예수 그리스도가 십자가에서 죽었기 때문에 그 고난에 하나님이 함께하셨고 또한 함께하신다고 믿는다.

> 하나님이 고난당하셨다! 우리가 고난으로 하나님을 간절히 찾으며 부르짖을
> 때 하나님은 십자가에서 우리와 함께 고난당하신다.

이것은 실로 엄청난 일이다. 그 어떤 철학과 종교도 이런 상상을 할 수 없었다. 인간이 불의한 고난, 절대 고난, 까닭 없는 고난에 의해 고통받으며 "하나님이여, 어디 계시나이까?"를 부르짖을 때, 하나님은 십자가 위에 계신다.

고난은 인간을 갈기갈기 찢어놓는다. 고난 속에 함께하는 이 없이 홀로 버려져 있다는 것, 그 참혹한 단절이 바로 "버림받음"의 실체다. 인간은 인간에게 버림받았다. 영화 「휴전」(The Truce)의 주인공인 유대인들은 집단 학살 수용소에서 기적적으로 살아남은 후, 그들이 수용소에서 잃어버린 것은 자유가 아니라 연민이라고 고백한다. 고난이 극심하면 인간이 나눌 수 있는 사랑과 연민이 결국 사라진다. 베드로가 예수를 세 번 부인한 것처럼, 제자들이 자신들의 스승을 떠나버린 것처럼, 고난을 당하면 우리는 홀로 남겨지게 된다. 또한 우리 자신의 죄와 한계로 인해 스스로를 버리고 싶을 때가 많다. 장터에서 친구들을 모아 피리를 불어도 아무도 춤추지 않는 세상에서 예수님 홀로 십자가에 계신다. 아무리 통곡해도 함께 울어줄 자 없는 이 세상 한가운데서 예수님이 홀로 통곡하고 계신다(눅 7:32). 성난 파도를 잠재우며 죽은 자를 살리신 예수가 십자가에서 뛰어내리지 않은 이유는 우리와 고난을 함께하시기 위해서다. 인간이 가장 처참한 비극 가운데 하나는 버림받는다는 것이다. 초월자로부터, 자연으로부터, 사람들로부터, 그리고 우리 자신으로부터 버림받는다. 어찌하여 나를

왜 나는 아직도 그리스도인인가?

버리시나이까! 심지어 우리는 우리 자신들이 세워놓은 이데올로기, 상상, 꿈으로부터도 버림받는다. 우리가 세워놓은 평화와 이상이 우리에 의해서 파괴되기 때문이다. 살육과 파괴와 지진과 해일로 인해 우리가 사망의 깊고도 깊은 골짜기로 한없이 빨려 들어갈 때, 예수님은 그 피와 살로 우리를 안으시고 함께하신다. 질병과 가난과 학대로 죽음보다 더 참혹한 삶을 살아갈 때, 예수님은 참혹한 십자가로 우리와 함께하신다. 무지와 차별과 자기애와 분노의 노예가 되어 죽음보다 더 수치스럽게 살아가는 자들도 외면하지 않으시고, 십자가의 말할 수 없는 수치로 함께하신다.

하나님은 그리스도 안에서 버림받은 자들과 죽음으로 함께하신다. 우리는 더 이상 우리의 고난으로 자신을 잃어버릴 수 없다. 우리가 주리고, 목마르고, 헐벗고, 병들고, 옥에 갇혔을 때, "내가 주리고, 목마르고, 헐벗고, 병들고, 옥에 갇혔다"는 바로 그 예수님이 십자가에서 인간의 고난 속으로 우리와 함께 버림받았기 때문이다. 임마누엘 하나님이 우리와 함께하신다는 것은 상상과 예언의 세계에서나 가능한 수사학적 표현이 아니다. 말할 수 없는 고난으로 인해 자신과 세상과 동료 인간을 가장 처참하게 잃어가는 참혹함과 상실의 한복판에서, 예수님이 죽음으로, 고난으로 우리와 함께하시기 때문이다. 일체의 두려움, 일체의 억압, 일체의 부조리, 일체의 정의롭지 못함, 일체의 무화(無化)되어가는 상실의 존재가 전혀 다른 차원의 실존을 자각하게 되는 것이다. 하나님이 예수 안에서 우리와 함께하신다. 이 고난의 그리스도를 만날 때, 우리는 비로소 그 누구, 그 어떤 시간, 영적 존재, 높고 깊은 세계, 그 어떤 피조물도 자기 아들까지 아끼지 아니하신 하나님의 사랑에서 우리를 끊을 수 없다는 것을 고백하게 된다(롬 8:32-39).[57]

---

57   차재승, 『십자가 그 신비와 역설』, 89-92.

예수께서 인간을 짊어지시다

예수께서는 인간에게 버림받았음에도 불구하고 인간의 고난 속으로 들어와 그 고난을 짊어지신다. 예수께서 우리의 고난을 짊어지셨다는 "대속"(substitution)의 사상은 성경을 근거로 하고 있고 전통적으로 십자가를 해석할 때 가장 중요한 동기 중 하나로 여겨진다. 그런데 대속이라는 개념이 "교환"(exchange) 또는 "대체"(replacement)로 축소되어 이해되면 치명적인 문제가 생긴다. 대신이란 조악하고 외형적이며 율법적이고 기계적인 것이 아닌가?[58] 인간은 십자가에서 철저히 배제되었는가?[59] 그리스도와 인간이 십자가에서 기계적으로 교환되었다면, 십자가는 그 어떤 영적·윤리적 함의도 가질 수 없지 않은가?

먼저 성경을 살펴보면, 예수께서 자기 목숨을 많은 사람을 위한 대속물(λύτρον)로 주셨다고 선포하셨다(막 10:45; 마 20:28). 그런데 이 대속물이 정확히 어떤 의미인지 상세히 설명하지는 않았다. 이 단어의 파생어는 주로 법률적·상업적·제례적으로 불이익이나 형벌을 당해야 할 자를 대속/구원한다는 의미로 사용된다. 구약에서 대속물(ransom)과 무르다/속하다(redeem)로 번역되는 כֹּפֶר나 פָּדָה의 개념은 상업적·법률적 교환에 가깝다(출 21:30; 민 3:46). 그러나 성경에서 그리스도의 십자가와 관련하여 "교환의 의미로서의 대신"이라는 뜻을 지닌 단어를 찾아보기 어렵다. 대속의 개념이 가장 잘 드러난 이사야 53장에서도 "짊어짐"(bearing, 53:4)과 "담당

---

58 G. B. Mather, "The Atonement: Representative or Substitutionary?" *Canadian Journal of Theology* 4/4 (1958), 266. Substitutionary View를 "대속"으로 번역하는 것이 일반적이지만, 사실 형벌적·상업적 의미보다 더 포괄적인 "대신"이라는 말에 가깝다. 그런데 대신이라는 단어는 세속적으로는 "대체"와 "교환"에 가깝기 때문에 많은 기독교 사상가들이 문제를 제기해왔다. 이런 문제를 더 부각시키기 위해 본문에서는 "대속"과 "대신"을 함께 사용한다.

59 John Macquarrie, *Jesus Christ in Modern Thought* (Philadelphia: Trinity Press International, 1990), 401-402.

시킴"(laying, 53:6)은 분명히 드러나지만 이 짊어짐과 담당이 반드시 교환이나 대체를 의미하는 것은 아니다. 이사야서를 반영하고 있는 것으로 보이는 베드로전서 2:24도 우리 죄를 담당(carry up)하셨다고 선포한다. 여기서 담당이라는 단어인 ἀναφέρω는 짊어지고 더 높은 곳으로 인도한다는 의미에 가깝다. "대신"했다는 것은 교체되었다는 의미지만, "짊어졌다" 혹은 "짊어지고 인도한다"는 것은 스스로 걸을 수 없는 자들을 예수께서 자신의 등에 짊어지고 함께 죽음으로써 우리를 하나님께로 인도한다는 의미다.

성경에는 십자가에서 인간이 배제된 것이 아니라 포함되었다는 사상이 강하게 나타난다. "한 사람이 모든 사람을 대신해서(위해서) 죽었은즉 모든 사람이 죽었다"(고후 5:14). 이 구절은 대단히 신비스러운, 인간의 실재와는 구분되는 성경적 실재(biblical reality)를 계시하고 있다. 인간의 논리에 의하면, 한 사람이 모두를 대신해서 죽었다면 남아 있는 다른 모두는 죽지 말아야 한다. 그런데 성경은 따라서 모두 함께 죽었다고 말한다. 인간의 이치에는 맞지 않는 일이다. 예수 홀로 십자가에서 죽었지만 우리도 십자가에 초청되고 포함되었다. 갈라디아서 2:20도 이러한 신비스러운 연합을 드러낸다. 나는 그리스도와 함께 십자가로 죽었다(Χριστῷ συνεσταύρωμαι). 따라서 그리스도의 죽음에 인간이 함께 포함되었다는 포용적 대신(inclusive substitution)이 교환이나 대체에 가까운 세속적 대신(secular substitution)보다 성경적이다. 성경은 능력에 관한 한 예수 홀로 십자가에서 돌아가신 것이지만 공간에 관한 한 인간도 그리스도와 함께 죽었다는 신비를 전하고 있고, 이 신비를 올바로 반영하기 위해서는 대속의 십자가 사상에서 성경적 대신 개념과 세속적 대신 개념을 구분할 필요가 있다.[60]

---

60 차재승, 『7인의 십자가 사상: 십자가 그 자체로부터 넘치는 십자가로』(서울: 새물결플러

혹은 대속을 모두 아우르는 짊어짐(bearing) 사상이 성경적으로 더 적절하다고 볼 수 있다. 예수 홀로 우리의 질병과 죄 죽음과 한계를 짊어지셨음에도 불구하고, 우리도 그 십자가에 초청되었다. 우리 역시 그리스도와 십자가에서 함께 죽었기 때문에 그 죽음으로 오늘을 살아간다. 우리는 죽었고 우리의 삶은 그리스도와 함께 하나님 안에 감추어져 있으며(골 3:3), 우리는 날마다 죽는다(고전 15:31). 세속적 대속이 아니라 성경적 대속/짊어짐으로 그리스도의 죽음을 올바로 이해한다면, 십자가에서 우리를 짊어지신 그리스도의 대속은 은총의 가장 구체적인 본질이자 성화와 신비스런 연합의 구체적 내용이고, 우리 삶의 가장 강력한 영적·윤리적 요청임을 알 수 있다.

대속에 대한 이런 논쟁을 배경으로 현대의 비판적인 십자가 사상을 살펴보자. 독일의 여성 신학자 죌레(Dorothee Sölle)는 그녀의 저서 *Christ the Representative*에서 "대신"의 개념에 명백히 반대하고 그리스도를 선생으로 이해한다. 간혹 죌레를 도덕적 모범론의 현대적 대표주자로 이해하는 경우가 있는데, 그녀에게서 발견되는 "선생"이라는 개념은 그리스도의 동일화(identification)와 선생의 희생적 성격과 함께 조심스럽게 평가되어야 한다. 우선 죌레가 대신을 반대하는 이유는 그리스도와 우리 사이에 존재할 수밖에 없는 "거리" 때문이다. 그리스도는 우리보다 앞서 있고 우리가 아직 도달하지 못한 지점에 이미 존재한다.[61] 그녀는 계속해서 다음과 같이 주장한다.

만약 이 거리가 없어져버린다면, 즉 그리스도가 우리의 자리를 차지하고 우

스, 2014), 16-18, 424-427.

61 Dorothee Sölle, *Christ the representative: an essay in theology after the 'Death of God,'* tr. David Lewis (London: SCM, 1967), 113.

리를 대체한다면, 이것은 대체할 수 없는 우리 존재의 파괴를 의미할 뿐만 아니라 우리가 살아가고 있는 잠정적/예비적 세계(provisional world)도 총체적 대신에 의해 파괴되어버린다는 것을 의미한다.[62]

그런데 이 거리는 일방적으로 멀어지기만 하는 거리가 아니라 변증법적으로 관계를 맺는 거리다. 즉 우리보다 앞선 예수께서 우리를 돌아보시고 우리와 자신을 동일화하신다.[63] 동일화는 그리스도와 우리의 융합과는 다른 의미다. 동일화는 거리가 존재해야만 가능하다.[64] 그리고 동일화는 "나"가 사회적·인격적·역사적으로 "타자"와의 관계에 놓여 있을 때만 가능하다.[65]

여기서 죌레는 도덕적 모범론과 자신의 선생 개념을 구분한다. 그녀의 주장에 따르면, 계몽주의 시대에는 그리스도를 미덕의 모범으로 이해했지만 이것은 턱없이 천박한 이해다.[66] 왜냐하면 자신을 내어주고 희생하지 않는 선생을 진정한 선생이라고 할 수 없기 때문이다.[67] 더 나아가 죌레는 심판을 가하는 자가 그 심판으로 고통을 느껴야 심판이 의미를 가질 수 있다는 마카렌코의 심판 이론을 인용하면서, 그리스도는 심판받는 우리와의 동일화 속에서 심판자와 피심판자의 구분조차 폐기한다고 주장한다.[68] 따라서 진정한 선생인 그리스도는 우리를 예비적으로 대표하고 그

---

62   Sölle, *Christ the Representative*, 113.

63   Sölle, *Christ the Representative*, 113.

64   Sölle, *Christ the Representative*, 122.

65   Sölle, *Christ the Representative*, 115.

66   Sölle, *Christ the Representative*, 115-116.

67   Sölle, *Christ the Representative*, 116.

68   Sölle, *Christ the Representative*, 119.

자신이 고난당하며 우리를 심판하는 선생이다.[69] 그리스도는 심판자이자 죄수가 되는 것이다.[70] 결국 선생이신 그리스도와 그의 학생들의 관계는 변증법적 관계로서, 그리스도는 가르치고 심판하면서 피심판자와 자신을 나누고 우리는 죄를 받아들임과 동시에 하나님과 평화를 이룬다.[71]

쫠레는 전통적인 대속 개념을 협소하게 이해했기 때문에 교환과 대체를 부정하고 "대표" 이론을 세웠다. 그리고 그리스도와 우리 사이에 존재론적 거리가 없어진다면 인간의 존재가 파괴된다고 이해했다. 그런데 성육신과 십자가의 죽음, 그리고 심지어 부활조차도 이 존재론적 거리를 극복하려는 하나님의 거룩한 희생이다. 예수께서 십자가로 그 몸과 피를 우리와 나누셨을 때(막 14:22-25), 단순히 예수와 우리 사이의 거리가 좁혀진 것이 아니라 예수 자신이 우리 속에 들어오신 것이다. 그리고 이 신비스러운 연합은 그리스도의 성령을 통해 지금도 계속되고 있다. 즉 이미 우리 속에 들어오셨기 때문에(이 거리가 없어졌기 때문에), 우리가 그리스도에게 연합되는 삶이 더 강력하게 지속되고 있는 것이다(아직도 거리는 계속 존재한다). 예수께서 십자가에서 우리를 자신의 등에 짊어지셨다는 성경의 독특한 사상은 바로 이 신비를 적절하게 선포하고 있다.

쫠레의 선생 개념은 단순히 도덕적 모범만이 아니라 희생의 의미를 포함하고 있는데, 그렇다고 해서 짊어짐의 의미가 완전히 배제된 것은 아니다. 물론 거리의 변증법적 관계가, 우리를 십자가에서 이미 짊어지셨지만 여전히 우리 속에서 짊어지고 계시는 그리스도의 신비를 얼마나 잘 설명하고 있는지는 의문으로 남는다. 그러나 그녀의 선생 개념이 가진 가장

---

69   Sölle, *Christ the Representative*, 120.

70   Sölle, *Christ the Representative*, 122.

71   Sölle, *Christ the Representative*, 122.

치명적인 문제점은 선생의 본질적 역할이 가르침이라는 점이다. 그리스도는 과연 죽음을 통해 무엇을 가르치는가? 별도의 선행 개념 없이 죽음 그 자체가 무엇을 나타낼(represent) 수 있는가? 죽음 그 자체는 결코 교육의 내용이 될 수 없다. 왜냐하면 우리 모두는 교육을 받지 않더라도 죽기 때문이다. 십자가의 죽음이 만약 무언가를 대표하여 나타내는 것일 뿐이라면, 죽음 그 자체 외에는 그 어떤 것도 나타낼 수 없다. 따라서 선생이라는 개념은, 비록 짊어짐의 개념을 포함하고 있다고 할지라도, 그리스도의 십자가 죽음을 적절히 드러내는 데 한계가 많은 개념이다. 만약 횔레가 세속적 대신이 아니라 성경적 대신, 혹은 짊어짐을 잘 이해하고 있었다면 구태여 대속의 개념을 부정하고 한계가 많은 대표나 선생의 개념을 세울 필요는 없었을 것이다.

역사적 예수 연구를 주도한 보그(Marcus Borg)는 또 다른 차원에서 그리스도의 대속 개념을 부정한다. 그의 주장에 따르면, 하나님은 그리스도의 죽음을 통해 하나님과 인간의 단절을 처리함으로써 과거의 체계에서 필요로 했던 것을 폐지했지만, 역설적으로 대속의 개념이 과거에 폐지된 것을 다시 대속이라는 조건으로 세움으로써 은총을 조건적으로 만들어버렸다. 하지만 조건적 은총이란 결코 은총이 될 수 없다.[72] 계속해서 그는 예수의 죽음에 대한 마가복음의 이야기는 대신적 희생에 관해 그 어떤 것도 말하고 있지 않다고 주장한다. 또한 대속의 개념에 의지하지 않고 십자가의 의미를 다음과 같이 설명한다. (1) 십자가의 죽음은 신약에서 당시의 지배 구조에 대한 "아니요"이다. (2) 십자가는 우리가 어떻게 변해야 하는지를 알려주는 길이다. 우리는 그리스도와 함께 죽고 함께 삶으로

---

72 Marcus Borg, "Executed by Rome, Vindicated by God," in *Stricken by God?: Nonviolent Identification and the Victory of Christ*, eds. Brad Jersak and Michael Hardin (Grand Rapids: Eerdmans, 2007), 157.

써 변화된다. (3) 십자가는 하나님이 우리를 사랑하신 길을 계시한다. 또한 그는 십자가 이야기는 심판자 하나님이 인간의 희생을 필요로 한다는 이야기가 아니라 하나님의 급진적인 은총의 비유이며, 그리스도는 마틴 루터 킹이나 간디처럼 자신을 희생했지만 그 희생은 누군가를 대신해 죽은 것이 아니라 화해를 불러오는 선물이라고 덧붙인다.[73] 그리고 십자가의 죽음을 정치적인 죽음으로 해석하면서 그리스도는 세상의 죄를 위해 죽은 것이 아니라 세상의 죄 때문에 죽었다고 결론짓는다.[74]

　　보그가 대신을 부정하는 이유는 은총의 무조건적인 성격 때문인데, 그는 "무조건적 은총"(unconditional grace)과 "치료하지 않는, 무책임한, 방임적 은총"(unsaving, irresponsible, abandoning grace)을 구분하지 못한 것으로 보인다. 하나님의 은총은 인간을 현재 그대로 방임한 채로 책임 없이 부어주시는 은총이 아니라 성육신하기까지 인간에게 찾아와 인간의 죄, 죽음, 한계, 무, 고통을 짊어지고 인간을 변화시켜 지신에게로 인도하시는 성육신적 은총이다. 참다운 은총이란, "총족"(satisfaction)이라는 추상적 요건에 함몰된 논리를 극복하고자 인간의 총족의 필요성을 제거하여 그대로 버려두는 것이 아니라, 인간의 결핍과 가난과 고통과 죄와 한계를 깊이 헤아리고 그 한계를 한없는 연민과 사랑으로 자신 속에 부여안으면서 그 무게를 죽음으로 짊어지는 희생적 은총이다. 진정한 은총이란 인간 실존의 부조리, 폭력, 고난으로부터 거리를 두는 고고하고 정결한 무색의 은총이 아니라, 인간의 삶과 실존의 한복판에 찾아와 피 묻은 손으로 우리를 고치어 안으시는 십자가의 은총이다.

　　우리는 십자가 신학의 수동적 면과 능동적 면의 균형을 놓쳐서는 안

73　Borg, "Executed by Rome," 157.

74　Borg, "Executed by Rome," 161.

된다. 논리적으로 따지면 죽음 그 자체가 선물, 화해, 용서, 사랑, 모범이 될 수 있는 길은 존재하지 않는다. 예를 들어서 자연사, 질병사, 사고사 같은 죽음에는 그 어떤 추가적 가치도 없다. 그저 인간의 현실일 뿐이다. 죽음이 죄를 심판하고 용서하는 것과 불의, 이기심, 자기애, 무지 등과 같은 일체의 "인간의 한계를 짊어진 희생적 죽음" 같은 선행적 가치를 가질 때, 비로소 선물, 화해, 사랑, 모범 등이 될 수 있다. 죽음이 죽어야 부활이 찾아온다. 이 수동적·회귀적 가치를 부정하고 단순히 능동적·전향적 가치만을 주장하는 현대의 모든 이론에는 이런 논리적인 문제가 있다. 많은 현대 신학자들이 따르고 있는 보그의 "선물론"은 그 대표적인 예다.

이렇게 우리는 쬘레와 보그를 통해 "대속"(substitution)의 개념이 갖는 문제점을 살펴보았다. 그들은 대속을 교환이나 교체로 이해하여 대속을 부정했다. 이것이 십자가 신학의 비극이다. 우리는 이 비극을 극복하고자 성경의 신비스러운 말씀을 따라 세속적 교환의 대속보다는 성경적 대신 혹은 짊어짐(bearing)을 받아들였다. 십자가에서 예수는 홀로 우리 모두와 우리의 고난을 자신의 등에 짊어지고 돌아가셨다. 이로 인해 우리는 하나님의 놀라운 은총에 감사하는 삶, 그 짊어짐에 참여하는 삶, 그 초청에 응답하는 삶을 살아간다.

그리스도와 함께 십자가에 못 박힌 자는 지금 여기서 그리스도와 함께 죽음으로써 살아간다. 인간이 행하는 고난의 연대는 임시적이고 제한적이며 일시적일 수밖에 없다. 우리는 바로 그 이유로 인해 그리스도의 짊어짐이 얼마나 깊고도 깊은지 다시금 깨닫게 된다. 우리는 우리 자신이나 타인을 온전히 짊어질 수 없다. 예수께서 우리의 고난을 짊어지고 계신다. 비록 인간이 행하는 고난의 연대는 늘 임시적이고 제한적이며 일시적일 수밖에 없지만, 우리는 그리스도와 이미 연합된 자로서 지금 여기서 연합하는 자의 삶을 살아야 한다. "고난의 연대"는 예수께서 십자가에서

우리와 고난을 나누고 짊어지셨다는 이 놀라운 기독교의 사상과 실재로
인해 우리에게 가장 강력한 은총을 베풀면서 동시에 가장 강력한 요청을
보내고 있다.

5
결론

철학은 인간의 고난을 근거로 삼아 신의 존재를 부정하려고 했으나, 논리의 세계와 경험의 세계 간의 괴리, 경험의 세계의 다양성, 신과 피조세계의 삼중적 관계 등의 문제로 인해 논리적으로 신의 존재를 부정하는 데 성공할 수 없었다. 이신론, 범신론, 만유내재신론, 카발라 신론 등은 모두 고난의 문제로 인해 그 한계를 드러냈다. 이어 우리는 역사적 종교들을 살펴보았는데, 불교는 고난의 사회성에 둔감했고, 이슬람교는 이원론의 인과 관계 속에서 고난을 이해했으며, 힌두교의 카르마는 개인적 인과관계라는 좁은 틀을 근거로 삼았고, 기타 경전이 말하는 인격적 신은 인간의 고난에 어떻게 관계하는지 구체적으로 알려주지 않았다.

불교와 힌두교는 고행을 강조하는 종교로서 인간의 고난에 깊이 개입하는 인격적 신관을 가진 기독교와는 근본적으로 다른 틀을 가지고 있기 때문에, 고난에 대해 협소한 이해를 갖고 있는 것으로 보인다. 이슬람교는 절대 초월자 알라를 믿으며 그의 절대성을 흔드는 그 어떤 불가사의한 고난을 용납하지 않기 때문에 인과 관계라는 이원론적 고난 이해의 틀에 갇히기 쉽다. 그 이유와 배경이 어떠하든지 간에 철학과 종교가 인간의 고난을 협소하게 이해하고 있다는 사실을 부인할 수 없다. 철학과 종교는 인간의 고난에 대한 심오한 질문 앞에 무력한 모습을 보인다. 고난의 원인뿐만 아니라 우리가 지금까지 계속해서 제기해온 세 가지 질문, (1) 고난의 이해, (2) 신의 행동, (3) 인간의 행동에 대해 기독교만큼 총체적이고 심오한 이해와 사상을 제공하는 종교나 철학은 존재하지 않는다.

기독교는 인간의 고난을 심층적으로 이해하고, 인간의 고난 앞에 구체적으로 행동하는 하나님을 믿으며, 그 하나님을 따라 우리도 고난을 이루고, 고난의 연대 속에서 살아갈 것을 촉구하는 종교다.

1. 고난에 대한 이해: 고난은 인간의 죄악과 한계로 인해 발생할 수도 있으며(창세기, 욥기, 전도서의 윤리적 해석), 까닭 없이 올 수도 있고(욥기), 의인이 고난을 받을 수도 있으며(시편), 인격적 신의 섭리 아래에서도 부조리, 무의미, 죄, 죽음, 시간 등의 총체적 고난이 오기도 한다(전도서). 기독교는 하나님이 다스리는 세상 속에 부조리하고 이해하기 힘든 고난이 존재할 수도 있다는 제3의 공간 개념과 고난의 신비(욥기, 전도서)를 선포한다. 기독교는 이렇게 역동적이고 총체적으로 고난을 이해하기 때문에, 우리는 하나님께 고난을 탄식할 수도 있고, 인간의 무지를 한탄할 수도 있으며, 고난의 신비 앞에 침묵할 수도 있고, 세계와 인생의 의미와 가치나 부조리와 무의미에 대해 열린 생각을 가질 수도 있으며, 또한 고난에 대한 책임과 자유를 누리기도 한다.

2. 신의 행동: 고난에 대한 기독교의 이해는 윤리적·인격적·신비적인 요소를 모두 포괄하는 넓이와 깊이를 가지고 있다. 인간의 고난에 대한 하나님의 행동도 구체적이고 심원하다. 욥의 탄원을 허용하고 욥과 대화하는 하나님의 행동 속에서, 우리는 자신을 방어하지 않음으로써 더 깊은 인격적인 관계 속으로 들어오시는 하나님

왜 나는 아직도 그리스도인인가?

을 발견한다. 이 인격적인 하나님은 의와 사랑으로 세상과 인간과 관계를 맺는다. 인간의 고난은 하나님의 심판일 수도 있고, 인간을 고쳐서 자신에게로 인도하는 하나님의 인도하심과 가르침일 수도 있다. 그러나 고난에 대한 하나님의 행동에서 가장 주목해야 할 것은 나눔과 짊어짐이다. 하나님은 인간이 고통으로 신음할 때 인간과 함께하신다. 하나님은 내가 사망의 골짜기를 지날 때도 나와 함께하시는(시 23:4) 임마누엘의 하나님이다. 그 하나님은 단순히 우리 곁에 있는 남편과 아내 같은 하나님이 아니라 우리 안으로, 우리에게로 찾아와 십자가에서 자신의 몸과 피를 나누며 인간의 고난을 나누고 짊어지시는 분이다. 인간이 고통으로 절규할 때 하나님은 그 고통 속에서 인간과 함께하신다. 인간이 고통과 죄로 인한 죽음과 같은 삶을 살아갈 때 하나님은 그 인간의 죄와 고통과 죽음을 짊어지신다. 기독교의 하나님은 바로 고통의 하나님이다. 고난에 대한 기독교의 이해는 신의 자기희생을 근간으로 하고 있기에 치명적이고 극단적이다.

3. 인간의 행동: 욥은 직접 고통을 겪은 후 고통 속에 있는 자들과의 깊은 연대 속으로 들어가게 되었다. 예수 그리스도는 고통 속에 있는 자들을 자신의 형제라고 부르며 그들과 함께 고난을 나누는 자들이 하나님 나라에 들어갈 것이라는 선명한 가치, 즉 "고난의 연대"를 제시했다. 그리고 십자가를 지고 나를 따르라고 말씀하셨다 (막 8:34). 기독교는 하나님만 고통을 나누고 짊어지는 것이 아니라, 하나님을 따르는 자들도 고통의 연대 속으로 들어가 희생적인 삶을 살아야 한다고 강력하게 선포하는 종교다. 이것은 고난을 정당화하거나 미화하는 것이 아니다. 고난을 수동적으로 당하는 삶이 아닌, 인간의 죄와 고난을 짊어지신 그리스도를 좇아서 의와 사랑

으로 고난을 이루는 삶을 의미한다. 십자가를 지고 그리스도를 따른다는 것은 "불의와 싸우는 의와 고난받는 자들과 함께하는 사랑을 이루는 것"이다.

기독교는 고난의 원인, 고난에 대한 신의 행동, 고난에 대한 인간의 행동을 이해함에 있어서 윤리적이면서도 인격적이고, 치명적이면서도 신비적인 면을 드러낸다. 이 심원한 깊이와 폭은 결코 인간이 만들어낼 수 있는 것이 아니다. 오죽하면 아주 오래전에 쓰인 욥의 이야기를 놓고 그 이후 오고 간 수많은 사람들이 "까닭 없는 고난"의 의미를 깨닫지 못해 끊임없이 욥의 고난의 까닭을 찾으려 했을까! 인간은 이해할 수 없는 내용을 결코 꾸며낼 수 없다. 이 깊은 내용을 담고 있는 성경은 오직 살아 계신 하나님만이 인간에게 계시할 수 있는 살아 있는 말씀이다.

III

예수
그리스도는
하나님인가?

나는 미국 뉴브런즈윅 신학교에 교수로 임명되자마자, 다른 교수로부터 한 학생을 소개받았다. 그 학생은 한국인 선교사의 자녀로서 목회자가 되기 위해 신학교를 다니던 중 신학과 신앙의 문제로 갈등하다 결국 휴학을 하고 한국으로 돌아간 상황이었다. 나는 그 학생과 여러 차례 이메일을 주고받으면서 그 학생이 가장 심각하게 고민했던 문제가 바로 예수의 신성에 관한 것이라는 사실을 알게 되었다. 그는 하나님의 존재는 받아들일 수 있지만, 예수가 신적 존재라는 것을 도저히 받아들일 수 없었다고 토로했다. 그 얘기를 듣는 순간 목사이자 신학자의 자녀로 자라났으나 기독교를 오랫동안 떠나 있었던 나의 경험이 떠오르면서, 우리 주 예수 그리스도의 신성을 이해하고 받아들이는 것이 기독교 신앙의 핵심 중 하나라는 것을 다시금 절감하게 되었다.

최근에도 한 학생과 긴 신학적인 상담을 나누었다. 그 학생은 지적으로 아주 뛰어난 학생이었다. 그는 신학교에 들어오기 전에는 프랑스어와 영어 통역을 했고, 얼마 전에는 오순절 계통의 교단에서 목회자 안수를 받았으며, 현재는 신대원 과정의 졸업을 앞두고 있다. 이 학생은 신앙과 지성의 간격을 메울 수 없어서 고민하고 있었다. 신앙적으로는 그리스도를 믿고 고백하며 그리스도에 대해 설교하고 가르치지만, 지성적으로는 그리스도의 신성을 받아들이기가 어렵다고 토로했다. 많은 학자들이 주장하듯이 자신 역시 성경을 읽을수록 그리스도의 신성은 제자들, 특히 바울이 그리스도를 신격화하는 과정에서 억지로 꾸며내고 만든 것 같은 인상을 받았다고 한다. 나는 이런 일련의 나눔을 통해 신학을 전문적으로 다루는 사람뿐만 아니라 신학을 공부하는 학생들도 이 문제를 놓고 심각하게 고민하고 있다는 것을 깨닫게 되었다.

예수 그리스도는 과연 하나님인가? 이것은 나에게도 중요한 질문이다. 나는 미국 개혁 교단에서 안수받은 목사이지만, 신학을 연구하는 학자로서 "학자적 양심"을 결코 등한시할 수 없다. 성경을 공부하다 보면 인간의 문화와 철학과 상황이 불러온 수많은 "저자들의 인간적인 의도"를 발견한다. 그런데 학자적 양심으로 이것을 인정하고 나면 하나님을 신뢰하고 경배하는 목회적·신앙적 양심이 서로 충돌하게 된다. 만약 예수가 하나님이라면, 그리고 그 하나님이 인간으로 우리의 역사와 문화 속에 찾아오셔서 삶과 죽음과 부활로 참 하나님을 드러내며 인간과 세상을 새롭게 하신 것이 진리라면, 그 외의 여러 다른 성경의 문제들, 예를 들어 폭력적 하나님, 성차별, 인종차별 등으로 해석될 수 있는 문제들은 그리스도라는 신비에 압도될 수밖에 없다. 여기에 상당히 중요하고 깊은 신앙적·신학적 화해가 있다. 예수께서는 우리의 신학적 양심과 신앙적 믿음이 충돌하여 빚는 갈등까지 화해시키신다.

예수는 하나님인가?

예수 그리스도가 신적 존재라는 것을 논리적으로 입증할 수 있는 방법은 없다. 기독교의 핵심 사상의 초석은 입증이 아닌 고백이 될 수밖에 없다. 그러나 신학은 비록 불완전하고 임시적이라 해도, 예수가 어떤 점에서 신적 존재인지를 설명하려는 시도를 계속해야 한다. 예수의 인성만을 강조하려는 일부 현대 기독교 신학자들을 보면 이런 시도가 더욱 절실히 필요하다.

예수가 인간이었다는 것은 우리가 경험한 일이다. 그런데 그는 하나님의 아들인가? 신적 존재인가? 하나님인가? 유대교는 유일신을 믿는 종교다. 그런데 유대교를 뿌리로 둔 기독교는 갑자기 또 다른 신적 존재에 맞닥뜨리게 된다. 인류의 역사 속에 인간으로 등장한 예수가 하나님으로부터 보내심을 받은 독생하신 하나님의 아들이라는 것이다. 유대인들에게는 정말 황당한 이야기일 것이다.

어떤 그리스도인들은 예수께서 병든 자를 치료하고 심지어 죽은 자를 살려내는 기적을 보여주셨는데 어떻게 예수의 신적 능력을 의심할 수 있느냐고 반문한다. 그런데 그것은 내적 증거일 뿐이다. 예수를 따르는 자들이 예수의 신성을 부각하기 위해 "꾸며낸 이야기"라고 주장하면 반박하기 쉽지 않다. 따라서 우리는 인간이 스스로 "꾸며내기 힘든 점"들에 주목해야 한다.

> 예수께서 행하신 기적은 예수를 따르는 자들이 얼마든지 꾸며낼 수 있는 이야기라고 주장하는 사람들이 있다. 따라서 우리는 "인간이 도저히 꾸며낼 수 없는 이야기는 없을까?"에 주목해야 한다.

혹은 십자가의 죽음이나 부활이 역사적 사실이라면 예수의 신성을 받아들일 수밖에 없다는 주장도 가능하다. 그러나 예수께서 십자가의 죽음에 어떤 의미가 있는지 상세히 설명하신 것은 아니다. 물론 우리에게 주신 몇몇 말씀만으로 십자가의 의미를 깊이 깨달을 수도 있고 이에 대해 신학적 작업을 진행할 수도 있다. 나는 이 부분에 주목해서 『십자가 그 신비와 역설』이라는 책을 쓰기도 했다. 그러나 십자가에 대한 예수의 선포에 문자적으로 의지해서는 그의 신성을 발견하기 어렵다. 더구나 "죽음"은 그가 인간임을 가장 극단적으로 드러낸다. 예수께서 십자가에 대해 선포하신 내용 위에 신학적 작업이 진행되어야 그 깊은 의미를 발견할 수 있는데, 사실 이것은 예수 그리스도의 신성을 전제로 한다. 십자가가 신성을 드러내는 것이 아니라 신성이 십자가를 신비와 역설로 이끈다.

　예수의 십자가의 죽음은 역사적 사실인가? 이에 대한 의심은 크지 않다. 죄 없는 한 젊은 청년이 십자가형을 받고 죽을 수도 있기 때문이다. 그런데 부활은 그 역사성을 의심받는다. 성경은 얼마나 많은 사람들이 예수의 부활을 의심했는지를 상세히 기록하고 있다. 물론 "많은 사람들이 의심했다"는 기록은 역사적 사실을 부인하는 데 확정적인 자료가 될 수 없다. 때로는 의심을 보였다는 점이 오히려 "도저히 일어날 수 없는 일이 실제로 일어났다"는 것을 반증할 수도 있기 때문이다.

　예수의 부활을 의심했던 자들은 바로 예수의 제자들이었다. 마태복음 28:17에서는 부활하신 예수님을 뵙고도 여전히 의심하는 제자들이 나온다. 예수님은 곧바로 제자들에게 우리가 잘 아는 대위임령을 선포하시는데, 그 순간에도 제자들 중 일부는 부활하신 예수님이 정말로 자신들이 만났던 바로 그 예수님인지를 의심한다. 마가복음 16장에서는 부활하신 예수께서 막달라 마리아에게 나타나셨고, 마리아는 예수를 따르는 자들에게 예수의 부활 소식을 전하지만 그들은 믿지 않았다. 예수가 두 제자 앞에 나타나셨다는 소식도 믿지 않은 제자들이 있었다. 누가복음 24:38에서는 예수께서 제자들에게 나타나셔서 어찌하여 마음에 의심하느냐고 책망하신다. 자신의 손과 발의 못 자국을 보고 만지라고 하시며 부활의 증거를 보여주셨지만, 그것을 보고도 제자들은 의심했다.

　제자들을 곤혹스럽게 만든 또 다른 문제는 누군가가 예수의 시체를 훔쳐 갔다는 소문이었다. 마태복음 28:62-66에서는 예수께서 죽고 부활하기 전에 대제사장들과 바리새인들과 빌라도가 함께 모여 예수께서 자신이 다시 살아날 것이라고 한 말에 대해 논의하며 제자들이 시체를 훔쳐

갈 것을 대비하는 장면이 나온다. 그리고는 로마의 파수꾼을 시켜 무덤을 인봉하고 굳게 지키게 한다. 28:11-15에서 파수꾼들이 대제사장에게 예수의 부활을 보고하자, 제사장들은 군병들에게 돈을 주고 제자들이 예수의 시체를 가져갔다고 말하게 한다. 그로 인해 마태복음을 기록했을 당시 유대인들 사이에 예수의 부활은 제자들이 꾸며낸 거짓이라는 소문이 널리 퍼져 있었다고 전한다. 초기 유대와 기독교 공동체에서도 예수의 부활에 대한 의구심이 있었던 것이다. 이처럼 마태복음이 제자들이 시체를 훔쳐 갔다는 소문을 상세히 기록하고 있다는 점은 이 소문이 얼마나 강력했는가를 반증하고 있다. 즉 **"기적은 사람들이 얼마든지 꾸며낼 수도 있다"**라는 주장은 초기 교회에서 이미 거론되었던 문제다.

또한 제자들은 죽고 부활한 바로 그 몸을 가진 예수를 본 것이 아니라 예수의 영이나 헛것을 보았다고 생각했다. 누가복음 24:37은 그들이 마치 영을 보는 것처럼 놀라고 두려워했다고 전한다. 그리고 누가복음 24장에서 엠마오로 가는 제자들에게 예수께서 나타나셨을 때도, 그들은 부활하신 예수를 알아보지 못했다. 함께 식사를 하고 비로소 눈이 밝아져서 예수를 알아보게 되었을 때, 곧바로 예수가 그들의 눈에 보이지 않게 되었다. 요한복음 20:19에서는 제자들이 문을 닫고 모여 있는데 예수가 갑자기 등장하신다. 이처럼 제자들은 자신들 앞에 나타난 예수가 몸을 가진 부활한 존재라기보다 단순히 영적 존재라고 생각할 수 있는 충분한 이유를 갖고 있었다.

제자들과 예수를 따르는 자들 가운데는 예수의 부활에 대해 누군가 예수의 환영을 보았거나 꾸며낸 이야기라고 의심하던 자들이 있었다. 삶과 의식의 상당 부분을 과학과 기술에 의존하며 살아가는 현대인들은 예수의 부활을 받아들이기가 더 어려울 수도 있다. 그러나 그리스도인들은 우리 주 예수 그리스도께서 죽음을 이기고 다시 부활하셨음을 믿고 고백한다. 이것은 우리 신앙의 핵심적인 내용 가운데 하나다. 우리가 이 신앙을 고백하고 선포할 수 있는 이유는 성령께서 우리의 마음에 믿음의 확신을 선물로 주셨기 때문이다. 우리의 지성으로 설명할 수 있기 때문에 이것을 고백하고 선포하는 것이 아니다. 예수 그리스도가 하나님의 독생하신 아들이라는 믿음을 갖게 된 것은 인간의 지성보다 훨씬 더 강력한 성령의 인치심으로 인한 것이다. 이것은 그 어떤 논리보다 우위에 있다. 하나님께서 선포하신 말씀을 우리가 어찌 부인할 수 있겠는가!

요한복음 8장에는 인간의 증거와 하나님의 증거가 대비된다. 간음한 여인이 잡혀 오자 예수께서는 죄 없는 자가 이 여인을 돌로 치라고 하셨다. 그러자 여인을 잡아 온 사람들 모두 스스로 죄인인 것을 깨닫고 도망가버렸다. 그런데 바로 이어지는 장면이 흥미롭다. 바리새인들이 예수께 최소한 두 명의 증인을 데려오라고 요구하자, 예수께서는 자신과 자신을 보내신 아버지가 바로 증인이라고 답변하신다(8:12-18). 스스로를 변호할 수 없는 죄 많은 인간들의 논리와 사색으로 예수가 하나님의 아들인 것을 어떻게 입증할 수 있겠는가? 오직 하나님만이 하나님의 참되심을 증거할 수 있다.

그런데 신학은 최소한의 "설명 가능성"을 추구한다. 하나님이 주신 선물인 지성과 삶의 통찰을 통해 이 설명 가능성을 발견하고 나눌 때, 어떤 이들에게는 이것이 기독교 신앙의 출발점이 될 수도 있다. 나 역시 신앙에 대한 의심과 회의가 찾아올 때, 설명 가능한 몇몇 중요한 점들에 집중하여 예수 그리스도의 신성을 확신하고자 한다.

본 장에서는 예수의 기적적 행적이나 그의 십자가 죽음과 부활보다는 예수의 선포와 말씀에 초점을 맞출 것이다. **그리고 그 선포의 내용이 어떤 점에서 "꾸며낼 수 없는 이야기"의 특징을 갖는지 설명할 것이다.** 이를 위해 예수께서 (1) 사용한 "사람의 아들"이라는 용어와 이를 사용한 의도, (2) 그가 던져놓은 삼위일체 사상의 씨앗들, (3) 그가 선포한 하나님 나라에 대해 다뤄봄으로써 우리 주 예수 그리스도의 신비에 다가가고자 한다.

1
사람의 아들 예수

예수는 자신을 "사람의 아들(인자)"이라고 불렀다. 사실 인자라는 한국어 번역은 이 용어의 의미를 약화시키는 경향이 있다. 오히려 사람의 아들이라는 말이 더 바람직하다. 이 용어를 통해 생기는 두 가지 의문점이 있다. 우선 "사람의 아들"이라는 칭호는 예수 홀로 복음서에서 약 80여 차례 사용하였다. 따라서 이 용어는 "예수의 자칭(自稱)"이다. 이 용어는 예수를 제외하고는 스데반이 한 차례 사용했을 뿐(행 7:56) 그 어떤 제자도 예수를 사람의 아들이라고 부르지 않았다. 히브리서에서도 한 차례 사용하고 있지만, 이것은 시편 8편을 인용한 것이다. 요한계시록에서는 "사람의 아들과 같은"이라는 표현이 두 차례 쓰이는데 이것은 다니엘 7:13을 반영한 것으로 보인다. 그렇다면 왜 제자들과 초기 교회 공동체는 이 용어를 사용하지 않았을까? 예수를 따르는 자들이 사람의 아들보다 하나님의 아들이라는 용어를 더 선호한 것은 인간 예수를 신격화하기 위한 그들의 의도가 반영된 결과인가? 결국 예수의 신성은 제자들과 초기 교회가 꾸며낸 작품인가?

둘째, 다시 자세히 다루겠지만 구약에도 벤아담(בֶּן־אָדָם), 즉 사람의 아들이라는 용어가 등장한다. 하지만 몇몇 구절을 제외하고 그 단어는 그냥 사람을 뜻한다. 그렇다면 예수께서 사람의 아들이라는 용어를 그토록 고집스럽게 사용하신 이유가 무엇일까? 정말로 자신을 하나님의 아들이 아닌 사람의 아들로 생각하신 것은 아닐까?

위의 두 가지 의문점을 종합해보면, 예수께서는 자신을 사람으로 여겼으나 제자들이 사람이신 예수를 신격화했다는 주장이 가능하다.

심지어 사람의 아들과 신의 아들, 선과 악, 하나님과 인간, 인간의 영과 육이 만들어 내는 이원론적인 체계에서는, 사람의 아들은 신과 대적하는 자다. 이문열의 소설 『사람의 아들』에서도 사람의 아들은 예수가 아니라 예수와 대적하는 존재다. 상식적으로 생각해봐도 사람의 아들은 사람일 수밖에 없다. 신학자들도 구약에 등장하는 사람의 아들이라는 용어가 주로 사람을 의미한다는 것을 근거로 삼아 이것이 예수의 인성을 의미한다고 생각했다. 칼케돈 신조의 배경이 된 레오 대종의 서신 *The Tomb*에서도 인성의 속성과 신성의 속성이 서로 교류할 수 있다는 신비를 논하면서 "사람의 아들"을 예수의 인성을 나타내는 표현으로, "하나님의 아들"을 예수의 신성을 나타내는 표현으로 사용한다. 종교개혁자 칼뱅도 사람의 아들이라는 용어를 예수의 인성을 나타내는 말로 썼다. 국제신학회에서 만났던 한 조직신학자는 바로 이 용어 "사람의 아들"이 인간을 의미하기 때문에 우리는 예수의 인성에 더 주목해야 한다고 주장하였다. 정말 그런가? 성경의 역사와 문맥에서는 어떨까? 사람의 아들이 단순히 "사람"보다 훨씬 더 풍부한 의미를 갖는 것은 아닐까? 만약 그렇다면 도대체 왜 예수께서는 사람의 아들이라는 용어를 의도적으로 고집했을까?

이 문제를 더 잘 이해하기 위해서 구약, 위경 에녹서, 그리고 신약의 문맥과 상황을 차근차근 검토해보자.

1.1. 구약에서의 사람의 아들

구약에서 사람의 아들은 우선 하나님과 대비되는 인간 일반을 가리킨다. 하나님은 인간이 아니시니 식언치 않으시고 사람의 아들이(בֶּן־אָדָם) 아니니 후회가 없으시며(민 23:19), 남은 자들은 사람의 아들을(בֶּן־אָדָם) 기다리지 않는다(미 5:7)는 말씀에서, 사람의 아들은 하나님과 대비되는 인간을 의미한다. 하솔에 사람의 아들이 아무도 없다(렘 49:33)는 말씀이나 소돔과 고모라와 그 이웃 성읍들이 무너져서 사람의 아들이 없게 된다(렘 50:40)는 말씀 속에서도 사람의 아들은 단순히 사람이다.

구약에서 사람의 아들은 이스라엘 백성들을 가리킬 때도 있다. 시편 80편은 멸망한 이스라엘 백성을 구원해주실 것을 하나님께 구하는 시인데, 여기서는 이스라엘을 애굽에서 가져다가 심은 포도나무에 비유하고(80:8), 이 나무를 사람의 아들로 부르고 있다(80:17). 악을 행하지 않는 사람의 아들도 복이 있다(사 56:2)는 말씀은 이스라엘 백성을 향한 가르침이었다. 또한 에스겔에서는 사람의 아들이라는 말이 약 90여 차례 등장하는데 대부분 예언자 에스겔을 뜻한다.

사람의 아들이 단순히 인간 일반을 의미하는 것보다 조금 더 높은 의미로 사용된 구절들도 있다. 시편 8편은 인간에 대한 대단히 심오한 노래로서, "사람이 무엇이관대 주께서 저를 생각하시며 사람(사람의 아들)이 무엇이관대 주께서 저를 권고하시나이까"라는 4절 말씀에서 인자는 인간 일반을 의미하지만, 이어 5절에서는 하나님/천사보다 조금 못한 존재, 영화와 존귀로 관을 씌운 존재로 묘사된다. 에스겔 43:1-7에서는 성전에 가득한 하나님의 영광을 묘사한 후에 에스겔이 신적 존재를 만나는 장면이 나오는데, 흥미롭게도 "남자/사람"이 곁에 서서 예언자 에스겔을 "사람의 아들아"라고 부른다. 여기서 사람은 하나님의 현현이고 사람의 아들은 그를 만나는 자라는 의미로 쓰이는 것으로 보아, 사람이 신적 존재와 인간 소통의 근거가 될 수 있는 차원으로까지 격상되어 있음을 알 수 있다.

"사람의 아들"이라는 칭호에 관해 구약에서 우리가 가장 주목할 곳은 다니엘서다.

> 내가 또 밤의 이상 중에 보았는데 인자 같은 이가 하늘 구름을 타고 와서 옛적부터 항상 계신 이에게 나아와 그 앞으로 인도되매 그에게 권세와 영광과 나라를 주고 모든 백성과 나라들과 다른 언어를 말하는 모든 자들이 그를 섬기게 하였으니, 그의 권세는 소멸되지 아니하는 영원한 권세요, 그의 나라는 멸망하지 아니할 것이니라(단 7:13-14).

예언자는 "사람의 아들 같은 이"를 만나기 전에 큰 네 짐승을 먼저 보게 되는데(단 7:4-8), 그들은 이 땅에 속하는 왕이다(단 7:17). 그런데 사람의 아들과 같은 이는 하늘의 구름을 타고 온다는 점에서, 그리고 이 땅의 모든 나라를 다스리는 권세를 가지게 되는 나라에 속한다는 점에서 이 땅에 속한 나라와는 구분된다. 즉 단순한 사람보다는 더 높은 존재를 의미하는 것으로 보인다.

그렇다면 "사람의 아들과 같은 이"는 누구를 가리키는가? 이어지는 8:15에서도 "사람 모양 같은 것"이 등장해서 "사람의 아들아, 깨달아 알라"고 말한다(8:17). 또한 9:21에는 그 사람 가브리엘, 10:5에는 세마포를 입은 한 사람, 10:16에는 사람의 아들과 같은 이, 10:18에는 사람의 모양 같은 것 등이 계속 등장한다. 따라서 우리는 7장에서 10장까지의 맥락을 고려하면서 7:13의 "사람의 아들 같은 이"가 누구인가를 살펴보아야 한다.

먼저 사람의 아들과 같은 자는 천사와 같은 영적인 존재라고 생각해

왜 나는 아직도 그리스도인인가?

볼 수 있다. 7:18, 27에서 지극히 높은 자의 성자/천사는 영적 존재와 연관이 있을 수 있다. 8:16에서는 사람의 목소리가 사람 모양 같은 것을 가리키면서 "가브리엘아"라고 부르고 있다. 9:21의 "내가 전에 본 가브리엘이"라는 표현을 보면 천사와 같은 영적인 존재로 생각할 수 있다. 둘째, 사람의 아들과 같은 이는 이스라엘 백성을 의미할 수도 있다. 7장의 문맥을 보면 이스라엘과 네 왕국 간의 대결과 "지극히 높은 자의 성자들에게 붙인 바 될 것이다"(7:28)라는 예언이 등장하는데, 이를 통해 사람의 아들과 같은 이는 지극히 높은 자에 속한 이스라엘 백성들이라고 해석할 수도 있다. 상당히 많은 학자들이 이 해석을 선호하지만, 이것은 7:14의 내용을 찬찬히 살펴보면 쉽게 받아들이기 어려운 해석이다. 사람의 아들 같은 이가 권세와 영광과 나라를 갖고 모든 백성이 그를 경배하게 되는데, 이스라엘 백성들이 그런 권세의 소유자나 경배의 대상이 된다고 보기는 어렵다. 구약에서도 경배는 오로지 하나님께로만 향한다. 셋째, 인자 같은 이는 예수 그리스도의 예표라고 해석할 수도 있다. 특별히 7:14을 고려하면 메시아가 바로 사람의 아들과 같은 존재일 수 있다.

마지막으로 "사람 같은 이"와 "사람/남자"의 관계를 통해 "사람의 아들"을 이해하면 7:13의 "사람과 같은 이"에는 삼중적인 의미가 있다. 이는 앞에서 언급한 에스겔 43:1-7과도 유사하다. 다니엘 8:15-16에서 사람 모양 같은 것이 예언자의 앞에 섰고 "사람/남자"의 목소리가 사람 모양 같은 것에게 이상을 깨닫게 하라고 명한다. 그리고 한 "사람/남자"가 세마포를 입고 정금 띠를 띠고 예언자에게 말하는 동안 한 손이 예언자를 어루만지고(단 10:10), 사람의 아들 같은 이가 예언자의 입술을 만져서 예언자가 입을 열어 자신 앞에 선 자(사람)에게 말한다(단 10:16). 또 사람의 모양 같은 것이 예언자를 만지며 예언자를 강건하게 한다(단 10:18). 사람과 사람 모양을 한 자는 함께 등장하는데, 둘의 관계는 마치 예수와 그를 받드는 천사, 혹은 그리스도의 영과 같은 관계로 보인다. 그리고 사람/남자는 예언자를 사람의 아들이라고 불렀다(단 8:17).

위와 같은 문맥을 고려해보면, 7:13-14에서 하늘 구름을 타고 오는, 권세를 가진 "사람의 아들과 같은 이"가 누구인지 알기 위해서는 먼저 성육신 하신 "사람/남자"의 독특한 위치를 고려한 후, 그 사람이 "사람 모양"을 한 천사/성령과 갖는 관계, 그리고 그 사람이 "사람의 아들"로 부르는 예언자와의 관계가 무엇인지 살펴보아야 한다. 사람의 아들과 같은 이가 천사라면 그 천사와 함께 등장하는 "사람"이 전제된 것이고, 사람의 아들인 예언자도 바로 "사람/남자"로 인해, 사람 모양 같은 영적인 존재가 새로운 영의 힘을 불어넣은 것으로 인해, 그리고 그 사람/남자를 대언하는 역할로 인해, "사람의 아들"이라고 불릴 수 있었던 것이다.

다니엘에서 사람의 아들은 인간 일반이라기 보다는 "사람"과 "사람 모양을 한 자, 혹은 사람의 아들 모양을 한 자"와의 독특한 관계 속에 있는 자다. 일반 인간은 그 권세를 볼 수 없지만, 사람의 아들은 그 "사람/남자"가 가지는 영광과 권세를 비록 환상 속에서라도 조금 맛본 자다. 이런 점에서 "사람의 아들"은 "사람"을 중심으로 그리스도, 천사 혹은 성령, 또는 그들이 하나님 나라의 비밀을 알려준 선택받은 사람들이라는 삼중적인 의미를 갖는 것으로 보인다. 이것은 신약에서 사람의 아들이 가지는 다중적 의미의 전조가 된다. 특이한 것은 하나님 나라의 신비와 신적 영광을 드러내는 가장 신적인 중심 인물이 바로 "사람"이라는 점이다.

1.2. 에녹서에서의 사람의 아들

에녹1서 1:9은 유다서 14-15절에 인용된 것으로 보이지만, 에녹1서는 에

티오피아 정교회를 제외하고 대부분의 기독교 종파에서 구약 외경도 아닌 구약 위경으로 분류된다. 에녹서는 기원전 300년에서 신약 시대 사이에 기록된 것으로 알려져 있어 대체로 신약보다 앞선다고 볼 수 있지만, 에녹서와 신약의 전후 관계를 확정하기는 어렵다.[1] 에녹서가 중요한 이유는 그 안에 "사람의 아들"에 관한 상당히 중요한 단서가 담겨 있기 때문이다. 우선 46:1-4에서는 다니엘 7장과 유사한 내용이 등장한다. 에녹서 46:1은 옛적부터 계신 자를 다니엘서의 표현을 사용하여 그의 머리는 양의 털과 같이 희고(단 7:9), 사람의 얼굴을 하고(단 7:13), 얼굴이 영광으로 가득 차고(단 7:14), 죄인들을 심판할 것(단 7:10)이라고 묘사하고 있다. 이어서 사람의 아들에 대해 다음과 같이 설명한다.

> 그가 내게 대답하기를, 바로 이 자가 사람의 아들이다. 그에게 의가 속하고 의는 그와 함께 거한다. 그는 감추어진 모든 보물을 드러낼 것이다. 영들의 하나님이 그를 선택했고 그의 소유는 하나님의 정직한 영들 앞에 선 모든 자들을 넘어설 것이다. 네가 보고 있는 사람의 아들은 모든 왕들과 권세 잡은 자들을 그들의 왕좌로부터 일으켜 세워서 그들의 힘의 굴레를 풀어버릴 것이고 죄인들의 이빨들을 조각내 버릴 것이다(에녹1서 46:2-3).

다니엘서에서 옛적부터 계신 자 앞에 선 자는 사람의 아들과 같은 자였지만, 에녹서에서는 바로 사람의 아들이다. 그리고 다니엘서에서 "의"는 하나님께 속한 것이었지만(단 9:7), 에녹서에서 의는 사람의 아들에 속했고 그는 심지어 왕들과 죄인들을 심판하는 자다.

---

1   James D. G. Dunn, *Christology in the Making: A New Testament Inquiry into the Origins of the Doctrine of the Incarnation* (Philadelphia: The Westminster, 1980), 77-78.

뿐만 아니라 에녹서에서 사람의 아들의 그 이름은 모든 날들의 머리 전(창조되기 전)에 지어졌으며(48:2), 태양과 모든 징표들이 창조되기 전, 하늘의 별들이 만들어지기 전, 하나님의 영들의 이름이 지어지기 전에 지어졌다(48:3). 또한 그는 모든 의로운 자를 돕고 이방인들의 빛이 될 것이며, 마음에 문제를 가진 자들에게 희망이 될 것이고, 땅에 거주하는 모든 사람들이 그의 발아래 엎드려 그를 경배할 것이다(48:4-5). 따라서 에녹서는 대단히 구체적으로 사람의 아들이 창조 전부터 존재했고, 그가 하는 일은 의로운 일이라고 말한다. 그는 이스라엘뿐만이 아니라 이방인을 포함하는 모든 사람에게 빛과 소망이 되며, 모든 자들이 경배하는 신적 존재다. 그는 또한 감추어진 것들을 심판하는 심판자이고(49:3-4), 영광의 보좌에 앉은 자다(69:27). 사람의 아들이 나타나서 영광의 보좌에 앉았기 때문에 모든 악은 그의 얼굴에서 사라질 것이다(69:29).

사람의 아들의 이런 모습은 신약이 선포하는 예수, 만물 전에 계시고 의와 영광과 심판의 주가 되시는 분의 모습과 상당히 유사하다. 신약 공동체가 에녹서의 영향을 받았는지, 반대로 에녹서가 신약 공동체의 영향을 받았는지에 대해 우리는 확실히 알 수 없다. 우리가 에녹서를 통해서 알 수 있는 것은, 사람의 아들이 구약에서 일반적으로 사람을 가리키고 있지만, 다니엘서에서는 일반 인간보다는 훨씬 높은 존재로, 에녹서에서는 하나님과 같은 영광스런 존재로 이해되고 있다는 점이다. 따라서 우리는 한편으로는 "구약을 근거로 하면 사람의 아들이란 사람을 가리킨다"라는 주장이 지나치게 단순하다고 평가할 수 있고, 다른 한편으로는 "만약 그렇다면 신약 공동체는 왜 그렇게도 이 용어의 사용을 꺼렸는가?"를 다시 질문할 수도 있다. 만약 그들이 에녹서처럼 사람의 아들이 경배받을 신적 존재라고 생각했다면, 복음서 밖에서도 예수 그리스도를 사람의 아들로 부를 수 있어야 했다. 그런데 스데반을 제외하고는 이 용어를 사용한 사람이 없는 것을 보아 여전히 신약 공동체는 사람의 아들을 사람을 의미하는 용어로 이해하고 있었을 가능성이 높다. 이제 신약에서 예수께서 사용하신 자칭 용어인 사람의 아들이 어떻게 사용되었는지 그리고 성육신의 신비가 무엇인지를 살펴보자.

1.3. 신약에서의 사람의 아들

바울은 구약 시대에는 사람의 아들들에게 복음이 알려지지 않았다(엡 3:5)고 썼다. 여기서 사람의 아들은 이방인을 의미하는 용어로 쓰였다. 구약에서는 택함 받은 언약의 이스라엘 백성들을 하나님의 아들로 여겼고(출 4:22; 신 14:1; 사 1:2; 렘 3:19; 31:9; 호 1:10; 11:1; 암 9:7), 이를 배경으로 삼아 바울은 "사람의 아들"이라는 용어를 사용해 이방인을 뜻한 것으로 보인다. 즉 신약 시대에도 제자들은 사람의 아들을 인간 일반, 심지어 택함 받지 못한 자들을 의미하는 용어로 이해한 것으로 보인다. 그러나 예수께서는 복음서에서 자신을 가리켜 사람의 아들이라고 했다. 구약의 배경으로 이 용어의 의미를 살피는 것도 중요하지만, 우리는 예수께서 이 용어를 사용하신 맥락을 살펴봄으로써 이 용어의 의미를 더 명확하게 할 수 있다. 예수께서는 대체로 여섯 가지 문맥 속에서 이 용어를 사용하셨다.

1. 자기 자신을 지칭하는 인칭 대명사: 우리는 흔히 자기 자신을 의미할 때 인칭 대명사 "나"를 쓰지 않고 자기 이름을 스스로 부르는 경우가 있다. 몇몇 성경 구절을 보면 예수께서도 "나는"이라는 표현 대신 "사람의 아들은"이라는 인칭 대명사로 자신을 지칭하셨다. 사람의 아들은 머리 둘 곳이 없다(마 8:20). 사람의 아들이 먹고

마시매 말하기를 "세리와 죄인의 친구로다" 하는도다(마 11:19). 여기에 언급된 사람의 아들은 "나는"이라는 일인칭 대명사의 용례와 크게 다르지 않다. 예수께서 사람의 아들이라는 용어를 이런 용법으로만 사용했다면, 제자들이 왜 이 용어를 사용하지 않았는지가 명확해진다. 곧 예수 자신을 가리키는 인칭 대명사이기 때문에 예수가 아닌 제자들이 이 용어를 예수를 가리키는 용어로 사용할 수 없었을 것이다.

2. 고난, 죽음, 부활로 자신을 정의(definition): 예수께서 사람의 아들이라는 말을 가장 많이 사용한 맥락은 바로 자신의 고난과 죽음과 부활을 미리 앞서 선포할 때였다. 이것은 구약의 다니엘서나 위경의 에녹서에서도 찾을 수 없는 신약의 고유한 내용이다. 예수께서 제자들에게 사람들이 나를 누구라고 하느냐고 물으신 후에(막 8:27) 베드로가 주는 그리스도라고 대답하자(막 8:29), 이어서 사람의 아들이 많은 고난을 받고 장로들과 대제사장들과 서기관들에게 버린 바 되어 죽임을 당하고 사흘 만에 살아나야 할 것을 비로소 가르치셨다(막 8:31). "예수가 누구인가?"를 질문하고 대답하는 상황, 즉 예수의 정체성을 밝히는 상황에서 예수는 자신을 "사람의 아들"이라고 불렀고, 그 사람의 아들로서 해야 하는 일이 바로 "고난, 죽음, 부활"이라고 알려주신 것이다. 베드로는 예수를 "그리스도"라고 정의했지만, 예수는 여전히 자신을 "사람의 아들"이라고 부르고 있다. 더 나아가 우리는 두 가지 점에 주목해야 한다. 첫째, 이 충격적인 그리스도의 실체를 접하고 베드로는 예수를 꾸짖는다. 그러자 예수는 "사탄아, 물러가라"라고 하며 강렬하게 베드로를 비난하셨다(막 8:32-33). 전통적인 유대의 사상에서 메시아는 정치적 해방과 승리를 가져오는 존재로 인식되었기 때문에, 그리스도가 고

난을 당한다는 것을 받아들일 수 없었다는 반증이다. 초기 교회는 이사야 52-53장에 등장하는 고난의 종을 그리스도 사건이라고 해석하고 이해했지만(행 8:26-36), 이런 종교적 해석은 성령의 은혜를 받은 후에야 가능했다. 둘째, 예수께서는 마가복음 8장에 이르러서야 비로소 자신의 정체성에 대해 가르치셨다. 즉 초기 사역에서는 사람의 아들의 고난과 부활에 대해 침묵하셨다는 의미다. 그러나 한번 언급을 한 후에는 지속적으로 고난과 죽음과 부활을 증거하셨다(막 9:9, 31; 10:33-34, 45; 14:8, 21, 41). 예수께서 고난과 죽음과 부활을 예언하시면서 자신을 사람의 아들로 부르시는 것은 공관복음에 공통적이고 두드러지게 나타나는 특징이다(마 12:40; 17:22; 20:18, 19, 28; 눅 9:22, 44; 22:22).

3. 십자가와 사람의 아들-공관복음의 대속과 요한복음의 생명, 참지식, 모두를 자신에게 이끄는 화해: 마태복음과 마가복음에서 그리스도의 십자가는 대속의 의미를 가진다. 사람의 아들이 온 것은 섬김을 받으려 함이 아니라 도리어 섬기려 하고 자기 목숨을 많은 사람의 대속물로 주려 함이다(막 10:45; 마 20:28). 여기서는 대속물의 확정적인 의미를 알 수 없지만, 예수께서 죄와 죽음을 파괴하고 인간의 한계를 짊어지셨을 때 고난을 수용하고 인간의 죄와 한계를 짊어지면서 인간이 이미 처한 상태를 다루고 있다는 점을 볼 때 이것은 수동적(passive), 파괴적(destructive), 회귀적인(retrospective) 일임을 알 수 있다. 예수께서는 자신을 대속물로 주셨다고 선포하면서 자신을 사람의 아들이라고 불렀다.

그런데 요한복음에는 십자가의 죽음에 대한 아주 독특한 표현이 등장한다. "사람의 아들이 들리면"(요 3:14-15; 8:28; 12:32-36). 요한복음은 십자가의 죽음을 영웅적으로 묘사하는 특이한 복음서다.

여기에는 어찌하여 나를 버리시나이까라는 탄원도 없다. 또한 예수께서 목이 마르다는 말씀도 성경을 응하게 하기 위한 것이라고 해석한다(요 19:28). 그리고 예수께서는 마침내 다 이루었다고 선언하시고 십자가에서 돌아가셨다. 즉 요한복음은 예수의 죽음이 파괴적이고 회귀적이기보다는 무엇인가를 능동적이고 구성적이며 전향적으로 이루어낸다고 선포한다.

"사람의 아들이 들리면"이라는 표현이 등장하는 곳에서도 마찬가지다. 사람의 아들이 들리면 예수를 믿는 자마다 영생을 얻게 하고(요 3:14), 예수가 누구인지를 알게 하며(요 8:28), 모든 사람을 자신에게로 이끌 것이다(요 12:32). 생명, 예수와 하나님에 대한 참지식, 전 인류를 예수께로 모으는 화해가 구성적으로 이루어지는 것이다. 더구나 요한복음은 예수 스스로 자신을 "하나님의 아들"이라고 부른 유일한 복음서다(요 3:16-18; 5:25; 10:36; 11:4). 십자가의 죽음을 영광적인 승리로 해석한 요한복음의 저자조차 왜 "내가 들리면"이라는 표현 대신에 "사람의 아들이 들리면"이라는 표현을 사용하였을까?

요한복음은 그리스도 자신을 가장 열정적으로 설명하는 에고 에이미(ἐγώ εἰμι, 예를 들어 15:1)의 복음서다. 그리스도는 결코 "사람의 아들은 선한 목자다"라고 하지 않았다. 그 대신 "내가 선한 목자다"라며 "나"라는 일인칭 주어를 사용하였다. 얼마든지 "사람의 아들" 대신에 "나"라고 할 수 있지만, 어떤 구절에서는 사람의 아들이라는 용어를 사용하고 있는 것을 볼 때 사람의 아들이라는 호칭이 단순히 "나"라는 일인칭 주어에 불과하다는 주장은 좁은 시각에서 비롯된 것이다. 요한복음에서는 "나"라는 일인칭 주어를 얼마든지 사용하고 있는데, 그럼에도 불구하고 "들리면"이라는 표현으로 십자가의 죽음을 나타낼 때 "나"라는 일인칭 주어가 아니라 사람의 아들이라는 호칭을 사용하고 있기 때문이다. 따라서 요한복음에서 십자가와 함께 사용된 "사람의 아들"에는 흥미로운 양면성이 있다. 죽을 수 있는 존재인 "사람"이라는 특징과, 바로 그 사람의 죽음으로 인해 하나님만이 할 수 있는 신적인 일을 이루어낸다는 것이다. 공관복음에 쓰인 십자가와 사람의 아들이라는 호칭이 고난을 표현하면서 십자가의 수동적·파괴적·회귀적인 면을 나타내고, 요한복음에 쓰인 사람의 아들과 십자가는 십자가의 능동적·구성적·전향적인 가치를 드러내고 있다는 점에서, 복음서에 나오는 사람의 아들이라는 호칭은 십자가의 신비를 포괄적으로 표현하고 있는 셈이다.

4. 종말론적 재림 예수: 예수께서는 종말에 다시 오실 때를 설명하면서 "사람의 아들"이라는 칭호를 사용하셨다. 아마도 다니엘서와 가장 유사한 맥락일 것이다. 물론 다니엘 7장은 "재림"에 관한 것이라기보다 종말론적 특징을 예언한 것에 가깝다. 오직 예수만이 성육신으로 이 땅에 찾아오셔서 하나님 나라를 시작하고 세우신 후에 다시 오실 것을 약속하셨다. 예수께서 다시 오실 것을 선포하실 때 자신을 사람의 아들로 불렀다는 것은 대단히 중요하다. "하나님의 아들"이 아니라 "사람의 아들"이라는 호칭을 사용하는 바로 그 장면은 다니엘서의 종말론이 다시 재구성되고 있다는 점뿐만 아니라 강력한 권세와 영광과 심판의 주로 재림할 것(막 13:24-2: 눅 9:26)을 보여주기 때문이다. 다니엘서에서는 사람의 아들과 같은 이와 옛적부터 있었던 자의 관계가 불투명했지만, 마태복음에서는 예수께서 재림을 약속하셨을 때 "사람의 아들이 아버지의 영광으로 천사들과 함께 온다"(마 16:27)고 구체적으로 삼위 하나님

을 증거한다. 그리고 종말에 앞서 나타날 구체적인 징조를 설명하면서, 동시에 그때를 아무도 알지 못할 것이라고 예언하셨다(마 24:29-44). 다니엘서의 "사람의 아들과 같은 이"가 복음서에서는 "사람의 아들"로 역사 속에 구체적으로 찾아온 다음, 바로 그 사람의 아들이 부활 후에 다시 오실 것을 드러냈다. 역사의 종말의 모습을 선포하는 가장 "신적인 영광과 권세"의 순간과 "시간을 넘어서는 종말론적 완성"을 약속할 때에도 예수께서는 "사람의 아들"이라는 호칭을 사용하고 있다.

5. 죄의 용서와 안식일의 주인(공관복음): 사람의 아들이라는 호칭을 사용하면서 예수께서는 자신이 신적인 존재라는 것을 함께 선포하신다. 이에 관해서는 공관복음과 요한복음을 나눠 살펴볼 수 있는데, 우선 공관복음에서는 두 개의 중요한 사건과 연결된다. 먼저, 사람의 아들은 땅에서 죄를 용서할 수 있는 권세가 있다(막 2:10). 죄를 용서하고 안식일의 주인이라는 것은 내가 바로 너희 유대인들이 경배하는 하나님이라는 의미다. 실제로 마가복음 2:1-12의 중풍병자를 고치는 장면의 핵심은 기적 그 자체가 아니라 예수께서 병자를 고치면서 "너의 죄가 용서함을 받았다"라고 하신 말씀에 있다(막 2:5). 이로 인해 서기관들은 충격을 받고 마음속으로 "하나님 외에 누가 죄를 용서할 수 있는가?"라고 번민한다(막 2:6-7). 이에 예수께서 그들의 마음속을 아시고 "인자가 땅에서 죄를 용서할 권세가 있다"라고 선포하셨다. 즉 "사람의 아들은 하나님이다"라고 선포하신 셈이다.

둘째, 사람의 아들은 안식일의 주인이다(막 2:28). 안식일에 관한 논쟁은 예수의 선포가 얼마나 혁명적이었는지를 잘 드러낸다. 모든 공관복음에 등장하는 이 이야기에는 꽤 흥미로운 구석이 있다

(마 12:1-8; 눅 6:1-5). 유대인들은 안식일을 잘 지키는 것에 관심을 가졌다면 예수는 안식일의 목적을 가르친다. 안식일을 위해 사람이 있는 것이 아니라 사람을 위해 안식일이 있다(막 2:27)는 말씀은 "율법을 지키는 것"의 본질과 의미는 율법의 의도와 지향점이 인간을 이롭게 하는 것임을 아는 것에 있다는 가르침이다. 더 나아가 율법사와 바리새인들은 사람들의 병을 고치는 것이 안식일을 범하는 것이라고 생각하면서도, 실상 자신들은 안식일에도 우물에 빠진 가축을 건져내거나 물을 주는 행동을 하고 있었다(눅 13:10-17; 14:1-6). 예수께서는 안식일에 이렇게 이중적인 행위를 하는 자들을 "위선자들"이라고 꾸짖었다(눅 13:15). 그리고 공관복음에서는 이 사건 바로 다음에 예수께서 안식일에 손 마른 자를 치료하는 장면이 나온다. 여기서도 예수는 안식일에 선을 행하는 것이 하나님의 뜻에 잘 맞는 것이라고 가르친다(막 3:4). 이런 사건을 행하면서 안식일이 무엇인지를 설명하심과 동시에 자신, 즉 사람의 아들이 바로 그 안식일의 주인이라고 선포하시는데(막 2:28), 마가복음에 의하면 이 두 사건 이후 바리새인들과 헤롯당이 머리를 맞대고 예수를 죽일 방법을 의논하기 시작한다(막 3:6).

사실 안식일이 왜 그렇게 중요한지 이해하기는 쉽지 않다. 출애굽기의 언약에는 안식일을 지키지 않으면 반드시 죽이라는 명령이 포함되어 있다(출 31:15). 하나님께서는 창조의 일곱째 날에 쉬면서 그날을 거룩하게 하셨다(창 2:2-3). 이처럼 십계명 가운데 하나이며(출 20:8-11), 혹은 출애굽의 역사를 기억하는 날(신 5:12-15)이라고 해도, 안식일을 지키지 않는다는 이유로 죽이라는 것은 너무 심하지 않은가? 쉬지 않는다고 죽여야 하는가? 위선적인 이중 잣대를 가진 유대 지도자들이 안식일을 빙자해서 예수를 죽이려 했던 것처럼, 위선적 인간들이 안식일을 악용할 수도 있지 않은 가? 도대체 왜 하나님은 "안식과 평화"의 날을 "죽음에 이를 수도 있는 폭력적인 형태의 언약"으로 만드셨을까?

우선, 하나님의 창조 질서 속에서는 안식이 중요한 요소였다. 즉 창조가 하나님의 일이었다면 하나님의 쉼도 하나님께 속한 것이 다. 하나님께서 안식일을 "나의 안식일"이라고 부르신 것(출 31:13) 에서 알 수 있듯이, 안식일은 하나님께 속한 하나님의 것이다. 따라서 야웨께 속한 안식일을 범하는 것은 야웨를 범하는 것과 같다고 이해된 듯하다. 물론 예수께서 공관복음에서 가르치신 대로 안식일은 인간을 위한 것이기도 하다. 인간은 하나님의 형상으로 지음 받았고 하나님께 속한 피조물이므로, 그런 인간의 쉼과 평화 역시 하나님의 쉼과 평화를 근거로 할 수밖에 없다. 그리고 출애굽의 역사 속에서 안식일을 지켰던 것은 구원도 쉼과 평화와 마찬가지로 안식일의 중요한 부분이라는 것을 보여준다. 이렇듯 중요한 안식일의 주인은 당연히 하나님이다.

예수께서는 대단히 역설적으로 이 문제를 풀어내셨다. "안식일이 인간을 위해서 있다"는 예수님의 해석은 얼핏 보면 "안식일의 주인은 인간이다"라는 의미로 해석될 수 있다. 그렇게 본다면 "사람의 아들은 안식일의 주인이다"라는 말씀은 아무 문제가 없다. 그런데 요한복음에서는 내 아버지께서 안식일에 일하시기에 나도 일한다고 하면서 안식일의 주인인 하나님과 예수 자신을 동등하게 여기는 장면이 나온다. 이것은 예수에 대한 유대인들의 분노를 더욱 가속화시킨다(요 5:17-18). 마가복음에 나오는 안식일이 사람을 위한 것이라는 예수의 가르침은, 안식일이 위선자들의 것이 아니요, 창조와 구원의 주인이신 하나님께서 배고프고 병든 자를 위로

하는 생명과 구원의 날이라는 안식일에 대한 예수의 재해석이다. 동시에 예수께서는 자기 자신, 즉 "사람의 아들이 안식일의 주인이다"라고 천명하셨다. 인간의 약함을 깊이 헤아리시어 인간에게 안식과 구원의 날을 허락하신 하나님의 사랑을 가슴에 품고 인간을 찾아오신 예수께서, 인간의 병으로 인한 고통과 배고픔을 깊이 헤아리시어 그들을 치료하고 먹이신 "인간을 위한 안식일"의 의미를 밝히면서, 가장 작은 자까지 사랑하시는 하나님의 마음을 드러내셨다. 바로 이런 점들을 통해 예수께서 진정한 안식일의 주인임이 밝히 드러나고 있는데도, 구약의 그림자에 갇혀 있던 바리새인들은 예수가 안식일의 유일한 주인이신 하나님을 모독하는 심각한 죄인이라고 생각했다. 역설 가운데 역설이다. 사람의 아들이라는 호칭은 이렇게 "사람"으로 사람을 찾아오신 예수께서 사람의 존귀함을 "하나님"의 마음으로 품으며, "하나님의 놀라운 모습"을 함축적이고 역설적으로 나타내는 예수 자신의 이름이다.

6. 사람의 아들은 하나님의 아들(요한복음): 요한복음은 사람의 아들이 바로 하나님의 아들이라는 것을 명백하게 선포하는 독특한 복음서다. 요한복음 6:35은 예수 스스로가 생명의 떡이라고 선포하는 중요한 말씀이다. 또한 예수께서는 사람의 아들이 영생의 양식을 너희들에게 주는데 사람의 아들은 하나님이 특별히 인을 치고 친히 보내신 자라고 증거한다(요 6:27). 즉 사람의 아들은 하나님의 아들이라는 말씀이다. 또한 요한복음에서 사람의 아들은 하늘에서 내려온 자다. 하늘에서 내려온 자 외에는 하늘에 올라간 자가 없고(요 3:13), 이전에 사람의 아들이 있었던 곳으로 올라가는 것을 제자들이 볼 수도 있으며(요 6:62), 사람의 아들은 또한 위에서 났다(요 8:23-28). 사람의 아들은 하늘이 열리고 하나님의 사자들이 그 위에

오르락내리락하는 자이며(요 1:51), 하나님도 사람의 아들로 인해 영광을 얻게 된다(요 13:31). 이처럼 예수께서 선포하신 요한복음의 말씀을 모두 모아보면, 사람의 아들은 바로 다름 아닌 하나님의 아들이라는 선포로 요약된다.

지금까지 우리는 예수께서 스스로 "사람의 아들"이라고 언급한 여섯 가지 맥락을 살펴보았다. 1의 용례인 인칭 대명사로서의 사람의 아들과 2와 3의 용례인 십자가의 죽음을 제외한 사람의 아들이라는 호칭의 의미는 "단순히 사람" 이상의 뜻을 갖는다. 하지만 2와 3 역시 단순히 죽을 수 있는 인간이라는 의미로 사용된 것은 아니다. 2는 부활과 함께 선포되었고, 3은 죽음의 대속적·구성적 가치를 선포하는 맥락 속에서 쓰였다. 4-6은 "사람"보다는 "신"에 가까운 자를 선포하는 문맥에서 쓰였다. 따라서 신약의 사람의 아들이라는 용어가 예수의 인성을 더 강조하기 위한 근거가 된다는 주장은 타당하지 않다. 또한 칼뱅을 포함한 많은 신학자들이 이 용어를 예수의 인성을 나타내는 용어로 사용해왔는데, 이러한 신학적인 용례도 결코 올바른 것이 아니다. 예수께서는 사람의 아들이라는 가장 친숙한 용어를 사용하면서, 사람들이 쉽게 상상할 수 없었던 신비스러운 자신의 모습을 총체적으로 드러내셨기 때문이다. 그렇다면 왜 예수께서는 이 용어를 그토록 고집스럽게 사용하셨을까? 이는 혹시 제자들이 꾸며낸 호칭은 아닐까?

두 가지 문제: 제자들이 꾸며낸 용어인가? 예수의 의도는 무엇인가?

사람의 아들이라는 용어는 제자들이 꾸며낸 용어일까? 이에 대해 우리는 두 가지 가설을 생각해볼 수 있다.

왜 나는 아직도 그리스도인인가?

가설 A

1. 구약에서 "사람의 아들"은 사람을 의미한다.
2. 신약은 제자들과 예수를 따르는 자들이 예수의 신성을 선포하기 (꾸며내기) 위해 쓴 글이다.
3. 예수는 자신을 사람의 아들이라고 불렀지만, 복음서를 제외한 신약을 보면 제자들은 예수를 하나님의 아들로 불렀다.
4. 따라서 예수는 자신을 신적 존재로 이해하지 못해 사람의 아들이라는 용어를 사용했고, 제자들은 부활(혹은 유사 부활)과 같은 신비한 경험을 한 후에 예수를 신적 존재로 꾸며냈다.

꽤 많은 성경학자들이 위의 주장을 따르기도 한다. 하지만 이 가설은 세 가지 문제가 있다. 첫째, 사람의 아들이라는 용어는 구약에서 사람을 의미했지만, 신약에서는 사람, 고난과 죽음의 종, 부활, 다시 오실 메시아, 죄를 용서하고 안식일의 주인인 하나님, 위로부터 온 하나님의 아들이라는 대단히 다층적인 의미로 쓰였다. 그러므로 예수께서 단순히 자신이 사람이라는 것을 나타내기 위해 이 용어를 사용했다고 보기는 어렵다.

둘째, 만약 제자들이 예수를 신적인 존재로 꾸미고자 했다면, 예수가 사람의 아들보다는 "하나님의 아들"이라는 용어를 더 많이 사용한 것으로 복음서를 특히 공관복음서를 집필하는 편이 훨씬 유리했을 것이다. 예수의 제자들이나 예수를 따르는 초기 교회 공동체가 공관복음의 저자였다는 점을 고려해보면 이런 가설이 가능하다. 그러나 공관복음서에서 예수는 결코 자신을 하나님의 아들이라고 부르지 않았다. 오히려 80여 차례에 걸쳐 반복적으로 자신을 사람의 아들이라고 불렀다. 사복음서 중 가장 늦게 기록된 요한복음에서야 예수 스스로 자신을 하나님의 아들로 칭하는 몇 부분이 등장한다. 그리고 복음서를 제외한 신약에 이르러서야 제자들도 비로소 예수를 하나님의 아들로 이해하고 있음이 드러난다.

셋째, 제자들은 복음서를 제외한 신약에서 사람의 아들이라는 용어를 거의 쓰지 않았다. 만약 이 말이 신적인 능력과 그리스도의 성육신의 신비를 포괄적으로 선포하는 용어였다면, 복음서를 제외한 신약에서도 예수를 부르는 호칭으로 쓰였어야 했다. 그런데 다른 곳에서는 거의 등장하지 않는다는 점에서, 이 용어는 예수께서 직접 사용하신 예수의 용어라고 보는 것이 더 타당하다. 이런 세 가지 이유로 가설 A는 설득력이 없다. 따라서 우리는 아래와 같이 가설 B를 생각해볼 수 있다.

가설 B

1. 신약은 그리스도의 신성을 증거하기 위해 기록되었다.

2. 신약에서 하나님의 아들은 신적 존재를 의미하는 것으로 이해되었다.

3. 제자들이 예수께서 사람의 아들이라는 용어를 사용하면 예수의 신성이 더 드러날 것이라고 여기고, 의도적으로 예수께서 이 용어를 스스로 사용한 것처럼 꾸며냈다고 보기는 어렵다.

4. 만약 제자들이 복음서를 의도적으로 꾸며냈다면, 예수께서 "사람의 아들"보다는 "하나님의 아들"이라는 용어를 더 자주 사용하신 것처럼 편집했을 것이다.

5. 스데반을 제외하고는 그 어떤 제자도 복음서 외에서 예수를 가리키는 용어로 사람의 아들을 사용하지 않았다.

6. 그러나 복음서를 보면, 예수께서는 자신을 "하나님의 아들"이 아니라 "사람의 아들"이라고 불렀다. 심지어 신적 모습이 가장 강하게 나타나는 부활, 재림, 죄의 용서, 안식일의 주인에 관한 말씀을 선포할 때도 스스로를 사람의 아들이라고 칭했다.

왜 나는 아직도 그리스도인인가?

7. 따라서 "사람의 아들"이라는 용어는 제자들이 꾸며낸 것이 아니라 예수께서 직접 사용하신 예수 자신의 용어로 보는 것이 더 타당하다.

8. 예수께서는 이 용어를 직접 사용하셨을 뿐만 아니라, 자신의 다양한 정체성을 표현하는 다채로운 맥락 속에서 사용하셨다. 그러므로 예수께서 무의식적으로 이 용어를 사용했다기보다는 어떤 의도를 가지고 사용했을 가능성이 더 높다.

만약 우리가 사람의 아들이라는 용어를 제자들이 꾸며낸 것으로 여긴다면, 제자들이 그 내용을 꾸며낼 만한 문화적 상황을 예측할 수 있어야 하는데, 이 용어를 포괄적으로 해석하고 이해할 수 있는 적절한 해석학적·상황적 틀을 발견하기 어렵다. 물론 다니엘서와 관련하여 구약의 종말론적 상황 속에서 사람의 아들을 해석해볼 수 있다. 하지만 예수는 종말에 찾아온 메시아가 아니고, 성육신으로 이 땅을 먼저 찾아오신 후에 다시 찾아오실 재림의 종말을 선포하셨기 때문에, 그 선포는 예수께서 드러내신 "사람의 아들"이 갖는 다양한 모습의 한 조각에 불과하다.

또는 이 용어는 신의 모습을 드러내기 위한 상황 속에서 사용되었다고 생각할 수도 있다. 앞에서 언급한 대로 신격화가 목적이었다면 이것보다는 하나님의 아들이라는 용어가 더 효과적이다. 게다가 예수께서 사람의 아들을 언급하신 맥락에는 고난과 죽음도 포함된다. 당시 그리스 철학의 인식과 문화에서 신이 죽는다는 것은 상상조차 할 수 없는 일이었다. 반대로, 만약 구약의 상황과 문자적인 의미를 반영하여 단순히 인간을 의미하는 상황 속에서 이 용어가 사용되었다면, 그 어떤 인간이 죄를 용서하고 안식일의 주인이 되어 죽은 후 부활하고 다시 올 수 있는가? 따라서 구약의 종말론적 상황, 그리스 철학과 문화, 또는 구약의 상황과 문자적인 의미 중 그 어떤 것을 적용해도, 예수께서 이 단어를 사용하셨던 복합적인 상황에 잘 부합되지 않는다. 이와 같은 여러 가지 이유를 볼 때, 사람의 아들은 제자들이 꾸며내거나 시대 상황 속에서 만들어진 용어가 아니라, 예수께서 직접 사용했을 뿐만 아니라 어떤 특정한 의도 아래 어떤 특정한 의미를 드러내고자 사용한 용어일 것이다.

만약 "사람의 아들"이라는 용어가 예수께서 직접 사용하신 용어라면 문제가 대단히 복잡해진다. 도대체 왜 예수께서는 자신을 하나님의 아들이 아니라 사람의 아들이라고 불렀을까? 그토록 복잡한 의미와 문맥 속에서 사용하신 의도는 무엇일까?

첫째, 이 용어 속에는 인간으로 우리를 찾아오신 성육신하신 예수의 친밀함이 잘 드러난다. 성육신이란 하나님이 자신의 신적 권능과 영광을 제한한 채 인간으로서 우리를 찾아오신 것이다. 만약 신이 자신을 절제하지 않고 본래 모습으로 우리를 찾아온다면 어떤 일이 일어날까? 인간은 그가 신임을 도저히 알아볼 수 없거나, 알아본다 할지라도 그 위엄과 영광으로 인해 녹아내리지 않을까? 이런 인간의 한계를 깊이 헤아렸기 때문에, 예수는 당시의 유대인들에게 친숙한 용어인 사람의 아들이라는 칭호를 쓴 것이다. 인격적인 관계는 상대를 잘 헤아리는 것에서 시작된다. 우리의 관계가 늘 불완전하고 위태로운 이유는 타자를 잘 헤아리지 못하기 때문이다. 예수께서는 가장 인간적인 용어를 사용해 자신을 사람의 아들이라고 일컬음으로써 자신과 타자 간의 거리를 좁히셨다. 공생애의 시작부터 죄 용서가 가능한 신적인 면모를 드러내시면서도, 동시에 스스로를 "사람의 아들"이라고 부름으로써 성육신이 몰고 올 충격을 많이 완화하려한 것으로 보인다. 사람의 아들이란 용어는 하나님이 성육신하기까지 인간을 찾아온 "친밀함"이라는 성육신의 본질을 가장 잘 드러내는 용어다.

둘째, 이 용어는 예수의 참 모습 가운데 아주 중요한 면, 즉 참 인간이

왜 나는 아직도 그리스도인인가?

신 자신을 드러낸다. 예수는 인간인 척한 신이 아니라 참으로 인간이었다. 여우도 굴이 있고 공중의 새도 거처가 있지만 사람의 아들은 머리 둘 곳이 없다(마 8:20)는 말씀 속에는 고독한 인간의 처절한 모습이 절절히 담겨 있다. "배척당함, 버림받음, 시험당함, 광야의 삶, 유대 종교적 위선에 대한 저항, 제자들과 민중들의 배반, 가난하고 고난당하는 자들에 대한 깊은 사랑과 연민, 하나님 나라의 사명, 밤을 지새워 하나님께 드리는 간절한 기도"로 요약되는 예수의 삶에는 역사 속에 찾아와 역사를 앞서가는 한 인간의 외로움과 사명이 담겨 있다. 특별히 예수께서는 예정된 고난과 죽음을 앞두고 사람의 아들이라는 용어를 더 자주 사용하셨다. 이는 단순히 죽을 수 있는 존재라는 뜻이 아니다. 그분은 실제로 유대 지도자들에 의해 "신성모독"이라는 가장 치욕적인 죄명을 받았고, 고난당하는 민중들과 함께하셨음에도 불구하고 그 민중들에 의해서 모욕을 당했으며, 결국 당시 정치 권력인 로마 총독과 병사들에 의해 죽음을 맞이했다. 종교·사회·정치 세력이 모두 합심하여 만들어낸 역사의 한복판에서 죽임을 당하신 것이다. 사람의 아들 예수는 참 인간이었다.

셋째, 성육신이란 예수께서 역사 속에서 조금씩 조금씩 점차적 (gradually)으로 자신을 낮추어 우리를 찾아오신(accommodationally) 것을 뜻한다. 만약 예수께서 공적인 일을 시작하자마자 자신을 "하나님" 혹은 "하나님의 아들"이라고 불렀다면 어떤 일이 벌어졌을까? 정신이 온전하지 못한 자로 취급받아 누구의 관심도 얻지 못했거나, 아니면 신성 모독죄로 바로 처형당했을 것이다. 그는 인간이 육으로 찾아오신 하나님을 즉각적으로 이해하기 힘들 것을 아시고, 시간의 흐름 속에서 자신을 점차적으로 드러내셨다. 예수께서는 기적을 행하신 후에 아무에게도 알리지 말라고 하셨고(막 6:43), 처음부터 제자들에게 자신의 고난과 죽음과 부활을 말씀하시지 않고 자신의 정체성에 대해 논한 후에야 비로소 가르치셨다

(막 8:31). 이방인들 사이에서도 하나님 나라를 이루어가는 일이 자신의 사명 중 하나라고 하셨다(마 12:18-20; 막 13:10; 눅 2:32). 예수께서는 갈릴리를 중심으로 하는 비교적 좁은 지역에서 일하고 가르치셨지만, 사마리아와 땅끝까지 복음을 전하는 일을 모두 제자들에게 맡기셨다. 마태복음 15장에서 예수는 두로와 시돈 지방에서 만난 가나안 여자에게 자녀의 떡을 개들에게 던지는 것이 마땅치 않다고 하시면서 자신의 일의 범위를 이스라엘로 국한하신다(마 15:26). 이에 가나안 여인이 개들도 상에서 떨어지는 부스러기를 먹는다며 집요하게 요청하자, 그 여인의 믿음이 크다고 하면서 귀신들린 딸을 고치신다(마15:27-28). 이스라엘 중심적이고 배타적인 가치관을 드러내는 이 사건은 성육신의 점진성을 배제하고는 도저히 이해하기 어렵다. 스스로 모든 일을 다 할 수 있는 전능함을 가지고 있음에도 불구하고, 한 지역과 한 시대라는 한계 속에 찾아오셔서 자신이 만나는 자들에게 자신의 일을 맡기신 것은 성육신이 가지고 있는 "점진성과 낮추심"의 본질을 잘 드러낸다. 하나님은 역사 속에서 인간을 배제하지 않으시고 인간(예언자, 성경의 기록자, 인간의 언어와 문화, 제자들, 교회)을 통해, 인간과 살아 있는 관계를 맺으셨다. 예수께서도 자신을 한없이 낮추어 인간으로서 인간을 찾아오셨고, 사람의 아들이라는 용어를 통해 하나님과 하나님 나라의 비밀을 조금씩 조금씩, 점차적으로 드러내신다. 이처럼 성육신의 참 모습, 낮추어 점차적으로 찾아오시는 모습이 사람의 아들이라는 용어 속에 잘 표현되어 있다.

넷째, 사람의 아들이라는 용어를 단순히 사람을 의미하는 것을 넘어서, 초월적이고 신적인 모습을 선포하는 맥락 속에서 사용하셨다. 앞서 살펴본 여섯 가지 용례 중 부활, 대속과 영생, 참 지식, 화해라는 죽음의 파괴적이면서도 구성적인 가치, 재림의 영광, 성육신 전에 존재했던 하나님의 아들은 사람의 아들이 바로 하나님의 아들이라는 예수 그리스도의 신적인 모습을 나타낸다. 그는 사람의 아들이라는 용어를 사용하면서도 하나님의 아들이라는 것을 선포하셨고, 동시에 하나님의 아들이 하시는 신비스러운 일의 구체적인 내용도 계시하셨다. 이렇게 사람의 아들이 하시는 일의 내용은 인간이 도저히 꾸며낼 수 없는 실로 엄청난 것이었다. 부활은 제자들조차 의심하거나 환영을 본 것으로 생각할 정도로 인간이 믿기 어려운 일이다. 한 사람이 죽음으로 많은 사람의 고난을 나누고 짊어지며, 영생과 하나님에 대한 올바른 지식을 알리고, 인간과 인간을 화해시킨다는 이 놀라운 십자가의 이야기는 야웨 하나님을 믿는 유대인들에게는 스캔들과 같은 것이었고, 자신들이 발전시킨 사상을 고매한 것이라고 믿는 그리스인들에게는 어처구니 없는 이야기였다(고전 1:23). **따라서 이것은 유대인이나 헬라인들이 도저히 꾸며낼 수 없는 이야기다.** 더구나 그 사람의 아들이 생명의 떡으로 성육신하기 전에 하나님과 함께 존재했던 하나님의 독생하신 아들이며 세상의 종말에 영광과 심판으로 우리를 다시 찾아오실 것이라는 이야기도 실로 우리가 상상하기 어려운 초월적인 것이다. 이렇게 예수께서는 인간이 도저히 상상하기 어려운 신적 모습을 계시하고 선포하시는 순간에 자신을 사람의 아들로 불렀다. **그리스도는 찾아오신 자의 관점에서 "사람의 아들"임을 선포하고, 제자들은 그 찾아오신 분을 고백하는 자의 관점에서 "하나님의 아들"이라는 용어를 선호했다는 것은 참으로 신비로운 대비이며, 바로 이런 이유로 제자들이 결코 꾸며낼 수 없는 일이라고 생각할 수밖에 없다.**

사람의 아들이라는 용어를 예수께서 고집한 이유는 (1) 누구보다도 인간의 약함과 한계를 잘 아시기에 사람들이 놀라 물러서지 않도록 그들과 예수 자신이 동일한 사람임을 알려 친밀함을 강조하기 위해, (2) 고난 속에 낮추어 점진적으로 찾아오시는 성육신이라는 필연적인 상황 속에 있기 때문에, (3) 고난과 한계, 고독, 무너진 관계 등으로 인해서 고난 속에 살아가는 참 인간으로 찾아오셨기 때문에, (4) 그럼에도 불구하고 사람의 아들이 행하시는 일은 인간이 상상조차 하기 어려운 초월적이고 신적인 일이라는 점을 이 용어를 통해 선포하기를 원하셨기 때문이다.

> 인간 가운데 과연 누가, 자신을 낮추어 점진적으로 친밀하게 찾아오시고 참
> 인간으로서 인간의 상상을 넘어서는 초월적인 하나님의 모습을 선포하기
> 위해, 예수께서 사람의 아들이라는 용어를 사용하도록 꾸며낼 수 있겠는가?

이 일은 오직 참 인간이자 참 하나님이신 예수만이, 인간을 헤아리고 그 인간으로 성육신하신 바로 그 예수만이, 성육신하시어 하늘의 신비를 가르치고 이루고 선포하신 바로 그 예수만이 할 수 있다. 사람의 아들이라는 용어를 고집스럽게 사용하신 예수의 모습에서, 인간을 헤아려 사랑하시는 하나님의 깊은 연민과 사랑, 참 인간이 되시어 육으로 찾아오신 성육신의 본질, 하나님 나라의 신비를 선포하시는 하나님의 열정을 발견할 수 있다. 예수는 참 인간으로서 인간을 찾아오신 참 하나님이다.

2

예수, 삼위 하나님을 증거하다

삼위일체 사상은 기독교 사상의 정수다. 기독교의 하나님의 고유함을 가장 잘 드러낼 뿐만 아니라 하나님의 형상(본질적, 관계적, 역동적), 교회의 본질(하나님의 백성, 그리스도의 몸, 성령의 전), 성찬과 구원의 의미(믿음, 사랑, 소망) 등도 삼위 하나님과 깊은 연관성 속에 있다. 초기 교회의 신학 논쟁 중 가장 핵심적인 주제도 삼위일체 하나님에 관한 것이었다. 그런데 과연 삼위일체 사상은 성경적이라 할 수 있는가?

삼위일체라는 용어는 성경에 등장하지 않는다. 이것은 2세기 안디옥의 테오필로스와, 2-3세기 테르툴리아누스가 사용한 신학적 용어다. 본질(essence)은 하나이나 인격(위격, person)은 셋이라는 가장 초보적인 내용과 용어도 신학자들이 만든 것이다. 뿐만 아니라 삼위일체는 그 형성 과정에서 신플라톤주의자인 플로티노스의 영향을 받기도 하고, 수많은 이단 논쟁을 통해 서서히 형성된 "신학적 내용"이다. 이런 이유로 많은 이들은 과연 우리가 이해하고 있는 삼위일체 사상이 성경적인가를 놓고 회의하거나 의심한다.

그런데 삼위일체 사상은 신적 존재가 한 분이라는 유대교의 유일신(monotheism) 사상과도 다르고, 여러 신을 믿는 헬라의 다신(polytheism) 사상과도 다르며, 여러 신들을 인정하고 그 가운데 자신들의 신을 믿고 섬기는 힌두교의 택일신론(henotheism)과도 다르다. 서로 연결되는 삼위적 존재에 대해 논한 플로티노스에 따르면, 알려질 수 없는 초월적 일자(一者)와 그 일자로부터 유출되는 정신(nous), 혹은 로고스, 그다음에 이어지는 세계 혼, 그리고 인간의 혼 등은 기독교의 삼위 하나님과는 근본적으로 다르다. 동양의 천지인(天地人) 사상이나 음양 사상으로도 삼위 하나님의 신비를 올바로 표현해낼 수 없다. **그렇다면 삼위일체 사상은 도대체 어디에서 왔는가?** 인간의 문화와 철학 속에 등장하는 여러 종류의 사상들을 다 모으고 합쳐 삼위일체 사상을 만들어낼 수 있는가? 또는 삼위일체 사상과 유사한 사상 체계의 틀이 존재하는가?

신학교 학생들에게 삼위 하나님을 그림이나 상징으로 설명해보라고 하면, 대부분 "세 부분으로 이루어져 있는 하나의 실체"를 그린다. 나무의 뿌리·줄기·열매, 인간의 지성·감성·의지, 고체·액체·기체 상태의 물 등이 그 예다. 이들은 세 부분이나 형태가 모두 합쳐져 비로소 하나의 완성된 존재가 되거나 한 실체의 세 가지 면을 나타내기 때문에, "한 하나님이면서 동시에 각각 고유하고 동등한 인격을 가진 삼위 하나님"을 올바로 표현할 수 없다. 한국계 미국 신학자 이정용은 음양의 상징으로 삼위일체를 표현할 수 있다고 주장했는데,[2] 음양이란 상호의존적인 두 측면을 표현할 뿐이다. 즉 음이 없으면 양이 불가능하고 양이 없으면 음이 불가능한 특성은 삼위 하나님의 연합과 구분을 동시적으로 상징할 수는 있지만, 세 인격 각각의 완전성을 표현하는 데는 한계가 있다. 이처럼 인간이 상상하는 그림, 비유, 상징으로는 삼위 하나님을 올바로 표현할 수 없다.

그렇다면 삼위일체 사상은 어디에서 왔는가? 나는 삼위일체 사상을

---

2 Jung Young Lee, *The Trinity in Asian Perspectives* (Nashville: Abingdon, 1996), 11-69.

가르치면서, 삼위일체 사상의 형성과 발전 과정, 그리고 성경에서 발견할 수 있는 삼위일체 하나님에 대해 다룬다. 특히 연합, 구분, 고유함 등 삼위일체의 특성에 관한 세부적인 항목별로 수많은 성경적인 근거가 있고, 특별히 복음서에서 예수께서 선포하신 내용 속에 삼위 하나님에 대한 핵심적인 내용이 포함되어 있음을 강조한다. **삼위일체**(the Trinity)**라는 용어는 신학자들이 만들었지만, 그 사상의 내용은 예수께서 제공하신 것이다.** 아무도 알 수 없는 삼위 하나님의 비밀을 예수께서 선포하셨다면 그 예수는 바로 삼위 하나님께 속한 자다. 예수는 하나님의 비밀이다(골 2:2).

성경을 통해 드러나는 삼위일체 사상이 얼마나 고유하고 신비스러운 것인지를 알기 위해서는, 먼저 철학과 신학 사상에서 제시된 신적 존재의 유형과 각 유형의 가치와 한계를 이해하는 것이 도움이 될 수 있다. 따라서 성경 속의 삼위 하나님에 대한 내용을 다루기에 앞서, 철학의 신관, 삼위일체 사상의 발달, 신학자들의 삼위일체 사상을 간략하게 살펴보려고 한다.

2.1. 유일신론(monotheism), 택일신론(henotheism), 다신론(polytheism)

철학과 종교는 신적 존재에 대한 여러 이론을 발전시켰다. 우선, 신적 존재가 한 분이라는 유일신 사상(monotheism)이 있다. 구약을 근거로 하는 유대교, 이슬람교가 이 유일신 사상에 속하며, 기독교의 삼위일체 사상도 삼위 하나님의 연합(unity), 삼위 하나님의 유일함이라는 측면에서 유일신 사상과 유사하다.

그런데 이 유일신 사상은 단순히 유일한 신적 존재를 믿는 사상인가?

도(道)가 만물의 근원이라고 설명하는 도교도 유일신 사상과 유사한 내용을 가지고 있지만, 도는 인격적이라기보다는 비인격적인 요소를 더 강조한다. 도는 우주와 인간의 원리로서 인격적 관계에 얽매이지 않고 인간을 해방시키고자 한다고 주장하지만, 사실상 신적 존재에 대한 구체적인 설명이 없고 그 신적 존재와의 관계 역시 지극히 추상적인 수준에 머문다. 신플라톤주의의 일자(一者, hen)나 이슬람교의 절대 초월자도 유출을 통해 간접적으로 인간과 관계하거나, 인간에게 결코 알려질 수 없다. 유대교의 유일신 사상은 인간과 살아 있는 관계를 맺는 "인격적 유일신"을 믿는다는 점에서 다른 종교나 철학에서 유사한 사상을 찾아보기 어려운 고유성을 가진다. 구약의 신론은 인격적 유일신론(personal monotheism)이라 할 수 있다.

그런데 유일신 사상을 둘러싼 상당히 많은 이론과 혼란이 있다. 그 가운데 두 가지 논쟁점을 간략하게나마 다룰 필요가 있다. 먼저 유일신 사상이 "배타주의"와 "폭력"의 근거가 되었다는 비판이 있다. 이로 인해 유일신 사상 속에서 배타성보다 포괄성에 더 주목하는 여러 다른 신론들이 생겨났고, 심지어 다신론에 가까운 이론까지 포함하는 "다양한 유일신 사상의 이론들"이 등장했다. 예를 들어 배타적 유일신론은 다른 신의 존재와 숭배를 허락하지 않는 유일신론이고, 실질적 유일신론(practical monotheism)은 여러 신 가운데 한 신만을 신으로 높이는 택일신론(henotheism)과 여러 신 가운데 한 신만을 경배하면서도 다른 신의 존재를 부정하지 않는 일신숭배(monolatry)를 포함한다. 그리고 철학적 유일신론은 하나의 신적 존재를 인정하지만 여러 다른 신적 존재도 그 신의 다양한 측면이라고 인정한다.[3]

---

3   Jens-André P. Herbener, "On the Term 'Monotheism'," *Numen* 60 (2013), 620.

그런데 이렇게 유일신론의 범주 속에 다양한 신론을 포함해버리면, 종교 간의 대립을 완화할 수 있을지는 몰라도 각 종교의 고유한 가치와 차이를 깨닫기는 힘들다. 예를 들어 힌두교는 여러 신들을 각각 신적 존재로 인정하는 다신론의 배경을 가지고 있으면서 지역과 전통에 따라 자신들이 특별히 섬기는 신이 다른데, 이것을 막스 뮐러(Max Müller)는 택일신론(henotheism)이라고 정의했다. 이 택일신론은 야웨 하나님 한 분만을 진정한 신적인 존재로 인정하는 구약의 유일신론과는 상당히 다르다. 따라서 이것을 유일신론이라는 동일한 범주 안에서 함께 거론하는 것은 무리다.

어떤 이들은 초기 교회 시절 당시 로마에서도 기독교 유일신 사상과 유사한 이교도 유일신 사상(pagan monotheism)이 등장했다고 주장한다. 하나의 초월적 신적 존재가 다른 여러 신들을 다스리는 계급적 유일신론(hierarchic monotheism), 성령과 같이 영적인 존재들이 세상을 다스리며 하나의 신적 존재로 모아질 수 있다는 역동적 유일신론(dynamic monotheism) 등이 그에 속한다.[4] 그러나 구약의 유일신 사상은 다신교를 믿는 다른 근동의 상황 속에서 야웨 하나님만이 진정으로 참 하나님이라는 것을 주장하고, 기독교 역시 삼위 하나님만이 세상의 유일한 창조주요 구세주라고 믿기 때문에, 로마 시대의 유일신 사상과는 다르다고 할 수 있다. 아우구스티누스는 『하나님의 도성』에서 이 문제를 다루면서, 한편으로는 선한 천사들을 하나님과 같은 존재로 이해하는 일부 플라톤주의와 기독교의 이해가 유사하다고 하면서도, 전체적으로 기독교의 창조주 하나님과 모든 다른 피조물 간의 존재론적인 차이를 거듭 강조함으로써 이교도와 기

4　Martia V. Cerutti, "'Pagan Monotheism'?: Toward a Historical Typology," in *Monothism between Pagans and Christians in Late Antiquity*, eds. Stephen Mitchell and Peter Van Nuffelen (Leuvan: Peeters, 2010), 16-17.

독교를 구분한다.[5] 이에 따르면 유일신론은 말 그대로 하나(mono)의 신적 존재를 믿는(theism) 것이라는 고전적인 정의를 따르는 편이 더 적절하다.

둘째, 유대교는 다신교에서부터 유일신 사상으로 진화해왔다는 신학적 해석이다. 이것은 사회학자들이 일반적으로 제기한 이론을 따른 것이기도 하고, 히브리 성경에 등장하는 많은 신들을 다신교적 상황으로 해석한 결과이기도 하다. 많은 학자들이 이런 진화론적 이론을 받아들이고 있으나, 이런 주장에 대한 비판도 만만치 않다. 우선 가장 문제가 되는 내용은 "과연 다신론으로부터 유일신론으로 발전하는 것이 인류의 보편적인 신관인가?"라는 질문이다. 부족 간의 투쟁이 심하지 않을 때는 각자 다른 신을 섬기는 것이 허용되었지만 점차적으로 부족 간의 충돌이 잦아짐에 따라 자신이 섬기는 신의 우월함을 주장하게 된다. 이것이 다신론에서 유일신론으로의 발전 배경에 대한 가설인데, 이에 대해 유대교와 근동 지역을 제외하고 이 가설을 뒷받침할 수 있는 예와 실제가 과연 얼마나 있는지 질문이 제기될 수 있다.

만약 근동 지역의 신관을 근거로 이러한 가설을 주장한다면, 히브리 성경 가운데 비교적 초기 문서로 간주되는 창세기 2-11장과 출애굽기의 제1계명에서도 유일신 사상이 발견된다는 점을 어떻게 설명할 것인가? 반대로 후기 문서로 간주되는 시편 82편과 신명기에서도 다신론의 배경을 발견할 수 있다는 주장이 제기된다.[6] 문제의 초점은 과연 구약의 다신

---

5   Augustine, *The City of God* IX.23, Maijastina Kahlos, "Refuting and Reclaiming Monotheism: Monothiem in the Debate between 'pagans' and Christians in 380-430," in *Monotheism between Pagans and Christians in Late Antiquity*, eds. Stephen Mitchell and Peter Van Nuffelen (Leuvan: Peeters, 2010), 175.

6   Machael S. Heiser, "Monotheism, Polytheism, Monopatry, or Henotheism?: Toward an Assessment of Divine Plurality in the Hebrew Bible," *Bulletin for Biblical Research* 18/1 (2008): 1-30.

론의 "배경"이 다신론의 "내용과 요소"를 가지고 있는가에 있다. 예를 들어 구약의 유일신 사상은 "비교 불가한 신"에 관한 것이지 결코 다른 신의 존재를 부정하는 것은 아니라는 것이다. 그러나 구약에서 다른 신들의 배경이란 이방인들이 믿는 신적 존재에 대한 "단순한 언급"에 불과한 경우가 많다. 오히려 구약의 핵심적인 사상은 야웨 하나님이 다른 신들과 질적으로 다를 뿐만 아니라 이방인들의 신은 신이 아니라고 본다. **압도적인 질적 차이는 사실상 존재 유무의 차이와 마찬가지다.** 구약의 유일신론은 실질적으로 배타적 유일신론이라고 볼 수밖에 없다. 뿐만 아니라, 구약은 야웨 하나님이 이방인들이 믿는 다른 신들과 얼마나 다른 유일한 하나님인가를 반복적으로 강조한다. "나의 전에 지음을 받은 신이 없었느니라. 나의 후에도 없으리라"(사 43:10). 혹자는 구약에 등장하는 영적 존재들을 신적 존재로 해석하기도 하는데, 모든 영적 존재들도 유일한 하나님에 의해 지음 받았다(느 9:6).[7] 따라서 구약은 일관되게 유일신 사상을 펼치고 있다고 볼 수 있다.

강력하고 배타적인 유일신론이 구약의 핵심적인 가치라는 점은 대단히 중요한 해석학적 기초가 된다. 예를 들어 바빌론의 창조 신화인 「에누마 엘리시」나 「길가메시 서사시」에 등장하는 대홍수 이야기는 다신교를 배경으로 하는 반면, 이사야서보다 훨씬 이전에 기록된 것으로 보이는 구약의 창조 이야기와 노아의 홍수 이야기는 유일신 사상을 배경으로 한다. 그럼에도 불구하고 성경의 창조와 홍수 이야기가 근동의 다른 여러 이야기와 많은 부분에서 "비슷하다"는 점을 근거로 성경을 해석하는 경우가 있다. 창세기의 흑암이나 물을 신에 대항하는 악으로 보는 것이 이에 해당하는데, 이것은 논리적으로 타당하지 않다. 만약 구전되어 온 성경의 이

---

7   Heiser, "Monotheism," 29.

야기가 바빌로니아 포로기 때 기록되었다면 "왜 이 시기에 기록이 필요했던 것인가?"를 우선 생각해봐야 하는데, 단순히 주변 근동 지역의 기록과 유사한 내용을 반복한 것이 아니라 자신들의 구전에는 무언가 다른 내용이 있고 그것이 이야기의 핵심임을 강조하기 위해 기록을 남겼을 가능성이 크기 때문에, 우리는 이때 이 지역에 등장한 기록 간의 "차이점"에 더 주목할 필요가 있다.

하지만 일부 현대 신학자들은 이런 기록에서 유사한 이야기를 찾는 데 과도하게 집중하고 있고, 성경의 많은 부분이 근동 지역의 문화적 산물이라는 주장을 학문적이라고 평가하는 경향이 있다. 참으로 이상한 일이다. 성경의 이야기와 근동 지역의 이야기를 비교해보면 완전히 일치하는 동일한 이야기는 없기 때문이다. 그렇다면 "비슷함"과 "차이"를 함께 평가한 후, (1) 비슷한 부분에서는 서로 영향을 받았지만 (2) 다른 부분에서는 각자의 고유함을 나타낸다고 판단하는 것이 훨씬 더 타당할 것이다. 또한 (3) 서로 영향을 받아 유사한 부분은 기록자가 별로 중요하지 않다고 여기는 피상적인 내용일 수 있고, 오히려 서로 달라 고유성이 드러나는 부분일수록 기록자가 의도적으로 강조하려고 했던 내용일 가능성이 높다. (4) 따라서 우리는 서로 다른 부분에 주목해야 한다. 성경의 이야기를 근동 지역의 이야기와 비교하면, 근동 지역의 문화와 사상은 다신교적이지만 유대의 사상은 유일신 사상이라는 것이 이 "차이"의 핵심이다. 신들이 서로 싸우고 죽이면서 자신들의 노예로 삼기 위해 피를 재료로 삼아 인간을 창조했다는 근동 지역의 신화들과는 달리, 성경의 하나님은 자신의 모습대로 인간을 창조하고 인간에게 아름다운 동산을 맡기셨다는 점도 대단히 독특하다. 신들끼리의 갈등과 투쟁이 근동 지역 신화의 주된 초점이라면 성경의 창조 이야기는 "신들"(gods)보다는 "신과 인간의 관계", "갈등"보다는 "아름다움과 좋음"에 방점을 둔 것에서 알 수 있듯이,

핵심적인 주제에 관해서는 뚜렷한 차이가 있다. 따라서 두 종류의 문헌 사이의 "유사성"을 근거로 창세기에 나오는 흑암이나 물을 악이라고 보는 것은 결코 타당한 해석이라 할 수 없다.

유일신 사상과 반대되는 것이 여러 신들을 믿는 사상, 즉 다신론(polytheism)이다. 원불교대사전에 따르면 다신교는 다음과 같이 정의된다.

> 다양한 종류의 신을 인정하고 이를 숭배하는 종교의 한 형태. 다신교는 잡신(雜神: 산신·수신 등 자연신, 인간의 영혼이나 혼령, 정령 등) 신앙의 보다 발전된 형태로 우주 자연의 원리나 힘을 인격화한 신을 인정하는 신앙 태도를 말한다. 원시 부족 종교, 바빌로니아·아시리아 종교, 고대 그리스·로마 종교, 불교나 신도(神道)와 같은 동양 종교에서 나타나는 여러 신들의 존재를 믿는 신관을 갖는 종교다. 일신교와 대조되나 실제적 구분은 명백하지 않다.

> 유대교·기독교·이슬람 등은 유일신을 믿는 종교라 할 수 있으나 이들 종교마저도 엄격하게 보면 많은 다양한 배타적(排他的) 신들이 동시에 등장하고 있다. 한 씨족 사회 집단의 종교에서 받들어지는 씨족의 최고신은 일신교처럼 보이나 이 최고신 이외에도 잡다한 많은 신들이 있다. 예를 들면 동양 사회에서 최고 신인 천(天: 上帝)을 받들지만, 이 천 이외에도 많은 신들이 동시에 존재하고 있다. 여러 다신적 종교에서 나타나는 신계(神界)를 보면 그 사회 구조와 유사함을 발견할 수 있다. 최고신과 그 최고신을 중심으로 구성되어 있는 신들의 위계와 역할은 그대로 그 사회 구조를 반영한다. 다신교의 신계 구조는 인간사회의 한 반영인 것이다.[8]

---

8 http://terms.naver.com/entry.nhn?docId=2110974&cid=50765&categoryId=50778.

다신적 종교의 신계 구조와 인간사회 구조 간의 유사함을 발견하는 것은 대체적으로 올바른 이해라고 할 수 있지만, 유대교, 기독교, 이슬람교에서도 많은 배타적 신들이 동시에 등장한다고 설명하면서 마치 이들 종교가 다신교적 요소를 가지고 있는 것처럼 해석하는 것은 올바른 이해라고 할 수 없다. 다신교는 최소한 (1) 여러 신들이 세상을 함께 지배하고 (cooperative), (2) 여러 곳에서 다양한 신들이 경배를 받으며(diversified), (3) 신들이 다른 신들과 서로 관계를 맺는(interactive) 세 가지 요소를 가져야 하는데, 유대교, 이슬람교, 기독교는 이러한 범주에 속하지 않는다.[9]

여러 신들이 각각 맡은 바에 따라 세상을 지배하고 다스린다는 다신교 사상이나, 단 하나의 추상적인 존재가 모든 다른 존재의 근원이 된다는 단일신론은 인간이 얼마든지 상상할 수 있는 이야기다. "다신교 사상은 인간 사회를 반영한다"는 원불교대사전의 해설은 대단히 중요한 통찰을 담고 있다. 바꾸어 말하면 다신론은 인간이 상상할 수 있는 사상이라는 의미다. 근동 지역의 다신론 역시 그 지역의 여러 왕들의 투쟁을 반영한다고 볼 수 있다. 추상적인 일자나 자연과 우주의 원리로서의 도의 유일함도 인간들이 얼마든지 생각해 낼 수 있는 내용이다. 철학과 종교 모두 추상적·비인격적 유일신론을 갖고 있다는 점이 이것을 반증한다. 그러나 단 하나의 유일한 절대적 초월자가 자신이 만든 피조물들과 대화, 기다림, 사랑, 심판, 용서, 침묵, 한탄, 구원과 같은 인격적인 관계를 맺는다는 것은 인간이 쉽게 꾸며낼 수 없는 이야기다. 이것은 철학에도, 다른 종

Jan Assmann, "Monotheism and Polytheism," in *Ancient Religions*, ed. Sarah Iles Johnston (Cambridge: The Belknap of Harvard University, 2007), 17-20, quoted by Michael S. Heiser, "Monotheism and the Language of Divine Plurality in the Hebrew Bible and the Dead Sea Scrolls," *Tyndale Bulletin* 65/1 (2014), 88.

교에도 존재하지 않는 이야기다. 우리 인간이 상상할 수 있는 신의 모습은 한정적이다. (1) 인격적인 관계는 "절대적 초월자가 지닌 초월성의 망가짐"으로 보일 수 있기 때문에 인간의 반응과 대응에 맞춰 인격적 반응을 하는 신은 절대적 초월자가 아닌 그냥 여러 신 중 하나이거나, (2) 반대로 절대적 초월자는 결코 인간과 인격적인 관계를 맺을 수 없는 절대 지평에 존재하고 그 신이 어떤 존재인지에 대해서는 인간에게 절대로 알려질 수 없다. 이처럼 "인격"을 상정하면 "절대"가 흔들리고, "절대"를 주목하면 "인격"이라는 상호적 관계가 허용되지 않는다. 그러나 구약은 절대적 초월자, 절대적 창조주인 하나님이 자신을 낮추고 낮추어 세상과 인간과 인격적인 관계를 맺는 모습을 계시한다. 구약의 유일신 사상이 그 배타적 특성으로 인해 많은 비판을 받고 있지만, 바로 이런 점으로 인해 구약의 인격적 유일신 사상이 지닌 깊은 가치에 주목해야 한다.

1. 여러 신들이 각각 맡은 바대로 세상을 지배하는 다신교 사상이나, 단 하나의 추상적인 존재가 모든 다른 존재의 근원이 된다는 비인격 유일신론은 인간이 얼마든지 상상할 수 있는 이야기들이다.
2. 구약은 절대적 초월자 창조주 하나님이 인간과 인격적인 관계를 맺는 인격적 유일신 사상을 보여주는데, 이것은 인격적 다신론 또는 비인격적 유일신론과도 다른 고유한 사상이다.

2.2. 범신론(pantheism), 만유내재신론(panentheism)

철학과 과학은 신적 존재와 같은 초월자를 세계 그 자체(범신론) 혹은 세계 내 존재(만유내재신론)로 이해해왔다. 범신론이란 세계와 자연 그 자체가 신적인 존재이거나 신이 바로 세계와 자연이라는 사상이다. 자연은 과연 신적 실체일까? 범신론은 문자적으로 범(pan) 신(theos), 즉 세계가 바로 신이라는 믿음이다. 코링톤(Corrington)이 주장한 심화된 범신론(Deep Pantheism)에 따르면, 자연 밖에는 어떤 신적 존재도 있을 수 없으며 모든 질서와 신성한 것들은 자연에서 유래되고 자연은 움직임을 일으키면서 무의식의 깊이를 가지기 때문에, 우리가 만나는 모든 신들은 모두 자연에서 도래한 것이다.[10] 즉 신이 자연을 만든 것이 아니라 자연이 신의 근원이 된다는 견해다.

그런데 범신론은 세계와 신의 관계, 즉 세계 안에서 복잡하게 전개되는 여러 다양한 "관계"를 어떻게 해석해야 하는가라는 문제에 직면한다. 만약 신이 세계 그 자체이고 세계가 바로 신이라면, 양자 사이에 어떤 관계도 없이 신 혹은 세계만 존재할 수 있기 때문이다. 따라서 범신론을 주장하는 자들도 범신론의 체계 안에서 어떤 형식으로든 "관계"를 설정하는 데 힘을 다했다. 예를 들어 범신론에서 세계와 신이 "동일하다"는 말을 창조자와 피조물, 세계와 신, 혹은 스스로 존재하는 자와 타자에 의해 존재하는 자가 차이 속에서 변증법적으로 일치(Dialectical Identity)를 이루고 있다는 의미로 보는 견해가 있다.[11] 17세기의 철학자 스피노자는 범신론을 주장한 것으로 잘 알려져 있는데, 그 또한 최소한의 "관계"를 설정하기 위해 중세부터 내려온 개념, 즉 능동적으로 "양육하는 자연"(natura

---

10   Robert S. Corrington, "Deep Pantheism," *Journal for the Study of Religion, Nature and Culture* 1.4 (2007), 506.

11   Michael Levine, "Pantheism," *The Stanford Encyclopedia of Philosophy* (Summer 2012 Edition), Edward N. Zalta (ed.), URL = 〈https://plato.stanford.edu/archives/sum2012/entries/pantheism/〉.

naturans)과 그 자연으로부터 유출되는 수동적 속성 혹은 심지어 피조물과 같은 "양육되는 자연"(natura naturata)을 구분하였다.[12] 이것은 마치 초기 교회의 테오필로스(Theopdhilus)가 그 자체에 머물러 있는 로고스(λόγος ἐνδιάθετος)와 밖으로 드러난 로고스(λόγος προφορικός)를 구분함으로써 성육신의 신비를 해석하려는 시도와 유사하다. 이것은 "하나의 동일한 존재"라는 틀을 유지한 채 그 존재가 세상과 관계할 수 있는 가능성을 찾기 위한 시도라고 할 수 있다. 그러나 이 관계가 신적 존재의 내적 관계라면 최소한의 관계조차도 설정하기 어렵고, 외적 관계라면 관계하는 대상과 결국 서로 다른 존재가 아닌가 하는 문제가 늘 제기된다. 예를 들어 자연 그 자체는 신적인 것도 악한 것도 아닌 심오한 근원인데, 이에 반해 자연으로부터 신적인 것들이나 질서가 도출된다면 자연 그 자체와 자연으로부터 도출되는 일체의 것들이 결코 자연과 동일할 수 없기 때문에, 비록 동일한 근원을 설정하더라도 그 관계는 범신론의 범주 밖에 속한다. 즉 "나"는 세계 내 존재이지만 결코 "세계"와 동일한 존재는 아니다.

그러나 일부 현대인들은 소위 창조주와 피조물의 관계를 중시하는 종교적 이원론이 자연과 인간의 지성·윤리성을 파괴했다고 생각하기 때문에 범신론에 사로잡히는 경향이 있다. 인격적 신은 자신과 올바른 관계를 갖는 인간을 선택적으로 사랑할 수밖에 없고, 이렇게 거룩하다고 위장된 신적 편애(divine favoritism)는 인간의 투쟁과 전쟁의 근원이 되었다. 더 나아가 세계는 신의 피조물에 불과하므로, 인간은 세계를 마음대로 다스리고 사용하면서 착취해도 되는 부속물로 여기게 되었다. 오늘날 인간과 자연이 분쟁과 착취로 파괴된 근본 원인은 바로 인격적 신을 믿는 종교에

---

12   Benedict De Spinoza, *The Ethics*, Part I. Prop 29, trans. R. H. M. Elwes, https://www.gutenberg.org/files/3800/3800-h/3800-h.htm.

있다는 것이다. 따라서 사람들은 종교에 의해 신의 피조물로 여겨졌던 자연, 자연의 힘, 법칙, 발현 등이 더 이상 신의 피조물이 아니라 스스로 존재하는 것이며, 우주는 이 모든 것을 포함하는 신적 연합을 가지고 있다는 범신론을 선호하게 되었고, 이것은 과학적 발전을 기반으로 하는 과학적 우주론과 직결된다.[13] 물론 범신론에는 육적 실체를 우주의 구체적인 내용으로 보는 신체주의(physicalism), 영적 관념을 하나의 통일적 우주로 보는 관념론(idealism), 스피노자의 주장처럼 두 개의 면을 가진 하나의 실체론(dual-aspect theory) 등과 같이 우주에 대한 다양한 견해가 포함된다.[14]

인격적 신과 그 신이 관계하는 세상 및 인간에게 좌절한 사람들은 "만물의 근원으로서 자연과 우주의 연합(unity)과 조화(harmony)"가 인류가 지향해야 할 본질적인 가치라는 것을 범신론에서 발견하고 그 가치를 종교적 출구로 삼을 수도 있다. 실제로 서구 기독교에 실망한 많은 현대인이 자연, 우주, 과학에서 종교적 해갈 방법을 찾는다. 뿐만 아니라 범신론은 천지인의 조화와 연합을 강조하는 동양의 사상과 부합되는 측면이 있다.

이런 범신론에 대한 기독교의 염려와 비판은 세 가지로 요약된다. (1) 자연과 우주는 우리가 경배해야 하는 신적 존재인가? (2) 우리가 세계에서 경험하는 온갖 종류의 죄악, 한계, 갈등, 부조리 등이 신에게 속하거나 신적 자연으로부터 도출된 것이라면 그런 존재도 신이라고 할 수 있는가? (3) 신적 존재와 인간의 관계, 인간과 세계의 복잡한 관계를 범신론이 과연 올바로 해석할 수 있는가? 자연과 우주가 경배의 대상이 되려면 우리가 그 내용을 구체적으로 알 수 있어야 한다. 그러나 범신론은 세계 혹은 신이 만물의 근원이라는 것을 주장하면서도 그 근원의 구체적인 내용에

13 John W. Grula, "Pantheism Reconstructed: Ecotheology as a Successor to the Judeo-Christian, Enlightenment, and Postmodernist Paradigms," *Zygon* 43/1 (2008), 160.
14 Michael Levine, "Pantheism."

대해서는 자세히 설명하지 못한다. 뿐만 아니라 물리적 자연에는 질서만 있는 것이 아니라 다양한 종류의 폭력과 불규칙성이 가득하다. 노을과 별빛이 가슴 시릴 정도로 환상적인 남태평양의 바누아투에 사는 사람들은 지진, 말라리아, 가뭄, 태풍, 석회수(limewater)로 고통받는다. 임시적인 사랑과 용서가 인간 사회에 최소한의 가치를 부여하고 있지만, 사회 구조가 낳은 참혹한 폭력과 전쟁과 다양한 차별은 인간에게 더 구체적이고 실존적인 위협이다.

비록 범신론이 자연과 신의 변증법적인 일치를 주장함으로써 양자를 구분하려고 하지만, 범신론의 범주 안에서 그 구분은 일시적이다. 따라서 신이 바로 세계인데, 만약 신이 자연과 세계 그 자체라면 신은 바로 악 그 자체이기도 하다. 결국 범신론은 자연과 우주의 법칙이나 질서가 세계와 인간 사회의 근원이 된다는 어떤 구체적인 사상을 제시하고 있는 듯이 보이지만, 사실은 세계와 인간, 사회와 공동체의 복잡한 관계에 깊이 관여하지 않고, 자연계의 규칙과 불규칙, 세상의 모순과 갈등, 인간의 죄와 한계 중 그 어떠한 것도 올바로 해석해내지 못하는 추상적이고 제한적이며 대단히 막연한 비인격적 신에 대한 사상일 뿐이다. 우리는 신의 존재뿐만 아니라 그 "존재의 내용"을 알고자 하며, 신과 세계의 관계 자체를 넘어서 그 "관계의 내용"을 궁금해한다. 우리는 그 내용을 알게 될 때 비로소 인간이 자연과 어떻게 관계하며, 인간의 존엄과 책임이 무엇인지 깨달을 수 있다. 범신론은 이런 중대한 주제에 대해 침묵하거나 암시적으로 가르치고 있기 때문에, 신과 인간의 관계에 대해 인간이 어떻게 신을 발견하고 얼마나 잘 활용하느냐에 집중하게 된다. 따라서 범신론은 인간이 가지고 있는 "종교성"이 인간을 넘어서는 인격적 타자와의 관계를 의미하는 것인지, 혹은 인간이 자신의 능력으로 자연과 우주 속에서 신적 요소를 발견하는 것을 의미하는 것인지에 대해 근본적인 의문을 제기하는 인간론적 신론이라고 볼 수밖에 없고, 이는 자연스럽게 이런 신론이 과연 신을 논하는 이론 중 하나로 포함될 수 있는지에 대한 의문으로 이어진다.

범신론이 신과 세계를 구분하지 않음으로써 무신론적, 비인격적, 혹은 관념적 자연주의의 요소를 포함하게 된다면, 만유내재신론은 신과 세계를 구분함으로써 훨씬 더 종교적인 색채를 갖는다. 앞장에서 언급한 대로 만유내재신론에서 신적 존재란 세계를 포함하고 침투하지만 세계에 의해 소진되지 않는 존재다. 이 사상은 문자적으로 만물(pan)이 신 안에 (en) 있다고 믿는 것인데, 신적 존재의 "안"(in)에 있다는 것의 의미를 어떻게 이해하느냐에 따라 다양한 견해가 제시된 바 있다.

가장 중요한 차이는 신적 존재가 세계에 얼마나 의존하는가에 있다. 양극적 만유내재신론(Dipolar Panentheism)은 신과 세계가 서로 구분되지만 서로 필연적으로 연관되었다는 주장이다. 이 주장에 따르면 인간의 영혼은 몸이 없으면 존재할 수 없듯이 신적 존재도 세계 없이 존재할 수 없고 세계에 의해 깊이 영향을 입기 때문에, 신과 세계는 양자적·상호의존적 관계다. 이러한 만유내재신론은 신과 악 혹은 세계가 서로 경쟁하는 구도 속에 있는 조로아스터교나 근동 지역의 신관과 연결되는 측면이 있다. 뿐만 아니라 과정 신학을 배경으로 삼는 20세기의 양극적 만유내재신론은 자연의 변화는 신의 갑작스러운 간섭의 결과물이 아니라 자연의 법칙들로서 자연적으로 존재하는 것이고,[15] 신의 존재는 세계에 의존하고 있으며, 인간과 세계가 능동적으로 자신을 변화시켜 신의 속성에 참여한다고 주장하기 때문에, 기독교적 만유내재신론과는 분명히 구분된다. 이에 반해서 기독교적 만유내재신론(Christian Panentheism)은 세계는 신 없이 존

---

15 David Ray Griffin, "Panenthesim: A Postmodern Revelation," in *whom We Live and Move and Have Our Being: Panentheistic Reflections on God's Presence in a Scientific World*, eds. Philip Clayton and Arthur Peacocke (Grand Rapids: Eerdmans, 2004), 43.

왜 나는 아직도 그리스도인인가?

재할 수 없지만 신은 세계 없이도 존재할 수 있다고 주장한다. 또한 세계가 신적 존재와 함께 공존하는 것은 결국 신적 은총에 의한 것이고 영혼과 몸의 비유도 제한적으로 사용될 수 있을 뿐이다.[16] 따라서 우리는 만유내재신론에 대한 논의를 시작하면서부터 양극적 만유내재신론과 기독교적 만유내재신론은 서로 양립 가능하지 않다는 것을 지적하고 이 둘을 엄격히 구분해야 한다.[17]

문제는 상당히 많은 기독교 학자들이 만유내재신론에서 신학의 발전 가능성을 찾으려 한다는 데 있다. 왜 그럴까? 만유내재신론은 초자연적 유신론과 범신론의 오류를 철학적으로 극복하려는 시도로서, 바로 그런 점에서 기독교의 신관과 일맥상통하기 때문이다.[18] 만유내재신론이라는 용어를 만들어낸 프리드리히 크라우제(Friedrich Krause)는 세계와 철저히 분리된 초자연적 유신론(supernatural theism)의 초월적 신관과 세계와 하나 되어버린 범신론의 양극단을 극복하는 제3의 신관을 찾기를 원했기에, 만유내재신론을 통해 무한한 자신 속에 유한한 존재를 품고 있는 신적 존재를 제시했다.[19] 그는 독일 관념론자인 셸링, 헤겔, 피히테의 영향을 받았는데, 이들은 모두 기독교를 깊이 연구한 철학자들이고 그들의 변증법은 그리스도의 성육신과 직접적으로 연결되었다는 점에서, 독일의 관념론에 기반을 둔 철학적 만유내재신론은 초월과 임재를 동시에 드러내는 기독

---

16   Niels Henry Gregersen, "Three Varieties of Panentheism," in *whom We Live and Move and Have Our Being: Panentheistic Reflections on God's Presence in a Scientific World*, eds. Philip Clayton and Arthus Peacocke (Grand Rapids: Eerdmans, 2004), 23.

17   Edgar A. Towne, "The Variety of Panentheism," *Zygon* 40/3 (2005), 780.

18   Philip Clayton, "Panentheim in Metaphysical and Scientific Perspective," in *whom We Live and Move and Have Our Being: Panentheistic Reflections on God's Presence in a Scientific World*, eds. Philip Clayton and Arthur Peacocke (Grand Rapids: Eerdmans, 2004), 73-74.

19   Gregersen, "Three Varieties of Panentheism," 28-29.

교의 신관에 깊이 영향을 받은 것으로 보인다. 그러나 이러한 표현주의자적 만유내재신론(expressivist panenetheism)은 세계가 신에 포함된다는 것 외에도 세계가 신을 적절히 표현할 수 있다는 가능성을 열어두었기 때문에, 화이트헤드와 하트숀으로 이어지는 양극적 만유내재신론의 배경이 되기도 한다. 그러므로 만유내재신론이 기독교의 신관을 얼마나 잘 설명할 수 있는가라는 문제를 검토하기 위해서는 상당한 전문성이 필요하다.

둘째, 만유내재신론은 가부장적이고 폭력적 기독교에 대한 깊은 회의를 극복하기 위한 대안으로 제시되기도 한다. 전통 신학은 하나님이 인간 위에 군림하는 가부장적인 신이라고 이해하지만, 만유내재신론은 하나님이 세상과 연결되어 있고 세상에 반응한다고 이해한다는 점에서 전통 신학의 문제점을 보완할 수 있다.[20] 또한 영혼과 몸의 관계에서 상대적으로 몸을 경시하던 이원론을 극복할 수도 있다. 만유내재신론은 환경 신학과도 연관이 있다. 세계가 하나님의 몸이라든지 세계가 하나님 안에 있다는 사상은 우리 인간이 자연과 환경을 보호하고 지켜내야 한다는 종교적·신학적 가치를 선명하게 제시한다.[21]

셋째, 만유내재신론은 과학과 접목이 비교적 쉬운 신관이다. 과학의 관점에서 보면, 세계는 역동적이고 끊임없이 변화하는 실체다. 많은 신앙인들이 주로 창조를 중심으로 하나님과 세계의 관계를 이해하지만, 다른 관점에서 성경을 보면 살아 있는 하나님이 자연의 법칙을 통해 끊임없이 변화하는 세계에 관여하신다고 이해할 수도 있으며, 이것은 과학적 만유내재신론과 잘 부합된다.[22] 만유내재신론을 통해 과학과 종교의 조화를

---

20   Gregory R. Peterson, "Whither Panentheism?" *Zygon* 36/3 (2001), 396.

21   Peterson, "Whither Panentheism?" 397.

22   Arthur Peacocke, "Introduction: *In* whom we live nad move and have our being?" in *whom We Live and Move and Have Our Being: Panentheistic Reflections on God's Presence*

모색한 아서 피콕(Arthur Peacocke)에 따르면, 과학의 세계는 시-공-물질-에너지가 모두 유기적으로 연합되어 운영되고 있으며, 자연계는 대단히 복잡하고 다양한 계층 구조로 형성되어 있다. 이로 인해 사회 과학적 개념은 개인 심리학의 개념으로 환원될 수 없고(nonreductive), 심리학적 개념은 다시 생물학적 개념으로 환원될 수 없으며, 새롭게 각각의 부분으로 환원될 수 없다.[23] 그렇다면 새로운 실체는 어떻게 발생하는가? 비환원적 물질주의(non-reductive physicalism)는 인간의 정신계도 물질적 실체에 근거하고 있다는 환원주의적 물질주의(reductionistic physicalism)에 반대하여 생겨났는데, 피콕은 더 나아가 새로운 실체는 여러 부분이 복합적으로 관계되어 발생하지만, 그 실체는 여러 실체가 인과관계를 통해 발생하거나 여러 부분의 단순한 합으로 발생한 것이 아니라 새로운 실체로 "출현"하게 된다는 출현주의(emergentism)를 주장한다.[24] 그리고 이 출현은 우연적·임의적 실체들의 조합이라기보다는 신과 같은 존재가 세계 속에 점진적인 진화로 임재하는 일종의 전체적 틀 속에 이루어진다고 보면서, 출현주의가 특별히 진화론과 기독교 사상을 잘 조화시켜 설명할 수 있다고 주장한다.[25]

그러나 피콕의 주장이 유신론적이긴 하지만 자연주의(theistic naturalism)에 가깝다는 것을 간과해서는 안 된다. 그는 만유내재신론이 여

---

in a Scientific World, eds. Philip Clayton and Arthur Peacocke (Grand Rapids: Eerdmans, 2004), xx.

23 Peacocke, "Introduction," 138-139.

24 Peacocke, "Articulating God's Presence in and to the World Unveiled by the Sciences," in whom We Live and Move and Have Our Being: Panentheistic Reflections on God's Presence in a Scientific World, eds. Philip Clayton and Arthur Peacocke (Grand Rapids: Eerdmans, 2004), 139.

25 Peacocke, "Articulating God's Presence," 142.

러 가지 측면에서 기독교의 하나님을 해석할 수 있는 틀이 된다는 것을 인정하면서도, 하나님이 세계 안에서 일하시는 것이 자연의 과정을 벗어나지 않는다고 주장한다. 예를 들어 우리는 베토벤의 음악을 들으면서 베토벤이 어디 있느냐고 질문할 수 있는데, 이에 대한 대답은 베토벤은 그의 음악을 넘어서 존재하지만 베토벤이 우리와 소통하는 길은 오로지 그의 음악을 통해서라는 것이다. 이것은 하나님의 행동이 오로지 세계 속에서만 드러난다는 비유다. 그는 결론적으로 "과학에 의해 드러난 과정 그 자체 속에 창조주로 행동하시는 하나님이 존재하며, 이런 세계의 과정을 넘어서는 그 어떤 추가적인 영향이나 요소들을 행하는 하나님은 발견되지 않는다"고 주장한다.[26] 하나님의 행동에 관한 한, 세계가 하나님 안에 있는 것이 아니라 하나님이 세계의 자연 질서와 과학에 종속되었다고 보는 것이다. 이런 자연주의는 하나님의 간접적인 동행을 설명할 수 있을지는 몰라도, 하나님의 계시, 심판, 용서, 침묵, 인내, 인도, 구원 등과 같은 깊은 종교적 차원의 행동을 설명하지 못한다.

만유내재신론은 과연 기독교와 양립할 수 있는가? 하나님이 세계를 초월하지만 세계 안에서 일하시고 인간과 관계하신다는 것을 받아들인다는 점에서, 만유내재신론은 그 어떤 철학적인 신관보다 탁월하고 기독교가 강조하는 초월과 임재의 하나님을 잘 표현할 수 있다. 그런데 기독교의 하나님은 삼위일체 하나님이며, 예수의 삶과 죽음과 부활을 통해, 그리고 성령의 탄식과 중보와 내주하심을 통해 하나님이 세상과 어떻게 관계하고, 탄식하고, 희생하고, 구원하고, 인도하는가를 드러내시는 분이다. 이런 하나님의 구체적인 행동은 결코 자연현상 속에서 다 설명될 수 없다.

---

26 Peacocke, "Articulating God's Presence," 144.

성부의 계시와 섭리, 성자의 성육신과 부활, 성령의 새롭게 하심과 내주하심은 자연 현상을 파격적으로 거스르는 일이며 과학과 철학이 도저히 담아낼 수 없고 꾸며낼 수 없는 하나님의 거룩하고 신비스러운 행동이다.

만유내재신론의 또 다른 이점은 신과 인간의 관계를 구원이라는 목적과 기능에 종속시키지 않는다는 점이다. 일부 기독교 역사는 하나님을 구원의 도구로 전락시켰다. 구원만이 우리의 주된 관심사가 되면, 우리는 "하나님이 누구신가?" 또는 "하나님과 세상은 어떤 관계 속에 있는가?"와 같은 가장 근본적이고 기초적인 내용에 집중하지 않게 된다. 만유내재신론은 "기능적 신이 인간을 위해 어떤 일을 하고 있는가에 대한 관심"에서 "초월과 임재라는 역동성의 틀을 기반으로 한 하나님의 존재와 그 일에 대한 관심"으로 우리를 이끈다. 인격은 결코 구원과 목적에만 집중하지 않는다. 삼위 하나님은 인격적인 내적 관계를 맺고 인간과 세계와도 인격적인 관계를 갖는다는 점에서 만유내재신론과의 접촉점이 생긴다.

그러나 만유내재신론에서 신적 존재는 어떻게 혹은 얼마나 인격적인가? 인격적인 관계성, 거리 두기, 초월과 내재 등의 기본적인 틀 못지않게 그 속에 담긴 내용도 중요하다. 예를 들어 초월과 임재는 도교에서도 발견되는 부분이지만, 도교의 도와 기독교의 하나님은 그 내용이 상당히 다르다. 기독교의 삼위 하나님은 세계와 단순히 공존이나 병행하는 존재가 아니며, 세계 위에 자신의 초월적 능력을 과시하는 폭력적 하나님도 아니다. 신적 존재가 세계와 인간을 위해 자신을 희생할 정도까지 역동적이고 인격적인 관계를 갖는다. 이 관계 속에서 "사랑의 뜻"을 실현하지만, 인간을 배제하는 것도 아니고 인간과 동일한 수준에서 협력하는 것도 아니다. 하나님의 사랑과 은혜는 인간을 사로잡지만, 그것은 늘 인간과 인격적인 관계를 맺는 "포용의 뜻"이다. 이렇듯 삼위 하나님의 구체적인 내용은 인간의 철학과 문화가 결코 꾸며낼 수 없는 신적 존재에 관한 내용이다.

만약 철학과 과학이 삼위 하나님을 다 담을 수 없다면 신학은 과연 어떤 이야기를 들려줄 수 있는가? 만유내재신론이나 범신론을 선호하는 사람들은 아우구스티누스, 안셀무스, 아퀴나스, 루터, 칼뱅과 같은 기독교 사상가들이 서구의 초월적 유신론을 바탕으로 하나님을 이해했다고 비판하면서 이를 극복하기 위해 범신론이나 만유내재신론을 주장하는데 이것은 올바른 해석이 아니다.[27] 서구의 기독교 사상가들은 하나님의 초월에 관해 서구의 초월론적 유신론의 영향을 받았지만, 하나님의 임재에 관해서는 기독교의 하나님이 서구의 어떤 신론과도 잘 부합되지 않는다는 것을 너무나도 잘 알고 있었다. 그들은 신론의 핵심적인 내용이 삼위일체 하나님과 그리스도의 성육신이라고 여겼다. 이것은 어떤 철학적인 패러다임도 다 담아낼 수 없는 깊고도 깊은 신비다. 따라서 그들의 신학 속의 하나님은 철학이 제시하는 하나님과 본질적으로 다르다. 서구의 신학은 서양적이면서 동시에 서양의 철학과 문화에 강렬히 저항한 신학이기도 하다. "서구 신학은 항상 서구적이지는 않다."

서구 신학은 하나님의 초월에 관한 한 서구의 철학과 문화에 영향을 받았지만, 그 핵심적인 내용은 삼위 하나님과 그리스도의 성육신이다. 이런 점에서 서구의 신학은 서양적이면서 동시에 서양의 철학과 문화에 강렬히 저항한 신학이기도 하다. "서구 신학은 항상 서구적이지는 않다."

---

27 Nancy Frankenberry, "Classical Theism, Panentheism, and Pantheism: On the Relation between God Construction and Gender Construction," *Zygon* 28/1 (1993), 30.

일부 현대 신학자들은 전통 신학에 대한 무지로 인해 서구 신학을 서양 철학의 시녀로 해석하는 경향이 있는데 이것은 참으로 가슴 아픈 일이다. 물론 전통 신학이 버림받은 가난한 자, 탄압받는 유색 인종, 차별받는 여성들을 등한시한 것은 큰 잘못이다. 그러나 이런 점을 부각하기 위해 범신론이나 만유내재신론의 틀이 필요한 것도 아니고, 더구나 그 틀이 기독교의 하나님을 올바로 설명할 수 있는 것도 아니다. 삼위 하나님과 성육신은 만유내재신론이나 범신론의 틀 속에 다 담길 수 없는 독특하고 고유한 것이고, 그 내용 역시 철학의 사유로는 도저히 상상조차 할 수 없는 것이기 때문이다. 삼위 하나님에 관한 신학은 그 (1) 틀과 (2) 내용에 있어서 고유하기 때문에, 그 고유한 틀과 내용을 기독교의 하나님을 새롭고 깊이 이해할 수 있는 방향으로 만드는 신학적 작업을 진행하는 것이 바람직한 방향일 것이다. 이제 신학에서 다루는 기독교의 삼위 하나님에 대해서 살펴보겠다.

2.3. 삼위일체 신학

삼위일체 신학의 발전 과정을 전반적으로 다루는 것은 본 저서의 의도가 아니기 때문에, 여기서는 삼위일체 신학의 중요한 틀 몇 가지와 신학적 발전 과정 등을 간략하게 다루겠다. 이 신학적 발전 과정을 이해해야만 삼위일체 신학이 비록 사상가들의 신학 속에서 발전해왔음에도 불구하고 그 본질적인 "내용"이 예수의 삶·사상·선포에 깊이 뿌리를 두고 있다는 사실을 깨달을 수 있기 때문이다.

삼위일체 사상을 이해하는 틀은 크게 (1) 내재적 삼위일체(The Immanent, Ontological Trinity), (2) 경륜적 삼위일체(The Economic Trinity), (3)

사회적 삼위일체(The Social Trinity) 세 가지로 나뉜다. 내재적·존재론적 삼위일체는 삼위 하나님의 본질적인 존재, 삼위 간의 내적 연관성에 주목하는 틀이다. 우리는 보통 삼위 하나님을 성부 하나님, 성자 하나님, 성령 하나님이라고 부르고, 삼위 하나님이 한 하나님으로 연합되어 있으면서 동시에 서로 구분되는 인격을 가진다고 이야기하는데, 바로 이러한 이해가 존재론적 삼위일체론에 해당한다. 성자 하나님은 성부 하나님으로부터 영원히 나셨고(begotten), 성령 하나님은 성부 하나님으로부터 혹은 성부와 성자로부터 나오셨다(proceed)고 주장하기도 하는데, 삼위 하나님 간의 내적 관계도 존재론적 삼위일체의 틀 안에서 발전된 이해다. 존재론적 삼위일체는 제자들과 예수를 따르던 사람들이 예수 그리스도를 만나고 오순절 성령을 체험하면서 교회가 세워졌을 때 가졌던 여러 의문들에서 시작되었다. 사람들은 자연스럽게 "예수는 과연 누구인가?", "성령은 누구인가?", "구약의 하나님과 예수의 관계는 무엇인가?", 그리고 "예수께서 아버지로부터 보내시겠다고 약속하신 그 성령과 성부, 성자의 관계는 어떻게 되는가?"에 답을 얻고자 했고, 존재론적 삼위일체에 관한 신학은 이 의문을 올바로 이해하려는 노력 속에서 발전되었다. 그리고 이 발전 과정에는 "삼위 하나님에 대한 적절하지 못한 견해들"과의 오랜 신학적 논쟁이 있었다.

우선 예수 그리스도는 인간 가운데 아주 탁월한 예언자라는 이해가 있었다. 이것은 특별히 한 분 하나님만을 경배하는 유대교의 환경에서 쉽게 생각해낼 수 있었던 견해였고, 이를 지지하는 사람들 중에는 바울의 서신을 부인하고 마태복음만을 받아들였던 초기 1세기의 에비온주의자 (Ebionites)들이 있었다. 이들은 자발적으로 가난하게 살았던 근본주의자들이었는데, 후에 아라비아반도의 남쪽으로 이동하여 11세기까지 남아 있었다. 아마도 이들이 예수의 신성을 받아들이지 않는 이슬람교에 영향을 미쳤을 것이라는 주장도 있다.

또한 당시 영지주의자들은 그리스 철학의 이원론적 세계관을 그리스도에게 적용했다. 영지주의는 다양한 이론을 발전시켰는데, 그중 신과 세계의 구분을 강조하는 이원론을 예수 그리스도를 이해하는 데 적용한 시도도 있었다. 사실 예수의 신성과 인성이 이러한 구분을 용이하게 했다. 예를 들어 신적 존재인 그리스도가 인간인 예수에게 머물러 있다가 십자가에서 예수가 죽었을 때 그리스도가 예수로부터 분리되어서 떠나갔다는 주장이 있었다(Irenaeus, *Against Heresies* III.16.1). 초기 교회가 예수의 인성과 신성의 관계에 대해 6-7세기에 이르기까지 여러 차례 공동 회의를 거쳐 해결하려고 했던 문제는, 사실 에비온주의자들과 영지주의자들에 의해 아주 일찍부터 제기된 것이었다.

기독론의 핵심 주제 중 하나인 이 문제는 삼위 하나님을 어떻게 이해해야 하는가라는 질문과 깊은 연관성을 가지고 있다. 초기 교회는 니케아 종교 회의에 이르기까지 세 종류의 견해와 씨름하였다. 첫째, 삼위 하나님이 서로 구분되는 인격을 가지고 있다기 보다는 한 분 하나님이 서로 다른 양상(style)과 모양(model, form)으로 나타난다고 보는 양태론적 단일신론(Modalistic Monarchianism)이 있다. 이 견해는 요한의 「비밀의 책」(Apocryphon of John)에도 등장하고 스미르나의 노에투스도 유사한 주장을 했으며, 특별히 사벨리우스가 주장한 것으로 잘 알려져서 사벨리우스 이단이라고 불리기도 한다. 이것은 복수의 삼위 하나님이 아닌 단수의 유일신 하나님이 때로는 성부 하나님으로, 때로는 성자 하나님의 형태와 모습으로 나타난다는 견해인데, 사람들이 가장 흔하게 사용하는 **고체·액체·기체라는 세 가지 모습을 가진 물의 비유는 바로 이 사벨리우스 이단에 속한다.** 또한 우리는 삼위 하나님을 과일의 씨앗·과속·껍질, 나무의 뿌리·가지·열매, 계란의 노른자·흰자·껍질, 인간의 지성·감성·의지 등에 비유하기도 하는데, 이는 모두 합쳐 하나의 온전한 존재를 나타내기 때문에 삼위 하나님의 구분되는 세 인격을 올바로 표현하지 못한다. 이런 비유도 삼위 하나님보다는 양태론에 더 가깝다. 양태론 중 가장 극단적인 형태로는 성부 하나님이 십자가에서 돌아가셨다는 성부 고난설(patripassianism)이 있는데, 테르툴리아누스에 따르면 이것은 소아시아의 프락세아스가 주장했다고 한다(Against Praxeas 1). 그러나 성경에서는 예수 그리스도께서 하나님께 기도하기도 하고 하나님과 자신을 구분해서 가르치기 때문에 성부와 성자를 한 하나님의 두 모습으로 보기는 어렵다.

둘째, 사모사타의 바울은 예수와 성령은 하나님 안에 구분되지 않는 존재로 속해 있고, 예수는 특히 인간으로 성육신하여 점차적으로 하나님과 연합되는 과정을 거친다는 양자론적 단일신론(Adoptionistic Monarchianism)을 주장했다. 이 견해는 8-9세기에 이르러 이베리아 반도를 중심으로, 예수의 인성은 양자로 태함을 받았고 신성은 진정으로 하나님이라는 스페인 양자론(Spanish Adoptionism)으로 발전되었다. 신적 존재가 인간의 육으로 태어났다는 기독교의 성육신 사상을 이해하거나 받아들이기 힘들었던 사람들에 의해 이런 중도적인 견해가 생겼다고 볼 수 있다. 오늘날 역사적 예수 연구자들이 신비적 요소를 배제하고 예수를 역사적 맥락에서 이해하려고 하는 이유도, 바로 "성육신"의 전제인 신이 인간이 되었다는 것을 받아들이기 어렵기 때문이다. 양자론자들, 안디옥 학파의 학자들, 역사적 예수 연구자들 모두 역사 속에서 예수의 본성이 점진적일 수밖에 없다는 점에 주목한다. 예수의 역사성에 주목하지 못했던 기존 전통 신학의 문제점을 이해하고 보완해야 하지만, 다른 한편으로는 예수의 역사성이 결코 예수의 본성의 전부가 아니라는 성경의 가르침을 균형 있게 이해해야 할 필요가 있다. 양자론은 예수의 인성과 신성 가운데 인성의 특징을 근거로 삼아 신성을 추가적으로 이해하는 이론으로서 성부와 성자의 인격적 구분을 깊이 설명하지 못하기 때문에 삼위일체 신학으로 발전하는 데 한계를 보인다.

셋째, 가장 유명한 논쟁은 바로 아리우스(Arius)가 주장했고 많은 사람들이 따랐던 종속주의(Subordinationism)다. 아리우스는 그의 저서 「탈리아」(Thalia)에서 예수 그리스도는 "존재하지 않았던 때가 있었다"라고 주장한 것으로 알려졌는데, 이 주장은 "예수 그리스도는 피조물이다"라는 주장이 되어 버린다. 단원론은 삼위 하나님의 "구분"을 받아들이지 않기 때문에 삼위일체 이론에 속한다고 보기는 어렵지만, 종속론은 삼위 하나님의 구분과 예수의 신성을 받아들인다는 점에서 삼위일체로 발전될 수 있는 가능성이 있다. 그러나 아리우스와 그를 따르는 자들이 어려워했던 것은 "과연 예수는 세상을 창조하신 창조주 하나님과 동등한 하나님인가?"라는 질문이었다.

물론 아리우스 이전에도 이레나이우스와 오리게네스가 예수 그리스도와 성부 하나님의 본성과 역할에 차이가 있다고 지적하였다. 이 논쟁은 니케아 종교 회의 이후에도 계속되었고 오늘에 이르기까지 여전히 쉽게 설명되지 못하고 있다. 삼위 하나님 간의 가장 본질적인 차이는, 예수는 성부로부터 나셨는데 성부는 성자로부터 나셨다고 할 수는 없으며, 성령 역시도 성부 혹은 성부와 성자로부터 나오셨지만 성부나 성자가 성령으로부터 나오셨다고 할 수 없다는 것이다. 그리고 복음서를 보면 예수 자신은 성부로부터 보내심을 받았고 아버지의 뜻을 따른다는 것을 여러 차례 선포하셨기 때문에, 어떤 형식이나 내용이든 성부가 가장 높은 존재이고 성자는 성부보다는 낮은 존재로 이해될 수도 있다.

그렇다면 성자는 하나님이지만 성부보다 더 낮은 존재라고 이해할 수는 없는가? 신들의 세계에서 높고 낮음이 그렇게 중요한가? 그 차이가 인간에 의해 규정될 수도 있는가? 성육신해서 인간과 함께할 뿐만 아니라 죽기까지 자신을 희생하는 하나님이 더 높은 하나님이 아닌가? 인간 안에 들어와 내주하고 인간을 위해 탄식할 수 있는 성령이 성자보다 더 참된 중보자는 아닌가? 도대체 어떤 기준을 적용해야 신적 존재의 높고 낮음을 평가할 수 있는가? 현대 신학자들은 이 문제를 깊이 이해하고자 본질과 속성, 우연과 필연을 구분하며 복잡한 신학적 논의를 이어가고 있는데, 관련 내용은 지나치게 전문적이기 때문에 여기서는 다루지 않고, 대신 이 문제에 대해 생각해볼 만한 두 가지 점을 간략하게 정리해본 후 존재론적 삼위일체의 특징을 요약하려고 한다.

우선 우리가 주목해야 할 것은 "종속"을 어떻게 이해하느냐에 따라서 종속주의의 내용이 상당히 달라진다는 점이다. 단순히 "성자는 성부보다 낮다"라는 주장을 넘어서 "성자는 창조되었다"는 급진적 아리우스주의자들이 주장이 논쟁의 주된 대상이 되었다. 아리우스가 직접 쓴 저작물이 남아 있지 않아 실제 아리우스의 주장을 성확히 알 수 없지만, 그가 예수 그리스도를 피조물이라고 주장한 것은 분명해 보인다. 여기에는 상당히 중요한 신학적인 내용이 포함되어 있다. "창조되었다"(created)와 "나셨다"(begotten)의 차이는 크다. 창조되었다는 말을 쓰면 인간보다 낮은 수준의 동물뿐 아니라 책상과 같은 사물도 하나님에 의해 창조되었다고 할 수 있어서 예수그리스도와 그 아버지의 관계를 올바로 표현할 수 없지만, 아들이 아버지로부터 나셨다면 아들은 아버지의 본질을 공유할 수 있기에 이치에 맞는 표현이 된다. 성부와 성자가 다르다고 주장한 급진적인 아리우스주의자들과는 달리, 온건한 유사주의자들(Homoeans)은 성부와 성자는 비슷하고 그들의 본질에 관한 성경의 언급이 없기 때문에 우리도 언급하지 말아야 한다는 주장을 담은 아리미눔 신조를 발표했다. 더 나아가, 단순히 비슷한 것이 아니라 그 본질이 유사하다고 주장했던 가장 온건한 아리우스주의자들은(Homoeousians) 몇 차례 논쟁 후 니케아 신조를 받아들이는 자들과 화해를 이뤘다. "다르다"의 해석에 따라 이단으로 취급되거나 정통 신학의 한 부류로 받아들여질 수 있는 만큼, "다름"의 다양한 유형을 올바로 이해하는 것이 매우 중요해 보인다.

다음으로 아리우스 종속론을 반대한 사람들의 논거는 무엇인가? 이들의 주장에 따르면, 성자이신 예수 그리스도와 성부 하나님의 관계는 대단히 신비스러운 연합을 이루고 있기 때문에 예수 그리스도는 성부와 동등한 본질을 가지고 있다. 물론 이 주장은 (1) 존재하지 않았던 때가 있었다는 것은 피조물로 창조되었다는 의미고, (2) 피조물은 신이 될 수 없으며, (3) 창조된 피조물은 창조한 자와 그 본성이 다를 수밖에 없다는 "신에 대한 철학적 논리"를 배경으로 삼는다. 하지만 이보다 더 중요한 것은 성경적이고 신학적 관점이다. 아타나시오스(Athanasius)는 성자의 본성은 성부의 본성과 단순히 비슷한 차원을 넘어 "아버지와 동일한 본성이다"(ὁμοουσιον τω πατρί)라는 니케아 신조의 주장의 근거를 다음 성경 본문에서 찾았다. 그 안에 만물이 있다(골 1:17), 아들 외에는 아버지를 아는 자가 없다(마 11:27), 나를 본 자는 아버지를 본 자다(요 14:9), 아브라함 이전에 내가 있었다(요 8:58, *Four Discourses against the Arians*, 1.4.12-13). 그는 니케아 신조를 변호하다가 네 명의 로마 황제로부터 다섯 번의 유배를 당하기도 했다. 그는 "성부와 성자의 관계는 인간 가운데 아버지와 아들이 가지는 관계와도 다르다"는 주장의 근거도 성경에서 찾는다. "아버지와 나는 하나다"(요 10:30), "아버지 안에 내가 있고 내 안에 아버지가 있다"(요 17:21, *On the Decrees of the Synod*, 20). 물론 아타나시오스는 복음서를 제외한 다른 성경의 구절을 성부와 성자의 관계를 나타내는 말씀으로 인용하고 있지만 그 부분은 그의 신학적 해석이 가미된 것이고, 그의 주장에 대한 직접적인 근거는 위에 언급된 복음서에서 예수께서 하신 말씀들이라 할 수 있다.

성부 하나님과 성자 하나님의 존재와 관계를 핵심적인 내용으로 삼는 존재론적·내재적 삼위일체론에서는 성경, **특히 복음서에서 예수께서 증거하신 말씀이 그 근거가 된다.** 바로 예수 자신이, 성부와 성자의 관계는 인간이 생각할 수 있는 아버지와 아들의 관계와 다르다고 선포하고 있다. 이 점은 복음서를 제외한 신약성경에서 삼위 하나님을 어떻게 이해하는지 비교할 때 주의 깊게 볼 대목이다. 얼핏 보면 종속주의로 인해 성부와 성자 간의 "차이" 혹은 "동등함"에 대한 논의가 심화되었고 그 이면에 "신"에 대한 철학적 사색이 자리한다고 생각할 수도 있지만, 종속주의를 반대하는 사람들의 배경을 보면 사실상 성경이 선포하고 있는 삼위 간의 신비스러운 연합과 관계가 핵심적인 주제임을 알 수 있다.

내재적 삼위일체론은 이렇게 에비온주의와 영지주의, 단일신론, 그리고 아리우스의 종속론에 이르는 신학적 논쟁 속에서 형성되었다. 삼위 하나님은 그 본질이 한 분으로서 신비스러운 연합을 이루고 있으면서 동시에 서로 구분되는 세 인격을 가지고 있다는 기독교의 신관은 "하나(one)와 여럿(many)이 동시적일 수 있는가?", "어떤 점에서 하나이고 어떤 점에서 셋인가?", "한 본질과 세 인격의 관계는 어떻게 되는가?"라는 질문을 불러일으킨다. 그런데 삼위 하나님의 본질만큼이나 중요한 것은 바로 "삼위 하나님이 세계와 인간을 위해서 어떻게 일하시는가?"이다. 이 질문에 초점을 맞춘 이론을 경륜적 혹은 기능적 삼위일체론(The Economic, Functional Trinity)라고 부른다. 본질론적 삼위일체론이 하나님을 위한 하나님(God for God)을 다룬다면 경륜적 삼위일체론은 세상을 위한 하나님(God for the World)을 다룬다.

경륜이라는 뜻의 영어 단어 economy는 집안을 잘 관리한다는 그리스어 단어(οἰκονομία)에서 유래했다. 따라서 경륜적 삼위일체론은 하나님이 어떻게 세상을 관리하시는가에 대한 이해라고 봐도 무방하다. 성부 하나님을 창조주 하나님(God the Creator), 성자 하나님을 구세주 하나님(God the Redeemer), 성령 하나님을 위로자/유지자 하나님(God the Comforter/ Sustainer)이라고 부르기도 하는데, 이런 호칭과 이해는 삼위 하나님의 역할에 주목하는 경륜적 삼위일체 사상에 가깝다. 경륜적 삼위일체 사상을 양태론과 혼동하는 경우도 있다. 예를 들어 "나"라는 한 사람이 어머니, 딸, 아내, 선생 등의 여러 역할을 동시에 수행하고 있다는 비유다. 이것은 한 사람의 여러 면을 설명하고 있다는 점에서 한 하나님의 여러 모습을 주장했던 양태론에 가깝고 삼위일체와 다르다. 삼위 하나님은 한 분으로 연합되어 있으면서 동시에 뚜렷이 구분되는 세 인격을 가진 하나님이기 때문이다. 경륜적 삼위일체 사상은 삼위일체 사상의 틀 가운데 하나지만 양태론은 단일신론 사상의 틀 가운데 하나다.

경륜적 삼위일체라는 용어가 18-19세기부터 사용되었기 때문에 내재적 삼위일체 사상보다 나중에 발전되었다고 생각하는 경향이 있는데, 이것은 올바른 이해가 아니다. 2세기 말의 신학자 이레나이우스(Irenaeus)는 삼위 하나님의 내재적인 면과 경륜적인 면을 함께 주장하고 있고, 또한 성부는 창조주로서 아들을 통해 만물에게 드러나시면서 모든 것을 계획하시고, 성자는 성부를 드러낼 뿐만 아니라 성부의 계획을 수행하며, 성령은 양육하고 북돋운다고 주장함으로써 대단히 뚜렷한 경륜적 삼위 하나님 사상을 펼치고 있다(*Against Heresies* IV.20.5-6, IV.38.3). 주로 내재적 삼위일체의 용어와 내용의 기초를 마련한 것으로 알려진 2세기 말-3세기 초의 테르툴리아누스(Tertullianus)도 "하나의 근원"을 더 강조한 헬라 교부들이 "구분"도 함께 강조한 라틴 교부들에게 두 명 혹은 세 명의 신을 섬기는 것이 아니냐고 비판한 것에 대해, 그 구분의 내용을 "경륜"(οἰκονομία)이라는 용어로 설명한다. 테르툴리아누스의 신조(Regula Fidei)로 알려진 이 내용은 구세주로서의 예수, 위로자, 거룩하게 하는 자로서의 성령을 설명하고 있다(*Against Praxeas* 2).

그렇다면 내재적 삼위일체와 경륜적 삼위일체는 어떤 관계인가? 하나님에 대한 우리의 신앙을 굳건히 세우는 데 이런 철학적 논쟁이나 사색이 불필요하다고 생각할 수도 있다. 그런데 이 두 가지 틀을 구분하는 것은 예수 그리스도의 삼위일체 사상과 제자들의 삼위일체 사상 간의 차이를 이해하는 데 핵심적이기 때문에 우리는 이 문제를 철저하게 살펴보아야 한다. 이 어려운 질문은 소위 존재론과 인식론의 차이와도 관련되어 있다. 즉 존재하는 그 어떤 존재가 누구인지 우리가 알 수 있다면 그 존재가 누구인지 질문하는 것은 존재론적인 질문이고, 우리는 그 존재를 어떻게 알 수 있는지 질문하는 것은 인식론적 관점이라 할 수 있다. 만약 그 존재가 인간이라면 자신이 어떤 존재인지 우리에게 알려올 것이고, 우리는 동일한 인간으로서 그 존재를 쉽게 알 수 있다. 물론 인간끼리 서로 비슷하다는 유비(analogy)를 통해서만 알 수 있는 것이기 때문에 엄밀한 의미에서 다 알 수 있는 것은 아니다. 그래도 인간은 공유하는 많은 점을 통해 서로 이해하고 관계를 맺는다. 그런데 만약 우리가 알고자 하는 대상이 인간을 넘어서는 신적 존재라면 과연 우리는 그 신을 얼마나 알 수 있을까? 커피를 한 번도 맛보지 못한 사람에게 커피의 맛과 향기를 설명하는 것이 불가능하듯이, 인간을 넘어서는 신적 존재를 인간이 이해하고 설명하는 것이 가능한 일일까?

이런 철학적인 문제에 대해 신학자들은 하나님의 일하심을 통해 인간이 하나님의 존재를 알게 된다고 주장한다. 즉 경륜적 삼위일체를 통해 내재적 삼위일체를 알 수 있다는 주장이다. 천주교 신학자 칼 라너는 여기서 더 나아가 경륜적 삼위 하나님이 바로 내재적 삼위 하나님이라는 신학적 법칙을 제시한다(*The Trinity*, 22). 또한 그는 성경에 내재적 삼위 하나님이 명확하게 제시되어 있지 않고, 우리가 알 수 있는 구체적인 내용은 삼위 하나님의 연합과 각 인격이 세계와 인간을 위해 어떻게 일하시는지에 관한 것이기 때문에, 연합을 더 강조한 라틴 삼위일체 신학은 비성경적이고 삼위 하나님의 각 인격이 구원을 위해 어떻게 일하시는가에 초점을 맞춘 헬라 신학이 더 성경적이라고 주장한다(*The Trinity*, 83-4). 과연 그럴까?

원점에서 다시 출발해보자. 우리는 어떻게 삼위 하나님을 알고 이해할까? 가장 쉬운 대답은 우리가 삼위 하나님을 "경험"했기 때문이라는 것이다. 경륜적 삼위 하나님은 특별히 우리가 경험하는 하나님과 깊이 연관되어 있다. 그리스도의 삶과 죽음과 부활을 통해 우리는 하나님을 만나고, 성령의 새롭게 하심과 내주하심이 우리를 하나님께로 이끈다. 그리고 자연의 신비와 역사의 흐름 속에서 창조주 하나님의 섭리를 이해하고 그 하나님을 만난다. 그런데 "삼위 하나님은 그 본질이 동일하면서 동시에 세 인격을 가진 분"이라는 이 신비를 우리는 정말 경험으로 알게 되었을까? 4세기의 카파도키아 교부였던 나지안조스의 그레고리오스는 "한 분 하나님에 대해서 생각하자마자 세 분의 영광이 나를 비추고, 내가 세 분을 구분하자마자 다시 한 분으로 돌아가게 된다"(*The Oration on Holy Baptism*, 40.41)고 주장했다. 과연 이러한 주장은 그레고리오스 자신의 경험을 근거로 한 것일까?

몰트만은 삼위 하나님과 세계의 관계 속에서나 비로소 삼위 하나님의 내재적인 본질을 알 수 있다면 삼위 하나님과 세계의 구분이 불분명하게 된다고 비판한다(*The Trinity and the Kingdom*, 148). 그런데 칼 라너의 주장 이면에는 인간은 신의 내적 존재와 그 관계를 경험할 수 없다는 철학적 사색이 자리하고 있다. 만약 우리가 경험을 할 수 없다면, 내재적 삼위 하나님에 대한 우리의 이해는 도대체 어디에서 왔을까? 칼 라너의 주장에 따르면 경륜적 삼위 하나님은 (1) 성경이 선포하고 있고 (2) 삼위 하나님이 세계와 우리를 위해서 일하기 때문에 우리가 알 수도 있고 만날 수도 있는 것인데, 내재적·존재론적 삼위 하나님은 (1) 성경이 계시하지도 않고 (2) 하나님의 존재 자체에 관한 것이기 때문에 우리가 경험할 수도 없는 것인가?

성경이 존재론적 삼위 하나님에 대해 계시하지 않았다는 라너의 주장은 분명 잘못된 주장이다. 앞서 아타나시오스의 삼위일체론에 대해 논할 때 이미 다루었지만, 내재적 삼위 하나님을 우리가 알 수 있고 경험할 수 있는 이유는 성경이 계시하고 있기 때문이다. 다음에 이어질 예수의 삼위일체 신학에서 이 주제를 다룰 것이다. 흥미롭게도, 성경이 내재적 삼위 하나님을 계시하고 있지 않다는 라너의 주장은 철학적 논리에 기반한 것으로 보인다. 인간의 수준을 넘어서는 신적 존재는 인간의 지성에 의해 다 파악될 수 없다는 철학적 명제가 실제로 성경이 계시하고 있는 내용을 압도해버린 것은 아닐까? 신학자들 사이에서는 내재적 삼위 하나님을 알 수도 없고 경험할 수도 없다는 것이 상식처럼 되어있는데, 우리는 이런 주장이 과연 올바른 것인지 판단하기 위해 성경 본문을 주의 깊게 살펴보아야 한다. 내재적 삼위일체론과 경륜적 삼위일체론의 관계가 바로 예수 그리스도의 삼위일체론의 핵심적인 내용이 될 것이다.

마지막으로, 삼위일체 신학의 세 번째 틀은 사회적 삼위일체론(The Social Trinity)이다. 삼위 하나님 서로가 사랑하는 사회적 관계를 갖고 있으며, 삼위 하나님 서로 간의 관계는 하나님과 인간, 인간과 인간의 관계를 제시한다는 이론이다. 이런 점에서 볼 때 사회적 삼위일체론은 내재적 삼위일체론과 경륜적 삼위일체론을 합쳐놓은 것과 같다. 혹은 내재적 삼위일체론과 경륜적 삼위일체론이 갖는 잠재적 문제를 해결하기 위해 사회적 삼위일체론이 제기되었다.

많은 현대 기독교 사상가들이 종파를 초월하여 사회적 삼위일체 사상을 선호하는 이유는 "인격"이 가지는 의미를 새롭게 해석함으로써 전통 신학의 경직성을 극복할 수 있기 때문이다. 내재적 삼위일체 신학의 인격이 그 자체로 존재하는 본질적 실체에 가까웠다면, 사회적 삼위일체론의 인격은 관계적이다.[28] 삼위 하나님의 사회적인 면을 강조한 몰트만은 "인격"과 "관계"에 대해 신중하게 접근한다. 인격이 관계 혹은 그 반대로 관계가 인격에 함몰되어서는 안 되기 때문이다. 몰트만은 이런 신학의 발전 과정을 요약하여, 토마스 아퀴나스가 신학대전에서 인격은 관계라고 주장했고(아퀴나스는 『신학대전』 1.40.2에서 삼위의 인격이 서로 구분되는 이유는 인격의 기원이 아닌 인격의 관계 때문이라고 주장한다), 칼 바르트는 이 주장을 받아들여서 삼위의 인격보다는 한 하나님 존재의 세 양태(three modes of being of the one God)에 대해 논했다고 설명한다(The Trinity and the Kingdom, 172, fn 79).

물론 성부이신 하나님 아버지는 아들의 존재를 전제로 존재한다는 점이 성부 하나님의 한 단면이다. 그러나 아버지는 단순히 관계 속에서만의 아버지가 아니라 그 자체로서도 아버지다. 따라서 관계란 존재를 전제로 한다. 인격을 관계에 함몰시키면 인격에는 양태론적 의미만 남기 때문에 문제가 있다(The Trinity and the Kingdom, 172). 다른 한편으로 관계를 전제하지 않는 인격은 자신의 안에서만 존재로 확정되므로, 성부 하나님도, 성자 하나님도 그냥 하나님이 된다. 따라서 인격은 관계를 전제로 해야 한다.

결국 몰트만은 하나님의 인격은 존재론적인 면과 관계적인 면을 모두 가져야 한다고 주장한다(The Trinity and the Kingdom, 173). 이 주장은 사실 현대 삼위일체 신학의 중요한 논쟁점 가운데 하나다. 다수의 현대 신학자

---

28 Norman Metzler, "The Trinity in Contemporary Theology: Questioning the Social Trinity," *Concordia Theological Quarterly* 67/3-4 (2003): 271-272.

들이 사회적 삼위 하나님을 지나치게 강조하는 경향이 있는데, 만약 사회
적 삼위 하나님만을 지나치게 강조하면서 "인격"을 "관계" 속으로 함몰시
키게 되면 삼위 하나님의 관계만 존재하게 되고, 결과적으로 삼위일체라
기보다는 유일신 사상에 가까운 모습이 된다.[29] 이런 점에서 몰트만이 강
조하는 인격과 관계 사이의 균형은 중요한 통찰을 담고 있다. 하지만 여
기에도 뒤따르는 질문이 있다. 삼위 하나님의 인격과 관계 사이의 균형을
우리는 어떻게 알게 되었을까? 철학에서 논하는 "인격"이라는 개념을 분
석하면 삼위 하나님의 인격에 대해 알 수 있는가?

　몰트만에 의하면, 진정한 의미에서 삼위 하나님이 사회적 관계를 갖
는다는 것은 삼위 하나님이 역사성을 띤 살아 있는 하나님일 때 가능하
다. 삼위 하나님은 서로를 향해 열정과 희생과 고통과 기쁨을 함께 나누
는 역사성을 갖는데, 이러한 살아 있는 관계는 삼위 하나님의 상호 침투
(perichoresis)를 통해 명확하게 드러난다. 삼위 하나님이 서로에게 상호 거
주하면서 영원한 생명과 사랑을 함께 나누는 것이 바로 삼위 하나님의 사
회적 관계의 구체적인 내용이고, 상호 침투라는 용어는 삼위 하나님의
하나됨과 구분, 그리고 그 사회적 관계를 가장 잘 드러내는 표현이다(The
Trinity and the Kingdom, 174-175).

　상호 침투라는 용어는 문자적으로 주위에 둘러서(peri) 공간을 마
련해준다(chorein)는 의미로, 상호 내재(mutual indwelling) 혹은 상호 침투
(interpenetration)라고 번역할 수 있다. 이 용어는 나지안조스의 그레고리오
스가 예수 그리스도의 신성과 인성이 서로에게 향한다는 것을 설명하면
서 처음 사용하였다(Letter, 101). 또한 다마스쿠스의 요안네스가 삼위 하나

29　이 주제에 관해서는 Stephen T. Davis et al eds. *The Trinity: An Interdisciplinary Symposium on the Trinity* (Oxford: Oxford University, 1999)를 참조하라.

님에 대한 용어로 사용하였는데, 그에 따르면 성자는 성부와 성령 안에, 성령은 성부와 성자 안에, 성부는 성자와 성령 안에 서로 거하는데, 강요나 섞임이나 혼동 없이 서로 내주한다(*An Exposition of the Orthodox Faith*, I.14). 한 인간의 인격에 타자의 인격이 침투하면 자신의 정체성을 잃어버릴 수도 있고 타자에 대해 저항할 수도 있다. 그러나 삼위 하나님의 인격은 서로 침투하면서 자신을 내어주더라도 그 온전함을 유지한다. 이처럼 삼위 하나님이 사랑과 생명과 영광과 기쁨으로 서로 거주하면서 침투한다는 신비스러운 내용을 우리는 어떻게 알게 되었을까?

아우구스티누스는 삼위 하나님이 사랑이라는 관계 속에 있다고 일찍이 주장하였다. 그는 만약 하나님의 본성이 사랑이라면 혹은 하나님이 사랑 그 자체라면 사랑이라는 것은 사랑할 수 있는 대상이 반드시 있어야 하기 때문에, 이미 사회적 관계성을 갖고 있다는 철학적인 논리를 펼친다. 또한 "하나님은 사랑이다. 사랑 안에 거하는 자는 하나님 안에 거하고 하나님도 그 안에 거한다"(요일 4:16)라는 성경 말씀을 근거로 삼위 하나님을 사랑하는 자, 사랑받는 자, 그리고 사랑으로 이해한다(*On the Holy Trinity*, 8.8-10). 실제로 요한1서의 핵심적인 내용은 하나님은 사랑이라는 선포, 성자의 십자가 사건과 진리, 성령이 진리와 사랑으로 우리를 하나님 안에 거하게 하며 우리가 서로 사랑하면 하나님 안에 거한다는 말씀이다. 사회적 삼위일체론의 구체적 내용이 대부분 요한1서에 담겨 있는 것이다.

그런데 요한1서에는 삼위 하나님이 서로 사랑한다는 사회적 삼위일체론의 가장 핵심적인 내용이 빠져 있다. 물론 "하나님은 사랑이다"(요일 4:8, 16)라는 선포는 하나님의 본질을 정의 내리는 것인데, 사랑은 항상 사랑할 수 있는 대상을 전제하고 있으므로 하나님의 본질이 사랑이라면 삼위 하나님이 서로 사랑할 수밖에 없다. 그런데 사랑의 대상이 세계나 피조물이 아닌 바로 삼위 하나님 서로라는 것을 우리는 어떻게 알게 되었을까? 아버지가 아들을 사랑하신다는 것을 우리는 어떻게 알 수 있었을까? 바로 예수께서 삼위 하나님이 서로 사랑한다고 선포하셨기 때문에 알 수 있다(요 10:17; 15:10; 17:23, 26). 그리고 요한은 예수께서 선포하신 그 내용을 근거로 요한1서에서 사랑에 관한 심오한 사상을 펼친다. 따라서 사회적 삼위일체론 또한 예수의 선포를 근거로 하고 있다는 점을 핵심으로 삼아 예수의 삼위일체 사상을 두루 살펴보고자 한다.

2.4 예수와 삼위일체 하나님

예수께서 삼위일체 사상의 기초를 세우셨다는 것은 잘 알려진 내용이다. 여기서는 제자들의 삼위일체 사상과 예수의 삼위일체 사상을 비교하면서 이 문제를 구체적으로 다룰 것이다.

예수의 삶과 선포는 삼위 하나님의 내재적인 면과 사회적인 면을 잘 드러내며, 복음서를 제외한 신약은 삼위 하나님의 경륜적인 면을 더 강조하고 있다. 바로 이 점이 매우 흥미로운 지점이다.

2.4.1. 제자들의 삼위일체론

우선 복음서를 제외한 신약성경에 나오는 삼위 하나님에 대한 본문을 살펴보자. 바울 서신의 아래 두 본문은 성부와 성자의 관계에 대해 중요한 내용을 선포하고 있다.

> [5]너희 안에 이 마음을 품으라. 곧 그리스도 예수의 마음이니 [6]그는 근본 하나님의 본체시나 하나님과 동등됨을 취할 것으로 여기지 아니하시고 [7]오히려 자기를 비워 종의 형체를 가지사 사람들과 같이 되셨고 [8]사람의 모양으

로 나타나사 자기를 낮추시고 죽기까지 복종하셨으니 곧 십자가에 죽으심이라. [9]이러므로 하나님이 그를 지극히 높여 모든 이름 위에 뛰어난 이름을 주사(빌 2:5-9).

[15]그는 보이지 아니하는 하나님의 형상이시요 모든 피조물보다 먼저 나신 이시니 [16]만물이 그에게서 창조되되 하늘과 땅에서 보이는 것들과 보이지 않는 것들과 혹은 왕권들이나 주권들이나 통치자들이나 권세들이나 만물이 다 그로 말미암고 그를 위하여 창조되었고 [17]또한 그가 만물보다 먼저 계시고 만물이 그 안에 함께 섰느니라. [18]그는 몸인 교회의 머리시라. 그가 근본이시요 죽은 자들 가운데서 먼저 나신 이시니 이는 친히 만물의 으뜸이 되려 하심이요, [19]아버지께서는 모든 충만으로 예수 안에 거하게 하시고 [20]그의 십자가의 피로 화평을 이루사 만물 곧 땅에 있는 것들이나 하늘에 있는 것들이 그로 말미암아 자기와 화목하게 되기를 기뻐하심이라(골 1:15-20).

위의 빌립보서의 말씀은 예수께서 성육신하시면서 자신의 신적인 본체를 비웠다는 케노시스(kenosis) 신학의 근거가 되며, 골로새서의 본문은 우주적 그리스도가 선포되고 있다. 위의 본문은 삼위일체 신학보다는 기독론에서 주로 다뤄지고 있지만, 성부 하나님과 성자 하나님의 관계를 잘 엿볼 수 있는 말씀이기도 하다.

빌립보서에는 (1) 예수는 하나님과 동등하며, (2) 죽기까지 복종했고, 하나님이 이로 인해 예수를 높였다는 말씀이 함께 등장한다. 그리고 골로새서에서도 (1) 그리스도는 창조주, 구속주, 교회의 머리가 되시며, (2) 아버지께서 만물을 예수 안에 두셨고 십자가의 구속으로 화해를 이루신 것을 기뻐하셨다는 말씀이 함께 등장한다. 즉 성부와 성자의 관계는 한편으로는 동등하면서 다른 한편으로는 성자가 성부의 뜻을 따른다. 이렇듯 두 본문에서는 삼위 하나님의 내재적인 면과 사회적인 면이 밑그림처럼 그려져 있지만, 사실 그것은 예수 그리스도의 신성을 드러내고 예수께서 인간과 세계를 어떻게 구원하시는지를 강조하는 맥락에서 등장한 것이다. 즉 경륜적인 면이 주된 내용을 이룬다. 이런 점은 아래의 성경 본문에서 더욱 잘 드러난다.

> 주 예수 그리스도의 은혜와 하나님의 사랑과 성령의 교통하심이 너희 무리와 함께 있을지어다(고후 13:13).

> [4]때가 차매 하나님이 그 아들을 보내사 여자에게서 나게 하시고 율법 아래에 나게 하신 것은 [5]율법 아래에 있는 자들을 속량하시고 우리로 아들의 명분을 얻게 하려 하심이라. [6]너희가 아들이므로 하나님이 그 아들의 영을 우리 마음 가운데 보내사 (성령이) 아빠 아버지라 부르게 하셨느니라(갈 4:4-6).

> [16]또 십자가로 이 둘을 한 몸으로 하나님과 화목하게 하려 하심이라. 원수된 것을 십자가로 소멸하시고 [17]또 오셔서 먼 데 있는 너희에게 평안을 전하시고 가까운 데 있는 자들에게 평안을 전하셨으니 [18]이는 그(예수)로 말미암아 우리 둘이 한 성령 안에서 아버지께 나아감을 얻게 하려 하심이라(엡 1:16-18).

> 곧 하나님 아버지의 미리 아심을 따라 성령이 거룩하게 하심으로 순종함과 예수 그리스도의 피 뿌림을 얻기 위하여 택하심을 받은 자들에게 편지하노니, 은혜와 평강이 너희에게 더욱 많을지어다(벧전 1:2).

위 말씀은 모두 삼위 하나님에 대한 중요한 성경 본문으로서, 삼위 하나님이 우리를 구원하기 위해 어떻게 일하시는지를 보여줌으로써 경륜적 삼위 하나님을 선포하고 있다. 물론 성령이 성부를 아빠라고 부른다는 점 (갈 4:6)과 예수를 통해 성령 안에서 성부에게로 나아간다는 점(엡1:18)을 바탕으로 삼위 하나님의 내재적 관계를 엿볼 수 있고, 성자와 성령이 성부를 향해 일한다는 점에서 그 관계가 일정한 질서를 가지고 있다고 볼 수도 있다. 그런데 만약 본문의 주된 목적이 내재적인 관계를 드러내는 것이었다면, 해당 본문은 삼위일체보다는 성자가 성부에게 종속된다고 주장한 아리우스의 종속론의 근거가 될 수도 있다. 그러나 위 본문이 기록된 맥락을 통해 선포의 내용과 목적을 고려해본다면, 선포의 목적은 삼위 하나님의 내재적인 관계를 밝히려는 데 있다기보다 삼위 하나님이 우리를 구원하시기 위해 어떻게 함께 일하시는지, 즉 경륜적 삼위 하나님의 모습을 밝히는 데 있다고 보는 것이 타당하다. 위 본문은 하나님의 사랑과 경륜, 성자의 성육신과 십자가, 성령의 내주하심과 중보라는 경륜적 삼위 하나님의 가장 구체적이고 핵심적인 내용을 선포하고 있다. 제자들은 삼위 하나님이 자신들을 위해 어떻게 일하시는지, 즉 그런 경륜적인 삼위 하나님의 모습에 더 관심을 가질 수밖에 없었고, 복음서를 제외한 신약에서 이런 점이 더 강조되고 있는 것은 삼위 하나님과 관계를 맺는 초기 교회 그리스도인들을 고려해볼 때 지극히 당연한 일이었다.

2.4.2. 예수의 삼위일체론

이제 예수 그리스도의 삶과 선포에 나타난 삼위일체 신학을 살펴보자. 복음서를 보면 예수 그리스도께서 직접 삼위 하나님을 증거하신다. 그런데 그 내용을 주의 깊게 살펴보면 경륜적 삼위 하나님에 더해 내재적 삼위 하나님과 사회적 삼위 하나님에 대한 선포가 주를 이루는 것을 알 수 있다. 삼위 하나님 서로 간의 존재론적 모습과 사회적인 모습을 우리에게 알려오신 분이 바로 예수 그리스도다. 이것은 매우 중요한 점이다. 왜냐하면 오직 삼위 하나님께 속한 자만이 그 내밀한 관계를 알고 우리에게 계시할 수 있기 때문이다. 복음서에 이런 내용이 상세히 전개되어 있어 우리가 바로 알아볼 수 있으면 좋겠지만, 실제로는 몇몇 구절에 제한적으로 드러나 있으며 그것을 통해 내재적 삼위일체와 사회적 삼위일체의 내용을 이해하는 데에는 상당한 전문성이 필요하다. 이것을 잘 이해하기 위해 "성부와 성자의 내재적 관계"와 "성자와 성령의 상호의존적 관계"에 이어 "사회적 삼위 하나님의 사랑의 관계"와 "성령의 인격과 예수 그리스도"를 살펴보려고 한다. 이 장을 마칠 때면 우리가 신학적으로 알고 있는 내재적 삼위 하나님과 사회적 삼위 하나님의 구체적인 내용이 바로 예수 그리스도의 선포 속에 잘 녹아 있다는 것을 깨닫게 될 것이다.

성부와 성자의 내재적 관계

아래 말씀은 내재적 삼위 하나님을 드러내는 가장 중요한 본문이다.

> [21]그때에 예수께서 성령으로 기뻐하시며 이르시되 "천지의 주재이신 아버지여, 이것을 지혜롭고 슬기 있는 자들에게는 숨기시고 어린 아이들에게는 나타내심을 감사하나이다. 옳소이다. 이렇게 된 것이 아버지의 뜻이니이다. [22]내 아버지께서 모든 것을 내게 주셨으니 아버지 외에는 아들이 누구인지 아는 자가 없고 아들과 또 아들이 (그에게) 계시하기 원하는 자 외에는 아버지가 누구인지 아는 자가 없나이다" 하시고(눅 10:21-22, 참조. 마 11:25-27).

이 말씀은 예수께서 70명을 세워 전도 여행을 보내고(눅 10:1-16), 그들이 전도 여행을 마치고 기쁨에 차서 돌아와 귀신들이 주의 이름으로 항복했다는 것을 보고한 후에(눅 10:17-20) 하신 말씀이다. 그런데 본문은 상당히 난해한 내용을 포함하고 있다. 아버지 외에는 아들을 아는 자가 없다는 말씀은 어떤 의미일까? 더구나 슬기 있는 자에게는 숨기시고 어린아이들이게 나타내셨다는 것과 그것이 바로 아버지의 기뻐하시는 뜻(εὐδοκία)이라는 말씀은 어떤 의미일까? 이것은 학식 있는 유대 지도자들도 예수 그리스도가 누구인지 잘 모르지만, 오히려 어린아이처럼 순전한 자들이나 70인의 전도자들이 예수와 그 예수가 증거하는 하나님을 더 잘 알게 될 것이라는 의미일 수도 있다. 그러나 이 말씀은 인간의 지혜와 하나님 나라의 반전을 의미하는 것으로만은 보이지 않는다. 왜냐하면 바로 이렇게 드러남과 숨김이 "인간의 상태"를 의미하는 것이 아니라 "하나님의 기뻐하시는 뜻"이라고 했기 때문이다. 왜 하나님은 숨기기도 하고 드러내기도 하실까? 아들을 아는 자는 아버지밖에 없는데, 그렇다면 아들의 계시를 받은 자는 어떻게 아버지를 알 수 있을까? 심지어 이 말씀을 하시고 제자들을 둘러보시면서 이것을 보는 눈이 복이 있다고 하셨다(눅 10:23). 앞뒤 맥락을 보면 예수께서 파송하신 전도자들이 하나님 나라를 선포하고 귀신들을 쫓아내면서 비로소 예수께서 증거하시는 하나님 아버지가 누구신지 알게 되었는데, 따라서 이를 축복해야 하는 상황에서 왜 오히려 "아버지 외에는 아들이 누구인지를 아는 자가 없다"라는 배타적으로 들리는 말씀을 하신 것일까?

본문에는 앞뒤 맥락이 맞지 않는 내용이 함께 선포되고 있는데, 우리는 바로 이 점에 주목해야 한다. 특히 누가복음은 마태복음과 달리 성령으로 기뻐한다는 말씀이 추가되어 삼위 하나님이 함께 등장한다. 이 본문은 성부와 성자의 관계에 대해 (1) 아버지께서 아들에게 모든 것을 다 주셨다. (2) 아버지 외에는 아들을 아는 자가 없다. (3) 아들과 아들이 그에게 계시하기를 원하는 그자 외에는 아버지를 모른다고 선포하고 있다.

인간이 하나님을 잘 모른다는 점, 그리고 아버지만이 아들을 알고 아들과 아들의 계시를 받은 자만이 아버지를 안다는 점을 고려하면, 한편으로 성부와 성자의 존재는 인간의 사고를 넘어서는 것이고 그 관계가 배타적이라는 것을 알 수 있다. 즉 본문은 내재적 삼위 하나님의 모습을 선포하고 있다. 흥미로운 점은 "내재적 삼위 하나님을 인간이 잘 알 수 없다"는 내용을 철학적 사유가 알려오는 것이 아니라, 예수께서 성령으로 기뻐하며 선포하신다는 것이다. 다른 한편으로 도저히 인간이 알 수 없는 내재적 삼위 하나님의 신비를 드러내는 자가 바로 예수 그리스도다. 더구나 이 비밀은 아들이 계시하기를 원하는 자들에게 계시된다. 즉 내재적 삼위 일체는 철학이 아니라 성자가 우리에게 계시하는 신비다. 성부 하나님이 만물을 예수께 주셨는데 바로 그 예수가 이 땅에 성육신하여 우리를 찾아오셨고 그가 원하는 자들에게 성부를 계시하신다. 예수는 내재적 삼위 하나님을 우리에게 드러내는 "계시자"다. 그리고 바로 그 점을 하나님의 아들 예수께서 직접 선포하고 있다. **계시자가 자신이 계시자라는 것조차 직접 계시하고 있는 셈이다.**

여기서 감추어짐이란 내재적 삼위 하나님의 내적 존재와 관계에 관한 것이다. 드러남이란 내재적 삼위 하나님조차 성육신하신 아들을 통해 우리에게 드러난다는 것으로, 당사자인 예수께서 그것을 직접 증거하고 있다. 그 누가 내재적 삼위 하나님에 대해 언급하거나 그 내용을 우리에게 드러낼 수 있는가? 배타적 삼위 하나님을 숨기고 이중적으로 드러내는 것은 오직 내재적 삼위 하나님께 속한 자만이 할 수 있는 일이다. 그리고 예수께서 우리가 도저히 알 수 없는 이 신비를 계시하셨기 때문에 우리가 내재적 삼위일체를 깨달을 수 있다. 앞서 언급한 대로 경륜적 틀을 통해서만이 내재적 삼위 하나님을 알 수 있다는 해석은 내재적 하나님에 대한 철학적 사유를 근거로 하고 있는데, 예수께서는 바로 이 철학적 사유의 내재적 사상을 깨뜨리시고 우리에게 삼위 하나님의 본질을 드러내셨다.

앞서 성자는 성부께 종속된다는 아리우스의 주장을 다룬 바 있다. 위의 본문에서는 삼위 하나님의 동등함에 관한 중요한 단서가 발견된다. 삼위일체 하나님의 동등함이란 희생적 동등함(sacrificial equality)이다. 아버지는 아들에게 모든 것을 다 주셨다. 서로 동등하다는 말은 보통 경쟁에서 우열을 가릴 수 없을 때 사용한다. 그러나 삼위일체 하나님은 서로가 독립적이면서도 서로에게 기쁨으로 자신을 내어주는 하나님이다. 따라서 이 동등함은 경쟁적 동등함(competing equality)이 아니라 독립적·자발적·희생적 동등함이다. 이것은 신은 우위를 가릴 수 없이 완전하다는 철학적 근거로 세워지는 동등함과는 차원이 다른 동등함이다.

1. 아버지 외에는 아들을 아는 자가 없다. 성부와 성자는 내재적 관계의 비밀 안에 있다.
2. 아들이 계시하기를 원하는 자들에게 아버지는 알려진다. 내재적 하나님의 비밀도 성자를 통해서 계시된다. 삼위 하나님의 비밀을 계시할 수 있는 자는 삼위 하나님께 속한 자다.
3. 아버지는 아들에게 모든 것을 주었다. 성부와 성자는 서로 경쟁하는 동등함이 아니라 희생하는 동등함을 나눈다.

³⁴말씀하시되 "내 마음이 심히 고민하여 죽게 되었으니 너희는 여기 머물러 깨어 있으라" 하시고 ³⁵조금 나아가사 땅에 엎드리어 될 수 있는 대로 이때가 자기에게서 지나가기를 구하여 ³⁶이르시되, "아빠 아버지여, 아버지께는 모든 것이 가능하오니 이 잔을 내게서 옮기시옵소서. 그러나 나의 원대로 마시옵고 아버지의 원대로 하옵소서" 하시고(막 14:34-36).

위 말씀은 예수께서 십자가의 죽음을 앞두고 겟세마네 동산에서 기도하신 내용이다. 이 구절은 예수 그리스도의 신성과 인성이 함께 드러나는 말씀으로 주로 이해되어왔다. 그런데 여기에도 성부와 성자 간의 내재적 관계가 드러난다. (1) 성부 하나님은 성자의 아빠다. (2) 성부는 모든 것이 가능하다. (3) 성자의 고난은 성부의 뜻이다. 또한 "나의 원대로"와 "아버지의 원대로"의 비교를 통해 성부와 성자가 서로 분명히 구분되는 인격임이 드러난다. 아울러 성자는 성부의 뜻을 따르고 순종하고 있으므로 서로 뜻이 연합되어 있다. 즉 내재적인 삼위 하나님의 핵심적인 내용인 "하나"이면서 동시에 "셋"인 모습(성령이 포함되는 것은 아래에서 다룰 것이다)이 함께 나타난다.

사랑이 삼위 하나님의 사회적 관계의 핵심이라면, 기도와 순종은 내재적 삼위 하나님의 핵심이다. 성자는 성부께 기도하고 순종할 수 있을 정도로 구분되는 인격을 지닌다. 그 기도와 순종의 구체적인 내용이 "죽음"으로 나타날 때, 우리는 단순한 순종의 차원을 넘어서는 성부와 성자 간의 깊고도 깊은 내재적 연합을 볼 수 있다. 물론 성자가 성부의 뜻을 따르고 순종한다는 점에서 성부와 성자 간에 일정한 질서가 있는 것으로 보인다. 그러나 그 질서로 인해 성자가 성부보다 더 낮은 존재로 보이지는 않는다. "아빠의 뜻을 죽기까지 순종하는 자기희생의 아들"과 "아들의 희생에서 오는 고통을 감내하면서까지 그 뜻을 이루어야 하는 아빠" 사이의 우열을 논하는 것은 큰 의미가 없다. 십자가의 죽음을 앞에 두고 "아빠"를 부르짖는 아들의 고통, 그 고통을 지켜보는 아빠의 마음, 그리고 그 고통에 몸부림치면서도 함께 이 고통을 견디며 세상과 인간을 위해서 희생하는, "우리가 도저히 상상조차 할 수 없는 아빠와 아들의 거룩한 고통의 연대와 뜻"만이 우리를 압도할 뿐이다.

²⁷"내 양은 내 음성을 들으며 나는 그들을 알며 그들은 나를 따르느니라. ²⁸ 내가 그들에게 영생을 주노니 영원히 멸망하지 아니할 것이요, 또 그들을 내 손에서 빼앗을 자가 없느니라. ²⁹그들을 주신 내 아버지는 만물보다 크시 매 아무도 아버지 손에서 빼앗을 수 없느니라. ³⁰나와 아버지는 하나이니라" 하신대(요 10:27-30)

우리에게 잘 알려진 선한 목자에 대한 말씀이다. 여기서도 예수는 선포 된 선포자(the proclaimed proclaimer)다. 그는 자기 자신에 대해 선포하며, 자 신과 성부 하나님이 하나라는 것을 선포한다. 나와 아버지는 하나다. 이 는 삼위 하나님의 일치에 대해 가장 강력하게 선포하신 말씀이다. 니케아 종교 회의에서 성부와 성자를 동일본질로 정의할 때, 그리고 아우구스티 누스가 "성부와 성자를 합쳐도 성자의 위대함을 넘어서지 않는다"(*On the Trinity*, 8.1)는 신비한 공식(1+1이 1보다 크지 않다)으로 삼위 하나님의 동등 함을 설명할 때도 바로 이 "나와 아버지는 하나다"라는 말씀이 확실한 근 거가 되었다. 만물보다 크신 아버지와 그 아들 예수가 바로 하나라는 삼 위 하나님의 내재적 관계가, 자기 음성을 듣고 자신을 따르는 자들에게 영원한 생명을 주시는 경륜적 하나님의 모습의 기초가 된다. 인간은 경륜 적 삼위 하나님을 통해 내재적 삼위 하나님을 알게 되는 것이 상식적이라 고 생각하지만, 예수께서는 세상을 위해 일하시는 경륜적 삼위 하나님과 성부와 성자가 하나인 내재적 삼위 하나님의 모습을 구분하거나 순서를 정하지 않고 함께 드러내신다. 하나님이 세상을 위해 일하시고, 신비한 삼 위 하나님으로 존재하고 아버지와 아들의 관계를 맺으신다는 것은 모두 예수께서 선포하신 계시로서, 우리는 바로 이 말씀을 통해 삼위 하나님을 만나고 경험한다.

예수께서 대답하시되 "내가 내게 영광을 돌리면 내 영광이 아무것도 아니거니와 내게 영광을 돌리시는 이는 내 아버지시니 곧 너희가 너희 하나님이라 칭하는 그이시라"(요 8:54).

그가 나간 후에 예수께서 이르시되 "지금 인자가 영광을 받았고 하나님도 인자로 말미암아 영광을 받으셨도다"(요 13:31).

그가 내 영광을 나타내리니 내 것을 가지고 너희에게 알리겠음이니라(요 16:14).

예수께서 이 말씀을 하시고 눈을 들어 하늘을 우러러 이르시되 "아버지여, 때가 이르렀사오니 아들을 영화롭게 하사 아들로 아버지를 영화롭게 하게 하옵소서"(요 17:1).

아버지여, 창세 전에 내가 아버지와 함께 가졌던 영화로써 지금도 아버지와 함께 나를 영화롭게 하옵소서(요 17:5).

요한복음이 전하는 위의 다섯 말씀의 핵심은 성부 하나님과 성자 하나님이 서로 영화롭게 한다는 것이다. 영화롭게 한다는 것(δοξάζω, glorify)은 오직 하나님에게만 적용되는 것이다. 유대인들이 하나님이라고 믿는 바로 그분이 영화롭게 하는 자는 하나님처럼 영화로운 자다(요 8:54). 아들이 아버지를 영화롭게 하는 것은 아버지가 하나님의 영광을 가지고 있기 때문이다. 이것은 모든 유대인들이 믿는 바다. 그런데 예수께서는 아버지도 아들을 영화롭게 한다고 여러 차례 강조하셨다. 하나님이 그 아들을 영화롭게 함으로써 아들도 하나님의 영광을 함께 나눈다. 이렇게 **서로 영화롭**

게 하는 것은 삼위 하나님의 사회적 관계로 이해할 수도 있지만, 영광의 본성이 하나님의 본성이고 아버지와 아들로서의 본성을 드러내는 것이기 때문에 삼위 하나님의 내재적 모습으로 여길 수도 있다. 예수의 영광은 결코 인간이 만들어놓은 영광이 아니다. 예수의 영광은 그 아버지께서 만드신 영광이다. 물론 이 영광은 예수의 삶, 죽음, 부활을 통해 우리에게 드러난다. 그러나 하나님과 예수께서 가졌던 영광은 창세 전의 영광이요 (요 17:5), 거룩한 자기희생을 통해서 역설적으로 드러나는 영광이다. 성육신하신 하나님의 아들이 유대인들과 사람들의 눈에는 그저 역사 속의 한 인간에 불과한 것처럼 보여도, 그 아들이 하나님을 영화롭게 하고 동시에 그 아버지가 아들을 영화롭게 하는 내재적인 관계라면 그 아들 예수는 삼위 하나님께 속한 자일 수밖에 없다. 이 영화로운 예수는 삼위 하나님께 속한 하나님이다.

성자와 성령의 내재적·상호의존적 관계

지금까지 성부와 성자의 내재적인 관계를 살펴보았다. 그렇다면 성령은 어떤 점에서 내재적 삼위 하나님의 한 분인가? 이것 역시 예수 그리스도의 삶과 가르침과 선포를 통해 우리에게 드러났다. 먼저 사도신경의 고백처럼 성령의 도움으로 예수의 탄생과 사역이 이루어졌다. 즉 예수께서 성령에 의존하신 것이다. 또한 복음서에서 가장 중요한 말씀 중 하나인 누가복음 4:18-21에는 성령이 예수께 임하고 기름을 부으면 예수께서 자유와 해방의 일을 할 것이라고 선포되어 있다.

> [18]"주의 성령이 내게 임하셨으니 이는 가난한 자에게 복음을 전하게 하시려고 내게 기름을 부으시고 나를 보내사 포로 된 자에게 자유를, 눈먼 자에게 다시 보게 함을 전파하며 눌린 자를 자유롭게 하고 [19]주의 은혜의 해를 전파

하게 하려 하심이라" 하였더라. [20]책을 덮어 그 맡은 자에게 주시고 앉으시니 회당에 있는 자들이 다 주목하여 보더라. [21]이에 예수께서 그들에게 말씀하시되 "이 글이 오늘 너희 귀에 응하였느니라" 하시니(눅 4:18-21)

예수께서는 이사야 61:1을 인용하여 이 말씀을 하신 후, 이 말씀이 오늘 이루어졌다고 확정하셨다. 예수의 사역의 가장 중요한 본질은 눌린 자를 해방하는 것이라고 선포하신 것이다. 그런데 이 놀라운 말씀에는 몇 가지 중요한 요소가 담겨 있다. 우선 예수께서는 구약을 인용하심으로써 구약과 신약의 연속성을 드러내셨다. 구약과 신약은 연속성도 있지만 다른 점도 있다. 구원사적으로 구약은 신약의 그림자와 같은 역할을 한다(히 10:1). 하지만 인류의 기원과 상태, 고난의 탄식 등에 대한 계시는 구약에 훨씬 풍부하게 담겨 있다. 그런데 구약과 신약을 이어주는 혹은 구약을 하나님의 계시로 확정해주는 여러 말씀이 있는데, 위의 누가복음 본문이 아주 대표적인 예다. 구약의 계시가 신약의 세계에서 이루어졌는데, 특별히 예수 자신에 대한 계시가 이루어졌다고 예수께서 직접 확정하시는 장면이기 때문이다.

다음으로, 위 본문에서 예수께서는 구약의 하나님의 영과 신약의 성령 사이의 연속성을 드러내셨다. 구약의 영은 하나님의 대언자·대리인과 같은 역할로서 비인격적 실체로 인식되는 반면, 신약의 성령은 인격적 속성을 지니고 특별히 그리스도와의 관계 속에서, 그리고 교회를 세우는 고유한 사역에서 다른 삼위 하나님과 구체적·시각적·역사적으로 구분된다. 이렇게 서로 대비되는 구약의 영과 신약의 성령을 이어주는 분 또한 예수 그리스도다. 그리고 예수의 해방하심은 성령이 예수께 임하여 예수를 그리스도로 임명하는 기름 부음을 통해 일어난다.

예수께서 성령의 충만함을 입어 요단 강에서 돌아오사 광야에서 사십 일 동안 성령에게 이끌리시며(눅 4:1).

그때에 예수께서 성령으로 기뻐하시며 이르시되 "천지의 주재이신 아버지여, 이것을 지혜롭고 슬기 있는 자들에게는 숨기시고 어린 아이들에게는 나타내심을 감사하나이다. 옳소이다. 이렇게 된 것이 아버지의 뜻이니이다"(눅 10:21).

예수께서 사역을 시작하실 때 성령에 이끌리고 성령으로 충만하여 마귀의 유혹을 물리치셨다. 그리고 앞서 다룬 누가복음 10:21에 보면 성령으로 기뻐하시며 성부와 성자의 내재적 관계를 선포하셨다. 그러니까 예수의 탄생, 공생의 시작, 사역의 본질, 성부와의 내재적 관계의 선포는 모두 성령께 의존하여 이루어진 일이다.

예수께서는 단순히 성령께 의존하신 것만이 아니라, 우리에게 성령에 관해 가르치셨다. 성령을 모독하는 자들은 용서받을 수 없을 것이다(막 3:29). 성령이 우리 안에서 말씀하실 것이다(막 12:11; 마 10:20; 눅 12:12). 아버지가 성령을 우리에게 주실 것이다(눅 11:13). 성령으로 거듭나야 하나님 나라에 들어갈 것이다(요 3:5). 성령에 관한 우리의 지식은 이런 그리스도의 가르침에 의존하고 있다.

그리고 성령이 예수께 얼마나 의존하고 있는지에 대해 아래의 말씀과 같은 증언들이 있다.

나는 너희에게 물로 세례를 베풀었거니와 그는 너희에게 성령으로 세례를 베푸시리라(막 1:8).

³⁷명절 끝날 곧 큰 날에 예수께서 서서 외쳐 이르시되 "누구든지 목마르거든 내게로 와서 마시라. ³⁸나를 믿는 자는 성경에 이름과 같이 그 배에서 생수의 강이 흘러나오리라" 하시니 ³⁹이는 그를 믿는 자들이 받을 성령을 가리켜 말씀하신 것이라. (예수께서 아직 영광을 받지 않으셨으므로 성령이 아직 그들에게 계시지 아니하시더라.)(요 7:37-39).

이 말씀을 하시고 그들을 향하사 숨을 내쉬며 이르시되 "성령을 받으라"(요 20:22).

오직 성령이 너희에게 임하시면 너희가 권능을 받고 예루살렘과 온 유대와 사마리아와 땅끝까지 이르러 내 증인이 되리라 하시니라(행 1:8).

먼저 세례 요한은 예수께서 성령으로 세례를 베풀 것이라고 증언한다. 요한복음에는 성령이 내려서 그 위에 머무는 자가 성령으로 세례를 주는 자(1:33)라고 구체적으로 명시된다. 즉 성령과 예수의 상호의존적인 관계가 잘 드러난다. 그리고 예수께서 성령으로 세례를 준다는 것은 일차적으로 오순절 성령강림을 의미하는 것으로 보인다. 물론 그 이후에도 성령세례와 같은 일이 계속 일어날 수 있다. 이 점은 성령론의 논쟁점 가운데 하나다. 그런데 여기서 성령께서 폭발적으로 임하시는 것을 "예수께서" 성령으로 세례준다는 설명에 주목해야 한다. 오순절 사건이 예수께서 성령을 부어주신 사건이라면, 성령의 오심은 예수께 깊이 의존하고 있다는 의미다. 요한복음의 저자는 7장에서 예수께서 영광을 받지 않았기 때문에 성령이 임하지 않았다고 해석한다. 초기 교회는 오순절 사건이 성자와 긴밀히 연결되어 있다고 이해한 것으로 보인다. 또한 예수께서 숨을 내쉬며 성령을 받으라고 하시는 요한복음 20장의 사건이 오순절 성령강림 전에 일어난 것을 생각하면, 예수의 말씀과 오순절 사건이 어떤 연관성을 갖는지 올바로 이해하기는 어렵다. 그러나 우리는 예수께서 자신의 숨을 내쉬면서 성령을 받으라고 하신 것을 주목해야 한다. **즉 성령은 예수의 숨결이다.** 또한 사도행전에는 성령을 받으면 예수의 증인이 될 것이라는 선포가 나온다. 성령이 우리에게 임하는 중요한 이유 가운데 하나가 바로 우리가 예수의 증인이 되게 하기 위함이다. 이런 점에서 성령의 일은 그리스도의 일을 계속 이루어 가는 것이다.

예수와 성령의 관계를 알 수 있는 가장 중요한 말씀은 다음 요한복음의 구절이다. 예수께서 직접 자신과 성령의 관계를 선포하신다.

> [16]내가 아버지께 구하겠으니 그가 또 다른 보혜사를 너희에게 주사 영원토록 너희와 함께 있게 하리니, [17]그는 진리의 영이라. 세상은 능히 그를 받지 못하나니 이는 그를 보지도 못하고 알지도 못함이라. 그러나 너희는 그를 아나니 그는 너희와 함께 거하심이요, 또 너희 속에 계시겠음이라. [18]내가 너희를 고아와 같이 버려두지 아니하고 너희에게로 오리라. [19]조금 있으면 세상은 다시 나를 보지 못할 것이로되 너희는 나를 보리니 이는 내가 살아 있고 너희도 살아 있겠음이라. [26]보혜사, 곧 아버지께서 내 이름으로 보내실 성령, 그가 너희에게 모든 것을 가르치고 내가 너희에게 말한 모든 것을 생각나게 하리라(요 14:16-19, 26).

> 그러나 내가 너희에게 실상을 말하노니 내가 떠나가는 것이 너희에게 유익이라. 내가 떠나가지 아니하면 보혜사가 너희에게로 오시지 아니할 것이요, 가면 내가 그를 너희에게로 보내리니(요 16:7).

성부가 성자의 이름으로 성령을 보냄으로써 삼위 하나님의 내재적인 관

계가 선포된다. 폭을 좁혀서 성자와 성령의 관계만을 살펴보면, (1) 예수
께서 성령을 보내며, 예수께서 가르치신 것을 성령이 깨닫게 하고, 성령은
진리의 영이라는 점에서 성령은 예수께 의존하고 있다. 그런데 (2) 예수
께서 먼저 가야만 성령이 올 것이라고 하는 점에서 성령과 성자는 구분된
다. (3) 성령은 또 다른 보혜사라는 점에서 성자와 성령은 구분되면서 하
나이고, 예수께서 지금 떠나가지만 성령으로 다시 오신다는 점에서 성자
와 성령은 하나다.

　　예수께서는 성령이 우리에게 모든 것을 가르치시고 예수께서 말씀
하신 모든 것을 생각나게 할 것이라고 약속하시고 선포하셨다(요 14:26).
성령이 진리의 영이라는 것은 기독교의 독특한 사상이다. 인간에게 감추
어진 하나님을 예수 그리스도께서 드러내시며 하나님 나라를 선포하신
다는 점에서 예수는 진리다. 그런데 그 진리의 예수를 알게 하고 하나님
으로 고백하게 하는 이는 성령이다(고전 12:3). 성령이 우리에게 찾아오셔
야 우리는 비로소 예수께서 하신 가르침, 선포, 약속을 깨닫게 되고 참 하
나님을 만나게 된다. 인간의 힘과 지혜와 지성으로는 신비한 삼위 하나님
을 도저히 깨달을 수 없다. 인간의 문화 속에서도, 인간의 철학적·종교적
인 신에 대한 이해 속에도 "인격적 삼위 하나님의 내재적·경륜적·사회적
내용"과 유사한 내용을 전혀 발견할 수 없다. 인간이 스스로 만들어낼 수
없는 이 신비한 사상은, 오직 삼위 하나님께서 우리에게 알려주시고 가르
쳐주시고, 우리 안에 거하면서 우리로 하여금 예수를 만나게 하셔야만 비
로소 우리가 이해하고 받아들일 수 있는 내용이다. 예수께서 선포하시고
성령께서 그 내용을 가르치고 우리 가슴에 인 치신다(갈 4:6). **진리의 삼위
삼위 하나님을 가르치고 만나게 하는 자는 바로 그 삼위 하나님이시다.**

　　성자와 성령의 관계를 종합해보면 이렇다. 한편으로 성령이 예수
께 임하고 기름 부음으로 인해 예수가 자신의 일을 시작하고 이루어갔다

는 점에서 성자가 성령께 의존한다. 다른 한편으로는 예수께서 성령을 보내서 진리의 영으로서 자신의 일을 계속하게 한다는 점에서 성령이 성자께 의존한다. 이렇게 성자와 성령은 서로가 경쟁하는 동등함이 아니라(competing equality) 서로가 서로에게 의존하고 있는 상호의존적 동등함(interdepending equality)의 관계에 있다. 따라서 만약 성자께서 하나님이라면 성령도 하나님이라고 결론지을 수 있다. 예수께서는 성령과 성자가 서로 구분되면서도 동시에 하나라는 내재적 삼위 하나님의 가장 중요한 내용을 선포하고 있다. 우리가 내재적 삼위 하나님을 알고 믿고 경험하는 이유는 내재적 삼위 하나님 가운데 한 분이신 예수께서 그 비밀스러운 내용을 우리에게 알려오셨기 때문이다.

사회적 삼위 하나님의 사랑의 관계

삼위 하나님이 서로 사랑으로 결속되어 사회적 관계를 이룬다는 것을 우리는 어떻게 알 수 있을까? 하나님이 세상을 사랑한다는 것은 성경이 지속적으로 선포하는 하나님의 경륜적 속성이다. 그런데 하나님의 본질이 사랑이고 삼위 하나님의 서로 간의 관계가 사랑이라는 것을 어떻게 알 수 있을까? 내재적 삼위일체를 예수께서 선포했듯이, 사회적 삼위일체도 예수의 삶과 선포를 통해 그 내용을 알 수 있다.

> [21]백성이 다 세례를 받을새 예수도 세례를 받으시고 기도하실 때에 하늘이 열리며 [22]성령이 비둘기 같은 육적인 형체(σωματικῷ εἴδει)로 그의 위에 강림하시더니 하늘로부터 소리가 나기를 "너는 내 사랑하는 아들이라. 내가 너를 기뻐하노라" 하시니라(눅 3:21-22).

예수께서 세례를 받고 기도하고 계실 때, 성령께서 비둘기 같은 육적인 형체(bodily form, 대부분의 한국어 성경은 "비둘기와 같은 형체로"라고 번역하고 있는데 이것은 "육적인"을 빠뜨린 번역이다)로 예수 위에 내려오시고, 성부께서 사랑하는 아들이라고 말씀하신다. 동일한 사건을 설명하고 있는 마가복음과 마태복음에는 육적인 형태라는 표현은 없지만, 누가복음에는 성령의 신체성이 강조된다. 또한 마가복음과 마태복음에서는 물에서 나오실 때 성령이 예수 위에 내리셨지만, 누가복음에서는 세례받고 기도하실 때 성령이 내려오셨다.

누가복음과 사도행전을 기록한 자는 육적 가난, 성령, 기도를 누구보다도 강조하고 있는데, 이것은 삼위 하나님께도 적용된다. 성부의 목소리, 성령의 육적인 형태, 그리고 성육신한 성자로써 삼위 하나님의 개별성과 신체성이 함께 드러난 경우는 아마도 이 장면이 유일할 것이다. 더 나아가 성부께 기도하는 성자의 모습에서 삼위 하나님의 내재적·사회적 관계가 잘 드러난다.

그러나 무엇보다도 위의 본문에서 중요한 것은 공관복음이 모두 함께 증거하고 있는 "내 사랑하는 아들"이라는 성부의 음성이다. 삼위 하나님이 사랑으로 서로 연합되어 있다는 사회적 관계를 우리가 알 수 있는 이유는 삼위 하나님이 스스로 우리에게 증거했기 때문이다. 우리가 "사랑"의 본질을 철학적으로 분석하여 사회적 관계성이 그것의 전제 요소라는 것을 알아냈기 때문이 아니다. 앞서 다룬 누가복음 10:21을 보면 예수께서 성령으로 기뻐하셨고, 아버지만이 아들을 알고 아들만이 아버지를 아는 것은 아버지의 기뻐하시는 뜻이었음을 알 수 있다. 아들과 아버지가 서로를 향해 사랑하고 기뻐하시는 "기쁨과 사랑의 사회적 관계"는 예수의 선포에 나타나 있다.

[14]"나는 선한 목자라. 나는 내 양을 알고 양도 나를 아는 것이 [15]아버지께서

나를 아시고 내가 아버지를 아는 것 같으니 나는 양을 위하여 목숨을 버리노라. [16]또 이 우리에 들지 아니한 다른 양들이 내게 있어 내가 인도하여야 할 터이니, 그들도 내 음성을 듣고 한 무리가 되어 한 목자에게 있으리라. [17]내가 내 목숨을 버리는 것은 그것을 내가 다시 얻기 위함이니 이로 말미암아 아버지께서 나를 사랑하시느니라. [18]이를 내게서 빼앗는 자가 있는 것이 아니라 내가 스스로 버리노라. 나는 버릴 권세도 있고 다시 얻을 권세도 있으니, 이 계명은 내 아버지에게서 받았노라" 하시니라(요 10:14-18).

하나님이 예수를 사랑하는 이유는 예수께서 양을 위해 스스로 목숨을 버리는 선한 목자이기 때문이라고 예수께서 증거하고 있다. **성부 하나님이 성자를 왜 사랑하는지 예수께서 함께 증거한다.** 자기희생의 하나님이 바로 사랑의 하나님이다. 사랑에 의한 사랑이 아닌, 희생에 의한 사랑이 삼위 하나님이 서로를 사랑하는 사회적 관계의 가장 구체적인 내용이고, 바로 이 삼위 하나님의 내적 관계의 구체적 내용, 즉 서로 사랑하는 것이 기독교의 핵심적인 가치가 되었다.

이 자기희생적 사랑의 하나님은 인간이 쉽게 상상하거나 만들어낼 수 있는 사상이 아니다. 신적 존재는 무소불위의 초월자로서 인간 위에 군림하는 존재로 여겨지기 마련이다. 따라서 **이런 희생적 사랑의 하나님에 대한 지식은 오로지 아들에게만 배타적으로 알려져 있었다**(요 10:15). 사람들은 이 말씀을 이해하지 못했고, 그저 예수가 귀신들려 미쳤다고 여겼다(요 10:20). 예수께서 성부 하나님과 자신을 동일시했을 때도 유대 지도자들이 격분하였다.

그런데 위 본문의 상황에서는 예수께서 하나님이 인간을 위해 목숨을 바쳐 사랑한다는 것을 목자의 비유를 통해 설명하고 성부 하나님과 성자 하나님의 사랑의 관계, 그리고 성자의 독립성과 의존성을 선포하고 있기 때문에, 특별히 유대 지도자들이 격분하지 않았다. 그들은 그 내용을 전혀 이해하지 못했기에 예수가 귀신들려 미쳤다고 생각한 것으로 보인다. 이렇게 성부 하나님이 누구인지가 인간에게 드러나지 않았고 예수께만 배타적으로 알려졌다. 예수께서는 이런 아버지의 뜻을 성육신, 삶, 죽음을 통해 가장 극단적으로 실행하고 드러내셨다. 우리는 아들을 통해 아버지가 누구인지 비로소 올바로 알게 된 것이다. 사람들은 이런 아들에 대해서도 쉽게 받아들이거나 이해하지 못했다. 그러나 아들 안에 거하시는 아버지께서 그 아들의 희생적 사랑을 알고 그 아들을 사랑하셨다. 아들은 스스로 목숨을 버릴 권세도, 다시 찾아올 권세도 있었지만, 자신을 겸허히 낮추어 아버지의 계명을 받아 따랐고, 바로 이런 겸비한 예수의 희생적 사랑을 아버지께서 사랑하셨다. 우리는 이 사랑의 관계 속에서 삼위 하나님의 독립성과 연합, 즉 하나이면서 서로 구분되는 내재적 관계와 희생적 사랑이라는 사회적 관계가 같이 잘 표현된 것을 본다.

> "내가 행하거든 나를 믿지 아니할지라도 그 일은 믿으라. 그러면 너희가 아버지께서 내 안에 계시고 내가 아버지 안에 있음을 깨달아 알리라" 하시니 (요 10:38).

> [9]아버지께서 나를 사랑하신 것 같이 나도 너희를 사랑하였으니 나의 사랑 안에 거하라. [10]내가 아버지의 계명을 지켜 그의 사랑 안에 거하는 것 같이 너희도 내 계명을 지키면 내 사랑 안에 거하리라. [11]내가 이것을 너희에게 이름은 내 기쁨이 너희 안에 있어 너희 기쁨을 충만하게 하려 함이라. [12]내 계명은 곧 내가 너희를 사랑한 것 같이 너희도 서로 사랑하라 하는 이것이니라. [13]사람이 친구를 위하여 자기 목숨을 버리면 이보다 더 큰 사랑이 없나니(요 15:9-13).

²¹아버지여, **아버지께서 내 안에, 내가 아버지 안에 있는 것 같이** 그들도 다 하나가 되어 우리 안에 있게 하사 세상으로 아버지께서 나를 보내신 것을 믿게 하옵소서. ²²내게 주신 영광을 내가 그들에게 주었사오니 이는 **우리가 하나가 된 것 같이** 그들도 하나가 되게 하려 함이니이다. ²³곧 내가 그들 안에 있고 **아버지께서 내 안에 계시어** 그들로 온전함을 이루어 하나가 되게 하려 함은 **아버지께서 나를 보내신 것과 또 나를 사랑하심 같이** 그들도 사랑하신 것을 세상으로 알게 하려 함이로소이다. ²⁴아버지여, 내게 주신 자도 나 있는 곳에 나와 함께 있어, 아버지께서 **창세 전부터 나를 사랑하시므로 내게 주신 나의 영광**을 그들로 보게 하시기를 원하옵나이다. ²⁵의로우신 아버지여, **세상이 아버지를 알지 못하여도 나는 아버지를 알았사옵고** 그들도 아버지께서 나를 보내신 줄 알았사옵나이다. ²⁶내가 아버지의 이름을 그들에게 알게 하였고 또 알게 하리니, 이는 **나를 사랑하신 사랑이** 그들 안에 있고 나도 그들 안에 있게 하려 함이니이다(요 17:21-26).

이 구절들은 모두 아버지와 아들이 서로 안에 거주한다는 말씀을 포함하고 있다. 이렇듯 사회적 삼위 하나님의 핵심적인 개념 가운데 하나인 상호 거주(perichoresis)는 예수께서 여러 차례 선포하신 사상이다. 두 번째 요한복음 15장의 말씀은 기독교 사랑의 구체적인 내용이 바로 희생이라는 것을 선포하신 중요한 말씀이다. 이 말씀에서도 예수의 사랑은 자기 목숨을 내어놓는 사랑이고, 그 사랑은 아버지의 계명을 지키는 일이며, 바로 이런 예수를 아버지께서 사랑하시고 그 사랑 안에 예수께서 거하신다는, 삼위 하나님에 대한 내재적·사회적 면이 함께 발견된다.

　세 번째 요한복음 17장 말씀은 삼위 하나님의 신비를 총체적이며 균형 있게, 그리고 서로 연결하여 드러낸다. 아버지와 나는 하나이며(22절), 세상은 아버지를 몰라도 나는 아버지를 안다(25절)는 말씀에서 내재적 모습이 보인다. 그리고 아버지가 내 안에 내가 아버지 안에 있고(21절), 아버지께서 나를 사랑하신다(23, 26절)는 말씀에는 삼위 하나님이 서로 안에 거주하면서 서로 사랑한다는 삼위 하나님의 사회적 관계가 잘 드러난다. 그런데 흥미로운 점이 창세 전부터 아버지가 예수를 사랑하시어 그 아들에게 영광을 주셨다(24절)는 말씀과 그 말씀이 선포된 맥락에서 발견된다. 아버지와 아들의 내재적 관계는 창세 전부터 있었고, 그 내재적 관계의 구체적 내용이 바로 사랑이라는 사회적 모습이며, 이것에 아들에게 영광을 주셨다는 것이 합쳐져 아들의 신적 권위를 드러낸다. 내재적 삼위 하나님과 사회적 삼위 하나님의 모습이 특별한 구분 없이 함께 드러나는 것이다. 그리고 예수가 이런 아버지를 우리에게 알렸다(26절)는 점에서 경륜적 삼위 하나님의 일하심까지 보여지고 있다. **우리 인간은 삼위 하나님의 신비를 설명함에 있어 내재적·경륜적·사회적 삼위일체라는 틀을 동원하지만, 예수께서는 한 단락으로 삼위 하나님의 신비를 구분 없이 총체적이고 연합적으로 선포하고 있다.** 그리고 예수께서는 삼위 하나님을 따르는 자들도 삼위 하나님을 좇아 사랑과 상호 거주의 관계로 살아가기를 원하셨다. 삼위 하나님의 내재적·사회적 관계는 삼위 하나님께만 머물러 있는 것이 아니다. 우리는 비록 그 삼위 하나님의 신비스러운 연합과 관계를 온전히 따를 수는 없더라도 삶 속에서 그것을 실현하며 살아야 한다. 우리의 인격은 제한적이지만 하나님의 인격의 모습을 가지고 있다. 사회적 삼위일체 사상의 핵심적인 내용은 바로 요한복음에서 예수께서 선포하신 말씀을 근거로 삼고 있다.

그런데 성령과 삼위 하나님의 관계가 사랑이라는 것을 우리는 어떻게 알 수 있을까? 예수께서는 복음서에서 성령을 진리의 영이라고 언급하신 바 있지만, 사랑의 영이라고 구체적으로 말씀하시지는 않았다. 성령이 사랑의 영이라는 것은 요한1서의 주된 내용이다. 하나님이 우리를 사랑하사 우리를 위해 화목제로 그 아들을 주셨는데, 우리가 서로 사랑하면 하나님이 우리 안에 거하고 하나님의 사랑이 우리 안에서 온전히 이루어 지는데, 이 신비스러운 희생과 사랑의 관계를 우리에게 증거하는 자가 바 로 성령이다(요일 4:10-13). 하나님의 희생적인 사랑을 힘입어야만 우리는 비로소 사랑이 무엇인지, 하나님이 왜 사랑인지를 알게 되고, 우리도 사랑 하게 되는데, 이 모든 것을 연결하시는 이는 성령이다(요일 3:16-24). 증거 하시는 이는 성령인데, 진리의 성령이(요일 5:7) 우리 안에 내주하며 증거 하고 온전히 이루어가는 구체적 내용이 바로 삼위 하나님의 희생적 사랑 이기 때문에, 성령도 진리와 사랑의 영이라고 볼 수 있다. 더구나 예수께 서 복음서에서 증거하신 기쁜 소식은 바로 희생적 하나님의 사랑이며, 그 사랑을 우리에게 가르치시고 사랑의 예수께서 하신 모든 말씀을 기억나 게 하시는 이가 성령이라면(요 14:26), 성령도 사랑의 하나님이라고 예수 께서 선포하신 것이다. 요한복음 3, 10, 15, 17장에는 "사랑"이라는 기독 교의 심오한 사상이 담겨있는데, 이 사상을 우리 안에서 가르치시며 우리 안에서 말할 수 없는 탄식으로(롬 8:26) 하나님의 사랑을 이루어 가시는 성 령은 다름 아닌 사랑의 하나님이시다. 성령의 가장 큰 은사는 사랑이다(고 전 12:31-13:13).

성령의 인격과 예수 그리스도

성령은 사랑의 하나님이다. 성령은 어떤 점에서 성부, 성자와 구분되는 인격일까? 오순절 사건에 대한 예수의 선포를 배경으로 삼아 이 질문에 대한 답을 탐색해볼 수 있다. 성령이 (1) 오순절 사건을 통해 교회의 기초 를 세우고, (2) 임마누엘 하나님이 성령을 통해 성도 위에, 성도 안에 늘 함께 계신다는 점에서 성령은 독립적이고 구분되는 인격이라고 할 수 있 다. 두 가지 모두 예수께서 오순절 사건에 앞서 선포하신 내용과 깊은 연관이 있다.

삼위 하나님께서 교회를 세우셨다. 교회는 하나님의 백성, 그리스도의 몸, 성령의 전이다. 교회가 언제 시작되었는지에 대해서는 여러 가지 견해가 있다. 역사적인 실체로서의 교회는 오순절 사건을 통해 구체적으로 세워졌다고 보는 것이 타당하다. 사람들이 성령의 충만함을 받고 각기 다른 방언으로 말하게 된 것은 여러 언어로 하나님의 큰일을 선포하기 위함이다(행 2:11). 베드로가 죄 사함의 복음을 담대히 증거하자 그날 세례를 받으며 복음을 받아들인 자가 3천 명에 이르렀다(행 2:38-41). 그리스도가 부활하신 것을 믿는 성도들의 무리가 교회를 이루게 된 것이다.

그런데 예수께서는 이 일에 대해 미리 여러 차례 선포하셨다. 예수께서는 보혜사 성령께서 오실 것을 가르치셨다(요 14-16장). 숨 쉬면서 성령을 받으라고 하셨을 때도, (1) 제자들을 보내시고(요 20:21) (2) 제자들이 죄를 용서하는 교회의 사명을 수행할 것(요 20:23)을 앞서 말씀하셨다. 심지어 승천하시면서도 성령으로 세례를 받을 것과 땅끝까지 복음의 증인이 될 것을 선포하셨다(행 1:5, 8). **이처럼 성령이 성부, 성자와 구분되는 인격으로서 역사 속에 찾아오시어 교회를 세우고 성도들에게 은사를 부어 주신 오순절 사건과 그 사건의 의미를 가장 열정적으로 선포하신 이는 바로 예수 그리스도다.**

삼위일체 하나님이 서로 구분되는 인격을 가졌다는 것은 일차적으로 인격의 "구분성"을 의미하며, 그 구분이 "인격적"이라는 뜻이다. 성령이 삼위 하나님 가운데 구분되는 인격이면서 동시에 인격적 하나님이라는 것은 복음 외에서도 추가적으로 드러나는데, 성령은 (1) 우리를 하나님께 중보하고, (2) 우리 안에 내주하는 성령으로서 성부, 성자와 구분되는 인격이며, 또한 삼위 하나님 가운데 가장 인격적인 하나님이다.

이와 같이 성령도 우리의 연약함을 도우시나니 우리는 마땅히 기도할 바를 알지 못하나 오직 성령이 말할 수 없는 탄식으로 우리를 위하여 친히 간구하시느니라(롬 8:26).

너희가 아들이므로 하나님이 그 아들의 영을 우리 마음 가운데 보내사 아빠 아버지라 부르게 하셨느니라(갈 4:6).

이는 저로 말미암아 우리 둘이 한 성령 안에서 아버지께 나아감을 얻게 하려 하심이라(엡 2:18).

성령 하나님은 중보하시는 하나님이다. 첫 번째 로마서 말씀은 성령께서 "중보"하신다는 것과 탄식이라는 "중보하는 내용"을 함께 드러낸다. 우리는 무엇을 하나님께 구해야 하는지조차 알지 못하기 때문에 성령께서 "탄식"으로 우리를 위해 친히 간구하신다. 성령이 하나님께 우리를 중보하신다는 의미에서 삼위 하나님 가운데 "구분되는 인격"이면서, 동시에 우리를 위해 탄식한다는 의미에서 "인격적 하나님"이다.

두 번째 갈라디아서 말씀을 보자. 이 구절의 한국어, 영어 번역(NIV 제외) 대부분은 부르짖는 자가 마치 우리인 것 같은 인상을 준다. 그런데 그리스어 원문을 보면, 부르짖는다(κρᾶζον)라는 분사는 중성 형태의 어미를 가지고 있기 때문에 부르짖는 자가 중성이되어야 하는데, 이 문장에서 중성 명사는 오직 성령(πνεῦμα)뿐이다. 따라서 우리가 부르짖는 것이 아니라 우리 안에 계시는 성령께서 하나님께 아빠라고 부르짖는 것이다. 성령이 우리를 하나님께 중보하신다는 의미에서 성부, 성자와 "구분되는 인격"이다. 또한 우리 안에서 아빠라고 부르짖음으로써 성령이 얼마나 깊이 우리와 함께하시는 "인격적인 하나님"이신지를 잘 나타낸다. 마지막 에베소서 말씀은 "중보"의 의미를 잘 설명하고 있다. 간혹 성자와 성령의 중보를 하나님과 인간 사이에서 둘을 화해시키는 것으로 이해하는 경우가 있는데, 그보다는 우리를 변화시키셔서 하나님께로 인도하는 것으로 이해해야 옳다.

성령이 우리를 하나님께 중보한다는 것은 성령 하나님이 성부와 성자와 구분된다는 뜻이기도 하고, 성령께서 우리 안에, 우리가 성령 안에서 거한다는 것은 성령과 우리가 가장 친밀하고 살아 있는 인격적인 관계를 갖는다는 뜻이다. 성령의 중보란 "인격"과 "인격적인 것"을 함께 나타낸다. 그런데 아래 말씀에는 성령이 우리에 의해 거스름을 당할 수 있다고 한다. 이것은 성령이 얼마나 인격적인지를 말해주는 내용이기도 하다.

> 내가 진실로 너희에게 이르노니 사람의 모든 죄와 무릇 훼방하는 훼방은 사하심을 얻되(막 3:28)

> 베드로가 이르되 "아나니아야, 어찌하여 사단이 네 마음에 가득하여 네가 성령을 속이고 땅 값 얼마를 감추었느냐?"(행 5:3)

> 베드로가 이르되 "너희가 어찌 함께 꾀하여 주의 영을 시험하려 하느냐?…"(행 5:9).

> …너희도 너희 조상과 같이 항상 성령을 거스르는도다(행 7:51).

> 하나님의 성령을 근심하게 하지 말라. 그 안에서 너희가 구속의 날까지 인치심을 받았느니라(엡 4:30).

성령을 소멸치 말며(살전 5:19)

하물며 하나님 아들을 밟고 자기를 거룩하게 한 언약의 피를 부정한 것으로
여기고 은혜의 성령을 욕되게 하는 자의 당연히 받을 형벌이 얼마나 더 중
하겠느냐? 너희는 생각하라(히 10:29).

인격적이라는 말은 서로가 서로에게 반응한다는 것이다. 성령은 우리를
하나님의 사람으로 변화시킬 능력이 있음에도 불구하고, 우리에게 모독
과 시험을 당하고 거부되어 소멸될 정도로까지 반응하는 인격적인 하나
님이다. 이것을 성령이 우리에게 당할 정도로 약하다는 의미로 받아들이
기보다는, 구원의 최종적인 완성은 삼위일체 하나님이 거부당하거나 모
욕당하지 않고 진정으로 우리 가슴 속에 받아들여지고 우리 삶 속에 드러
나는 것으로 이해해야 한다. 다시 말하면 우리의 믿음과 성화의 삶은 가
변적이기 때문에, 우리가 성령을 거스르고 성령에 대항하는 일들이 일어
날 수 있다는 말씀이기도 하다.
　또한 우리는 자신을 한없이 낮추어 우리에게 당하기까지 살아 있고
인격적인 관계를 맺는 성령을 발견하기도 한다. 사실 삼위 하나님은 희생
의 하나님이다. 성부 하나님의 인내와 부르심도 희생이고, 성자 하나님의
고난과 죽음도 희생이며, 성령 하나님이 인격으로 우리 안에서 내주하시
는 것도 희생이다. 희생적 인격성이 삼위일체 하나님의 중요한 특징인데,
그것은 성령 하나님을 통해 가장 구체적이고 친밀하게 드러난다. 성령은
가장 인격적인 하나님이다.
　그런데 이렇게 우리 안에 내주하는 성령의 인격에 대한 단서를 제공
하는 분은 바로 예수 그리스도다. 예수께서는 성부와 성령이 서로의 안에
거주하기까지 사랑하는 인격적인 관계이고, 이를 따르는 우리도 하나님

안에 거하며, 하나님이 또한 우리 안에 거한다고 반복적으로 말씀하셨다. 삼위 하나님의 상호 거주뿐만 아니라 하나님과 인간의 인격적인 관계도 예수께서 선포하신 것이다. 그리고 이 일은 성령께서 우리 안에 내주하시는 과정에서 역사 속에서 더 구체적으로 드러났다.

1. 성자와 성령은 서로 의존할 정도로 구분되고 하나된다.
2. 성부와 성자는 서로 안에 내주할 정도로 연합된다.
3. 성령은 사랑의 하나님으로서 교회를 세우고 우리를 중보하며 우리 안에 거하기까지 성부, 성자와 구분되는 인격적인 하나님이지만, 하나님의 영, 그리스도의 영으로 보내심을 받을 정도로 성부, 성자와 연합한다.
4. 이 모든 내재적·사회적 삼위일체 사상을 선포한 자는 예수 그리스도다.

삼위 하나님을 선포한 예수는 삼위 하나님께 속한 자다

예수와 삼위 하나님에 관한 본 장을 마무리하면서 기독교의 신비스러운 삼위일체 사상의 기초를 세우신 이는 바로 예수이며, 따라서 그 예수는 삼위 하나님께 속한 거룩한 하나님이라고 결론을 짓는다. 아울러 지금까지 다루어 온 내용을 요약하면 다음과 같다. 세상에는 신에 대한 여러 철학적·종교적 견해들이 있지만, 인격적 삼위 하나님에 대한 사상은 기독교에서만 발견된다. 이를 논증하기 위해 다신교, 일신교, 유일신교, 범신론, 만유내재신론 등을 살펴보았으나 그 어떤 것에서도 기독교의 인격적 삼위 하나님의 초월과 임재를 발견할 수도 없었고, 삼위 하나님의 일하심의 구체적인 내용도 찾을 수 없었다. 힌두교에는 그 자신으로 존재라는 셋(Sat existing in Himself), 외부의 간섭없이 스스로는 아는 자기 지식인 칫(Chit as self-knowledge, knowing Himself without any external intervention), 그리고 자기 대화 속에서의 최고 행복인 아난담(Anandam as supremely happy in His self-colloquy)의 사상이 있는데, 어떤 이들은 이것이 삼위 하나님과 동일하다고 주장한다.[30] 그러나 셋, 싯, 아난담은 서로 구분되는 인격적 삼위라기보다 기능적 역할, 양상, 조건이 다른 신을 나타내는 양태론적 단일신론에 가깝기 때문에 그들의 내재적·사회적 관계를 우리는 잘 알 수 없다.[31] 동양의 천지인(天地人)의 삼재 사상도 삼위 하나님에 대한 신론이라기보다는 인간과 자연, 우주의 대동(大同)을 의미하는 것이기 때문에 초월자 신에 관한 기독교의 삼위 사상과 본질적으로 차이가 있다. 즉 인격적 삼위 하나님은 기독교의 고유한 사상이다.

그렇다면 기독교는 어떻게 삼위일체 사상을 알게 되었을까? 삼위 하나님의 신비를 올바로 깨닫는 것이 쉽지 않기에, 초기 교회 공동체는 수많은 이론과 다양한 방법으로 논쟁을 지속해야만 했다. 우리는 예수의 신성에 기초한 에비온주의, 이원론으로 인해 신성을 더 강조한 영지주의를 통해 "그리스도가 누구인가?"라는 문제가 삼위 하나님에 대한 논의의 시발점이 된 것을 알 수 있었다. 그 후 하나님은 사실 한 분인데 그 모습과 기능이 각각 세 가지로 우리에게 드러났다는 양태론적 단일신론도 생겨났고, 성자 하나님이 점차적으로 하나님과 연합되어간다는 양자론적 단일신론도 출현했다. 이는 삼위의 인격적인 면보다는 유대교의 유일신 사상을 근거로 삼아 하나님의 여러 모습을 유연하게 해석하려는 시도였다.

---

30   K. P. Aleaz, "Trinity as Sat-Chit-Ananda in the Thought of the Indian Theologian Brahmabandav Upadhyaya," *Asia Journal of Theology* 23/1 (2009), 85-86.

31   Isreal Selvanayagam, "Waters of Life and Indian cups: Protestant attempt at theologizing in India," in *Christian Theology in Asia* ed. C. H. Kim (New York: Cambridge University Press, 2008), 52.

그리고 성자와 성령이 성부에게 종속된다는 아리우스의 주장은 삼위 하나님의 인격적 구분으로 나아갈 수 있는 진일보한 사상이었음에도 불구하고, 성자를 피조물로 이해하는 바람에 심각한 논쟁을 불러왔다. 이 문제는 본 장이 다루고 있는 중심 주제인 "예수 그리스도는 하나님인가?"라는 질문과 연관되어 있다.

초기 교회는 이와 같은 논쟁을 거치면서, 삼위 하나님은 본질이 연합을 이루면서도 인격이 서로 구분되는 독립성을 가지며, 그 영광과 위대함이 서로 동등하다는 일치(unity), 구분(distinctiveness), 동등(equality)의 삼위일체 신학을 점차적으로 세워갈 수 있었다. 그런데 우리는 여전히 동일한 질문을 제기하고 있다. 초기 교회 공동체는 삼위 하나님에 대한 이런 구체적인 내용을 어떻게 알게 되었을까? 이 질문에 답하기 위해 우리는 삼위일체 사상의 세 가지 틀을 살펴보았다.

내재적 삼위일체 사상은 삼위 하나님이 아버지와 아들과 성령으로 존재한다는 삼위 하나님의 존재론적 실체에 관한 틀이다. 둘째, 경륜적 삼위일체 사상은 삼위 하나님이 세계와 어떻게 관계하시는지를 중심으로 하나님을 이해하는 틀이다. 성부는 창조하고 다스리며, 성자는 희생하고 구원하며, 성령은 위로하고 새롭게 하신다는 생각이 바로 경륜적 틀 속에서 삼위 하나님을 이해한 것이다. 마지막으로, 삼위 하나님은 자기충족적 실체로 존재할 뿐만 아니라 사랑으로 서로에게 내주한다는 사회적 삼위일체의 틀이 있다.

삼위 하나님을 이해하는 이런 틀은 삼위 하나님을 다채롭게 드러낸다. 그런데 결국 우리는 다시 동일한 질문에 부딪힌다. 삼위 하나님이 세 개의 틀로 이해된다는 것을 우리는 어떻게 알게 되었을까? 신학자들의 주장에 따르면, 인간은 "하나님을 하나님으로 이해하는 내재적 면"을 알 수 없기 때문에, 하나님이 인간과 관계하는 경륜적 삼위일체 사상을 통해 내재적 삼위일체의 하나님도 알 수 있게 된다. 과연 그런가?

인간이 초월자를 초월자 그 자체로 이해하는 것은 철학적으로 불가능한 일이다. 그렇다면 우리는 어떻게 삼위 하나님을 알고 고백하고 살아가는 것일까? 삼위 하나님 가운데 한 분이신 예수 그리스도께서 이 땅에 육으로 찾아와 삼위 하나님의 비밀을 우리에게 드러내고 선포하셨기 때문이다. 인간의 사색으로는 불가능한 일이지만 삼위 하나님 스스로 자신을 우리에게 드러내신다면 우리는 그 하나님을 만날 수 있다. 예수께서는 하나님의 비밀을 드러내기를 원하는 자에게 이 신비를 드러내셨다(눅 10:22). **이것이 기독교 계시의 본질적인 의미다. 하나님이 하나님을 드러내고 선포한다.**

하지만 이런 의심이 생긴다. 이렇게 신약성경이라는 특별한 계시 속에 드러난 삼위일체 사상도 사실은 제자들이 꾸며낸 것이 아닐까? 초기 교회를 형성한 제자들이 복음서를 기록했고, 복음서를 제외한 신약성경도 초기 교회를 세운 제자들과 지도자들이 기록한 것이다. 만약 제자들이 삼위일체 사상을 꾸며낸 것이라면 복음서에 기록된 예수의 증거와 복음서를 제외한 신약성경을 기록한 저자들의 삼위일체 사상은 서로 유사한 내용이었을 가능성이 크다. 그런데 **복음서를 제외한 신약성경에 나타나는 삼위 하나님에 대한 증거는 주로 삼위 하나님이 어떻게 일하시는가라는 경륜적 삼위일체 사상에서 발견된다. 이에 반해 예수의 증거의 핵심은 내재적 삼위일체와 사회적 삼위일체 사상에 있다.** 복음서는 예수의 증거를 옮긴 것이고, 복음서를 제외한 신약성경은 제자들이 자신들과 직접적으로 연관된 부분을 더 부각시키면서 삼위일체 사상을 기록한 것으로 보인다. 복음서는 예수의 삼위일체 사상을, 복음서를 제외한 신약성경은 제자들의 삼위일체 사상을 선포한 셈이다. 비록 초기 교회의 몇몇 신학자들이 상호 거주에 대해 논한 바 있으나, 최근 신학적 발전이 있고 나서야 사회적 삼위 하나님의 모습이 우리에게 본격적으로 알려졌다. 교회와 신학은 오랫동안 사회적 삼위 하나님을 올바로 이해하지 못했다. **하물며 인간이 이해하기도 어려운 내용을 어떻게 스스로 꾸며낼 수 있겠는가?** 따라서 초기 교회가 신약을 기록하면서 내재적·사회적 삼위 하나님의 모습을 꾸며냈다는 것은 불가능에 가깝다.

> 제자들의 삼위일체 사상은 "삼위 하나님이 자신들과 어떻게 관계하시는가?"에 초점을 맞추고 있다면, 예수의 삼위일체 사상은 삼위 하나님의 본질과 그 내재적 관계를 선포하는 데 중점을 둔다. 제자들은 삼위 하나님의 경륜을 받는 자였고 예수는 삼위 하나님의 신비를 선포하는 자였기 때문에, 예수의 삼위일체 사상은 제자들이 의도적으로 꾸며낼 수 없는 고유한 시각이다.

이것은 참으로 놀라운 차이다. 우리는 (1) 성부와 성자의 배타적이고 내재적인 관계, (2) 성자와 성령의 내재적·상호의존적인 관계, (3) 사회적 삼위 하나님의 사랑, 그리고 (4) 성령의 인격과 예수 그리스도를 통해 이 차이를 깊이 살펴보았다. 예수께서는 성자 외에 성부를 올바로 아는 자가 없다고 직접 선포하셨고, 자신의 삶과 선포를 통해 하나님을 우리에게 알리셨다. 뿐만 아니라 성자가 성부를, 또한 성부도 성자를 영화롭게 한다는 점에서 성부와 성자가 그 영광에 있어서 동등한 하나님이라고 선포하시기도 했다. 예수께서는 성부께 기도하시면서, 동시에 아버지와 나는 하나라고 천명하셨다는 점에서 성부와 성자는 구분되면서도 연합되어있음을 드러내셨다. 성자와 성령은 서로 의존하는 관계였다. 예수는 성령으로 충만하여 자신의 일을 이루셨다. 또한 예수께서 성령을 내쉬며 제자들에게 보혜사 성령을 보내신 것을 보면, 성령은 예수의 영임을 알 수 있다. 또한 예수께서는 내가 가야만 다시 오리라고 하시면서 자신과 성령은 서로 구분되면서도 동일하다는 것을 선포하셨다. 요한복음에는 예수께서 삼위 하나님이 서로 안에 내주하며 사랑으로 연합되어있다는 사회적 삼위일체를 다채롭게 선포하신 내용이 담겨 있다.

이처럼 내재적·사회적 삼위일체 신학의 핵심적인 내용을 모두 예수께서 선포하셨다. 그리고 삼위 하나님의 희생적 사랑과 상호 거주하는 기쁨은 하나님을 믿고 따르는 우리 모두에 의해 표현되고 실현되어야 할 소중한 기독교의 가치가 되었다. 앞서 1장에서 우리는 (1) 인간이 도저히 만들어낼 수 없는 내용이 성경에 포함되어 있고, (2) 그 내용이 인간 자신을 넘어 더 높은 곳으로 인도하고 있다면, 성경은 하나님의 계시라는 결론을 내린 바 있다. 예수의 삼위일체 사상도 이 두 가지 특징을 갖는다.

그런데 삼위일체 신학과 예수의 관계에는 한 가지 더 중요한 내용이 첨가된다. 단순히 인간이 만들어낼 수 없다는 수동적 측면을 넘어, 인간이 만들어낼 수 없으면서 동시에 (3) 삼위 하나님께 속한 자만이 알고 증거할 수 있는 특징, 즉 하나님이 스스로 자신을 계시하는 "자기 계시의 능동적·구성적 요소"가 추가되었다. **우리는 비로소 온전한 영광의 하나님으로 존재하면서, 동시에 서로에게 의존하고 서로 안에 내주할 정도로 자신을 희생하며 서로 사랑하는 기독교의 하나님을 예수를 통해 깨닫게 된다.** 그리고 인간을 사랑해서 자신의 목숨을 내어준 예수의 그 거룩한 희생으로 인해, 아버지께서 아들을 가장 사랑하신다는 이 놀라운 희생과 사랑의 하나님을 예수의 삶과 증거, 죽음과 부활을 통해 경험한다. 더 나아가 그 희생의 성자 위에 능력으로 임하여 선포와 약속과 치료로 가난하고 고난받는 자들과 함께하시는 성자를 도우면서, 동시에 희생과 사랑의 하나님이신 예수 그리스도의 호흡으로 우리 안에 찾아와 내주하시는 성령 하나님을, 예수의 삶과 증거를 통해 만난다. 삼위 하나님을 가장 구체적이고 강력하게 증거하는 자, 그리고 인간이 상상조차 할 수 없는 이런 신비를 증거하는 자, 곧 예수 그리스도는 바로 삼위 하나님께 속한 거룩한 하나님이다.

1. 삼위일체 하나님이라는 인간이 도저히 알 수 없는 내용이 성경에 있다.
2. 예수께서 계시하기를 원하는 자들에게 이 알 수 없는 내용을 선포하셨는데, 삼위일체 하나님의 내재적 존재와 사회적 관계, 즉 온전한 영광의 하나님으로 구분되게 존재하면서도 서로에게 모든 것을 내어주고, 의존하며, 서로 안에 내주할 정도로 자신을 희생하며 서로 사랑의 일치를 이루는 삼위일체 하나님을 예수께서 선포하셨다.
3. 예수께서 계시하신 삼위일체 사상은 다양성 속의 연합, 그리고 희생하고 상호 거주하는 사랑과 일치라는 새로운 가치를 인류에게 제시한다.
4. 오직 삼위일체 하나님께 속한 자만이 이 비밀을 계시할 수 있다.
5. 따라서 예수 그리스도는 심위일체 하나님께 속한 하나님이나.

3

예수, 하나님 나라를 선포하다

예수와 신학하기의 정수는 예수께서 선포하신 하나님 나라를 신학적으로 살펴보는 것이다. 하나님 나라는 무엇인가? 믿는 자가 죽으면 가는 나라 혹은 예수께서 재림하신 후 우리를 데리고 가실 곳인가? 실제로 마태복음에서는 하나님 나라(the Kingdom of God)보다는 하늘나라(the Kingdom of Heaven)라는 용어가 더 많이 사용된다. 그런데 동일한 사건에 대해 마태복음에서는 "회개하라 천국이 가까이 왔느니라"(마 3:2), 마가복음에서는 "하나님 나라가 가까이 왔으니 회개하라"고(막 1:15) 기록한 것을 보면, 마태복음의 하늘나라가 다른 복음서의 하나님 나라와 특별히 다른 것으로 보이지는 않는다. 대부분의 한국인은 천국이라는 용어를 죽은 후에 성도들이 들어가게 될 종말의 하나님 나라와 연결짓는 경향이 있다. 하지만 복음서에서 사용된 하나님 나라의 의미와 실재는 천국보다 훨씬 더 풍부하다.

예수는 이 땅에 찾아오셔서 하나님 나라를 선포했다. 전통적인 고전 신학은 구원론에 더 많은 관심을 보이며 예수의 죽음과 부활에 대해 많은 논의를 이어갔지만, 예수의 삶에 대해서는 더 깊은 논의를 전개하지 못했다. 사도신경에서도 예수 그리스도를 고백하면서, 예수의 삶을 건너뛴 채 예수의 탄생에서 죽음으로 바로 넘어간다. 현대 신학은 이런 전통 신학의 문제점을 개선하고자 예수의 삶을 훨씬 더 심도 있게 다룬다. 예수의 삶은 (1) 선포, (2) 가르침, (3) 영적·윤리적·종교적·사회적인 삶, (4) 약속, 이렇게 네 개의 중요한 요소로 이루어져 있는데, 예수의 선포와 삶의 핵심적인 내용은 바로 하나님 나라다. 예수는 이 땅에서 하나님 나라를 선포하였고 그 나라를 세웠다.

최종적으로 예수께서 선포하신 하나님 나라의 의미와 실재를 다루기 전에 하나님 나라에 대한 변증법적인 이해가 필요하다. 첫째, 하나님이 세상을 다스린다는 것은 구약에서 중요한 개념이다. 구약에서 하나님의 통치는 영적인 의미를 포함하고 있으며, 이스라엘이라는 사회적·정치적 실체와의 관계 속에서 강조되었다. 둘째, 초기 교회 공동체는 복음서를 제외한 신약에서 하나님 나라에 대해 30여 차례, 교회에 대해 100여 차례 언급한다. 이들은 이스라엘이 세상의 나라라면 진정한 영적인 이스라엘은 교회나 그리스도를 따르는 자들이라고 생각했기 때문에, 하나님 나라의 사회적 실체보다는 영적 실체에 더 초점을 맞춘 것으로 보인다. 셋째, 예수는 복음서에서 교회에 대해 두 번 언급한 반면(마 16:18, 18:17), 하나님 나라에 대해서는 120여 차례 넘게 가르치고 선포하였다. 예수께서는 하나님 나라의 영적·사회적 면과 신비를 다채롭게 선포했고, 초기 교회는 그 하나님 나라를 교회라는 실체 속에서 어떻게 이루어 갈지에 대해더 관심을 두었던 것으로 보인다. 만약 예수의 선포를 포함하지 않는다면, 하나님 나라는 하나님께서 이스라엘이라는 한 국가와 민족, 그리고 교회라는 그리스도의 몸을 통해 세우시는 나라라고 생각할 수 있다.

그러나 예수께서는 이스라엘이나 교회를 통해서도 다 이룰 수 없는 신비의 하나님 나라를 함께 선포하셨다. 그 나라는 이스라엘과 교회를 통한 간접적인 나라 위에, 하나님께서 깊은 연민과 사랑으로 세상을 직접 품고 끌어안는 나라다. 예수는 이 두 요소, 즉 (1) 이스라엘과 교회를 통해

왜 나는 아직도 그리스도인인가?

서 세우시는 하나님 나라와 (2) 세상에서 가난하고 억압받는 자들을 아우르는 하나님 나라를 선포하셨다. 세상과 하나님의 관계는 이어지는 5장에서 다루기로 하고, 이 장에서는 구약, 복음서를 제외한 신약, 그리고 복음서에서의 하나님 나라를 논의함으로써 예수가 어떤 점에서 신적 존재인지를 탐색해보겠다.

3.1. 구약의 하나님 나라: 세상, 이스라엘, 그리고 그리스도

하나님 나라라는 용어는 구약에 등장하지 않는다. 그러나 하나님께서 세상을 다스린다는 것은 구약의 핵심적인 사상이다. 한 유대인 학자는 구약에서 하나님 나라는 과거·현재·미래를 모두 아우르며, 한편으로 이스라엘을 하나님 나라의 핵심으로 세우지만, 다른 한편으로 온 세상을 모두 아우른다고 주장한다.[32] 야웨의 다스림이 영원하고(출 15:18), 야웨는 영원히 왕이시며(시 10:16), 주의 나라는 영원한 나라고 주의 통치는 대대에 이른다(시 145:13; 단 4:3, 34).

그런데 그 왕국은 모든 세상의 나라를 다 포함하는 전 우주적인 왕국인가, 아니면 이스라엘에 국한된 왕국인가? 하나님은 세상과 모든 나라를 다스리신다는 것이 구약의 선포다. 창세기에서 알 수 있듯이, 하나님은 세상을 창조하셨을 뿐만 아니라 자신의 지배 아래 두셨다. 노아의 홍수 이야기와 바벨탑 이야기도 하나님의 전 우주적인 통치를 드러낸다. 심지어 아브라함을 택하여 부르신 이후에도 애굽 사람 하갈의 고통을 듣고 불쌍

---

32 Jacob Chinitz, "The Three Tenses in the Kingdom of God: God of Israel or of the World," *Jewish Bible Quarterly* 38/4 (2010): 255-260.

히 여기시며, 하갈에게 이스마엘의 탄생의 기쁜 소식을 알려주신다. 이에 하갈은 하나님을 만났다는 기쁨을 고백한다(창 16:1-13). 비록 하갈이 아 브라함에게 돌아갔다가 다시 쫓겨나지만, 다시 하나님께서 하갈과 이스 마엘을 찾아와 목마른 그들을 불쌍히 여기며 샘물을 찾도록 하시고 큰 민 족을 이룰 것이라고 재차 약속하신다(창 21:8-19). 아브라함의 시대부터 선민과 이방인이라는 구분이 있었고, 후에 그 갈등이 훨씬 더 심해져 고 착된 시대에 유대의 지도자들이 하갈의 이야기를 기록했을 것인데, 하나 님께서 이방인들을 불쌍히 여기며 사랑하신다는 이야기가 자신들의 조상 아브라함 이야기에 등장한다는 것은 참으로 놀라운 일이다. 이 외에도 하 나님의 사람 엘리사에 의해서 병 고침을 받았던 아람의 군대장관 나아만 은 자신의 나라로 돌아가 림몬의 당에서 몸을 굽혀 다른 신에게 경배하는 일에 앞서 엘리사의 허락을 구하기도 한다(왕하 5:1-19). 이방인이 고침을 받고 이방신 경배에 계속 참여하는 것을 허락받았다는 것 모두 하나님 나 라가 이스라엘에 국한되지 않는다는 점을 시사한다.

구약에서 세상을 다스리시는 하나님이 가장 강력하게 선포된 성경 은 요나서와 하박국서다. 요나서는 바다, 바람, 물고기와 심지어 박넝쿨까 지 다스리시는 하나님께서 죄 많은 이방인들을 깊이 사랑하시어 그들을 돌이키게 하신다. 이 사건은 하나님의 사랑이 택함 받은 유대인의 범주를 넘어선다는 것을 보여주며, 하나님께서 악한 자들을 심판하고자 했던 자 신의 뜻을 바꾸기까지(3:10) 이방인들과의 깊은 인격적 관계 속에 있다는 것을 선포하는 귀하고도 귀한 구약의 말씀이다.

하박국은 모든 신앙인들이 던질 수 있는 심각한 문제를 다루고 있다. 악인이 의인을 둘러싸고 있는데 왜 하나님은 의인을 구원하거나 악인을 심판하지 않는가?(1:1-4) 이에 대해 하나님께서는 갈대아 사람을 일으켜 서 유다의 죄악을 심판할 것이라고 대답하신다(1:5-6). 그러나 예언자는 갈대아인들은 이방인들이고 유다보다 더 악한 자들인데 어떻게 악인을 들어서 유다를 심판할 수 있는지 반문한다(1:13). 하나님께서는 갈대아인들도 심판할 것이니 더딜지라도 기다리라고 대답하신다(1:13-2:3). 더딜지라도 하나님이 세상을 심판하고 다스릴 것을 기다리는 모습을 예언자는 "믿음으로 산다"라고 규정하고 있고(2:4), 이것은 신약의 이신칭의 사상에 지대한 영향을 끼친다. 그러나 하박국에 나타나는 믿음은 죄인이 그리스도를 믿는 믿음으로 의롭다 함을 받게 되는 신약의 믿음과는 달리, 악이 지배하는 세상에서 하나님의 다스림을 믿는 믿음이다.

악에 직면할 경우 우리는 함께 힘을 모아 악에 저항하고 싸워야 하지만, 만약 우리의 저항을 넘어서는 악이 우리를 지배한다면 하나님께 부르짖을 수밖에 없다. 하나님 나라의 주인이 하나님이고 하나님 나라가 이 땅에서 이루어져가는 것이라면, 하나님이 세상을 의롭게 다스리시기를 요청할 수는 있다. 그러나 우리는 하나님의 다스림을 올바로 다 이해하거나 판단할 수 없다는 한계가 있고, 그렇기에 일시적으로 우리의 눈에 악이 세상을 지배하고 의가 악에게 굴복하는 듯이 보일 수 있다. 그럼에도 불구하고 하나님의 다스림을 깊이 신뢰하고 기다려야 한다는 것이 하박국서의 핵심적인 사상이다. 신약에서는 하나님의 다스림의 구체적인 내용이 그리스도를 통해 폭발적이고 혁명적으로 선포되고 이루어졌으며, 하박국서에는 하나님의 다스림과 세상의 관계에 대한 중요한 통찰이 설명되어 있다. 요나서가 하나님의 "사랑"이 이방인을 포함하고 있다는 것을 드러냈다면, 하박국서는 하나님의 "심판"과 주권이 선택한 민족을 넘어 인류를 포함하고 있다는 것을 선포한다.

창조주 하나님의 다스림에 대해 노래한 시편 104편은 또 다른 점에서 우리의 주목을 끈다. 하나님께서 빛, 물, 구름, 바람으로 자연을 다스린다(1-9절). 그리고 물, 식물, 나무가 나귀, 새, 가축, 산양 너구리, 사자 그리고 사람을 축복하며 살아가게 한다는 말씀이 이어진다(10-23절). 하나님께서 물은 백향목을 위해, 백향목은 새를 위해, 잣나무는 학을 위해, 높은 산은 산양을 위해, 굴은 너구리를 위해, 밤은 산 짐승을 위해, 낮은 사람의 노동을 위해 창조하셨다. 하나님이 창조하신 세계에서 물과 빛과 어둠, 그리고 살아 있는 동식물이 서로 의지하며 조화롭게 살아간다는 대단히 현대적이고 동양적인 사상이 엿보인다. 24-35절에서는 하나님께서 보다 더 직접적으로 세상과 인간을 다스리시는 모습이 그려져 있다. 특히 28절에 의하면, 하나님께서 손을 펴시면 생명들이 좋은 것을 취하지만 하나님께서 그 낯을 숨기시고 호흡 및 그 영을 취하시면 죽어 흙으로 돌아간다. 그리고 이어지는 30절에서는 하나님께서 자신의 호흡, 즉 영을 보내 세상을 창조하고 또한 새롭게 한다고 말씀하신다. 창조뿐만 아니라 세계를 새롭게 하고 그 섭리로 다스리는 일도 하나님께서 하시는 일인데, 바로 자신의 영, 곧 하나님의 숨결을 보내심으로써 이 일을 하신다. 세상은 하나님의 숨결로 창조되었고 하나님의 숨결로 새롭게 된다. 33-34절에서 저자는 바로 이런 야웨를 찬양하고 즐거워한다. 그리고 마지막 절에서는 지금까지 내용과는 다르게 하나님께서 죄인을 소멸하시고 악인을 다시 있지 못하게 하신다는 말씀으로 노래를 마친다.

우리는 시편 104편에서 두 가지 중요한 점을 발견할 수 있다. 첫째, 하나님은 자연, 동식물, 인간을 다스리는 전 우주적인 하나님이다. 우리는 전 우주적이라는 말에서 우주를 지배하고 강력한 권위로 자신을 드러내는 하나님을 연상한다. 그런데 시편 104편에서는 하나님이 우주를 다스리는 방식이 지배와 군림이 아니라 조화와 도움과 숨결임을 보여준다. 자연의 물과 식물과 산과 굴, 밤과 낮이 서로 조화를 이루고 도우며 살아가게 한다. 심지어 그 우주적인 하나님이 자신의 숨결을 보내어 세상과 관계한다. 전능하신 하나님은 그 뜻만으로도, 혹은 그 의도만으로도, 혹은 말씀만으로도 세상을 창조하고 지배할 수 있다. 그런 하나님이 자신의 숨결로 세상을 창조하고 다스린다는 것은 하나님께서 세상을 타자나 객체로 마주하기보다는 호흡으로 그 속에 내재하시며 우주와 세상을 끌어안으시고 가장 친숙한 관계를 맺는다는 뜻이다.

둘째, 시편 104편은 하나님을 따르는 자들이나 하나님이 택한 유대인들을 넘어 모든 인간을 다 아우르는 노래다. 여기에는 유대인과 이방인 간의 구별도 없고, 남자와 여자의 차별도 없으며, 주인과 종의 계급도 없고, 가난한 자와 부유한 자의 갈등도 없다. 그러나 마지막 구절에서 죄인을 땅에서 소멸하시며 악인을 다시 있지 못하게 하신다고 말씀하신다. 즉 하나님 나라는 죄와 악까지 구분하지 않고 다 아우르시는, 그런 정의롭지 못한 나라는 결코 아니다. 하나님 나라는 사랑과 정의의 하나님이 말할 수 없는 연민과 사랑으로 다스리지만, 그 숨결을 보내시어 새롭게 함으로써 의를 세우는 나라다.

이렇듯 구약에서 하나님 나라는 자연과 세상 모든 사람을 다 포함하는 나라다. 다른 한편으로 하나님은 택하신 백성 이스라엘을 통해 하나님 나라를 역사 속에서 구체적으로 이루어간다. 여기서 종교적 정체성과 정치적 정체성이 명백히 구분되지 않는다. 야웨께서 나단을 통해 다윗의 왕국에 대해서 예언하면서, 다윗을 내 백성 이스라엘의 주권자로 삼고 그 나라를 견고히 할 것이며 야웨는 다윗의 아비가 되고 다윗은 그 아들이 될 것이라고 말씀하셨다(삼하 7:8-14). 이를 들은 다윗은 야웨는 광대한 하나님이고 야웨 외에 참 하나님은 없으며, 하나님이 이스라엘을 영원히 주의 백성으로 삼았다고 하면서, "만군의 야웨는 이스라엘의 하나님이다"라고 천명한다(삼하 7:22-26). 이처럼 다윗의 왕국과 하나님 나라는 크게 구분되는 것으로 보이지 않는다. 또한 다윗 왕국을 통해 하나님 나라가 이루어져간다는 구약의 하나님 나라 사상을 엿볼 수 있다.

또한 다윗은 성전 건축을 위한 재원을 마련하면서 다음과 같이 회중에게 공개적으로 역설한다.

> [10]다윗이 온 회중 앞에서 여호와를 송축하여 이르되 "우리 조상 이스라엘의 하나님 여호와여, 주는 영원부터 영원까지 송축을 받으시옵소서. [11]여호와여, 위대하심과 권능과 영광과 승리와 위엄이 다 주께 속하였사오니 천지에 있는 것이 다 주의 것이로소이다. 여호와여, 나라도(kingdom, מַמְלָכָה) 주께 속하였사오니 주는 높으사 만물의 머리이심이니이다. [12]부와 귀가 주께로 말미암고 또 주는 만물의 주재가 되사 손에 권세와 능력이 있사오니 모든 사람을 크게 하심과 강하게 하심이 주의 손에 있나이다. [13]우리 하나님이여, 이제 우리가 주께 감사하오며 주의 영화로운 이름을 찬양하나이다. [14]나와 내 백성이 무엇이기에 이처럼 즐거운 마음으로 드릴 힘이 있었나이까. 모든 것이 주께로 말미암았사오니 우리가 주의 손에서 받은 것으로 주께 드렸을 뿐이니이다(대상 29:10-14).

하나님은 다윗의 조상 이스라엘의 하나님이다. 바로 그 하나님이 하나님 나라의 주인이며 만물의 머리가 되신다. 이스라엘의 야웨와 하나님 나라의 주인이신 야웨는 동일한 하나님이다. 따라서 그 하나님의 성전을 짓는 것은 다윗의 백성들인 이스라엘의 큰 기쁨일 수밖에 없다.

그런데 여기서 심각한 문제에 직면하게 된다. 이방인을 사랑으로, 심판으로 다 아우르는 바로 그 우주적 하나님 나라와 이스라엘을 통해 이 땅에서 세워가는 바로 그 하나님 나라가 서로 충돌하는 것은 아닌가? 세상의 통치자이신 야웨를 "우리 하나님"이라고 부르는 자들은 하나님 나라에 대해 어떻게 생각하고 있을까? 주변국을 이방인으로 차별하면서 과연 하나님 나라가 모든 세상을 정의롭게 다스리는 나라라고 생각할 수 있는가? 이방의 왕들이 이스라엘을 섬기지 않으면 모두 파멸하게 될 것(사 60:12)이라고 믿는 자들이 과연 하나님 나라를 올바로 세울 수 있을까? 정치적 실체로서의 한 국가가 종교적 배타성을 드러낸다면 그 종교의 참됨을 위협하는 것이 아닌가? 구약의 몇 군데에서 이방인에 대한 열린 시각을 찾아볼 수 있다고 해도, 구약 전체는 결국 하나님 나라가 이스라엘을 통해 이루어진다는 구도 속에 있는 것이 아닌가? "유다는 야웨의 성소가 되고 이스라엘은 그의 영토(통치, dominion, מֶמְשָׁלָה)가 되었도다"(시 114:2).

하나님 나라가 역사성을 띤다는 것은 하나님이 이신론적 하나님이 아니라 역사 속으로 찾아와 우리 곁에서, 우리 안에서 우리와 세상을 새롭게 하심으로써 세상과 우리를 하나님 나라로 인도한다는 의미로서 기독교의 가장 중요한 특징이기도 하다. 그런데 그 하나님 나라의 역사성은 이스라엘이라는 한 국가의 정치적·사회적 실체를 통해 이루어져야 하는가? 이는 소수를 선택함으로써 모두를 아우르는 "구체성의 스캔들"(The Scandal of Particularity)과 연관된 문제라고 생각할 수도 있다. 하나님께서 인간과 세상을 배제하지 않은 채 그 속에서 그들의 역사와 사회를 존중하면서 일하시려면 어떤 특정 사람들과 사회를 통해서 일할 수밖에 없다는 것을 인정할 수밖에 없고, 따라서 바로 그 이스라엘이라는 나라가 하나님 나라를 섬기는 역사적 실체라고 여길 수도 있다. 그러나 과연 이스라엘이 "모두를 섬기기 위한 소수"로 하나님 나라를 위해 일해왔는가라고 묻는다면, 이것은 여전히 심각한 문제다. 수동적으로 해석한다면 끊임없이 하나님을 배반한 이스라엘의 역사가 모든 인류의 본질적 한계를 가장 심도 있게 드러낸다는 점에서 이스라엘이 하나님 나라를 섬긴다고 볼 수 있다. 능동적으로 해석한다면 유일신 사상, 이방인들을 포용하는 평화, 노동과 안식의 가치, 야웨 앞에 선 자로서의 치열한 자기 성찰, 신적 존재와 맺는 인격적이고 살아 있는 관계 등을 통해 이스라엘 나라가 하나님 나라를 섬겼다고 볼 수 있다. 그래도 우리는 여전히 하나님 나라의 보편성이 나라로서의 이스라엘의 지역성에 국한됨으로써 초래되는 치명적·부정적 결과에 대해 회의적인 시각을 갖는다.

구약의 하나님 나라가 보여주는 이러한 한계에도 불구하고, 우리는 구약의 하나님 나라 사상이 신약의 하나님 나라 사상과 연결될 수 있는 힌트를 발견한다. 특별히 예수 그리스도에 대해 예언하는 것으로 알려진 이사야 9장과 다니엘 7장의 말씀을 보자.

> [6]이는 한 아기가 우리에게 났고 한 아들을 우리에게 주신 바 되었는데 그의 어깨에는 정사(dominion, מִשְׂרָה)를 메었고 그의 이름은 기묘자라, 모사라, 전능하신 하나님(אֵל)이라, 영존하시는 아버지라, 평강의 왕이라 할 것임이라. [7]그 정사와 평강의 더함이 무궁하며 또 다윗의 왕좌와 그의 나라에 군림하여 그 나라(kingdom, מַמְלָכָה)를 굳게 세우고 지금 이후로 영원히 정의와 공의로 그것을 보존하실 것이라. 만군의 여호와의 열심이 이를 이루시리라(사 9:6-7).

> [13]내가 또 밤 환상 중에 보니 인자 같은 이가 하늘 구름을 타고 와서 옛적부터 항상 계신 이에게 나아가 그 앞으로 인도되매 [14]그에게 권세와 영광과 나라(kingdom, מַלְכוּ)를 주고 모든 백성과 나라들과 다른 언어를 말하는 모든 자들이 그를 섬기게 하였으니 그의 권세는 소멸되지 아니하는 영원한 권세요, 그의 나라는 멸망하지 아니할 것이니라(단 7:13-14).

두 본문 모두 이스라엘이라는 한 나라가 아니라 구체적인 한 인물을 통해 세워지는 하나님 나라에 대해 선포하고 있다. 이사야서에 따르면 그는 다윗의 나라를 다스리는 자다. 전능하신 하나님이자 영존하는 아버지

이신 평화의 왕이 다윗 왕국과 연속선상에 있다. 그 왕이 어떤 의미에서 "하나님"(אל)이라 예언되었는지는 확실치 않다. 히브리어 אל에 대한 연구가 광범위하게 진행되고 있지만, 이것을 히브리어 성경을 벗어나 어원적으로만 다루는 것이나 히브리어 텍스트 안에서만 다루는 것은 문제가 있어 보인다. 히브리 성경만 보더라도 많은 신들이라는 복수형이 사용되었고(출 15:11), 이사야서에서 하나님에 대한 우상을 만드는 이방인들의 행위에 대해서 언급할 때도 동일한 용어가 사용되었다(사 44:10-17). 물론 유일신 사상을 선언하는 구절에서 사용된 엘로힘도(사 45:14, 21; 46:9) 이스라엘 백성들을 가리킬 때는 "신들"(gods, אלהים)이라는 의미로 사용되었고 (시 82:6), 예수께서는 이 말씀을 근거로 유대인들과 논쟁하셨다(요 10:35). 그러나 하나님이 우리와 함께하신다는 임마누엘의 하나님을 해석할 때의 엘은 확실히 야웨와 하나님을 의미하는 것으로 보인다(사 8:10). 또한 야곱의 남은 자들이 전능하신 하나님께로 돌아오고 정의로 이스라엘을 심판하실 것이라는 맥락에서, 야웨는 하나님이라는 용어와 교차적으로 사용되었다(사 10:20-23). 따라서 이 말씀은 얼마든지 기독론적 배경으로 이해할 수 있으며, 그에 따르면 본문을 통해 예수 그리스도가 바로 하나님 나라를 굳게 세울 것임을 깨달을 수 있다.

그런데 다니엘서에 의하면 그의 나라는 모든 백성과 나라와 다른 언어를 말하는 모든 자를 포함하고 있고 그들은 그의 나라를 섬기는 것이 아니라 그를 섬긴다. 다니엘 7장 후반부에 나타나는 전체적인 구도는 그의 나라와 주변 나라를 비교하여 그의 나라가 영원할 것이라고 강조하면서, 모든 권세 있는 자들이 다 그를 섬길 것이라고 결론 짓는다(7:27). 앞서 다룬 대로 다니엘 7장의 인자 같은 이가 이스라엘을 가리킨다는 주장도 있지만, 본문에서 볼 때 그의 나라와 인자 같은 이가 구분되어 사용되고 그의 권세와 영광이 강조되고 있으며 특별히 모든 나라와 사람들이 그를 섬긴다는 점(7:14, 27)에서 본문의 초점은 하나님 나라의 주인인 한 인물에 맞추어져 있다. 물론 그 한 인물이 다스리는 나라는 이스라엘이며, 이스라엘의 회복을 예언하는 맥락에서 그 인물의 능력과 위대함이 언급되고 있다.

구약에 계시된 하나님 나라는 무엇인가? 한편으로는 자연과 세상과 인간을 모두 포함하는 우주적 면을 가졌고, 다른 한편으로는 이스라엘이라는 역사적·정치적·민족적 실체를 통해 이루어지는 나라라고 결론지을 수 있다. 유대인들은 여전히 하나님 나라와 이스라엘의 연관성을 중요하게 생각하겠지만, 신약을 함께 믿는 그리스도인들은 하나님께서 회복하실 것이라고 약속하신 것은 정치적 이스라엘이라기보다 영적 이스라엘이라고 해석한다(갈 4:26). 더 나아가 영적 이스라엘인 하나님 나라는 교회를 통해 이 땅에 세워질 것이고, 하나님 나라의 주인인 예수 그리스도를 믿고 따르는 자들이 그 나라에 속했다고 믿는다. 구약에서는 이스라엘을 통해 하나님 나라를 세웠다면, 신약에서는 교회를 통해 하나님 나라를 세웠다고도 해석할 수 있다.

그러나 예수 그리스도께서 선포하신 하나님 나라를 살펴보면 이러한 이해는 단편적인 해석이라는 것을 깨달을 수 있다. 구약에서는 이스라엘이 타락하고 하나님을 떠났기 때문에 하나님 나라를 회복하는 것이 심각한 주제였고 따라서 하나님 나라와 이스라엘의 연관성이 문제가 되었다면, 신약시대와 그 이후에는 교회의 타락으로 인해 하나님 나라와 교회의 연관성이 의심받는다. 과연 하나님은 하나님 나라를 교회와 그리스도를 믿는 자들에게 배타적으로 위임하셨나? 하나님 나라는 이 땅에서 이미 다 이루어진 것인가 혹은 종말에 이루어질 것인가? 하나님 나라는 영적 실체인가 혹은 역사적 실체인가? 교회도 보이는 교회와 보이지 않는 교회로 구분되듯이, 하나님 나라도 보이지 않는 영적 실체와 이 땅에서 교회를 통해 역사적으로 이루어가는 역사적 실체로 유추해볼 수도 있다. 하나님 나라를 보이지 않는 영적 실체로만 이해하게 되면, 성육신을 통해 하나님 나라를 이 땅에서 역사적·영적으로 이루었고 또 이루어가시는 그리스도와 하나님 나라의 풍요로움이 상실된다. 이런 주제들을 이해하기 위해 먼저 복음서를 제외한 신약에 나타난 하나님 나라를 살펴보고 이어서 예수 그리스도가 선포한 하나님 나라에 대해 논의를 이어가겠다.

3.2. 복음서를 제외한 신약에서 제자들이 선포한 하나님 나라

사도행전은 예수께서 부활하시고 승천하시기 전까지 40일 동안 제자들에게 하나님 나라의 일을 말씀하셨다고 기록하고 있다(행 1:3). 즉 승천하기 전까지 예수의 선포의 핵심은 하나님 나라에 관한 것이었다. 그런데 제자들은 이스라엘 나라를 회복하실 것에 대해 질문했다(행 1:6). 이 차이는 많은 것을 시사한다. 복음서의 기록에 의하면 예수께서는 120여 차례 하나님 나라에 대해 가르치고 선포하셨다. 그런데 복음서를 제외한 신약에서는 모두 다 합쳐서 30여 차례만 하나님 나라에 대한 언급이 나온다. 제자들은 오순절에 임하신 성령에 의해 깨우침을 받고 하나님 나라와 그리스도의 일을 비로소 연결지을 수 있게 되었지만, 여전히 그리스도의 선포와 제자들의 이해 사이에는 상당한 간극이 있다. 복음서를 제외한 신약을 통해 살펴본 제자들이 이해한 하나님 나라는 다음 네 가지로 요약된다.

첫째, 하나님 나라는 그리스도에 관한 것이다. 사도행전에 의하면 바울은 회당에서 석 달 동안 담대히 하나님 나라에 대해 강론했다(행 19:8). 이 구절은 추가적인 설명 없이 오직 "하나님 나라에 대한 강론"이라고 요약하고 있어서, 우리는 바울이 석 달간 증거한 내용이 하나님 나라에 관한 것이라고 유추할 뿐이다. 과연 석 달 동안 바울은 하나님 나라에 대해 무엇을 가르쳤을까? 바울은 그의 서신을 통해 삼위 하나님께서 이루신 구원의 은혜의 복음을 증거했다. 그 내용을 증거하는 것이 바로 하나님 나라를 증거하는 것이다.

바울과 제자들이 증거한 하나님 나라는 그리스도의 나라다. 바울은 로마에서도 하나님 나라를 증거하고 율법과 예언자의 말로 예수의 일을 권했으며(행 28:23), 담대히 하나님 나라를 전파하고 예수 그리스도에 관한 것을 가르쳤다(행 28:31). 즉 예수 그리스도를 가르치는 것이 하나님 나라를 가르치는 것이었다. 그리고 "악을 행하는 자는 그리스도와 하나님 나라에서 기업을 얻지 못한다"(엡 5:5)며 하나님 나라와 그리스도의 나라를 동일한 것으로 보았다. 빌립도 하나님 나라와 그리스도의 이름에 관해 세례를 베풀었다(행 8:12). 바울은 디모데에게 "그의 나타나실 것과 그의 나라"를 두고 때를 얻든지 못 얻든지 항상 말씀을 전파하라고 명령했다(딤후 4:1). 이 말씀의 하나님 나라는 그리스도의 나라로서 종말론적 특징을 가지는 것으로 보인다. 예수 그리스도의 은혜의 복음은 (1) 예수 그리스도가 하나님의 아들이라는 것과, (2) 그 예수의 죽음과 부활이 세상과 인간을 구원한다는 것인데, 바로 이런 그리스도를 증거하는 것이 하나님 나라의 복음을 증거하는 것이라면, 하나님 나라는 그리스도의 나라라고 할 수 있다.

둘째, 하나님 나라는 그리스도의 몸인 교회를 통해 세워진다. 바울이 에베소의 장로들과 작별 인사를 하며 건넨 권면의 말씀에서 하나님 나라에 대한 바울의 사상을 읽을 수 있다.

²⁴내가 달려갈 길과 주 예수께 받은 사명 곧 하나님의 은혜의 복음을 증언하는 일을 마치려 함에는 나의 생명조차 조금도 귀한 것으로 여기지 아니하

왜 나는 아직도 그리스도인인가?

노라. [25]보라! 내가 여러분 중에 왕래하며 하나님의 나라를 전파하였으나 이제는 여러분이 다 내 얼굴을 다시 보지 못할 줄 아노라. [26]그러므로 오늘 여러분에게 증언하거니와 모든 사람의 피에 대하여 내가 깨끗하니 [27]이는 내가 꺼리지 않고 하나님의 뜻을 다 여러분에게 전하였음이라. [28]여러분은 자기를 위하여 또는 온 양 떼를 위하여 삼가라. 성령이 그들 가운데 여러분을 감독자로 삼고 하나님이 자기 피로 사신 교회를 보살피게 하셨느니라(행 20:24-28).

은혜의 복음을 전하는 것(24절)과 하나님 나라를 전파하는 것(25절)은 결코 서로 다르지 않다. 하나님 나라는 은혜의 복음에 관한 것이다. 그리고 28절에서는 특별히 교회 지도자들에게 하나님께서 자기 피로 사신 교회를 잘 목양하도록 그들을 성령께서 세우셨다고 강조하였다. 하나님 나라의 은혜의 복음은 그리스도의 십자가의 희생과 연관이 있고, 이를 증거하고 고백하는 공동체인 교회의 지도자를 성령께서 세우신다. 구약의 하나님 나라가 주로 성부 하나님과 그가 보내신 하나님의 영의 일이었다면, 신약에서는 그리스도와 성령의 일이고 교회와 그 지도자들이 하나님 나라를 세우는 일에 중추적인 역할을 맡았다고 바울은 이해하고 있다.

바울은 특별히 그리스도와 교회의 관계를 남편과 아내의 관계로 이해했다(엡 5:32). 교회가 하나님 나라의 중추적 역할을 하는 것은 성부 하나님의 일이기도 하다. 주 예수 그리스도의 하나님, 영광의 아버지께서 그리스도를 살리시고 만물을 그리스도의 발아래 복종하도록 하시고 그를 만물 위에 머리로서 교회를 위해(교회에게) 주셨다(엡 1:17-24). 따라서 "교회는 그의 몸이니 만물 안에서 만물을 충만하게 하시는 이의 충만함이다"(엡 1:23). 하나님께서 하나님 나라를 그리스도를 통해 세우시는데, 그리스도는 만물을 그 발아래 두었고 만물 위에서 만물을 다스리신다. 또한

"만물의 머리 되심"이 그리스도의 몸인 교회에게 주어진 것으로 보인다. 교회는 그 만물을 충만하게 하시는 그리스도의 몸이다. 신약 시대에 와서 하나님 나라와 만물의 관계가 그리스도를 통해 새롭게 세워졌는데, 마치 남편의 일을 아내가 함께 하듯이 그리스도의 일을 그의 몸 된 교회가 이루어가야 한다고 바울은 설명하고 있다.

셋째, 바울과 예수의 제자들은 하나님 나라의 구체적 내용과 더불어, 하나님 나라에 누가 어떻게 들어갈 것인지에 대해서도 주로 가르쳤다. 바울은 하나님 나라는 먹고 마시는 것이 아니라 성령 안에서의 의와 평강과 기쁨이고(롬 14:17), 말에 있지 않고 능력에 있다(고전 4:20)고 하면서 "하나님 나라의 내용"에 대해 언급한다. 그러나 평강과 기쁨과 능력은 하나님 나라의 구체적 실체라기보다는 그 나라에 속하는 자들이 마땅히 지녀야 할 덕목에 속한다. 이렇듯 복음서를 제외한 신약에서는 하나님 나라에 적합한 사람과 부적합한 사람에 대한 논의가 주를 이룬다.

많은 고난을 통해서 하나님 나라에 들어갈 수 있다(행 14:22).

각 사람에게 아버지가 자기 자녀에게 하듯 권면하고 위로하고 경계하노니 이는 너희를 부르사 자기 나라와 영광에 이르게 하시는 하나님께 합당히 행하게 하려 함이라(살전 2:11-12).

환란 중에 인내와 믿음으로 사랑이 풍성한 자라야 하나님 나라에 합당한 자다(살후 1:3-5).

하나님 나라를 유업으로 받지 못하는 자는 불의한 자, 성적으로 타락한 자, 우상숭배하는 자, 도둑질과 탐욕 부리는 자, 남을 중상하는 자들이다(고전

6:9-10).

혈과 육은 하나님 나라를 이어받을 수 없고 또한 썩는 것은 썩지 아니하는 것을 유업으로 받지 못한다(고전 15:50).

육체의 일은 분명하니 곧 음행과 더러운 것과 호색과 우상 숭배와 주술과 원수 맺는 것과 분쟁과 시기와 분냄과 당 짓는 것과 분열함과 이단과 투기와 술 취함과 방탕함과 또 그와 같은 것들이라. 전에 너희에게 경계한 것 같이 경계하노니 이런 일을 하는 자들은 하나님의 나라를 유업으로 받지 못할 것이요(갈 5:21).

음행하는 자나 더러운 자나 탐하는 자 곧 우상숭배자는 다 그리스도와 하나님의 나라에서 기업을 얻지 못한다(엡 5:5).

앞의 세 말씀은 하나님 나라에 합당한 자들의 모습을, 나머지 말씀은 하나님 나라에 들어갈 수 없는 자들의 모습을 보여준다. 다섯 번째(고전 15:50)와 여섯 번째(갈 5:21) 말씀은 육에 속한 것은 이 세상 나라에 속한 것이고 하나님 나라는 영적 세계라고 설명하고 있다. 바로 이런 말씀들이 하나님 나라를 역사적 실체라기보다는 영적 실체로 여기는 근거가 되기도 한다.

구약에서 이스라엘이라는 육적·역사적 실체가 하나님 나라를 주도했다면, 신약에서는 이방인들을 포함한 모두에게 열려 있는 하나님 나라가 증거되고 있기 때문에, 하나님 나라를 정치적인 나라보다는 영적 나라로 이해하는 것이 자연스러울 것이다. 또한 육의 나라와 영적 나라가 서로 대립하는 가운데 그리스도를 따르는 우리들이 하나님 나라에 들어가기에 합당한 자로 살아가야 한다는 말씀은, 하나님 나라의 주체가 아니라 하나님 나라의 객체로서 살아가는 우리에게 당연한 일일 것이다. 하나님 나라에 들어가길 원하는 우리는 자연스럽게 "하나님 나라는 무엇인가?" 보다는 "하나님 나라에 어떻게 들어가는가?"에 더 관심을 두게 된다.

넷째, 야고보서는 하나님 나라와 가난한 자들을 연결짓는다. "내 사랑하는 형제들아, 들을지어다. 하나님이 세상에서 가난한 자들(τοὺς πτωχοὺς τῷ κόσμῳ)을 택하사 믿음에 부요하게 하시고 또 자기를 사랑하는 자들에게 약속하신 나라를 상속으로 받게 하지 아니하셨느냐?"(약 2:5) 그리스어 원문에서 알 수 있듯이, 세상에서 혹은 세상에 가난한 자들이란 영적으로 가난한 자들이라기보다 경제적·물리적으로 가난한 자들을 뜻한다. 하나님께서 가난한 자들을 택해 믿음을 주시고 하나님 나라를 상속하도록 하셨다는 말씀은 가히 혁명적이다. 야고보서는 유려한 그리스어로 기록되었으나, 그리스 문화의 영향보다는 구약의 영향을 비교적 많이 받았고 예수의 산상수훈과도 가장 잘 연결되는 성경으로 알려져 있다. 이 땅에서 역사적 실체로서의 하나님 나라가 경제적으로 가난한 자들과 깊이 연관되어 있다는 사상은 영적 실체를 더 강조한 것으로 보이는 바울의 사상과 분명히 구분된다. 만약 예수의 형제 야고보가 야고보서의 저자가 맞다면, 아마도 예수를 가장 잘 아는 형제가 "예수의 하나님 나라 사상의 심오함과 포괄성"을 가장 잘 이해하지 않았을까? 하나님 나라가 가난한 자들에게 속했다는 신비의 말씀은 예수께서 선포하신 하나님 나라의 중요한 특징 중 하나다.

3.3. 예수께서 선포한 하나님 나라

하나님 나라는 믿는 자들이 악과 죽음으로부터 구원받아 들어가는(딤후 4:18) 곳인가? 하나님 나라는 이 세상의 정치적인 나라와는 분리되는가? 그렇다면 기독교는 이렇게 세상과 하나님 나라를 구분하는 이원론의 종교인가? 인간은 이원론을 선호한다. 많은 그리스도인들은 하나님 나라와 세상 나라는 서로 뚜렷하게 구분되기 때문에, 세상 나라를 극복해야 하나님 나라에 속한다든지 또는 하나님 나라가 세상 나라를 변화시켜야 한다고 생각한다. 초기 기독교 공동체, 교부 시대의 아우구스티누스, 종교개혁가 루터와 칼뱅도 하나님 나라와 정치적인 나라를 구분하고 두 세계를 논했다. 칼뱅은 이 땅에서 하나님이 어떻게 일하시는가에 주목했지만, 이원론의 틀을 근본적으로 벗어나지 않았다. 물론 신학자들은 세상 나라와 하나님 나라가 서로 평행하는 것인지, 아니면 어떤 연속성을 가졌는지를 놓고 서로 다른 견해를 보였다. 예를 들어 19-20세기 네덜란드의 신학자 헤르만 바빙크는 하나님 나라와 세상 나라를 통합적으로 이해하면서, 하나님 나라에 속한 자들이 세상의 모든 영역에서 자신을 역할을 수행함으로써 세상 나라를 변화시켜야 한다고 주장했다.[33]

바빙크에 의하면 그리스도의 구속의 은혜가 창조세계에 추가되는 것으로 이해한 로마 가톨릭이나 이와 반대로 창조세계의 질서가 구원에 미미한 영향을 끼친다는 루터교와 달리, 개혁교회는 창조와 구원이 모두 그리스도의 일이면서 보편 교회에 통합된다고 믿고 있어서 이원론을 극복

---

[33] Nelson D. Kloosterman, "A Response to 'The Kingdom of God is Twofold': Natural Law and the Two Kingdoms in the Thought of Herman Bavinck by David Van Drunen," *Calvin Theological Journal* 45 (2010): 171.

하는 것처럼 보이기도 한다.[34] 그러나 오직 하나의 방향을 보인다는 점, 즉 교회와 믿는 자들이 세상 나라를 변화시켜야 하는 대상으로 삼고 있다는 점에서 여전히 이원론의 틀 속에 있다. 교회가 세상을 변화시켜야만 하나님 나라가 세상 나라를 포함하는 것이 되는가? 교회와 그리스도를 따르는 자들이 모든 힘과 열정을 다 바쳐도 끊임없는 내적·외적 갈등, 세속화, 분열이라는 어려움에 직면하게 되는데, 하나님 나라가 이런 불완전한 대리인들을 통해서만 이루어져야 하는가? 제3의 길, 즉 하나님께서 하나님 나라의 주인으로서 "교회와 믿는 자들을 넘어서" 자신의 나라를 이 땅에서 이루어 가시는 것은 불가능한 일인가?

전통 신학은 하나님 나라와 정치적인 나라를 구분했고, 현대의 하나님 나라 신학(kingdom theology)은 (1) 전통적인 복음화, (2) 사회 참여, (3) 성령의 임재 등 다양한 주제를 강조한다. 하지만 우리가 주목해야 하는 것은 예수께서 선포한 하나님 나라다. 왜냐하면 예수께서 "하나님 나라의 복음을 선포하기 위해서 보내심을 받았다"(눅 4:43)고 하시며, 자신이 이 땅에서 선포하는 계시의 핵심이 바로 하나님 나라라고 말씀하셨기 때문이다. 예수께서 선포하신 하나님 나라는 놀라울 정도로 총체적이면서 우리의 예측을 넘어서기 때문에 충격적이다.

우선, 예수께서 선포하신 하나님 나라는 예수께서 이 땅에서 세우신 교회와 깊은 연관이 있다. 베드로가 예수를 그리스도시요 살아 계신 하나님의 아들이라고 고백했을 때, 예수께서는 베드로라는 반석 위에 교회를 세울 것이며 그에게 하늘나라(하나님 나라)의 열쇠를 줄 것이라고 말씀하셨다(마 16:16-19). 물론 이어지는 마태복음 18:18에 2인칭 복수 대명사 너희들(ὑμῖν)과, 동사 어미에 2인칭 복수(δήσητε)가 사용된 것을 보면 베드로

---

34 Ibid., 172-3.

한 명이 아니라 제자들을, 나아가 교회를 의미하는 것으로 생각할 수도 있다. 그리고 이 말씀을 하신 16, 18장 모두 교회에 관한 맥락에서 말씀하신 것이다. 교회가 그 자체로서 죄를 용서하거나 세상을 심판하는 권위를 가진 것은 아니다. 교회는 그리스도의 몸으로서 예수께 속했고 성령의 전으로서 성령께서 일하시는 곳이기 때문에 죄를 용서하는 것과 깊은 연관이 있다. 칼뱅은 죄 용서가 교회와 하나님 나라에 들어가는 첫 번째 입구라고 설명하면서, 교회와 믿는 자 각자가 죄 용서를 구해야 한다고 주장했다(Institutes, IV.1.20). 교회를 통해 행해지는 하나님 나라의 가장 중요한 일 중 하나인 "죄를 용서하시는 것"은 하나님께서 자신을 낮추어 찾아오신 것의 가장 심오한 측면이다.

하나님께서는 이 땅에 우선적으로 교회를 통해 하나님 나라를 세우신다. 우리의 신앙의 구체적인 내용은 하나님의 계시지만, 그것을 경험하고 고백하고 살아가게 하는 것은 교회를 통해 이루어진다. "어떻게 우리 신앙을 확정할 수 있는가?"라는 질문에 계시가 가장 우선적이고 본질적인 답이 되지만, 교육적인 차원에서는 교회가 먼저다. 예외도 있지만 우리는 대부분 교회를 통해 하나님을 만나기 때문이다. 교회의 세속화는 전 역사에 걸쳐 지금까지도 가장 심각한 문제지만, 하나님은 자기 피로 사신 교회(행 20:28)를 여전히 사랑하신다. 하나님께서는 타락과 분열, 전쟁과 차별 속에 신음하고 있는 세상을 여전히 사랑하시듯이, 교회를 눈동자처럼 사랑하신다. 하나님께서는 하나님 나라가 세상 나라를 새롭게 하는 이 모든 일에 있어서 교회를 새롭게 하는 일을 우선적으로 행하실 것이고, 바로 그 일을 통해 세상을 새롭게 하실 것이다. 마태복음에서 예수께서 선포하신 것처럼 교회는 하나님 나라의 가장 구체적인 실체이며 하나님 나라는 우리의 죄를 용서하시는 나라다.

둘째, 예수께서도 제자들처럼 하나님 나라가 영적이고 윤리적이라고 가르치셨다. 이런 점에서 볼 때, 영적이고 윤리적인 하나님 나라는 의와 악이라는 기준으로 선명하게 구분되는 이원론의 나라다. 물론 우리가 그 기준을 명확히 알 수 없다는 점이 한계다. 하나님의 말씀을 잘 이해하고 이를 실행하는 자들(막 4:1-20), 위로부터 나거나 물과 성령으로 거듭난 자들(요 3:3-5), 하나님과 이웃을 전 인격적으로 사랑하고 이것을 가장 중요한 가치로 이해하고 있는 자에게 하나님 나라가 멀지 않았으며(막 12:28-34), 하나님 나라는 비록 세리와 창녀라고 할지라도 자신의 죄를 회개하는 자들(마 21:23-3)의 나라이고, 예수께서 하나님의 영으로 악한 영을 쫓아낸 나라다(마 12:28). 불법을 행하는 자가 아니라 하나님의 뜻대로 행하는 자라야 하나님 나라에 들어갈 수 있으며(마 7:21-24), 의인들이 해와 같이 빛나는 나라이고(마 13:43), 두 눈으로 지옥에 가는 것보다 범죄한 눈 한쪽을 빼어버리고 들어가는 것이 더 나은 나라이며(막 9:47), 좋은 씨와 가라지를 구분하고 의인들과 불법을 행하는 자를 구분하는 나라이며(마 13:36-43), 그물에 가득한 물고기 가운데 악인을 골라내어 풀무 불에 던지는 나라다(마 13:47-50).

하나님 나라가 영적이면서 동시에 윤리적일 수 있는가? 영적인 나라는 하나님의 행동이, 반면 윤리적인 나라는 인간의 행동이 더 부각되는 나라인가? 예수 그리스도의 선포에는 영적인 나라와 윤리적인 나라 사이에 그 어떤 갈등도 없어 보인다. 하나님 나라에 속한 사람들은 위로부터 난 자들이고, 하나님께서 위하셔서 악한 영을 쫓아낸 바로 그런 자들이며, 하나님의 뜻대로 행하고 말씀을 실행할 수 있는 자들이기 때문이다. 영적이고 윤리적인 나라에서 가장 중요한 것은 바로 의와 악의 문제나. 하나님 나라는 의인들이 해와 같이 빛나는 나라이면서(마 13:43), 악인들이 풀무 불에 던져지는 나라이기 때문이다(마 13:49-50).

"의"라는 주제는 구약과 신약을 관통하는 핵심이라고 볼 수 있고, 다른 종교와 비교할 때도 두드러지는 기독교의 특징이라고 할 수 있다. 또한 하나님 나라의 가장 중요한 특징이기도 하다. 너희는 먼저 그 나라와 그 의를 구하라(마 6:33). 현대에 들어 기독교가 은총의 종교로서 "죄의 용서"를 강조함에 따라 의와 악의 문제에 둔감해져 가는 경향을 띠고 있지만, 하나님 나라는 악을 멀리하고 의를 이루는 의의 나라다. 그리고 의와 악은 영적이고 윤리적인 요소를 포괄한다. 영적 세계와 윤리적 세계를 분리하는 것이 오늘날 교회가 직면한 심각한 문제다. 기도와 찬양과 예배가 우리의 속사람을 새롭게 하는 바로 그 이유로 인해 기도하는 사람은 더 의로워야 하고, 찬양하는 사람은 가난하고 억압받는 자들과 함께 하나님을 찬양할 수 있어야 한다. 영적 세계와 윤리적 세계는 서로 경쟁하는 것이 아니라 반드시 함께하는 세계다. 하나님 나라는 영적·윤리적 세계를 모두 포용하는 포괄적 나라다.

셋째, 제자들이 증거한 것처럼 예수께서 증거하신 하나님 나라도 예수님 자신에 관한 것이었다. 예수께서 공적인 삶을 시작하면서 선포한 가장 최초의 말씀은 "하나님 나라가 이미 가까이 왔다"(막 1:15)는 것이었고, 이것은 자신이 이 땅에 성육신해서 오신 것과 깊은 연관이 있다. 그는 제자들을 보내실 때도 하나님 나라를 선포하고 아픈 자들의 병을 고쳐주라고 하셨고(눅 9:2), 70인을 세워 보내시면서도 병자들을 고친 후 하나님 나라가 너희에게 가까이 왔다고 선포하라고 말씀하셨다(눅 10:9). "내가 귀신을 쫓아내면 이미 하나님 나라가 너희에게 임하였느니라"(눅 11:20)는 말씀을 함께 고려하면, 하나님 나라는 예수 그리스도 자신과 자신이 하신 "고침의 일"과 깊은 연관이 있어 보인다. 또한 예수께서는 최후의 만찬에서 하나님 나라를 "나의 나라"라고, 종말에 그리스도와 함께할 잔치를 "나의 식탁"이라고 불렀으며(눅 22:30), 다시 오실 때 자신의 왕국에서 온다고 선포했다(마 16:28). 그리스도 자신이 하나님 나라이거나 하나님 나라의 주인이다. 이어지는 설명을 보면 예수께서 인간들이 쉽게 상상하기 어려운 하나님 나라의 실체를 혁명적으로 계시하고 선포하시는데, 그것을 통해 예수께서 하나님 나라의 주인이라는 것이 구체적으로 드러난다.

넷째, 제자들이 이해한 하나님 나라와는 다르게 예수의 하나님 나라는 드러남과 감추어짐, 배제와 포용이 공존하는 신비의 나라다. 하나님 나라는 겨자씨처럼 작아도 자라서 큰 나무가 되어 새들이 깃들 만큼 드러나지만(막 4:30-32), 동시에 농부가 뿌린 씨가 밤사이 어떻게 땅이 열매를 맺는지를 알지 못하는 것과 같이(막 4:26-29) 우리에게 알려지지 않은 감추어진 나라다. 그것은 그 비밀이 깊어서 깨닫지 못하는 자들이나(막 4:12) 악을 행하는 자들이 들어갈 수 없는 좁은 문의 나라지만(눅 13:24-27), 시내의 거리와 골목에서 만나는 가난하고 병든 자에게도 활짝 열려 있는 포용의 나라다(눅 14:21-24). 하나님 나라는 현재에 머물러 있는 나라가 아니라 자라나는 나라다. 새로움, 변화, 창조, 거룩함이란 모두 자라남과 깊은 연관을 가진다. 작고 약한 겨자씨 위에는 새가 깃들 수 없다. 자라나서 무성한 가지를 뻗어야 "쉼과 안식"을 줄 수 있다. 교회의 그늘이 말라 들어가는 영혼에 안식을 주려면, 예수를 따르는 자들이 점점 더 많아져야 하고 그들의 참회가 깊어져야 하며 사회적 약자들의 아픔을 향해 뻗어나는 가지들이 무성해야 한다. 그런데 우리는 나무가 자라나는 과정을 모두 볼 수 없듯이, 하나님 나라가 어떻게 자라는지 알 수 없다고 예수께서 말씀하셨다.

[26]또 이르시되 "하나님의 나라는 사람이 씨를 땅에 뿌림과 같으니 [27]그가 밤낮 자고 깨고 하는 중에 씨가 나서 자라되 어떻게 그리되는지를 알지 못하느니라. [28]땅이 스스로 열매를 맺되 처음에는 싹이요, 다음에는 이삭이요, 그 다음에는 이삭에 충실한 곡식이라. [29]열매가 익으면 곧 낫을 대나니 이는 추

수 때가 이르렀음이라"(막 4:26-29).

사람이 씨를 뿌리지만 (1) 씨가 어떻게 자라는지를 알 수 없고, (2) 땅이 스스로 열매를 맺기에 (3) 열매가 익은 것을 보고서야 추수 때가 되었다는 것을 안다. 하나님 나라의 주체는 하나님이지만 우리는 그 열매를 보고 풍성한 결실을 함께 경험한다는 의미다. 하나님 나라는 하나님께 속해 있어서 우리에게 숨겨져 있지만, 동시에 이 땅에서 풍성한 결실로 우리에게도 드러난다는 "감추어짐과 드러남"의 신비가 선포되고 있다.

누가복음에서는 겨자씨의 비유를 주신 후에 좁은 문으로 들어가라고 하셨다. 좁은 문과 넓은 문의 결정적인 차이는 도덕적 의로움에 있는 것으로 보인다. 심지어 좁은 문으로 들어가지 않는 자들이 "주 앞에서 먹고 마셨으며 주는 또한 우리 길거리에서 가르치셨다"(눅 13:26)고 호소해도, 문이 한번 닫힌 후에는 "너희들이 어디에서 온 자인지 알지 못한다"(눅 13:25)는 매몰찬 대답을 들을 것이다. 그리고 예수께서는 "악(불의, unrighteousness, ἀδικία)을 행하는 자들은 모두 나를 떠나라"(눅 13:27)고 말씀하신다. 이 말씀은 당시의 부패한 유대인들이 자신들이 아브라함과 이삭과 야곱과 모든 예언자들의 후손(눅 13:28)으로서 언약의 후손이 된다는 것에 의지해 하나님을 두려워하지 않고 악을 행하는 배경에서 나온 것으로 보인다. 마찬가지로 예수께서는 마가복음 12장의 포도원 비유를 이야기하시며, 유대인들의 악행을 주인이 보낸 자들을 종이 때리고 죽이기까지 하는 것에 비유하시고 건축자들의 버린 돌이 모퉁이의 머릿돌이 될 것이라고 구약을 인용해 말씀하신다(막 12:1-10). 누가복음 14장에서도 잔치에 초청받은 자들이 온갖 핑계를 대면서 오지 않자 "전에 내가 초청하였던 자들이 내 잔치를 맛보지 못할 것이다"(눅 14:24)라고 경고하신다. 이 엄중한 경고는 예수께서 말씀하셨던 그 당시의 언약의 백성들인 이스라엘을 향한 말씀으로 신약 시대를 여는 배경을 이룬다고 축소해 생각할 수도 있다.

그런데 하나님의 은총의 언약이 인간의 타락에 의해 바뀔 수 있는가? 이것은 지금도 얼마든지 일어날 수 있는 일이다. 시편 104편에서 그 숨결로 자연과 인간 모두와 함께하시는 하나님께서 죄인과 악인을 소멸시킬 것이라고 경고하시는 것이 구약 시대를 관통하는 말씀이라면, 예수께서 여러 차례 비유로 말씀하신 "좁은 문의 경고"와 "죄의 용서"는 신약 시대를 관통하는 말씀이라고 이해할 수 있다. 종교는 악(개인적·사회적·종교적·관계적 악)에 관한 것을 넘어서지만, 그렇다고 해서 악을 허용하거나 악에 둔감하다면 그것은 더 이상 종교가 아니다. 세상을 그토록 사랑하신 하나님을 믿고 고백하는 은총의 종교인 기독교는 더더욱 그렇다. 우리의 죄를 용서하시는 하나님의 은총을 받은 자들이 이 세상의 악의 기준을 넘어서는 의로운 삶을 살지 못한다면, 하나님 나라의 좁은 문 앞에서 슬피 울며 이를 갈 일이 있을 것이다(눅 13:28). 역사를 통해 기독교의 세속화, 지도자들의 타락, 주를 따르는 자들의 탐욕을 끊임없이 경험해오고 있는 우리는, 예수가 준엄하게 선포한 "좁은 문" 앞에서 악과 죄의 문제가 얼마나 심각한 문제인지 깊이 깨달아야 한다.

그런데 하나님 나라는 좁은 문의 나라나 배제의 나라로 끝나지 않는다. 하나님 나라는 포용의 나라다. 잔치 비유의 또 다른 핵심은 "너희들만"에서 "모두에게"로 열려 있는 포용이다. 그리고 특별히 인간들과 사회로부터 버림받은 자들, 배제된 자들을 포용하는 나라다.

> [21]종이 돌아와 주인에게 그대로 고하니 이에 집주인이 노하여 그 종에게 이르되 "빨리 시내의 거리와 골목으로 나가서 가난한 자들과 몸 불편한 자들과 맹인들과 저는 자들을 데려오라" 하니라. [22]종이 이르되 "주인이여, 명하신

대로 하였으되 아직도 자리가 있나이다." ²³주인이 종에게 이르되 "길과 산울 타리 가로 나가서 사람을 강권하여 데려다가 내 집을 채우라"(눅 14:21-23).

가난한 자들, 몸 불편한 자들, 맹인들, 저는 자들은 사회로부터 외면당한 자들이다. 우리는 이런 말씀을 영적으로 해석하려는 경향이 있다. 이 말씀 은 유대인들로부터 외면당하는 이방인들에게 복음이 열려 있다는 말씀으 로 이해할 수 있다. 그런데 왜 하필 이방인들을 이런 사회적 약자로 표현 했을까? 이방인들이 유대인들에게 차별을 받기는 했으나 사회적 약자는 아니지 않은가? 오히려 이방인들이 끊임없이 유대인들을 노예로 삼았으 며, 예수 당시에도 이방인의 한 부류인 로마인들이 유대인들을 지배하고 있지 않았던가? 이런 이유로 초청받은 자와 초청받지 못한 자들이라는 예 수의 비유를 유대인들과 이방인들에 국한시키는 것은 문제가 있어 보인 다. 하나님 나라는 특별히 고난당하는 자들, 버림받은 자들에게 "동서남 북"(눅 13:29)으로, "시내의 거리와 골목과 길과 산울타리"(눅 14:21, 24)로 활짝 열려 있다는 것이 예수의 일관된 말씀이다. 하나님 나라는 이렇듯 배제와 포용의 신비한 나라다.

다섯째, 하나님 나라는 이 땅의 나라에서 통용되는 가치관에 잘 부합 되지 않는 이상하고 역설적인 나라다. 마태복음 18-20장에는 예수께서 이 이상한 하나님 나라를 다양하게 설명하신 내용이 나온다.

• 천국에서 큰 자는 어린아이처럼 자신을 낮추는 자, 겸손한 자다(마 18:4).

하나님 나라는 자신을 낮추는 자가 더 큰 자로 인정받는 나라다. 창세기 의 선악과에서부터 시작된 인간의 역사는 자신을 하나님처럼 높이려는 오만의 역사였지만, 하나님 나라는 자신을 낮추는 자들의 나라다. 문제는 겸손과 어린아이의 관계다. 아이들처럼 자신을 낮추라는 말씀은 실제로는 어른이지만 아이들처럼 낮은 자로 여기라는 말씀인가? 겸손이란 이렇게 자신의 위치와 능력보다 스스로를 더 낮게 여기는 것인가? 예수께서 겸손을 어린아이에 비유하실 때, 일종의 도덕적 미덕으로 자신을 낮은 자로 "여기는" 것이 아닌 훨씬 더 심각한 "낮은 실체"에 대해 말씀하신 것은 아닐까? 겸손은 단순히 "여기는 것"이 아니라 자신의 낮고도 비천한 상태를 비로소 심각하게 "자각"하는 것이 아닐까? 오만과 겸손은 역설적이다. 스스로 오만하다고 여기는 자들은 결코 절대적으로 오만한 자가 아니며, 반대로 자신을 낮은 자로 여기는 자도 결코 겸손한 자라고 볼 수 없다. 오만을 자각할 때 오만의 굴레를 벗어날 수 있는 길을 찾게 되고, 겸손하려고 하는 것이 아니라 비천함을 "자각"할 때 진정으로 어린아이와 같은 자들이 될 수 있을 것이다. 하나님 나라는 스스로 높이려는 자들의 나라가 아니라 자신의 비천함을 깊이 자각하고 이를 절절히 고백하는 삶을 사는 자들의 역설적 나라다.

• 천국은 그 주인이 일곱 번의 일흔 번이라도 용서하는 자가 주인인 나라 며, 동시에 그 주인은 자신들이 용서한 종들이 서로를 용서하지 않으면 그들을 심판하는 나라다(마 18:21-35).

또한 하나님 나라는 한없는 용서와 준엄한 심판의 나라다. 일곱 번의 일흔 번이라는 횟수와 일만 달란트는 "무한한 반복적 용서"와 "무한한 용서의 크기"를 의미한다. 하나님은 가장 심각한 죄도 끝없이 용서하신다. 그런데 이상하게도 그 용서의 하나님이 용서하지 않는 사람이 있다. 하나님으로부터 무한한 용서를 받은 자가 다른 사람의 작은 잘못을 용서하지 못할 때 하나님은 그 사람을 심판하신다. 참으로 이상한 역설이다. 물론 용서와 심판을 병행하는 것이 비유의 핵심 내용은 아닐 것이다. 이 말은 하나님의 무한한 용서가 이 땅에서 우리들 사이에서 올바로 실행되기를 간절히 바라시는 하나님의 뜻을 비유로 설명하신 것이다. 따라서 이 말의 초점은 "하나님의 무한한 용서"와 그 하나님의 용서가 "이 땅에서 이루어지는 것"에 있고, 심판이란 하나님 나라의 용서가 이 땅에서 실현되기를 강렬히 원하시는 하나님의 뜻을 표현하는 말이다. 우리는 하나님의 용서와 인간의 용서 사이의 무한한 질적 차이를 겸허히 인정하면서도, 우리가 살아가는 세상 나라가 하나님 나라를 조금이라도 드러내고 이루는 일에 참여해야 할 것이다. "하나님 나라가 임하옵시며 뜻이 하늘에서 이루어진 것 같이 땅에서도 이루어지이다"(마 6:10).

- 천국은 어린아이들의 것이다(마 19:14). 하나님 나라는 어린아이처럼 그 나라를 받아들이는 자들의 나라다(눅 18:17).

하나님 나라의 또 다른 가치는 "아이들처럼 순전하게 하나님 나라를 받아들이는 자들"의 나라라는 데 있다. 하나님 나라는 신비이기 때문에 우리가 다 알 수 없지만, 그럼에도 악을 멀리하고 의를 세우는 나라이며 삼위 하나님이 주인되시는 나라다. 이 나라를 아이처럼 순전하게 받아들인다는 것은 어떤 뜻일까? 예수께서 아이들처럼 하나님 나라를 받아들여야 한다고 말씀하신 동기는 제자들이 아이들을 데리고 온 자들을 꾸짖었기 때문이었다(눅 18:15). 여기서 하나님 나라를 받아들이기 어려운 제자들과 하나님 나라를 순전히 받아들이는 아이들이 대비되고 있다. 우리는 그런 한계 속에서 살아가기 때문에 하나님 나라란 하나님 나라의 주인인 삼위 하나님을 받아들이고 그 하나님을 따르는 자답게 의로운 삶을 살면서 가난한 자들과 함께하고 용서의 사랑을 실천하는 자들의 나라라는 것을 쉽게 받아들이지 못한다. 문화적 관습이나 철학적 사유, 종교적 가식과 위선, 도덕적·영적 의지의 상실, 소유와 향유에 몰두하면서 우리의 마음과 행동은 밭과 소를 사고 장가가는 어른들의 일에 함몰되어버렸고, 그 결과 하나님 나라에 속한 어린아이들을 꾸짖는 삶을 살아가고 있다. 너무 많은 어른들이 우리 안에 있어서 우리가 원하는 대로 하나님 나라를 이해하려 하지만, 아이처럼 순전한 마음을 가지면 오히려 하나님 나라의 깊은 세계를 받아들이게 된다는 것은 참으로 심오한 역설이다.

- 천국은 늦게 일하기 시작한 자에게도 동일한 삯을 주는 나라다(마 20:1-15).

이 비유는 하나님 나라의 의로움이 결국 무엇을 위한 것인가를 잘 드러내는 중요한 말씀이다. 하나님은 포도원 주인이다. 아침 일찍, 아마도 새벽 6시부터 하나님은 포도원에서 일할 일꾼들을 찾으셨다. 그리고 6시부터 일하는 일꾼들에게 한 데나리온을 주기로 하셨다. 그런데 9시에 장터에서 놀고 있는 자들을 발견하셨다. 그들에게도 일정한 삯을 주겠다고 하시면서 일을 주셨다. 이어서 정오, 오후 3시, 심지어 오후 5시에도 놀고 있는 자들을 발견하시고 일할 기회를 주셨다. 그런데 이렇게 각각 다른 시간에 일하기 시작한 자들에게 모두 동일한 한 데나리온을 삯으로 주셨다. 그러자 먼저 일하기 시작한 자들이 자신들은 온종일 일하고도 어떻게 한 시간만 일한 자들과 같은 삯을 받느냐며 주인을 원망했다. 그러나 집주인은 (1) 나는 너와의 약속을 어긴 적이 없으며, (2) 내 것을 가지고 나의 뜻대로 하는데 나중 온 자도 동일한 삯을 주는 것이 내 뜻이고, (3) 내가 선하고 자비로운 것이 너에게는 악으로 보이는지 반문한다.

종일 일한 자나 한 시간 일한 자가 동일한 품삯을 받는 불평등이 어떻게 하나님 나라의 정의가 될 수 있는가? 우리는 이 셈법이 신기하고 불평등하다고 말하기 전에 여러 가지 요소를 살펴보아야 한다. 먼저 집주인의 속성을 보아야 한다. 천국은 마치 품꾼을 얻어 포도원에 들여보내려고 이른 아침에 나간 집주인과 같다(마 20:1). 하나님 나라의 구체적 실체는 바로 하나님이다! 그런데 그 주인은 가만히 앉아서 자신을 찾아온 자들에게 일을 맡기는 것이 아니라, 사람들이 가장 많이 모이는 장터에서 우리들을 찾아다니는 자다. 인간의 역사가 하나님으로부터 멀어져서 스스로를 세우려는 역사라면, 하나님의 역사는 자신을 버리고 지극히 낮은 자에게까지 찾아오시는 역사다. 하나님의 셈법의 핵심은 하나님의 뜻에 있다. 그것은 바로 장터에서 온종일 놀고 있는 자들을 불쌍히 여기시어 "어찌하여 종일토록 놀고 여기 섰느냐?"(마 20:7)고 물으시며, 그들을 모두 불러들이는 연민과 사랑의 뜻이다. 또한 하나님의 사랑의 크기는 인간에 의해 변하지 않는다. 한 데나리온이라는 동일한 가치는 하나님의 사랑이 우리에 의해 증폭되지 않는다는 절대 가치를 뜻한다. 우리는 하나님의 은총을 증가시킬 수 없다. 하나님의 선하신 뜻은 나중된 자까지 품으시는 절대 은총이다. 인간에게는 "불평등으로 보이는 악"이 나중된 자까지 품으시는 하나님의 뜻으로 인해 "하나님의 선"(goodness of God)이 된다. 하나님 나라는 하나님의 선하심이 때로 인간에게 불의로 보일 수도 있는 이상하고 역설적인 나라다.

- 천국은 부자가 들어가기 어려운 나라다(마 19:23). 천국에는 나중된 자가 먼저되고 먼저된 자가 나중되는 나라다(마 19:30; 20:16).

하나님 나라는 부자가 들어가기 어려운 나라다. 이것은 도덕적·영적 악의 문제, 용서의 삶과 더불어 예수께서 가장 강력하게 선포하고 있는 하나님 나라의 실체다. 마태복음의 본문에는 제자들이 이스라엘의 열두 지파를 다스릴 것이라는 내용이 첨가되어 있지만, 다른 내용은 마가복음 10:23-31, 누가복음 18:24-30에 거의 동일하게 등장한다. 혹자는 본문의 부와 가난을 영적 부요함과 가난으로 해석하는데 이것은 결코 옳은 이해가 아니다. 왜냐하면 예수의 이 가르침은 부자 청년이 예수를 찾아와 대화를 나누다가 등장하는 말씀이기 때문이다. 청년이 십계명을 어려서부터 모두 다 지켰다고 하자, 예수께서 이 부자 청년에게 한 가지 부족한 것이 있는데(막 10:21; 눅 18:22) 온전하려면(마 19:21) 재산을 팔아 가난한 자들에게 주라 하시며, 이로 인해 실제로 "부자였던" 청년은 근심하며 돌아갔다(마 19:16-22; 막 10:17-22; 눅 18:18-23). 이어 예수께서 제자들에게 "진실로 진실로 이르노니 부자는 천국에 들어가기 어렵다"고 말씀하셨다. 이 문맥은 경제적 부요함과 가난을 명확하게 가리키고 있는 것이다.

예수와 청년이 나눈 대화의 전체적인 줄거리를 살펴보면, 십계명을 지키고 하나님과 이웃을 전 인격적으로 사랑하는 자는 영생을 얻을 것이라는 예수의 가르침이 먼저 등장하고 이에 더해 경제적 부요함과 가난이 서술된다. 그리고 청년이 율법을 다 지켰지만 "아직도 무엇이 부족한가?"를 예수께 물었고(마 19:20), 이런 청년을 예수께서는 사랑하셨다(막 10:21). 즉 경제적인 상태는 하나님 나라의 유일한 기준이 아니다. 그리고 제자들이 이렇게 기준이 어렵다면 도대체 누가 구원을 얻을 수 있을 것인가 묻자, 예수께서는 사람이 할 수 없지만 하나님은 할 수 있다고 대답하셨다(마 19:26; 막 10:27; 눅 18:27). 그러니까 하나님 나라는 인간이 아니라 하나님께서 주인으로 이루어가는 나라이고, 그 나라의 주인은 영적·윤리적 가치와 경제적 상태까지 총체적으로 깊이 고려하시는 하나님이다.

하지만 우리는 여전히 예수께서 선포하신 이 어려운 문제, 즉 부와 가난이라는 기준에서 쉽게 벗어나지 못한다. 부자는 하나님 나라에 들어가기 어렵다는 말씀은 어떤 의미인가? 예수께서는 하나님과 재물을 함께 섬길 수 없다고 하시며 둘을 서로 대립하는 가치로 설명하신 바 있고(마 6:24), 거지 나사로의 비유를 들면서 구체적인 설명 없이 오직 가난한 자와 부유한 자의 삶을 비교하며 그들의 삶이 하나님 나라에서 역전될 것이라고 가르치셨다(눅16:19-31). 예수는 가난한 자들과 삶을 나누는 일에 무심했던 부자를 익명으로 처리할 정도로 부자를 작은 자로 여겼고, 가난한 자는 구체적으로 나사로라고 부르시며 가난한 자에게 깊은 관심을 보이셨다. 마태복음의 산상수훈과 비교되는 누가복음의 평지수훈에서는 부자들은 위로를 이미 받았다면서 화가 있을 것이라고 저주를 퍼붓기도 하셨다(눅 6:24). 예수께서는 부자들의 "가난한 이웃들에 대한 무관심, 자신의 부와 소유에 대한 의존과 지나친 향유, 부를 섬김"을 경고하신 것으로 보인다.

혹자는 부 자체는 죄가 아니라고 항변한다. 물론 부와 소유를 가난한 사람들과 나누기 위해 혼신의 힘을 다하는 많은 하나님의 사람들이 있을 것이다. 그러나 이미 많은 부를 소유했다는 것은 하나님 나라에 들어가기에는 "부족한" 무엇이 생겼다는 것을 의미한다. "네가 한 가지 부족한 것이 있다"(막 10:21; 눅 18:22). 남보다 더 많이 가졌다는 것이 바로 남들보다 오히려 부족한 점이다. **가짐이 바로 부족이다!** 이 얼마나 심오한 하나님 나라의 역설인가?

부와 소유가 일으키는 문제는 부를 쌓는 과거의 과정에만 국한되지 않는다. 부자 청년이 근심하며 돌아간 이유는 부에 대한 의존을 포기할 수 없었기 때문이며, 과연 무엇을 향해 버려야 하는지를 올바로 깨닫지 못했기 때문이다.

하나님 나라에 속한 자들은 전체적으로 "버림"을 통해 그리스도를 따르는 삶을 살아야 하고, 그 버림은 구체적으로 사회로부터 버림받은 자들과 함께하는 나눔이어야 한다. **단순히 버림만이 아니라 버림이 바로 나눔이 되어야 함을 예수께서 가르치셨다.** 현대인들은 자신의 소유에 의존하는 삶을 살고 있다. 그런데 인간의 보편적인 품성을 놓고 볼 때 하나님의 자리에 부와 소유가 경쟁적으로 들어서게 된다면, 부와 소유는 분명 하나님과 적대적인 관계에 있는 것이다.

기독교가 로마의 국교가 되면서 그리스도인들은 많은 부를 누리게 되었고 결과적으로 타락의 길로 들어섰다. 이런 어려움에 직면하자 재산을 처분하고 사막에서 하나님과 깊은 관계를 맺으며 살아가려고 했던 자들이 바로 사막 교부들이다. 이들은 기독교 영성의 깊은 줄기를 형성하고 있다. 비록 십계명을 잘 지킨다고 할지라도 부자가 하나님 나라에 들어가기 어려운 이유는, "소유와 부를 지탱한다는 것"은 (1) 하나님께 의존하는 것이 아니라 "자신의 소유에 의존하는 삶"을 사는 것이고, (2) 소유를 버리지 못할 때 "나눔을 이루지 못하는 부족한 삶"을 살게 되기 때문이다. 내려놓기와 버림이 때로는 인간이 추구하는 이데올로기가 되기도 하지만, **예수께서는 우리의 버림이 지향해야 하는 바를 아주 뚜렷하게 말씀하셨다. 버림으로써 나누라. 하나님 나라는 가짐이 부족이 되고, 버림으로써 나눔을 이루는 신비의 나라다.**

마지막으로, 하나님 나라는 가난하고 고난 받으며 비천한 자들의 나라다. 하나님 나라는 가난한 자들의 것이고(눅 6:20), 지위가 높아서 많은 사람들에게 늘 초청받는 자들보다는, 외면당하고 초대받지 못하는 가난하고 고통 받는 자들이(눅 14:21-24) 거지 나사로처럼 위로받는 나라다(눅 16:19-31). 승천하신 예수는 다시 오실 때까지 "굶주리고, 배고프고, 헐벗고, 병들고, 옥에 갇힌" 고난 받는 자들과 함께하실 것인데, 바로 그 고난 받는 자들을 돌보고 섬기는 자들이 하나님 나라에 속한 자다(마 25:31-41).

가난한 자들은 복이 있나니 하나님의 나라가 너희들 것이다(눅 6:20).

이 말씀은 누가복음의 평지수훈의 첫 말씀이다. 예수께서는 이어서 주린 자들과 우는 자들을 축복하셨다(눅 6:21). 마태복음의 산상수훈에서는 영이 가난한 자들이라고 했지만(마 5:3), 누가복음에서는 그냥 가난한 자들이라고 하셨다. 누가복음은 특별히 고통 받는 자들의 복음서다. 예수께서 이사야서를 인용하면서 자신의 일을 가장 잘 요약한 말씀으로 알려진 구절도 "주의 성령이 내게 임하셨으니 이는 가난한 자에게 복음을 전하게 하시려고"(눅 4:18)라는 말씀으로 시작한다. 그리고 이 말씀이 바로 자신에게서 이루어졌다고 선포하셨다(눅 4:21). 하나님 나라는 교회와 세상을 아우르지만, 특별히 세상으로부터 버림받은 고난당하는 자들의 나라이며, 이 신비를 선포한 자는 버림받은 자 곧 예수 그리스도다.

[31]인자가 자기 영광으로 모든 천사와 함께 올 때에 자기 영광의 보좌에 앉으리니 [32]모든 민족을 그 앞에 모으고 각각 구분하기를 목자가 양과 염소를 구분하는 것 같이 하여 [33]양은 그 오른편에 염소는 왼편에 두리라. [34]그때에 임금이 그 오른편에 있는 자들에게 이르시되 "내 아버지께 복받을 자들이여, 나아와 창세로부터 너희를 위하여 예비된 나라를 상속받으라. [35]내가 주릴 때에 너희가 먹을 것을 주었고 목마를 때에 마시게 하였고 나그네 되었을 때에 영접하였고 [36]헐벗었을 때에 옷을 입혔고 병들었을 때에 돌보았고 옥에 갇혔을 때에 와서 보았느니라." [37]이에 의인들이 대답하여 이르되 "주여, 우리가 어느 때에 주께서 주리신 것을 보고 음식을 대접하였으며 목마르신 것을 보고 마시게 하였나이까? [38]어느 때에 나그네 되신 것을 보고 영접하였으며 헐벗으신 것을 보고 옷 입혔나이까? [39]어느 때에 병드신 것이나 옥에 갇히신 것을 보고 가서 뵈었나이까?" 하리니, [40]임금이 대답하여 이르시

되 "내가 진실로 너희에게 이르노니 너희가 여기 내 형제 중에 지극히 작은 자 하나에게 한 것이 곧 내게 한 것이니라" 하시고(마 25:31-40)

예수께서 재림하셔서 모든 민족을 양과 염소로 나눌 때, 배고프고 목마르고 나그네 된 자들, 헐벗고 병든 자들, 옥에 갇힌 자들을 돌본 자들이 하나님 나라를 상속할 것이라고 말씀하셨다. 그러자 사람들은 우리가 언제 예수님을 그렇게 돌보았냐고 되묻는다. 이에 예수께서는 내 형제 가운데 지극히 작은 자에게 한 것이 바로 예수 자신에게 한 것이라고 설명한다. 이 말씀은 여러 면에서 충격적이다.

1. 재림 때까지: 예수께서 재림 때까지 이 땅에서 일어나는 일에 대해서 분별할 것이다
2. 모든 민족: 모든 민족을 모으고 양과 염소로 나눌 것이다
3. 임재: 예수는 고난받는 자들이다(내가 주릴 때…), 혹은 고난받는 자들 속에 계신다.
4. 교회와 믿음을 넘어서: 의인들은 자신이 한 일이 예수와 어떤 연관이 있는지를 알지 못한다.
5. 의인: 고난받는 자들과 함께 하는 자들은 의인이다.
6. 예수의 형제: 고난받는 자들은 예수의 형제자매다.

시편 104편에서 자연과 인간을 모두 아우르면서도 악과 죄인을 구별했듯이, 위의 말씀 속에서도 예수는 모든 민족을 다 아우르면서 악인과 의인을 구분하는데, 그 유일한 기준은 고난받는 인간의 비참한 상태와 고난의 연대 여부다. 이 분별은 예수께서 재림하실 때까지 계속될 것이며, 고난받는 자들을 위해 예수께서 하시는 하나님 나라의 일은 그의 삶과 죽음

왜 나는 아직도 그리스도인인가?

과 부활 이후에도 계속되고 있다. 예수께서는 지금도 고난받는 자들 안에서 그들을 자신의 형제자매로 여기시고 그들과 고난을 함께하는 모든 사람을 의인으로 여기시며 그들을 하나님 나라로 인도하실 것이다.

이 말씀에는 대단히 중요한 두 가지 내용이 담겨 있다. 첫째는 예수와 고난받는 자들의 관계이고, 둘째는 고난받는 자들과 그들을 섬기는 자들의 관계다. 만약 우리가 두 번째만을 강조하여 본문을 해석하면 본문은 구약이 강조한 "고아와 과부와 이방인을 돌봄"과 맥락을 같이한다고 할 수 있다. 물론 예수께서 하신 말씀은 구약보다 훨씬 더 급진적이다. 고난받는 자들을 섬기는 자들은 의인으로서 하나님 나라에 속하지만, 고난받는 자들을 외면하는 자들은 하나님 나라에 속하지 않는다는 사상은 구약이 강조해온 연민의 사상보다 급진적이다. 그런데 첫 번째 부분에 나타난 예수와 고난받는 자들의 깊고도 깊은 연대(solidarity)가 바로 본문의 또 다른 초점이기도 하다. "내가 주릴 때"(마 25:35)라는 말에, 의인들은 "우리가 언제 주께서 주린 것을 보고"(마 25:37)라고 반문한다. 이것이 바로 예수의 선포가 혁명적인 이유다.

고난의 연대에 있는 자들이 자신들의 선행이 예수를 위한 일이었다는 것을 깨닫지 못했다는 것은 어떤 의미인가? 의인들은 왜 자신들의 행위를 종교적인 행위라고 생각하지 못했나? 이에 대해 세 가지 가능성을 생각해볼 수 있다. (1) 종교적 의미와 무관하게 고난받는 자들을 돌본 자들이 바로 의인이거나, (2) 그리스도의 이름으로 고난받는 자들을 섬겼지만 그 일이 예수를 위한 행위라고 생각하지 못했거나, 또는 (3) 자신들이 행한 일을 의식하지 못할 정도로 당연한 일로 여겼을 가능성이다. 첫 번째와 세 번째 가능성에 대해서는 아래에서 다루겠다. 먼저 두 번째 가능성에 대해 생각해보면, 의인들은 고난의 하나님을 믿는 믿음의 행위로서 고난받는 자들을 섬기면서도 그것을 그리스도를 섬긴 일이라고 생각하지 못했을 수 있다. 즉 예수께서 고난받는 자들과 자신을 동일시하는 것을 생각하지 못한 것이다. 따라서 의인들의 선행은 인류 보편의 일이라기보다는 그리스도를 따르는 자들이 믿음으로 행한 일이라고 볼 수 있다.

다른 한편으로 두 번째 이해는 치명적인 약점을 가지고 있다. 일단 예수께서는 모든 민족을 모아서 분별할 것이라고 하셨다. 그 분별의 기준이 고난받는 자들을 돌보는 것이라면 종교적인 정체성보다는 모든 민족에게 공통적으로 적용할 수 있는 기준이어야 할 것이다. 뿐만 아니라 "믿는 자들이 어떤 행위를 해야 하느냐"에 대해서는 본문에 일체 언급이 없다. 본문의 내용은 "고난 받는 자들을 돌본 것이 사실은 예수를 섬긴 것인데, 그 이유는 고난 받는 자들이 예수의 형제이기 때문이며, 따라서 이들을 섬긴 자들은 의인이다"라는 것이다. 그리고 본문 40절 이후에는 염소로 분류된 자들은 고난 받는 자들을 돌보지 않은 자들이며 그들을 영원한 형벌에 처할 것이라는 심판의 말씀이 이어진다. 만약 이 말씀이 믿는 자들에게 하신 말씀이라면 그들의 선행에 의해 영원한 형벌이 결정된다는 말씀이 되어버려서 기독교가 행위 종교로 전락하게 될 것이다. 따라서 본문은 믿는 자들이 어떤 삶을 살아야 하는가에 대한 것이라기보다, 인류가 보편적으로 어떤 삶을 살아야 하는가에 대한 말씀으로 이해하는 것이 더 적절해 보인다.

그렇다면 예수님의 말씀은 종교를 윤리화한 것인가? 그리스도를 아는 지식과 믿음, 그리고 그리스도의 삶과 죽음과 부활을 우리 삶 속에서 이루어가는 일체의 종교적 지식과 행위는 과연 구원과 무관하다는 뜻인가? 기독교는 정녕 행위 종교인가? 충격적이다. 현대를 살아가는 똑똑한 우리도 이런 충격적인 말씀을 대하면 어떻게 해석할지 몰라 늘 망설이고 서성인다. 그래서 이런 충격을 완화하고자 이런 구절에 등장하는 가난과 고난을 영적으로 해석해왔다. 즉 "가난한 자들을 섬긴다는 것"을 "예수 그리스도의 복음을 전해서 그들이 예수를 믿게 하는 것"으로 이해해왔다. 이 해석은 영과 육을 분리하는 서구의 이원론을 근거로 한다. 이에 반해 현대 신학은 정치적·사회적·경제적 가난을 더 강조하는 경향이 있다. 그러나 그 어떤 고난도 순수하게 영적이거나 전적으로 육적이지는 않다. 예수께서는 마음과 삶 모두 총체적으로 고난당하는 자들, 그들과 함께하는 자들, 자신을 늘 낮게 여기는 겸비한 자들이 하나님 나라에 속한다고 선포하셨다. 혁명적이다. 우리가 버린 자들, 세상이 버린 자들, 때로는 교회조차 버린 자들을 "버림받은 예수"께서 품으신다.

기독교는 행위 종교인가? 우리는 고난의 연대와 고난당하는 자들과 그리스도의 관계에 대해 더 깊이 생각해보아야 한다. 그리스도가 고난 받는 자들이라는 것과 그들의 "형제들"이라는 깊은 연대 속에 있다는 것은 인간의 행위를 넘어서는 주제다. 종교적 믿음, 도덕적 선행이라는 범주를 넘어선 제3의 범주, 즉 고난의 종과 고난 받는 자들의 연합이라는 세계다. 이것은 우리가 알고 있는 종교적·도덕적 세계를 배제하는 것이 아니라 그 위에 또 다른 제3의 세계를 더하는 것이다. 그리고 이스라엘이나 교회를 통하기보다는 하나님께서 직접 고난 받는 자들 속에 계시며 그들과 함께한다는 기독교의 새로운 가치를 예수께서 제시하는 것이다. 인간의 사회 제도, 윤리적 체계, 종교와 철학의 이념, 문화의 틀이 아무리 발달한다 해도, 우리는 여전히 헐벗고, 굶주리고, 목마르고, 옥에 갇힌 나그네를 끊임없이 만들어낸다. 고난 받는 자들을 섬기고 사랑하라고 그토록 가르쳤건만, 인간들은 하나님의 말씀과 멀어지기만 한다. 그러자 예수께서 이 심각한 문제를 극단적으로 드러내신다. "내가 고난 받아도 나를 외면하겠는가!" 그들이 이 땅에서 버림 받을 때, 십자가의 심오한 고난을 겪고 인간에게 버림 받은 예수께서 그들 속에 계신다. 버림 받은 그분은 버림 받은 자들 속에 계신다. 그리고 재림하실 때까지 세상에서 버림 받고 고난당하는 자들 속에 계속 계실 것이다. 이것은 기독교의 종교적 정체성이나 인간의 윤리적 실체를 파괴하는 것이 아니라, 그 두 세계가 차마 포용할 수 없었던 세계마저 예수께서 품으시는 것이다. 신과 인간에 대한 인간의 보편적 기대와 이해와 잣대를 넘어서는 예수의 혁명적 사상이다.

　고난 받는 자들을 돕고 섬기는 자들이 자신들의 행위를 그리스도를 섬기는 것이라고 이해하지 못하는 것도 윤리적 범주를 넘어선다. 고난의 연대 속에 있는 자들은 자신들의 행위가 선행이라는 것조차 미처 깨닫지 못한다. 그것은 종교적·윤리적·의지적 행동일 수도 있지만, 선행에 대한 자의식보다는 인간 고난의 실존과 삶의 깊고도 깊은 연대(solidarity)라고 생각해볼 수 있다. 앞서 마태복음 25장과 "고난 앞에서의 그리스도인의 행동"을 다루며 고난의 연대에 관해 논했다. 고난의 연대는 인간의 고난 앞에서 어떤 행동을 해야 하는지에 대한 기독교적 이해라고 할 수 있다. **그런데 이 연대(solidarity)는 단순한 윤리적 행동을 넘어선다. 마치 인류가 창조되었을 때 뼈 중의 뼈로 서로의 속에 있듯이, 마치 예수께서 그 피와 살로 고난 받는 자들 속에 있듯이, 고난당하는 자들과 함께하는 것은 곁에 있는 동행을 넘어서 타자 속의 자신을 그리고 자신 속의 타자를 발견하는 것이다.** 고난당한 자들이 고난당하는 타인을 더 잘 이해하는 이유는 자신들의 고난을 타자의 고난 속에서 발견하기 때문이다. 고난의 연대는 윤리적·종교적 행동을 "포함"하지만, 스스로를 선행이라고 의식하지 않는 삶과 실존의 거룩한 연합이기도 하다. 예수께서 우리에게 선포하는 하나님 나라는 고난당하는 자들 및 그들과 삶을 함께하는 자들이 초청받고 위로받는 유일한 나라다.

　우리는 하나님 나라와 세상 나라를 구분하면서, 흔히 하나님의 법적인 심판이나 용서, 우리의 믿음과 삶이 중요한 기준이 된다고 생각한다. 물론 하나님과의 인격적인 관계 안에 있는 우리가 삼위 하나님을 믿고 고백하며 하나님의 사랑과 구원에 반응하고 그 뜻을 이루어가는 것은 대단히 중요한 일이다. 그러나 구원은 일차적으로 하나님께 속한 하나님의 일이다. 죄악으로 가득 찬 인간을 용서하시고 품으시는 바로 그 하나님이 고난으로 가득 차고 버림받은 자들을 품으신다는 것은 너무도 당연한 일이다. 그럼에도 불구하고 우리는 그 배경에 깔린 "하나님의 섭리와 논리"를 늘 알기 원하며 "우리의 의식과 참여"가 그 일에 어떤 기여를 하는지 늘 궁금해한다. **하나님의 조건 없는 사랑을 받은 사람들이 하나님의 또 다른 무조건적 사랑을 불편해하고 당혹스러워한다. 마태복음 25장의 말씀은 오늘날 우리에게도 여전히 충격적인 말씀이기 때문에, 인간이나 제자들이 결코 꾸며낼 수 없는 말씀이다.** 그리고 우리가 도저히 꾸며낼 수 없는 이 하나님 나라의 신비를 선포한 자는 하나님 나라의 주인인 예수 그리스도이며, 그는 사랑과 연민의 하나님이다.

하박국이 어떻게 악한 갈대아인들이 자신보다 더 의로운 이스라엘을 심판할 수 있느냐고 질문하자(합 1:13), 하나님께서는 심판이 더딜지라도 기다리라고 말씀하신다(합 2:3). 이에 하박국은 의인은 믿음으로 살아간다고 대답한다(합 2:4). 만약 "기다림과 믿음"이 우리의 판단을 넘어서는 하나님의 일이라면, 그리고 만약 이 불의한 세상에서 우리 손으로 진정한 정의를 이루어낼 수 없다면, 하나님의 일하심이 드러나는 "고난 받는 자들이 속한 하나님 나라"가 우리에게 남아 있는 유일한 희망이다.

제자들은 하나님 나라의 "기준"에 관심을 보였지만 예수께서는 인간의 비참한 "상태"를 깊이 헤아리시고 이 불쌍한 인간들을 아무런 까닭 없이 품으셨다. 따라서 이 예수의 하나님 나라는 인간들이 꾸며낼 수 없는 신비하고 신비한 나라다. 오직 하나님 나라의 주인만이 "기준의 덫"에 갇힌 인간들에게 혁명적이고 충격적인 하나님 나라를 선포하고 그 나라를 이루어갈 것이다. 예수는 하나님 나라의 주인이자 참 하나님이다.

나는 이 본문을 어떻게 이해해야 할지 오랫동안 고민해왔다. 복음주의자들은 영적·종교적 세계를 강조하는 경향을, 진보적인 자들은 윤리적·사회적·정치적 나라에 집중하는 경향을 보인다. 물론 이 두 세계가 분리되지 않고 서로 연결되어 있음을 강조할 수도 있다. 그런데 나는 예수님의 말씀 속에 고난받는 자들과 하나님 나라의 직접적인 관계, 즉 제3의 세계가 선포되고 있다는 것을 깨닫게 되었다. 그리고 이 제3의 세계가 종교적·윤리적 세계를 파괴하거나 이스라엘과 교회를 통한 하나님의 일을 배제하는 것이 아니라, 그들의 세계 위에 새로운 세계를 포함한다는 것을 발견하고 깊은 위로를 받게 되었다.

하나님의 신실함과 사랑은 이렇게 우리가 버려둔 자리, 우리가 배척한 그 세계를 품으시는 사랑이다. 그리고 우리는 이런 하나님 나라에 대한 그리스도의 선포를 통해 기독교의 심오함을 더 절감하게 되었다. 인간은 하나님 나라와 세상의 나라를 선명하게 구분하기를 원한다. 그런데 하나님은 세계 속에서 버림받은 자들을 그냥 내버려 두시지 않는다. 구약부터 언뜻언뜻 계시된 하나님의 이 깊은 사랑은 그리스도에 의해 혁명적으로 선포되었다. "하나님 나라는 고난 받는 자들에게 속한다." 이것은 이미 이루어졌고 또한 이루어져갈 것이다. 왜냐하면 예수께서 이미 세상을 구원하셨고 또한 다시 오실 그날까지 계속 일하시기 때문이다. **예수께서 인간이 도저히 꾸며낼 수 없는 하나님 나라를 선포하셨고 인간을 새로운 세계로 인도하시며 하나님의 깊고도 깊은 위로와 사랑을 드러내셨기에, 그 예수는 하나님 나라의 주인이자 거룩한 하나님이다.**

1. 신의 나라가 고난 받는 자들에게 속했다는 것은 종교적·도덕적 영역을 넘어서는, 보편적 인간이 꾸며낼 수 없는 이야기이다.
2. 차별, 학대, 폭력, 가난, 무관심 속에 살아가는 인류에게 기독교의 하나님 나라는 유일한 희망이다.
3. 고난 받는 자들과 함께 고난의 연대를 이루는 것이 하나님 나라의 가치이고, 이것은 인류에게 새로운 가치를 제시한다.
4. 이 하나님 나라를 선포한 예수는 하나님 나라에 속한 사랑의 하나님이다.

IV

**인간–
가장 높고
가장 낮은 자**

많은 사람들이 기독교를 접한 후 "죄의 문제"를 놓고 갈등한다. 태어나면서부터 죄인이라는 원죄에서부터, 하나님을 알지 못하는 종교적인 죄, 각종 윤리적인 죄, 함께 모여 저지르는 사회적인 죄, 영적인 죄, 마음의 죄까지, 성경이 선포하는 인간의 죄는 총체적이고 치명적이다. 교회 안의 많은 젊은이들은 왜 기독교가 이토록 치열하게 죄를 다루고 고발해야 하는지 묻는다.

- 인간은 정말 그렇게 심각한 죄인인가? 기독교의 인간관이 지나치게 염세적인 것은 아닌가?
- 십자가의 대속을 강조하기 위해 죄를 심각하게 다루는 것은 아닌가? 혹자는 인간이 치명적인 죄인이 아니라면 하나님의 아들의 죽음은 너무 지나친 대가를 치른 것이 되어버리기 때문에 죄를 더 강조해야만 십자가가 더 타당할 수 있다고 주장하는데, 기독교 인간학이 이 논리에 빠져버린 것은 아닌가?
- 하나님의 기준으로 인간의 죄를 다루는 것이 과연 타당한가? 하나님은 인간을 경멸하는 것은 아닌가?

만약 우리가 십자가의 엄청난 희생과 무관하게 인간을 이해하려고 한다면, 인간 중에는 심각한 죄를 짓는 사람들만큼이나 자연과 더불어 평화롭게 살아가는 사람들도 많다는 것을 발견할 수도 있을 것이고, 이를 근거로 기독교의 인간 이해는 편협한 논리 속에 갇힌 것이라고 비판할 수도 있다. 기독교의 인간 이해는 정말 이렇게 부정적인가? 혹은 은총을 부각시키기 위해 죄를 강조하는 건 아닌가? "율법이 들어온 것은 범죄를 더하게 하려 함이라. 그러나 죄가 더한 곳에 은혜가 더욱 넘쳤나니"(롬 5:20). 죄와 은총은 이렇게 치졸하게 인과적으로 맞물려 있는가? 하나님의 은총을 받은 인간이 죄의 노예인가?

미국 주류교회의 한 감독은 새롭게 안수받는 목사에게 죄에 대해 지나치게 강조하는 설교나 가르침을 가급적 자제할 것을 권면했다고 한다. 이것이 옳은가? 나는 바누아투 탈루아 신학교에서 그리스도 인간학을 "Doctrine of Sin"이라는 제목하에 가르치고 있는 것을 보고 놀란 적이 있다. 바누아투 사람들은 이 세상에서 가장 평화로워 보이는 사람들이다. 나는 그곳에 2년간 거주하면서, 어떤 남자의 아내와 정부 간의 말싸움을 목격한 것을 제외하고는 단 한 번도 사람들이 싸우는 것을 본 적이 없다. 투발루에서 온 유학생과 바누아투 학생이 서로 말다툼을 한 일이 있긴 했는데, 사건 직후 신학교 전 공동체가 나와서 서로 용서하고 화해하는 엄숙한 예식을 거행하기도 했다. 물론 예전에는 부족 간의 전쟁이 빈번했지만 이제는 서로 다른 부족 간에 조금이라도 다툼이 있으면 두 공동체의 모든 구성원들이 서로 예물을 가지고 와서 용서와 화해의 엄숙한 예식을 치르고 있다.

당시 내 아들은 현지의 기숙 농업 고등학교를 다녔는데, 그 학교의 학생들은 부시 나이프(Bush Knife)라는 긴 칼을 가지고 다녀야 했다. 오전 수업 후 오후에 농장에서 사용해야 하는 물건이었다. 하지만 미국에서 5년간 초등학교와 중학교를 다녔던 아들과 우리 부부는 처음에 이걸 보고 충격을 받았다. 학교에 칼을 가지고 오라니!

이후에도 아들이 학교를 다니며 받은 문화적 충격은 엄청나다. 한번은 점심시간에 고학년 학생 대부분이 식당에 가지 않고 있어서 이상하다 여기고 물어봤는데, 아무도 그 이유를 자신에게 얘기해주지 않았다고 한다. 나중에 알고 보니 점심이 모자란다는 것을 알고서 수백 명의 고학년 학생들이 자신들보다 더 어린 학생들을 위해 모두 함께 자발적으로 굶은 것이었고, 외국인인 아들에게는 이 말을 하지 않음으로써 죄책감 없이 점심을 먹도록 배려한 것이었다고 한다. 나중에 이를 알게 된 아들은 자기와 또래인 학생들이 어떻게 이렇게까지 타인을 배려하고 양보할 수가 있냐고 하면서, 서구인의 세계관으로 인간이 누구인가를 배운 자신의 지식과 경험이 얼마나 협소한 것인지를 깨달았다고 우리에게 토로했다. 이런 사람들이 인간을 죄라는 틀로 이해하고 있었다는 것은 기가 막힌 역설이었다. 기독교는 이런 평화의 사람들까지도 죄라는 틀 속에 가두어서 인간을 왜곡시키고 있는가?

늘 서로 양보하고 용서하는 사람들, 수천 명의 학생들이 큰 칼을 가지고 다니면서 학교에서 함께 생활해도 칼로 인한 싸움, 위협, 혹은 죽음이 단 한 건도 발생하지 않는 학교 공동체, 감옥에 죄수가 없는 사회, 그저 소일거리가 없어서 소문을 나누는 뒷담화 정도가 그나마 심각한 문제에 속하는 사회에 사는 이런 평화의 사람들을 위해 예수께서 엄청난 희생을 하신 것이라면 이보다 더 심각한 낭비가 어디 있는가? 기독교의 인간 이해는 과연 정당한가?

죄라는 단 하나의 범주로는 기독교가 이해하는 인간을 결코 올바로 표현할 수 없다. 성경은 창세기에서부터 하나님이 인간을 얼마나 정성 들여 창조하고 인간에게 높고도 숭고한 본성을 주셨는지 이야기한다. 하나님은 특별한 계획을 갖고 인간을 하나님의 형상으로 만드셨고, 하나님의 호흡으로 창조하면서 인간을 피조물 가운데 가장 높고 독특한 존재로 만드셨다. 하지만 인간은 흙으로부터 왔을 뿐만 아니라 도덕적인 죄와 타락, 관계의 단절, 이기심과 자만 등으로 인해 총체적이고 보편적으로 타락했다. 이렇게 인간에 대해 극단적인 양면이 모두 등장하는 것이 기독교의 인간 이해다. 우리는 이러한 양면이 서로 충돌한다고 생각한다. 동양의 성선설과 성악설이 한 철학자에게서 동시에 나올 수 없었던 것과 같은 이치다. 그러나 기독교가 이해하는 "높은 인간"과 "낮은 인간"은 극도로 발달한 현대의 인간 이해에도 적절하게 부합된다. 즉 창세기의 가장 오래된 이야기가 가장 현대적인 이야기인 셈이다.

이 장에서는 기독교가 어떻게 인간을 이해하고 있는지에 대해 알아보기 위해 우선 창세기 1-3장의 인간론을 다룰 것이다. 이어서 하나님의 형상, 죄와 인간 한계의 총체성과 보편성을 성경과 신학 전통을 통해 살펴볼 것이다. 이를 통해 "하나님과 사람 앞에 서 있는 존재"(*coram Deo et hominibus*)라는 그리스도 인간론의 깊이를 깨달을 수 있을 것이다. 그리고 바로 이런 기독교의 인간론은 인간이 스스로를 파악한 결과물이라기보다는 하나님께서 우리에게 알려오고 가르쳐주신 인간 이해라는 점을 강조할 것이다. 이어서 그 이해가 어떤 점에서 인간을 더 높은 곳으로 인도하는지를 논의하면서 기독교 인간학의 고유함과 가치로 결론지을 것이다. 기독교 인간학의 또 다른 중요한 주제인 "자유"는 다음 장에서 하나님과 인간, 교회와 세상의 관계를 다룰 때 포함할 것이다.

1
창세기의 인간학: 창조, 타락, 타락의 결과

창세기 1-3장의 인간론은 인간 창조와 타락, 타락의 결과를 포괄하고 있으며 기독교 인간론의 바탕을 이룬다. 먼저 인간 창조에 대해 살펴보자.

인간 창조: 대동, 상호성, 존엄

- 하나님은 인간 외에 세상을 창조할 때는 말씀으로만 창조했는데 인간을 창조할 때 먼저 계획을 세웠고(1:26), 그 계획을 실행했다(1:27).

- 하나님은 자신의 형상에 따라서 남자와 여자를 창조했다(1:27).

- 하나님은 인간을 창조하신 후에 인간을 축복하시면서 생물을 다스리라고 하셨고 땅의 채소와 열매 나무를 인간에게 주어서 인간이 먹고 생존하는 음식이 되게 했다(1:29).

- 하나님은 흙으로 인간을 창조했고 호흡을 불어넣었다(2:7).

- 동산 각종 나무의 실과는 마음껏 먹되 선악을 알게 하는 나무의 실과는 먹지 말라고 명하셨다(2:16-17).

- 하나님은 아담이 동물들의 이름을 짓게 했다(2:19).

- 하나님은 인간이 홀로 사는 것을 불쌍히 여기어 아담의 옆구리로부터 여자를 만드셨고, 남자는 결혼하면서 부모를 떠나서 여자에게 속하게 되었다(2:18-24).

- 아담은 다른 인간을 보고 "내 뼈의 뼈요, 내 살의 살이라"고 고백했다(2:23).

하나님이 창조하신 인간은 세 가지 중요한 특징을 가진다. (1) 대동, (2) 상호 의존성, (3) 존엄. 먼저 인간은 하나님의 형상과 호흡, 땅의 흙/먼지, 그리고 다른 인간으로부터 창조되었다. 하나님, 자연, 인간의 요소를 모두 가지고 있는 셈이다. 이어지는 섹션에서 자세히 다루겠지만 인간이 하나님의 형상으로 지음받았다는 것은 놀라운 이야기다. 하나님의 속성 중 그 어떤 요소가 우리 안에 있다는 의미다. 하나님의 피조물이면서도 그 가운데 유일하게 하나님의 형상을 가졌다는 것은 인간과 하나님의 관계, 인간과 다른 피조물의 관계, 인간과 인간의 관계에서 가장 기초적인 요소가 된다. 하나님을 닮은 자들의 삶은 존귀해야 하며, 하나님이 피조세계를 창조하신 후에 좋았다고 하시며 사랑하신 그 마음으로 세상과 자연을 돌보아야 하고, 하나님의 형상을 가진 모든 다른 인간들을 사랑해야 한다. 하나님의 형상은 인간 모두에게 존귀함인 동시에 하나님의 모습을 가지고 살아가야 할 엄중한 책임이기도 하다.

또한 인간은 땅의 흙으로 지음받은 존재로서 자연의 일부다. 창세기의 땅은 생명의 바탕이다. 땅의 소산이 인간에게 음식이 되고, 땅의 소산이 동물의 음식이 된다(1:29-30). 그런데 인간은 땅으로부터 온(מִן־הָאֲדָמָה) 먼지(עָפָר)로 지음받았지만(2:7), 동물과 새는 땅(אֲדָמָה)으로 지음을 받았다(2:19). 대부분의 한글 번역은 19절의 "땅"을 "흙"으로 번역하고 있지만, 이것은 엄밀하게 보면 창세기 2:7의 "땅으로부터 온 흙"에 나오는 "땅"에 해당되는 단어이기 때문에 흙보다는 땅으로 번역하는 것이 더 정확하다. 물론 두 단어 모두 흙이라는 의미가 있지만 인간에게 사용된 עָפָר는 먼지라는 의미로 사용된 경우가 압도적으로 많은 데 비해, 동물에게 사용된 אֲדָמָה는 땅(ground, land)이라는 의미로 훨씬 더 많이 사용되었다. 인간과 동물은 동일한 땅의 소산을 먹고 생명을 유지하는데, 동물은 땅으로 지어졌지만 인간은 그 땅의 일부인 먼지로 지음을 받았기 때문에 인간이 더 불안정한 존재다.

신학을 가르치면서 창세기의 인간에 대해 학생들에게 토론하게 하고 인간이 누구인가를 질문하면 많은 학생들이 "흙/먼지로 지음받았다"는 요소를 빠뜨리곤 한다. 참으로 이상한 일이다. 왜 우리 눈에는 하나님의 형상으로 지음받은 높은 존재의 인간만 보일까? 먼지로부터 와서 먼지로 돌아가는(창 3:19) 헛되고 헛된 인간의 생은 단순히 타락의 결과로서 재의 수요일에만 새롭게 자각하게 되는 것이 아니라, 이미 창조 때부터 인간의 본질적 구성 요소였다. 이런 내용을 근거로 하면 "땅을 정복하라"는 말씀도 자연을 남용하라는 뜻이 아니라 자연을 잘 돌보라는 말씀으로 해석할 수 있다. 우리는 또한 흙에 호흡을 불어넣어 사람이 되게 했다는 말씀을 주목해야 한다. 인간은 원래 흙이지만 하나님의 호흡, 즉 생명이 불어넣어져서 비로소 살아 있는 사람이 된 것이다. 히브리어에서 혼이라는 단어는 호흡과 연관이 있고 생명으로 번역되기도 한다. 즉 우리의 생명의 호흡은 절대적으로 하나님에게서 온 것이다. 인간은 숨을 쉴 때마다 하나님께서 허락하신 생명을 숨 쉰다.

그런데 하와가 아담으로부터 왔듯이, 인간은 다른 인간으로부터 지음받은 존재이기도 하다. 여자가 남자로부터 왔다는 것은 성차별의 문제로 접근할 것이 아니라, 인간이 인간으로부터 지음받았다는 인간 본질의 문제로 보아야 한다. 인간은 인간과 더불어 공존해야 하는데, 이것은 단순히 인간이 서로 돕는 자로 살아야 하기 때문이 아니다. 인간은 아예 타인으로부터 나왔다. 즉 나와 타자는 공존하는 것이 아니라 원래 한 덩어리이자 한 몸이었던 것이다. 예수께서는 "우리와 같이 저희도 하나가 되게 하옵소서"(요 17:11), "아버지가 내 안에 내가 아버지 안에"(요 17:21)라고 말씀하시면서 "인간이 서로 하나 되는 것은 단순히 서로 돕는 정도를 넘어서 서로 안에 서로가 거주하는 것"이라고 가르치셨다. 즉 하나님께서 인간을 창조하셨을 때 인간이 바로 다른 인간으로부터 창조된 한 몸이라는 창세기의 심오한 인간학이 예수의 인간 회복 사상의 기초에 있는 것이다.

"내 안에 너 있다"는 드라마에나 등장하는 낭만적 표현이 아니다. 하나님께서 인간을 창조하셨을 때 "나는 네 안에, 너는 내 안에" 있는 존재로 창조하셨다. 그리고 바로 이런 신비한 연합이 더 이상 신비가 아니라 부모가 자녀 안에, 부모와 자녀가 그 자녀의 자녀 안에 계속해서 존재하면서 인간 역사의 가장 원초적인 근거를 형성해왔다. 인간은 타락 이전이나 이후에도 실제로 계속해서 부모로부터, 즉 다른 인간으로부터 만들어진 존재다. 창세기의 인간 창조 이야기는 나와 타자가 서로 "곁에 존재함"에 관한 것이 아니라 나와 타자가 "원래 한 몸"이라는 신비스러운 연합의 이야기다. 인간은 인격적 존재인데 여기서 인격이란 타자와 구분되는 자기 자신이라는 구체적인 실체이며 동시에 타자와 관계를 가지고 있는 존재를 뜻한다. 그런데 앞장에서 다룬 대로 인격적 삼위 하나님은 서로가 서로 안에 내주하시는 상호 침투의 사회적 관계를 가지면서도 자신의 구체적 존재가 타자 속에 함몰되지 않는다. 원래 인간도 하나님의 형상으로 창조되었을 때 이런 특징을 가졌을 것이라고 짐작해볼 수 있다. 상호 거주(mutual indwelling)라는 신비스러운 관계가 바로 인간과 인간 사이의 관계였을 것이다.

이렇듯 인간은 하나님과 자연, 그리고 다른 인간으로 창조된 대동(大同, grand unity)의 존재다. 이 신비스러운 인간 구성의 연합은 아주 오래된 창세기의 이야기이지만, 현대의 인간 이해에도 대단히 중요한 단초를 제공한다. 인간이 초월자에 대한 갈망과 창조적 본성을 가지고 있는 이유는 하나님의 형상과 호흡을 가지고 있기 때문이다.

　　인간과 자연의 조화로운 공생을 위한 생태학이나 생태신학도 모두 인간이 결국 흙으로 지음받았다는 창세기 이야기의 현대적 해석이라 할 수 있다. 특히 현대 사회에서는 개인주의를 극복하고 나와 타자의 관계성과 유대를 이루는 방법이 중요한 주제가 되었는데, 인간이 결국 타자로부터 왔다는 창세기의 인간학이 이를 해결하는 데 결정적인 기여를 할 수 있다.

　　인간이 하나님, 자연, 그리고 다른 인간과 본질적으로 연합되어 있다는 대동사상과 일부 유사한 점이 다른 종교나 철학에서도 발견될 수 있지만, 이 세 요소를 모두 포괄하며 온전한 대동사상의 인간학을 제시하는 것은 기독교만의 고유한 특징이다. 우리는 하나님과의 관계에서 인간의 고유하고 보편적이고 평등한 가치를 발견하고, 자연과의 관계에서 자연과 공존하고 서로 섬기는 법을 배우며, 다른 인간과의 관계에서 인류의 하나됨이라는 숭고한 이상을 깨닫는다. 대동의 기독교 인간학은 하나님께서 인류를 더 높은 곳으로 인도하기 위해 주신 귀한 선물이다.

창세기 인간학의 두 번째 특징은 "상호성"이다. 인간은 하나님께 그 호흡을 의존하고 있으며, 동시에 하나님의 일을 수행하는 대행자다. 하나님은 자신이 다스리시는 세상을 인간에게 맡기셨다. 물론 인간이 하나님을 의존하는 것과 인간에게 세상을 맡기신다는 의미에서 하나님이 인간에게 의존하는 것 사이에는 무한한 질적 차이가 있다. 그래도 하나님의 형상을 지니고 살아가는 우리는 하나님의 심장으로 그분께서 창조하신 세계를 볼 수 있고, 그렇기에 하나님께서도 세상을 다스리는 일의 일부를 유한한 사람에게 맡기셨다. 하나님과 인간이 대칭적이지는 않지만 상호적으로 세상과 관계한다.

인간과 자연도 상호적이다. 하나님께서는 인간에게 자연을 지배하고 다스리라고 말씀하셨지만, 동시에 그 자연을 음식으로 먹고 살도록 하셨다. 인간만이 아니라 인간이 돌보아야 할 동물들도 자연이 주는 음식을 먹도록 하셨다(1:30). 한편으로는 자연을 지배하라(1:28)는 말이 등장하는데, 그 표현이 너무 강렬한 나머지 한국어 성경에서는 자연을 정복하라고 번역되어 있다. 다른 한편으로는 인간의 생존을 위해 땅이 맺는 소산을 음식으로 먹고 살라는 말씀이 등장하고 있으며, 이를 통해 인간의 의존성이 드러난다. 하지만 인간은 이 상호성을 올바로 이해하지 못하고 자연을 끊임없이 파괴해왔다. 실제로 기독교 문화가 자리 잡은 서구 사회가 역사적으로 자연을 마음껏 사용하다 못해 파괴하는 일에 앞장서온 사실을 부인할 수 없다. 아직도 일부 극단적인 그리스도인들은 지구 온난화의 현실을 받아들이지 않고, 자연의 무한함을 하나님의 능력으로 오해하여 무분별한 소비를 부추기기도 한다. 따라서 우리는 창세기에 나타난 인간과 자연의 상호성을 올바로 알고 그것을 토대로 인간을 이해해야 한다.

또한 남자와 여자의 관계에서도 상호성이 발견된다. 어떤 사람들은 여자가 남자로부터 나왔다는 것을 근거로 남녀 차별이 성경적인 것이라고 해석하기도 하는데, 이것은 바로 이어지는 말씀, 즉 남자는 부모를 떠나서 아내에게 붙음으로써 한 몸이 된다는 말씀을 올바로 이해하지 못해 발생하는 문제다. 한국어 성경에는 아내와 연합하다 혹은 합하다라고 번역하고 있어서 원래의 의미가 제대로 드러나지 않지만, 히브리어 דָּבַק 는 어디에 속하거나 붙임이 된다는 의미에 더 가깝다. 즉 남자가 여자에게 붙는다는 의미다. 여자가 남자로부터 나왔지만 결혼하게 되면 아내에게 붙여지는 상호성으로 인해 둘이 한 몸이 되는 것이다. 뿐만 아니라 하나님의 형상으로 지음받았다고 할 때 남자와 여자라는 단어가 동일하게 사용되고 있다. 성경 말씀 가운데 여자와 남자를 차별하는 것으로 보이는 내용이 많다는 이유로 기독교의 치명적이고 문화적인 한계가 지적되기도 하지만, 최소한 창조 이야기는 남자와 여자가 동등하게 하나님의 형상을 가진 상호적인 한 몸이라고 말한다.

마지막으로 창세기 인간학의 특징은 인간의 존엄이다. 도교는 우주와 인간을 함께 다루지만, 기독교는 인간 중심적인 종교다. 창세기의 인간 창조에서 그 점이 두드러진다. 하나님은 세상을 모두 말씀으로 창조하셨다. 그런데 인간을 창조할 때만 먼저 계획을 세우셨다. 인간이 하나님의 계획과 의도대로 창조되었다는 사실은 인간이 가진 목적성을 잘 드러낸다. 인간은 결코 수단이나 도구로 사용될 수 없다. 모든 사람은 하나님의 고귀한 의도를 가졌기 때문이다. 또한 인생은 의미 없는 것이 결코 아니다. 하나님이 인간을 하나님의 뜻과 계획대로 창조하셨기 때문에, 우리가 그 하나님의 뜻대로 살아가는 것이 바로 인생의 의미다.

　나는 스무 살 때 기독교를 떠난 경험이 있다. 기독교 집안에서 자라다가 갑자기 기독교를 떠나고 난 후 부딪힌 가장 심각한 문제가 바로 "생의 의미"를 찾는 것이었다. 하나님으로 채워져 있던 실존의 바탕이 갑자기 사라지고 나니 인생의 그 어떤 일도 무가치해 보였다. 이로 인해 겪은 고통은 일일이 다 설명할 수 없다. 지금도 인생의 의미를 발견하기 위해 고통 속에서 몸부림치는 사람들이 많을 것이다. 기독교는 이 문제에 대해 매우 중요한 내용을 제공한다. **인간의 기원은 하나님이다! 그리고 하나님은 인간을 계획 아래에 창조하셨다. 따라서 인생도 하나님의 뜻에 따라 깊고도 충만한 의미가 있을 것이다.** 하나님께서는 인간이 하나님의 피조물이라는 것을 알고 겸손히 하나님을 섬기면서 서로 사랑하고 용서하고 어려운 자들을 돕고 고통을 나누며 한 몸처럼 살아가기를 원하신다. 그리고 그 원하시는 대로 인간을 창조하셨다. 따라서 우리는 어떤 일을 하든지 생의 의미를 하나님의 창조의 뜻 속에서 발견해야 한다. 인간은 존귀한 존재다. 하나님이 뜻하신 대로 지으셨기 때문이다.

　인간은 하나님을 닮은 창조자이기 때문에 또한 존귀한 자다. 창세기에서 하나님은 창조자다. 인간이 하나님의 형상으로 지음받았다는 것은 창조자 하나님의 창조성을 하나님의 형상으로 받았다는 의미다. 그리고 하나님께서는 아담이 그 창조성을 발휘할 수 있도록 각종 들짐승과 새의 이름을 짓도록 하셨다. 창조성이 없었다면 동물의 이름을 지을 수 없었을 것이다. 창조성은 인간의 가장 원초적인 본성이며 창조주 하나님을 가장 잘 표현한다. 인간이 창조적으로 만들어내는 일체의 일들, 철학, 문화, 새로운 과학과 기술, 음악, 건축, 미술, 문학, 예술의 창조적 작품, 사회 제도와 법률, 새로운 공동체, 각종 발명품 등은 모두 하나님을 드러내는 일이다. 창조성은 하나님께서 인간에게 주신 선물이다.

그런데 이 창조성의 이면에는 자유와 책임이 자리한다. 하나님의 창조성과 인간의 창조성은 질적으로 다르다. 하나님은 절대 자유자로서 인간을 창조하셨고 인간은 하나님을 절대 의존하는 자로서 창조적 일에 참여한다. **따라서 인간은 하나님이 보시기에 아름다운 창조여야 하며, 그 아름다움이 가능하도록 하나님께서 자유와 책임을 주셨다.** 하나님은 인간에게 에덴동산의 모든 실과를 먹을 자유를 허락하셨지만 선악과를 먹지 못하게 하셨다. 하나님은 인간의 창조성이 잘 발휘되도록 자유를 주셨지만, 그 자유를 가지고 악을 만드는 일에 참여하지 않도록 하심으로써 자유에 따르는 책임을 부여하셨다. 땅을 다스리며 모든 생물을 지배할 수 있는 자유를 주셨지만 하나님이 보시기에 좋았던 바로 창조의 그 모습이 잘 유지될 수 있도록 다스리는 책임도 함께 주셨다. 자유가 없다면 창조가 불가능하지만, 무책임한 자유는 악과 혼돈을 창조하는 길로 인간을 향하게 할 것이다.

현대 사회는 자유와 책임의 관계를 두고 깊은 고민에 빠져 있다. 무책임한 자유로 인해 인간이 자신을, 타자를, 자연을 고통 속으로 몰아넣고 있기 때문이다. 그런데 창세기의 이야기는 우리에게 아주 중요한 단서를 준다. 자유와 그 자유에 따르는 책임이 함께 공존해야 하는데, 그 구체적인 내용이 바로 "악과의 싸움"이라는 것이다. **다음 장에서 다루겠지만 악과 싸우기 위해 스스로 자유를 제한하는 것은 인간의 자유를 축소시키는 것이 아니고, 오히려 "내용이 없는 자유"에 "참된 자유"라는 자유의 내용을 제공함으로써 자유를 질적으로 깊이 있게 만드는 것이다.** 이렇듯 가장 오래된 창세기의 이야기는 가장 현대적인 이야기다. 인간이 존귀한 존재인 이유는 하나님께서 인간을 창조하셨을 때 하나님의 선하신 뜻을 가지고 창조하셨고, 인간에게 창조·자유·책임이라는 3가지 본성을 주셨기 때문이다.

죄와 타락: 유전인가 보편적 현상인가?

창세기 3장은 죄와 타락의 이야기다. 인간은 하나님의 형상으로 지음받았지만, 자유에 따르는 책임을 다하지 못하고 하나님과의 관계마저 훼손하고 말았다. 기독교는 이 불행한 인간의 모습을 원죄라고 해석해왔다. 그런데 많은 현대 신학자들은 원죄에 대해 의문을 품는다. 최초의 인류가 죄를 범했다는 것은 모든 인류가 죄를 지었다는 의미인가? 어린아이들도 날 때부터 죄인이라는 말인가? 사회와 국가가 정해놓은 법률이 여러 한계와 문제가 있다고 해도 여전히 인간에게 보편적으로 적용될 수 있는 죄의 기준이 아닌가? 오히려 죄를 짓는 자와 짓지 않는 자, 무거운 죄를 짓는 자와 가벼운 죄를 짓는 자를 구별함으로써 죄의 경중을 따지는 것이 현실의 모습에 더 가깝지 않은가? 이처럼 불편하게 느껴질 수 있는 기독교 교리인 원죄에 대해 찬찬히 살펴보자.

- 창세기의 죄의 본질은 하나님께서 주신 은총을 외면하고 유일하게 금하신 말씀을 지키지 않은 불순종과 반항이다(2:17).

- 이 불순종의 배후에는 뱀의 유혹이 있다. 뱀은 하나님의 말씀을 순종하지 않아도 "죽지 않을 것이다"(3:4), "하나님과 같이 되어 선과 악을 알게 될 것이다"(3:5)라고 인간을 속인다.

- 뱀의 유혹에 하와가 넘어간 이유는 "육체를 충족시킬 탐욕"과 "마음의 자긍을 높일 수 있는 탐욕"(3:6) 때문이다.

- 아담은 이 불순종과 반항에 아무런 저항 없이 참여했다(3:6).

아담과 하와가 지은 죄와 타락은 감사와 자족의 결여, 불순종, 왜곡, 거짓, 탐욕, 교만, 불순종이다. 뱀의 유혹은 거짓과 왜곡이다. 그러나 그들이 뱀의 거짓과 왜곡에 쉽게 빠져버린 이유는 하나님의 은총에 대한 감사와 자족이 없었고, 하나님의 말씀에 불순종했기 때문이다. 하나님의 말씀에 불순종하게 만든 것은 한편으로는 하나님의 말씀을 왜곡한 뱀의 유혹과 거짓이고, 다른 한편으로는 인간의 육체적·정신적 탐욕과 하나님처럼 높아지려는 교만이다. 아담은 하와가 건넨 "불순종의 권면"에 적극적으로 참여하였다. 이 과정에는 하와가 지은 죄의 본성이 모두 포함되었을 것이다.

인류의 조상이 저지른 죄악과 타락은 총체적이다. 그들의 죄는 종교적인 죄다. 그들은 하나님께서 주신 놀라운 축복의 세계에서 하나님을 섬기고 따르며 경배하는 깊고도 깊은 인격적 관계를 박차고 나와 자신들에게로 향하는 불순종을 저질렀다. 아담과 하와의 죄는 하나님 앞에서 지은 죄다. 이로 인해 하나님과의 관계가 깨어져버렸다. 그들의 죄는 또한 의지와 행동의 죄다. 그들 안에는 불순종하고 높아지려는 뜻이 이미 자리하고 있었고, 그들은 그 뜻을 따라 불순종을 행동으로 옮겼다. 탐욕은 육체적인 면과 정신적 면을 아우른다. 선악과가 먹음직하게 보였다 해도, 단순히 배부르기 위해 선악과를 먹지는 않았을 것이다. "하나님처럼 높아지려는 마음과 정신의 탐욕"이 행위의 중요한 동기로 작용했을 것이다. 그리고 하와의 죄는 아담에게 전해지고 나누어진다. 죄와 타락의 사회성이 아담과 하와의 관계에서도 드러난다. 함께함으로써 죄를 서로 조장하고 증폭시킨다. 죄가 선의 결핍이거나 의지에 불과하다는 이론도 있지만, 창세기의 사건은 종교적 죄, 관계의 파괴, 의지와 행동, 전인격적인 죄, 사회적 죄가 포괄된 죄의 총체적인 면을 잘 보여준다.

그런데 이 죄는 인류의 죄를 초래한 결과로 모든 인류에게 이어지게 된 유전적 죄(the inherited sin)인가, 아니면 인류의 죄의 보편성을 잘 드러내는 설명적 원죄(the descriptive original sin)인가?[1] 아담과 하와는 하나님께서 모든 열매를 무제한으로 먹을 수 있도록 배려하신 엄청난 은총을 외면했다. 은총 위에 은총을 받은 자가 그 은총을 깊이 헤아리지 못할 때 죄가 시작된다. 아담과 하와는 유일하게 금하신 단 하나의 열매에 관심을 가졌다. 무한한 선물과 유일한 금욕이 서로 비교된 이 대목은 우리로 하여금 많은 생각을 하게 만든다. 우리는 순종과 불순종, 자유와 그 자유를 제한할 수 있는 의지, 은총과 순종의 양적 차이, 반항과 호기심의 정체, 하나님의 축복과 시험 등에 대해 흥미로운 논의를 이어갈 수도 있다. 또한 "이 차이가 우리의 삶의 현실을 적절히 반영하고 있는가?"라는 질문을 던질 수도 있다. 축복보다는 결핍 속에서 살아가는 자들은 불순종에 대해 정당성을 가질 수도 있지 않은가? 일단 주위에 먹음직하고 보암직한 열매가 있어야 따 먹을 기회도 있는 법인데, 그 기회조차 빼앗긴 채 살아가는 수많은 사람들은 과연 창세기의 이야기를 어떻게 받아들일까?

이 문제를 이해하기 위해 우리는 유전적 죄와 원죄가 어떻게 구분되는지 살펴보아야 한다. 전통적으로 원죄는 유전적인 죄로 이해되어왔다. 아담이 모든 인류의 대표이든지, 모든 인류가 아담을 지니고 있든지, 아담이 인류에게로 자연적으로 전해져 내려오든지, 또는 아담과 인류가 언약의 관계 속에 있든지 간에 아담으로 인해 죄가 세상에 들어오게 되었다고 로마서는 주장한다(롬 5:12-19). 이것은 아담이 인류의 죄의 근원으로서 아담 이후의 모든 인류의 죄를 초래하게 만들었다는(causative) 이론이다. 또한 유전적인 죄와 달리 아담이 인류의 보편적 죄와 죄성을 잘 설명하고 있다고(descriptive) 이해하는 원죄론이 있다. 두 경우 모두 원죄라는 용어를 그대로 사용하고 있지만, 아담의 죄가 원인이 되는(causative) 죄인가 아

---

1   Shults, *Reforming Theological Anthropology*, 192-193.

니면 설명하고 있는(descriptive) 죄인가에 따라서 그 내용이 달라진다.

만약 아담의 죄가 유전적이라고 하면 모든 인간은 태어나면서 죄인이다. 그리고 아담이 죄를 지은 이후 에덴동산에서 쫓겨났기 때문에 현재의 인류는 죄와 악의 지배하에 낙원으로부터 쫓겨난 자들의 삶을 살고 있다. 따라서 아담이 누렸던 넘치는 축복을 더 이상 누리지 못한다. 그런데 만약 아담의 죄가 유전적인 죄가 아니라 인간의 보편적 죄를 잘 설명하는 원죄에 해당한다면, 아담의 죄와 우리가 짓는 죄는 그 본성이 유사해야 한다. 유전적 죄 이론은 최소한이나마 죄의 기원을 설명하고 있다는 장점이 있고, 이에 따르면 아담의 죄는 그 이후의 죄와는 다른 특징을 가질 수도 있기 때문에 창세기의 이야기를 우리에게 그대로 적용할 필요는 없다. 하지만 단점은 심각하다. 아담이 모든 죄를 일으킨 자라면 왜 하필 죄만 유전되어야 하는가? 아담이 누렸던 하나님과의 직접적인 관계는 왜 유전되지 않는가? 아담의 죄 때문에 아담이 누리던 그 높은 지위가 땅에 떨어진 것이라면, 결국 아담은 인류의 원인이 되는 조상이 아니라 땅에 떨어진 인류의 조상에 지나지 않는 것이 아닌가? 최초라는 사실 그 자체로서 그 이후에 일어나는 일의 원인이 되는 것은 아니다. 그저 최초일 수도 있다. 가장 치명적인 문제는 죄의 본질이다. 죄란 책임을 묻는 것이다. 유전적인 죄는 책임을 물을 수 없으므로 죄의 본질에 부합하지 않는다. 죄가 유전적이라면 유전적인 것에 대해서는 책임을 물을 수 없으므로 결코 죄가 아니다.

현대 신학자들은 이런 문제를 극복하기 위해 아담의 죄가 유전적이라기보다는 인간의 죄의 보편적인 면을 잘 설명하고 있다고 주장하면서, 이를 근거로 아담의 죄를 원죄로 새롭게 규정한다. 죄의 유전적 해석이 죄의 본질에 반하기 때문에, 원죄가 원인이 아니라 설명적이라고 해석하는 것이다. 이런 주장은 자신이 짓는 범죄만 죄에 해당한다고 주장하는 진보적 견해에 맞서 성경이 제시하는 죄의 보편성을 잘 방어하기도 한다. 그리고 앞서 살펴보았듯이 창세기의 사건이 인간의 죄의 본성을 통찰력 있게 설명하고 있기 때문에 아담의 죄가 설명적이라는 해석은 가치를 지닌다. 예수께서는 하나님 나라가 고난받는 자들의 것이라고 선포하셨다. 고난받는 자들에 대한 하나님의 사랑과 연민도 유전적 죄의 결과에 대한 하나님의 개입이라기보다는 인간이 마땅히 감당해야 하는 사회적 책임의 결여에 대한 하나님의 간섭이라고 보는 것이 타당하다. 하나님은 선한 자나 악한 자 모두에게 일반적인 은총을 주시지만(마 5:45), 사회 구조나 인간의 이기심의 결과로써 아담처럼 은총 속에 살아가지 못하는 수많은 사람들을 특별히 사랑하신다는 것을 이해하기 위해서는 원죄가 설명적이라고 보는 것이 더 적절하다.

그러나 원죄가 설명적이라는 이론에도 단점이 있다. 아담이 처한 당시의 상황과 우리가 살아가는 현재의 상황은 다르다. 아담은 죄를 지을 수도(*posse peccare*) 혹은 죄를 짓지 않을 수도(*posse non peccare*) 있었던 상황에 있었지만, 우리는 죄를 짓지 않을 수 없는 상황 속에서 살아간다(*non posse non peccare*). 중세의 신학자이자 철학자인 피에르 아벨라르는 열매 하나 따먹은 죄가 원죄라는 엄청난 죄라면, 하나님의 아들을 죽인 죄는 누가 용서할 수 있는지 질문한다(*Exposition of the Epistle to the Romans* 3:19-26, II question). 그러나 이런 질문은 아담이 처한 상황을 올바로 반영하지 못한다. 비록 아담의 죄가 살인과 같이 치명적인 것은 아니라 할지라도, 아담은 하나님과 직접 대면하며 동식물을 다스리는 높은 위치에 있었고 모든 과실을 다 먹을 수 있는 엄청난 자유를 누렸다. 그럼에도 불구하고 단 하나의 금지 명령에 불순종하여 하나님과의 관계를 깨어버렸다. 이렇게 아담이 지은 치명적인 죄, 즉 "깨어진 관계"(broken relationship)의 결과로써 인간은 온갖 종류의 죄를 짓게 되었다. 만약 아담의 죄가 단순히 설명적이라면 인간은 현재와 같이 죄를 지을 수밖에 없는 존재로 창조된 것이기에, 죄의 근원은 이런 인간을 창조한 하나님이 되어버린다. 이처럼 아담의 죄의 결과 속에서 우리가 살아간다는 점에서, 아담의 죄가 인간의 죄의 원인이 되는 것도 사실이다. 따라서 우리는 아담의 죄가 인간의 죄의 본질을 잘 설명하고 있지만 몇 가지 중요한 점에서 인류가 현재 처한 상황에 부합하지 않는다고 할 수밖에 없고, 이 점은 아담의 원죄를 "설명적"이라고 이해하는 이론의 근본적인 한계가 된다. 아담의 죄는 유전적이면서 동시에 설명적인 두 요소를 모두 가지고 있다고 보는 것이 더 적절하다.

죄와 타락의 결과: 의식과 행위의 괴리, 깨어진 관계

아담과 하와의 죄가 총체적이면서도 "하나님과의 관계, 인간과 인간의 관계, 인간과 자연의 관계가 깨어진 것"으로 나타났다면, 그 자체가 죄일 수도 있고 혹은 죄의 결과로 낙원에서 쫓겨나서 관계가 깨어졌다고 생각할 수도 있다. 아마도 불순종의 의지가 싹텄을 때 이미 하나님과의 관계가 왜곡되기 시작했을 것이다. 그리고 그 치명적인 결과는 하나님께서 창세기 3:14-21에서 인간을 심판하셨을 때 인간이 맺고 있는 모든 종류의 관계가 깨어져버리는 모습으로 드러난다. 그런데 하나님께서 이들을 심판하시기 전에 아래와 같은 일들이 일어난다.

- 아담과 하와는 눈이 밝아져서 자신들이 벗은 줄을 알게 되었고 하나님의 낯을 피하여 나무 사이에 숨었다(3:7-8).

- 아담은 벗었으므로 두려워하였고, 숨었다고 하나님께 말했다(3:10).

- 아담은 하나님이 주셔서 자신과 함께하게 하신 여자가 자신에게 실과를

주어서 먹었다고 답했고 여자는 뱀이 유혹해서 먹었다고 답했다(3:12-13).

이어지는 말씀을 보면 하나님은 뱀에게 답변할 기회를 주지 않는다. 오직 아담과 하와에게만 답변 기회를 주면서 이들과의 인격적인 관계를 보여준다. 아담은 죄를 지었기 때문에 숨었다. 그런데 벗었기 때문에 두려웠다고 둘러댄다. 그러면서 아담은 하와에게, 하와는 뱀에게 죄를 전가하였다. 죄의 결과는 거짓과 두려움과 감춤과 전가인데, 이 모든 것이 자신이 죄를 지었다는 것을 "자각"할 때 발생하였다. 아마도 이것이 "선과 악을 알게 됨"과 연관이 있을 것이다.

하나님께서는 죄의 결과를 설명하신 후에 "사람이 선악을 아는 일에 우리 중 하나 같이 되었다"(3:22)고 말씀하시는데, 그렇다면 이것은 뱀의 설명대로 인간의 눈이 열린 증거가 아닐까?(3:5) 죄에 대해 뚜렷한 의식을 가지게 되었다는 것은 이전에는 그 의식조차 없었다는 뜻인데, 죄에 대한 의식 없이 하나님의 말씀에 불순종하는 것이 과연 가능한가? 창세기 본문은 이런 질문에 대해 구체적으로 설명하고 있지 않다. 단지 우리가 깨달을 수 있는 것은 아담의 불순종과 타락의 결과로써 인간은 죄에 대한 자각이라는 아주 중요한 도덕적 의식을 가지게 되었고, 이것은 죄에 대한 책임을 물을 수 있는 근거가 된다는 점이다.

"선과 악을 아는 것"이 인간에게 어떤 의미일까? 두 가지로 해석해 볼 수 있다. 일단 인식론적으로 "아는 것"에 초점을 맞춘다면, 도덕적 의식과 도덕적 행위 사이의 괴리로 인해 인간의 불행이 시작되었다고 볼 수 있다. 아담과 하와는 죄를 두려워하는 도덕적 자각은 가지게 되었지만, 자신의 죄를 타자에게 전가함으로써 도덕적 행위가 의식을 따라가지 못하는 문제를 드러냈다. 즉 선과 악을 구분할 수 있는 도덕적 의식과 자신의 죄를 자각할 수 있는 능력은 생겼지만, 그 의식과 자각에 걸맞은 도덕적 행위를 올바로 수행할 능력을 갖추지 못한 것이 인간 비극의 주된 내용이다. 아담과 하와가 타락하기 전에는 하나님과의 직접적인 인격적 관계 속에 있었기 때문에 도적적 자각과 죄의식이 필요하지 않았다. 그리고 자각과 행위의 일치는 오직 하나님께만 발견될 수 있는 신적 속성이기 때문에, 이 땅에서 창조주에게 자신을 의지해야만 온전함의 일부를 얻을 수 있는 피조물에게는 불가능한 일이다. 인간의 눈이 진정으로 열렸다면 자각과 행위가 일치해야 하는데 이것은 인간에게는 지나친 과제다. 따라서 뱀의 말처럼 선과 악을 알게 된 것은 눈이 열리는 긍정적인 결과일 수도 있지만, 실제로 인간은 도덕적 의식에 걸맞는 도덕적 행위를 할 수 없는 존재로 살아가는 비극을 맞게 되었고 죽음만이 해결할 수 있는 나락으로 떨어졌다. 하나님께서 그룹과 두루 도는 불 칼로 생명 나무의 길을 지키시어 인간이 죽음으로 삶을 매듭지을 수 있게 하신 것은, 자각과 행위 사이의 괴리로 인해 불행한 삶을 살아야 하는 인류에게 그 불행을 마칠 수 있는 유일한 길이자 축복을 주신 것이다.

둘째, "아는 것"을 존재론적으로 해석할 수도 있다. "선과 악을 아는 데 우리 중 하나처럼 되었다"는 말씀에서 히브리어 "안다"(ידע)라는 단어는 지적 의식보다는 전 인격적인 지혜와 관계를 포괄한다. 그런데 왜 하필 "우리 중 하나"라고 하셨을까? 복수를 의미하는 이 접미어는 "우리의 형상을 따라"(창 1:26) 창조하셨을 때 사용된 복수 형태와 같이 다신론의 근거로 해석될 수도 있고 때로는 삼위 하나님의 단초로 해석되기도 했다. 그러나 복수형이 사용되었다고 해서 창세기가 다신론의 배경을 가지고 있었다고 보기는 어렵다. 앞에서 다루었듯이 다신교란 복수의 신을 함께 섬기는 것을 의미하기 때문이다. 하나님을 의미하는 히브리어 단어 엘로힘은 복수 형태이지만 단수의 의미로 사용되고 있다. 예를 들어 창세기 17:9에서 하나님(엘로힘)이 "내 언약"을 지키라고 하실 때의 "내"는 단수형 접미어를 사용하고 있다. 따라서 창세기 1:26에서 사용된 복수형은 단순히 하나님의 영광을 나타내는 언어적 기법이라고 생각할 수도 있고, 혹은 하나님의 내적 의도를 "우리 ~할까"라는 복수형의 권유형 언어(cohortative)로 표현한 것일 수도 있다.[2]

그런데 왜 창세기 3:22에서는 "우리 가운데 하나"라고 더 구체적으로 표현했을까? 이것은 단순히 "나와 같은"의 다른 표현일 수도 있다. 혹은 선과 악을 이해하고 이를 실행하면서 타자와 관계를 이루고 살아가는 자들, 즉 종교적·윤리적 삶을 포괄하는 존재 중 한 부류가 되었다는 말씀으로 해석할 수도 있다. 그렇다면 뱀의 유혹처럼 눈이 열려서 하나님처럼 더 높은 존재가 된 것은 아닐까?

하나님처럼 선과 악을 아는 존재가 되었다는 것은 역설적으로 인간과 하나님의 존재론적 차이를 드러낸다. 하나님은 바벨탑을 쌓아 자신과 같이 높아지려는 인간들의 언어 소통을 막음으로써 인간과 명확하게 거리를 두셨다. 이처럼 창세기의 타락 사건도 하나님과 인간의 존재론적 차이를 명확히 밝히고 있는 것이 아닐까? 혹은 신과 인간의 존재론적 차이를 바탕으로 하는 유대의 신관과 사상적 기초가 창조 이야기에서 표출된 것은 아닐까? 창세기 3장의 타락의 주된 내용을 고려하면, 피조물은 역설적으로 창조주처럼 높아지려는 존재적 본성으로 인해 여전히 피조물의 한계 속에서 살아가고 있다. 인간을 지으시고 인간에게 자신을 한없이 낮추어서 대화하고 인격적인 관계를 맺는 하나님이지만, 이처럼 역설적으로 인간처럼 낮아지시는 그 하나님의 본성이 바로 인간이 도저히 닮을 수

---

2   David W. Cotter, *Genesis*, Berit Olam: Studies in Hebrew Narrative and Poetry (Minnesota: The Liturgical Press, 2003), 17.

없는 창조주의 참 모습이다. 이 역설 속에서 결코 혼동하면 안 되는 것은 하나님과 인간의 존재론적 차이다. 하나님께서는 인간과 인격적 관계를 맺으시면서도, 인간의 본질적인 한계를 "선과 악"이라는 도덕적·종교적 용어로 우리에게 선명하게 선포하고 있는 것은 아닐까? 우리는 이것을 도덕적·종교적 존재이지만 피조물의 한계 속에서 산다는 인간 존재의 참모습을 선포하시는 말씀으로 이해할 수도 있다.

하나님께서는 타락의 결과를 아담과 하와에게 각각 선포하신다.

> 뱀은 모든 짐승보다 저주를 받아서 배로 다니고 종신토록 흙을 먹을 것이며 여자와 원수가 되어 여자의 후손이 뱀의 머리를 상하게 하고 뱀은 그의 발꿈치를 상하게 할 것이다(3:14-15).

> 여자는 잉태하는 고통을 가지며 남편을 사모하고 남편은 여자를 다스릴 것이다(3:16)

> 아담은 그 죄로 인해서 땅이 저주를 받고, 종신토록 수고하여야 그 소산을 먹을 것이며 흙으로 돌아갈 것이다(3:17-19).

하나님께서 선포하신 이 저주와 심판의 핵심적인 가치는 무엇인가? 인간이 이렇게 살아갈 수밖에 없는 "현실"을 담담히 받아들이라는 의미인가? 혹은 이렇게 악과 다툼과 고통이 지배하는 세상과 "싸워야 한다는 것"을 의미하는가? **뱀과의 싸움, 자연의 소산을 얻기 위한 수고가 인간의 역동적인 삶을 의미한다는 점에서 하나님의 심판은 (1) 인간이 하나님과 다른 인간과, 그리고 자연과 맺은 대동이 깨어져버린 죄 아래 살아가는 현실을 알려주면서, (2) 그 현실로 인해 일어나는 수많은 문제와 싸워가야 한다는**

것을 동시에 선포한 것으로 생각할 수 있다. 따라서 하나님께서 이 심판을 통해 원하시는 것은 인간이 현재 살아가고 있는 깨어진 관계를 직시하고 그 상황과 투쟁함으로써 본래의 대동의 모습을 회복하는 것이다.

뱀이 받은 심판은 하나님을 떠남으로써 하나님과의 관계를 깨어버린 인간이 악의 세계와 끊임없는 투쟁 속에 있을 것을 의미한다. 물론 우리는 뱀으로 지칭되는 존재가 무엇인지 정확히 알지 못한다. 배로 다닌다는 것이 말 그대로의 육체적 특징인지, 아니면 인간과 투쟁을 벌이는 사탄의 낮은 지위를 뜻하는 것인지 판단하기 어렵다. 그러나 분명한 것은 하나님께 불순종한 아담과 하와의 죄와 타락으로 인해, 인간은 뱀의 머리를 상하게 하고 뱀은 인간의 발꿈치를 상하게 할 정도의 악과의 투쟁 속으로 떨어지게 되었다. **하나님과의 관계가 깨어졌다는 것은 단순히 하나님을 떠났다는 것뿐만 아니라, 악과 치열하게 싸우는 투쟁 속으로 떨어졌다는 것이다.** 물론 이 싸움은 인간으로서 찾아와 인간의 악과 고통을 나누고 짊어지며 악의 머리를 상하게 하는 예수 그리스도와 그리스도의 발꿈치를 상하게 하는 악의 대결로 이어질 것이다. 그리고 구약의 눈으로 이 싸움을 바라보면, 악과 싸우는 하나님께서 치열한 투쟁 속으로 떨어진 인간에게 머리와 발꿈치로 비교되는 승리와 소망의 메시지를 알려주신다는 것을 깨달을 수 있다. 비록 인류의 역사가 이런 소망을 다 이루어내지는 못했고 발꿈치 정도가 아니라 온몸에 깊은 상처를 입을 정도로 악과 고통이 인류를 집어삼키고 있지만, 적어도 창세기의 이야기는 하나님께서 끝없이 나락으로 떨어진 인간에게 소망의 빛을 주셨다는 것을 계시한다.

타락의 결과로 인간과 인간의 관계도 깨어져버렸다. 이로 인해 인간이 타자를 지배할 수 있다는 이 믿을 수 없는 악이 등장한 것이다. 어떻게 인간이 다른 인간을 지배할 수 있다는 생각을 하게 되었을까? 혹자는 **하와가 아담을 바라고 아담이 하와를 다스린다는 이 지배 구조가 하나님께**

서 정해주신 일이라고 이해하기도 하지만, 이것은 하나님께서 원하시는 구조가 아니라 아담과 하와의 타락으로 발생한 일이다. 인류가 악의 세력과 싸워야 하듯이, 하와가 해산의 고통과 싸워야 하듯이, 인간은 서로가 서로를 지배하는 악과 싸워야 한다.

이사야 58:6-7에서 하나님은 "내가 기뻐하는 금식은 흉악의 결박을 풀어주며 멍에의 줄을 끌러주며 압제당하는 자를 자유하게 하며 모든 멍에를 꺾는 것이 아니겠느냐? 또 주린 자에게 네 양식을 나누어 주며 유리하는 빈민을 집에 들이며 헐벗은 자를 보면 입히며 또 네 육체(flesh, בָּשָׂר)를 피하여 스스로 숨지 아니하는 것이 아니겠느냐?"고 말씀하신다. 인간은 이 깨어진 관계를 회복하기 위해 싸워나가야 하는데, 그 구체적인 내용은 고난 받는 자들에게 자유를, 가난한 자들에게 양식과 옷을 주는 것이라고 하시면서, 이렇게 고난 받는 자들이 바로 우리 자신의 몸, 육체라고 정의하셨다. 이 몸이라는 단어는 창세기에서 아담이 하와에게 "내 몸의 몸"이라고 했을 때 사용된 단어와 같다. 인간과 인간의 깨어진 관계는 이 땅에서 계속될 것인데 고난 받는 자들을 돌보는 것이 바로 우리 자신의 육체를 돌보는 것이라는 말씀 속에서, 우리는 이 깨어짐을 회복하고 모든 사람이 하나의 몸이 되는 것을 하나님께서 이 땅에서 강렬히 원하고 계시며 그것이 바로 종말의 모습이라는 것을 발견한다.

인간이 인간을 지배하고 다스리려는 욕구로 인해 인류는 비참한 폭력의 역사를 걸어야 했다. 피부 색깔이 다르다는 이유로 사람을 학대하고 팔고 죽이기까지 했다. 도저히 받아들일 수도 없고 믿을 수도 없는 일이다. 어떻게 인간이 이렇게까지 나락으로 떨어질 수 있는 것인가? 놀랍게도 이런 차별과 학대의 문화에 노출된 인간은 의식적이든 무의식적이든 그런 문화에 휩쓸리게 된다. 인간의 존엄과 자유와 창조성이 아무리 인간을 높여도, 인간이 다른 인간을 지배하려는 욕구를 가지고 있는 한

짐승과 다르지 않고, 어찌 보면 욕구가 없는 사물보다 열등하다. 그 어떤 철학이나 종교나 문화도 이 참담한 인간 파괴에 대한 평계가 될 수 없다. 타자를 다스리려는 욕구를 가진 인간은 그저 참혹한 죄인일 뿐이다. 평범한 사람들뿐만 아니라 기독교 역사의 그 위대한 성자들도 이런 문제에서 자유로울 수 없었다. "인간의 떨어짐"(the Fall)은 이토록 심각하고 치명적이다.

남녀 차별의 문제 역시 인간의 지배가 얼마나 폭력적인지를 잘 드러낸다. 특정한 일에 있어서 남자가 여자보다 육체적으로 조금 더 강하다는 것(이러한 차이도 사회가 만들어놓은 결과일 수 있지만, 역사적으로 육체적 힘의 차이가 차별의 근거가 되었던 과거를 생각해보면) 바로 그 이유 하나를 근거로 남자가 여자에게 제도적·개인적 차별, 추행, 폭력, 폭행을 일삼는 것은 인간성을 말살하는 것이다. 여남 차별의 문제는 기독교의 문제이기도 하다. 성경은 몇몇 중요한 구절을 제외하고 여자와 남자를 차별하는 인간 문화를 고스란히 담아내고 있는데, 기독교 역사는 이것을 잘못 사용하기도 했다. 여성 안수 문제를 놓고 아직도 토론 중인 일부 개신교단뿐만 아니라, 여성 사제를 아직까지 허용하지 않는 가톨릭도 이 문제에서 결코 자유롭지 못하다. 그리고 유교 문화가 유달리 강한 한국은 여남 차별의 문화적 적폐까지 떠안고 있다. 그러나 하나님께서는 결코 여남 차별이 아담과 하와의 타락의 결과이니 받아들이라고 하시지 않았다. "인간이 다른 인간을 지배하는 떨어짐" 속에 살아가는 그 현실을 깨닫게 하시고, 바로 이 폭력에 맞서서 싸우라고 말씀하셨다. 그리고 하나님의 거룩한 영이 임하면 "남자와 여자가 예언하는"(행 2:17-18; 욜 2:28-29)일이 일어날 것이며, 이것은 여자와 남자가 하나님의 형상으로 지음받은 창조질서와 존엄을 회복하는 일이다. 뿐만 아니라 그리스도에게로 세례받고 그리스도로 옷 입은 자들에게는 성별에 따른 차별이 더 이상 있을 수 없다(갈 3:27-28). 여남 차별은 부패한 인간의 폭력적 모습을 드러내는데, **삼위 하나님께서는 여남 차별이 존재하지 않는 세상을 의도하셨고 그것을 이루어가신다.** 창조주 하나님께서는 여자와 남자를 차별하지 않고 자신의 형상으로 지으셨고, 성자와의 연합으로 그 끔찍한 차별의 죄악으로부터 해방되며, 성령의 새롭게 하심으로 여자와 남자가 차별 없이 함께 세상을 진리와 복음으로 이끈다.

해산의 고통에 대해서도 마찬가지다. 창세기 3장은 결코 여자가 당하는 해산의 고통도 형벌이니 받아들이라고 말하지 않는다. 오히려 죽음 같은 끔찍한 고통을 통해 생명을 얻게 되는 이 신비를 깨닫는 자들이 고난을 통해 생명의 거룩한 연대를 이루기 위해 고통과 싸워야 함을 알려오시는 것이다. 생명을 지키는 일에 여성이 남성보다 더 직관적이고 본능적인 이유는 생명을 위한 해산의 고통을 경험하기 때문이다. 내 몸의 고통을 통해 새로운 생명을 낳고 기르는 이 신비를 남자들은 얼마나 이해할 수 있을까? 물론 남자들도 고통과 생명의 깊은 연관성을 깨달을 수 있는 일들을 경험한다. 하지만 해산의 고통을 경험하는 것이 통증 없이 해산하는 것보다 더 성경적이라는 뒤틀린 근거를 들어 아내에게 해산의 고통을 일방적으로 요구해서는 안 될 일이다. 고통은 받아들여야만 하는 형벌이 결코 아니다. 그러나 여성이 자신의 몸속에 생명을 오랫동안 품고, 해산의 고통과 젖을 물려서 생명을 지켜내는 이 신비스러운 일을 경험하게 된다면, "고통과 생명"이라는 가치를 남자보다 훨씬 더 구체적으로 경험할 수 있다. 그리고 그들의 경험과 시각을 통해 고통과 생명의 하나님을 훨씬 더 잘 이해하고 드러낼 수 있다. 여자와 남자의 차이를 부각시키다 보면 차별을 허용하거나 조장하게 될 수도 있다. 하지만 우리는 "여자의 해산의 고통"이 생명을 위한 거룩한 투쟁이라는 점을 결코 놓쳐서는 안 된다.

지배는 폭력이다. 질서가 아니다. 인종·성별·경제적 차이로 인해 인간이 타인을 지배하는 사회를 만들고 교회 안에서조차 심각한 갈등을 빚기도 하는데, 바로 이런 인간 폭력의 민낯이 하나님의 준엄한 심판 속에 고스란히 담겨 있다. 인류는 이 폭력에 강렬히 저항해야 하지만, 그 저항의 여정은 어머니가 아이를 품는 것과 같은 "비폭력의 생명의 길"이어야 한다. 폭력적 인간 현상에 싸우기 위해 폭력을 사용하는 것은 자기모순이다. 사회가 정해놓은 틀 속에서 질서와 조화를 위해 각각 서로 다른 역할을 맡을 수는 있지만, 지위와 신분의 높고 낮음이 허용되어서는 안 된다. 우리 모두는 타락한 자들, 지극히 낮은 자들이기 때문이다. 낮고 낮은 비천한 우리 자신에 대한 심오한 자각 속에서, 함께 해산하는 고통으로 생명을 이루고 생명의 가치를 지켜내는 일에 "서로를 사모하고 서로를 의지하라는 것"이 바로 하나님께서 하와에게 주신 준엄한 심판의 핵심적인 내용이다.

마지막으로, 타락과 죄로 인해 인간과 자연의 관계가 깨어져버렸고 아담을 향한 하나님의 심판 속에 이 깨어짐이 잘 드러난다. 하나님께서 인간을 창조하셨을 때 나무의 열매를 음식으로 주셨다(1:29). 그것은 무한한 은총이자 선물이었다. 인간은 이런 자연을 잘 관리함으로써 자연과 서로 의지하고 생명을 나누었다. 그런데 타락이 이 평화스러운 관계를 깨뜨렸다. 땅이 인간으로 인해 저주를 받았고, 인간은 땅의 소산을 먹고 생명을 지탱하기 위해 고통 속에 수고하게 되었다. 그리고 인간이 흙으로 다시 돌아가는 죽음이 찾아왔다. 자연과 생존의 투쟁을 벌이다가 결국 다시 자연으로 돌아가는 공허한 삶을 살게 된 것이다.

땅이 인간으로 인해 저주를 받게 되었다는 것은 어떤 의미일까? 원죄를 유전적으로만 이해하게 되면, 인간의 타락으로 인해 땅의 저주가 이미 결정된 것으로 보인다. 아무리 인간이 하나님의 형상으로 지음받았다고 할지라도, 인간의 타락이 자연의 저주를 초래할 정도로 인간이 자연에 대해 절대적으로 높은 존재였던가? 인간은 땅이 아니라 땅의 일부에 불과한 먼지로 지음받지 않았던가?(2:7) 혹자는 땅의 저주를 로마서에 언급되는 피조물의 탄식과 연결 짓는다. "피조물도 썩어짐의 종노릇한 데서 해방되어"…(롬 8:21). 물론 예수 그리스도의 십자가 사건은 전 인류를 넘어서 하늘과 땅의 모든 것에게 영향을 미치는 우주적 사건이다(엡 1:10). 그러나 아담에게 하신 심판의 말씀 가운데 땅이 저주를 받게 된다는 것이 과연 피조물 전체나 우주적 악과 연관이 있다는 의미인가? 자연과 우주에도 갈등과 폭력이 난무하는 것을 보면, 아담에게 말씀하신 땅의 저주가 우주에 영향을 끼쳤다고 생각할 수도 있다. 그렇다면 이것은 자연에 대한 인간의 지배를 의미하는가?

앞서 살펴보았듯이, 인간과 자연의 관계는 상호의존적이다. 따라서 인간의 타락이 땅의 저주를 가져왔다는 것은, 인간이 자연보다 높은 지위에 있다는 것이 아니라 인간과 자연의 불가분의 관계를 뜻한다. 타락한 인간의 탐심이 자연과 환경을 파괴하고 있는 현 상황을 돌아보면, 인간의 "올바름과 선함"이 자연에 축복이 될 수도 있고 "인간의 타락과 탐욕"이 땅의 저주를 불러올 수도 있음을 알게된다. 흥미롭게도 땅의 저주는 인간에 대한 심판의 내용이었다. 즉 땅이 저주를 받음으로써 인간이 고통 속에 살아가게 된 것처럼 인간과 자연은 상호의존적이다. 그리고 원죄를 유전적이라기보다는 보편적 현상에 대한 설명이라고 이해할 때, 땅의 저주는 현재적 시점을 가진다. 다시 말하면, 아담과 하와의 죄와 타락으로 인해 땅이 저주를 받았다는 것은 지금 여기서도 계속 일어나고 있는 일이다. 인간의 탐욕과 땅의 저주는 창세기 이야기에서는 쉽게 연결되지 않지만, 지금 여기를 살아가는 우리에게는 너무도 정확하게 적용되는 일이다. 인간의 탐욕이 땅을 저주한다. 인간이 땅을 저주하고 있는 것이다. 창세기의 가장 오래된 이야기가 바로 지금 여기서 일어나고 있다.

또한 땅의 저주는 자연이 온갖 종류의 고통으로 신음하고 있는 현실을 드러내고 있으며, 동시에 인간이 싸워가야 할 투쟁의 내용을 알려주고 있다. 악의 머리를 상하게 하기 위해 싸우듯이, 그리고 인간이 인간을 지배하려는 참혹한 악과 투쟁해야 하듯이, 인간은 땅과 자연을 파괴하는 일체의 세력과 싸워야 한다. 우리는 이기심·탐욕·익숙함에 젖어 땅을 저주하는 생활을 거리낌 없이 영위하고 있기에 이 투쟁은 결코 쉬운 일이 아니다. 그러나 인간이 땅을 저주하는 것은 당위가 아니다. 대동의 아름다움으로 돌아가는 길고도 긴 여정 속에서 싸워나가야 하는 일이다.

그런데 인간의 마지막 싸움은 생명과 죽음에 관한 싸움이다. 하나님께서 하신 땅의 저주는 자연에 대한 저주라기보다는, 땅의 결실이 인간에게 무한으로 주어진 것이 아니라 인간의 생명을 지탱하도록 하기 위해서 인간이 수고해야 한다는 말씀이다. 창세기에서 땅은 생명이 살아가는 토대(1:24-26, 28)로, 그리고 인간과 동물의 생명을 지탱하는 음식(1:29-30)으로 묘사된다. 그리고 하나님께서는 땅의 저주를 언급하신 후에 "땅이 가시덤불과 엉겅퀴를 낼 것"이며, "땀을 흘려야 식물을 먹을 것"이고, 그리고 "흙으로 돌아갈 것"이라고 말씀하셨다. 즉 땅의 저주는 구체적으로 인간의 생명 유지, 그리고 죽음과 깊은 연관이 있다. 높은 경제적·사회적 지위를 누리고 풍요로운 삶을 살면서 다른 사람들보다 비교적 고통이 덜한 삶을 사는 자들도 있겠지만, 사람마다 고통의 내용은 다른 법이다. 사람마다 생명을 유지하기 위해 수고하는 고통의 차이가 크다. 그러나 그 누구도 죽음을 피해갈 수는 없다. 하나님의 심판이 (1) 인간이 처해 있는 현상과 (2) 인간이 싸워가야 할 투쟁이라면, 수고와 고통은 (2)에 속하는 투쟁의 대상이지만, 죽음은 (1)에 해당하는 모든 인간이 처한 보편적 상황이다. 이런 이유를 들어 죽음이 죄와 타락의 결과가 아니라 자연적 현상이라고 주장하는 자들도 있다. "흙으로 돌아간다"는 점에서 죽음을 자연적

현상이라고 생각할 수도 있다. 그러나 하나님께서는 "선악과를 먹으면 정
녕 죽을 것이다"(2:17)라고 하시며, 생명 나무가 있는 에덴동산에서 인간
을 쫓아내셨다(3:22-23). 즉 죽음은 인간의 죄의 결과이자 하나님의 심판
인 것이다.

생명은 창조주 하나님께서 주신 축복이자 선물이다. 그러나 인류는
생존을 위해 몸부림을 쳐왔고, 심지어 생명을 유지하기 위해 전쟁을 일으
키기도 했다. 그리고 이 고통스러운 삶의 끝자락에는 죽음이 기다리고 있
다. **아담에게 행하신 하나님의 심판은 고통과 죽음이라는 인간 실존을 가
장 잘 표현한 것이다.** 앞서 인간의 고난과 기독교의 문제를 다루면서 윤
리적 해석을 넘어서는 많은 주제를 논했다. 인간의 삶이 단순히 생명을
유지하기 위한 것이고 그 마지막이 죽음이라면 이보다 더 헛된 일이 어디
있겠는가?

아담과 하와의 타락과 죄로 인해 인간은 심각한 상황에 처하게 되었
다. 하나님과의 관계 단절, 악과의 투쟁, 인간과 인간이 만들어내는 고통
과 차별, 인간과 자연의 깨어진 관계, 고통에 찬 삶과 죽음이라는 이 엄청
난 심판과 저주는 기독교가 인간을 지나치게 염세적으로 이해하고 있는
것이 아닌가라는 의문을 불러일으킨다. 하나님과 인간, 인간과 인간, 인
간과 자연의 깨어진 관계 속에서도 우리는 인간에 대한 희망을 발견할 수
있어야 한다. 비록 관계가 깨어졌어도 **관계가 소멸된 것은 아니다.** 고통과
죽음이라는 치명적 심판 한가운데서도 하나님께서 허락하신 생명을 읽는
다. 타락으로 인해 생명이 즉각적으로 소멸된 것이 아니다. 하나님께서는
아담과 하와가 계속해서 살아가도록 생명을 허락하셨고, 그 생명에게 옷
을 지어 입히셨고, 인간의 삶에 여전히 관여하시기 때문이다. 인간을 폐기
하고 다시 창조하거나 바로 소멸시키실 수도 있었는데, 하나님께서는 왜
생명을 허락하셨을까? 기독교의 인간 이해가 부정적이고 염세적이라는

비판에 답하기 위해서는 하나님의 형상과 죄에 대한 논의를 살펴봄으로써 균형 있게 이 문제를 다루어야 한다.

2
하나님의 형상

인간이 하나님의 형상이라는 기독교의 사상은 많은 질문과 함께 발전해 왔다. 여기서는 네 가지 질문에 초점을 맞춰 하나님의 형상을 다룰 것이다. 첫째, 하나님의 형상의 구체적인 내용은 인간의 어떤 부분에서 발견되는가? 인간의 지성인가 혹은 전 인격인가? 둘째, 하나님의 형상을 이해하는 틀은 무엇인가? 인간이 태어날 때부터 가지고 태어나는 구조적이고 본질적인 본성인가? 인간이 수행하는 기능인가, 아니면 하나님과의 관계 혹은 다른 인간과의 관계인가? 역동적이고 종말론적 과정인가? 본질이라면 그 구체적인 내용이 무엇인가? 인간의 영적인 부분인가 혹은 육적인 부분도 포함하는가? 모든 인간이 하나님의 형상을 타고난 본성으로 가지고 있는가? 하나님의 형상으로 인해 인간이 동물과 본질적으로 구분될 수 있는가? 하나님의 형상이 역동적이라면 인간의 진화와도 관계가 있는가? 셋째, 하나님의 형상과 원죄는 어떤 관계인가? 타락으로 인해 하나님의 형상이 치명적으로 훼손되거나 폐기되었는가? 초기 교회부터 제기되어온 하나님의 형상에 대한 이해는 가톨릭교회와 개신교를 나누는 중요한 차이다. 창세기 1:26에는 "형상과 모양으로"라는 표현이 나온다. 하나님의 형상과 모양은 서로 다른 것인가? 만약 다르다면 원죄가 형상과 모양에 끼친 영향도 다른가? 형상과 모양은 동일한 개념을 다른 용어를 사용하여 반복한 것에 불과한가? 넷째, 하나님의 형상은 구약에서 세 차례, 신약에서 일곱 차례 언급된다. 각 본문에 드러난 하나님의 형상의 의미를 소상히 살펴봄으로써 앞선 질문을 탐색해볼 것이다.

하나님의 형상은 인간의 어디에?

인간이 하나님의 형상으로 지음받았다면 도대체 인간의 어떤 부분이 하나님의 형상에 가까운가? 이 질문은 서구 신학의 근간을 흔들었다. 서구 신학은 인간의 지성이나 영혼에 하나님의 형상의 처소가 있다고 주장해 왔고, 지성을 인간의 본성으로 인정하는 지성주의와 영과 육을 분리하는 이원론은 기독교 제국주의를 낳았다는 비판에 직면했다. 이들은 영지주의자들과 같이 영과 육을 분리함으로써 육을 경시하거나 육이 관계하는 인간의 실존적 상태가 인간 이해에 필연적인 요소가 아니라는 신학적 오류를 범했고, 이로 인해 의도적이든 비의도적이든 육에 속한 일체의 일들, 즉 인종 차별, 노예 제도, 여성 차별, 경제적·정치적 차별을 수용하고 정당화하기도 했다.[3] 인간의 존엄과 가치를 가장 잘 대변하는 "하나님의 형상"(imago Dei)이라는 기독교의 개념이 인간을 차별하고 지배하는 수단의 근거로 사용된 것은 참으로 역설 가운데 역설이다. 우리는 이런 것을 보면서 하나님의 형상이 죄로 인해 심각하게 훼손되었다는 해석이 타당하다고 생각할 수도 있다.

하나님의 형상을 그리스도와의 관계로 이해할 수 있다는 점에서 관계적 측면은 중요하다. 그러나 서구의 이원론에 문제가 있다면 이원론을

---

3 Susan Brooks Thistlewaite, "Beyond dualisms: Rosemary Radford Ruether's New Woman/New Earth," *The Christian Century* 110/12 (1993), 399-400.

극복할 방법을 먼저 살펴보아야 한다. 이원론이 문제가 된다고 해서 "하나님의 형상이란 모든 인간에게 주어진 본질적인 본성"이라는 본질론적 이해를 버리고 관계적 측면을 더 강조하는 것이 올바른 해결책은 아니다. 본질론으로부터 관계론으로 옮겨가는 것이 서구 신학의 주된 흐름인데, 앞서 다루었듯이 인간의 인격이 타자와 구분되는 본질이면서 동시에 타자와의 관계 속에 있다는 것을 고려하면, 본질과 관계는 둘 다 인간을 잘 설명하는 중요한 요소이지 어느 하나를 위해 다른 것을 포기해야 하는 경쟁적 요소가 아니다. 즉 하나님의 형상은 모든 인간에게 주어진 인간의 본성이면서 동시에 하나님과의 관계의 문제이기도 하다.

인간의 지성이나 영혼이 하나님의 형상이라는 서구 신학의 이원론을 우리는 어떻게 이해해야 하는가? 아우구스티누스와 칼뱅은 하나님의 형상에 인간의 몸을 포함시키면서 하나님의 형상의 주된 처소가 지성과 영혼이라고 주장했기 때문에, 이들 주장이 지성주의와 이원론의 요소를 가지고 있다는 것을 부인할 수 없다. 인간의 영/마음과 몸을 구분하는 이원론, 인간의 마음도 궁극적으로는 육의 물리적 현상이라고 주장하는 물리주의, 그리고 기타 중도적인 견해를 간략하게 정리하면 아래와 같다.

1. 본체이원론(substance dualism): 인간은 영(마음)과 육의 두 본체로 나누어진다고 주장하는 전통적인 이원론. 정신적 속성은 물리적 속성과 구분되고 전통적으로 이 본체를 영혼이라고 부른다.
2. 속성이원론(property dualism): 세계는 오직 물리적 실체로만 구성되지만 어떤 물리적인 것들은 비물리적 속성을 가지기도 한다. 정신적인 속성은 신경 생물학으로 설명될 수 있지만, 그것으로 환원되지는 않는다는 비환원적 물리주의(non-reductive physicalism)도 이러한 중도적 견해에 속한다고 볼 수 있다.

3. 물리주의(physicalism): 만물은 궁극적으로 물리적 현상으로 설명 가
   능하다는 견해. 정신적인 속성도 물리적 현상으로 환원 가능하다
   고 주장하는 환원적 물리주의와 정신적 사건은 아예 존재하지 않
   는다는 제거론(eliminativism)이 있다.

이원론과 물리주의 사이에서 비교적 중도적인 견해로 주목받고 있는 다
양한 이론이 있다. 이들은 육의 속성과 지성을 구분한다는 점에서 여전히
"이원론적"이라고 볼 수 있지만, 물리적 현상으로 설명할 수 있다고 주장
한다는 점에서는 물리주의에 가깝다. 이에 해당하는 중도적인 견해는 다
음과 같다.[4]

1. 복합이원론(compound dualism): 정신적인 속성들이 영혼에 속하는
   것이라기보다는 영과 육의 복합체에 속한다는 견해. 본체이원론이
   인격을 비물리적 영혼에 귀속시키는 반면, 복합이원론은 인격을
   영과 육의 복합적인 형태에 귀속시킨다. 영과 육이 서로 어떻게 영
   향을 주고받는가라는 질문에 대해서는 (1) 영에 더 강조점을 두는
   위로부터(top-town)의 이해, (2) 육이 영에 끼치는 영향을 강조하는
   아래로부터(bottom-up)의 이해, 그리고 (3) 양자의 상호작용을 강조
   하는 이해가 있다.[5] 때로는 마음이 육에 더 강한 영향을 미치고, 때
   로는 육이 마음을 좌우하기도 하는 것이 우리가 경험하는 일상의

---

4   이원론의 다양한 견해는 Aku Visala, "Imago Dei, Dualism, and Evolution: A Philosophical
    Defense of the Structural Image of God," *Zygon* 49/1 (2014)를 주로 참고했다.

5   Malcolm Jeeves, "The Emergence of Human Distinctiveness: The Story from
    Neuropsychology and Evolutionary Psychology", in *Rethinking Human Nature: A
    multidisciplinary Approach*. Ed. Malcolm Jeeves (Grand Rapids: Eerdmans, 2011), 182-
    187.

모습에 가깝다.

2. 출현이원론(emergent dualism): 영혼이란 육과 완전히 다른 것이라
기보다는 육적 속성들과 그 자체로서의 정신적 실체를 가지고 있
으며, 단순히 육을 형성하는 것 이상으로 사고하는 것에 기여한다.
그런데 영혼은 초자연적으로 창조되었다기보다는 신경조직으로부
터 출현하여 복잡한 수준에 이르게 된 것이다. 즉 영혼이란 사물의
자연적인 질서 가운데 하나로서 육이라고 불리는 물리적 실체에
자리하고 있다.

기독교는 육과 정신을 모두 아우르는 전 인격적인 인간론을 가지고 있다
는 점에서 영과 육을 구분하는 서양 철학의 본체이원론과 구분된다. "내
마음이 기쁘고 육체도 안전할 것이며 내 영혼이 음부에 버려지지 않을 것
이며 주의 거룩한 자로 썩지 않게 할 것이다"(시 16:9-10). 이 시편의 구절
에는 마음과 육체가 동일한 사건이 함께 언급된다. 내 영혼이 주를 갈망
하며 내 육체가 주를 앙모한다고 할 때도(시 63:1) 영과 육을 하나의 전 인
격으로 이해하고 있다. 예수께서 살리는 것은 영이요 육은 무익하다고 하
신 바 있지만(요 6:53), 이것은 영생을 강조하는 맥락이었다. 예수님은 육
이 관계하는 가난, 배고픔, 추위, 목마름에 대해 누구보다도 깊은 연민과
사랑을 보이셨다. 무엇보다도 성육신이란 하나님의 아들이 육을 입은 것
이다(요 1:14). 바울도 몸의 부활을 강조했다(행 17:18). 바울이 아무 육체도
하나님 앞에서 자랑하지 못한다고 할 때 이 육체는 인간을 의미한다(고전
1:29).

구약에서 흙은 땅으로 돌아가고 영은 하나님께로 돌아간다고(전 12:7)
하지만, 이 표현은 인간이 흙으로 지음받았다는 것과 동시에 하나님의 피
조물이라는 것을 강조하는 맥락에서 등장한다. 그리고 앞서 이미 언급한

왜 나는 아직도 그리스도인인가?

육(ינָשָׂב)이라는 단어는 인간을 지칭하는 단어로 광범위하게 사용되었다. 한 몸(창 2:24), 홍수로 모든 육체를 멸할 것이다(창 6:17), 모든 육체는 멸망할 것이며(욥 34:15)라는 표현이 그 예다. 특별히 이사야서에서는 육체라는 표현이 인간을 의미하는 단어로 사용되었다. "야웨의 영광이 나타났고 모든 육체가 그것을 보리라"(사 40:5), "모든 육체가 야웨는 구원자라는 것을 알리라"(사 49:26). 또한 종말의 궁극적 화해에 대해 "모든 육체가 예배할 것이다"(사 66:23)라고 말씀하셨다. 이렇게 종말론적 맥락에서도 육체는 인간을 의미한다. 따라서 성경은 인간의 영과 육을 때로 구분할지언정 결코 분리하지 않으므로 본체이원론과는 분명히 거리가 있다.

또한 영과 지성을 두뇌의 작용에 한정시키는 현대 물리주의도 결코 받아들일 수 없다. 인간의 마음과 의지와 지성, 그리고 종교성과 도덕성은 육의 작용에 큰 영향을 받지만 육의 작용으로 환원되지는 않는다. 19세기 중엽 미국의 피니아스 게이지(Phineas Gage)라는 사람은 철도 공사장에서 일하던 중 다이너마이트가 폭발하면서 길이가 1m가 넘는 두꺼운 철선이 두개골을 관통해 박히는 사고를 당하고 인성과 행동이 급격하게 바뀌었다. 게이지 사건은 인간의 뇌과학 연구에 큰 영향을 미쳤고, 뇌의 신경조직이 인간의 사고를 결정한다는 주장의 주요 근거가 된다. 이에 힘입어 두뇌의 어떤 부분이 인간의 어떤 행동과 지각을 좌우하는지에 대한 구체적인 연구가 진행되기도 했다.

그러나 뇌의 모든 부분을 다 분석한다고 할지라도, 인간의 도덕성, 사회성, 추론 능력, 자기 성찰, 종교성이 뇌세포에 의해 다 결정된다고 믿기는 어려울 것이다. 신경 뇌과학이 밝혀낼 수 있는 것은 뇌 조직의 어떤 부분이 인간의 어떤 행동과 사고에 영향을 끼치는지에 관한 것이다. 뇌 조직은 인간의 행동과 사고를 결정하는 여러 요소 가운데 "하나의 요소"일 뿐이다. 이 밖에도 자연환경, 교육, 사회적 환경, 인간관계, 경험 등 다양한 요소들이 우리의 사고와 행동에 깊이 영향을 끼친다.

게이지가 아래로부터(bottom-up)의 영향을 받았다면, 위로부터(top-down)의 영향을 받는 경우도 가능하다. 환경이 바뀌면 성인의 뇌의 형질이 바뀐다. 집이나 사람의 얼굴처럼 서로 다른 것을 보고 생각하면 뇌의 다른 부분의 작용이 촉발된다.[6] 인간의 사고와 경험이 뇌를 바꾸는 것이다. 따라서 인간의 육체와 정신이 서로 깊이 영향을 준다고 보는 것이 타당하다. 정신은 육체의 영향을 받지만, 정신에는 육체의 작용으로는 다 설명할 수 없는 인간 고유의 속성이 있다. 하나님이 인간을 창조하셨을 때, 자연을 섬기고 다스리는 창조적이고 인격적인 존엄을 주셨을 뿐만 아니라, 종교적 씨앗과(행 17:27) 하나님을 알 수 있을 만한 것을 인간에게 주셨으며(롬 1:20), 양심이 우리의 율법이 되게 하셨고(롬 2:14-15), 타자의 양심이 판단하지 못할 나의 자유를 주셨다(고전 10:29). 이 모든 것은 육에 의해 영향을 받지만, 결코 육으로 환원될 수 없는 인간의 고유한 속성이다.

그런데 복합이원론과 출현이원론은 모두 영과 육의 유기적 관계를 전제하고 있거나 심지어 물리적 실체 속에서 영과 육의 상호 작용을 해석하고 있기 때문에, 이원론(dualism)이라기보다는 이원성(duality)을 인정하는 일원론에 더 가깝다고 볼 수 있다. 과학은 일원론의 테두리 안에서 이런 이원성을 충분히 인정하고 있다.[7] 물론 이러한 일원론을 구태여 물리주의라고 칭하는 것에 대해서는 얼마든지 문제를 제기할 수 있다. 물리적 현상으로 환원되지 않는 인간의 속성이 너무도 많기 때문이다. 구체적으로 육의 어떤 부분이 하나님의 형상이라고 단정 지을 수는 없지만, 영과 육이 서로 분리되지 않고 깊이 영향을 주면서 인격을 형성한다면, 하나님

---

6   Malcome, "The Emergence of Human Distinctiveness," 187.

7   Shults, *Reforming Theological Anthropology*, 180.

의 형상은 영과 육, 마음과 두뇌의 연합체로서 인격에 자리한다고 보는 것이 더 타당하다.

그런데 창세기에서 하나님의 형상은 인간에게만 주어졌다. 하나님의 형상이 전인격적이라면 이 전인격적인 하나님의 형상은 어떤 점에서 동물과 구분되는가? 동물과 구분된다면 지성이나 영혼에 하나님의 형상의 주된 처소가 있는 것은 아닌가? 인간의 고유한 능력은 다양하다. 언어를 배우고 사용하는 능력, 복잡한 내용을 따라할 수 있는 능력, 연습을 통해서 복잡한 기술을 습득할 수 있는 능력, 사회적 관계를 형성하고 성공적인 상호작용을 위해 동기를 부여하는 체계, 법률과 체계를 세우고 기준을 설정하는 능력, 사회적 상호작용을 수행하는 지성, 유머 감각, 이야기에 대한 흥미, 수학의 엄밀한 인지 능력, 상반되는 이론을 전개하고 가설을 세우는 능력, 유비, 비유, 상징을 사용하는 능력, 사고를 수행하는 과정에서 무한의 유연성 등이 그 예다.[8] 일부 동물이 이런 다양하고 심오한 능력을 기초적으로 수행한다는 이유로 인간과 동물을 더 이상 구분하지 않는 것은 문제가 있다. 정도(grade)의 차이가 현격하면 정도의 차이라기보다는 종(species)의 차이로 보는 것이 더 정확하다.[9]

무엇보다도 동물과 구분되는 인간의 결정적인 능력은 자신을 돌아보는 깊은 자성적 능력이다. 동물도 기초적인 수준의 자성적·반성적 능력을 가지고 있으나, 그 정도와 범위는 결코 인간에 미치지 못한다. 인간이 스스로를 돌아보는 능력은 도덕적 가치, 실행적 행동, 내면적 사고, 사회적 관계, 절대자와의 관계 등 다양한 요소를 포함하고 있으며 이것들은 인간의 모든 삶에 걸쳐 형성되고 실행된다. 뿐만 아니라 총체적으로 인격이

---

8   Visala, "Imago Dei,"116.

9   Gijsbert van den Brink, "Are we Still Special? Evolution and Human Dignity," *Neue Zeitschrift für systematische Theologie und Religionsphilosophie* 53/3 (2011), 331.

형성되는 과정에서 과거를 기억하고 현재를 돌아보며 미래를 설정하는 통시적인 능력도 함께 발달한다. 과거에는 이 능력이 주로 영혼이나 지성에 속하는 능력이라고 여겼으나, 현재에 이르러서는 특히 통합이원론, 출현이원론, 혹은 비환원적 물리주의에서는 단순히 영혼만의 능력이라고 생각하지 않는다. 지성, 마음, 의지, 감각, 기억, 언어, 표현, 행동, 경험 등은 인간의 육체와 육적 현상과도 깊은 연관이 있다. 특별히 현대 인지 심리학은 인간 지성의 한계를 고발한다. 인간이 수많은 난관 앞에서 내리는 결정은 비이성적이거나 반이성적인 경우가 허다하다.[10] 따라서 위에서 언급한 인간의 고유한 능력과 자성적 능력이란 마음과 경험, 사회적 관계 등이 복합적으로 작용하는 총체적 현상인 것이다. 그리고 이렇게 영과 육의 유기적·통합적 이해가 바로 성경적인 인간 이해이기도 하다. 결국 전통적인 서구 신학이 그리스 철학의 영향을 받아 본체이원론을 펼쳤다면, 현대 철학과 신학은 보다 더 성경적인 인간 이해로 돌아가고 있는 셈이다. **가장 오래된 성경 이야기가 가장 현대적이다.**

하나님의 형상을 이해하는 네 가지 틀

그렇다면 이처럼 구분되는 하나님의 형상은 인간에게 구조적이고 본질적으로 주어진 것인가? 하나님의 형상을 이해하는 데는 (1) 구조적·본질적, (2) 기능적, (3) 관계적, (4) 역동적·종말론적인 4가지 틀이 있다.[11] 구조적·본질적 면은 모든 인간이 하나님의 형상을 하나의 타고난 본성으로 소유했다는 견해다. 그런데 구조적이라는 용어는 의미상 이원론을 근거로하는 구조에 가깝기 때문에, 이원론을 받아들이지 않는다면 본질론이라

---

10   Olli-Pekka Vainio, "*Imago Dei* and Human Rationality," *Zigon* 49/1 (2014), 127.

11   Stanley J. Grenz, *Theology for the Community of God* (Grand Rapids: Eerdmans, 1994), 168-180.

고 하는 것이 더 적절하다.

본질론의 가장 큰 장점은 "모든 인간에게 하나님의 형상이 주어졌다"는 창세기의 선포를 가장 적절하게 따르고 있다는 점이다. 성경은 "남자와 여자"라는 용어를 함께 사용함으로써 전 인류에게 하나님의 형상이 주어졌다는 것을 분명히 가르치고 있다. 인류가 비록 깨어진 관계 속에서 살아가고 있지만 누구도 예외 없이 하나님의 형상을 지녔다는 사실은 신학적으로도 타 종교와의 대화나 사회 복음의 토대가 될 뿐만 아니라, 전 인류를 사랑하라는 기독교의 가르침에 가장 충실한 근거가 된다. 우리 자신의 이데올로기를 이루기 위해 타인을 사랑하는 것은 결국은 자기사랑일 뿐이다. 그러나 타인이 하나님의 형상을 가지고 있다면 사랑의 근거와 동기를 타자에게서 찾을 수 있기 때문에 사랑의 참된 모습이 된다. 칼뱅은 인간이 스스로의 공적을 살펴본다면 인간의 가장 위대한 부분도 가치 없는 것이 될 수 있지만, 모든 인간 속에 있는 하나님의 형상으로 인간을 바라본다면, 그들의 아름다움과 존엄이 우리로 하여금 모든 인간을 존경하고 사랑하며 또한 그들을 품을 수 있게 한다(*Institutes* III.7.6)고 주장한다. 모든 인간에게 주어진 하나님의 형상이라는 개념은 현대 사회의 가장 중요한 주제 중 하나인 인권의 보편성을 가장 잘 뒷받침하는 이론이 된다. 이것은 기독교가 현대 사회에 기여한 공로 중 하나다. **가장 오래된 창세기 이야기는 가장 현대적인 이야기다.**

기능적 이해는 하나님의 형상을 인간이 창조질서 안에서 수행하는 대표성, 섬김과 돌봄의 책임과 같은 기능적인 역할로 이해하는 것이다.[12] 인간이 하나님의 형상으로 지어졌다는 것은 창조의 공동체를 양육·보존하고 자신보다 약한 피조물에 대한 책임을 다하는 것을 의미한다. 창세기

---

12   Vainio, "*Imago Dei* and Human Rationality," 121.

1:26의 "하나님의 형상"과 "다스림"을 서로 연결하면서 이것을 피조물에 대한 책임으로 해석하는 것이다.[13] 기능적 이해는 지성·의지·감성을 모두 포함하기 때문에 구조적 이원론의 단점을 극복할 수 있지만, 그렇다고 해서 본질적 이해와 분리될 수는 없다. 인간의 다양한 기능이 하나님의 형상이라면 애초에 그 기능을 가능하게 만드는 본성이 전제되어야 하기 때문이다. 본성적 이해와 기능적 이해를 원죄와 관련지어 구분하는 사람들도 있다.[14] 그것이 본성으로 주어졌다면 원죄에 의해 심각하게 훼손되었다는 주장이 가능하지만, 기능적 이해는 하나님의 형상을 구태여 원죄와 연결지을 필요가 없고 타락 이후에도 창세기 5, 9장에서 하나님의 형상을 계속 언급하고 있기 때문에 기능적 이해가 더 성경적이라는 주장이다. 그러나 이러한 비교는 본질과 기능을 지나치게 구분하는 시각에서 온 것으로 보인다. 원죄에 의해 본성이 훼손될 수 있다면 원죄에 의해 기능도 훼손될 수 있기 때문이다. 하나님의 형상을 이원론적 구조가 아니라 인간의 총체적인 본성으로 이해한다면, 그 본성은 섬김과 대표성이라는 기능으로 드러나야 할 것이다. 물론 본성의 보편성이 하나의 그릇으로 존재한다면 기능은 그 그릇에 담긴 것이라고 볼 수도 있다. 이런 점에서 본성적 이해는 "인간의 인권"의 근거가, 기능적 이해는 윤리적 요청의 근거가 될 수 있다.

현대 신학자들이 주로 선호하는 틀은 관계적 이해다. 본성적 이해가 하나님과 인간의 관계를 경직된 것으로 이해하는 문제가 있다면, 관계적 이해는 역동적이고 살아 있는 관계를 잘 표현하는 장점이 있다.

더구나 앞에서 이야기한 것처럼 인간이 하나님, 자연, 다른 인간과

---

13 David Fergussen, "Humans Created according to the *Imago Dei*: an Alternative Proposal," *Zygon* 48/2 (2013), 444-445.

14 Shults, *Reforming Theological Anthropology*, 232-233.

"대동"의 관계 속에 있다는 것을 생각해보면, 하나님의 형상도 이러한 관계를 반영해야 하고 아담과 하와의 타락도 관계의 깨어짐으로 해석할 수 있다. 또한 앞으로 다룰 것이지만, 예수께서 이렇게 깨어진 관계를 회복하셨다. 관계적 이해도 구성적 이해의 문제점을 극복하기 위해 더 강조된다. 인간과 하나님이 서로 소통하고 인간이 서로 소통하는 인격체라는 것, 그리고 인간을 단순히 "그것"이 아니라 "그 사람"으로 대할 수 있도록 하는 것이 바로 관계적 이해다.[15]

그렌츠의 주장에 따르면, 구성적 이해로는 형상과 원죄의 관계를 설명하기 어렵기 때문에 창세기 1:26에서 형상과 모양을 구분하는 것을 선택했다. 그러나 관계적 이해는 형상과 모양을 구분할 필요가 없고 하나님과의 관계를 강조해야 하므로 개혁주의자들은 구조적인 이해 대신에 관계적 이해를 채택한 것이다.[16] 그러나 관계적 이해를 위해 본성적 이해를 부정하고 관계적 이해를 선택해야만 하는 것은 아니다. "대동"은 역동성을 품고 있으면서도 본성의 상태이기 때문에, 이런 점에서 **본성과 관계는 구분되지만 결코 분리되지 않는다.** 즉 관계가 가능하려면 본성을 함께 가지고 있어야 한다. 인격이 타자와 구분되는 주체성을 갖고 있지 못하면 관계 속에 인격이 함몰되고 만다. 인간은 다양한 "관계 속에서"(in relationality) 살아가지만 결코 "관계로서"(as relationality) 살아가는 것은 아니다.[17] "관계"가 가능한 이유는 "구분"이 전제되어 있기 때문이다. 관계성을 누구보다도 강조한 슐츠도 관계성을 가능하게 하는 본성으로서의

---

15 Kevin J. Vanhoozer, *Faith Speaking Understanding: Performing the Drama of Doctrine* (Louisville: Westminster John Knox Press, 2014), 83-85.

16 Grenz, *Theology for the Community of God*, 171.

17 Mark M. Scott, "God as Person: Karl Barth and Karl Rahner on Divine and Human Personhood," *Religious Studies and Theology* 25/2 (2006), 183.

주체를 인정하고 있다.[18]

관계적 이해의 가장 심각한 문제는 하나님의 형상이 그리스도인들에게만 국한될 위험이 있다는 점이다. 만약 하나님의 형상이 그리스도를 통해 회복되어야 하는 관계라면, 관계가 회복되지 못한 비그리스도인들에게는 하나님의 형상이 없다는 의미가 되어버린다. 그렇다면 관계적 이해야말로 아담과 하와의 타락에 의해 하나님의 형상이 없어지거나 심각하게 훼손되었다고 인정하는 것이 되고, 관계적 이해가 비판하는 본질적 이해의 바로 그 문제로 돌아가게 된다. 관계적 이해를 선호하는 자들은 구성적 이해가 인간의 이성을 하나님의 형상으로 해석한 것을 극복하기 위해 관계적 이해를 강하게 주장하는데, 우리는 구성적 이해와 본성적 이해의 차이를 먼저 이해할 필요가 있다.

마지막으로 종말론적 이해가 있다. 슐츠는 관계성을 강조하는 책을 집필했으나, 사실은 종말론적 이해를 선호하고 있다. 거룩함이란 과거에 획득했거나 상실한 본성이 아니라 하나님께서 앞으로 이루어야 할 목적을 향해 우리를 부르신 것이며 그리스도의 부활과 성령의 부어주심과 깊은 연관이 있다.[19] 종말론적 실재는 단순히 미래에 일어날 일을 의미하는 것 이상으로 현재의 삶에 목적인(目的因)으로 지대한 영향을 미친다는 점에서 가장 역동적인 이해다. 하나님의 형상이 성화의 과정에서 어떻게 회복되어야 하는지도 잘 드러난다. 그러나 종말론적 이해를 지나치게 강조하게 되면 하나님의 형상이 마치 우리가 만들어내야 하는 과제처럼 되어버리고 행위 의(work-righteousness)로 변질될 우려가 있다. 성화의 과정, 그리스도와 연합되는 일체의 종말론적 과정의 주체는 삼위 하나님이다. 우

---

18 Shults, *Reforming Theological Anthropology*, 181.

19 Shults, *Reforming Theological Anthropology*, 238-241.

리가 하는 일은 그 하나님의 은총과 부르심에 응답하고 참여하며 감사를 표하는 것에 불과하다. 하나님의 형상은 일차적으로 하나님께서 그리스도와 성령 안에서 회복하시는 하나님의 일이며, 우리는 우리의 삶과 실존 속에서 점차적으로 이루어지는 그 일에 참여한다.

이렇듯 하나님의 형상을 이해하는 데는 본질론적 이해, 기능적 이해, 관계적 이해, 종말론적 이해와 같이 다양한 길이 있다. 네 가지 이해 모두 장단점을 가지고 있기 때문에 우리는 어느 한쪽으로 치우치는 것을 피해야 한다. 서로 다른 이해이지만 서로 경쟁하지 않는다. 이는 하나님의 형상을 올바로 이해하는 데 가장 염두에 두어야 할 점이다. 관계적 이해를 위해 본성적 이해를 버려야 하거나, 종말론적 이해를 위해 관계적 이해를 포기할 필요는 없다. 인간은 본성을 가지고 있고, 타자와 하나님과 관계를 맺고 있으며, 그리스도와 연합되는 과정에 있다. 참다운 하나님의 형상은 종말에 비로소 완성될 것이다. 앞으로 다루겠지만 하나님의 형상은 창조 시 인간의 본성으로 주어진 것이며, 그리스도께서 하나님의 형상을 회복하셨을 때 그리스도 안에서 하나님의 형상이 총체적으로 회복된 기틀이 우리에게 마련되었고, 성령께서 친히 우리 안에서 말할 수 없는 탄식과 기쁨으로 우리를 그리스도께 연합시킴으로써 역동적으로 회복되고 있다는 점에서 **삼위 하나님의 형상**이다. 이 삼위 하나님은 지금까지 언급한 네 가지 이해의 틀을 모두 포괄하고 있다.

하나님의 형상은 과거와 현재와 미래를 아우르고, 존재와 인격과 관계를 아우르는 총체적 선물이다. 우리는 하나님의 이 풍요로운 선물을 우리의 틀 속에 가두는 우를 범하지 말아야 한다. 오히려 하나님의 형상이야말로 모든 인간과 주님을 따르는 자들을 연결짓는 통로이며, 그 통로 속에서 주님을 따르는 자들이 그리스도의 형상 속에서 그리고 성령의 내주 속에서 하나님의 형상의 구체성을 확보하며 살아가는 길이다.

하나님의 형상과 타락

아담과 하와의 타락은 하나님의 형상에 어떤 영향을 미쳤을까? 앞서 언급한 대로 창조 이야기가 인간의 현 상태를 초래한 원인이라고 생각한다면 이 질문은 유효하지만, 창조 이야기가 설명적이라고 이해한다면 이 질문은 성립되지 않는다고 생각할 것이다. 그러나 아담과 하와의 타락이 설명적일지라도 하나님의 형상과 인간의 타락이 어떤 관계에 있는지 묻는 질문은 여전히 유효하다. 왜냐하면 이 질문을 단순히 타락 후 형상이 훼손된 시점에 관한 것이라고 생각하지 않고 시점을 확장시키면, 오히려 하나님의 형상과 인간의 타락 혹은 죄성의 관계를 포괄적으로 생각할 수 있는 기회가 되기 때문이다. 일단 논의에 사용된 용어를 중심으로 신학자들의 논의를 살펴봄으로써 "타락 후에 하나님의 형상은 어떻게 되었을까?"라는 질문을 다뤄보자.

먼저, 앞서 언급한 대로 일부 초기 교회 신학자들과 가톨릭 신학자들은 창세기 1:26에서 등장한 "형상"과 "모양"을 구분하였다. 이레나이우스는 이 둘을 구분한 첫 주자로 알려져 있으나, 일관되게 형상과 모양을 구분하지는 않았다. 한편으로 그는 아담 안에서 잃어버리고 그리스도 안에서 다시 찾은 것을 하나님의 형상과 모양이라고 얘기하면서 형상과 모양을 구분하지 않고 함께 언급하였지만(*Against Heresies* III.18.1), 다른 한편으로 형상은 창조 시 받은 것이지만 모양은 오직 성령을 통해 받는다고 주장했다(*Against Heresies* V.6.1).

형상과 모양을 명확하게 구분한 이는 다마스쿠스의 요안네스였다. 그의 구분에 따르면 형상은 인간의 지성이며 모양은 미덕이다(*An Exposition of the Orthodox of Faith* II.12). 토마스 아퀴나스는 형상과 모양에 관해 독특한 이론을 펼쳤다. 그는 다마스쿠스의 요안네스의 구분을 따르면서도 하나님의 형상 및 모양과 관련해 인간을 다음 세 부분으로 구분했다. (1) 자연적 능력, (2) 하나님을 알고 사랑하는 것, (3) 하나님의 영광의 모양. 자연적 능력(지성)에 관해서는, 모든 인간이 이 형상을 소유했다. 비록 불완전하긴 하지만 하나님을 사랑하는 점에 있어서는 믿는 자들만이 이 형상을 소유하고 있다. 마지막으로 영광의 "모양"은 복된 자들만 (종말론적으로) 가지게 될 것이다(Summa Theologiae I.93.4). 따라서 타락 후의 하나님의 형상도 삼중적이다. 첫째, 영혼의 능력인 형상에 관한 한 파괴되거나 축소되지 않았다. 즉 인간의 지성은 타락 후에도 그대로 보존되었다. 둘째, 도덕적인 미덕에 관한 한 하나님의 형상이 타락으로 인해 축소되었다. 셋째, 창조 시 원래 받았던 선물인 의로움에 관한 한 하나님의 형상이 타락으로 인해 전적으로 파괴되었다(I-II.85.1). 하나님의 형상은 타락으로 인해 파괴되거나 축소되지 않았지만, 모양은 축소되거나 전적으로 파괴되었다는 것이 하나님의 형상에 대한 가톨릭의 이해다.

이에 반해 루터와 칼뱅 모두 형상과 모양을 구분하지 않고, 타락에 의해 형상과 모양이 심각하게 훼손되었다고 주장했다. 루터는 하나님의 형상을 삼위 하나님과 연결시킨 아우구스티누스의 주장에 반대하지는 않았지만, 하나님의 형상이 죄로 인해 심각하게 부패하거나 손상되었다고 주장했다(Lectures on Genesis 1:26, Luther's Work 1, 60-61). 칼뱅은 형상과 모양은 동일한 것을 다르게 표현한 것일 뿐이라고 하면서, 하나님의 형상은 타락으로 인해 심각하게 훼손되었다고 주장했다(Institutes I.15.3-4).

그러나 루터와 칼뱅 모두 타락으로 인해 하나님의 형상이 완전히 사라진 것은 아니라고 보았다. 루터는 땅 위의 생물을 다스리는 인간의 지성은 타락 후에 상실된 것이 아니라 오히려 확정되었다고 하면서, 남아 있는 지성이 훼손되지 않았다고 생각하면 무지한 철학을 따르는 것이고, 남아 있는 지성이 죄와 악의 지배 속에 있다는 것을 깨달으면 인간을 올바로 이해하는 것이라고 주장했다(The Disputation Concerning Man 8-9, 24-

26, *Luther's Works* 34.137-139). 칼뱅은 비록 하나님의 형상이 완전히 폐기된 것은 아니지만 남아 있는 형상이 심각하게 왜곡되어버렸기 때문에, 구원의 시작은 그리스도를 통해 형상을 회복하는 것이라고 주장했다(*Institutes* I.15.4).

하나님의 형상에 대한 가톨릭교회와 개신교의 해석의 차이는 신앙과 신학 전반에 깊은 영향을 미쳤다.

예를 들어 가톨릭 신학이 신 존재 증명을 중요시하는 것은 인간 지성이 하나님의 형상이며 타락으로 인해 훼손되지 않았다고 믿기 때문이다. 이에 반해 칼뱅은 신 존재를 입증하려는 사색으로써 그의 신학을 출발하지 않았다. 지성은 하나님의 선물이고 타락 이후에도 여전히 우리에게 남아 있지만, 지극히 불완전한 상태여서 우리를 하나님에 대한 구체적 지식으로 이끌 수 없다고 생각했기 때문이다. 가톨릭교회는 자연이 하나님을 깨닫게 하는 중요한 통로라고 보아 자연 신학의 가능성을 인정하지만, 개신교는 자연을 일반 은총의 범주에 넣는다. 수학, 과학, 철학, 의학, 법률에 관한 인간의 모든 능력에는 희미하게 남아 있는 하나님의 형상이 작용하고 있지만, 우선적으로 "성령이 선물로 주신 하나님의 은총"이다(*Institutes* II.2.16).

개신교 신학자인 에밀 브루너는 하나님의 형상에 관한 독특한 이론을 펼쳤다. 그는 그리스 철학의 형상과 질료 개념을 빌려와서 하나님의 형상을 형상적인 면(formal)과 질료적 면(material)으로 나누었다.[20] 형상적인 면은 구약을 근거로 하나님 형상의 구조적인 면을 설명하는데, 이것은 타락으로도 결코 잃어버릴 수 없는 것이다. 이에 반해 신약을 근거로 하

---

20 이하 이어지는 같은 단락의 모든 내용은 Emil Brunner, *The Christian Doctrine of Creation and Redemption*, tr. Olive Wyon (Philadelphia: Westminster, 1952), 55-61.

는 질료적·관계적 면은 "하나님의 말씀, 즉 그리스도 안에 존재하는 것"인데, 이것은 인간이 자신 안에서 발견할 수 있는 것이 아니라 우리의 밖, 곧 하나님의 참 형상인 그리스도 안에서 발견된다. 이 질료적 형상은 죄로 인해 상실된 것이다. 이렇게 형상적인 면과 질료적·관계적인 면을 구분함으로써 인간이 하나님의 형상을 온전히 가지고 있다거나 완선히 상실했다는 잘못된 주장을 극복할 수 있다. 그렇다면 형상적인 면과 질료적·관계적인 면을 조화시킬 수 있을까? 브루너는 두 측면을 함께 묶는 것은 어렵지만, 구조가 바로 관계이기 때문에 서로 연결되어 있다는 것을 알 수 있다고 제안한다. 그리고 하나님에게는 두 측면의 구분이 없지만 인간은 구분을 시도하기 때문에 두 가지가 그리스도 안에서 화해되어야 한다고 주장한다.

얼핏 보면 브루너의 견해는 형상과 모양을 구분하는 가톨릭의 주장과 유사해 보인다. 그러나 브루너는 형상적인 면을 인간의 지성에 국한시키지 않는다. 즉 인간의 어떤 부분이 타락에 의해 영향을 입었는지 혹은 입지 않았는지를 구분하지 않는다. 인간의 "구성"과 "관계"로 구분할 뿐이다. 브루너의 주장이 하나님의 형상을 구약과 신약으로 지나치게 구분한 점은 비판받을 수 있지만, 하나님의 형상이 인간에게 하나님의 "본성적 그릇"으로 존재한다는 주장을 뒷받침하고 있다는 점에서 나름의 가치를 가진다. 존엄, 자유, 창조성 등이 담길 수 있는 틀이 모든 인간에게 주어져 있고 그 틀 자체는 타락에 의해 결코 훼손될 수 없다. 물론 이 틀에 담겨 있는 구체적인 본성들이 타락에 의해 어떤 영향을 얼마나 입었는지에 대해 우리가 구체적으로 알 방법은 없다. 그럼에도 불구하고 브루너의 하나님 형상 사상은 (1) 하나님의 형상이라는 훼손될 수 없는 틀을 인간이 가지고 있지만, (2) 그 틀 속에 담겨 있는 인간의 본성이 죄와 악의 지배로 인해서 손상되어서 (3) 하나님과 또는 다른 인간과의 관계가 심각하게 파괴되거나 분열되었다고 해석하고 있으며, 이러한 해석은 앞서 다룬 하나님 형상의 본성적인 면과 관계적인 면을 함께 포용할 수 있는 길을 제시한다. 인간은 모두 하나님의 형상을 가지고 있으므로 존귀하다. 또한 우리는 죄와 악으로 인해 하나님의 참다운 형상을 올바로 드러낼 수 없다는 한계도 가지고 있다. 오직 삼위 하나님의 은총 속에서 하나님의 형상이 회복될 수 있다. 이제 하나님의 형상에 관한 성경의 가르침을 조금 더 상세히 살펴보자.

성경에 나타난 하나님의 형상

하나님의 형상은 하나님께서 인간을 창조하셨을 때 인간에게 주신 고유한 본성이라는 성경의 언급은 창세기에 세 차례, 야고보서에서 한 차례 등장한다.

> [26]하나님이 이르시되 "우리의 형상을 따라 우리의 모양대로 우리가 사람을 만들고 그들로 바다의 물고기와 하늘의 새와 가축과 온 땅과 땅에 기는 모든 것을 다스리게 하자" 하시고 [27]하나님이 자기 형상 곧 하나님의 형상대로 사람을 창조하시되 남자와 여자를 창조하시고(창 1:26-27)

> [1]이것은 아담의 계보를 적은 책이니라. 하나님이 사람을 창조하실 때에 하나님의 모양대로 지으시되 [2]남자와 여자를 창조하셨고 그들이 창조되던 날에 하나님이 그들에게 복을 주시고 그들의 이름을 사람이라 일컬으셨더라. [3]아담은 백삼십 세에 자기의 모양 곧 자기의 형상과 같은 아들을 낳아 이름을 셋이라 하였고(창 5:1-3)

> [1]하나님이 노아와 그 아들들에게 복을 주시며 그들에게 이르시되 "생육하

고 번성하여 땅에 충만하라. ²땅의 모든 짐승과 공중의 모든 새와 땅에 기는 모든 것과 바다의 모든 물고기가 너희를 두려워하며 너희를 무서워하리니 이것들은 너희의 손에 붙였음이니라.…⁶다른 사람의 피를 흘리면 그 사람의 피도 흘릴 것이니 이는 하나님이 자기 형상대로 사람을 지으셨음이니라. ⁷ 너희는 생육하고 번성하며 땅에 가득하여 그중에서 번성하라" 하셨더라(창 9:1-2, 6-7).

⁷여러 종류의 짐승과 새와 벌레와 바다의 생물은 다 사람이 길들일 수 있고 길들여 왔거니와, ⁸혀는 능히 길들일 사람이 없나니 쉬지 아니하는 악이요, 죽이는 독이 가득한 것이라. ⁹이것으로 우리가 주 아버지를 찬송하고 또 이 것으로 하나님의 형상대로 지음을 받은 사람을 저주하나니(약 3:7-9)

첫 번째 구절인 창세기 1장은 이미 앞에서 다뤘다. 두 번째 구절인 창세기 5장은 세 가지 점에서 매우 중요하다. 첫째, 아담의 계보(1절), 즉 인류의 역사가 계속 이어지는 맥락에서 하나님의 형상이 언급되었기 때문이다. "하나님이 인간을 창조하였을 때 하나님의 모양대로 지었다"(1절)는 것과 "아담이 자기의 모양과 형상과 같은 셋을 낳았다"(3절)는 것이 바로 아담의 계보를 나타내는데, 아담이 하나님의 모양으로 지어졌고 셋은 아담의 모양과 형상으로 지어졌기 때문에 결국 아담의 후손인 모든 인류는 하나님의 형상으로 지어졌다고 할 수 있다. 이 구절은 아담의 타락이 인류의 죄의 원인이라고 할지라도 타락 후에도 하나님의 형상이 계속 이어진다는 것을 시사한다.

둘째, 창세기 5:2에서는 남자와 여자를 창조하셨다는 창세기 1장의 말씀을 재차 강조한다. 그런데 여기서는 이들을 "사람"이라고 부른다. 사실 아담이라는 단어와 "사람"이라는 뜻의 히브리어 단어는 "아담"으로 동일하다. 그런데 어떻게 같은 단어가 1절에서는 아담이라는 구체적 인물을 지칭하는 것으로, 2절에서는 사람이라는 보통 명사로 번역되었을까? 2절에서 남자와 여자를 창조하신 후에 "그들을"(מֹתָא) 복을 주셨고 "그들의 이름을"(מֹשׁ־תֶא) 사람이라고 불렀기 때문이다. 즉 남자와 여자가 동일한 인물로 간주되거나 아담이라는 대표적 인물로 불리는 것이 아니라 "그들"이라는 복수형으로 불리고 있기 때문에, 아담보다는 사람이라고 번역하는 것이 더 적절하다. 또한 이것은 남자와 여자가 서로 구분되면서도 동시에 하나님의 형상을 "사람"으로서 받았다는 보편성을 나타낸다.

셋째, 창세기 5:3절에서는 아담이 "자기의 모양 곧 자기의 형상과 같은" 아들을 낳았다고 하면서 모양과 형상을 같은 의미로 사용한다. 1절에서는 형상을 빼고 그냥 모양이라고 하였고, 3절에서는 "모양, 즉 형상과 같은"이라고 했기 때문에 여기 사용된 형상과 모양은 같은 의미를 다른 단어로 반복한 것이라고 해석할 수 있다. 따라서 형상과 모양을 구분하는 가톨릭의 전통은 결코 올바른 해석이라고 볼 수 없다. 더구나 위에 언급된 창세기의 세 구절 중 어디에서도 인간의 지성이 하나님의 형상이라는 해석의 근거를 발견할 수 없다. 셋의 총체적 인간이 아담을 닮았듯이 인간도 총체적으로 하나님 형상대로 지음받았다.

세 번째 구절인 창세기 9장도 세 가지 점에서 매우 중요하다. 첫째, 이것은 노아의 홍수 이후 하나님께서 노아와 식구들에게 주신 말씀인데, 이 장에서 하나님의 형상은 창세기 1장에서 하나님의 형상과 만물의 다스림을 연상시키는 문맥에서 등장한다. 생육하고 번성하여 땅에 충만하고, 땅의 모든 짐승과 공중의 모든 새와 땅에 기는 모든 것과 바다의 모든 물고기가 너희를 두려워하며 너희들 손에 붙였다. 즉 아담과 하와의 타락 이후에, 더 구체적으로는 노아가 같은 시대를 살던 사람들의 타락 이후에, 마치 창세기 1장의 창조처럼 노아와 그 식구들에게 인간의 책임을 말씀하시면서 하나님의 형상으로 지음받은 자들이 서로의 피를 흘리지 말아야 한다는 엄중한 말씀을 주신 것이다. 창조 때 주신 하나님이 형상이 타락 이후에도 여전히 이어지고 있다는 의미다.

둘째, 하나님의 형상의 구체적인 내용이 등장한다. 즉 하나님의 형상은 창세기 1장처럼 만물을 다스리는 자유와 책임 위에 있는 바로 "존엄"과 그 존엄의 상호성이라는 것이다. 하나님의 형상으로 지음받은 다른 사람의 피를 흘릴 수는 없다! 이 얼마나 놀라운 이야기인가? 동양 종교와 철학은 기본적으로 인간의 존엄이나 도덕적 가치를 인간에게서 찾기 위해 인간의 수행과 덕을 강조한다. 그런데 기독교는 먼저 창조주 하나님을 설정한 후 인간의 윤리와 사회성의 근거를 그 창조주 하나님에게서 찾는다. 이처럼 인간 존엄의 근거를 하나님에게서 찾는 것은 기독교의 탁월한 공로다. 우리는 창세기 1-3장의 내용을 통해 인간의 존엄을 창조성과 자유와 책임이라고 유추한다. 그런데 9장은 서로의 피를 흘리게 할 수 없다는 대단히 구체적인 내용을 통해, 우리에게 하나님의 형상은 인간의 본질적인 존엄뿐만 아니라 상호 간의 존엄이라는 사회성도 함께 지닌다는 것을 선포한다.

셋째, 창세기 1장에서 하나님의 형상이 하나님과 인간(혹은 하나님과 나 자신)의 관계였다면 9장에서 하나님의 형상은 하나님과 타자의 관계에 대한 것이다. 하나님의 형상으로 지음받은 다른 사람들의 피를 흘리다니![21] 이것은 놀라운 패러다임의 전환이다. 하나님의 형상은 이렇게 나와 하나님의 배타적인 관계에서부터 하나님과 타자라는 인류의 보편적 가치로 확장된다. 하나님의 형상의 본질론적·존재론적 면이 부각되는 것이다.

---

21 Robert Vosloo, *Redeeming Identity: Theological Remarks on the Struglle for Recognition in a Time of Polarization*, International Reformed Theological Institute, 2019년도 국제개혁신학협의회 네덜란드 학회에서 발표된 논문참고.

그리고 "하나님의 형상의 타자성"은 칼뱅이 전개한 대로 전 인류 안에 담겨 있는 하나님의 형상을 발견하고 그들을 모두 사랑해야 한다는 것에 대해 탁월한 근거를 제시한다.

창세기 1, 5, 9장 모두 아브라함과 그의 후손인 이스라엘을 택하시기 전에 등장한 말씀이기 때문에 선민과 언약의 백성들만을 가리키는 것은 아니다. 오히려 전 인류, 즉 "사람"에 관한 말씀이다. 그리고 모든 사람에게 주신 하나님의 형상이라는 사상은 신약에서도 언급되고 있다. 야고보서 3:7-9은 대단히 흥미로운 구절이다. 여기에는 우선 창세기를 연상시키는 말씀이 등장한다. 인간은 만물을 다스리는 존재다. 야고보서의 저자는 하나님의 형상을 인간 창조의 맥락에서 이해하고 있다. 이것은 비록 신약성경의 단 한 구절에 불과하지만, 우리는 이를 통해 인간이 하나님의 형상으로 지음받았다는 사상이 신약 시대에도 여전히 이어지고 있음을 유추해볼 수 있다. 둘째, 하나님의 형상은 인간의 사회적 갈등, 즉 혀를 잘못 사용함으로써 타자를 죽이는 이 참담한 인간 한계의 근거가 되고 있다. 우리는 현실에서 인간의 존엄이 인간의 악과 심각한 갈등을 빚는 것을 매일 목격하고 있으며, 동시에 자연을 다스리는 인간이 자기 자신을 다스리지 못해 분열과 다툼을 초래하는 것을 경험한다. 이것이야말로 인간의 역설적 한계를 정확하게 지적하는 것이다.

창세기 9장과 마찬가지로 야고보서 3장에서 언급하는 하나님의 형상은 서로 모순되는 인간의 실존을 드러낸다. 한편으로 인간은 창조주 하나님의 형상을 따라 지어진 존재로서 만물을 다스리는 존엄, 책임, 자유, 창조성을 가지고 있다. 따라서 우리는 모든 인간에게서 하나님의 형상을 발견하고 서로 사랑하고 섬겨야 한다. 하나님의 형상이 인간 도덕의 근거가 되는 것이다. 다른 한편으로는 바로 이 하나님의 형상을 가지고 만물을 다스릴 수 있는 인간이 타자를 다스리기 위해 타자의 피를 흘리거나 자신을 다스리지 못해 분열과 죽음을 초래하기도 한다. 하나님의 형상은 모든 인간의 그릇이 되지만 그 형상이 어떻게 발휘되고 성취되는지에 있어서는 인간의 한계를 폭로하는 거울 같은 역할을 한다. 하나님의 형상을 올바로 이해하고 나면 존엄과 타락이라는 인간의 양면성이 더욱 두드러진다. 치명적인 인간의 한계는 고귀한 하나님의 형상에 비추어졌을 때 더 선명히 드러난다. 세 치 혀를 잘못 사용하는 경우, 하나님의 형상을 가진 인간을 모독하고 심지어 하나님까지 모독하는 죄를 짓게 된다. **하나님의 형상은 인간의 존엄이라는 본질적 가치뿐만 아니라 인간이 이루어가야 할 사회적·도덕적 책임과 가치까지 우리에게 무겁게 알려오는 기독교의 고유한 사상이다.**

이제 신약을 근거로 하나님의 형상과 그리스도, 그리고 하나님의 형상과 성령의 관계를 살펴보자. 하나님의 형상과 그리스도의 관계에서 가장 먼저 주목해야 할 점은 그리스도께서 바로 하나님의 참 형상이라는 것이다.

[13]그가 우리를 흑암의 권세에서 건져내사 그의 사랑의 아들의 나라로 옮기셨으니, [14]그 아들 안에서 우리가 속량 곧 죄 사함을 얻었도다. [15]그는 보이지 아니하는 하나님의 형상이시요, 모든 피조물보다 먼저 나신 이시니 [16]만물이 그에게서 창조되되 하늘과 땅에서 보이는 것들과 보이지 않는 것들과 혹은 왕권들이나 주권들이나 통치자들이나 권세들이나 만물이 다 그로 말미암고 그를 위하여 창조되었고, [17]또한 그가 만물보다 먼저 계시고 만물이 그 안에 함께 섰느니라. [18]그는 몸인 교회의 머리시라. 그가 근본이시오, 죽은 자들 가운데서 먼저 나신 이시니 이는 친히 만물의 으뜸이 되려 하심이요. [19] 아버지께서는 모든 충만으로 예수 안에 거하게 하시고 [20]그의 십자가의 피로 화평을 이루사 만물 곧 땅에 있는 것들이나 하늘에 있는 것들이 그로 말

미암아 자기와 화목하게 되기를 기뻐하심이라(골 1:13-20).

예수 그리스도를 가장 우주적으로 표현한 골로새서 1장은 심오한 기독론을 담고 있다. 그리스도는 보이지 않는 하나님의 형상이다(1:15). 그런데 그 그리스도는 창조주 하나님이자(1:16-17), 십자가(1:20)와 부활(1:18)로 우리를 죄에서 구원하신(1:14) 구속주 하나님이다. 그리고 그리스도는 자신의 일을 교회의 머리가 되심으로써 이루었고(1:18), 모든 만물을 자신에게 화해시켰다(1:20). 우리는 그리스도를 통하지 않고는 하나님이 교회와 만물의 창조주와 구속주가 되신다는 사실을 알 수가 없다. 하나님의 형상인 그리스도께서 참 하나님을 우리에게 나타내셨다. 결국 위 본문은 인간이 어떤 하나님의 형상을 가지고 있는지에 대한 것이라기보다는 그리스도가 누구신가를 먼저 논하는 본문이라고 볼 수 있다.

그런데 고린도후서에서는 세상을 창조하신 그 하나님께서 하나님의 참된 형상인 그리스도를 통해 하나님의 영광을 아는 빛을 우리 가슴에 비추셨다고 말씀하신다.

> [4]그중에 이 세상의 신이 믿지 아니하는 자들의 마음을 혼미하게 하여 그리스도의 영광의 복음의 광채가 비치지 못하게 함이니 그리스도는 하나님의 형상이니라. [5]우리는 우리를 전파하는 것이 아니라 오직 그리스도 예수의 주 되신 것과 또 예수를 위하여 우리가 너희의 종 된 것을 전파함이라. [6]어두운 데에 빛이 비치라 말씀하셨던 그 하나님께서 예수 그리스도의 얼굴에 있는 하나님의 영광의 지식의 빛을 (하나님의 영광을 아는 빛을) 우리 마음에 비추셨느니라(고후 4:4-6).

위 본문에서 믿는 자와 믿지 않는 자의 차이는 복음의 광채가 비추었는가

왜 나는 아직도 그리스도인인가?

비추지 못했는가에 있다. 여기서 복음의 광채는 창조주 하나님의 영광의 빛인데(4:6), 그 빛은 하나님의 형상이신 그리스도의 얼굴에 드러난 그리스도의 영광이기도하다(4:4, 6). 어두운 데서 빛을 비추라고 말씀하시면서 세상을 말씀으로 창조하신 하나님은(4:6), 하나님의 형상인 그리스도의 얼굴에 자신의 영광을 나타내셨고, 그 영광을 아는 빛을 우리 마음에 비추셨다. 즉 하나님의 형상과 관련하여 (1) 창세기에서 세상을 비추고 인간을 비춘 하나님의 영광의 빛은 (2) 하나님의 형상인 그리스도의 얼굴에 나타났고, (3) 하나님께서 그 영광의 빛을 아는 지식을 우리 마음에 비추셨다라는 세 가지 요소를 드러낸다.

이 말씀은 하나님의 형상이 우리에게 어떻게 회복되었는지에 대해서는 구체적으로 드러내고 있지 않지만, 창세기의 하나님의 빛과 그리스도의 빛이 서로 연결되어 있고, 그리스도의 빛이 우리 마음에 비쳐 하나님의 영광을 깨닫게 되면 창조 때 우리에게 주신 하나님의 형상이 회복된다는 것을 암시하고 있다. 결국 하나님의 형상이란 (1) 어둠을 비추는 빛이며, (2) 그리스도에게 드러난 하나님의 영광의 빛이고, (3) 우리 마음에 비추어진 하나님의 영광을 아는 지식이다. 따라서 고린도후서의 이 본문은 골로새서 1장과 같이 그리스도와 하나님의 참 형상이라는 객관적 사실과 그 하나님의 형상과 우리의 마음에 비추어진 빛이 연결되고 있다는 점을 강조하면서 "그리스도를 통한 하나님의 형상의 회복"을 시사하는 것으로 볼 수 있다.

그리스도 안에서 하나님의 형상이 회복되는 것을 가장 강렬하게 선포한 말씀은 골로새서 3:5-11이다. 여기서 우리는 창조 때 인간에게 주신 창조주의 형상이 그리스도 안에서 새롭게 된다는 대단히 구체적인 하나님의 형상 사상을 발견한다.

⁵그러므로 땅에 있는 지체를 죽이라. 곧 음란과 부정과 사욕과 악한 정욕과 탐심이니 탐심은 우상숭배니라. ⁶이것들로 말미암아 하나님의 진노가 임하느니라. ⁷너희도 전에 그 가운데 살 때에는 그 가운데서 행하였으나 ⁸이제는 너희가 이 모든 것을 벗어 버리라. 곧 분함과 노여움과 악의와 비방과 너희 입의 부끄러운 말이라. ⁹너희가 서로 거짓말을 하지 말라. 옛 사람과 그 행위를 벗어 버리고 ¹⁰새 사람을 입었으니, 이는 자기를 창조하신 이의 형상을 따라 지식에까지 새롭게 하심을 입은 자니라. ¹¹거기에는 헬라인이나 유대인이나 할례파나 무할례파나 야만인이나 스구디아인이나 종이나 자유인이 차별이 있을 수 없나니, 오직 그리스도는 만유시요 만유 안에 계시니라(골 3:5-11).

위 본문에는 하나님의 형상과 관련해 창조·타락·형상의 회복을 모두 총괄하는 내용이 나온다. 옛 사람이 새 사람으로 회복되는 것은 바로 하나님의 형상을 따라서 이루어지는 일인데(3:9-10), 그것은 만물이면서 만물 안에 계시는 그리스도에 의해 이루어지는 일이다(3:11). 그런데 한편으로 이 새롭게 됨은 지식에 있어 새롭게 되는 것이면서(3:10), 정욕과 탐심과 우상숭배, 분함과 노여움과 악의적인 비방과 부끄러운 말, 거짓말하는 옛 사람이 죽는 것을 포괄한다(3:6, 8, 9). 즉 **인식론적·도덕적·영적·종교적·실천적 행위를 모두 포함하는 "총체적인 사람"의 변화를 의미한다.** 이런 점에서 하나님의 형상을 인간의 지성이나 관계에 국한시키는 것은 바람직하지 않다. 우리는 총체적인 면에서 타락했기 때문에, 그리스도 안에서 총체적으로 새롭게 되어야 한다. 그리스도 안에서 일어나는 이 총체적 변화는 인간을 총체적으로 새롭게 하기 때문에 인간끼리는 그 어떤 차별도 있을 수 없다. 헬라인이나 유대인이나 종이나 자유자나 차별 없이 그리스도 안에 속한 자들이다(3:11). 비록 성경은 남녀를 차별하고 종과 자유자를 인정하는 내용을 많이 담고 있지만, 그것을 넘어 하나님의 형상을 회복하는 것이 바로 일체의 차별을 넘어서는 그리스도의 일이다. 창조 때 인간에게 주신 하나님의 형상이 남자와 여자, 즉 인간의 보편적 존엄을 잠재적으로 의미한다면, 그리스도 안에서 하나님의 형상을 회복하는 것은 보편적 존엄을 폭발적으로 드러내는 가장 현대적인 것이다. 선민사상이 보편적이었던 유대 사회나, 종과 주인의 차별이 보편적이었던 유대 주변 지역의 당시 상황에서 차별을 넘어서는 하나님의 형상과 그리스도 안에서의 인권의 보편성과 평등을 주장한다는 것은, 성경적 인간관이 얼마나 혁명적으로 시대를 넘어서 인간을 그리고 있는지를 보여준다.

하나님의 형상이 그리스도 안에서 회복된다는 것은 그리스도의 본질과도 연관된다.

율법이 육신으로 말미암아 연약하여 할 수 없는 그것을 하나님은 하시나니, 죄로 말미암아 자기 아들을 죄 있는 육신의 모양으로 보내어 육신에 죄를 정하사(롬 8:3).

오히려 자기를 비워 종의 형체를 가지사 사람들의 모양이 되셨고(빌 2:7).

우리에게 있는 하나님의 형상이 예수에 의해 회복될 수 있는 가장 중요한 이유는 바로 예수께서 인간의 형상을 입으셨기 때문이다. 이 말은 모양이 비슷하다는 것이 아니라, 인간과 동일한 인간으로 성육신하셨다는 의미다. 그리스도 안에서 하나님의 형상이 회복되는 것은 일차적으로 인간의 형상을 입으신 그리스도로 인해 가능해진 일이다. 그런데 하나님의 아들이 인간의 모양을 가지게 되었다는 사실만으로 우리가 하나님의 형상을 회복하게 된 것일까? 우리는 아래의 말씀을 통해 예수 그리스도의 또 다른 면을 깨닫게 된다.

우리가 흙에 속한 자의 형상을 입은 것 같이 또한 하늘에 속한 이의 형상을
입을 것이다(고전 15:49).

하나님이 미리 아신 자들을 또한 그 아들의 형상으로 확정되게끔 미리 정
하셨으니 이는 그로 많은 형제 중에서 맏아들이 되게 하려 하심이니라(롬
8:29).

예수 그리스도는 아담이지만 살려주시는 마지막 아담이요(고전 15:45), 하
늘로부터 온 둘째 사람이다(고전 15:47). 우리는 흙에 속한 자의 형상을 입
었고, 하늘에 속한 자, 즉 우리의 맏아들이 되신 자의 형상인 하나님의 형
상을 입는다.

그리스도는 창조주이자 구속주시다. 하나님께서 우리를 창조하셨을
때 그 영광의 빛을 우리에게 주셨고, 그 빛은 참 하나님의 형상인 그리스
도의 얼굴에 나타났다. 그리고 그 빛은 우리 마음에 비쳤다. 창조와 구속
이 그리스도에게서 연합되기 때문에, 하나님의 형상으로 창조된 우리가
구속주 그리스도 안에서 회복될 수 있는 것이다. 더욱이 그리스도는 우리
와 동일한 형상이자 우리와 다른 하늘에 속한 자다. 그는 우리와 동일하
기 때문에 우리를 자신에게 연합시킨다. 그리고 우리와 다르기 때문에 우
리를 하늘에 속한 그리스도의 형상으로 회복시켜서 우리를 하나님께로
인도한다. 하나님의 형상을 회복하는 것은 이렇게 창조주이자 구속주이
며 신-인(The God-man)이신 고유한 예수 그리스도께서 하시는 일이다.

마지막으로 하나님의 형상은 그리스도 안에서 이미 회복된 것이지
만, 앞으로 계속해서 회복되어야 하는 것이다. 그리고 이 점진적 회복은

성령께서 하시는 일이다. 고린도전서 15:49은 "하나님의 형상을 입을 것이다"라고 미래형 시제를 사용하고 있다. 하나님의 형상이 완전히 회복되는 것은 결국 앞으로 일어날 종말론적 일이다.

> [22]너희는 유혹의 욕심을 따라 썩어져 가는 구습을 따르는 옛 사람을 벗어 버리고 [23]오직 너희의 마음의 영이 새롭게 되어 [24]하나님을 따라(κατὰ θεὸν) 의와 진리의 거룩함으로 지으심을 받은 새 사람을 입으라(엡 4:22-24).

이 에베소서의 말씀에는 하나님의 형상이라는 구체적인 용어가 사용된 것은 아니지만, "하나님을 따라"라는 표현이 하나님의 형상을 의미한다고 해석할 수 있다. 이 구절은 우리가 옛 사람을 벗어버리고 새 사람을 입도록 가르침을 받았다는 권면의 내용으로서, 앞으로 그리스도 안에 있는 자들에게 일어나야만 할 일을 설명하고 있다. 이 에베소서의 말씀은 앞에서 다루었던 골로새서 3:5-11 말씀과 몇 가지 점에서 서로 대구를 이룬다. 두 본문은 공통적으로 하나님의 형상이란 옛 사람을 버리고 새 사람을 입는 것이라고 말하고 있다. 그러나 골로새서 3:10에서는 하나님의 형상이 새 사람을 입은 것이라는 부분의 시점을 과거 혹은 단정적 사건으로 표현하고 있는 데 비해, 에베소서는 새 사람을 입는 것을 부정사로 처리함으로써 앞으로 일어나야 할 일을 의미하고 있다. 그리고 골로새서에서는 사람이 총체적으로 새롭게 되어야 한다고 말씀하셨지만, 에베소서에서는 마음의 영이 새롭게 되어 하나님을 따라서 "의"와 "진리의 거룩함"으로 새롭게 되어야 한다고 말씀하신다. 즉 하나님 형상의 종말론적·영적인 면에 초점을 맞추고 있다.

옛 사람을 버리고 새 사람을 입는 것은 성령의 주된 사역이다. 칼뱅은 성도의 삶을 그리스도와 연합되어가는 성화의 과정으로 이해하면서 이것을 육의 죽음과 영의 살아남이라고 요약했다. 육 자체라기보다는 악하고 욕심 많은 육적인 옛 사람이 죽고, 의롭고 거룩한 영적 새 사람으로 계속 다시 태어나는 것이 성화이며 이것은 성령께서 하시는 일이다 (*Institutes* III.3.8). 하나님의 영이 우리 속에 거하면 우리는 더 이상 육에 속한 자가 아니라 영에 속한 자가 되고, 그리스도의 영이 없으면 그리스도의 사람이 아니지만(롬 8:9), 성령이 우리 안에 거하시면 우리도 다시 살아난다(롬 8:9-11). 성령이 친히 우리의 영으로 더불어 우리가 하나님의 자녀라는 것을 증거하시는데(롬 8:14-16), 말할 수 없는 탄식으로 우리를 위하여 친히 간구하신다(롬 8:26). 성령의 증거로 하나님의 자녀가 된 우리는 그리스도와 함께 영광을 받기 위해서 고난도 함께 받는다(롬 8:15-17).

이렇게 옛 사람이 죽고 새 사람을 입는 일은 성령께서 우리 안에서 하시는 일인데, 우리가 하나님의 자녀라는 것을 증거하시는 성령은 "지금 여기서" 우리를 위해 중보하시고 우리 안에 거하면서 악을 이기고 고난을 극복하도록 우리를 인도하신다. 갈라디아서는 이러한 우리의 삶을 이렇게 요약한다. "성령으로 살아(걸어)가라"(갈 5:16). 우리가 성령으로 살아간다면 성령을 좇아 살아가야 한다(갈 5:25). 하나님의 형상을 회복하는 것은 옛 사람을 벗고 새 사람을 입는 것인데, 이것은 성령께서 우리 안에서 하시는 일이며, 성령께서 인도하시는 대로 살아가는 일체의 과정이 바로 하나님의 형상이 회복되는 과정이다. 예수께서 하나님의 형상을 회복하셨고, 성령께서 지금 여기서 그 회복을 이루어가고 계신다. 하나님의 형상은 이렇게 역동적인 면을 가지고 있다.

성경에 나타난 하나님의 형상은 본질적·관계적·종말론적인 면을 모두 아우르고 있으며, 세 가지 측면은 삼위 하나님의 모습과도 잘 연결된다. 성부께서 인간을 창조하셨을 때 우리 안에 본성으로 하나님의 형상을 주셨고, 그리스도의 삶과 죽음과 부활을 통해 그 형상을 회복하셨으며, 우리 안에 내주하시는 성령께서 우리를 하나님께로 인도하는 과정을 통해 하나님의 형상이 점진적으로 회복될 것이다. 하나님의 형상은 인간학의 주제로서 삼위 하나님이 우리를 위해, 우리를 짊어지고, 우리 안에서 어떻게 일하시는가를 가장 잘 드러내고 있고, 기독교의 인간학이 결국 삼위 하나님의 토대 위에 세워져 있다는 것을 시사한다.

하나님의 형상은 삼위일체적이다. 하나님의 형상은,

1. 성부 하나님께서 모든 인간에게 주신 인간의 본질이며(본질적),
2. 성자 하나님께서 인간을 자신 안에서 회복시키시는 것이고(관계적),
3. 성령께서 지금 여기서, 우리 위에서, 우리 안에서 회복시켜가시는 것이다 (역동적, 종말론적).

3
죄

죄란 무엇인가? 그리스도인들은 한편으로는 성경이 죄를 무겁게 다룬다는 것을 잘 알고 있으면서도, 다른 한편으로는 교회 내에서 이루어지는 죄에 대한 논의가 너무 일상적이고 진부한 것을 보면서 죄에 대해 깊이 생각하지 않으려고 한다. 인류는 죄를 인정하고 인간의 보편적 현상이나 실재로 받아들이는가? 그렇지 않다면 그리스도인과 비그리스도인이 생각하는 죄는 어떻게 다른가?

조로아스터교의 악이란 선과 겨루는 것이고, 불교의 악이란 욕망에 자리하는 것이며, 도교의 악은 도를 갖지 못하는 것이다. 소크라테스는 무지가 죄라고 여겼고, 스토아 철학자들은 세계 이성에 모순되는 것이 악이라고 생각했으며, 신플라톤주의자 플로티노스는 육에 속한 것을 죄라고 보았다. 11세기 신유학의 기초를 세운 송나라의 철학자 장재는 중용을 벗어나는 것이 죄라고 주장했다. 임마누엘 칸트는 죄란 인간의 본성이라기보다는 하나의 경향(propensity)이지만 모든 인간이 필연적으로 가지고 있는 것이며, 라이프니츠는 인간의 불완전함이 형이상학적 악의 근원이고 도덕적 악인 죄와 물리적 악인 고통의 근원이 된다고 생각했다. 20세기 철학자 폴 리쾨르는 악은 사색의 문제가 아니라 사유, 행동, 감정이 함께 모여 이루어지는 것이라고 주장했다.

죄와 악의 본질에 대한 견해는 다양하지만 모두 일정한 한계를 가지고 있다. 영과 육을 분리하는 서구의 이원론에서 악은 육적인 것을 의미한다. 그러나 육적인 것 외에도 인간의 지성과 영혼이 죄의 뿌리가 될 수 있다는 점에서 이런 이원론은 타당하지 않다. 아우구스티누스는 악을 선의 결핍이라고 보았다. 부재(privation)라고 불리는 이 이론에서 악이란 존재하는 무언가라기보다 선이나 참됨이 결핍된 것을 의미하는데, 모든 만물을 창조한 신이 악의 창조자가 아닌 이유는 악이란 신이 창조한 존재(being)가 아니라 바로 존재의 결핍, 즉 선의 결핍(lack of being)이기 때문이다. 그러나 죄는 존재하지 않는 그 무언가가 아니라 교만, 불순종, 미움, 악한 의지와 행동으로 선명히 드러나는 존재다. 죄를 인식론적 지식의 부적절성으로 보는 견해도 있다. 스피노자에 따르면 인간이 타당하고 적절한 지식을 가지면 죄라는 개념이 성립될 수 없다. 그러나 가장 탁월한 지성을 가진 자도 도덕적으로 얼마든지 죄를 지을 수 있다는 점에서 죄란 인식론적 영역을 넘어서는 것이다.

죄란 신 의식의 부재라고 생각할 수도 있다. 슐라이어마허는 인간의 죄의식이란 신에 대한 의식에 의존한다고 주장했다. 그러나 죄는 의식을 넘어서는 인간의 총체적 현상이다. 죄는 또한 일종의 성향으로서 도덕적 의식으로 나아가는 진화론적 현상이다. 그러나 더 높은 의식으로 나아간다고 할지라고 죄 의식과 행위가 약화되는 것은 아니다. 진화의 가장 최상위에 있는 인간이 도덕적 죄 외에도 사회적·경제적·정치적 죄를 끊임없이 만들어내고 있다는 사실이 이를 반증한다.

또한 죄는 신이 인간에게 자유의 자리를 내어줌으로써 생긴 것이라는 주장이 있다. 라쉬델은 하나님이 자신의 힘을 제한함으로써 죄가 생겨났다고 주장하면서 하나님의 책임을 덜고자 했고, 유대의 카발라 신론도 하나님이 자신을 축소하여 인간에게 자유의 자리를 만들어줌으로써 악이 생겨났다고 주장한다. 아우구스티누스는 자유의지가 없는 돌보다 달리는 말이 더 우등한 것처럼 인간이 자유의지를 가지는 것이 자유의지가 없는 것보다 더 우등한 상태이며 죄란 자유의지의 필연적인 결과라고 해석한다(The Problem of Free Choice 2, ACW 22.14-15, The Confession VII.3.4). 신과 인간이 인격적인 관계를 갖기 위해서는 인간이 자유롭게 하나님께 반응할 수 있는 기본적인 자유가 있어야 하지만, 인간이 그 자유의지를 잘못 사용할 때 죄가 발생한다는 것은 상당히 타당한 견해다. 인간의 도덕성과 인격성의 기본 전제가 자유이기 때문이다.

그러나 여전히 두 가지 문제가 남는다. 첫째, 인간은 도덕적 결과를 초래하지 않는 부분에서 여전히 자유를 누리고 살아가는데, 왜 도덕적인 영역에서는 죄를 필연적으로 짓게 되는가? 둘째, 만약 인간이 죄를 지을 수밖에 없는 존재라면 자유의 본성에 위배된다. 자유란 죄를 지을 수도 짓지 않을 수도 있는 능력을 의미하기 때문이다. 그런데 모든 인간은 죄를 짓는다. 따라서 인간은 도덕적 영역에서 결코 자유의지를 갖고 있지 않다. 결국 우리는 "모든 인간은 죄를 짓는다"는 기독교적 명제가 어떤 의미인지, 그리고 이것이 과연 일반 인간론에도 타당한지를 다시 살펴보아야 한다. 비종교인의 시각으로 보면, 법률적인 죄를 짓지 않고 살아가는 대다수의 사람들은 여전히 선과 악 가운데 선을 선택할 수 있는 자유를 누리며 살고 있기 때문이다.

신학자들의 죄에 대한 이해

아우구스티누스는 선의 부재를 악이라고 여겼다. 그는 악을 병에 비유하면서 병이란 건강함이 결핍된 것이듯이 악도 선이 결핍된 것이며, 병이 그 어떤 실체가 아니라 육적 실체의 결함이듯이 악도 실체가 아니라고 설명했다(*The Enchiridion* 11). 그러나 알려진 대로 아우구스티누스는 아담의 원죄가 유전적이라는 것을 누구보다도 강조했는데(*On Merit and the Forgiveness of Sins, and the Baptism of Infants* I.9), 만약 죄가 자연적으로 아담으로부터 유전된다면 존재는 유전이 가능하지만 "존재의 결핍도 유전이 가능한가?"라는 의문이 제기된다. 아우구스티누스는 또한 인간은 날 때부터 죄인이며(*The Confession* I.7.11), 무지와 욕망(*The Enchiridion* 24), 소유욕(*The Confession* II.6.12)도 죄의 모습이라고 주장했다. 아우구스티누스는 비록 무지와 욕망이 선의 결핍으로부터 온다고 해석하였으나, 무지와 욕망이라는 실체적 현상을 죄의 내용으로 이해하고 있다는 점에서 그의 죄 이해가 반드시 부재(privation)라고만 보기는 어렵다.

중세의 신학자 안셀무스는 죄에 관해 흥미로운 주장을 펼쳤다. 인간은 죄 덩어리(massa peccatrix)이며(*On the Virgin Conception and Original Sin* 1, 15), 아무리 작은 죄를 지었더라도 하나님 앞에서 지은 죄이기 때문에 그 무게가 심각하다(*Why God became Man* I.21). 또한 죄는 지나가는 행위나 남아 있는 일이 아니라 나쁜 의지(ill-will)다(*On the Virgin Conception and Original Sin* 4). 그는 처녀 수태된 예수 그리스도가 죄없이 태어났다는 것을 주장하기 위해서, 갓 태어난 유아는 어떤 악한 의지도 가지고 있지 않기 때문에 결코 죄인이 아니라고 설명하였다. 그러나 안셀무스는 유아도 죄를 지을 수밖에 없는 필연성을 가지고 태어났고 이 필연성으로 인해 모든 인간은 죄를 짓게 되는데, 이것은 아담으로부터 온 원죄라고 주장한다(*On the Virgin Conception and Original Sin* 7). 그는 계속해서 원죄 혹은 자연적인 죄(original, natural sin)와 개인적인 죄(personal sin)를 구분하는데, 원죄가 필연성을 가지는 원인이라면 각자가 짓는 개인적인 죄는 원죄의 결과라고 해석했다(*On the Virgin Conception and Original Sin* 26).

죄에 관해 가장 강력한 주장을 펼친 사람은 바로 개혁주의자 칼뱅이다. 칼뱅은 죄가 결핍이나 부재(privation)라는 아우구스티누스의 주장에 반대한다. 죄는 선의 결핍이기는커녕 악을 풍성하게 열매 맺기 때문에 인간은 욕망(concupiscience) 그 자체이며, 인간의 모든 부분이 죄의 홍수(deluge)에 빠져 있다고 보았다(*Institutes* II.1.8-9). 죄가 선의 부재가 아니라 악의 양산이라는 주장은, 철학적 사유에 맞서 성경적인 죄 이해에 기반을 둔 흥미로운 주장이다. 앞으로 성경적인 죄 사상을 다룰 때 이 문제를 함께 살펴볼 것이다. 칼뱅에게 죄란 욕망, 교만, 불순종, 말씀 경멸, 불신앙, 배교, 불경건, 사탄에 순종, 야망을 포함하는 총체적인 것이며(*Institutes* II.1.4), 죄뿐만 아니라 죄의 책임까지도 아담으로부터 모든 인간에게 유전되는 것이다(*Institutes* II.1.5).

에밀 브루너는 죄가 인간의 질적 본성이 아니라 인간의 행위라고 규정했다. 즉 죄가 계속 반복되는 것은 죄가 인간의 본성이어서가 아니라 죄의 특징이 그렇기 때문이다. 그러나 이 반복되는 특징으로 인해 인간의 본성이 왜곡된다(*Man in Revolt* 148-150). 칼 바르트는 브루너와 죄에 대한 다른 이해를 보인다. 그는 죄가 우연적 속성인지 혹은 인간의 본성인지를 질문하면서, 죄는 우연적인 본성이 아니라 인간의 본성에 속하기 때문에 인간은 죄인라고 규정한다(*CD* III/2.27). 그러나 바르트는 인간의 본성에 대해 깊이 고뇌한다. 그의 주장에 따르면, 기독교 인간학은 인간의 총체적인 타락과 급진적 부패를 약화시켜서는 안 된다. 다른 한편으로 이 타락과 부패의 이면에는 하나님이 창조하신 인간의 진정한 본성이 숨겨져 있다. 그러나 인간의 참모습을 감추어버리는 인간의 타락과 부패와 그 타락에 의해 감추어진 진정한 본성을 우리는 어떻게 구분할 수 있을까? 이 둘 사이의 긴장으로 인해 우리는 우리 자신을 올바로 이해할 수 없다. 바로 이런 이유로 우리는 하나님의 말씀을 통해 우리 자신을 이해해야 한다(*CD* III/2.28-30). 즉 인간 스스로 인간을 올바로 알 수 없고, 하나님을 통해서만이 인간을 올바로 알 수 있다. 이제 바르트의 제안을 따라 성경에 펼쳐진 죄에 대한 하나님의 말씀을 살펴보자.

성경이 선포하는 죄란?

앞서 살펴본 대로 성경의 몇몇 구절은 하나님의 형상에 대해 그 심오함을 드러내고 있지만, 인간의 죄와 타락과 부패와 한계에 관해서는 성경의 거의 모든 부분이 총체적이고 급진적인 태도를 보이고 있다. 성경은 신의 높은 기준으로 인간을 불공평하게 판단하고 있는가? 이 문제를 살펴보기 위해 우리는 먼저 성경이 인간의 죄에 대해 어떤 선포를 하고 있는지 이해해야 한다. 이와 관련된 성경 본문을 통해 성경적인 죄 이해를 알아보자.

[1]하나님이여, 주의 인자를 따라 내게 은혜를 베푸시며 주의 많은 긍휼을 따라 내 죄악을 지워 주소서! [2]나의 죄악을 말갛게 씻으시며 나의 죄를 깨끗이 제하소서! [3]무릇 나는 내 죄과를 아오니 내 죄가 항상 내 앞에 있나이다. [4]내가 주께만 범죄하여 주의 목전에 악을 행하였사오니 주께서 말씀하실 때에 "의로우시다" 하고 주께서 심판하실 때에 "순전하시다" 하리이다. [5]내가 죄악 중에서 출생하였음이여, 어머니가 죄 중에서 나를 잉태하였나이다. [6]보소서! 주께서는 중심이 진실함을 원하시오니 내게 지혜를 은밀히 가르치시리이다. [7]우슬초로 나를 정결하게 하소서! 내가 정하리이다. 나의 죄를 씻어 주소서! 내가 눈보다 희리이다. [8]내게 즐겁고 기쁜 소리를 들려 주시사 주께서 꺾으신 뼈들도 즐거워하게 하소서! [9]주의 얼굴을 내 죄에서 돌이키시고 내 모든 죄악을 지워 주소서! [10]하나님이여, 내 속에 정한 마음을 창조하시고 내 안에 정직한 영을 새롭게 하소서! [11]나를 주 앞에서 쫓아내지 마시며 주의 성령을 내게서 거두지 마소서! [12]주의 구원의 즐거움을 내게 회복시켜 주시고

자원하는 심령을 주사 나를 붙드소서! ¹³그리하면 내가 범죄자에게 주의 도를 가르치리니 죄인들이 주께 돌아오리이다. ¹⁴하나님이여, 나의 구원의 하나님이여, 피 흘린 죄에서 나를 건지소서! 내 혀가 주의 의를 높이 노래하리이다. ¹⁵주여, 내 입술을 열어 주소서! 내 입이 주를 찬송하여 전파하리이다. ¹⁶주께서는 제사를 기뻐하지 아니하시나니 그렇지 아니하면 내가 드렸을 것이라. 주는 번제를 기뻐하지 아니하시나이다. ¹⁷하나님께서 구하시는 제사는 상한 심령이라. 하나님이여 상하고 통회하는 마음을 주께서 멸시하지 아니하시리이다. ¹⁸주의 은택으로 시온에 선을 행하시고 예루살렘 성을 쌓으소서! ¹⁹그때에 주께서 의로운 제사와 번제와 온전한 번제를 기뻐하시리니 그때에 그들이 수소를 주의 제단에 드리리이다(시 51:1-19).

잘 알려진 대로 시편 51편은 다윗이 밧세바와 동침한 후 예언자 나단이 자신을 찾아왔을 때 죄를 회개하는 내용이다. 자신이 지은 끔찍한 죄를 참회하는 시의 내용을 보면, 다윗은 우리의 일반적인 죄에 대한 인식에 비해 훨씬 더 극단적인 생각을 가지고 있는 것으로 보인다. 이런 맥락을 고려하고 시편 51편을 읽는다면, "죄가 항상 내 앞에 있다"(3절)와 "어머니가 죄 중에 나를 잉태하였다"(5절)는 말이 원죄를 선포하고 있다기보다, 다윗이 극단적인 표현을 통해 참회의 진정성을 드러내는 것이라고 해석할 수 있다. 그리고 "내가 주께만 범죄하여 주의 목전에 악을 행하였사오니"(4절)라는 구절도 언어적 기법으로 볼 수 있다. 인간에게 참혹한 죄를 지은 자가 어떻게 "하나님께만 죄를 지었다"고 할 수 있는가? 만약 사람에게 지은 죄가 하나님께만 죄가 된다면 우리는 영화 「밀양」에 묘사된 것처럼 가해자와 피해자의 기본적인 인간 관계조차 파괴하는 또 다른 죄를 범하는 것이다. 다윗은 사람에게 지은 죄가 하나님 앞에 끔찍한 죄가 된다는 것을 뼈저리게 깨닫고 그것을 절절히 고백하기 위해 극단적인 표현을 사용했을 것이다. 주께서 구하시는 제사는 상한 심령이라는 것(17절)도 잘못 이해하면 악한 행위를 고치는 것보다 마음을 고치는 것이 더 중요하다고 해석될 수 있다. 그러나 의로운 제사와 온전한 번제로 자신의 잘못을 바로잡는 것을 보여줌으로써(19절) 심령의 통회뿐만 아니라 올바른 행위가 필요함을 강조한다.

이처럼 시편 51편은 죄에 대한 성경의 깊은 이해를 보여준다. 살아 계신 하나님의 이름으로 골리앗을 무찔렀던 다윗이 이처럼 한 여인에게 범죄를 저지르고 모든 것이 무너져 내린 채 괴로워하는 것을 보면, 인간의 죄란 인간의 본성 속에 깊이 뿌리내린 것이 아닐까? 죄가 늘 내 앞에 있다는 것, 그리고 어머니가 죄 중에 나를 잉태했다는 것은 아무리 의인이라도 한순간에 참혹한 죄인이 될 수 있다는 "인간 본성"을 잘 표현한다.

사람에게 지은 죄가 어떻게 하나님께 지은 죄가 될 수 있을까? 이것은 기독교만이 가지고 있는 "관계의 연대" 속에서 이해해야 한다. 사람은 하나님의 형상으로 지음받았기 때문에 하나님을 드러내는 자들이다. 하나님의 형상을 가진 사람에게 가한 해는 하나님을 모독하는 것이 된다. 예수는 자신과 아버지의 상호 내주의 연대가 하나님과 인간의 상호 내주의 연대로 확장된다고 선포한 바 있다. "내가 저희들 안에, 아버지께서 내 안에 있는 것 같이 저희도 다 하나가 되어"(요 17:21). **하나님의 형상, 삼위 하나님의 상호 내주와 우리 안에 거하심, 인간과 인간 사이의 죄는 복잡한 관계성 속에서 서로 교차된다. 기독교는 인간에게 지은 죄가 하나님께 죄가 될 수 있을 정도로 관계적인 종교다.**

다윗이 밧세바에게 지은 죄는 분명히 외적이고 행위적인 죄였다. 그런데 시편 51편은 주로 내면적인 영적 정결함에 대해 논한다. 6절의 "주께서는 중심(innermost being)이 진실함을 원하시오니 내게 지혜를 은밀히 가르치시리이다." 10절의 "하나님이여, 내 속에 정한 마음을 창조하시고 내 안에 정직한 영을 새롭게 하소서." 그리고 17절의 "하나님께서 구하시는 제사는 상한 심령이라. 하나님이여, 상하고 통회하는 마음을 주께서 멸시하지 아니하시리이다"라는 표현이 그것을 잘 드러낸다. 다윗은 자신의 외적 행위가 바로 자신의 마음과 영적인 상태로부터 나온다는 것을 깨달았다. 이것은 육적 행위와 영적 상태를 분리하는 서구의 이원론과는 다른 인식이다.

더 나아가 이 영적 상태는 하나님의 성령께서 주관하시는 일이다. "나를 주 앞에서 쫓아내지 마시며 주의 성령을 내게서 거두지 마소서"(11절)는 "영"이 아니라 "성령"이라는 표현이 등장하는 구약의 몇 안 되는 말씀이다. 아마도 하나님의 영이 인간의 죄와 악을 멀리하신다는 것을 선명하게 나타내기 위해서 거룩한 영이라는 용어를 사용하였을 것이다. 죄로 인한 결과는 "하나님의 임재 앞에서 쫓겨나는 것"이다. 죄를 짓는 것은 곧 하나님으로부터 쫓겨나는 것이라는 사상은 창세기의 실낙원에서 형상화된 바 있으며, 시편 51편에서도 반복되어 나타난다.

인간은 하나님 앞에서(coram Deo) 살아가는 자들이다. 그는 하나님 앞에서 다른 사람과 관계를 맺는다. 바로 이런 점에서 인간의 행위 일체는 종교적이고 영적인 일이다. "육과 반대"된다는 의미에서 영적인 것이 아니라 인간의 영과 육을 아우르는 모든 일이 "하나님 앞"에서 일어나는 일이라는 점에서, 또한 거룩한 "성령께서 주관하시는 일"이라는 점에서 영적이다. 죄는 마음을 배제하는 외면적 행위에만 적용되지 않는다. 죄는 마음을 포함하는 전 인격적인 일이다. 하나님이 기뻐하시는 의로운 제사와 온전한 번제는 마음의 참회와 올바른 행동을 지향한다. 따라서 성경이 선포하는 죄는 행위에 초점을 맞추는 윤리적이고 법률적인 죄보다 훨씬 더 포괄적이고 관계적이다. 이처럼 시편 51편은 인간과 하나님을 연결하고 인간의 내면과 외면을 포괄한다. 죄는 이 모든 관계를 아우르는 총체적 현상이다.

¹⁰너희 소돔의 관원들아, 여호와의 말씀을 들을지어다. 너희 고모라의 백성아, 우리 하나님의 법에 귀를 기울일지어다. ¹¹여호와께서 말씀하시되 "너희의 무수한 제물이 내게 무엇이 유익하뇨? 나는 숫양의 번제와 살진 짐승의 기름에 배불렀고 나는 수송아지나 어린 양이나 숫염소의 피를 기뻐하지 아니하노라. ¹²너희가 내 앞에 보이러 오니 이것을 누가 너희에게 요구하였느냐? 내 마당만 밟을 뿐이니라. ¹³헛된 제물을 다시 가져오지 말라. 분향은 내가 가증히 여기는 바요 월삭과 안식일과 대회로 모이는 것도 그러하니 성회와 아울러 악을 행하는 것을 내가 견디지 못하겠노라. ¹⁴내 마음이 너희의 월삭과 정한 절기를 싫어하나니 그것이 내게 무거운 짐이라. 내가 지기에 곤비하였느니라. ¹⁵너희가 손을 펼 때에 내가 내 눈을 너희에게서 가리고 너희가 많이 기도할지라도 내가 듣지 아니하리니 이는 너희의 손에 피가 가득함이라. ¹⁶너희는 스스로 씻으며 스스로 깨끗하게 하여 내 목전에서 너희 악한 행실을 버리며 악행을 그치고 ¹⁷선행을 배우며 정의를 구하며 학대받는 자를 도와주며 고아를 위하여 신원하며 과부를 위하여 변호하라" 하셨느니라. ¹⁸여호와께서 말씀하시되 "오라, 우리가 서로 변론하자. 너희의 죄가 주홍 같을지라도 눈과 같이 희어질 것이요 진홍같이 붉을지라도 양털같이 희게 되리라. ¹⁹너희가 즐겨 순종하면 땅의 아름다운 소산을 먹을 것이요. ²⁰너희가 거절하여 배반하면 칼에 삼켜지리라" 여호와의 입의 말씀이니라(사 1:10-20).

이사야 1장 본문은 죄의 사회적인 면을 잘 드러낸다. 율법을 범하지 말아야 한다는 금기로서의 죄의 "수동적인 면"뿐만 아니라, 마땅히 행해야 할 사랑과 자비를 행하지 않는 "능동적인 면"도 함께 언급하면서 기독교 윤

리의 정수를 보여준다. 그리고 이 칼날 같은 엄격한 죄의 기준은 사회적 관계를 형성하는 공동체의 구성원이 서로 인격적인 유대와 연대를 이루어가게 하면서, 동시에 하나님과 그 사회적 공동체가 깊은 인격적 관계, 변론과 용서의 관계를 이루어가도록 인도한다. **"준엄함과 포용"이라는 양면성을 가지고 있는 셈이다.**

죄는 두 가지 이유에서 사회적이다. 우리는 함께 모여서 죄를 짓는다. 하나님께서는 성회와 더불어 악을 행하는 것을 견딜 수 없다고 하신다. 헛된 제물을 가져오는 것과 월삭과 안식일과 대회로 모이는 것이 "함께 모여서 죄를 짓는 것"으로 그려지고 있다. 모임과 삶의 불일치, 모임의 행위와 내면의 불일치, 그리고 함께 모인 자들에게 자신을 전가함으로써 발생하는 도덕적·종교적 위선을 하나님께서 고발하신다. 죄를 참회하기 위해 제물을 바친다면 내면적 참회와 외형적 변화가 반드시 동반되어야 한다. 물론 단순히 제물을 바친다고 해서 반드시 내면과 외면의 완벽한 변화를 기대할 수는 없다. 이 불일치로 인해 우리는 제물을 바치는 일과 예배와 참회의 기도를 반복하고 있지 않은가!

그러나 제물을 바친다는 것은 최소한 내외면의 변화를 지향할 것을 결의하고 하나님께 고백하는 것이다. 그러나 그 순간에 우리는 자신을 잊어버리고 오히려 "함께 모여 있음"으로 인해 자신의 참모습을 그 모임 속으로 던져버리게 된다. 예배에 참석해서도 온갖 생각에 사로잡혀 하나님과 그 어떤 참회나 신실함을 나누지 못하면서도 자신을 거룩한 하나님의 백성으로 여기는 것과 마찬가지다. 단순히 언약 공동체, 교회 공동체에 속한다고 해서 저절로 하나님의 백성이 되는 것은 아니다. "모임"은 올바른 관계를 보증하지 않는다. 오히려 집단 최면과 우상화로 인해 더 심각한 악행을 저지를 수도 있다. 제사와 절기와 안식일을 주신 이는 바로 하나님이다. 하나님은 이를 통해 인간이 올바른 관계를 유지하고 회복하기를 원하셨지만, 인간은 역설적으로 "함께 모여서 하나님을 잊어버리거나 죄를 짓는다." 교회의 타락과 세속화는 "함께 모여 있음"에서 힘을 얻어 전염병처럼 번져나간다. 우리는 때로 모여서 죄를 지을 뿐만 아니라, 모여 있기 때문에 더 많은 죄를 짓는다.

사회적 죄의 두 번째 모습은 사회적 약자를 돌보지 않는 것이다. 하나님은 우리가 모여서 짓는 죄로 인해 기도할지라도 듣지 않겠다고 하셨다(15절). 대신 정의를 구하며 학대받는 자를 도와주고 고아를 위하여 신원하며 과부를 위하여 변호하라고 하셨다(17절). 함께 모여서 악을 행하는 것뿐만 아니라, 사회 정의를 실현하지 않고 사회적 약자를 돌보지 않는 것도 사회적 악에 포함된다. 흥미롭게도 여기서 "악행을 그치고"(16절) "선행을 배우라"(17절)고 말씀하신다. 사실 악행을 그치는 것도 쉽지 않은 일이다. 그런데 그에 더해 선행을 배우라니. 하나님의 잣대는 인간의 기준을 넘어선다. 그런데 악행을 그치는 것과 선행을 배우는 것은 서로 긴밀히 연관되어 있다. 모여서 저지르는 위선과 우상화의 악행을 멈춘 후에, 우리는 과연 어떤 일을 함께해야 할까?

담임 목사의 타락으로 인해 어쩔 수 없이 따로 예배를 드리는 공동체에 속한 친구가 있었다. 그 친구의 말에 따르면 처음에는 담임 목사가 악행을 멈추고 참회하기를 간절히 바라는 열망이 있었는데, 오히려 그로 인해 자신을 다시 돌아보게 되었고, 어느새 자신의 관심과 사랑이 고난받는 이웃으로 향하게 되었다고 했다. 이처럼 교회가 모여서 저지르는 악을 멈추고 사회적 선으로 나아가는 것은 지극히 자연스럽게 연결되는 일이다.

기독교는 홀로 명상하거나 자족하는 것을 넘어 사회적으로 온전한 공동체를 이루는 것을 지향하는 종교다. **이사야서 1장은 사회적인 죄가 수동적인 면과 능동적인 면을 함께 지니고 있으며 두 측면이 서로 깊이 연결되어 있다는 것을 지적한다. 심오한 말씀이다. 죄를 행하는 것뿐만 아**

니라 선을 행하지 않는 것도 하나님이 보시기에 심각한 죄악이다.

그런데 하나님은 이렇게 죄를 저지르는 사람들에게 찾아오신다. 그리고 변론하자고 하신다. 우리의 죄가 아무리 심각하고 무겁다고 할지라도 다 깨끗하게 될 것이라고 선언하신다. 기독교가 죄에 대해 지나치게 높은 기준을 가진 것은 명백한 사실이다. 기독교의 죄는 개인적인 죄뿐만 아니라 사회적인 죄까지, 수동적인 죄뿐만 아니라 능동적인 죄까지 포괄하기 때문이다. 그러나 이 엄격한 기준은 인간을 경멸하고 파괴하기 위한 것(retributive justice)이 아니다.[22] 도리어 인간을 용서하고 고쳐서 품기 위함이다(transformative, restorative, healing justice). 이 거룩한 양면성에 대해서는 마지막에 다룰 것이다.

[21]옛 사람에게 말한 바 "살인하지 말라. 누구든지 살인하면 심판을 받게 되리라 하였다"는 것을 너희가 들었으나 [22]나는 너희에게 이르노니, 형제에게 노하는 자마다 심판을 받게 되고 형제를 대하여 "라가"라 하는 자는 공회에 잡혀가게 되고 "미련한 놈"이라 하는 자는 지옥 불에 들어가게 되리라. [23]그러므로 예물을 제단에 드리려다가 거기서 네 형제에게 원망들을 만한 일이 있는 것이 생각나거든 [24]예물을 제단 앞에 두고 먼저 가서 형제와 화목하고 그 후에 와서 예물을 드리라. [25]너를 고발하는 자와 함께 길에 있을 때에 급히 사과하라. 그 고발하는 자가 너를 재판관에게 내어주고 재판관이 우리에게 내어주어 옥에 가둘까 염려하라. [26]진실로 네게 이르노니 네가 한 푼이라도 남김이 없이 다 갚기 전에는 결코 거기서 나오지 못하리라 간음하지 말라. [27]또 "간음하지 말라 하였다"는 것을 너희가 들었으나 [28]나는 너희에게

---

22 Nicholas Wolterstorff, "Justice as a Condition of Authentic Liturgy," *Theology Today* 48/1 (Apr. 1991), 8.

이르노니, 음욕을 품고 여자를 보는 자마다 마음에 이미 간음하였느니라. [29] 만일 네 오른 눈이 너로 실족하게 하거든 빼어 내버리라. 네 백체 중 하나가 없어지고 온몸이 지옥에 던져지지 않는 것이 유익하며 [30]또한 만일 네 오른 손이 너로 실족하게 하거든 찍어 내버리라. 네 백체 중 하나가 없어지고 온 몸이 지옥에 던져지지 않는 것이 유익하니라(마 5:21-30).

마태복음이 다른 복음서에 비해 구약과의 연속성이 강하다는 점을 충분히 고려하더라도, 예수께서 산상수훈으로 주신 위의 말씀은 율법의 내용을 한층 더 강력하게 극단화하는 것이다. 예수께서는 왜 이렇게 율법을 새롭게, 그리고 더 극단적으로 해석하셨을까?

21-26절은 미움와 용서에 관한 말씀이다. 놀랍게도 형제에 대해 노하는 자가 살인하는 자와 대비되고 있다. 사랑해야만 하는 형제에게 노하는 것이 살인하는 것과 같은 무게를 가지는가? 형제를 미련한 자라고 하면 지옥 불에 들어가게 된다는 것은 어떤 의미인가?

이런 극단적인 표현은 수사학적 기법일 수도 있다. 그런데 살인한다는 것은 겉으로 드러난 행위인 반면, 형제를 미워한다는 것은 마음의 일이다. 극단화(radicalized)된 것만이 아니라 내면화(internalized)된 것이다. 또한 형제와 어떤 관계 속에서 살아가야 하는가라는 문제가 살인만큼 심각한 무게를 가진다는 의미이기도 하다. 다시 말하면 (1) 죄는 겉으로 드러난 행동에만 있는 것이 아니라 그 행위를 촉발하는 마음에도 있고, (2) 비인격적인 행위라는 그 자체에 대한 평가뿐만 아니라 그 행위를 하는 인격적인 주체의 관계마저도 죄의 범주에 포함된다는 뜻이다. 죄 일반은 행위 그 자체에 초점을 맞추는데, 예수님의 말씀 속에 나타난 죄는 행위자의 내면과 타자와의 관계 속에서 사회화되는(socialized) 것까지 포함되어 일반적인 죄의 개념보다 훨씬 더 급진적임을 알 수 있다. 우리는 위의 본문을 통해 죄가 예수에 의해 극단화·내면화·사회화된 것을 본다.

이어지는 말씀에서 예수는 외면적 행위를 넘어 내면적 음욕까지 간음으로 확장(extended)시킨다. 인간이란 외면과 내면을 모두 포괄하는 총체적 존재인데, 구분되지만 나누어지지 않는 그 총체적 인간이 죄를 짓는다. 이는 율법적이고 관습적인 죄를 넘어서는 준엄한 기준이다. "모든 인간이 죄인"이라는 기독교적 정의는 이렇게 총체적 인간을 평가하는 것을 근거로 하고 있으며, 예수께서도 구약의 율법을 넘어서는 총체적 인간관을 제시하신다.

위 본문의 마지막 부분에는 신체의 일부가 죄를 지으면 그 부분을 잘라내어버리라는 끔찍한 말씀이 나온다. 앞서 내면화된 죄를 급진적으로 확장했다면, 이제 구체적으로 신체를 언급한다. 인간의 외적이고 신체적인 일부가 악한 행위의 주체가 될 수 있다는 것을 다시금 확인함으로써, 한 문맥 속에서 외적·내적 연합체로의 인간과 죄를 연관시키셨다. 그런데 신체의 일부분을 언급한 이 부분은 구약에 등장하는 동해보복법(*lex talionis*)을 연상시킨다. "사람이 만일 그의 이웃에게 상해를 입혔으면 그가 행한 대로 그에게 행할 것이니, 상처에는 상처로, 눈에는 눈으로, 이에는 이로 갚을지라. 남에게 상해를 입힌 그대로 그에게 그렇게 할 것이며"(레 24:19-20). 물론 마태복음의 본문에서는 타자가 아닌 자기 자신에게 신체적 해를 가한다는 점에서 "눈에는 눈"의 법률과 다르다. 그러나 동일한 가치로 갚는다는 점에서는 유사한 메커니즘을 가진다. 예수께서는 도대체 왜 이렇게 끔찍한 옛날의 법률을 연상시키는 말씀을 하셨을까? 구약의 율법과 본문의 예수님의 말씀 모두 단순히 신체성만을 강조하고 있지 않다. 신체보다는 "동일한 가치의 보복"에 방점이 찍혀 있다. 하나님께 용서를 간청하는 것이 아니라 죄악의 근원을 스스로 도려내는 것이 우리 자신의 죄악에 대해 우리가 마땅히 취해야 할 보복(retaliation)인가? 용서의 하나님은 어디에 계시는가?

놀랍게도 예수님은 본문 38절에서 구약의 보복법을 언급하신다.

> ³⁸또 "눈은 눈으로, 이는 이로 갚으라" 하였다는 것을 너희가 들었으나, ³⁹나는 너희에게 이르노니 악한 자를 대적하지 말라. 누구든지 네 오른편 뺨을 치거든 왼편도 돌려 대며, ⁴⁰또 너를 고발하여 속옷을 가지고자 하는 자에게 겉옷까지도 가지게 하며, ⁴¹또 누구든지 너로 억지로 오 리를 가게 하거든 그 사람과 십 리를 동행하고, ⁴²네게 구하는 자에게 주며 네게 꾸고자 하는 자에게 거절하지 말라(마 5:38-42).

자기 자신의 죄악에 대해서는 보복법을 적용하고, 타인의 죄에 대해서는 악한 자를 대적하지 말고 그 요구보다 더한 것을 하라는 말씀이다. 5:44에는 원수를 사랑하라는 말씀이 이어지고 있는데, 그 핵심은 하나님의 무조건적 사랑이다. "하나님이 그 해를 악인과 선인에게 비추시며 비를 의로운 자와 불의한 자에게 내려주심이라"(마 5:45).

미로슬라브 볼프는 2018년 언더우드 심포지움 강의에서, 원수를 사랑할 수 없다면 무조건적 사랑이 될 수 없다고 주장했다. 무조건적 사랑은 정말로 조건이 없는 사랑이며, 바로 기독교의 하나님이 우리를 사랑하신 것이다. 결국 예수님의 가르침 속에는 거대한 총체적 세계가 역동적으로 움직이고 있다. 인간의 죄는 결코 단편적 종결의 이야기가 아니다. 바로 인간이 하나님과 사람 앞에 선 자(coram Deo et hominibus)로서 하나님과 타인과 깊은 인격적인 관계를 맺는 총체적 이야기 속에 등장하는 것이다. 그리고 자신에게 엄격하게 기준을 적용하는 것은 하나님을 닮아가는 과정에서 마땅히 일어나야 하는 일이다. 자신의 팔과 다리뿐만 아니라 몸과 피를 주시어 우리를 무조건적으로 사랑하시는 바로 그 하나님을 닮아가면서 그 하나님과 연합되어야 하는 것이다.

그러나 우리는 결코 온전히 그리고 총체적으로 하나님을 닮을 수 없다. 따라서 우리의 일부 지체가 우리를 죄의 길로 인도한다면 차라리 그 부분을 잘라내고 하나님께로 나아가는 것이 더 낫다는 것이 예수님의 가르침이다. 이 "잘라냄"과 하나님의 무조건적 사랑을 위한 "희생"은 동일한 범주에 속하지 않는다. 잘라냄은 "악"을 제거하는 것이고 "희생"은 예수께서 자신을 우리에게 주신 것이다. 그렇다고 할지라도 "스스로 죄의 부분을 잘라내는 것"은 우리 자신을 포기하고 부정하고 하나님께로 나아가는 가장 중요한 "자기 부정" 즉 "희생"의 길이다. 그리고 자신의 악을 제거하기 위해 자신의 일부를 잘라내는 이 행위가 하나님의 눈에는 자기 부정의 희생으로 여겨질 것이다.

악의 뿌리는 바로 우리 안에 있다. 그것은 우리 신체의 일부다. 그렇다면 잘라내어야 할 부분이 얼마나 다양하고 많은가! 교만, 중독, 미움, 욕심, 무관심, 무지, 이기심과 같은 이런 모든 악의 근원이 우리 신체의 중요한 부분을 차지하고 있다. 악은 이처럼 도저히 떼어낼 수 없는 우리 자신의 일부로서 우리에게 고착되어 있다. 또한 신체 그 자체도 죄의 일부를 담당한다. 실제로 손과 눈과 발과 몸으로 짓는 죄가 얼마나 많은가! 두 손으로 부지런히 악을 행하고 있지 아니한가!(미 7:3) 성적 타락은 성경이 다루는 중요한 주제 중 하나인데, 이것은 인간의 신체적 욕망과 깊은 연관이 있다. 눈으로 욕심이 들어오고, 손이 소유를 부추기며, 발이 점령을 향한 폭력으로 우리를 인도하고, 그 결과 타인을 죽음으로 몰아간다. 이로 인해 우리의 삶이 극단적 죄에 빠져 우리의 속사람까지 죄에 깊이 물들고 우리의 사회적 관계가 파괴된다.

이 심각하고 치명적인 말씀을 우리에게 주신 예수는 과연 누구인가? **예수께서 죄를 내면의 문제와 사회적 관계의 문제로까지 극단적으로 확**

장한 이유는, 우리 신체의 일부처럼 죄가 우리의 전 존재를 사로잡고 있다는 것을 알고 계셨기 때문일 것이다. 예수는 하나님이 인간으로 성육신한 존재다. 예수의 인성 속에 인간의 죄가 어떻게 관계하고 있었는지 우리는 상세히 알 수 없다. 물론 성경은 예수가 "죄가 없는, 그러나 완전히 우리와 동일한 인간"이라고 주장한다(히 7:26). 그러나 인간의 죄가 인간의 신체의 일부처럼 집요하게 인간에게 고착되어서 날마다 우리를 사로잡아오는 그 "갈등"을, 인성을 가진 예수께서 경험하셨을 수도 있다. 겟세마네 동산에서 드린 마지막 기도를 통해 예수의 신성과 인성이 서로 긴장 관계에 있었다는 것을 알 수 있듯이, 예수께서는 그의 인성 속에서 인간이 신체처럼 경험하고 살아가는 죄의 문제를 함께 나누고, 동시에 그 죄를 짊어지고 가야 하는 거룩한 신성으로 인해 자신 속에 깊은 내적 고뇌를 안고 이 땅을 살아갔을 것이다. 하나님의 형상을 가진 우리도, 비록 제한적이긴 하지만 바울처럼 날마다 깊은 내적 갈등 속에 살아가는데, 심지어 한 인격 속에 인성과 신성을 모두 가진 예수는 그 내적 갈등이 얼마나 심했겠는가? 바로 이런 예수이기 때문에 위의 말씀을 선포할 수 있었던 것은 아닐까?

폭력은 폭력을 낳는다. 하지만 자신의 신체를 잘라내서라도 죄와 악에 대항해서 싸우는 것은 결코 폭력을 조장하는 것이 아니다. 이는 날마다 죽는다는 바울의 고백처럼 고집스럽게 우리의 신체의 일부로 고착된 수많은 "나"를 버리는 일이며, 이 일은 원수까지 끌어안으시는 하나님의 무조건적 사랑, 즉 하나님 자신을 버리시는 희생적 사랑을 배경으로 하고 있기 때문에, 오히려 "죄에 대한 예수의 극단적, 내면적, 사회적 가르침"을 재해석하도록 우리를 인도한다. 죄의 극단적 확장은 인간의 총체적 온전함을 지향하고 있고, 죄와 악의 지배 아래서 살아가는 우리는 역설적으로 우리 자신을 내려놓는 자기희생을 통해 온전함으로 나아갈 수 있다.

¹예수께서 비유로 그들에게 말씀하시되 "한 사람이 포도원을 만들어 산울타리로 두르고 즙 짜는 틀을 만들고 망대를 지어서 농부들에게 세로 주고 타국에 갔더니 ²때가 이르매 농부들에게 포도원 소출 얼마를 받으려고 한 종을 보내니 ³그들이 종을 잡아 심히 때리고 거저 보내었거늘 ⁴다시 다른 종을 보내니 그의 머리에 상처를 내고 능욕하였거늘 ⁵또 다른 종을 보내니 그들이 그를 죽이고 또 그 외 많은 종들도 더러는 때리고 더러는 죽인지라. ⁶이제 한 사람이 남았으니 곧 그가 사랑하는 아들이라. 최후로 이를 보내며 이르되 '내 아들은 존대하리라' 하였더니 ⁷그 농부들이 서로 말하되 '이는 상속자니 자 죽이자. 그러면 그 유산이 우리 것이 되리라' 하고 ⁸이에 잡아 죽여 포도원 밖에 내던졌느니라. ⁹포도원 주인이 어떻게 하겠느냐? 와서 그 농부들을 진멸하고 포도원을 다른 사람들에게 주리라. ¹⁰너희가 성경에 건축자들이 버린 돌이 모퉁이의 머릿돌이 되었나니 ¹¹이것은 주로 말미암아 된 것이요 우리 눈에 놀랍도다 함을 읽어 보지도 못하였느냐?" 하시니라. ¹²그들이 예수의 이 비유가 자기들을 가리켜 말씀하심인 줄 알고 잡고자 하되 무리를 두려워하여 예수를 두고 가니라(막 12:1-12).

마가복음 12장 본문의 주된 주제는 이스라엘의 배반이며, 그 배반이 하나님의 아들 예수 그리스도를 죽이는 극단적인 악으로 드러날 것을 암시하고 있다. 이스라엘의 배반의 비유는 죄에 대한 몇 가지 중요한 점을 포함하고 있다. 본문은 이사야 1장과는 또 다른 차원의 죄의 사회적 현상을 다루고 있는데, 죄의 본성 가운데 하나인 "죄의 심화(intensification)"라는 특징을 잘 드러내며, 죄의 근원인 "배반"과 "욕심"을 폭로한다.

이사야서에 나타난 죄의 사회성은 자신을 "모여 있음"이라는 공동체적 활동에 투사시킴으로써 발생하는 위선과 사회적 약자를 돌보지 않는 문제를 이야기한다. 그런데 위의 본문을 보면 예수께서는 단순히 개인과 공동체를 혼동하는 것뿐만 아니라 사회적 공동체로 모여 있기 때문에 죄가 더욱 점층된다는 문제를 지적한다. (1) 포도원 주인이 소출 얼마를 받으려고 농부들에게 종을 보내자 심히 때려서 빈손으로 돌려보낸다. (2) 다른 종을 보내자 머리에 손상을 입혀서 돌려보낸다. (3) 또 다른 여러 종들을 보내자 때리거나 죽여버린다. (4) 마침내 상속자인 아들을 보내자 죽여버린다. 이렇게 죄가 점점 더 심화되는 일차적인 이유는 그들이 함께 모여 있었기 때문이다. "그 농부들이 서로 말하되 이는 상속자니 자 죽이자 그러면 그 유산이 우리 것이 되리라 하고"(7절). 이렇듯 인간은 모여서 죄를 도모한다. 포도원 농부 혼자서는 결코 이 모든 죄를 다 저지르지 못했을 것이다. 군중이 모여서 진리가 왜곡되고 죄가 점점 더 커지는 것은 역사에 늘 있었던 일이다. 예수께서도 군중들의 외침으로 인해 십자가에 처형되는 판결을 받지 않았던가? 인간은 모여서 죄에 죄를 더하게 된다(사 30:1-2).

인간은 사회적인 존재다. 함께 모여 올바른 인격체와 관계를 형성한다. 함께 모여 법률과 철학과 과학을 발전시킨다. 함께 모여 종교적 활동을 격려하고 일상의 즐거움을 나눈다. 이처럼 "함께함"은 인간 삶의 가장 근원적인 것 중 하나다. 그런데 슬프게도 우리는 함께 모여 있기 때문에 더 심각한 죄를 짓는다. 서로 죄를 전파하고 부추긴다. 창세기에서도 하와가 아담에게 죄를 부추기는 죄의 집단적 성향이 드러났다. 이사야서는 이런 죄의 특징을 주위를 삼켜버리는 타오르는 불길에 비유했다. "대저 악행은 불태우는 것 같으니 곧 질려와 형극을 삼키며 빽빽한 수풀을 살라서 연기로 위로 올라가게 함과 같은 것이라"(사 9:18). 예수님의 비유에서도 이런 점이 선명하게 부각된다.

우리는 사회적 현상으로서의 타락에 대해 진지하게 생각해보아야 한다. 종교 지도자와 종교인의 타락도 사회적 현상이다. 목회 세습과 목회자의 부의 추구가 유행이 되고, 종교에 대한 무관심이 사회적 현상이 되었다. 서구 기독교는 개인주의의 아픈 역사를 극복하기 위해 기독교의 사회성과 공동체성 등을 유난히 강조하는 경향이 있다. 해방신학, 여성신학, 민중신학은 기존의 사회적 가치에 강렬하게 저항한 운동이다. 우리는 악의 문제를 다룸에 있어서 단순히 공동체의 가치만을 강조할 것이 아니라, 그 공동체 속에 살아가는 한 인격이 "악의 세력에 얼마나 저항할 수 있을 것인가?"에 대해 심각하게 고민해야 한다.

그런데 본문에서 포도원 농부들은 왜 악을 도모했는가? 그 원인은 배반과 욕심이다. 욕심이 더 큰 욕심을 낳고, 배반이 또 다른 배반을 부른다. 인간이 깊은 연대 속에 살아가듯이 악 역시 질적으로나 양적으로 깊은 연대를 맺고 있다. 작은 악이 더 큰 악을 낳기도 하고 한 종류의 악이 여러 다른 종류의 악을 양산하기도 한다. 칼뱅의 주장처럼 악은 또 다른 악을 낳고 더 심각한 악을 열매로 맺는다. 따라서 악은 선의 결핍이기도 하지만 악을 양산하는 선명한 "존재"이기도 하다. 악의 "존재성"은 사회적 존재의 존재성만큼이나 강렬하다. 악이 악인을 죽인다!(시 34:21) 마태복음 5장에 나타난 것처럼 그것은 눈이나 치아처럼 사회적 존재의 신체의 일부이기 때문이다. 악이 존재인가? 존재의 결핍인가? 존재라면 하나님의 창조물인가? 서구 세계에서 던진 이런 질문들은 정말로 부질없는 것이다. 악이란 개념적으로는 선의 결핍이지만, 동시에 우리 자신의 마음과 신체로써 우리가 이루고 있는 사회에 존재하면서 그 존재를 더욱 더 확산시켜 나가기 때문이다. 이제 우리에게 친숙한 여러 종류의 죄를 종합하고 있는 로마서의 말씀을 살펴보자.

[18]하나님의 진노가 불의로 진리를 막는 사람들의 모든 경건하지 않음과 불의에 대하여 하늘로부터 나타나나니 [19]이는 하나님을 알 만한 것이 그들 속

에 보임이라. 하나님께서 이를 그들에게 보이셨느니라. ²⁰창세로부터 그의 보이지 아니하는 것들 곧 그의 영원하신 능력과 신성이 그가 만드신 만물에 분명히 보여 알려졌나니 그러므로 그들이 핑계하지 못할지니라. ²¹하나님을 알되 하나님을 영화롭게도 아니하며 감사하지도 아니하고 오히려 그 생각이 허망하여지며 미련한 마음이 어두워졌나니 ²²스스로 지혜 있다 하나 어리석게 되어 ²³썩어지지 아니하는 하나님의 영광을 썩어질 사람과 새와 짐승과 기어다니는 동물 모양의 우상으로 바꾸었느니라. ²⁴그러므로 하나님께서 그들을 마음의 정욕대로 더러움에 내버려 두사 그들의 몸을 서로 욕되게 하게 하셨으니 ²⁵이는 그들이 하나님의 진리를 거짓 것으로 바꾸어 피조물을 조물주보다 더 경배하고 섬김이라. 주는 곧 영원히 찬송할 이시로다. 아멘(롬 1:18-25).

²⁸또한 그들이 마음에 하나님 두기를 싫어하매 하나님께서 그들을 그 상실한 마음대로 내버려 두사 합당하지 못한 일을 하게 하셨으니 ²⁹곧 모든 불의, 추악, 탐욕, 악의가 가득한 자요 시기, 살인, 분쟁, 사기, 악독이 가득한 자요, 수군수군하는 자요, ³⁰비방하는 자요, 하나님께서 미워하시는 자요, 능욕하는 자요, 교만한 자요, 자랑하는 자요, 악을 도모하는 자요, 부모를 거역하는 자요, ³¹우매한 자요, 배약하는 자요, 무정한 자요, 무자비한 자라. ³²그들이 이같은 일을 행하는 자는 사형에 해당한다고 하나님께서 정하심을 알고도 자기들만 행할 뿐 아니라 또한 그런 일을 행하는 자들을 옳다 하느니라(롬 1:28-32).

¹⁰기록된 바 "의인은 없나니 하나도 없으며 ¹¹깨닫는 자도 없고 하나님을 찾는 자도 없고 ¹²다 치우쳐 함께 무익하게 되고 선을 행하는 자는 없나니 하나도 없도다"(롬 3:10-12).

위의 세 본문은 죄에 대해 가장 포괄적으로 설명하고 있는 성경 본문이다. 먼저, 기독교가 정의하는 죄란 종교적 죄다. 하나님은 자연과 우주 속에 자신의 신성을 드러내지만, 인간은 신을 섬기지 않고 오히려 자기 자신 혹은 피조물을 섬긴다. 이것이 죄다. 물론 자연계 속에 존재하는 하나님의 흔적을 인간이 과연 알 수 있는가라는 문제는 오랜 논쟁거리다. 일반계시라고 불리는 이 기독교의 사상은 모든 인간에게 보편 타당하게 적용될 수 없다. 어떤 이들은 자연을 통해 신성을 깨달을 수 있을 만큼 경외심을 느끼고 경탄하지만, 또 다른 이들은 자연으로 인해 폭력을 경험하고 삶을 통째로 빼앗기기도 한다. 바울은 보다 더 심각한 문제를 지적한다. "하나님을 알지만" 그들은 하나님께 영광을 돌리지도 않고 감사하지도 않는다(21절). 그들은 썩어지지 않는 하나님의 영광을 썩어질 사람과 새와 짐승과 기어 다니는 동물 모양의 우상으로 바꾸어버렸다(23절). 자연과 우주 속에서 신의 흔적을 발견할 수 없다면 차라리 핑계라도 댈 수 있다. 그러나 하나님을 깨달았음에도 불구하고 창조주 하나님을 마치 피조세계의 사람과 동물과 같은 존재로 바꾸어버린 것이 문제의 핵심이다.

우상숭배는 구약과 신약이 수천 년에 걸쳐 강조해온 문제다. 그 종교적 왜곡의 구체적인 내용은 하나님이 아니라 인간이나 피조물을 섬긴다는 것이다. 돌, 나무, 동물을 숭배하는 자들은 그 형상 자체를 신성화한다. 토테미즘을 원시 신앙이라고 부르는 이유다. 그러나 어떤 형상을 만들고 그 형상이 나타내는 신적 존재를 섬기는 일체의 행위를 우상숭배라고 단정 지어서는 곤란하다. 어떤 사람들은 형상 그 자체가 종교적 현상을 불러일으킨다고 믿지만, 엄밀하게 말하자면 형상 앞에서 경배하고 절하는 많은 사람들은 상 그 자체보다는 그 상이 표현하고 있는 그 어떤 존재에게서 신성을 발견하기 때문에 그런 행위를 하는 것이다.

우상화란 상을 섬기는 것이라기보다는 초월적 존재가 아닌 것들, 즉

왜 나는 아직도 그리스도인인가?

피조물들을 마치 신처럼 섬기고 경배하는 것을 말한다. 종교성을 상실해 가는 현대 사회가 직면한 문제는 바로 인간을, 그리고 인간이 만들어내는 것들을 마치 신처럼 섬긴다는 것이다. 구약에서도 이런 가치의 전도를 고발한 바 있다. "악을 선하다 하며 선을 악하다 하며 흑암으로 광명을 삼으며 광명으로 흑암을 삼으며 쓴 것으로 단 것을 삼으며 단 것으로 쓴 것을 삼는 그들은 화 있을진저"(사 5:20). 신약성경 역시 이런 현대적 현상을 경고하고 있다. 이런 현상은 인간의 종교성에 대한 중요한 단서가 된다. 인간이 종교성 자체를 상실하게 된다면, 종교는 그야말로 역사의 유물로 전락해버릴 것이다. 그러나 인간 사회는 끈질기게 종교적 현상을 유지하고 있다. 비록 그 대상이 피조물이긴 하지만 "인간과 인간의 것들을 섬기고 경배하는 우상화"를 통해서도 "종교적 현상"이 유지되고 있다. 즉 대상이 잘못되었다는 이유로 그것을 종교적 죄라고 규정하고 있지만, 인간이 여전히 종교성을 가지고 있다는 것은 어찌 보면 우리에게 희망이 된다. 언젠가 인간 자신들의 것에 대해 깊은 회의를 느낄 때 하나님을 찾기를 소망할 수 있기 때문이다.

그러나 안타깝게도 많은 그리스도인들이 피조물을 섬긴다. 마르틴 루터도 하나님 아닌 것을 하나님으로 알거나 하나님을 하나님으로 알지 못하는 현상을 비판했다. 재물, 성공, 이득과 같은 물질을 섬기거나, 신학, 신조, 성경 문자, 전통, 이데올로기와 같은 사상을 섬기거나, 교황, 목회자, 교회 지도자, 그들의 가족, 교인 등과 같은 인물을 우상으로 섬기거나, 교회와 교회가 관여하는 일체의 행사, 교회의 목표와 정책, 교인들의 숫자, 예산의 규모, 교회의 프로그램 등을 섬기는 경우가 허다하다. 모두 필요한 일이긴 하지만, 우리가 하나님보다도 이것들을 더 섬기게 될 때 교회는 타락하게 된다. 기독교 계통의 대학들이 창립자 중심의 족벌 경영으로 몸살을 앓고 있는 현상의 뿌리에는 "우상화"가 있다. 종교성을 실행하고 있는 집단이 그 종교성을 왜곡할 때, 역설적으로 우상화가 발생한다. 우리 안에 정말 너무 많은 "하나님들"이 있다. 이는 많은 그리스도인들이 일상에서 수도 없이 경험하는 일이다. 구약과 신약 모두 우상화를 가장 심각한 종교적 죄로 다루고 있는 이유도 바로 이런 "종교성의 왜곡"을 고발하려는 의도 때문일 것이다. 우상화란 모든 인간이 짓는 죄악이면서, 또한 삼위 하나님만을 섬겨야 하는 그리스도인들도 범하는 심각하고 흔한 죄다.

이어서 로마서 1:28-32은 여러 죄를 열거하고 있다. 모든 불의, 추악, 탐욕, 악의, 시기, 살인, 분쟁, 사기, 악독, 수군수군, 비방하는 자들은 하나님께서 미워하시는 자들인데 그들은 능욕하는 자요, 교만한 자요, 자랑하는 자요, 악을 도모하는 자요, 부모를 거역하는 자요, 또한 우매한 자요, 배약하는 자요, 무정한 자요, 무자비한 자다. 그리고 이런 죄를 행할 뿐만 아니라 다른 자들이 이런 죄를 저질러도 이를 옳다고 하면서 인정하는 자들이다. 이 본문에는 다섯 가지 범주의 악이 열거되어 있다. (1) 불의, 살인, 사기 등과 같은 "법률적 악", (2) 추악, 탐욕, 악의, 시기, 수군거림, 비방 등과 같은 "도덕적·관계적·영적 악", (3) 능욕, 교만, 자랑, 악을 도모, 부모를 거역하는 것과 같이 행동하는 "적극적인 악", (4) 우매한 자 즉 이해가 결핍된 자, 배약하는 자 즉 신뢰할 수 없는 자, 무정한 자 즉 사랑하지 않는 자, 무자비한 자 즉 자비가 결핍된 자가 짓는 "선이 결핍된 수동적 죄", (5) 자신들뿐만 아니라 타인이 이런 죄를 짓도록 "악을 조장하는 죄." 네 번째 범주에 속하는 우매, 배약, 무정, 무자비는 모두 그리스어 원어 앞에 알파가 붙어서 반대의 뜻이나 결핍을 나타나는 단어로(alpha privativum) 구성되어 있다. 이는 앞서 언급한 대로 선의 결핍(privation)을 의미한다. 기독교는 이해, 신뢰, 사랑, 자비라는 선을 행하지 않는 것도 죄라고 정의한다. 이렇게 성경은 죄에 관해 법률적·도덕적·능동적·수동적 면을 모두 포괄할 뿐만 아니라, 죄를 서로 조장하는 사회적 면까지 동일한 단락에서 선포하고 있다.

로마서 3:10-12에서는 "단 한 사람의 예외도 없이 모두가 죄인이다"라고 규정하며, 죄의 총체적인 면을 다시금 강조한다. (1) 깨닫는 자도 없고, (2) 하나님을 찾는 자도 없고, (3) 다 치우쳐(하나님을 떠나서) 함께 무익하게 되고, (4) 선을 행하는 자는 없나니 단 한 명도 없다.

지금까지 우리는 다섯 단락의 본문을 통해서 기독교가 인간의 죄를 어떻게 이해하고 있는지 살펴보았다. 앞서 다룬 내용을 범주별로 분류하면서 기독교의 죄 사상을 요약해보면 다음과 같다.

1. 종교적·존재론적인 면: 로마서 1장에서 알 수 있듯이 하나님보다는 피조물을 섬기는 것이 가장 심각한 죄다. 예레미야서는 인간의 죄를 (1) 생명의 샘인 하나님을 떠나는 것과, (2) 물을 담지도 못하는 웅덩이를 스스로 파는 것(렘 2:13), 두 종류라고 이야기한다.

   하나님을 부인하고 인간 자신을 섬기는 것을 샘물이라는 용어로 표현한다. 인간은 또한 하나님을 존재를 부정한다. "악인은 그의 교만한 얼굴로 말하기를 '여호와께서 이를 감찰하지 아니하신다' 하며 그의 모든 사상에 '하나님이 없다' 하나이다"(시 10:4). "어리석은 자는 그 마음에 이르기를 '하나님이 없다' 하도다. 저희는 부패하고 소행이 가증하여 선을 행하는 자가 없도다"(시 14:1). 기독교의 죄는 하나님 앞에 짓는 죄이기 때문에 우리는 이 죄를 누가 중보해줄 수 있을지 한탄할 수밖에 없다(삼상 2:25).

2. 관계적인 면: 하나님을 섬기는 자는 인간과도 올바른 관계를 이루어야 한다. 예수께서는 마태복음 5장에서 형제와 화해하지 않는 자는 지옥 불에 던져질 것이라고 말씀하셨다. 하나님을 사랑한다

면서 형제자매를 미워하는 자는 거짓말하는 자다(요일 4:20). 하나님과의 관계와 인간과의 관계는 동일한 무게가 아니다. 그러나 스스로 하나님과의 관계가 올바르다고 생각하는 자들이 인간과 올바른 관계를 맺고 있지 못하다면 이것은 자기모순이다. 흑인 해방신학은 백인들의 위선을 고발했다. 그들은 하나님과의 관계를 중요하게 여긴다고 하면서, 다른 인간을 학대하고 종으로 삼으며 죽이기까지 했다. 그러나 기독교는 하나님 앞에 선 자는 그 하나님이 자신의 형상으로 지으신 인간 앞에 서 있는 자라고 선언한다. "하나님 앞에"(*coram Deo*)와 "사람들 앞에"(*coram hominibus*)가 동일한 무게를 가진다는 뜻이 아니라, "하나님 앞에"라는 이 놀라운 사건이 "사람들 앞에"라는 사건을 포괄적으로 포용하거나 치명적인 영향을 미칠 수 있기 때문에 "사람들 앞에"를 잘 돌아보면 "하나님 앞에"도 판단할 수 있다는 뜻이다. 하나님은 살아 계신 인격적인 하나님이다. 인간 대 인간의 관계와 하나님 대 인간의 관계는 대칭을 이루는 것이 아니라(asymmetrical) 상호적이며 살아 있는 것이다.

3. 인식론적인 면: 죄는, 우리가 하나님과 그리스도와 우리 자신과 죄에 대해 얼마나 잘 알고 있는가라는 문제와 연관이 있다. 무지가 죄가 될 수 있다는 것은 가히 혁명적인 사상이다. 하나님을 알지 못하는 것, 야웨 하나님 외에 다른 신을 아는 것은 죄다(호 13:4). 예수 그리스도를 주로 알지 못하는 것도 죄이며(행 2:14-40), 인간이 자기 자신을 올바로 알지 못하고 스스로 지혜롭고 명철하다고 여기는 것도 죄이고(사 5:21), 우리 안에 있는 죄를 알지 못하는 것도 죄다(요일 1:8). 우리는 인식론적 회의의 시대에 살고 있다. 지성에 대한 불신이 팽배해 있다. 많은 이들이 아는 것보다 삶이 더 중요하다고 여긴다. 지식을 더 중요하게 여겼다가 그로 인

해 심각한 왜곡을 겪었기 때문이다. 그러나 종교란 존재를 이해하고 그 존재를 살아가는 것 일체를 포괄한다. 삼위 하나님, 인간, 세계를 올바로 이해하는 것은 하나님을 믿고 섬기고 살아가는 일체의 일에 있어서 아주 중요한 부분이다. 더 나아가 현대인들이 종교에 대해 관심을 잃고 교회가 세속화되는 모든 일의 배경에는 **하나님에 대한 무지, 인간에 대한 무지, 죄에 대한 무지가 자리한다.** 다른 종교의 신적 존재와 어떻게 서로 유사한 부분이 있고 어떻게 다른가를 깊이 있게 이해함으로써 기독교의 하나님을 올바로 이해하는 것이 기독교 신앙의 핵심이다. 유대인들의 죄는 자신들이 십자가에 못 박은 자가 세상과 인류의 주님이었다는 것을 알지 못한 데 있다. 오늘날 비그리스도인들은 물론이고 소위 그리스도인들이라고 하는 사람들 중에도 많은 수가 예수를 하나님으로가 아니라 사람 가운데 조금 위대한 "위인" 정도로 여긴다. 성경은 이것을 죄라고 규정한다. 물론 이것은 "종교적 죄"다. 그리고 종교의 세계에서 이런 종교적 죄가 가장 치명적인 죄라는 것은 어찌 보면 당연한 일이다. 비 종교인들이 이런 종교적 죄를 어떻게 이해하고 받아들여야 하는지는 또 다른 차원의 문제이기 때문에 조금 후에 다시 다루겠다.

4. 사회적인 면: 이사야서와 마가복음을 통해 죄의 사회적인 면을 다음 세 종류로 살펴보았다. (1) 집회와 절기로 "함께 모여 있음" 속에 자신을 투사함으로써 발생하는 위선, (2) 사회적 약자를 돌보지 않는 죄, (3) 모여서 점점 더 큰 죄를 도모하고 행하는 죄. 기독교는 사회적 죄를 강조하는 종교다. 그런데 (1)과 (3)은 유사점도 있지만 차이점도 있다. (1)은 사회적 공동체 속에 자신을 포함시킴으로써 일어난 위선의 문제다. 즉 집회로 모여 있기 때문에 오히려 자신의 본 모습을 깨닫지 못하게 되는 현상을 지적한다. 따라서 단순

히 공동체 속에 자신을 투사하는 것이 아니라 하나님과 변론하면서 주홍같이 붉은 죄도 용서하시는 하나님과 올바른 관계를 가지는 방향으로 나아가도록 권면한다. 그런데 마가복음 12장의 포도원 비유에 등장하는 (3)의 유형은 공동체가 모여서 점점 더 큰 죄를 저지르게 되는 "적극적인 사회적 죄"다. 공동체 속에서 발생하는 개인의 "위선"이 아니라 공동체에 속해서 더 심한 죄를 저지르는 "사회적 악행"이 바로 죄다. 이렇게 기독교는 사회적 죄와 악을 깊이 있고 치열하게 다룬다. 기독교는 죄의 사회적 현상에 대해 왜 이렇게 민감한 태도를 취하는 것일까? 전 인류가 하나님의 피조물이며 하나님의 형상으로 지음받은 거룩한 연대 속에 있다는 사상이 그 배경을 이루고 있기 때문에, 바로 그러한 사회적 연대를 회복하지 못하는 것을 성경이 더욱더 민감하게 고발하고 있는 것으로 보인다.

5. 선의 부재: 아우구스티누스가 주장하는 선의 부재로서의 죄는 다분히 철학적인 개념이다. 즉 죄란 존재가 아니라는 의미다. 그런데 로마서에 등장하는 선의 부재로서의 죄는 선을 능동적으로 실행하지 않는 죄를 뜻한다. 이것은 존재냐 존재가 아니냐라는 질문을 던지는 것이 아니다. 또한 선을 실행하지 않는 것을 선과 악의 중립 상태로 여기는 것도 아니다. 선을 행하지 않는 것을 바로 죄라고 규정하는 것이다. 기독교의 이런 죄 이해는 비종교적 세계의 죄 이해와 상당한 차이를 보인다. 비종교적 세계에서는 올바르지 못한 이해는 다시 수정하면 되는 것이고, 신뢰하지 못하는 것은 인간의 보편적인 특징 가운데 하나다. 사랑하지 않거나 자비롭지 못한 것도 죄라기보다는 선과 악의 중간상태에 속하는 것이다. 죄를 짓지 않는 것과 사랑한다는 것은 결코 같은 일이 아니기 때문이다.

기독교에서는 사랑하지 않는 것, 용서하지 않는 것 모두 심각한 죄다. "너희가 사람의 과실을 용서하지 아니하면 너희 아버지께서도 너희 과실을 용서하지 아니하시리라"(마 6:15). 하나님이 자기 아들을 보내서 그의 삶과 죽음과 부활로 우리를 사랑하셨기 때문에, 우리가 이를 따라 다른 사람을 사랑하는 것은 마땅한 일이다(요일 4:10-11). 사랑하지 않는 자를 사랑하지 않거나, 용서하지 않는 자를 용서하지 않는다는 하나님은 일견 모순적인 하나님으로 보인다. 그러나 하나님의 무조건적인 사랑과 용서를 받은 자가 사람을 용서하지 못하거나 사랑하지 못한다면, 그것은 하나님과 인간의 행위를 병렬시켜서 무게를 저울질하는 논리의 차원이 아니라 인간 존재의 "자기부정"의 문제가 된다. **인간이 도저히 다 감당할 수도 없는 사랑과 용서를 하나님으로부터 받은 자는 그 존재의 "정체성"이 바로 사랑받은 자이자 용서받은 자로 정해지는데, 바로 그런 자가 다른 사람을 사랑하거나 용서할 수 없다면 자신의 존재를 부정하는 것이 된다.** 기독교의 죄 사상은 이렇게 하나님의 존재와 그 일하심을 거울로 삼아 그 거울에 비추어진 인간의 존재와 삶을 투영한다. 인간의 죄는 하나님 앞에서 사람과 세상에 지은 죄다.

6. 도덕적이고 윤리적인 면: 기독교는 악행을 저지르는 것을 죄라고 규정한다. 그 범위는 율법과 도덕이 정하는 것보다 훨씬 더 포괄적이다. "그 정죄는 이것이니 곧 빛이 세상에 왔으되 사람들이 자기 행위가 악하므로 빛보다 어두움을 더 사랑한 것이니라. 악을 행하는 자마다 빛을 미워하여 빛으로 오지 아니하나니 이는 그 행위가 드러날까 함이요"(요 3:19-20)라고 예수께서 말씀하셨다. 예수께서는 인간이 자신의 악한 행위가 드러날 것이 두려워 빛보다 어두움

을 사랑하는 일체의 것을 죄라고 규정하셨다.

원수를 사랑하며 양들을 위해서 목숨을 바친 그리스도의 빛이 우리에게 비칠 때 밝히 드러나는 그 어두운 악행의 범위와 깊이에 놀라지 않을 수 없다. 또한 예수께서는 "아들을 순종하지 않는 자는 영생이 없고"(요 3:36), "너희가 나를 사랑하면 나의 계명을 지켜야 하며"(요 14:15), "저희도 내 계명을 지키면 내 사랑 안에 거할 것이고"(요 15:9), "너희가 나의 명하는 대로 행하면 곧 나의 친구이며"(요 15:14), "나더러 주여, 주여 하는 자마다 다 천국에 들어갈 것이 아니요 다만 하늘에 계신 내 아버지의 뜻대로 행하는 자라야 들어갈 것이고"(마 7:21), "내가 너희에게 이르노니 너희 의가 서기관과 바리새인보다 더 낫지 못하면 결코 천국에 들어가지 못하리라"(마 5:21)고 말씀하셨다. 이렇게 예수께서는 믿음만이 아니라 행동으로 예수를 따르고 순종하며 그 뜻을 행해야 한다고 강조하셨다. 그리스도인들의 행동은 "예수님의 말씀을 따르는 것"을 근거로 삼아야 하는데, 이 적극적인 행위 속에는 악행을 멀리하는 도덕적 행위도 포함되어 있다. "저가 너희에게 일러 가로되 '나는 너희가 어디로서 왔는지 알지 못하노라 행악하는 모든 자들아 나를 떠나가라' 하리라"(눅 13:27).

구약과 더불어 복음서를 제외한 신약에서도 도덕적 악행에 대해 수없이 이야기하고 있다. 가인이 아벨을 죽이기 직전에 하나님은 "죄가 문에 엎드리고 있다"(창 4:7)고 하셨다. 그리고 죄가 세상에 가득 찼기 때문에 홍수로 심판하셨고(창 6:5), 소돔과 고모라가 행한 모든 죄는 그 부르짖음처럼 심하다고 하시면서(창 18:20-21) 그들을 심판하셨다. 니느웨 성의 사람들이 악한 길에서 돌이켰을 때 하나님은 그들을 용서하셨다(욘 3:10). 무엇보다도 부모를 공경

하고 살인, 간음, 도둑질을 하지 말고, 이웃의 소유를 탐하지 말라는 십계명의 명령은 모두 도덕적인 계명이다(출 20:12-17). 또한 살인에 관한 율법, 재산에 관한 율법, 결혼, 이방인들에 대한 자비, 거래에 대한 율법 등이 있다(출 21:1-23:9). 하나님께서 주신 율법은 종교적이고 제례적인 측면을 강조하고 있으면서도 도덕적인 면을 결코 간과하지 않는다. 신약에서는 로마서 1장에서 도덕적인 죄를 나열하고 있다. 그리스도인의 삶이란 옛 사람이 죽고 새 사람이 살아야 하는 것인데, 옛 사람의 일은 음란, 부정, 사욕, 탐심 등과 같이 윤리적인 면을 포함한다(골 3:5). 그리고 십계명의 도덕적인 죄는 이웃을 네 자신과 같이 사랑하라는 말씀 속에 다 포함되어 있다고 설명한다. "간음하지 말라, 살인하지 말라, 도둑질하지 말라, 탐내지 말라 한 것과 그 외에 다른 계명이 있을지라도 네 이웃을 네 자신과 같이 사랑하라 하신 그 말씀 가운데 다 들었느니라"(롬 13:9). 신약에서 재해석된 이웃 사랑은 원수까지 사랑하는 무조건적인 사랑이지만, 구약의 십계명 가운데 도덕률을 배제하지 않고 포함한다. 간혹 사회적 법률과 자연법을 따르지 않아도 된다고 여기는 그리스도인이 있는데, 그것이 기독교 신앙과 충돌할 경우에는 고민해야 할 문제이긴 하지만, 대부분의 경우 기독교의 도덕적이고 윤리적인 기준은 세속적 기준을 포함하고 있으며 또 이를 넘어서는 경우가 많다. 즉 그리스도인들은 세속의 기준으로 평가하더라도 누구보다도 더 높은 윤리적·도덕적 가치를 가지고 있어야 한다.

7. 내적·영적인 면: 시편 51편과 마태복음 5장에 나타난 죄의 두드러진 특징 중 하나는 죄의 내적인 면과 영적인 면이다. 인간의 행동뿐만 아니라 내적 상태와 영적인 상태도 죄로 간주된다. 죄의 속박

에서 벗어나 성화를 이뤄가는 과정 속에서 우리의 마음이 청결하게 되고 그 영이 하나님의 영으로 새롭게 된다. 기독교가 내적·영적인 면을 강조하는 이유는 인간이 총체적 존재로서 하나님과 사람 앞에 서 있기 때문이다. 또한 내적 악함과 외적 행위가 서로 긴밀한 관계에 있기 때문이다. 예수께서도 바로 이런 점을 지적하셨다. "속에서 곧 사람의 마음에서 나오는 것은 악한 생각 곧 음란과 도적질과 살인과 간음과 탐욕과 악독과 속임과 음탕과 흘기는 눈과 훼방과 교만과 광패니"(막 7:21-22)

죄를 짓는 자마다 죄의 종이다(요 8:34)라고 예수께서 말씀하셨다. 인간은 마치 종처럼 죄의 지배 아래 있다. 요약해보면 인간의 영과 육, 개인과 사회, 내면과 외면, 종교성과 도덕성이 부패했고, 단 한 명의 사람도 여기서 자유롭지 않다. 존재론적·종교적·인식론적·영적·사회적 죄, 선을 행하지 않는 것과 같이 많은 부분에 있어 세속의 기준으로 결코 죄가 아닌 것들도 기독교는 죄라고 규정한다. 결국 우리는 죄에 대한 기독교 사상을 다룰 때 두 가지 가운데 하나를 선택해야 한다. (1) "죄"라는 용어를 계속 사용함에 있어 총체적 인간 존재 및 인식과 내적·영적·도덕적 상태와 행위를 모두 포괄하는 의미라고 죄를 새롭게 정의하든가, (2) 그게 아니라면 죄라는 용어를 법률적인 의미에 한정하고, 예를 들어 하나님과 사람 앞에 서 있는 존재로서 "총체적 한계"와 같은 다른 용어를 사용해야 한다.

4
결론: 인간의 높음과 낮음은 서로 충돌하지 않는가?
그리스도 인간학은 모순적인가?

기독교는 왜 이렇게 죄에 대해서 높은 수준의 기준을 갖고 있는가? 앞서 제기한 대로 인간은 정말 그렇게 심각한 죄인인가? 기독교의 인간관이 지나치게 염세적인 것은 아닌가? 십자가의 대속을 강조하기 위해 죄를 필요 이상으로 심각하게 다루고 있는 것은 아닌가? 인간이 치명적인 죄인이 아닌데도 하나님의 아들이 죽었다면 그것은 너무 지나친 대가를 치른 것이 되어버리기 때문에, 죄를 더 강조해야만 십자가가 타당성을 얻는 논리 속으로 기독교 인간학이 함몰되어 버린 것은 아닌가? 하나님의 기준으로 인간의 죄를 다루는 것이 과연 타당한가? 하나님이 인간을 경멸하는 것은 아닌가? 그리스도 인간학은 공정하지 못한(unfair) 게 아닌가?

우리는 몇 가지 관점에서 이런 질문을 살펴보아야 한다.

1. 인간의 본성이 악함과 선함을 함께 강조해야 한다. 인간은 하나님의 형상으로 지음받은 고결한 존재다. 인간의 창조성, 자유, 존엄은 그 어떤 죄에 의해서도 사라지지 않는다. 기독교가 죄의 문제를 지나치게 치열하게 다루는 것도 사실이지만, 기독교는 인간의 가치에 대해 그 어느 종교나 철학도 제시하지 못한 인간의 고결함을 함께 선포하고 있다. 물론 인간의 타락으로 인해 이 고결함이 훼손됨으로써 성경 곳곳에 인간에 대

한 깊은 절망이 드러나는 것도 사실이다. 그럼에도 불구하고 성경에는 하나님은 인간을 신보다 조금 아래 두셨으며, 영화와 존귀로 그 관을 씌우셨다(시 8:5)는 고(高) 인간학(High Anthropology)의 사상이 발견되고, 타락 후에 하나님의 형상을 가진 자의 피를 흘리는 것을 금하는(창 9:6) 내용이 나온다. 따라서 우리는 인간의 죄와는 별개로 인간의 높은 가치를 인정하는 기독교 인간학을 균형 있게 이해할 필요가 있다. 자유를 다룰 다음 장에서 살펴보겠지만, 인간은 "다층적인 자유"를 가지고 있다는 점에서 기독교 인간학을 높은 인간학으로 평가할 수 있다.

2. 그렇다면 기독교의 높은 인간학과 낮은 인간학은 서로 충돌하는 것이 아닌가? 하나님의 형상과 원죄가 충돌하는 것은 아닌가? 서로 충돌하지 않는다면, 인간에게 선한 면도 있고 악한 면도 있고 중립적인 면도 있다는 일반적인 인간관과 어떻게 다른가? 기독교의 높은 인간학과 낮은 인간학이 서로 충돌하는 것처럼 보이는 데는 몇 가지 이유가 있다. 우선 가장 결정적인 이유는 높고 낮음의 차이가 매우 크기 때문이다. 피조물 가운데 가장 높은 자로 인간을 창조하셨다는 것과 한 사람도 예외 없이 모두 총체적으로 죄인라는 것은 둘 다 매우 극단에 있는 사상이다. 따라서 높고 낮음이 극단적으로 충돌하는 것으로 보인다. 또한 인간이 하나님의 형상으로 지음받았음에도 불구하고 그 이후 타락이라는 사건이 이어지고 있어서, 마치 인간의 존엄이 타락으로 인해 훼손된 것처럼 보인다. 즉 형상과 원죄가 서로 충돌하는 것으로 보인다. 마지막으로 구원의 문제와 관련해 인간의 보편적 선함에 맞서 구원과 그리스도인의 삶이 하나님의 "은총만"(*sola gratia*)으로 이루어진다는 기독교의 고유한 사상이 충돌하는 것으로 보인다. 우리는 하나님의 은총과 인간의 선함이 서로 맞서는 이런 "경쟁적 사고"에 익숙해져 있다. 인간이 선하다는 주장을 받아들이게 되면, 그리스도의 삶과 죽음과 부활이 무의미해지고 오순절에 찾아오

신 성령의 내주의 필요성도 없어진다는 구원론적 염려가 커진다.

이러한 세 가지 이유로 우리는 인간의 선함과 악함 가운데 하나를 선택해야 하는 상황에 놓인다. 하지만 과연 그런가? 극단적 고결함과 총체적 죄성을 동시에 강조한다고 해서, 그 극단성이 항상 충돌을 몰고 오지는 않는다. 총체적인 죄성 속에서도 인간의 고결함은 여전히 빛을 발할 수 있다. 이러한 인간 본성의 두 측면이 한 개인과 사회 속에서 얼마나, 어떻게 실제로 드러나는가 하는 문제는 사건에 따라 얼마든지 달라진다. 지독한 악을 저지른 흉악범이 악한 본성을 발휘하는 삶을 살았다고 할지라고, "어떤 희귀한 사건"에 있어서는 따뜻한 인간애를 보여줄 수도 있다. 한 사건에서 선과 악이 충돌하더라도, 서로 다른 사건에서는 극단적으로 각각 그 힘을 발휘할 수도 있다. 눈을 감고 코끼리의 다리를 만진 사람은 코끼리의 몸이 단단하다고 할 것이고, 코끼리의 코를 만진 사람은 코끼리의 몸이 유연하다고 할 것이다. 그러나 두 부분 모두 코끼리 몸의 일부로서, 이 둘은 결코 충돌하지 않는다. 우리는 인간의 모순적인 본성이 공존한다고 여기며, 이것을 주장하는 기독교야말로 인간을 균형 있게, 속속들이, 올바로 이해하고 있는 종교라 할 수 있다.

그러므로 타락 후에 인간이 부패했으나 여전히 하나님의 형상이 모든 인간에게 남아 있다고 보는 성경의 가르침은 결코 모순적인 견해가 아니다. 물론 남아 있는 하나님의 형상이 한 개인이나 사회를 얼마나 지배할 수 있는지는 우리가 판단하기 어려운 문제다. 가톨릭처럼 인간의 어떤 영역과 본성에 손상 없이 남아 있다고 할 수 있고, 개신교처럼 전반적으로 심각하게 훼손되었다고 할 수도 있다. 어느 경우든 우리는 인간이 가지고 있는 타고난 선함, 아름다움, 품격에 대해 깊이 주목해야 한다. 그리고 종교의 벽을 넘어서 그 타고난 선함이 모든 인류에게서 조금씩 더 빛을 발하도록 서로 돕고 격려할 수 있어야 한다. 이것이야말로 하나님의

"창조의 좋으심"을 실현하는 일이다.

그런데 이런 인간의 선함과 아름다움을 통해 인간이 스스로를 구원하고 해방할 수 있는가? 이것은 앞서 다룬 "충돌과 경쟁"과는 또 다른 질문이다. 흉악범에게 남아 있을 수도 있는 작은 불꽃 같은 인간애, 모든 인류 안에 남아 공동체를 이루고 서로 공존할 수 있는 가능성이 되는 사랑, 용서, 화해, 나눔과 같은 것들이 인간의 "생존의 원동력"일 수는 있지만, 결코 악과 고통에 직면한 인간을 스스로를 구원하거나 하나님과의 깊은 인격적인 관계로 인도할 수는 없다.

성경이 그려내고 있는 인간의 총체적인 한계는 인류의 역사가 증언하는 인간의 현실이기도 하다. 작은 불꽃 같은 인간애와 새로움을 추구하는 창조성은 간혹 인간의 삶을 위로하거나 편리하게 할 수는 있어도, 고난 속에 살아가는 자들을 해방할 수는 없다. 인간은 차별과 폭력, 탐욕과 전쟁 속에서 살아간다.

2019년도 국제개혁신학협의회 학회에서 한 백인 여성 신학자는 타자에 대한 논문을 발표하면서 "환대, 연민"과 같은 가치를 제시했다. 지독한 인종차별과 폭력을 행사한 백인들이 아직도 "환대"와 같은 피상적 가치를 논하고 있다는 것은 놀랄 만한 일이다. 죄악을 저지른 자가 그 죄악에서 해방되는 길은 고통받은 자에 대한 연민이 아닌 지독한 참회에서 시작된다. 예수께서 선한 사마리아인의 비유를 통해 드러낸 것처럼, 내 이웃이 누구인지를 따져 그 이웃을 사랑할 것이 아니라, 고난받은 자들이 과연 나를 이웃으로 여기는지 관심을 가져야 한다. 즉 내가 아니라 고난 받는 자들이 "이웃의 정의와 가치"를 결정할 수 있어야 한다. 이런 점에서 예수님의 비유를 선한 "사마리아인의 비유"라고 부르기보다는 "고난당한 자의 비유"로 불러야 한다. 성경이 제시하는 구원과 해방은 나의 가치를 타자에게까지 확대함으로써 나를 이상적으로 만드는 일이 아니다. 우리는 고난받는 자들이 하나님과 어떤 관계 속에 있는지, 그 관계 속에서 눌린 자들이 해방되는지를 먼저 돌아보고, 그 돌아봄 속에서 비로소 나는 하나님과 또한 타자와 어떤 관계 속에 있는가를 살피고 자각하며 죽음과 같은 참회 속에서 살아가야 한다. 구원이란 총체적 죄악과 고통 안에 있는 인간이 해방되는 것이며, 그 해방을 위해 내가 죽는 것이다. 예수께서 이 패러다임의 전환을 이미 신약에서 선포하셨지만, 인간은 이를 이해할 수도 온전히 실행할 수도 없었다.

구원이란 또한 다시 살아나는 것이다. 고난 받는 자들이 상실했던 인간애와 관계를 회복하는 것이며, 인간을 인간에게로 남아 있게 하는 것이 아니라 인간을 하나님께로 인도하는 것이다. 하나님의 선함과 의가 사회 속에서, 자연 속에서, 타자 안에서, 또한 우리 안에서 회복되는 일이다. 그런데 이 엄청난 일은 오로지 하나님의 은총으로만 이루어지는 것이다. 그리고 인간이 그 속에 품고 있는 하나님의 형상을 회복하는 일이다. 인간의 선함과 하나님의 은총은 경쟁 관계에 있지 않다. 둘이 경쟁하는 관계라면, 우리가 더 철저히 죄인이어야만 하나님의 은총이 더 부각될 수 있을 것이다. 인간의 선함이 하나님의 은총을 강조할 수는 없다. 둘은 차원이 다른 이야기다. 선함과 악함이 질적으로 동일한 수준의 범주에 있다면 때로 충돌할 수 있지만, 인간의 선함과 하나님의 은총은 범주가 다르기 때문에 결코 경쟁하지 않는다. 인간의 선함이 최고의 수준에 달한다 해도 예수께서 자신을 우리에게 나누어주시지 않는다면 우리는 결코 그리스도와 신비스러운 연합을 이룰 수 없다. 모든 인간 속에 있는 하나님의 형상은 깊은 어둠 속에 빛나는 작은 불꽃이지만 그럼에도 어둠을 물리칠 수 있는 빛은 결코 아니다. 오직 그리스도의 삶과 죽음과 부활만이 어둠을 물리칠 빛이다(요 1:4). 성경은 인간이 얼마나 깊은 어둠 속에 있는지를 치열하고 극단적으로 선포하고 있다.

3. 따라서 우리는 기독교가 "왜 인간의 총체적 한계를 치열하게 고발하는가?"라는 문제를 보다 면밀히 살펴볼 필요가 있다. 가장 먼저 생각해 보아야 할 것은 인간의 실재다. 성경은 인간의 죄악과 한계를 총체적으로 그리고 있다. 전쟁, 학살, 무지, 차별, 이기심, 학대, 탄압, 중독, 미움, 고난, 깨어진 관계, 환경 파괴, 무관심, 지배, 분열이 바로 그 한계로 인해 드러나는 현상들이다. **성경이 인간의 죄악을 치열하고 포괄적으로 고발하는 이유는 인간이 실제로 그러한 한계 속에 살아가기 때문이고, 그런 상황에서 성경은 인간의 어둠을 드러내는 밝은 빛, 참된 계시가 된다.** 약한 빛이 아니라 밝은 빛이 어둠을 구석구석 비출 수 있듯이, 계시의 밝은 빛이 인간의 어둠을 구석구석 비춘다. 인간의 한계를 구석구석 드러낼 수 있다는 점이 바로 성경이 인간의 어둠을 비추는 밝은 계시라는 것을 반증한다. 그렇다면 왜 성경은 이렇게 치열하게 인간을 고발하고 있는가? 하나님은 인간의 어둠을 드러내면서 인간을 경멸하고 있는가?

4. 인간의 선함을 부정하기 위해서 기독교가 낮은 인간론을 펼치고 있는 것이 아니다. 오히려 그 반대로 인간을 진정으로 높이고 있는 높은 인간론의 역설적 현상으로 보아야 한다. 총체적 고발은 인간의 총체적 인격에 대한 하나님의 깊은 관심과 사랑이다.

> 사랑하는 자만이 탄식할 수 있다.
> 하나님은 인간을 총체적으로 사랑하시기 때문에 인간의 모든 면에 대해 탄식하고 계신다.

하나님은 인간의 전 인격을 사랑하기 때문에 인간의 전 인격에 대해 탄식한다. 결국, 인간을 치열하게 고발하는 기독교는 역설적으로 인간을 가장

높이는 종교다. 하나님과의 인격적 관계를 회복하고 그리스도와 신비스러운 연합을 이루어가는 자들은 총체적으로 하나님과 화해하고 하나님과 연합되어야 한다.

호세아 11:8-9을 보면 하나님은 긍휼이 불붙는 듯하며, 다시는 이스라엘에게 진노하지 않으며 멸하지 않을 것이라고 하신다. 바로 이런 점에서 하나님은 인간이 아니라 하나님이라고 선포한다. 많은 사람들은 이 구절을 통해 하나님이 진노와 심판의 하나님이 아니라 사랑과 용서의 하나님이라고 이해한다. 이처럼 심판과 사랑을 서로 충돌하는 것으로 생각하는 자들이 많다. 그러나 앞서 하나님은 이미 아시리아를 통해 이스라엘을 심판하실 것이라고 말씀하셨다(호 11:5-6). 여러 차례 진노하고 심판하신 후에, 다시는 진노하거나 심판하지 않을 것이라고 말씀하신 셈이다.

그런데 바로 그 앞에서 우리는 아주 중요한 단서를 발견한다(호 11:3-4). 에브라임(북이스라엘)은 하나님이 걸음을 가르치고 팔로 안고 고쳐주시는 것을 알지 못한다고 탄식한다(호 11:3). 즉 하나님은 고쳐주시는 하나님이다. 그리고 하나님이 사람의 줄, 즉 사랑의 줄로 그들을 이끌었다고 말씀하신다(호 11:4). 사람의 줄이 어떻게 사랑의 줄이 되었을까? 앞 장에는 에브라임은 암소같이 곡식 밟기를 좋아해서 그들의 목에 멍에를 메웠다는 말씀이 나온다(호 10:11). 동물이 더 이상 제 갈 길로 가지 않도록 씌우는 멍에를 사람에게 씌워야 하는데, 그 대신 사람을 고쳐주시고 인도할 때 씌우는 멍에를 씌웠다는 말씀이다. 따라서 이 사람의 줄이 바로 사랑의 줄이 되는 것이다. 하나님은 바로 이런 이유로 정의를 심고 인애를 수확하라고 말씀하신다(호 10:12). 심판을 위한 심판은 보복하는 정의이지만(retributive justice), 하나님의 정의는 인간을 깊이 사랑하시어 변화시키고 회복시키며 치료해주시는 정의(transformative, restorative, healing justice)다. 하나님의 정의는 하나님의 사랑과 충돌하는 것이 아니라 오히려 하나님의 사랑의 중요한 단면으로 나타난다.

바로 이것이 기독교의 고유한 점이다. 하나님은 인간의 법률적·도덕적인 면만 사랑하시는 것이 아니다. 하나님은 인간의 모든 면을 다 사랑하시기 때문에 그 모든 면을 총체적으로 고쳐서 자신에게로 인도하시기를 원하신다. 기독교는 인간의 죄와 한계, 내면과 외면, 개인과 사회, 존재와 인식과 윤리, 그리고 무엇보다도 수동적 금지(하지 말아야 할 것)와 적극적 행위(해야할 것) 모두를 포함하여 인간을 하나님께로 인도한다. 단순히 자아가 죽고 사는 것이 아니라 전 인격적인 옛 사람(τὸν παλαιὸν ἄνθρωπον, 골 3:9)이 죽고 새 사람으로 사는 것이다. 대부분의 영어 성경이 로마서 6:6, 에베소서 4:22-24, 골로새서 3:9의 "사람"(ἄνθρωπος)을 "self"로 번역하고 있는데, 이것은 심각한 오역이다. 성경에서 의미하는 인간이란 자신 안에 갇혀 있는 일인칭의 존재를 의미하는 것이 아니라, 타인과 사회 속에서 한 인격으로 살아가는 인간, 즉 사람을 가리킨다. 따라서 한국어 "사람"은 인간의 전인격성을 잘 드러내는 아주 좋은 성경적 번역이다.

옛 사람이 죽고 새 사람으로 사는 것은 인간의 사고와 행동 일체를 포괄한 전인격이 새로운 인격으로 변화되는 것이다. 단순히 더러운 옷을 벗는 것만이 아니라 새롭고 아름다운 사람으로 옷 입고(슥 3:3-4), 그리스도 예수께서 이루신 새로운 한 인간, 화해와 연합의 인간(엡 2:15)으로 나아가는 것이다.

5. 이 회복과 변화, 그리고 죽음과 삶의 역동성과 총체성을 인간이 온전히 이룰 수 있는가? 하나님은 단순히 고쳐주시기 원하는 자의 의로움에 그치지 않는다. 여기에 하나님의 의와 사랑의 신비스러운 조화가 있다. 하나님은 인간을 고치시어 자신에게로 이끄시며, 하나님의 결국은 용서, 자비, 인내, 사랑이다. 목자 되신 하나님께서 우리를 의의 길로 인도하시며(시 23:3), 우리의 평생에 하나님의 선하심과 인자하심이 반드시 우리를 따

른다(시 23:6). 만약 인간의 총체적 변화를 인간에게만 맡겨놓으셨다면, 그것은 하나님이 불가능한 잣대로 인간을 능멸하시는 것이다. 그러나 하나님은 의로움이 누더기와 같은 인간을(사 64:6) 사랑하신다. 창녀같이 끊임없이 다른 신을 좇아가고 다른 신들을 스스로 만들어내는 인간을 끊임없이 용서하신다(호 1:2-3:5). 탕자 같은 인간이 돌아오기를 애타게 기다리시다가, 그 탕자가 돌아오면 축제로 기뻐하신다(눅 15:11-32).

하나님께서는 죄와 한계로 가득 찬 인간을 용서하신다. 늘 하나님으로부터 떠나려는 인간과 동행하신다. 자기애와 욕심으로 가득 찬 인간을 위해 자신의 몸과 피로 희생하신다. 폭력과 차별, 전쟁과 탄압으로 가득 찬 인간의 한계를 짊어지신다. 인간의 나라에 갇힌 자들에게 하나님 나라의 비밀을 선포하신다. 병든 자를 고치시며 가난하고 억압받는 자들을 자매, 형제라고 부르시며 그들과 함께하신다. 두려움에 찬 인간들을 성령으로 새롭게 변화시킨다. 흩어져 있는 외로운 인간들을 불러 모아 화해시키고 그 피로 교회를 세우신다. 혼란과 타락과 전쟁의 세상 속에서 하나님 나라의 소망으로 위로하신다. **하나님께서는 정말로 마음을 다하고 힘을 다하고 뜻을 다하여 인간을 사랑하실 뿐만 아니라, 절대타자인 인간을 자신처럼 사랑하신다. 이웃을 자신처럼 사랑하시는 이는 바로 하나님이다.** 하나님께서는 하나님과 타인을 전 인격적으로 사랑하라고 가르치신다(눅 10:25). 죄에 대한 높고 준엄한 기준은 하나님의 사랑의 높이와 깊이를 드러내는 것이다. "오직 너희는 원수를 사랑하고 선대하며 아무것도 바라지 말고 꾸어주라. 그리하면 너희 상이 클 것이요 또 지극히 높으신 이의 아들이 되리니 그는 은혜를 모르는 자와 악한 자에게도 인자하시니라"(눅 6:35).

1. 성경은 인간의 총체적 죄악과 그 깊은 어둠을 밝히 드러낸다. 성경이 인간의 죄악을 치열하게 포괄적으로 고발하는 이유는 성경만이 인간의 어둠을 구석구석 비출 수 있는 밝은 빛이기 때문이다.

2. 하나님은 인간을 총체적으로 사랑하기 때문에 인간의 총체적 한계에 대해 탄식하시고, 처절하게 탄식하기 때문에 인간을 총체적으로 고쳐주시기를 원하신다. 이 하나님의 정의는 보복하는 의(retributive justice)가 아니라, 변화시키고 회복시키며 고쳐주시는 의(transformative, restorative, healing justice)다.

3. 하나님의 총체적인 고발에도 불구하고 인간은 스스로 온전함에 이를 수 없다. 하나님의 형상은 작은 불꽃이지만 홀로 어둠을 물리칠 수 없다. 하나님의 결국은 죄와 죽음과 고통과 한계 속에 살아가는 인간의 고통을 나누고 짊어지는 용서, 자비, 사랑으로 나타난다.

4. 인간이 그 총체적 한계를 넘어 하나님께로 나아가도록, 하나님은 정말로 마음을 다하고 힘을 다하고 뜻을 다하여 사랑하실 뿐만 아니라 절대 타자인 인간을 자신처럼 사랑하신다. 하나님의 의는 하나님의 사랑이다.

5. 따라서 인간의 죄악을 총체적으로 극단적으로 고발하는 기독교는 인간을 경멸하는 것이 아니라, 인간을 총체적으로 고쳐서 의와 사랑의 하나님께로 인도하는, 인간을 가장 높이는 종교다.

기독교 인간학은 가장 오래된 인간학이자, 가장 새로운 인간학이다. 인간을 통해 인간의 아름다움과 악함을 이해하는 것이 아니라, 하나님을 통해, 하나님과 인간의 관계를 통해, 그리고 인간과 인간의 관계를 통해 인간을 총체적으로 이해하기 때문이다. 이 인간학은 인간의 현재 모습과 옛 사람의 모습을 가장 포괄적이고 총체적으로 그려낼 뿐만 아니라, 그 인간을 고치시고 사랑하시는 하나님께로 점점 더 연합되어가야 할 바로 그 새로운 인간으로 우리를 인도한다.

V

자유,
종교개혁
그리고
하나님의 자리

나는 기독교 가정에서 자랐지만 스무 살 경에 기독교를 떠나는 아픈 경험을 했다. 그 주된 이유 중 하나가 자유에 관한 것이었다. 보수적인 개신교회에서 예정론을 배우면서, 영벌과 영생이 이미 다 결정된 것이라면 그 상황에 놓인 인간은 자유를 누리지 못하는 억눌린 자가 아닌가라고 생각하게 되었다. 기독교에 대한 불만과 불신이 쌓여가던 차에, 인도 명상가 라즈니쉬가 지은 『명상비법』이라는 책을 접하게 되었다. 그 책에서 라즈니쉬는 112가지의 명상법을 소개하면서, 그중 자신에게 맞는 명상법을 어떻게 찾아 수행하는지에 대해 다음과 같이 가르치고 있다.

> 이 하나하나의 명상법을 몸소 실험해보라. 그러나 너무 심각하게 생각지 말고 게임하는 마음으로 임하라.…명상법 하나에 적어도 3일간 연습하라. 그러다가 강한 충격이 오거든 그 명상법이 그대에게 맞는 명상법인 줄 알아라. 그리고 진지하고 심각하게 다가가라. 모든 명상법을 버려라. 이 명상법 이외에는 모두 버려라. 적어도 3개월은 이 명상법을 물고 늘어져라. 거기 기적이, 기적이 일어날 것이다.…그러나 이 112가지 가운데 어느 것 하나도 그대에게 감명을 주지 않는다면 그대에게는 더 이상 명상법이 필요치 않다. 종교고 명상이고 다 집어치우고 그대 혼자 행복해하라.[1]

---

1 B. S. 라즈니쉬, 『명상비법』, 석지현 역주(서울: 일지사, 1981), 37-38.

명상법 112가지를 게임을 하듯이 다 해보다가 자기에게 맞는 명상법이 있으면 물고 늘어지되, 만약 112가지 중에서 그 어느 것도 맞지 않는다면 "그대 혼자 행복해하라"는 라즈니쉬의 사상은 얼마나 강렬한 자유 사상인가! 이것을 본 순간 나는 그동안 기독교라는 속박 속에서 살아왔던 자신을 발견했고, 기독교와 차원이 다른 "자유"를 숨 쉴 수 있었으며, 미련 없이, 죄책감 없이 기독교를 떠날 수 있었다. 물론 라즈니쉬가 제시하는 명상법 중 한 가지를 택해 꽤 집요하게 수련해보았지만 자신을 발견한다는 것은 여전히 어려운 일이었다. 그리고 오랜 시간이 지나 기독교로 다시 돌아오는 복잡한 과정을 거치게 되었다. 이처럼 기독교와 자유는 양립할 수 없으므로 기독교 밖에서 자유를 찾아야 한다는 잘못된 이해가 내 젊은 날의 깊은 상처로 남아 있고, 나는 지금까지도 자유의 문제를 계속 고민하고 있다.

기독교의 하나님은 세계와 인간과 살아 있는 관계를 맺는 인격적인 하나님이다. 하나님의 인격성은 "하나님의 사랑"과 "인간의 자유"에서 가장 잘 드러난다. 만약 신이 인간을 자신의 뜻대로만 사랑한다면 인간은 자유를 상실해버릴 것이다. 신이라고 할지라도 자유를 상실한 "죽어 있는 타자"와 살아 있는 관계를 맺을 수는 없다. 만약 신이 인간에게 자유를 허락했는데 그 자유로 인해 인간이 분쟁과 악의 길로 향하거나 신이 그런 인간을 그냥 내버려 둔다면, 그 신은 인간을 사랑하지 않는 신일 것이다. 하나님의 사랑과 인간의 자유는 얼핏 보면 서로 충돌하는 것처럼 보이지만 하나님의 인격성 속에서 반드시 함께 공존해야 할 본질적인 가치다.

"하나님이 살아 계신다"는 것은 얼마나 놀라운 일인가? 그리고 "그 하나님이 우리와 인격적인 관계를 가진다는 것"도 믿을 수 없이 놀라운 은총이다. 그렇다면 그리스도인들의 삶은 상상을 넘어서는 역동성을 가져야 한다. 그런데 기독교 집안에서 자란 사람들이 무엇인가에 억눌려 있는 듯한 삶을 살고 있는 경우가 있다. 은총의 신비와 죄에 대한 민감함 때문이라면 그 억눌림에도 분명히 긍정적인 면이 있을 것이다. 그런데 하나님의 뜻대로 살아야 한다는 것, 교회의 가르침을 따라야 한다는 것, 세상의 가치에 물들지 않고 기독교 정신을 세상에 구현해야 한다는 것 등이 삶을 압도하여 자유를 빼앗긴 사람처럼 살아가게 만드는 것은 아닌가? 종교적 틀이 우리를 가두고 있는 것은 아닌가? 경건의 이름으로 엄숙주의와 율법주의로 회귀하는 것은 아닌가? 그렇기 때문에 교회의 틀을 벗어나서는 마치 속박에서 벗어난 듯이, 그 속박의 한을 푸는 모양으로 더 세속적인 삶을 살게 되는 것은 아닌가?

많은 그리스도인들은 성경과 역사를 통해 하나님의 창조, 대화, 계시, 기다림, 침묵, 용서, 심판, 희생, 인도와 동행과 같은 인격적 사랑을 경험한다. 그런데 하나님의 사랑을 강조하는 그리스도인들이 하나님께서 선물처럼 허락하신 "인간의 자유"에 대해서는 언급을 꺼린다. 하나님의 사랑과 인간의 자유가 서로 상반된 관계에 있다고 생각하는 듯하다. 인간을 노예 상태로 설정해야 하나님의 사랑이 더 부각되고, 반대로 인간의 자유가 광범위하게 확보되면 하나님의 사랑이 더 이상 필요치 않다고 이해한다. 과연 그런가? 하나님과 인간이 이렇게 서로 경쟁하는 좁은 관계 속에 있는가?

하나님은 자신의 형상을 따라 인간을 창조하신 후에 인간에게 동물들을 다스리고 그 이름을 짓게 하셨고 선악과를 먹지 말도록 하셨다. 인간에게 자유가 없다면 불가능한 일이다. 또한 구약의 핵심적인 가치는 이집트의 노예 생활에서 해방된 유대인들의 자유다. 유대인들은 그 자유가 너무 소중한 나머지 자신들의 노예에게도 일한 지 7년이 되면 조건 없이 자유를 부여했는데(출 21:2), 이것은 비록 이방인을 영원히 노예로 삼을 수 있었던 법률(레 25:26)에 비교해볼 때 차별적이긴 하지만, 당시의 원시적 사회 제도에서는 찾아보기 힘든 자유에 대한 강렬한 사상을 담고 있다.

예수의 가르침 가운데 가장 고상한 선포는 바로 "진리가 너희를 자유케 하리라"(요 8:32)는 말씀이다. 이 말씀은 "깨달음이 인간을 해방한다"는 철학적 사색을 넘어선다. 예수는 자기 자신을 "길과 진리와 생명"(요 14:6)으로 규정하면서, 진리인 자신의 말에 거하는 예수의 제자들을 자유하게 할 것이라고 선포하셨다(요 8:31-32). 그런데 예수를 에워쌌던 유대인들은 (요 8:31) 이 말을 듣고 자신들은 이미 자유인들인데 왜 자유케 되어야 하냐고 반문한다(요 8:33). 이에 예수께서는 죄를 범하는 자마다 죄의 노예(요 8:34)이며, 노예가 아닌 아들이 자유하게 하면 참으로 자유할 것이라고 말씀하신다(요 8:36). "진리가 너희를 자유케 하리라"는 말씀은 (1) 인간 일반이 모두 죄의 노예로 살아가는데 인간이 미처 이것을 알지 못하지만, (2) 하나님의 아들이고 자유인(自由人)이자 참 진리이신 예수께서, (3) 예수의 말에 거하는 예수의 제자들을 자유하게 하신다는 뜻이다. 인간이 자유롭지 못하다는 것을 깨닫는 것이 참 자유의 출발점이라는 것은 얼마나 놀라운 역설인가! 자유인인 하나님의 본성과 진리인 예수의 말씀이 자유의 내용이고, 예수 안에 거하려는 인간의 능동적인 참여가 인간의 자유에 기여한다는 예수의 자유 사상은 거짓과 진리, 하나님의 본성, 말씀이신 예수, 자유함, 자유됨을 함께 아우르는 종교적인 자유 사상이다.

자유란 무엇인가? 절대 자유도 존재하는가? 예수께 속하면 자유하다는 기독교의 역설적 자유 사상은 절대 자유와 충돌하는 것은 아닌가? 그리스도인은 자유한가? 그리스도인은 교회와 세상에서 자유한가? 교회에서의 자유와 세상에서의 자유는 서로 다른가? 기독교의 자유는 세상의 자유와 다른가? 우리는 스스로 자유하다고 하지만, 세상이 보기에는 가장 갇힌 자가 아닌가? 이 장에서는 자유라는 개념을 중심으로 교회와 세상 그리고 하나님의 관계를 살펴보겠다. 먼저 자유 일반과 자유의 개념적 특징에 관해서 논한 후에, 기독교, 특별히 개신교의 자유 사상에 대한 루터와 칼뱅의 주장을 비교하려고 한다. 그리고 종교개혁자들의 자유 사상이 교회와 세상 그리고 하나님의 자리에 관해 어떤 함의를 갖는지 논한 후에, 마지막으로 자유 일반과 기독교 자유 사상을 비교하고 기독교 자유 사상의 고유함을 정리하면서 논의를 마무리하겠다.

1
자유 일반

도스토옙스키는 자신의 소설 『카라마조프의 형제들』의 대심문관 편에서, 신이 인간에게 어느 정도의 힌트(기적)를 주어야 인간이 스스로 그 신을 선택하는 믿음의 자유를 누리게 되는지를 다룬다. 힌트가 너무 많으면 자유함이 아니라 굴종적 자유에 불과할 것이고, 너무 적으면 그 신을 선택하지 않게 될 것이다.

창세기의 타락 이야기는 하나님이 인간을 자유자로 창조했는데 인간이 이 자유를 잘못 사용함으로써 하나님과의 관계가 깨어졌다고 말한다. 너무 많은 자유를 갖게 되었던 것이 비극이었나? 아니면 인간이 제한적 자유를 잘못 사용한 것일까? 인간은 자유자인가 아니면 피조된 자유자인가? 제한적·의존적 자유자인가 혹은 자유 파괴자인가? 인간이 스스로 "자유하는 자"로 살 수 없다면 신에 의해 "자유된 자"로 살아갈 수밖에 없는데, 이것은 인간에게 치욕인가 은총인가? 기독교의 자유 사상은 자유 일반과 충돌하지 않는가? 이처럼 자유를 둘러싸고 수많은 질문이 제기되는 이유는 자유의 역설적인 특징 때문이다.

역설-자유를 이해하는 틀

자유란 역설적이다. 우리는 보통 자유라고 하면 다른 사람이나 대상으로부터 침해받지 않는 개인의 절대적인 자유를 떠올린다. 물론 이것이 자유의 본질적인 면이기도 하다. 그러나 자유는 훨씬 더 복잡하다. 자유란 자유를 구속할 수 있는 그 어떤 대상이 있어야 한다. 예를 들어 우주 속에 홀로 존재하는 것은 자유를 침해할 그 누구도 존재하지 않는 상태로서, 그 어떤 자유도 필요로 하지 않는 "홀로됨"에 불과하다. 따라서 자유란 역설적으로 자유를 필요로 하는 상황, 즉 자유를 침해할 수 있는 그 어떤 대상과의 탄력적인 긴장을 전제로 한다.

자유와 관계하는 대상은 참으로 다양하다. 우리 자신, 우리가 관계하는 타자, 우리가 속해 있는 사회, 기계 문명, 인류가 보편적으로 지닌 가치와 권리와 책임, 중력과 같은 자연과 우주의 제약, 시간과 장소라는 역사성, 그리고 종교적 대상 등은 자유와 관련이 있고, 우리의 자유를 속박할 수도 있다. 우리는 이로 인해 사회·윤리·제도·법규 등이 우리의 자유를 어느 정도 제한해야 일정 부분의 자유를 모두가 함께 누릴 수 있다는 역설 속에서 살아간다. 요즘 많이 언급되고 있는 인공지능의 가장 본질적인 문제는 스스로 진화하는 인공지능의 특성상 인간이 인공지능의 자유를 제한할 수 없는 상황에 다다를 수도 있다는 데 있다. 무제한의 자유는 인간에게 재앙이 된다는 것이 바로 자유의 역설이다.

그렇다면 우리는 어떠한 틀로 자유를 이해해야 하는가? 나는 여기서 (1) 자유됨, (2) 자유함, (3) 공간과 거리 두기(내려놓음과 안식)의 자유라는 세 가지 틀을 사용할 것이다. 자유됨과 자유함은 기독교 자유 사상의 특징을 가장 잘 드러내기 때문에 루터와 칼뱅의 자유론을 다룰 때 사용할 것이고, 거리 두기의 자유는 개혁주의의 자유 사상을 비판할 때 짧게 언급할 것이다. 자유를 어떤 속박으로부터 해방되는 부정적인 자유(Negative

왜 나는 아직도 그리스도인인가?

Liberty)와 자신의 이상과 의지를 실현하는 긍정적인 자유(Positive Liberty)로 분류하기도 한다.[2] 내가 여기서 사용하는 자유됨이란 자유가 타인, 사회, 신에 의해 "주어졌다"는 의미이고, 자유함이란 스스로 자유를 만들어내거나 만들어가는 일에 적극적으로 "참여한다"는 의미다. 자유됨과 자유함은 부정적인 자유와 긍정적인 자유의 개념과 겹치는 부분이 있지만 동일한 개념은 아니다.

부정적인 자유를 위해 열정적으로 투쟁하고 쟁취하는 것은 자유됨보다는 자유함에 가깝기 때문에, 자유함은 부정적인 자유와 긍정적인 자유를 포괄한다. 그러나 그 속박으로부터 쟁취하는 해방이 아니라 주어진 해방이라면 자유됨에 더 가깝다. 물론 자유됨과 자유함을 엄격하게 나누는 것은 불가능하다. 현실 세계에서 외부로부터 주어지지 않는 절대 자유함을 찾는 것은 어렵다. 반대로 자유됨은 비록 주어진 자유이긴 하지만, 우리는 그 자유됨과 역동적인 관계를 맺을 수 있으며 그 역동성 속에 자유함의 속성이 자리할 수도 있다. 그럼에도 불구하고 자유됨과 자유함을 구분하는 이유는 특별히 기독교적 맥락과 연관이 있다. 그리스도인들은 삼위 하나님으로 인해 해방을 선물로 받은 철저히 자유된 자들이다. 이 자유된 자들이 자유하는 자로 살아가는 신비를 나타내기 위해 자유됨과 자유함이라는 용어를 사용한다.

그런데 자유됨과 자유함은 과연 자유의 참다운 가치에 잘 부합되는가? 자유란 우리가 속박으로부터 우리 자신을 해방시키거나 창조적으로 무엇인가를 만들어내는 행위와 성취, 즉 자유함이라고 생각할 수 있다. 그러나 우리 스스로 자유를 만들어가는 자유함은 결코 참 자유가 될 수 없

---

2 Ian Carter, "Positive and Negative Liberty," *The Stanford Encyclopedia of Philosophy* (Summer 2018 Edition), Edward N. Zalta [ed.], URL = https://plato.stanford.edu/archives/sum2018/entries/liberty-positive-negative/

다. 현재 누리는 자유는 늘 온전한 자유를 향한 과정에 있기 때문에 부분적일 수밖에 없고, 일정 부분 자유를 이루어도 늘 새로운 속박으로 다시 들어가버린다. 뿐만 아니라 "나"의 자유함이 "너"의 자유를 제한할 수도 있고, "다수의 자유함"이 소수를 억압할 수도 있으며, 심지어 사회와 국가가 다수의 자유함을 앗아갈 수도 있다. 민주주의 체제에서는 다수가 소수의 자유를 침해할 수 있으며, 공동체의 유기적 관계를 강조하는 사회 체제에서는 소수가 다수의 자유를 침해할 수도 있다.

따라서 우리는 자유됨에 대해 생각해볼 수 있다. 사실 우리가 누리는 자유의 일정 부분은 외부로부터 우리에게 주어진 선물과 같은 것이다. 타고난 재능, 가족의 배경, 친구들과의 관계, 사회와 국가의 지위, 인류의 기술 문명, 역사 속에서 현재라는 상황 등이 우리에게 더 많은 자유를 줄 수도 있고 더 심한 억압이 될 수도 있다. 아시아에서 종교를 자유롭게 선택할 수 있는 국가가 그리 많지 않다는 것을 생각해보면, 종교의 자유조차 자유됨의 특징을 가진 것을 알 수 있다. 그런데 만약 자유가 주어지는 것이라면 그 또한 온전한 자유라고 부를 수 없다. 자유가 타자에 의해 주어진다는 것은 자유의 본질에 모순된다. 주어진 자유는 그 주어짐의 특징으로 인해 거짓된 자유, 혹은 왜곡된 자유가 되기 쉽다. 결국 자유가 자유함이라면 그 자유는 늘 부분적이거나 갈등 속에 있으며, 자유됨이라면 자유의 본질에 어긋나거나 기만적 자유가 되어버린다. 자유가 자유를 배반한다. 이로 인해 우리는 자유함과 자유됨 사이의 긴장과 역설 속에서 일상을 살아간다. "이 역설적 자유가 기독교의 자유 사상 속에서 어떻게 화해되고 새롭게 해석될 수 있는가?"라는 질문이 본 장의 핵심 주제다.

네 가지 얼굴

몰트만은 공동체 안에서의 자유를 개인적 자유, 공동체적 자유, 미래적 자유, 3가지로 분류했다.[3] 자유는 또한 선택, 충족, 내적 가능성, 그리고 선을 실행하는 자유로 분류될 수 있다.[4] 이런 분류를 참고하여 자유의 특징을 생각해보면 자유는 최소한 네 가지 측면을 지녔다. (1) 모든 인간이 가지고 있는 인간의 본질로서의 자유, (2) 관계적·사회적 자유, (3) 자유의 속성(정의롭고 존엄하며 거짓되지 않아야 함 등), (4) 신적 자유다. 하나님이 허락하는 자유는 주어진 자유지만 우리의 일반적인 정의를 넘어서는 자유다.

이 네 가지 얼굴을 조금 더 살펴보겠다. 첫째, 자유란 인간 스스로의 모습과 깊은 연관이 있다. 만약 우리가 절대로 침해되지 않아야 할, 모든 인간에게 보편적으로 평등한 권리를 생각한다면 그 권리는 자유와 깊은 연관이 있다. 자유를 상실한 인권이란 존재하지 않기 때문이다. 우리는 이런 자신의 자유를 스스로 훼손할 수 있고 지켜낼 수도 있다. 예를 들어 양심이 우리를 구속할 수도 있고, 우리 자신의 탐욕이 우리를 욕심의 종으로 만들 수도 있다. 우리는 양심을 지키고 선을 이루고자 하는 본성도 가지고 있다. 즉 내적으로 양심을 지켜내며 선한 자유자로 살아가고자 하는 본성과 그 본성을 위협하는 또 다른 실체인 악이 존재하는 것이다.

물론 개인의 자유는 외적인 요소에 영향을 받는다. 예를 들어 타자와의 관계, 타자의 행동이나 가치관, 사회의 도덕이나 가치관 등에 깊은 영향을 받는다. 그러나 두려움, 욕심, 질투, 성취, 중독 등을 주체적으로 행하는 행위자는 우리 자신이다. 이 경우 내부의 모든 소유와 욕심을 다 내려놓으면 진정한 자유를 누릴 수 있다. 그러나 소유를 내려놓는 자유에는 "향유가 가져오는 자유"가 결여되어 있어, 이것이 과연 온전한 자유인지

3   Jürgen Moltmann, *God for a Secular Society: The Public Relevance of Theology*, trans. Margaret Kohl (Minneapolis: Fortress, 1999), 155-161.

4   William L. Reese, *Dictionary of Philosophy and Religion: Eastern and Western Thought* (Atlantic Highlands: Humanities Press, 1980), 179-181.

확신할 수 없다. 반대로 모든 것을 소유함으로써 진정한 자유를 누린다고 생각할 수 있다. 그러나 소유는 또 다른 속박을 가져올 수 있고, 더 심각한 문제를 야기하기도 한다. 결국 중요한 것은 양심이라는 지극히 내적인 자유함이든, 외부와의 관계 속에서 스스로 만들어놓은 두려움·욕심·질투·성취·중독으로부터의 자유함이든, 자유라는 매우 근원적인 틀이 우리 안에 본성으로 내재되어 있다는 점이다.

둘째, 우리 모두는 자유라는 본성을 가지고 있지만 외부의 다양한 대상과 일정한 관계 속에서 이 자유를 누릴 수 있다. 그런데 자유를 억압하는 다양한 제약이 서로 결을 같이하여 조화롭게 포진하고 있으면 아무런 문제가 없겠지만, 그것들은 서로 충돌하기도 하고 갈등의 구조 속에 복잡하게 얽혀 있기도 하다. 개인의 자유와 사회의 가치가 늘 긴장 관계에 있다. 사회 구성원이 서로 조화롭게 살아가려면 개인의 자유를 일정 부분 제한해야 하는데, 개인의 자유를 어느 정도까지 제한할 수 있느냐에 따라 개인주의가 될 수도 있고 전체주의가 될 수도 있다. 극단적인 개인주의와 전체주의 모두 심각한 문제를 불러오기 때문에 우리는 이 양자 사이에서 개인과 사회의 관계를 어떻게 설정해야 하는가라는 문제에 늘 신경을 쓴다. 자연과 인간의 관계도 마찬가지다. 인간이 현재 누리고 있는 편리함과 소유 등을 가능한 한 많이 절제해야 자연과 환경을 유지할 수 있다. 자연이 그렇게 잘 유지되어야만 시간이 지난 후 인간에게 다시 자유를 제공해줄 것이다. 결국 이 문제는 우리의 현재와 미래, 우리의 자유와 우리 후손들의 자유 사이의 긴장이라고도 볼 수 있다.

셋째, 자유는 우리의 본성 속에 있고 대상과 관계를 맺고 있으며, 자유가 반드시 품고 있어야 하는 고유한 가치들과 함께 존재한다. 즉 자유는 개인과 대상을 넘어서는 초월적이고 비인격적 요소를 가지고 있다. 예를 들어 자유는 다른 가치가 의미를 갖기 위해 필수적인 요소다. 앞서 언급했던 유대인 포로수용소를 다룬 영화에서도 주인공은 포로수용소에서 자유가 아닌 연민을 빼앗겼다고 절규한다. 즉 자유를 빼앗기면 자유만 사라지는 것이 아니라 인간의 고귀한 가치인 연민, 나눔, 용서, 배려 등이 함께 사라진다. 창조성도 자유가 주어져야 기능할 수 있는 인간의 고유한 가치다.

또한 자유는 다른 가치에 의해 비로소 온전한 자유로 완성될 수 있다. 나의 자유가 다른 사람들을 탄압하는 데 사용된다면 결코 정의로운 자유라고 할 수 없다. 자유는 정의와 함께 존재해야 한다. 나의 자유를 지키는 데만 급급하고 타자의 고난과 아픔을 외면한다면, 그것은 존엄을 상실한 자유가 된다. 자유는 인간의 권리지만 인간에게는 그 자유를 존엄하게 사용해야 할 책임이 따른다. 현대인들은 자유를 소유로 착각하는 거짓된 자유 속에 살아간다. 많은 편리한 물건, 좋은 성능의 차, 아름다운 집 같은 것을 소유하면 자유하다고 생각한다. 그러나 그 소유물을 잃어버리면 엄청난 고통을 받는다. 우리는 그 소유물에 종속되어 살아간다. 겉으로는 자유를 누리는 듯해도 소유물의 노예로 사는 삶은 거짓된 자유의 표본과도 같다. 정의로운 자유, 존엄한 자유, 진실된 자유는 참 자유의 필수적 구성요소이며, 이런 점에서 자유는 개인과 대상을 초월한다.

넷째, 자유는 신과 관계한다는 점에서 진정으로 초월적이며 종교적이다. 물론 신이 허락한 자유는 인간이 추구하는 자유와 다를 수 있다. 그러나 우리는 여전히 이 "초월적 자유가 위의 세 가지 자유와 어떤 관계에 있는가?"를 질문할 수 있다. 신적 자유는 인간의 자유를 보장하는가? 신적 자유는 인간에게 복종과 포기를 요구하고, 심지어 폭력과 전쟁을 조장하는 것은 아닌가? 역사적으로 종교적 전쟁이 가장 잔혹하고 극렬했다는 사실은 자유에 관해 우리에게 무엇을 이야기하는가? 자신의 종교적 믿음과 신념을 위해 타자를 죽이고 다른 문화를 말살하는 극단적인 종교적 행위는 인간의 자유를 앗아가는 것이 아닌가? 인간이 당면한 "생의 고"를 욕망과 집착이라는 갈애의 틀 속에서 해석하고 그 고통의 환영으로부터 고통의 소멸에 이르는 길을 수행함으로써 얻는 자유함이란 인간 실존의 가장 치열한 실재를 망각하고 외면하는 자유함은 아닌가? 내면화되거나 역동적 사회성을 상실할 우려가 있는 자유도 종교적 자유라고 할 수 있는가? 그리스도에게 속해야만 자유하게 된다는 기독교 사상은 인간 자유를 왜곡하고 있는 것은 아닌가?

종교적 자유는 인류로 하여금 자유에 대한 새로운 실체와 시각을 깨닫게 한다. 욕망과 소유를 내려놓음으로써 세속의 법에 매인 인간을 해방하고, 무아(無我)를 통해 나와 세상의 벽을 허물 수도 있으며, 수행과 좌망, 무위를 통해 인간의 자유함을 새롭게 규정할 수도 있다. 예수께서 자신의 자유를 목숨을 내어놓는 희생에 사용했기 때문에 하나님이 예수를 사랑하셨다(요 10:17-18)는 기독교의 사상은 초월자의 자유에 대한 인간의 사고를 새롭게 한다.

그러나 우리는 여전히 종교적 신념이 인간의 자유를 위협할 수 있다는 비판에 주목해야 한다. 기독교는 하나님께 속한 것을 구원이라 하고 그것을 가장 깊은 위로라고 믿는데, 이것은 인간이기를 포기하는 것은 아닌가? 과연 종교적 자유란 무엇인가? 신은 인간에게 자유를 주는 존재인가, 아니면 자유를 빼앗아가는 존재인가? 만약 신이 자유를 주는 존재라면 신이 부여한 자유, 즉 주어진 자유도 자유라고 할 수 있는가? 종교적 자유는 어떤 의미에서 자유 일반과 차원을 달리하는 진정한 자유라 할 수 있으며, 동시에 어떻게 자유 일반과 양립이 가능한가?

요약하면, 자유란 네 가지 얼굴을 가지고 있다. 먼저 자유란 인간성의 또 다른 말이다. 즉 자유란 인간의 인격성의 필수 전제 조건이다. 모든 인간이 가지고 있는 이 자유는 어떤 것에 의해서도 침해될 수 없는 인간의 본질적인 틀이다. 인간이란 자유자다. 그런데 이 자유는 "나"라는 개인 안에 갇힌 것이 아니라, 타자와의 관계 속에서 실현되기도 하고 제한되기도 한다. 즉 자유는 사회성을 가진다. 타자를 위해 나의 자유를 억제할 수 있다면 그것은 한 차원 높은 자유다. 그러나 인간의 본성으로서의 자유와 사회 속에서의 자유 사이의 관계가 복잡한 문제가 되는 이유는, 자유가 인간과 사회를 넘어서는 초월적이고 추상적인 본성을 갖고 있기 때문이다. 자유는 인간의 다른 본성의 근거가 되기도 하고, 다른 본성에 의해 진정한 자유가 되기도 한다. 마지막으로, 인간의 자유는 신적 자유와 깊은 연관이 있다. 그 어떤 타자나 외부에 의해 억압받는 신이란 존재하지 않는다. 신이란 자유자다. 그런데 그 절대 자유자인 신은 인간에게 절대 자유를 부여했는가? 자유가 신에 의해 주어졌다면, 주어진 자유도 자유인가? 혹은 절대 자유자에 의해 주어진 자유야말로 인간을 더 높은 자유로 인도하는가? 이러한 자유의 네 가지 측면을 기본 틀로 삼아 종교개혁자 마르틴 루터와 장 칼뱅의 사상을 살펴봄으로써 개신교 자유 사상의 뿌리를 탐색해보자.

2

루터: 십자가, 양심과 율법으로부터의 자유

루터는 인문주의자 에라스무스의 자유 의지론에 대한 반박으로 노예 의지론을 썼다. 루터의 주장에 따르면 (1) 하나님이 모든 것을 미리 알고 예정하셨다면 하나님의 뜻이 아닌 어떤 것도 일어날 수 없기 때문에 인간에게 자유의지가 없다. 또 로마서를 근거로 보면 (2) 비록 유대인과 그리스인이 자유 의지를 올바로 사용하려고 노력했으나 그 결과는 은총에 저항하는 전쟁이 되었으며, 모든 인간은 죄 아래에 있는 죄의 노예이고 그 어떤 자도 하나님을 찾거나 의로운 자가 없기 때문에 인간은 자유 의지를 가지고 있지 않다.[5] 또한 (3) 사탄이 이 세상을 지배하고 있고 거룩한 영이 아니면 사탄의 지배에서 벗어날 수 없기 때문에 인간에게 자유 의지란 존재하지 않는다.[6] (4) 마지막으로 만약 우리가 자유 의지가 있다면 그리스도의 구속의 피가 피상적으로 불필요한 것이 되어버리기 때문에 인간은

---

5   Martin Luther, *The Bondage of the Will: A New Translation of De Servo Arbitrio (1525) Martin Luther's Reply to Erasmus of Rotterdam*, trans. J. I. Packer and O. R. Johnston (London: James Clarke, 1957), 276-279.

6   Luther, *The Bondage of the Will*, 317.

자유 의지가 없다.[7] 만약 인간이 자유 의지를 갖고 있지 않다면 인간에게 자유란 존재하지 않는 것인가? 다소 극단적으로 보이는 루터의 사상은 당시 중세의 상황과 깊은 연관이 있다.

루터는 중세의 극심한 도전과 시험(Anfechtung)에 시달렸다. 어떻게 하면 하나님 앞에 가치 있는 존재가 될 수 있는가? 인간은 하나님의 요구를 충족시킬 만큼 충분히 선한가? 인간이 어떤 일을 이루어야 의를 이룰 수 있는가? 루터가 에어푸르트(Erfurt)에 있었던 아우구스티누스파의 은둔자 수도원에 들어간 이유도 바로 이런 문제 때문이었다. 루터는 이 문제에 깊이 몰두하였다.[8] 루터는 「95개 조 반박문」 제15항에서 죽음에 직면한 인간이 경험하는 두려움과 공포에 대해 언급하고, 그다음 해에 쓴 95개 조 반박문 해설에서 자신이 경험했던 절망과 공포에 대해 다음과 같이 증언한다.

> 비록 짧은 기간이었지만 이러한 심판들로 인해서 종종 고통당했던 한 사람을 내 자신이 잘 알고 있었다(고후 12:2). 그 심판이 너무 엄청나고 지옥 같아서 그 어떤 혀로도 충분히 설명할 수 없고, 그 어떤 펜으로도 묘사할 수 없고, 그것을 경험하지 못했던 자는 결코 믿을 수 없다. 그 심판이 너무 엄청나서 만약 그것들이 반 시간 혹은 한 시간의 십 분의 일만 계속되어도 그는 [자기 자신은] 완전히 소멸되어버렸을 것이며 그의 모든 뼈가 재로 변해 버렸을 것이다.[9]

---

7   Luther, *The Bondage of the Will*, 318.

8   Bernhard Lohse, *Martin Luther: An Introduction to His Life and Work*, trans. Robert C. Schultz (Philadelphia: Fortress Press, 1986), 22-25.

9   Martin Luther, "Explanations of the Ninety-Five Thesis," in *Luther's Works*, vol. 31 (이하 *LW*로 표기), *Career of the Reformer: I*, ed. Harold J. Grimm (Philadelphia: Muhlenberg Press, 1957), 129, quoted by Lohse, *Martine Luther*, 24.

루터에게 복음이란 이런 끔찍한 심판으로부터 해방과 자유를 얻는 것이었다. 복음의 가장 본질적인 문제인 심판과 양심의 자유는 그의 주 저서 『갈라디아서 강해』에 잘 드러나 있다. 먼저 루터는 여러 종류의 의(righteousness)가 있다고 주장한다. 그의 정의에 따르면, 정치적인 의, 예식의 의, 법률적인 의, 행함의 의는 모두 능동적인 의(active)다. 이에 반해 믿음의 의는 하나님께서 그리스도를 통해 우리에게 전가(impute)시켜 주시는 의인데, 이것은 능동적인 의와는 정반대인 전적으로 수동적인 의(passive), 즉 우리는 받기만 하고 하나님이 우리 안에서 일하시도록 허용하는 의다.[10] 인간은 오직 수동적인 의로 인해 양심의 안식과 자유를 얻는다.[11]

왜 이 수동적인 의가 필요한가? 루터는 인간 본성의 약함 때문이라고 설명한다. 인간이 약함과 비참함으로 인해 양심의 공포와 죽음의 위협에 놓이면, 자신의 행함과 가치와 율법에 의존하게 된다. 인간을 끝없이 괴롭히는 것은 죄와 양심이다.[12] 사탄은 이런 인간의 본성적인 약함을 이용해 우리 안에 있는 악을 부추기고, 수동적인 의가 아니라 능동적인 의를 찾도록 유혹한다.[13] 따라서 우리는 두 개의 세계, 즉 하늘의 세계와 땅의 세계, 믿음과 도덕의 세계, 은총과 행함의 세계, 세속 사회와 종교, 수동적인 의와 능동적인 의 사이에 놓이게 되는데, 두 세계는 우리에게 모두 필요하지만 각기 적용되는 영역은 엄밀히 구분된다. 새 사람은 수동적인 의의

---

10   Martine Luther, "Lectures on Galatians," *LW* 26, ed. Jaroslav Pelikan (Saint Louis: Concordia, 1963), 4-5.

11   *LW* 26.5.

12   *LW* 26.26.

13   *LW* 26.5

세계에, 옛 사람은 능동적인 의의 세계에 속한다.[14] 루터는 능동적인 의를 추구하는 인간은 죄, 양심, 율법, 사탄, 하나님의 심판과 진노, 지옥, 죽음의 세계에 속하고, 수동적인 의를 입은 자는 바로 그런 속박으로부터 해방된다고 이해한다.[15]

누가 우리를 이 엄청난 속박으로부터 자유하게 할 것인가? 무엇이 우리로 하여금 우리 자신의 의로부터 그리스도의 의로 옮겨가게 할 것인가? 여기에 종교개혁의 본질이 있다. 교황이나 면죄부가 아닌 바로 그리스도의 십자가가 그 일을 한다. 루터는 십자가의 종교개혁자이자 사상가다. 그는 십자가 사상을 펼치면서 바로 이 사람 예수 그리스도 외에 다른 하나님은 없다고 대담하게 주장한다.[16] 물론 루터는 전통적인 삼위일체 사상을 받아들인다. 그러나 그는 그리스도 중심적인, 심지어 십자가 중심적인 사상을 전개했다. 진정한 기독교 신학이란 구약의 모세나 대제사장들이 그랬듯이 하나님을 영광의 하나님으로 이해하는 것이 아니라 십자가에 달리신 예수 그리스도에게서 하나님을 찾는 것이다.[17]

그의 십자가 사상은 한마디로 요약하기 어려울 정도로 심오하다. 루터는 십자가 사건이 왜 일어났는지보다 십자가가 무엇인가에 몰두하였고, 그 결과 심판과 충족보다는 (1) 용서, (2) 교환과 짊어짐, (3) 승리의 동기들을 발견한다.[18] 루터는 이원론적 세계에서 일어나는 심판과 진노를 능동적 의의 세계에 포함시키면서도, 그리스도의 십자가가 결코 하나님

14　*LW* 26.7.

15　*LW* 26.10, 22.

16　*LW* 26.29.

17　*LW* 26.28.

18　이하 루터의 십자가 사상은 차재승, 『7인의 십자가 사상 : 십자가 그 자체로부터 넘치는 십자가로』(서울: 새물결플러스, 2014)를 참조하라.

의 심판의 결과물이 아니라고 해석한다. 십자가는 심판이 아니라 하나님의 용서다. 우리는 그리스도 안에서 하나님이 진노한 감독이나 심판자가 아니라 축복하시는 자, 곧 우리를 율법, 죄, 죽음, 모든 악에서 구원하시고 그리스도를 통해 의와 영생을 주시는 은혜롭고 친절한 아버지임을 깨닫는다.[19] 루터는 우리가 잘 아는 이사야 53:5의 "징계를 받음으로"라는 구절을 해석할 때도 그리스도를 심판자나 진노한 하나님이라기보다는 우리 죄를 짊어지시는 중보자로 이해한다. 그리고 죄책과 평화 사이의 놀라운 교환을 언급한다.[20] 갈라디아서 3:13의 "우리의 저주가 되시고"를 강해할 때도 심판과 진노에 초점을 맞추기보다는 짊어짐을 더 강조한다.[21] 진노와 은혜를 서로 대립시키면서, 하나님이 없는 자는 진노와 마귀에 속한 자인 반면, 하나님을 믿는 자는 은혜에 속한 자라고 주장한다.[22] 루터는 십자가가 하나님의 심판이 아니라 용서라는 점을 강조하기 위해서 죄를 치워버리고, 지워버리고, 경감시키고, 덮으시고, 제거하시고, 삭제하시고, 깨끗케 하시고, 용서하시고, 취소하시고, 해방시키시고, 달래시고, 청소하시고, 지우시고, 폐지하시고, 씻으시고, 파괴하시고와 같은 다채로운 용어들을 사용한다.[23]

루터의 십자가 사상의 또 다른 중요한 요소는 교환이다. 그는 이사야 53:5을 해석할 때도 양심의 자유가 놀라운 교환으로부터 온다고 주장한다. "그리스도라는 이름은 가장 유쾌한 이름이다. 평화의 질책 혹은 심판, 곧 그의 질책은 우리의 양심에 평화를 가져오는 치료다.…그는 우리의 평

---

19 *LW* 26.396.
20 *LW* 17.224-225.
21 *LW* 26.277-279.
22 *LW* 24.164.
23 차재승, 『7인의 십자가 사상』, 129-130.

화를 위해서 질책을 받으셨다. 놀라운 교환에 주목하라. 한 사람이 죄를 짓고 다른 사람이 죄책을 대신 치른다. 한 사람이 평화를 받으실 분이지만 다른 사람이 그 평화를 소유한다."[24] 우리 믿음의 가장 중요한 신념은 우리의 죄가 우리에게 놓인 것이 아니라 그리스도에게 놓였으며, 평화가 그리스도에게 놓인 것이 아니라 우리에게 놓인 것을 믿는 것이다.[25]

오 놀라운 교환(*O admirabile commercium*)이라는 사상은 초기 교회부터 전개되어온 십자가 사상 중 하나다. 이것은 그리스도의 신성과 인간의 인성, 그리고 죄인들을 위해 의인이 교환되었다는 것을 강조하고 있다. 아우구스티누스 역시 죽음과 생명이 교환되었다는 견해를 밝힌 바 있다. 특히 루터는 교환이 다음과 같은 측면을 가진다고 주장한다. (1) 그리스도가 (우리의 죄악과 죽음까지 담당함으로써) 진정으로 우리가 되심, (2) 추상적·기계적 교환이 아니라 나눔과 짊어짐의 인격적 교환(그의 몸인 우리가 고통당하면 그는 그 악한 것들이 자신의 것인 양 고통당한다는 점에서), (3) 이원론적 세상의 교환, (4) 교체로서의 교환이라기보다는 연합으로서의 교환. 아래 글은 이 교환의 신비가 얼마나 복합적이고 총체적인지, 그리고 어떻게 자유를 가져오는지를 설명한다.

이것이 우리의 신학이다. 그리고 나는 율법에 눈멀었을 뿐만 아니라 귀가 막혔고, 율법으로부터 해방되었고, 율법에 죽었다는 것을 언급할 때 이것들은 이성에 맞지 않고 불합리한 역설이 된다.…"나는 내가 죄를 지었다는 것을 인정한다. 그러나 나(저주를 받은 죄인으로서 나)의 죄는 그리스도(저주하는 죄로서의 그리스도) 안에 있다. 이 저주하는 죄는 저주받는 죄보다 더 강하

---

24   *LW* 17.224-225.
25   *LW* 17.225.

다. 왜냐하면 그것은 의롭게 하는 은총, 의, 생명, 구원이기 때문이다." 그리고 내가 죽음의 공포를 느낄 때, 나는 "죽음아, 너는 나에게 아무것도 아니다. 왜냐하면 나는 너를 죽이는, 나의 죽음을 죽이는 다른 죽음을 가졌기 때문이다"라고 말한다.…따라서, 나를 묶는 죽음은 이제 그 자신을 묶는다. 나를 죽이는 죽음은 이제 죽음, 곧 생명 그 자체를 통해서 죽음을 죽인다. 그러므로 비록 그리스도는 오직 자유, 의, 생명, 영원한 생명이지만, 그리스도는 율법, 죄, 죽음에 반대되는 나의 율법, 나의 죄, 나의 죽음이라는 가장 매력적인 이름으로 불린다. 그러므로 그리스도는 율법과 저주로부터 나를 구원하고 의롭다 하고 살아 있게 하려고 율법에 대한 율법(*lex legi*), 죄에 대한 죄(*peccatum peccato*), 그리고 죽음에 대한 죽음(*mors morti*)이 되셨다. 그리고 그리스도는 둘 다이다. 율법인 반면에 자유이며, 죄인 반면에 의이며, 죽음인 반면에 생명이다.[26]

루터는 율법과 죄, 죽음의 속박으로부터 구원을 얻는 것을 "자유"라고 정의한다. 우리가 죄와 죽음의 속박으로부터 해방과 자유를 얻게 되는 것은 그리스도의 두 본성과 십자가의 죽음 때문이다. 십자가는 우리 죄에 대한 죄, 죽음에 대한 죽음, 율법에 대한 율법이고, 그 근거는 참인간이자 참하나님인 그리스도에게 있다. 그리스도는 우리의 참자유다. 스스로 구원할 수 없는 비참함 속에 있는 인간은 자유 의지가 없다. 하지만 바로 그 이유로 인해 수동적인 의, 즉 그리스도의 자유가 우리에게 주어짐으로써 우리는 자유자가 된다.

결국 죽음을 죽음으로 죽이신 그리스도의 죽음은 승리의 죽음으로서, 우리를 죽음과 죄의 속박으로부터 해방시키는 자유다. 루터는 그리스

---

26 *LW* 26.161-163, WA 40.278.23, 차재승, 『7인의 십자가 사상』, 141-142.

도가 십자가에서 승리했기 때문에 모든 위험과 근심이 사라졌고 여기에 우리가 덧붙일 것은 아무것도 없다고 주장한다.[27] 십자가로 인해 죄와 죽음, 저주, 마귀는 더 이상 존재하지 않는다.[28] 마귀는 우리에게 여전히 마귀로 남아 있지만, 마귀의 머리는 부서졌고, 그리스도는 마귀의 힘을 제거하셨으며, 마귀의 죽음, 죄, 지옥의 영역을 파괴하셨다.[29] 물론 이러한 십자가의 승리는 그리스도의 부활과 깊은 연관이 있고, 루터의 신학은 이 점을 놓치지 않고 강조하고 있다.[30]

그런데 이 참 자유를 누리는 데 있어 만만치 않은 도전이 우리를 기다리고 있다. 십자가의 승리는 믿음의 눈으로 바라보지 않는다면 처절한 실패처럼 보이는 역설적 승리이기 때문이다. 루터는 이 역설과 믿음의 관계를 설명하기 위해 "가면"이라는 비유를 사용한다. 예수께서 인간의 가면 안에서 세상의 죄를 짊어지고 십자가에서 죽임당했을 때, 우리는 그 가면 안에 감추어진 의, 생명, 영원한 축복을 믿음으로 붙잡아야 하는데 이것은 결코 쉽지 않은 도전이다.[31]

하이델베르크 논쟁은 십자가를 바라보는 인간의 이해가 얼마나 상반될 수 있는지를 잘 보여준다.[32] 루터는 당시 교회 가톨릭 교도들을 가리켜 영광의 신학자라고 불렀다. 루터에 따르면, 그들은 하나님의 보이지 않는 것들이 마치 선명하게 다 드러난 것처럼 이해했고, 행위의 영광을 추구했기 때문에 악을 선이라, 선을 악이라 여겼다. 이에 반해 십자가의 신학자

---

27 *LW* 24,421-422.

28 *LW* 26,284-285.

29 설교집 5권 470.

30 *LW* 26,21-22, 설교집 2,1권 355, *LW* 25,284, *LW* 42,12-13.

31 *LW* 26,284.

32 이하 *LW* 31,52-53.

들은 십자가의 고난을 통해 드러난 바로 그 하나님을 하나님으로 받아들인다. 인간에게는 미련하고 바보 같은 것이 십자가이지만, 하나님은 바로 그 모습 속에서 드러나신다. 그런데 루터는 십자가로 드러난 것을 "하나님의 등"(posteriora Dei)이라고 표현했다. 왜 십자가는 하나님의 등인가? 십자가는 하나님이 자신을 드러내신 것이면서 동시에 자신을 감추신 것이다. 마귀는 이것을 모순이라고 여기지만, 하나님은 죽음을 말하는 그 순간에도 생명을 생각하고 계신다. 이러한 자신의 참 모습으로 인간을 시험(Anfechtung)할 때, 죽음이 바로 삶이 되는 하나님의 신비가 일견 인간을 공격하는 것처럼 보이지만, 사실은 이런 거리 두기를 통해 절대 타자인 하나님이 역설 속에 있는 자신의 참 모습을 감추지 않고 드러내어 우리에게 가까이 오신다. 즉 드러내심이 감추심이요, 감추심이 드러내심이다.

이 심각한 도전은 인간의 실재와도 연관이 있다. 우리가 십자가로 드러난 하나님을 올바로 알아보지 못하는 이유는 우리 본성이 우리 자신의 의에 의존하므로 고난보다는 행위를, 십자가보다는 영광을, 약함보다는 강함을 하나님으로 간주하는 경향이 있기 때문이다.[33] 이처럼 인간의 본성이 약하기 때문에, 십자가는 하나님이 자신의 길을 포기한 것이 아니라 자신의 역설적인 모습이 인간에게 올바로 보여지기를 원하시는 하나님의 지속적인 시험인 셈이다. 마귀는 그리스도의 인성 속에 감추어진 하나님의 모습을 볼 수 없지만, 하나님은 자기 백성이 믿음으로 바로 그 고난의 하나님을 알아볼 수 있기를 소망하신다. 결국 루터는 그리스도께서 인간의 총체적인 문제를 십자가에서 용서하시고 짊어지시고 교환하시고 승리하셨기에 십자가가 전적으로 하나님의 일이며, 우리는 오직 받기만 하는 것이라고 주장한다. 즉 수동적인 의가 주어진 자유, 전적으로 수동적인

---

33 LW 31.53.

자유만을 가져오는 것 같지만, 사실은 이 자유와 해방과 승리의 이면에는 인간의 믿음이 깊이 자리하고 있다. 물론 인간이 스스로 자신의 믿음을 만들어낸 것이 아니라 하나님께서 우리에게 믿음을 세우셨기에, "오직 믿음"이라는 말은 사실상 "오직 하나님만"이라는 의미다.[34] 하지만 인간이 자신의 믿음에 어떻게 참여하는가라는 문제는 여전히 신학적으로 가장 어려운 문제다.

그리스도를 통해 자유된 인간은 과연 자유를 누리는 삶, 즉 자유하는 삶을 살아가는가? 그리스도인의 자유에 대한 루터의 사상은 그의 초기작인 『그리스도인의 자유』에 잘 드러난다. 루터는 우선 인간은 성경을 해석하는 데 있어 자유를 누린다고 말한다. 자유롭게 해석되어야 할 뿐만 아니라 모든 면에서 자유를 가르치는 성경은 그 어떤 것에도 구속되지 말아야 하기 때문에, 성경을 해석하는 데 정해진 법칙은 없다.[35] 물론 당시 가톨릭이 성경을 해석하는 문제를 놓고 상반되는 주장을 펼쳤기 때문에 그들에게 대응하기 위해 그가 이런 주장을 했을 것이다. 그런데 중요한 것은 성경 해석 말고도 모든 다른 것에서 성경이 자유를 가르치고 있다고 이해한다는 점이다.

루터의 자유 사상은 인간의 자유 일반을 완전히 부인하지는 않는다. 예를 들어 루터는 땅 위의 생물을 다스리는 인간의 지성이 타락 후에 상실된 것이 아니라 오히려 확정되었다고 하면서, 그러나 남아 있는 지성이 훼손되지 않았다고 생각하면 무지한 철학을 따르는 것이고 남아 있는 지성이 죄와 악의 지배 속에 있다는 것을 깨달으면 인간을 올바로 이해하는

34 Oswald Bayer, *Martine Luther's Theology: A Contemporary Interpretation*, trans. Thomas H. Trapp (Grand Rapids: Eerdmans, 2007), 283.

35 *LW* 31.341.

것이라고 주장했다.[36] 즉 지성이 남아 있지만 부패했기 때문에 창조주 하나님을 작용인(efficient cause)으로 삼고, 또한 그리스도의 은총으로 인해 앞으로 일어날 변화와 영광을 목적인(final cause)으로 삼을 때 철학의 한계를 극복할 수 있는데, 지성의 처소인 하나님의 형상은 이러한 자유의 그릇이 된다.

뿐만 아니라 루터는 개혁 사상의 핵심인 의를 자유와 동일시하고 있다. 외적인 것 그 어느 것도 기독교의 의 혹은 자유를 일으키는 데 영향을 주지 못한다. 루터는 인간이 하는 모든 것, 심지어 명상조차도 의와 자유를 가져오지 못하고 오로지 말씀과 복음에 의한 것이라고 주장할 때도 의와 자유를 동일시한다.[37]

그러나 이 글에서 가장 주목을 끄는 것은 바로 자유의 역설에 관한 부분이다. 자유에 관한 본론에서 루터는 그리스도인의 자유가 가지는 양면성에 대해 이래와 같이 설명한다.

···나는 자유와 성령의 구속에 관해 다음과 같은 두 가지 진술을 펼치고자 한다. 그리스도인은 그 어느 것에도 종속되지 않는, 모든 것에 완전히 자유로운 주인이다. 그리스도인은 모든 것에 종속되는, 모두에게 완전히 의무를 다해야 하는 종이다. 이 두 주장은 서로 모순되는 것처럼 보인다. 그러나 만약 이 둘이 서로 잘 맞게 되면 우리의 목적을 아름답게 이룰 것이다. 둘 다 바울이 고린도전서 9:19에서 "내가 모든 것에 자유하였으나 스스로 모든 사람에게 종이 되었다"고 말한 것과 같다.[38]

---

36 *The Disputation Concerning Man* 89, 24-26, LW 34.137-139.
37 *LW* 31.345.
38 *LW* 31.344.

즉 그리스도인은 자유에 관해 주인이자 종이라는 의미다. "복음이, 그리스도가 우리를 자유하게 했기 때문에 우리는 자유의 주인이다"라는 전자의 주장은, 우리가 지금까지 십자가 신학을 통해 잘 알 수 있었다. 그런데 후자, 즉 다시 종이 된다는 것은 어떤 의미인가? 루터는 인간을 내적·영적인 면과 외적·육적인 면으로 구분한다. 전자에 따르면 믿는 자는 그리스도와 연합되기 때문에 그 어떤 것에도 종속되지 않는 전적인 자유를 누린다.[39] 그런데 후자, 즉 외적인 면에 관한 한, 땅의 일에 관한 한, 우리는 모든 종류의 일을 하는 종이다. 더 나아가 그리스도인이 모든 것에 종인 이유는 다음과 같다. 우선 그리스도인은 하나님의 종이다. 그리스도로인해 하나님의 형상이 회복된 자, 곧 믿음으로 의롭게 된 자는 더 이상 자신의 이득을 생각하지 아니하고 하나님을 기쁘게(joyfully) 섬기고 사랑한다.[40] 아담은 타락하기 전에 의로운 자였기 때문에 더 이상 의롭게 될 필요가 없었음에도 불구하고 하나님을 기쁘시게 하고 섬겼다. 이처럼 우리도 우리를 의롭게 하기 위해 하나님을 섬기는 것이 아니라, 의로움이 드러나는 열매가 되어 하나님의 종이 되는 것이다.[41]

또 다른 종의 도는 이웃을 향한 것이다. 루터는 이 주제와 관련해 익히 알려진 것과는 달리 대단히 극단적인 표현을 사용한다. "그리스도인은 죽은 몸을 가지고 일을 할 때 자신만을 위해 사는 것이 아니라 땅 위의 모든 사람들을 위해서 산다. 오히려, 자신을 위해서가 아니라 오로지 다른 사람들을 위해서 산다."[42] 마치 예수께서 하나님이면서도 인간으로 찾아오시어 자신을 위해서가 아니라 다른 자들을 위해 종으로 사셨듯이(빌

---

39   *LW* 31.351-352.

40   *LW* 31.359.

41   *LW* 31.360-361.

42   *LW* 31.364.

2:5-8), 그리스도에게 속한 우리는 그리스도의 종의 도를 따라 사는 것이다.[43] 예수께서 자신을 내게 주셨듯이, 나 또한 이웃에게 내 자신을 자유롭고(liberaliter) 기쁘게(hilariter) 내어준다.[44] 이를 행함으로써 우리는 믿음이 사랑과 기쁨으로 어떻게 흘러넘치는지를 깨닫게 된다.[45] 그리스도인이란 자신 안에서가 아니라, 그리스도 안에서, 또한 이웃 안에서 사는 자다.[46]

지금까지 논의해온 루터의 자유 사상을 정리해보면 다음과 같다. 첫째, 그리스도를 믿는 자들은 자유된 자들이다. 이 자유는 결코 인간의 노력으로 이루어지는 것이 아니라 오로지 하나님의 일이며, 우리는 철저히 수동적이기 때문에 우리가 얻게 되는 의란 수동적인 의다. 은총과 선물로 주어진 자유는 기독교 신앙, 특히 개신교 신앙의 핵심적인 사상이고, 루터가 바울 서신에서 다시 발견한 복음의 정수이기도 하다. 둘째, 그리스도께서 십자가에서 우리를 용서하시고 짊어지시고 승리하셨기 때문에, 이 자유는 우리의 행위가 아니라 믿음으로 그리스도와 연합될 때 주어진다. 길이요 진리요 생명이신 그리스도께서(요 14:6) 우리를 삶과 죽음과 부활로 자유케 하신다(요 8:32). 셋째, 그리스도와 믿음으로 연합하여 자유된 자는 즐겨 기쁨으로 하나님과 이웃에게 종으로 살아간다. 루터는 이 심오한 기독교의 원리를 "자유함" 혹은 "자유"라고 칭하지는 않았지만, "자유롭게"(liberaliter) 우리 자신을 내어주는 것이라고 보았다. 또한 자유됨과 자유함의 관계를 나무와 열매, 건축자와 집의 관계와 같이 시간 속의 인과관계로 이해하여 구분했다. 다른 한편으로 루터는 "자유롭게"라는 단어를 통해 자유된 자가 기쁨으로 하나님과 이웃에게 자신을 내어준다는 그리

---

43 *LW* 31.366.

44 *LW* 31.367, WA 7.66.

45 *LW* 31.367.

46 *LW* 31.371.

왜 나는 아직도 그리스도인인가?

스도인의 삶을 자유라는 주제 아래 다루고 있지만, "자유함"보다는 사랑으로 다시 종이 되는 바울의 가르침에 더 주목하는 것처럼 보인다. 또한 모든 것을 섬기는 종의 도를 강조하고 있으면서도 이것이 세상 일반의 자유와 어떤 관계인지에 대한 논의로 이어지지 않고 있어서, "자유된 자가 누리는 자유함"의 신비스러운 기독교 사상에는 이르지는 못한 것으로 보인다. 이런 점을 주목하면서 칼뱅의 자유 사상을 살펴보자.

3

칼뱅: 자유됨으로부터 자유함으로

칼뱅은 중세의 가톨릭 사상가들이 이해한 세 종류의 자유와 그 차이, 즉 필연적 자유, 죄로부터의 자유, 비참함으로부터의 자유라는 개념을 받아들인다. 그리고 필연적 자유는 인간의 본성에 주어졌기 때문에 결코 제거될 수 없지만, 죄로부터의 자유, 비참함으로부터의 자유는 죄로 인해 상실되었다고 주장한다.[47] 두 번째 자유, 즉 죄로부터 해방된 수동적인 자유됨에 관해서는 칼뱅과 루터의 견해가 다르지 않다. 칼뱅은 인간이 의지를 가지고 있지만 그 의지가 죄에 종속되었다고 주장한다.[48] 그는 신약과 구약의 차이를 논하면서도 루터의 이원론을 따른다. 구약이 두려움과 양심의 속박으로 인한 노예됨을 강조한다면, 신약은 신뢰와 확신의 자유함을 강조한다고 정의한다.[49] 물론 칼뱅은 구약의 율법이 인간을 저주하는 데 있어서는 완전히 폐지되었지만, 율법은 여전히 다양한 용도를 갖고 있다

---

47 *Institutes* 2.2.5, Peter Lombard, *Sentences*, 2.25.9, trans. Giulio Silano (Toronto: Pontifical Institute of Mediaeval Studies, 2008), 122, *MPL* 192.708.

48 *Institutes* 2.2.7.

49 *Institutes* 2.11.9.

고 인정한다.[50] 그러나 복음이란 율법과 행위의 속박으로부터 그리스도를 믿음으로써 자유와 의를 받게 되는 것이라는 개신교 사상에 있어서는 루터와 동일하다.[51]

자유의 세 부분

칼뱅의 자유론은 종교개혁의 정신을 잘 따르고 있으면서도 대단히 넓은 내용을 다루고 있어서 칼뱅의 신학 중 보석과 같은 사상이라고 평가받는다. 『기독교 강요』 3권 19장은 자유에 관한 칼뱅의 심오한 가르침을 담고 있다. 칼뱅은 자유를 세 부분으로 나눈다. 첫째, 자유란 믿는 자들의 양심의 자유다. 칼뱅이 주장하기를,

> 그리스도인의 자유는…세 부분으로 이루어져 있다. 첫째, 하나님 앞에 의롭다는 것을 확신하기를 원할 때, 믿는 자들의 양심이 모든 율법 의(law righteousness)를 잊어버리고, 율법을 넘어서서, 율법 위로 나아가야 한다.… 행위 즉 율법에 관한 모든 고려를 제거하고 제쳐놓으면서 칭의가 거론될 때 우리는 하나님의 자비만을 끌어안고, 우리 자신을 주목하기보다는 그리스도만을 바라보아야 한다. 왜냐하면 당면한 질문은 우리가 어떻게 의롭게 될 수 있는가가 아니라, 의롭지도 않고 무익한 우리가 어떻게 의롭다고 여겨지는가라는 질문이기 때문이다.[52]

중요한 것은 우리가 어떤 행위로 의롭게 될 것인가가 아니라 그리스도를

---

50 *Institutes* 2.7.14-15.
51 *Institutes* 3.11.17.
52 *Institutes* 3.19.2.

바라보고 그리스도로 인해 우리가 의롭다고 받아들여졌다는 점이다. 비록 율법이 우리를 끊임없이 가르치고 인도하지만, 우리 자신이 하나님 앞에 율법을 얼마나 행할 수 있는가를 염려하고 하나님의 인정을 받기를 원한다면 우리는 영원히 양심과 율법의 속박에서 자유로울 수 없다. 율법의 완전함을 넘어서는 그리스도만이 우리에게 참다운 의를 주신다.[53] 이런 점에서 그리스도인의 자유란 칭의의 부가물이다.[54] 칼뱅은 이러한 자유를 특별히 갈라디아서에서 찾는다. 예수께서 십자가에서 율법의 저주가 되심으로써 율법의 저주에서 우리를 구원하시고 우리를 율법과 양심의 노예 상태에서 해방시키셨다.[55]

자유의 둘째 부분은 성화와 연관이 있고 이것은 첫 번째 자유에 절대적으로 의존한다. 우리는 양심과 죄와 율법의 속박으로부터 자유롭게 되었기 때문에, 하나님의 뜻을 즐겨 순종한다. 이것은 루터가 『그리스도인의 자유』에서 우리는 모든 것에 다시 즐겨 종이 된다고 주장한 것과 유사하다. 그러나 칼뱅은 바로 이런 순종과 다시 노예됨이 "자유"라고 선명하게 규정한다. 이것이 개혁 신앙의 깊은 신비다. 종들은 율법이 지시하는 일들을 매일 준수하기 위해 온갖 노력을 다하면서도 일을 온전히 완수하지 못하면 그 어떤 것도 이루지 못했다고 여기지만, 자녀들은 비록 일을 다 완수하지 못하더라도 하나님의 자비와 사랑을 잘 알기 때문에 기쁨으로 즐겨 순종하기를 마다하지 않는다.[56] 노예의 신분에서 하나님을 아버지라고 부를 수 있는 자녀의 신분이 된 자가 가지는 자유함과 특권과 책임은 요한복음 8장, 로마서, 갈라디아서에 잘 드러난다. 그리스도인은 전

---

53 *Institutes* 3.19.2.

54 *Institutes* 3.19.1.

55 *Institutes* 3.19.3.

56 *Institutes* 3.19.5.

생애에 걸쳐 선을 실행해야 하고 우리는 이것을 성화라고 부른다.[57]

칼뱅에게 성화란, 한편으로는 자유를 완전히 소유하지 못했다는 것을 의미한다. 믿음으로 의롭게 되어 죄의 지배에서 벗어났지만, 죄가 여전히 우리 속에 남아 있기 때문이다.[58] 칼뱅은 성화라는 단어보다는 "회개"(repentance)라는 단어를 성화의 의미로 더 즐겨 사용하는데, 회개는 죽임(mortification)과 살아남(vivification)이라는 두 부분으로 이루어져 있다. 우리의 육 즉 옛 사람이 죽고, 우리의 영 즉 새 사람이 살아나는 것이다.[59] 그리고 이 성화의 과정은 우리의 인생에 걸쳐 지속적으로 때로는 아주 천천히 일어난다. 성화란 믿음 이후에 일어나기도 하지만 믿음으로부터 일어나기도 한다. 즉 칭의와 성화가 구분되지만, 분리되지는 않는 것이다 (*distinctio sed non separatio*).[60] 성화는 지속적으로 일어나야 한다는 점에서 칭의와 구분되고, 이에 따라 우리는 자유를 완전히 다 소유하지 못한 것이 된다.[61] 그리고 칭의와 성화 모두 하나님께서 우리에게 또한 우리 안에서 이루시는 은총이라는 점에서 보면, 성화는 칭의로부터 나오며 칭의와 결코 분리되지 않는다. 우리가 칭의와 성화를 구분하면서도 결코 분리할 수 없는 이유는 예수께서 둘을 모두 자신 안에 가지고 있기 때문이고, 그리스도는 결코 둘로 나누어질 수 없는 한 분 그리스도이기 때문이다. 그리스도의 거룩함에 참여함이 없으면 그 누구도 예수께서 의롭게 하시지 않는다.[62] 칼뱅은 이 신비를 이중 은총(*duplex gratia*)이라고 불렀다.[63] 우리는

---

57   *Institutes* 3.19.2.

58   *Institutes* 3.3.10.

59   *Institutes* 3.3.3, 8.

60   *Institutes* 3.11.11.

61   *Institutes* 3.3.10.

62   *Institutes* 3.16.1.

63   *Institutes* 3.11.1

이미 자유되었지만 여전히 자유하는 과정에 있다.

그런데 놀랍게도 칼뱅은 칭의뿐만 아니라 성화를 통한 지속적인 변화를 "자유"라고 보았다. 우리는 이미 자유된 자이지만 그 자유됨을 자유함으로 누리는 자로서 매일의 일상 속에서 점점 더 즐겨 하나님께 순종하고 가까이 가는 자다. 즐겨 순종할 자유, 가난할 자유, 섬기며 희생할 자유는 기독교가 드러내고 선포하는 신비스러운 자유함이고, 앞서 언급한 자유의 네 가지 얼굴 중 사회적인 면이 어떻게 개인적인 자유와 관계할 수 있는가에 대한 통찰과 더불어 자유의 속성에 대한 단초를 제공한다.

자유의 세 번째 부분은 도덕적·영적 판단과 무관한 가치 중립적인 것들, 곧 아디아포라다.[64] 이것은 스토아 철학자들이 사용한 개념이었다. 어떤 음식을 먹을 수 있는가, 어떤 휴일을 사용해야 하는가, 어떤 옷을 입는가, 어떤 꽃을 사랑하는가와 같은 문제는 도덕적 결과를 초래하지 않는다. 우리는 취향대로 자유를 누린다. 이 자유가 중요한 이유는 만약 우리가 이러한 문제로 자유함을 누리지 못하고 헤매게 된다면 양심이 결코 자유함을 얻을 수 없기 때문이다. "이 자유를 잘 아는 것이 필수적인데, 만약 이 자유를 상실하게 되면 우리의 양심이 쉼을 얻지 못하고 끝없는 미신이 계속되는 상태가 벌어질 것이다."[65]

어떤 음식을 먹을 수 있는가에 대한 자유는 로마서 14:13-23과 고린도전서 8-9장에 잘 설명되어 있다. 우리는 어떤 것에도 얽매이지 않는 이 자유를 올바로 사용하고 절제해야 한다. 우리가 하나님 앞에 올바로 서 있으면 그 어떤 것도 속된 것이 없지만(롬 14:14), 우리가 믿음으로 하지 않는 모든 것은 죄다(롬 14:23). 칼뱅은 이 말씀을 근거로 제3의 자유를 올바

---

64 *Institutes* 3.19.7.

65 *Institutes* 3.19.7.

로 사용하라고 권면한다. 우리의 자유로 인해 믿음이 약한 자들이 넘어지지 않도록 이 자유를 지혜롭게 사용해야 한다. 칼뱅은 자유의 지혜로운 사용에 대해 대단히 중요한 통찰을 보여준다. "우리가 고기를 먹을 때 스스로 제한하고 옷을 입을 때 단색의 옷을 입는다고 해서 우리가 덜 자유로운 것이 결코 아니다."[66] 또한 자신의 욕심을 위해 이 가치 중립적인 자유를 무제한 사용해서도 안 된다. 우리는 옷을 자유, 음악적 하모니를 즐거워할 자유, 와인을 마실 자유를 누리지만, 이 자유가 지나치면 우리의 마음과 가슴이 땅에서의 즐거움에 주체할 수 없이 빠져들게 되어 더 새로운 것을 갈망하게 되기 때문에 자유라는 하나님의 선물을 결코 올바로 사용할 수 없게 되어버린다.[67] 자유를 다 누리면서도 동시에 스스로 절제할 수 있는 자유야말로 진정한 자유가 아니겠는가? **자유는 스스로 제한한다고 해도 결코 감소되지 않는다.** 자유는 올바른 것을 위해 스스로 제한할수록 질적으로 더 깊어진다.

칼뱅의 자유 사상은 복음의 본질에서 출발하여 그리스도인들의 일상의 삶과 자유 일반을 포괄하는 개혁 사상의 넓은 지평을 보여준다. 그리고 자유의 세 부분은 서로 유기적으로 연결되어 있다. 제2의 자유는 철저하게 제1의 자유를 근거로 하고 있지만, 반대로 제3의 자유가 없다면 제1의 자유조차 참 자유가 될 수 없다. 제2의 자유는 제1의 자유에 역동성을, 제3의 자유에 절제를 부여한다. 자유됨이 있어야 자유함으로 나아갈 수 있고, 자유함이 없다면 자유됨이 의심받는다.

지금까지 믿는 자들의 자유에 대해 살펴보았다. 그렇다면 인간 일반은 자유한가? 칼뱅은 인간 일반의 자유함조차 하나님의 은총 아래 주어지

---

66   *Institutes* 3.19.10.

67   *Institutes* 3.19.9.

는 것으로 이해하면서 인간 일반의 자유를 배제하지 않는다. 따라서 인간 일반의 자유함은 자유됨의 양면성을 가진다. 자유됨과 자유함의 틀을 자유 일반에 대한 기독교 사상에도 적용하면, 하나님의 형상은 자유됨에 더 가깝고 일반은총은 자유함에 더 가깝다고 볼 수 있다. 하나님의 형상은 창조될 때 모든 인간에게 주어졌고 그리스도를 통해 회복되었으며 성령으로 인해 늘 새롭게 되기 때문에 자유됨의 특징을 가진다. 또한 모든 인간은 하나님의 일반 은총 아래 일정 부분 자유함을 누린다는 점에서 일반은총은 "은총 안에서 자유함"이라는 특징을 가진다. 개혁 신앙은 인간의 자유 의지가 죄에 종속되어 있고 오직 그리스도를 통해 의와 자유가 주어진다고 믿기 때문에 우리는 흔히 개신교 사상이 인간 일반의 자유를 인정하지 않는다고 오해하고 있지만, 칼뱅의 사상을 "하나님의 형상의 보편성"과 "일반 은총의 넓은 범주"에서 새롭게 이해한다면 개혁주의 사상이 인간 일반의 자유를 얼마나 진지하고 깊이 있게 다루고 있는지 발견할 수 있을 것이다.

하나님의 형상과 일반 은총

일부 초기 교부들과 대부분의 중세 신학자들은 하나님의 형상과 모양을 구분하여, 형상 즉 자연적인 능력은 죄에 의해 결코 훼손되지 않았다고 주장하였다. 개신교는 하나님의 형상과 모양을 구분하지 않고, 하나님의 형상이 죄에 의해 심각하게 훼손되었다고 믿는다. 그러니까 인간의 자연적인 능력까지 죄로 인해 크게 손상을 입었다고 본 것이다. 그러나 훼손되었다는 것이 완전한 소멸을 의미하지는 않는다. 칼뱅은 하나님의 형상의 주된 처소가 영혼이라고 주장하면서 서구의 오랜 이원론적 전통을 따르고 있지만, 인간의 모든 부분, 심지어 인간의 육체에도 하나님의 형상의 불꽃이 빛나지 않는 부분이 없다고 주장한다.[68] 육체의 건강함과 아름다움조차 하나님을 잘 드러내고 표현하는 것이 된다. 칼뱅은 하나님의 형상이 모든 사람에게 남아 있고, 하나님의 형상의 보편성은 모든 인간을 사랑할 수 있는 중요한 근거가 된다고 보았다. 모든 인간에게서 빛나는 하나님의 형상을 보면 그 어떤 사람도 사랑하지 않을 수 없다고 칼뱅은 주장한다.[69]

모든 인간에게 하나님의 형상이 남아 있다는 것은 어떤 의미인가? 하나님은 스스로 존재하시는 절대 자유자다. 하나님은 세상을 창조해야만 하는 어떤 필연성이나 강요 속에 있지 않았다. 그러나 하나님은 필연성과 강제를 넘어서 우주와 자연을 만듦으로써, 자신의 공간 속에 타자를 받아들이는 인격적인 자유를 누렸다. 이에 반해 인간은 창조주에 의해 지어진 피조물이다. 인간이 누릴 수 있는 자유는 신에게 의존적인 자유일 수밖에 없다. 그런데 창세기에 따르면 하나님은 인간을 자신의 형상에 따라 창조했다. 창조주가 가지고 있는 자유, 창조성, 존엄 등의 고귀한 속성들이 하나님의 형상 속에 포함되었다. 창세기에서 하나님은 인간을 창조하신 후에 아담이 어떻게 짐승들의 이름을 짓는지 보려고 하셨고, 아담은 하나님의 기대대로 짐승들의 이름을 지었다(창 2:19). 아담의 가장 중요한 일이 창작이었고, 이 창작은 자유를 전제로 한다. 또한 인간의 존엄함은 만물을 다스리고 섬기는 일, 그리고 다른 인간 및 하나님과 인격적인 관계를 갖는 모습에서 잘 드러난다(창 2:15-25). 다스리고 섬기며 인격적인 관계를 맺는 이 모든 일도 자유를 전제로 한다. 물론 이 자유는 모든 가치를 넘어서는 제 스스로의 절대 자유는 아니었다. 대부분의 과실을 먹을 수 있었

---

68 *Institutes* 1.15.3.

69 *Institutes* 3.7.6.

지만 먹지 못하는 과실도 있었고(창 2:16-17), 하나님의 말씀에 순종해야 하는 일정한 틀과 피조물이라는 본질적인 한계를 가지고 있었다. 즉 이 자유는 하나님의 은총과 섭리라는 큰 틀 속에서 누리는 자유인 셈이다.

하나님의 형상이 인간에게서 찾을 수 있는 인간 자유의 본질적인 근거라면(물론 이조차도 하나님께서 주신 은총의 선물이긴 하지만), 하나님의 은총은 하나님에게서 찾을 수 있는 인간 자유의 또 다른 근거가 된다. 칼뱅은 특별 은총과 일반 은총을 구분하고 하늘의 것과 땅의 것을 구분한다. 하나님의 형상과 자유는 타락과 죄에 의해 심각하게 훼손되었고, 따라서 우리는 하나님에 대한 순수한 지식이나 참다운 의의 본성, 하나님 나라의 신비 등과 같은 하늘의 것들(heavenly things)에 관해서 두더지보다도 더 장님이 되어서,[70] 오직 하나님의 특별한 은총으로만, 그리고 그리스도를 통해서만 자유와 의를 회복할 수 있게 되었다. 그런데 우리에게 여전히 남아 있는 하나님의 형상으로 인해 땅의 것에 관한 한 모든 사람이 각각의 영역에서 창조적인 일을 할 수 있게 되었고, 이것 또한 하나님의 은총이다.

인간 일반이 사회를 구성하고 법률적 체계와 도덕적 가치들을 만들며 이성을 사용하는 것은 모든 인간에게 부어주시는 하나님의 은총이다.[71] 그런데 특별히 다른 사람들보다 더 많은 은총을 받은 자들도 있다. 탁월한 작가들, 한 나라를 위대하게 이끌었던 지도자들, 법률가들, 과학자들, 철학자들, 의사들, 수학자들, 예술가들, 칼뱅은 이들이 하나님의 두드러진 은총과[72] 선물을[73] 받았다고 이해했다.[74] 하나님은 모두에게 일반적인 은

---

70 *Institutes* 2.2.13.

71 *Institutes* 3.14.2, 2.2.14.

72 *Institutes* 2.2.14.

73 *Institutes* 2.2.15.

74 *Institutes* 2.2.15, 2.3.4.

왜 나는 아직도 그리스도인인가?

총을 주셨지만, 어떤 자들에게는 더 두드러진 은총과 선물을 주셨다. 일반 은총과 특별 은총이 구분되고, 일반 은총 속에 또다시 독특한 은총이 있는 셈이다.

이 일반 은총의 의미가 얼마나 중요한지는 칼뱅이 플라톤을 비판할 때 잘 드러난다. 칼뱅은 다음과 같이 말한다.

> 우리는 각 기술 분야에서 새로운 무엇인가를 배울 뿐만 아니라 만들어낼 수 있고 혹은 앞선 사람들로부터 배운 것을 더 온전하게 하거나 마무리할 수 있는 직접적인 에너지와 능력이 있다. 이렇게 무엇인가를 파악하는 것을 플라톤은 회상일 뿐이라고 잘못 가르쳤다. 그러나 우리는 이러한 (창조의) 능력의 시작은 인간의 본성으로 타고난 것이라고 고백하지 않을 수 없다.…이 능력이 너무 보편적이기 때문에, 모든 사람은 자신 안에 있는 이러한 하나님의 특별한 은총을 인식해야만 한다.[75]

하나님의 초자연적인 은총은 오로지 그리스도를 통해 주어지지만, 자연적인 은총은 비록 죄로 인해 훼손되었어도 여전히 모든 인간에게 주어진다.[76] 그리고 그 은총은 단순히 배울 수 있는 능력뿐만 아니라 무엇인가를 창조할 수 있는 능력이다. 칼뱅은 이 점을 들어 이데아의 세계를 회상한다는 플라톤의 상기설을 비판하고 있다. 모든 인간에게 주시는 하나님의 일반 은총은 인간의 문명을 창조적으로 발달시켰고, 그 배경에는 주어진 능력과 선물을 적극적으로 잘 사용하는 인간의 "자유함"이 자리하고 있다. 모든 인간 속에 본성으로 있는 하나님의 형상이 창조와 자유의 그릇

---

75 *Institutes* 2.2.14.

76 *Institutes* 2.2.12.

이라면, 모든 사람을 향하신 하나님의 일반 은총과 그중에서도 특정 사람들에게서 더 두드러지는 일반 은총이 인간이 누리는 창조와 자유의 활력이 된다. 인간은 하나님으로 인해 자유되었고 또한 자유함을 누린다.

4

종교개혁과 자유, 교회와 세상,
그리고 하나님의 자리

우리는 앞서 자유를 누리는 "나"와 자유를 억압할 수도 있는 대상 간의
역설적인 관계, 자유됨과 자유함의 역설적인 관계를 논했고, 인간의 본성
으로서의 자유, 사회적 관계 속에서의 자유, 자유의 초월적인 속성, 신적
자유라는 자유의 네 가지 요소를 다뤘다. 이어 루터의 자유 사상과 칼뱅
의 자유 사상을 논했다. **종교개혁은 중세 교회의 속박, 미신적 종교 행위
의 속박, 양심의 속박에서 그리스도인들을 해방하고 "하나님의 자유" 그
리고 "그리스도인들의 자유"를 회복한 개혁이다.** 더 구체적으로는 인간의
자유 의지가 죄에 종속되었다는 것을 강조하면서, 그리스도의 십자가의
용서, 교환, 짊어짐, 승리를 통해 믿는 자들이 의와 자유를 회복하게 되었
다고 주장한 개혁이다. 그리고 이렇게 회복된 자가 과연 "자유하게" 살아
갈 수 있는가라는 문제에 대해, 루터는 자유됨의 열매로 다시 사랑의 노
예가 되는 것, 하나님을 즐겨 순종하는 것을 더 강조하고 있는 반면, 칼뱅
은 루터의 이러한 사상을 잘 계승하면서도 성화와 가치 중립적인 자유까
지 함께 포괄하면서 하나님의 형상의 보편성과 일반 은총의 보편적 가치
를 함께 강조하는 폭넓은 자유 사상을 보여준다. 루터와 칼뱅의 자유 사
상은 기독교의 자유 사상이 자유 일반의 네 가지 요소를 어떻게 재해석하

고 심화시키고 있는지에 대해 의미 있는 단서를 제공한다.

종교개혁은 어떤 점에서 자유를 회복한 개혁인가? 인간의 자유 의지가 죄에 종속되었다는 점을 강조함으로써 부각된 자유도 참 자유라고 할 수 있는가? 하나님의 모양과 형상을 구분함으로써 형상은 전혀 손상을 입지 않았다고 주장하는 가톨릭의 교리가 인간의 가치와 존엄을 더 높이고 인간의 자유함을 더 높이는 것은 아닌가? 종교개혁가들이 주장하는 "철저하게 주어진 수동적인 자유"도 자유라고 할 수 있는가? 이 굴종적·수동적 자유론은 운명주의, 권위에의 굴종, 사회와의 단절을 가져온, 인간이기를 포기한 비겁한 사상은 아닌가? 그리스도의 의와 자유를 얻는 데 있어서 믿음을 지나치게 강조함으로써 자유가 마땅히 가져야 할 "행동으로서의 자유함", "존엄과 책임으로서의 자유함"을 상실한 것은 아닌가? 인간 보편의 자유보다는 하나님과의 배타적 관계를 더 중시함으로써 세상의 어려움과 고난을 외면하거나, 비그리스도인들의 자유를 말살하고 이민족을 식민지화하는 기독교 제국주의에 단초를 제공한 것은 아닌가? 오늘날 우리가 직면하고 있는 "참을 수 없는 기독교의 천박함"은 과연 종교개혁의 산물인가 아니면 종교개혁을 잘못 이해한 결과인가?

개신교가 걸어온 역사를 돌이켜보면, 인종주의, 제국주의, 사회적 무책임, 이원론적 배타주의 등은 결코 부인할 수 없는 종교개혁의 부정적인 결과라 할 수 있다. 우리는 이런 문제에 대해 진정으로 겸허하게, 심각하고 치열하게, 우리의 신학과 신앙을 돌아보아야 한다. 동시에 루터와 칼뱅의 사상을 올바로 이해하지 못했기 때문에 이런 문제가 발생했을 수 있다는 가능성도 염두에 두어야 한다. 그리고 종교개혁의 가치만을 우상화하기보다는 그 한계에 대해서도 적절하게 지적하고, 교회가 늘 개혁되어야 한다는 종교개혁의 슬로건을 따라 우리 자신의 신앙과 교회를 끊임없이 새롭게 해야 한다. 이런 문제들에 대해 열린 마음으로 다음과 같이 몇 가지 점을 언급하면서 개신교의 자유 사상을 정리하고자 한다.

첫째, 하나님과 인간은 경쟁하는 관계가 아니다.[77] 종교개혁은 "행위 의"(work righteousness)를 인정하는 가톨릭 사상에 반대하여, 믿는 자들이 자신들의 행위로는 하나님의 의에 이르지 못한다는 것을 강조함으로써 마치 인간이 철저하게 악하고 무능해야 하나님의 선하심과 사랑이 더 드러날 수 있다는 듯한 잘못된 인상을 남겼다. 사실 오늘날 많은 그리스도인들은 죄를 강조할수록 하나님의 은총이 부각된다고 믿는다. 물론 인간의 죄와 한계를 하나님의 사랑과 병렬시키는 성경 구절도 많다. 그러나 욥기 40:8에서 하나님은 "스스로 의롭다 하려 하여 나를 불의하다 하느냐?"고 반문하신다. 바울도 로마서 3장에서 인간의 죄가 하나님의 진리를 더 드러낸다면 하나님의 선이 더 드러나게 하기 위해 죄를 짓자고 할 수도 있지 않느냐고 반문한다(롬 3:7-8). 즉 인간이 의로울수록 하나님이 덜 의롭게 되거나, 반대로 인간이 더 악하면 하나님이 더 선하게 되는 경쟁 구도가 아니냐는 질문이다. **그러나 피조물의 약함과 악함으로 인해 창조주인 신의 강함과 선함이 더 드러난다면, 그런 신은 인간에게 종속된 자유하지 못한 신이다.** 우리는 역설적으로 "우리의 생각과 행동 속에 갇힌 하나님의 모습"을 해방시켜야 한다.

종교개혁은 하나님과 인간을 경쟁 구도로 보지 않고, 중세 서방의 기독교가 믿고 실행해온 "행위를 통한 의"에 인간이 도저히 이를 수 없고, 또한 이르기 위해 노력하는 일체의 일들로 인해 인간의 양심이 견딜 수 없는 노예 상태에 있다는 것, 그리고 이 노예들에게 참 해방을 줄 수 있는 자는 삶과 죽음과 부활로 우리의 죄와 한계를 나누고 짊어지고 새롭게 하신 그리스도뿐이라는 것을 고백한 사건이다. 또한 종교개혁은 바로 이

---

77 Kathryn Tanner, *Jesus, Humanity and the Trinity* (Minneapolis: Fortress Press, 2001), 8.

런 자유됨, 주어진 의의 배경이 하나님의 말로 표현할 수 없는 은총과 사랑이라는 것을 올바로 발견하고 나누며 살아가야 한다는 "능동적" 감사의 개혁이다. 인간이 스스로 의를 실행하거나 미신적인 행위로 하나님의 일에 일정한 공로를 쌓아 구원을 이루는 데 동참하려는 자기 의에서 벗어나, 하나님 앞에 우리 자신들의 무익함과 한계와 죄와 죽음을 고백하고 하나님의 도우심을 믿고 바라며 그 은총 속에서 살아가고자 하는 우리 자신에 대한 깊은 발견이고 고백이며, 동시에 이러한 우리를 그리스도의 죽음과 부활로 다시 살리시는 하나님에 대한 발견이자 고백이다. 따라서 우리는 중세의 사상 속에서 하나님과 인간이 서로 협력하거나 경쟁하는 구도를 발견하고, 종교개혁의 사상과 신앙 속에서 하나님의 일과 인간의 일의 차원이 서로 다르면서도 하나님과 인간이 인격적인 관계 속에 있다는 심오한 사상을 발견한다.

하나님과 인간은 인격적인 관계를 맺고 있지만, 인과관계 속에 있는 것은 아니다. 인간의 본성, 즉 하나님의 형상으로서의 자유, 그리스도에 의한 자유, 성화로서의 자유, 가치 중립적인 것들을 누릴 자유, 창조적 행위와 기술의 자유 등이 모두 하나님의 은총과 섭리 속에 있다는 점에서 하나님과 인간은 인격적인 관계에 있다.[78] 이 모든 자유의 여러 측면은 하나님으로부터 받은 주어진 자유됨이지만, 거짓된 자유, 의롭지 못한 자유, 품격을 상실한 자유와는 질적으로 다르다. 이 자유는 피조물의 한계를 인식하고 겸허하게 하나님을 바라봄으로써 절대 자유자인 하나님이 인간으로 찾아오시어 자신을 내어주신 그 은총과 사랑에 감사하는 인격적인 자유다.

또한 이 자유는 자유됨으로부터 자유함으로 나아가는 자유라는 면에

---

78 *Institutes* 2.14.6.

서 인과관계를 넘어선다. 우리는 하나님의 품속에서, 은총이라는 울타리 안에서 자유함을 누린다. 인간의 자유함이 넘쳐날수록 하나님의 공간이 축소되고 은총이 약화되는 그런 관계가 아니라, 인간의 자유함이 하나님의 형상을 더 드러내고, 그리스도의 의와 자유가 우리의 일상 속에 펼쳐지며, 모든 인간이 하나님의 은총을 누리는 그런 관계인 것이다. 이런 점에서 칼뱅의 자유론, 하나님의 형상 이해, 일반 은총론은 깊은 의미를 가진다. 칼뱅은 우리 일상의 삶 속에서 하나님이 점점 더 드러나는 성화의 삶을 사는 것을 "자유"라고 정의했고, 이 자유는 오로지 주어진 자유, 그리스도의 자유, 칭의의 자유를 근거로 하고 있어서 자유의 첫 부분인 칭의와 구분되면서도 결코 분리되지 않는다. 즉 자유됨을 근거로 한 자유함이지만, 자유함이 없다면 자유됨도 없다. 또한 먹고, 입고, 즐기고 기뻐하는 가치 중립적인 일상의 삶에도 자유함이 있다. **자유의 세 부분 모두 하나님으로부터 왔고 하나님의 것이지만, 그것이 우리의 자유함을 축소하지 않는다.** 하나님의 은총 속에서 우리의 자유함이 더 깊어질수록 하나님과의 인격적인 관계가 더 깊어지기 때문이다.

그리스도인은 이 은총의 자유함 속에서 세상과 자유한 관계를 누린다. 모든 인간에게서 하나님의 형상을 발견하고 약한 자, 죄인들, 가난한 자들을 섬기며 사랑하는 자유를 누릴 때, 하나님께서 허락하신 인간의 가치와 존엄과 창조성을 발견한다. 우리가 삶의 모든 영역에서 자유함과 창조성을 발휘할수록 모든 인간을 향한 하나님의 은총이 더욱 깊어진다. 세상을 향한 하나님의 사랑과 우리의 자유는 경쟁하지 않는다. 오히려 우리의 이러한 자유함조차 바로 하나님의 사랑이 되는 것이다.

둘째, 자유와 관련하여 하나님과 인간의 신비스러운 관계를 올바로 깨닫지 못하면 우리는 두 가지 심각한 오류에 빠질 수 있다. 우선 자유됨만을 강조하는 근본주의적 오류를 경계해야 한다. 오직 그리스도, 오직 믿음을 강조하면서 자유됨만을 자유로 생각하게 되면, 참 자유함을 누리지 못하게 된다. 물론 자유됨을 근거로 한 자유함은 절제와 순종과 관계와 희생과 섬김과 짊어짐이라는 일정한 틀을 가지고 있다. 또한 자유를 스스로 절제할 수 있는 자가 진정으로 자유를 누릴 수 있다. 이 틀은 하나님과의 인격적인 관계를 파괴하는 숙명주의, 하나님의 일반 은총을 부정하는 경직되고 좁은 구원관, 세상을 혐오하는 이원론과는 근본적으로 다르다. 그 속에는 참 자유함의 역동성과 창조성이 있기 때문이다. 모든 인간을 향한 섬김과 사랑은 하나님의 형상을 받은 자들이 자유를 누리는 것이며, 하나님을 전 인격적으로 사랑하고 이웃을 내 자신처럼 사랑하는 것은 성화의 자유를 누리는 것이고, 더 나아가 우리가 기술과 철학과 예술과 문화를 창조적으로 이끌어가는 것은 바로 하나님의 은총을 누리는 것이다. 기독교의 자유는 이렇듯 강렬한 역동성을 가지고 있다. 이런 자유함이 없는 자유됨은 운명론, 사회적 책임의 결여, 기독교 제국주의의 반복과 같은 문제를 낳는다.

반대로 자유됨의 깊은 의미를 망각하고 자유함만을 강조하게 되면 종교 윤리주의, 다원주의, 세속화와 같은 문제에 부딪히게 된다. 우리가 누리는 자유는 하나님의 은총이라는 거대한 품 안에서 이루어지는 일이다. 인간은 죄, 죽음, 고난이라는 한계 속에서 살아가고 있으며, 하나님은 이 본질적 인간 한계의 속박으로부터 우리를 해방시킨다. 우리는 이 자유됨 속에서 자유함을 누린다. 우리가 이루어내는 일체의 변혁, 화해, 평화, 성취는 사실 하나님께서 우리 안에서 일하시는 것이다(빌 2:13). 창조적 인류 문화는 하나님의 은총 속에 있고, 성화는 하나님의 의를 표현하는 것이기 때문이다. 만약 자유함의 뿌리, 즉 자유됨을 잊어버리고 자유함만을 누리고자 하면, 기독교의 참모습과 복음의 본질이 훼손될 것이고 행위를 통한 구원을 인정하던 중세 교회로 회귀하는 모습이 될 것이다. **그리스도**

인의 자유는 우리 자신에게 속한 것이 아니라 하나님으로부터 온 "선물"이다. 우리의 자유가 깊어질수록 하나님의 은총도 깊어진다. 하나님과 인간의 존재론적 차이를 겸허히 인정하면서도, 하나님과의 인격적인 관계, 세상 속에서 그리스도인으로서의 자유를 역동적으로 누리는 방향으로 개혁이 계속되어야 한다.

하나님과 인간은 서로 경쟁하는 인과관계 속에 있지 않다.
1. 자유됨: 죄, 죽음, 고난, 한계로부터 인간을 해방시키는 하나님의 은총은 인간의 선함과 악함에 의해 축소되거나 강화되지 않는다.
2. 자유함: 인간은 주어진 자유됨에 감사하고, 하나님의 의와 사랑에 참여하며, 세상의 아름다움과 선함을 즐거워하는 자유함을 누린다.
3. 자유함은 자유됨을 뿌리로 삼아 열린 열매이기 때문에, 인간이 자유함을 누릴수록 하나님의 은총은 깊어진다. 하나님의 사랑은 인간의 자유를 포용하며 온전하게 한다.

셋째, 인간의 자유함이 늘 불완전하듯이 종교개혁도 결코 완성된 개혁이 아니다. 그 어떤 개혁도 완전한 개혁이 될 수 없다. 개신교는 (1) 교회, (2) 세상, (3) 하나님에 관해서 각각 한계를 드러냈고 여전히 그 한계 속에 있다. 종교개혁 당시 가톨릭교회의 교리에 가장 정통했던 사돌레토 추기경은 제네바에 있는 개혁교회에 서신을 보내면서 가톨릭교회로부터 분리해 나가기를 원하는 종교개혁 운동에 염려를 표하기도 했다. 당시 가톨릭교회의 시각에서 보면 종교개혁은 교회의 보편성을 파괴하는 심각한 분리주의에 속한 흐름이었다. 종교개혁은 교회의 타락, 교회 권력의 정치적인 계급 구조에 대한 개혁이었지만, 교리와 신학을 달리하는 사람들이 얼마든지 기존의 교회를 떠날 수도 있다는 선례를 남기기도 했다. 결과적으로 하나님과 믿는 자들 사이에서 교회가 중재적인 역할을 하던 시기에서 각 개인이 그리스도와 맺는 관계가 더 중요한 척도가 된 시기로 접어들게 된 것이다.

그러나 교회주의로부터 교리주의로의 전환은 끝없는 분화를 낳았다. 오늘날 로마 가톨릭교회와 동방 정교회는 비교적 교회 일치를 이루고 있지만, 개신교는 다양한 종파로 구성되어 있다. 아마도 종교개혁의 출발이 그런 배경을 형성한 것으로 보인다. 교회가 그리스도 안에서 하나 된다는 교회 일치는 현대 교회가 당면한 가장 중요한 문제 중 하나이고, 적어도 표면적으로는 이에 대해 개신교가 가장 치명적인 한계를 가지고 있는 듯이 보인다. 종교개혁은 그리스도를 통한 진정한 자유를 회복했다. 하지만 교리적 화해, 교회의 하나됨을 위해 각 개인과 각 교회의 신앙적 자유조차 일정 부분 절제하고 서로 포용할 수 있는 진정한 자유를 아직 이루지 못했다는 점에서 보면 불완전한 개혁이라고 볼 수 있다.

또 다른 한계는 교회와 세상의 관계다. 칼뱅의 사상 속에는 하나님의 형상, 가치 중립적인 것에 관한 자유, 일반 은총 사상 등이 포함되어 있어 교회와 세상의 관계가 다층적이고 풍요롭게 그려지지만, 가톨릭의 시각으로 보면 종교개혁이란 그리스도와 세상의 이원론적 구조 속에서 그리스도만을 선택함으로 인해 세상과의 관계가 오히려 축소되거나 제거되어버린 듯이 보이는 결과물에 가깝다. 더군다나 하나님의 형상이 죄로 인해 심각하게 훼손되었다고 믿는 개신교의 인간 이해는 교회 밖의 세상에 대해 부정적인 세계관을 만들어냈다. 오늘날 개신교 주류 교회를 중심으로 형성되고 있는 창조 중심적인 이해는 결코 우연이 아니다. 비록 창조 중심적인 세계관은 그리스도를 통한 하나님의 구원과 희생을 약화시키는 문제가 있긴 하지만, 교회와 하나님의 관계, 믿는 자들과 하나님의 관계라는 폐쇄적인 구원론 중심적인 틀 속에 갇혀 있는 것이 아니라, 세상과 하나님의 관계, 비신자와 하나님의 관계라는 창조 중심적인 틀과 공존할 수 있는 "포용과 상호작용의 공간"을 요구한다는 점에서 그 가치를 평가해야 한다.

나를 통해 세계를 보는 것에서 탈피해 세계를 통해 교회를 이해하고 우리 자신을 반성적으로 돌아보는 패러다임의 전환이 필요하다. 물론 세상과 인간의 악, 부패, 타락, 욕망, 경쟁, 이기심에 맞서 기독교적 자유됨과 자유함으로 세상을 변혁하고 하나님께로 인도하는 것이 우선되어야 한다. 그러나 세상의 일반적인 윤리와 상식보다 더 낮은 수준에 머물러 있는 교회의 윤리관이 세상의 걱정거리가 되어버린 현실을 생각해보면, 세계를 우리의 수단이나 객체로 보는 것이 아니라 세계의 자유함과 그 자유함으로 인해 이루어지는 다양한 아름다움을 세상 속에서 발견하고, 세계의 변화와 창조, 역동성, 관계, 나눔을 통해 우리를 다시 새롭게 볼 수 있는, 즉 타자로부터 나로 향하는 시각의 전환이 절실하다. 세상은 교회의 부속물이 아니라 하나님이 그토록 사랑하셨던 하나님의 창조의 세계 속에 있는 것이다.

세상과 종교개혁의 관계에 대한 또 하나의 중요한 신학적 반성은, 하나님 나라에 대한 깊은 성찰, 가난한 자와 약자와 함께하신 그리스도의 삶에 대한 깊은 통찰이 종교개혁의 주된 방향이 되지 못했다는 점이다. 물론 칼뱅은 제네바에서 기독교 사회를 꿈꾸었고, 하수 시스템, 난민, 가난한 자들, 가족, 의료, 교육 등의 공공 영역에 깊이 개입하였다.[79] 그러나 예수의 삶이 "포로 된 자와 눌린 자에게 자유를 주기 위한 것"(눅 4:18)이

---

79 Richard Mouw, "Calvin's Legacy for Public Theology," *Political Theology* 10/3 (2009), 437.

었다는 복음서의 선포를 신학과 신앙의 핵심적인 사상으로 삼지 못했다. 뿐만 아니라 몸과 영을 나누고 영적 세계를 더 중시했던 서구의 이원론의 영향을 받아 "하나님 나라가 가난한 자들에게 속했다는 것"(눅 6:20)과 가난하고 학대받는 자들과 우리의 관계가 영생과 영별을 결정하는 중요한 요소라는 것(마 25:31-46)을 이해함에 있어서 육적 실체보다는 주로 영적인 실체로 말씀을 이해하는 한계를 드러냈다. 이런 이원론은 19세기까지 서구 기독교가 보여온 가장 치명적인 한계이기도 하다. 그리스도의 자유는 영적 자유뿐만 아니라 이 땅에 깊이 뿌리를 둔 정치·사회적 자유도 포함한다. 그리고 이 문제는 서구 기독교가 타 민족과 문화를 말살하고 인종을 차별하며 여성을 학대해온 것에 대한 깊은 반성으로 생겨난 해방신학과 여성신학에서 비로소 깊이 있게 다루어지게 되었다.

마지막으로, 개신교는 가톨릭 교회를 교회의 속박이라고 해석하면서 그 속박에서 벗어나 그리스도와 인격적 관계를 맺을 것을 강조하는데, 그것이 지나칠 경우 마치 우리 자신이 하나님을 배타적으로 소유하고 있는 듯한 착각 속에 빠지기 쉽다. 우리는 그리스도에게 속했지만, 그리스도는 우리에게 속한 것이 아니다. 우리는 하나님의 자유, 하나님의 신비에 대한 공간을 겸허히 인정하고 우리의 한계를 고백할 수 있어야 한다. 뿐만 아니라 우리와 관계하는 타자도 우리와의 관계 속에만 있는 것이 아니라 하나님과의 관계 속에도 있다는 것을 인정해야 한다. 때로는 이러한 신비를 허용하는 것이 복수주의, 다양성으로 인한 모호함, 신앙의 약화 등으로 보일 수도 있지만, 실제로는 하나님의 창조, 구원, 섭리가 하나님께 속했다는 개혁교회의 겸허한 신앙고백이기도 하다. 모든 것이 하나님과 우리 사이에서 배타적으로 명확해져야 우리의 자유가 보장되는 것이 아니라, 오히려 **하나님의 공간과 자유, 하나님의 신비한 성육신과 부활, 총체적이고 복합적인 하나님 나라** 등이 우리의 사색과 믿음과 삶의 자유함을 넘어서는 신비라는 것을 겸허히 인정할 때 진정한 자유함이 찾아온다. 하나님의 신비는 너무 깊어서 우리의 지성이 다 받아들이거나 파악하기조차 어려울 때가 있는데, 우리는 이로 인해 깊은 근심에 빠지기도 한다. 그러나 이런 근심은 다른 한편으로는 하나님을 우리의 지성의 틀에 가두려는 "소유욕"을 배경으로 한다. 이 소유욕을 내려놓을 때, 그리고 하나님의 포용 속에 살아가는 인간의 한계와 하나님의 공간을 겸허히 인정하고 고백할 때, 우리는 또 다른 차원의 자유를 누릴 수 있다.

로마가 기독교를 국교로 선포하자 교회는 급속히 타락하게 되었다. 이를 염려하고 극복하기 위해 재산을 정리하고 사막의 좁은 움막에 거하면서 명상을 통해 하나님을 만나고 초기 교회의 종교적 순수함을 회복하려던 사람들도 있었다. 이들은 이후 수도원 운동과 중세 신비주의의 시초가 된다. 그런데 개신교는 신비를 상실한 종교다. 개신교 신학은 그리스 철학과 계몽주의의 영향을 받아 지성의 정교함과 적합성의 노예가 되어버렸고, 개신교 신앙의 목적과 선교·복음의 사명이 하나님의 신비의 자리를 흡수해버렸다. "하나님을 위해서 내가 무엇을 해야 하는가"라는, 즉 나와 하나님의 배타적인 관계에 대한 생각과 행동이 우리를 지배하게 되었고, 성화와 자유함과 심지어 회개조차도 우리가 이루어내야 하는 "투쟁적이고 능동적 행위"로 이해되었다. 예배에는 우리의 소리가 꼭 차 있어서 하나님의 자리, 하나님의 공간이 쉽게 존재할 수 없으며, 교회 공동체에 속한 지체들 사이에서도 허허로움이 가능한 거리 두기와 포용의 공간이 자리하기 어렵다.

주어진 자유됨과 참여하는 자유함 외에도 탄식, 참회, 침묵, 비움, 가난함, 내려놓음, 안식을 통해 우리가 다 알 수 없는 하나님의 신비와 포용의 공간과 "하나님의 자리" 속에 우리 자신을 던져놓고 맡겨놓는 "공간과 거리 두기의 자유, 비움의 자유, 안식으로서의 자유"가 절실하다. 이러한 자유가 개신교 신학과 신앙 속에 또 다른 차원의 자유와 평화를 가져올 수 있다. 불교의 무아 사상과 공, 도교의 무위 사상과 좌망(坐忘)은 지나친 수동성과 물질계, 즉 인간의 실존과 육의 가치를 약화시키는 이원론적 위험으로 인해 비판받을 요소가 많긴 하지만, 최소한 그 방법론에 있어서는 "나에 대한 집착으로부터 벗어나 하나님의 은총과 자유의 깊고도 깊은 신비의 세계"로 이끄는 또 하나의 길을 적절하게 표현하고 있다. 진정으로 하나님이 우리의 신앙과 삶의 주인이라면, 우리가 다 파악할 수도 없고 감당할 수도 없는 하나님의 자유와 은총에 우리 자신을 겸허히 내려놓고, 잠잠히 침묵하면서 하나님을 기다리는 "하나님의 자리로부터 흘러나오는 자유함"이 우리 삶의 한 자락을 이룰 수도 있을 것이다. 하나님의 자유가 수많은 투쟁과 긴장과 분열 속에 살아가는 우리에게 화해와 평화의 자유를 가져오기를 소망한다.

5

자유 일반과 기독교 자유 사상의 고유함

기독교의 자유는 하나님으로부터, 하나님과 함께, 하나님께로 나아가는 삼위 하나님과의 자유다. 이것은 굴종적 자유됨이 아니라 인격적이고 살아 계신 하나님이 인간과 관계하는 신비의 모습이다. 하나님은 하나님의 창조, 존엄, 사랑, 희생의 자유가 인간의 자유 속에 반영되기를 간절히 원하신다. 그러므로 기독교의 자유는 하나님과의 깊은 관계 속에서 비로소 올바로 이해될 수 있다.

기독교 신앙의 핵심은 고유한 하나님을 올바로 이해하는 것이다. 기독교의 자유 사상은 고유한 하나님과의 연관성 속에서 그 고유한 특징이 드러난다. 앞서 살펴본 대로 기독교의 자유 사상은 (1) 개인의 자유, (2) 개인과 사회, 타자와의 관계로서의 자유, (3) 초월적·비인격적 속성(정의, 존엄, 진실)으로서의 자유, (4) 종교적 자유라는 자유의 네 가지 얼굴과 연관 지을 때 그 독특성이 드러난다. 삼위일체 하나님은 자유의 네 얼굴과 깊이 연관되어 있다.

먼저 하나님 형상 사상은 자유의 흔들리지 않는 그릇이 된다. 물론 하나님의 형상은 그 자체로 삼위일체적이다. 성부는 본질적 하나님 형상, 성자는 관계적 하나님 형상, 성령은 역동적·종말론적 하나님 형상을 주도한다. 그래도 자유의 첫 번째 얼굴인 개인의 자유의 그릇이자 본바탕은 창조주 하나님의 선물이다.

기독교의 하나님 형상 사상에 대해 특별히 칼뱅은 모든 인간이 하나님의 형상을 본질로 가지고 태어난다고 가르친다. 이로 인해 모든 인간은 절대로 침해될 수 없는 자유를 본질로 가진다. 이 본질적 그릇으로서의 자유는 죄와 악, 부조리와 모순에 의해 늘 침해당하고 위협받지만, 이것이 창조주 하나님의 창조의 뜻과 섭리와 실재라는 사실은 자유에 대한 우리의 이해를 심화시킨다. 물론 조화와 질서, 희생과 나눔과 섬김이라는 가치를 위해 자유를 절제해야 할 때도 있고, 사회 제도와 도덕이 본질적 자유를 제한할 수도 있지만, 모든 인간에게 주어진 자유라는 그 틀과 내용은 결코 훼손될 수 없다. 우리는 바로 이 자유로부터 인권의 보편성을 세우고 모든 차별을 극복할 기회의 균등을 모색할 수 있다.

이 자유는 세 가지 중요한 질문을 불러온다. 첫째, 하나님의 형상을 근거로 하는 자유는 신이 인간에게 부여한 자유이기 때문에 자유됨에 가까운 것은 아닌가? 기독교의 선포에 의하면 하나님의 형상은 신이 인간에게 부여한 것이고, 하나님의 창조성과 존엄을 바탕으로 한다. 그러나 이 자유에 "주어짐이라는 특징"이 있다고 하더라도, 인간의 자유를 제한하거나 혹은 인간에게 신의 속성을 모방하도록 강요함으로써 인간의 자유를 침해하는 것은 아니다.

왜냐하면 "주어짐"이라는 특징에도 불구하고 창조주의 자유와 창조성을 반영하는 "자유의 내용"을 인류에게 선포하고 있기 때문이다. 자유라는 본질적 그릇이 그 어떤 내용도 담고 있지 않은 자유 그 자체일 수 있는가? 만약 어떤 신적 존재를 가정하지 않고 인간 스스로가 자유의 창조자라고 할 경우, 과연 인간의 본질과 생의 현상을 분석함으로써 "자유"라는 본질이 모든 인간에게 보편적으로 주어졌다는 것을 발견할 수 있을까?

왜 나는 아직도 그리스도인인가?

우리는 이런 질문에 쉽게 대답할 수 없다. 사람마다 처한 환경이 다르기 때문에 자유를 인간의 보편적 본질로서 도출해내거나 자유의 내용을 일반화하기가 쉽지 않다. **이런 점에서 하나님의 형상이 자유의 근거가 된다는 기독교 사상은 인류를 향한, 그리고 인류를 위한 선포이자 선물과 같다.**

둘째, 기독교의 자유가 자유의 내용을 가진 선언적 의미에 가깝다면, 신에 의해 인간에게 자유가 "주어졌다는 것"을 어떻게 이해해야 하는가? 이것은 결국 자유됨이 아닌가? 하나님은 하나님의 형상을 인간에게 선물로 주셨고, 피조물인 인간에게 자연을 다스리고 섬길 자유와 동시에 선악과를 먹지 말아야 할 금지 조항도 언약으로 주셨다. 하나님의 형상을 어떻게 잘 사용해야 하는지를 놓고 인간은 자유자이신 하나님과 일정한 언약 관계 속에 놓이게 된 것이다(호 6:7). 그런데 권면과 금지가 주어졌다고 해서 자유가 직접적으로 제한된 것은 아니다. 오히려 그 자유로 인해 인간은 창조주의 금지 명령을 어기면서까지 자유를 행사하게 된다. 창조주와 피조물의 관계에서 창조주에 대한 순종이 전제되어 있긴 하지만, 그 전제로 인해 자유가 실질적으로 제한된 것으로 보이지는 않는다. 이것은 하나님의 형상으로서의 자유가 인간의 본성으로 주어졌다는 것이 가지는 특징 때문이다. 금지 조항이 주어졌다는 사실 그 자체는 인간이 신의 금지조항을 어길 수도 있는 강렬한 자유를 가지고 있다는 것을 반증한다. 만약 인간의 자유가 양심이나 율법이나 국가에 종속되어 있다가 해방되는 것이라면 그것은 주어진 자유다. 그러나 자유가 인간의 본성으로서 창조 속에 포함된 주어짐이라면 그것은 "속박으로부터 자유되는 주어짐"이라기보다는 "인간을 규정하고 이해하는 인간의 본질적인 속성"이라고 보는 것이 타당하다.

셋째, 모든 인간에게 주어진 자유는 결국 개인적인 자유이고, 따라서 개인 간의 갈등의 근거가 되는 것은 아닌가? 물론 모든 인간이 자유를 소유한다면 개인과 개인의 자유가 충돌할 수 있다. 각 개인과 사회, 국가는 스스로를 다스려나갈 자유와 책임을 가지고 있는데, 이 자유를 각 개인과 국가가 서로 조화시킬 수 없을 때 자유가 분쟁, 차별, 전쟁의 근원이 되기도 한다. 그런데 다른 한편으로 모든 인간에게 보편적으로 주어진 자유가 개인적인 자유만을 의미하는 것은 아니다. 자유의 보편성은 "나"뿐만 아니라 "타자"에게도 나의 자유와 동일한 자유가 본질로 주어졌다는 뜻이다. 타자와의 관계, 공존의 가능성, 사회의 조화로운 구성 등은 일체 "모든 인간에게, 따라서 타인"에게도 자유라는 본질적인 틀에서부터 출발한다. 바로 이것이 하나님의 형상의 보편성이 가진 신비이고, 칼뱅은 이 점에 깊이 주목하여 하나님의 형상을 인류를 향한 보편적 사랑의 근거로 삼았다. **하나님이 인간을 창조하셨을 때 모든 인간(남자와 여자)에게 하나님의 형상을 주신 것은, 인간이 자유를 모든 인간과 함께 조화롭게 사용해야 한다는 의미다.**

자유의 두 번째 얼굴, 즉 나와 타자, 사회와의 관계 속에의 자유는 첫 번째 자유와 긴밀히 연관되어 있다. 첫 번째 자유인 개인적인 자유가 인류에게 주어진 보편적인 자유를 근거로 한다면, 그것은 개인적인 본질을 넘어서 타자와 사회 구성원 모두에게 적용되는 본질이라 할 수 있다. 그렇다면 개인과 개인, 사회와 사회가 서로의 자유를 조화시키지 못하고 갈등과 충돌 속에 살아가는 이유는 무엇일까? 자유가 타자와의 관계 속에 들어가면 자유가 침해되는가? 타자와 조화 속에 살아갈 수 있도록 창조된 자유가 진정한 자유는 아닌가? 시편 104편은 자연과 동식물과 인간이 하나님의 영의 창조와 새롭게 하심으로 인해 조화 속에 살아가는 중에도 여전히 "죄와 악"이 함께하고 있다는 것을 지적한다.

한편으로 기독교는 "인간은 자유를 누리는 자유자다"라는 명제를 절대로 훼손해서는 안 된다. 인간의 자유를 침해하는 일체의 정치 체계, 사회 관습과 제도, 철학적 사색과 종교 교리는 인간에게 폭력적이다. 인간은 자유를 가져야만 하나님과 타자와 인격적인 관계를 갖고 사회를 형성하며 학문과 과학을 발전시키고 예술 활동을 하며 도덕적·종교적 활동을 할 수 있다. 인간이 선과 악의 싸움 속에 있다면, 선과 악 사이를 오갈 수 있는 이유도 바로 자유 때문이다.

다른 한편으로 인간은 혼동과 무질서, 방임과 무관심, 탄압과 폭력으로 인해 자유가 변질되어버린 세상 속에서 살아간다. 나의 자유가 타자와 조화를 이루지 못하는 것은 악의 포괄적 내용 중 하나다. 원죄를 원인적이라고 생각하든 설명적이라고 생각하든, 기독교는 인간의 자유가 원죄로 인해 심각하게 훼손되었고 그 결과로써 인간은 예외 없이 악의 지배 아래 살아간다고 믿는다. 여기에 자유에 대한 일반적 이해와 기독교적 이해의 본질적인 차이가 있다.

자유에 대한 일반적인 이해는 인간이 선과 악을 선택할 수 있는 상태 그 자체에 초점을 맞춘다. 그 자유함이 세상의 악과 선 사이를 오가며 인류 문명의 발전과 타락의 동력이 된다는 것을 의심하지 않는다. 그러나 기독교는 인간이 모든 영역에서 누리는 자유함을 하나님의 은총으로 이해한다. 하나님의 은총이기 때문에 그 자유를 사용할 때도 하나님과의 관계와 타자와의 관계성을 올바로 세우는 방향으로 사용해야 한다. 자유의 추상적인 속성(정의, 존엄, 진실)이 늘 고려되어야 하는 것이다. 즉 **자유의 두 번째 얼굴이 세 번째 얼굴과 깊이 연관된 이유는 자유가 하나님의 속성으로부터 온 하나님의 은총이기 때문이다.** 이것은 자유가 신으로부터 인간에게 "굴종적으로 주어졌다"는 것과는 차원이 다르다. 오히려 신의 정의와 존엄과 사랑이 인간을 더 온전한 자유의 길로 인도한다는 점에서 "선언적·구성적 자유 사상"인 것이다. 또한 창조세계의 아름다움으로 새롭게 되고 회복되기를 원하시는 하나님의 은총을 근거로 하는 "회복적 자유

사상"이기도 하다. 이 일에 세상을 창조하고 새롭게 하시는 하나님과 그 영이 숨결로 우리와 함께하신다(시 104:30). 그 일은 또한 땅에 있는 모든 것들과 하늘에 있는 모든 것들로 하여금 하나님과 화목케 하신 성자께서 하시는 일이기도 하다(골 1:20). 삼위일체 하나님께서 나와 타자의 관계에서도, 인간 사회에서도, 인간의 자유를 보다 더 온전한 자유가 되도록 인도하신다.

기독교는 자유가 특히 종교적·도덕적 온전함에 이르지 못하는 것에 민감하다. 인간의 타락, 분열, 폭력, 무관심은 인간이 자유를 잘못 사용하기 때문에 일어나는 일이다. 기독교적 용어로 표현하면 인간은 악의 지배 아래 살아가고 있다. 이 악의 지배로부터 해방되어야 비로소 타자와의 관계 및 하나님과의 관계가 회복될 수 있다. 예수께서 삶과 죽음과 부활로 우리를 악의 지배로부터 해방하셨고, 성령께서 그 일이 우리 안에 실질적으로 일어나도록 말할 수 없는 탄식(롬 8:26)과 부르짖음(갈 4:6)으로 중보하시면서 우리를 하나님께로 인도한다(엡 2:18). 따라서 이 해방의 자유는 철저하게 자유됨이다. 인류가 이 자유됨을 굴종이라고 생각할수록 이 자유됨은 더 깊은 가치를 가진다. 인간이 도저히 스스로 극복할 수 없는 인간의 절대 한계라는 점을 더 잘 드러내기 때문이다. **굴종이 문제가 아니다. 폭력과 분열이 문제다.** 예수께서 그 삶과 죽음과 부활로써 우리의 고통과 죄를 나누고 짊어지셨으며, 분열 속에 살아가는 인류를 하나의 새로운 인간으로 화해시키셨다(엡 2:14-15). 성령께서 그리스도의 이런 회복의 일을 우리 안에서 실질적으로 일어나도록 우리를 의롭게 하시고 거룩하게 하신다.

타자와의 관계에서 인간은 과연 자유한가? 그 자유가 참자유인가? 예수께서 진리가 너희를 자유하게 할 것이다(요 8:22)고 말씀하시자, 유대인들은 자신들은 아브라함의 후손으로 누구의 종도 되어본 적이 없는데 왜 자유케 되어야 하냐고 반문한다(요 8:33). 예수께서는 "죄를 범하는 자마다 죄의 종이다"고 답변하신다(요 8:34). 참으로 이상한 일이다. 그들은 자신들의 유대인 노예들에게도 7년이 되면 조건 없이 자유를 부여했고(출 21:2), 단순히 가난하다는 이유로 다른 유대인들을 종으로 삼을 수 없다는 전통 속에 살아왔지만(레 25:39), 아브라함의 후손은 이집트의 노예로 430년을 살았으며, 유대 민족이 바빌로니아의 포로로 70년을 살았고, 예수님 당시도 로마의 지배 아래 살고 있지 않았던가? 그럼에도 불구하고 자신들이 노예가 된 적이 없었다고 생각하는 것은 심각한 착각이 아닌가? 우리도 그들처럼 죄로부터 해방되어서 자유를 누리고 살고 있다고 착각하는 것은 아닌가? 일상의 자유로움이 우리가 죄와 고통의 노예라는 사실을 깨닫지 못하게 하는 것은 아닌가?

한편으로 인간은 모든 영역에서 자유함을 누리고, 점진적으로 문명을 발전시키며, 인권을 존중하고 참 자유를 추구하는 방향으로 나아가고 있다. 창조성, 사랑, 희생, 정의라는 삼위일체 하나님의 가치가 인류에게 주어진 축복과 은총으로 이 자유함을 인도한다. 다른 한편으로 인류는 죄와 고통 속에서 신음하고 있다. 살육에 살육을 거듭하는 전쟁을 그치지 않고 있으며, 탐욕에 물들어 타자를 죽이고 배척하며 차별하고 폭력을 가한다. 이 참을 수 없는 인간성의 파괴 앞에서 우리는 과연 "인간이 자유를 논할 자격조차 없는 것은 아닌가"를 고민할 수밖에 없다. "주여, 우리를 불쌍히 여기소서"라고 외치고 한탄하는 것이 우리가 할 수 있는 유일한 일이다. 이 절대 한계에서 우리를 해방할 수 있는 자는 신적 존재밖에 없다. **죄와 고통에 묶여서 노예처럼 살아가는 인간을 하나님의 사랑과 희생으로 자유케 하는 기독교의 해방과 자유의 복음이야말로 "자유의 가장 깊고 절박한 내용"이다.** 예수께서는 죄와 고통의 종이 된 인류를 그의 삶과 죽음과 부활로 해방하셨다.

그런데 이 자유됨이 인간에게 주어진 채 머무르고 마는 것이 아니다.

성령께서 우리 위와 안에 내주하면서 우리를 새로운 사람으로, 곧 진정한 자유인으로 거듭하게 하신다. 우리는 자유의 세 번째 얼굴인 초월적·비인 격적 속성(연민, 정의, 존엄, 진실)에 적극적으로 참여한다. 앞서 우리는 자유를 빼앗기면 자유뿐만 아니라 인간의 고귀한 가치인 연민, 나눔, 용서, 배려 등이 함께 사라지기 때문에, 자유는 정의롭고 진실되게 사용되어야 한다고 결론을 내렸다. 즉 우리는 그리스도로 인해 자유된 자이지만, 그 자유를 육체의 기회로만 삼을 것이 아니라 오직 사랑으로 서로 종노릇하기까지(갈 5:13) 진정으로 자유하는 자로 살아가야 한다. 그리스도인에게 자유함이란 그리스도와 점점 더 연합되는 삶, 그리스도가 우리 삶에 드러나는 삶을 사는 것이다. 예수께서 드러내신 "자발적이고 희생적인 사랑"이라는 가치가 인류를 참다운 자유로 인도한다. 타자를 위해 스스로를 제한할 수 있는 자유를 누리는 것이야말로 진정한 자유다.

그리스도를 살아간다는 것은 그리스도의 영이 우리 삶 속에서 그리스도를 드러내는 것이다. 사랑, 희락, 화평, 오래 참음, 자비, 양선, 충성, 온유, 절제의 성령 하나님(갈 5:22)을 좇아 살아가는 삶(갈 5:16)이야말로 참자유를 이루는 길이다. 이런 성령의 열매들은 "즐겨 하나님께 순종하는 자유"를 배경으로 하고 있으며, 결국에는 타자와 더불어 살아갈 수 있는 회복과 화해의 열매를 맺는다. 또한 성령은 사랑의 영이다. 성령의 은사 가운데 가장 좋은 것은 사랑이다(고전 12:31). 우리가 서로 사랑하면 하나님이 우리 안에 거하시는데(요일 4:12), 이것을 알게 하시는 이는 성령 하나님이다(요일 3:24; 4:13). 우리의 자유를 스스로 절제하면서 타자와 깊은 사랑의 연대 속으로 들어가는 것이야말로 참 자유, 의로운 자유, 진실된 자유를 누리는 길이다. 삼위일체 하나님께서 자유의 첫 번째 얼굴(본질)을 모든 인간에게 주셨고, 자유의 두 번째(개인과 사회)와 세 번째(추상적 가치) 얼굴을 우리 안에서 이루시며 그 자유를 새롭게 하신다.

우리가 하나님의 부르심에 응답하고 희생과 동행에 참여하며 은총에 감사하는 일은 적극적이고 능동적으로 자유함에 이르는 길이자 성령을 좇아서 사는 길이기 때문에, 이 또한 하나님의 은총이라 할 수 있다. 칼뱅은 이것을 이중 은총이라고 불렀다. 구분하자면 자유됨의 칭의는 성자께서, 자유함의 성화는 성령께서 우리에게 주시는 은총이다.

마지막으로 종교적 자유란 무엇인가? 지금까지 자유됨과 자유함, 그리고 거리 두기/내려놓음이라는 세 개의 범주로 자유를 다루었는데, 이제 은총이라는 종교적 범주가 등장했다. 이것은 하나님이 자유의 본질을 모든 인간에게 주시고 죄와 악으로부터 해방시키시며 성령으로 참자유를 누리게 하신다는 점에서 삼위 하나님의 은총이다. 그리고 이 은총은 자유함과 자유됨, 내려놓음의 범주를 모두 포함하는 "포용의 자유"다. 그러니까 하나님은 (1) 인격적인 하나님이어서 인간과 살아 있는 관계를 이루시며, 동시에 (2) 인간과 수평적 경쟁의 관계를 넘어서는 창조주, 구속자, 위로자 하나님이기 때문에, "인간이 얼마나 자유할 것인가?" 혹은 "신으로부터 주어진 자유 속에서 순종하며 살아갈 수밖에 없는 자유된 자에 불과할 것인가?" 혹은 "인간과 사회 심지어 교회마저도 외면한 고난받는 자들을 누가 해방할 것인가?"라는 질문을 모두 포용하는 하나님이다. 인간은 이 포용의 하나님 안에서 자유됨과 자유함, 안식의 자유를 누린다.

하나님은 자유의 하나님이다. 그분은 "존재하는 존재자, 스스로 이루어가는 자"(출 3:14)이면서도, 피조세계를 자신의 대상으로 창조하면서 자신의 자유 속에 타자를 위한 자리를 만들고 그들과 살아 있는 인격적인 관계를 맺을 정도로 **파격적인 자유자다.** 인간은 이 자유의 하나님의 공간에서 하나님을 만나고, 특별히 그리스도를 믿고 고백하는 자들은 하나님과 인격적인 만남을 가진다. 하나님의 공간에서 우리는 지적 무지를 한탄하기도 하고, 자신의 고난에 대해 하나님께 울부짖기도 하며, 하나님의 신비 앞에 침묵하기도 한다. 신의 자유의 극히 일부라도 우리가 감히 설명하거나 예측하거나 이해할 수 있겠는가!

우리는 인간의 언어뿐만 아니라 삶으로도 다 담을 수 없는 하나님의 자유에 대해 깊이 생각할 수 있어야 한다. 교회를 자신의 피로 사신 하나님께서 그 몸 된 교회를 특별히 사랑하시고 또한 세상과 모든 사람들을 깊이 사랑하신다는 것을 곰곰이 헤아리며, 자유에 대한 우리의 집착을 내려놓아야 한다. 하나님의 자유가 주의 백성들을 자유케 하며 모든 인류 가운데 자유를 빼앗긴 자들과 억압과 폭력의 덫에 갇혀 노예처럼 살아가는 자들 모두를 깊이깊이 사랑하셔서 그들을 자유케 하신다는 것이야말로 기독교 하나님의 가장 고유하고 심오한 자유다.

주리고 목마르며 나그네 된 자들, 헐벗고 병들고 옥에 갇힌 자들을 자매와 형제로 삼는 하나님께서(막 25:35-36, 40), 포로 된 자에게 자유를 주시고, 눈먼 자를 다시 보게 하시고, 눌린 자를 자유하게 하신다(눅 4:18). 하나님은 고난받는 자들을 두팔로 안고 자유케 하시는 포용의 자유자다. 그 하나님을 믿고 따르는 자들도 자유된 자, 자유하는 자, 안식하는 자유자로서 하나님과 관계하고, 나와 타자와 사회와 자연을 섬기고 돌보며, 특별히 고난 받는 자들과 동행하면서 살아간다.

기독교의 자유 사상은 다음과 같은 점에서 심오하다.
1. 삼위일체 하나님의 자유: 성부께서 인간을 창조할 때 모든 인간에게 자유라는 그릇을 본성으로 주셨고, 성자께서 그 희생과 동행으로 죄와 죽음에 갇힌 인간을 해방하셨으며, 성령께서 우리 안에서 일하시면서 우리가 자유하는 자로 살아가도록 이끄신다. 삼위 하나님은 자유의 하나님이다. 이 삼위 하나님의 자유로 인해 우리는 하나님으로부터, 하나님과 함께, 하나

님께로 나아가는 자유를 누린다.

2. 은총으로서 자유: 기독교의 자유는 삼위 하나님이 인간에게 은총으로 주신 것인데, 이 은총은 하나님이 일방적으로 주신 선물이다. 인간은 이를 통해 하나님과 인격적인 관계를 가지고, 타자·사회·세계·자연과도 살아 있고 역동적인 관계를 가지기 때문에 이 은총은 인간 자유의 근원이 된다.

2.1. 보편적 자유: 모든 사람은 하나님의 형상이라는 보편적 자유라는 틀을 가지고 있고, 하나님은 모든 인간과 일반 은총으로 관계하신다. 하나님은 보편적 자유자다.

2.2. 절박한 자유, 파격적 자유-자유됨: 인간은 죄와 죽음, 가난과 고통의 속박 속에서 살아가고 있는데, 이 속박으로부터 해방되는 "절박한 자유"는 오로지 그리스도의 삶과 죽음과 부활, 성령의 새롭게 하심을 통해 주어진다. 하나님은 파격적 자유자다.

2.3. 존엄한 자유-자유함: 자유의 추상적 속성이 온전하게 이루어질 수 있는 까닭은, 인간이 죄와 한계 속에 살아감에도 불구하고 하나님으로부터 파격적인 자유를 은총의 선물로 받았고, 따라서 인간의 자유가 그 하나님을 반영해야 한다는 구성적 가치 때문이다. 우리로 하여금 타자의 자유까지 고려할 수 있는 존엄한 자유로 나아가게 하는 하나님은 존엄한 자유자다.

3. 포용으로서 자유-내려놓음: 모든 인간은 절대 자유자이신 하나님과 인격적인 관계를 가지는 은총을 누린다. 특별히 고난받는 자들을 자신에게로 인도하고 품으시는 하나님은 포용의 자유자다.

자유의 네 얼굴은 각기 다른 특징을 갖고 있기 때문에 철학적 사유로는 네 얼굴을 서로 조화시키기거나 포용하기가 어렵다. 기독교의 자유 사상은 "삼위 하나님의 자유"를 반영하기 때문에 자유의 네 얼굴을 조화롭게 포용하고 새로운 차원의 자유를 인류에게 제시할 수 있다.

참고문헌

강영안.『타인의 얼굴: 레비나스의 철학』. 서울: 문학과 지성사, 2005.

금강대 불교문화연구소.『불교의 이해』. 서울: 무우수, 2006.

기독교학술원.『성령론과 삼위일체론: 심산 차영배 교수 미수 기념 논문집』. 용인: 킹덤북
    스, 2017.

김상대.『도덕경강의』. 서울: 국학자료원, 1996.

김승혜.『유교의 뿌리를 찾아서』. 서울: 지식의 풍경, 2001.

김응표.『불교와 종교철학: 공사상으로 본 세계종교』. 서울: 동국대학교출판부, 2002.

이기동.『논어강해』. 서울: 성균관대학교출판부, 2005.

이기영 역해.『반야심경, 금강경』. 서울: 한국불교연구원, 1997.

윤호진.『무아 윤회문제의 연구』. 서울: 민족사, 1992.

진교훈.『인격: 고대로부터 현대에 이르기까지 인격의 의미』. 서울: 서울대출판부, 2007.

안동림 역주.『장자』. 서울: 현암사, 1993.

정승석.『윤회와 자아와 무아』. 합천: 장경각, 1996.

차재승.『십자가 그 신비와 역설』. 서울: 새물결플러스, 2013.

_____.『7인의 십자가 사상: 십자가 그 자체로부터 넘치는 십자가로』. 서울: 새물결플러
    스, 2014.

라즈니쉬, B. S., 석지현 역.『명상비법』. 서울: 일지사, 1981.

스가누마 아키라, 문을식 역.『힌두교 입문』. 서울: 여래, 1993.

_____.『힌두교』. 서울: 여래, 2003.

진고응, 최진식 역.『노장신론』. 서울: 조함공동체 소나무, 1997.

Adams, Carol J. and Marie M. Fortune eds. *Violence against Women and Children: A
    Christian Theological Sourcebook*. New York: Continuum, 1995.

Ahmad, Saiyad Fareed. "Why God Allow Evil and Suffering?" *Hamdard Islamicus* 29/1
    (2006): 89-106.

Aleaz, K. P. "Trinity as Sat-Chit-Ananda in the Thought of the Indian Theologian

Brahmabandav Upadhyaya." *Asia Journal of Theology* 23/1 (2009): 82-91.

Anselm of Canterbury. "Why God became Man." In *A Scholastic Miscellany: Anselm to Ockham*. LCC 10:100-183, ed. and tr. Eugene R. Fairweather. Philadelphia: The Westminster Press, 1956.

_____. "On the Virgin Conception and Original Sin." In *Anselm of Canterbury: The Major Works*, Oxford World's Classics. Eds. Brian Davies and E. R. Evans. Oxford: Oxford University, 1998.

Athanasius. *Four Discourses against the Arians*. http://www.newadvent.org/fathers/2816. htm.

_____. *On the Decrees of the Synod*. http://www.newadvent.org/fathers/2809.htm.

Augustine. *The Confession*. http://www.newadvent.org/fathers/1101.htm.

_____. *The Enchiridion*. http://www.newadvent.org/fathers/1302.htm.

_____. *On Merit and the Forgiveness of Sins, and the Baptism of Infants*. http://www. newadvent.org/fathers/1501.htm.

_____. *On the Holy Trinity*. http://www.newadvent.org/fathers/1301.htm.

_____. The Problem of Free Choice, Ancient Christian Writers Vol. 22. Trans. Dom Mark Pontifex. New York: Newman Press, 1955.

Barth, Karl. *Church Dogmatics*. Trans. G. T. Thomson. Edinburgh: T. & T. Clark, 1936-1977.

Bavinck, Herman. *Reformed Dogmatics: Prolegomena*. Vol. 1. Ed. John Bolt, trans. John Vriend. Grand Rapids: Baker, 2003.

Bayer, Oswald. *Martine Luther's Theology: A Contemporary Interpretation*. Trans. Thomas H. Trapp. Grand Rapids: Eerdmans, 2007.

Berkhof, Hendrikus. *Christian Faith: An Introduction to the Study of the Faith*. Grand Rapids: Eerdmans, 1979.

Bhagavad-gita. http://www.bhagavad-gita.org/

Brunner, Emil. *The Christian Doctrine of Creation and Redemption*. Trans. Olive Wyon. Philadelphia: Westminster, 1952.

_____. *Man in Revolt*. Trans. Olive Wyon. Philadelphia: Westminster Press, 1947.

Butler, Jean. "Reading Satan, Remembering the Other." *Numen* 58 (2011): 157-187.

Calvin, John. *Institutes of the Christian Religion* (1559). LCC 20-21. Ed. John T. McNeill. Trans. Ford Lewis Battles. London: S. C. M. Press, 1961.

Cha, Jaeseung. "Person and Context: Interaction as a Theological Method." *Journal of Reformed Theology* 12 (2019): 99-119.

_____. "Taoistic Implications for Christology: Grand Unity, *Datong* (大同) and Valley-god, *Gushen* (谷神)." In *Strangers and Pilgrims on Earth: Essay in Honor of* Abraham *van de Beek*. Eds. Paul van Geest and Eduardus van der Borght. Leiden: Brill, 2012.

Chadha, Monima and Nick Trakakis. "Karma and the Problem of Evil: A Response to Kaufman." *Philosophy East & West* 57/4 (2007): 533–556.

Cherry, Shai. "Judaism, Darwinism, and the Typology of Suffering." *Journal of Religion & Science* 46/2 (2011): 317–329.

Chinitz, Jacob. "The Three Tenses in the Kingdom of God: God of Israel or of the World." *Jewish Bible Quarterly* 38/4 (2010): 255–260.

Clayton, Philip and Arthur Peacocke eds. *In whom We Live and Move and Have Our Being: Panentheistic Reflections on God's Presence in a Scientific World*. Grand Rapids: Eerdmans, 2004.

Corrington, Robert S. "Deep Pantheism." *Journal for the Study of Religion, Nature and Culture* 1.4 (2007): 503–507.

Cotter, David W. *Genesis, Berit Olam: Studies in Hebrew Narrative and Poetry*. Minnesota: The Liturgcal Press, 2003.

Davis, Stephen T. et al eds. *The Trinity: An Interdisciplinary Symposium on the Trinity*. Oxford: Oxford University, 1999.

D'Sa, Francis Xavier. "Trinitarian Evil—The Bhagavadgita's Understanding of Evil." *Dialogue & Alliance* 8/2 (1994): 12–25.

Dunn, James D. G. *Christology in the Making: A New Testament Inquiry into the Origins of the Doctrine of the Incarnation*. Philadelphia: The Westminster, 1980.

Duns Scotus. *Ordinatio*. http://www.logicmuseum.com/wiki/Authors/Duns_Scotus/Ordinatio/Ordinatio_I

Fergussen, David. "Humans Created according to the *Imago Dei*: an Alternative Proposal." *Zygon* 48/2 (2013): 439–452.

Frankenberry, Nancy. "Classical Theism, Panentheism, and Pantheism: On the Relation between God Construction and Gender Construction." *Zygon* 28/1 (1993): 29–46.

Gregory of Nazianzus. *The Oration on Holy Baptism*. http://www.newadvent.org/fathers/310240.htm

Grenz, Stanley J. *Theology for the Community of God*. Grand Rapids: Eerdmans, 1994.

Grula, John W. "Pantheism Reconstructed: Ecotheology as a Successor to the Judeo-Christian, Enlightenment, and Postmodernist Paradigms." *Zygon* 43/1 (2008): 159–180.

Gustafson, James M. *Ethics from a Theocentric Perspective: Theology and Ethics*. Chicago: University of Chicago, 1981.

Heiser, Machael S. "Monotheism and the Language of Divine Plurality in the Hebrew Bible and the Dead Sea Scrolls." *Tyndale Bulletin* 65/1 (2014):85-100.

_____. "Monotheism, Polytheism, Monopatry, or Henotheism?: Toward an Assessment of Divine Plurality in the Hebrew Bible." *Bulletin for Biblical Research* 18/1 (2008): 1-30.

Herbener, Jens-André P. "On the Term 'Monotheism'." *Numen* 60 (2013): 616-648.

Hoffman, Edward ed., *The Kabbalah Reader: A Sourcebook of Visionary Judaism*. Boston and London: Trumpeter, 2010.

Hume, David. *Dialogues Concerning Natural Religion*. Ed. Richard H. Popkin. Indianapolis: Hackett, 1980.

Irenaeus. *Against Heresies*. Alexander Roberts and James Donaldson, eds. *Ante-Nicene Fathers*. Vol. 1. Peabody: Hendrickson Publishers, 1995.

Jaufman, Whitley. "Karma, Rebirth, and the Problem of Evil." *Philosophy East & West* 55/1 (2005): 15-32.

Jeeves, Malcolm ed. *Rethinking Human Nature: A multidisciplinary Approach*. Grand Rapids: Eerdmans, 2011.

Jersak, Brad and Michael Hardin eds. *Stricken by God?: Nonviolent Identification and the Victory of Christ*. Grand Rapids: Eerdmans, 2007.

John of Damascus. *An Exposition of the Orthodox Faith*. http://www.newadvent.org/fathers/3304.htm

Kim, C. H. ed. *Christian Theology in Asia*. New York: Cambridge University Press, 2008.

Kloosterman, Nelson D. "A Response to 'The Kingdom of God is Twofold': Natural Law and the Two Kingdoms in the Thought of Herman Bavinck by David Van Drunen." *Calvin Theological Journal* 45 (2010): 165-176.

Lee, Jung Young. *The Trinity in Asian Perspectives*. Nashville: Abingdon, 1996.

Lohse, Bernhard. *Martin Luther: An Introduction to His Life and Work*. Trans. Robert C. Schultz. Philadelphia: Fortress Press, 1986.

Lombard, Peter. *The Sentences*, Book 2, *On Creation*. Trans. Giulio Silano. Toronto: Pontifical Institute of Mediaeval Studies, 2008.

Luther, Martin. *Luther's Works*. Vols. 1-30, ed. Jaroslav Pelikan. St. Louis: Concordia Publishing House, 1955-86; vols. 31-55, ed. Helmut Lehmann. Philadelphia: Fortress Press, 1955-86.

_____. *Martin Luther on the Bondage of the Will: A New Translation of De Servo Arbitrio*

(1525) *Martin Luther's Reply to Erasmus of Rotterdam*. Trans. J. I. Packer and O. R. Johnston. London: James Clarke, 1957.

_____. *The Complete Sermons of Martin Luther*. Vol. 2.1-2. Ed. & trans. John Nicolas Lenker. Grand Rapids: Baker, 2000.

_____. *The Complete Sermons of Martin Luther*. Vol. 5. Ed. & trans. Eugene F. A. Klug et al. Grand Rapids: Baker, 2000.

Macquarrie, John. *Jesus Christ in Modern Thought*. Philadelphia: Trinity Press International, 1990.

Mather, G B. "The atonement: representative or substitutionary?" *Canadian Journal of Theology* 4/4 (Oct 1958): 266-272.

Meister, Chad and James L. Dew Jr. eds. *God and Evil: The Case for God in a World Filled with Pain*. Downers Grove: IVP Books, 2013.

Metzler, Norman. "The Trinity in Contemporary Theology: Questioning the Social Trinity." *Concordia Theological Quarterly* 67/3-4 (2003): 270-287.

Levine, Michael. "Pantheism." *The Stanford Encyclopedia of Philosophy* (Summer 2012 Edition), Edward N. Zalta (ed.), URL = 〈https://plato.stanford.edu/archives/sum2012/entries/pantheism/〉.

Mitchell, Stephen and Peter Van Nuffelen eds. *Monothism between Pagans and Christians in Late Antiquity*. Leuvan: Peeters, 2010.

Moltmann, Jürgen. *God for a Secular Society: The Public Relevance of Theology*. Trans. Margaret Kohl Minneapolis: Fortress, 1999.

_____. *God in Creation: A New Theology of Creation and the Spirit of God*. Trans. Margaret Kohl. London: SCM, 1985.

_____. *The Trinity and the Kingdom*. Trans. Margaret Kohl. San Francisco: Harper & Row, 1981.

Pannenberg, Wolfhart. *Anthropology in Theological Perspective*. Trans. Matthew J. O'Connell. Philadelphia: The Westminster, 1985.

Peterson, Gregory R. "Whither Panentheism?" *Zygon* 36/3 (2001): 395-405.

Plantinga, Alvin. *God, Freedom, and Evil*. Grand Rapids: Eerdmans, 1974.

_____. *God and Other Minds: A Study of the Rational Justification of Belief in God*. Ithaca: Cornell University, 1990.

Rahner, Karl. *The Trinity*. Trans. Joseph Donceel. New York: Crossroad, 1997.

Ricoeur, Paul. *Evil: A Challenge to Philosophy and Theology*. Trans. John Bowden. London: Continuum, 2007.

Scheler, Max. *Formalism in Ethics and Non-Formal Ethics of Values*. Trans. Manfred S. Frings and Roger L. Funk. Evanston: Northwestern University Press, 1973.

Schwartz, Regina M. *The Curse of Cain: The Violent Legacy of Monotheism.* Chicago: The University of Chicago, 1997.

Scott, Mark S. M. "God as Person: Karl Barth and Karl Rahner on Divine and Human Personhood." *Religious Studies and Theology* 25/2 (2006): 161-190.

Shults, F. Leron. *Reforming Theological Anthropology: After the Philosophical Turn to Relationality.* Grand Rapids: Eerdmans, 2003.

Sölle, Dorothee. *Christ the representative: an essay in theology after the 'Death of God.'* Tr. David Lewis. London: SCM, 1967.

Soumala, Karla R. "The Taming of Job in Judaism, Christianity, and Islam." *Word and World* 31/4 (2011):397-408.

Spinoza. *The Ethics.* Trans. R. H. M. Elwes, https://www.gutenberg.org/files/3800/3800-h/3800-h.htm.

Tanner, Kathryn. *Jesus, Humanity and the Trinity.* Minneapolis: Fortress Press, 2001.

Tennent, Timothy C. *Theology in the Context of World Christianity: How the global church is influencing the way we think about and discuss theology.* Grand Rapids: Zondervan, 2007.

Tertullian, *Against Praxeas.* http://www.newadvent.org/fathers/0317.htm.

Thistlewaite, Susan Brooks. "Beyond dualisms: Rosemary Radford Ruether's New Woman/New Earth." *The Christian Century* 110/12 (1993): 399-402.

The Koran Interpreted. Oxford World Classics. Trans. Arthur J. Arberry. Oxford: Oxford Press, 1998.

Testament of Job. http://wesley.nnu.edu/sermons-essays-books/noncanonical-literature/noncanonical-literature-ot-pseudepigrapha/testament-of-job/

Thomas Aquinas. *Summa Theologiae.* http://www.newadvent.org/summa/

Towne, Edgar A. "The Variety of Panentheism." *Zygon* 40/3 (2005): 779-786.

Vainio, Olli-Pekka. "*Imago Dei* and Human Rationality." *Zygon* 49/1 (2014): 121-134.

Van den Brink, Gijsbert. *Almighty God: A Study of the Doctrine of Divine Omnipotence.* Kampen: Kok Pharos, 1993.

_____. "Are we Still Special? Evolution and Human Dignity." *Neue Zeitschrift für systematische Theologie und Religionsphilosophie* 53/3 (2011): 318-332.

Van de Beek, Abraham. *Jesus Kyrios: Christology as Heart of Theology.* Tr. P.O. Postma. Zoetermeer: Meinema, 2002.

Vanhoozer, Kevin J. *Faith Speaking Understanding: Performing the Drama of Doctrine.* Louisville: Westminster John Knox Press, 2014.

Van Voorst, Robert E. *Jesus Outside the New Testament: An Introduction to the Ancient Evidence.* Grand Rapids: Eerdmans, 2000.

Visala, Aku. "Imago Dei, Dualism, and Evolution: A Philosophical Defense of the Structural Image of God." Zygon 49/1 (2014): 101-120.

Watson, P. J. "Girard and Integration: Desire, Violence, and the Mimesis of Christ as Foundation for Postmodernity." *Journal of Psychology and Theology* 26/4 (1998): 311-321.

Weaver, J. Denny. *The Nonviolent Atonement*, 2nd Ed. Grand Rapids: Eerdmans, 2011.

Williams, James G. ed. *The Gerard Reader.* New York: A Crossroad Herder, 1996.

Williams, Thomas D. and Bengtsson, Jan Olof, "Personalism." *The Stanford Encyclopedia of Philosophy* (Summer 2018 Edition), Edward N. Zalta (ed.), URL =⟨https://plato.stanford.edu/archives/sum2018/entries/personalism/⟩.

Wolterstorff, Nicholas. "Justice as a Condition of Authentic Liturgy." *Theology Today* 48/1 (Apr. 1991): 6-21.

Žižek, Slavoj. "Christianity Against the Sacred." In *God in Pain: Inversions of Apocalypse.* New York: Seven Tories Press, 2012.

왜 나는 아직도 그리스도인인가?

Copyright ⓒ 차재승 2020

1쇄 발행 2020년 1월 28일

지은이   차재승
펴낸이   김요한
펴낸곳   새물결플러스

편 집   왕희광 정인철 박규준 노재현 한바울 정혜인
            이형일 서종원 나유영 노동래 최호연
디자인   윤민주 황진주 박인미 이지윤
마케팅   박성민 이원혁
총 무   김명화 이성순
영 상   최정호 조용석 곽상원
아카데미   차상희

홈페이지 www.holywaveplus.com
이메일   hwpbooks@hwpbooks.com
출판등록 2008년 8월 21일 제2008-24호
주 소   (우) 04118 서울시 마포구 마포대로19길 33
전 화   02) 2652-3161
팩 스   02) 2652-3191

ISBN 979-11-6129-137-6 93230

책값은 뒤표지에 있습니다.

이 도서의 국립중앙도서관 출판예정도서목록(CIP)은 서지정보유통지원시스
템 홈페이지(seoji.nl.go.kr)와 국가자료공동목록시스템(nl.go.kr/kolisnet)
에서 이용하실 수 있습니다. CIP2020000063